检察机关专项业务培训教材

最高人民检察院政治部组织编写

检察机关预防职务犯罪教程

JIANCHA JIGUAN YUFANG ZHIWU FANZUI JIAOCHENG

主 编◎宋寒松

中国检察出版社

《检察机关预防职务犯罪教程》
编委会

序

　　党的十八大对反腐倡廉建设提出新的更高要求，强调要坚持中国特色反腐倡廉道路，坚持标本兼治、综合治理、惩防并举、注重预防方针，全面推进惩治和预防腐败体系建设。这就要求检察机关在保持严厉惩治职务犯罪态势的同时，按照更加注重治本、更加注重预防、更加注重制度建设的要求，更加积极有效开展预防职务犯罪工作，为我们党和国家深入推进反腐败斗争，加强惩防腐败体系建设发挥应有作用。

　　检察机关预防队伍建设需要加强学习。跨入新世纪以来，检察机关惩治和预防职务犯罪工作力度持续加大，预防职务犯罪机构和队伍建设快速起步、有序发展、步入规范。高检院党组高度重视预防职务犯罪工作，注重在治本上做文章，在研究解决深层次问题上下功夫，把推动惩防腐败制度体系建设、推动社会管理创新、促进深化改革、促进依法治国作为预防工作的总体目标，不断开展专项专题预防工作，不断创新预防工作的体制机制制度，不断强化预防工作的方法措施手段，不断推进预防工作的专业化、社会化、规范化和现代化建设。在这个过程中预防工作发生了巨大变化，对我们来说既感到欢欣鼓舞，又感叹力不从心，让我们不得不思考如何才能使我们的思想认识、工作能力、纪律作风、力量配备赶上和适应新时期、新任务和新要求，真正落实曹建明检察长和高检院党组提出预防工作要在更高起点、更高层次和更高水平上实现质的飞跃的期望。认真学习领会党的十八大精神和高检院党组部署，加强预防职务犯罪理论学习和研究，是形势所逼，责任所迫，必须加强学习，不断深化和提高我们对预防工作规律的认识，通过理论自觉引领每一位预防干部在实践中推动惩防腐败制度体系建设、推动社会管理创新、促进深化改革、促进依法治国的行动自觉。

预防工作内在规律需要加强研究。预防职务犯罪是非诉讼性法律监督，虽然我国刑事、民事和行政诉讼法等诉讼法律规范尚未对预防工作作出具体的程序性规定，但所有法律都不是一种简单的规范，保障宪法和法律的统一正确实施，防治违法犯罪是法律的基本精神和根本目的，我们不应该把法律的具体条文和制定法律的目的分开来谈，更不应该机械地用具体的法律规则来否定法律的精神和原则。法律的核心价值和终极功能是预防违法犯罪的发生，保障社会公平正义，从这个角度出发，我们对预防工作法律监督属性的理解就会豁然开朗。我们不能不看到党对预防工作高度重视、人民群众和社会各界热切期盼以及时代发展客观需要的现实，不能不看到预防工作在检察监督中丰富的实践经验和良好的社会效果。在我们国家形成中国特色社会主义法律体系的基础上，加快防治腐败立法是党中央的明确要求，是人民意志的体现，也是大势所趋，我们的各项工作既要立足当前，又要放眼长远，预防职务犯罪工作也要在不断取得实际成效，益发得到党委重视、群众支持、各界认同的基础上，继续扩大专业化、社会化、规范化和现代化建设的成果，乘势而上全面推进法治建设。

这次高检院预防厅组织编写《检察机关预防职务犯罪教程》，目的是加强预防职务犯罪队伍建设，不断提升工作水平，很有必要。参加编写的同志都是相关领域作过深入研究，有条件提出成熟观点的业务骨干，尽管他们提出的见解未必完全正确，但能启发人们思考，有引导工作实践的价值。希望有志于预防职务犯罪工作的同志认真学习，勇于实践，积极探索，创造经验，争取预防工作不断迈上新的台阶。

是为序。

最高人民检察院党组副书记、副检察长

邱学强

2013 年 3 月 15 日

目　　录

第一章 预防职务犯罪概论

第一节 职务犯罪概念

一、职务犯罪概念和成立条件

职务犯罪作为一种社会历史现象，自从人类社会出现了政权，它便同衍生物一样与之相随。特别是到了 20 世纪末期，职务犯罪益发成为全世界关注的焦点问题之一。近三十年来，中国特色社会主义现代化建设和改革开放事业取得巨大成就，各项事业都取得了长足的发展，可谓硕果累累；然而，伴随着巨大的辉煌，腐败现象的阴影也在不断扩展，逐渐向各领域、各行业渗透，职务犯罪呈蔓延态势。特别是近几年，由于社会经济快速发展，许多人的人生观和价值观也随之发生了重大的变化，价值取向也发生了变化，热衷于权力和金钱的角逐，争权夺利、以权谋私的行为时有发生。古今中外的治理实践表明，单纯地对职务犯罪进行打击不能从根本上解决问题，为了能从源头上堵塞漏洞，杜绝职务犯罪的发生，开展职务犯罪预防工作也就成了"反腐败的理性选择"和必须深入研究的重要课题。

科学界定职务犯罪，是研究职务犯罪及其防控规律的前提和先决条件。对此，不同学科立足不同角度，曾有不同界说。从犯罪学角度出发，一些学者[1]认为，职务是运用权力的职业，职务犯罪是运用权力在执业过程中所发生的犯罪。[2] 从社会学角度出发，有学者界定职务犯罪是公职人员违背公认规范，背离既定管理目标的行为。[3] 从伦理学角度，也有认为职务犯罪是公务人员违背廉洁义务的行为。还有从政治学角度，界定职务犯罪为运用公职权力实现私人目标的行为。[4] 同时因为，关于职务犯罪的研究是一个世界性课题，对职务犯

---

[1] 如原中国犯罪学研究会会长王牧教授。

[2] 车承军：《职务犯罪控制论》，法律出版社 2003 年版，第 1 页。

[3] 童星：《世纪末的挑战：当代中国社会问题研究》，南京大学出版社 1995 年版，第 23 页。

[4] 孙谦主编：《国家工作人员职务犯罪概论》，法律出版社 1998 年版，第 21 页。

罪的概念，世界各国都有自己的称谓与说法。例如，泰国把职务犯罪称为渎职罪，并把它分为"行政渎职罪和司法渎职罪"两大类；罗马尼亚把职务犯罪称为"职务上的犯罪"或"与职务有关的犯罪"等。

从西方国家成文法看，在欧美国家刑法中规定，国家公务员利用职务之便实施的各种犯罪，即职务犯罪，也称渎职罪。如原联邦德国《刑法典》专章规定了"渎职罪"，具体罪名有受贿、索贿、行贿、枉法、刑讯逼供、对无罪人的追诉、非法超收费用等。但也有西方国家没有把职务犯罪定名渎职罪，而是称为公务员行使职务的犯罪。如法国《刑法典》把职务犯罪称为"公务员行使职务时之犯罪"，西班牙《刑法典》称之为"公务员执行职务时所触犯之罪"和"公务员侵犯个人行使法律承认的权利之罪"，意大利《刑法典》称之为"公务员反侵害公共行政之罪"，瑞士《刑法典》称"违反职务或职业义务之罪"等。也有少数国家的刑法没有单独规定职务犯罪，而是把职务犯罪与有关的犯罪放在一起，如《美国模范刑法典》第 240 章"贿赂及行使影响力之罪"则是将职务犯罪和非职务犯罪合在一起规定。在这些西方国家刑法中，对职务犯罪的概念都没有规定，但法国《刑法典》第 166 条有如此表述：公务员从事职务上之工作而犯重罪者，构成渎职罪。但这并非职务犯罪的实质性概念，而只是一种形式表述。

从西方学者对职务犯罪的表述看，主要有三种：（1）职务犯罪被称为白领犯罪。1939 年美国学者萨瑟兰在芝加哥大学任教期间出版的《犯罪学原理》一书中首次提出白领犯罪的概念，是指受社会尊敬及具有较高社会和经济地位的人，在其职业活动中牟取非法利益而破坏刑法的行为。西方国家的白领阶层主要包括政府官员、法官、律师、教师、医生及企业经理人等。可见，所谓白领犯罪的特点是，犯罪人在政治上、经济上居于主导地位，在其执行职务活动中利用职务犯罪的犯罪。（2）职务犯罪被称为公务员犯罪。这是因为西方国家刑法一般都将职务犯罪的主体规定为公务员。"公务员犯罪"的提法，最早是在 19 世纪中叶的英国。美国一般称公务员为政府雇员，法国则称为政府官员。（3）职务犯罪被称为"身份犯罪"。是指犯罪人具有公职身份，即兼具职位和权力的身份。换言之，所谓"身份犯罪"，必须是从事公务活动的人员。所谓"公务"，一般是指管理国家和社会事务的工作。其特征有三：一是权力性；二是管理性；三是强制性。显然，不具备上述特征，就不是"身份犯罪"。[①]

我国法学界对职务犯罪的界定也存在一定分歧。主要有以下几种表述：

---

① 康树华：《当代中国特点与新型犯罪透视》，群众出版社 2007 年版，第 247 页。

（1）职务犯罪，又称职务上的犯罪，是指具备一定职务身份的人故意或者过失地实施与其职务之间有必然联系的、触犯刑律应受刑罚处罚的各种行为的总称。① （2）职务犯罪是指国家工作人员、企业工作人员或者其他工作人员利用职务上的便利进行非法活动，或者对工作严重不负责任，不履行或者不正确履行职责，破坏国家对职务行为的管理职能，依照刑法应受到刑罚处罚的犯罪行为的总称。（3）职务犯罪是指国家工作人员利用职务上的便利进行非法活动，或者玩忽职守，从而侵害国家机关管理活动的正常秩序，致使国家和人民利益遭受重大损失的行为。（4）国家工作人员职务犯罪，在刑法学上又称渎职罪，是指国家工作人员，利用职务上的便利条件或由于职务上的疏忽，而侵害国家机关的正常活动，致使国家和人民利益遭受大损失的犯罪。（5）职务犯罪是指国家工作人员和依法从事公务的人员，利用职务上的便利，或者对工作严重不负责任，不履行或不正确履行职责，破坏国家对职务活动管理职能，致使国家和人民的利益遭受重大损失，依照刑事法律应当受到刑罚处罚的行为。（6）职务犯罪是指国家公职人员或视同公职人员利用职务上的便利，或滥用职权、不尽职责，破坏国家对职务活动的管理职能，并依照刑法应当受到刑罚处罚的行为。

根据上述资料可以判断，目前在中外职务犯罪的概念的研究中，虽然称谓不同、解释各异，但已经有了许多共识。由此，我们可以推演出职务犯罪具有以下特征：

第一，职务犯罪的主体是国家工作人员。根据法律规定，国家工作人员是指国家机关中从事公务的人员。国有公司、企业、事业单位、人民团体中从事公务的人员和国家机关、国有公司、企业、事业单位委派到非国有公司、企业、事业单位、社会团体从事公务的人员，以及其他依照法律从事公务的人员，以国家工作人员论。"国家机关"，是指国家的权力机关、行政机关、司法机关以及军事机关。"从事公务的人员"，是指在上述国家机关中行使一定职权、履行一定职务的人员，即国家干部。但是在国家机关中从事劳务性工作的人员不属于国家工作人员范畴。"以国家工作人员论"，包括三方面内容：（1）在国有公司、企业、事业单位、人民团体中从事公务的人员，即在公司、企业等单位中具有经营、管理职责，或履行一定职务的人员；（2）国家机关、国有公司、企业、事业单位委派到非国有公司、企业、事业单位、社会团体从事公务的人员，即在一些具有国有资产成分的中外合资企业、合作企业、股份制企业当中，国有公司、企业或其他有关国有单位为了行使对所参与的国有资产的管

---

① 张穹主编：《职务犯罪概论》，中国检察出版社1991年版，第15页。

理权，而派驻的管理人员；（3）其他依照法律从事公务的人员。

全国人大常委会 2002 年 12 月 28 日通过的《关于〈中华人民共和国刑法〉第九章渎职罪主体适用问题的解释》规定："在依照法律、法规规定行使国家行政管理职权的组织中从事公务的人员，或者在受国家机关委托代表国家机关行使职权的组织中从事公务的人员，或者虽未列入国家机关人员编制但在国家机关中从事公务的人员，在代表国家行使职权时，有渎职行为，构成犯罪的，依照刑法关于渎职罪的规定追究刑事责任。"根据这一立法解释，以下"四种人"被纳入渎职犯罪的主体范围之内：一是法律授权规定某些非国家机关的组织，在某些领域行使国家行政管理职权，如证券监督管理机构、保险监督管理机构等；二是在机构改革中，有的地方将原来的一些国家机关调整为事业单位，但仍然保留某些行政管理的职能，如林业管理部门等；三是有些国家机关将自己行使的职权依法委托给一些组织行使，如烟草专卖、盐业管理部门等；四是实践中有的国家机关根据工作需要聘用了一部分国家机关以外的人员从事公务，如合同制民警、聘用人员等。

上述六种与本教程定义不同的典型表述中，前两种表述相当于广义的职务犯罪，后四种在主体表述上不完全相同，但从犯罪人范围确定看，都是从狭义的角度把握职务犯罪的概念。相比较而言，职务犯罪的主体界定为国家工作人员和依法从事公务的人员是最为准确的，且有成文法规范作为依据，如我国刑法条文的规定。在此还有一个问题，除规定自然人犯罪外，1997 年修订《刑法》还全面整合规定了单位犯罪，其中包括单位受贿罪等，这又引出单位是否是职务犯罪主体的问题。我们认为，目前在我国，预防职务犯罪是以个人行为为调整对象，所称职务犯罪中具体的职务要素不可缺少，因而单位犯罪在此暂不纳入职务犯罪范畴。同时，考虑到单位犯罪与个人职务犯罪关系甚为密切，我们不反对在研究职务犯罪预防工作中对单位犯罪予以关注。

第二，职务犯罪行为是与职务相关联的作为、不作为和持有行为。传统的理解是职务犯罪即利用职务之便实施的犯罪。这对于以积极作为的方式表现出来的以权谋私严重危害社会的职务犯罪是合适的。但如果我们进一步深究，许多渎职犯罪行为未必利用职务上的便利，对于自己是否拥有某项权力则从不在意，抱无所谓的心理态度。但是权力与责任始终是一种对应关系，权力与权利也不是同一概念，权利可以放弃，权力却不能放弃，授予权力同时意味着赋予责任。因而，此处我们提出职务犯罪行为是与职务相关联的作为、不作为及持有，是对以往"利用职务之便"这一表述的修正，其要点有三：（1）职务犯罪行为方式可以是作为，也可以是不作为或不正确作为，如滥用职权、逾越职权、以权谋权等行为。有些犯罪人身居要职，但是无视人民疾苦，尸位素餐，造成生产安全责任事故、食品卫生安全责任事故，虽非其本人积极追求这一结果，但职责要求其必须有所作为，刑法禁止性规范不允许他无所作为，尽管没有任何举动，仍然不排除成立职务犯罪的可能。由此推而广之，当前干部队伍中有一种另类思想，认为多干事容易犯错误，要廉政就不能勤政，不求有功、但求无过、稳步升迁，这种看似明哲保身，实则贻害无穷，对这类职务犯罪必须纳入预防的视野。（2）行为能不能对外界直接发生作用，是职务犯罪行为的外在性衡量依据。因而尽管实际生活中，个别党员干部思想陈旧，观念落伍，具有潜在的反社会影响，但不能以此认定为职务犯罪。如撰写日记行为，有关方面查获，日记内容极为落后，甚至反动，但是否成立犯罪，要看其是否具有对外发表的意图。如果不准备对外发表，对这种错误表现可以按照其他纪律规范予以否定评价，但不属于职务犯罪；如果准备对外发表，且具有严重的社会危害性，则该内容已经不是自我思想记述，而是对外流露的言谈举止行为的组成部分，可能成立犯罪预备，属于职务犯罪范畴。此外，有学者提出，犯罪行为除作为、不作为外，还有第三种状态，叫持有，[①] 如持有毒品、违禁品及非法拥有巨额财产等，这一见解已为理论界所普遍接受。（3）必须是与行为人职务有密切的、不可分割的联系。一是利用职务上的便利实施的犯罪。即行为人利用其职务上的地位、机会、影响和其他便利条件实施犯罪，亦即平常人们所说的以权谋私或权钱交易。如贪污受贿、挪用公款、徇私舞弊等犯罪。二是行为人在执行职务时，滥用职权，亵渎职务的管理职能。如刑讯逼供、私放在押人员、虐待被监管人员犯罪。三是行为人在职务活动中，不履行或不正确履行职务，致使公共财产和国家、人民利益遭受重大损失。这种犯罪，行为人虽然没有利用职权谋私，但犯罪结果的发生与其职务有直接联系，如玩忽职守等犯罪。

　　上述六种典型表述中，除第一种和第四种之外，其余四种表述均已揭示了职务犯罪可能采取的作为和不作为两种形式。在此我们反对第一种和第四种表述，主要是因为此二种表述均以行为人主观上的罪过形式与客观上的作为和不作为发生混淆。比如，第四种表述中，所称主观上的疏忽，意在表明除了作为形式的利用职务便利进行非法活动的行为之外，玩忽职守的不作为形式也是职务犯罪的一种表现。但这样表述极易使人们产生歧义，被理解为疏忽大意的过失这一主观罪过形式。因而准确的描述当为利用职务上的便利进行非法活动或者玩忽职守。需要说明的是，如此表述与刑法关于贪污贿赂罪、国家机关工作人员渎职侵权犯罪并未一一对应，而将大量的渎职罪与贪污贿赂罪一同作为玩

---

① 　如北京大学储槐植教授较早提出相关观点，得到广泛认同。

忽职守之外的利用职务上的便利进行非法活动表述。它的好处是既使概念在逻辑上周延，同时语言上更为简洁。涉及职务犯罪与职务活动的关系的理解与国家职能运行的规律的把握；不仅涉及对职务犯罪的惩处，也包括了对职务素质的要求、干部队伍的建设问题。特别是，我国处于社会重大变革的转型时期，各级、各类职务设置、权力制衡上更加需要。从司法实践中看，进入社会主义市场经济以来，职务的价值取向看涨，职务的权、钱、利含量大增。更让人们不能容忍的是，职务活动与捞权、捞钱、争利联系在一起，形成了政治与权力上的腐败。因此，我们研究预防职务犯罪的指向时，必须从监督和制控国家工作人员的职务活动和职务行为入手。

第三，职务犯罪的罪过形式，包括故意和过失。故意的罪过形式出现在所有的贪污贿赂犯罪和部分渎职侵权犯罪中，占职务犯罪的绝大多数；过失的罪过形式，在少数职务犯罪中也曾出现，主要是玩忽职守的职务犯罪。

第四，职务犯罪的侵害法益，主要是国家公务活动秩序和廉洁性。首先，廉洁性是国家公务活动的基本要求，从政治上讲是国家政权得以存续的前提条件。国家机关一切权力来自人民，职务犯罪是腐败的集中表现，违背廉洁性的要求，最终危害在于政权稳定和社会安定。同时，国家公务活动秩序包括国家机关的公务活动秩序，国有企业、事业单位的公务活动秩序，如国家机关工作人员渎职侵权犯罪，侵害的是前者。其次，职务犯罪还侵害其他权利，包括国家、单位、个人的财产权利，公民的人身权利、民主权利等。

综上，本教程作出以下定义：职务犯罪是指国家机关工作人员和其他从事公务的人员，不正确履行职务或利用职务上的便利，实施的贪污贿赂、渎职侵权等侵害国家公务活动秩序和廉洁性的作为、不作为及持有行为。

二、职务犯罪与腐败

职务犯罪是腐败的典型表现形式。腐败行为可以说是一种权力异化现象，腐败行为的历史发生，可以在权力构成和实现形式的历史演变过程中发现其深层次的内涵。不少西方思想家正是抓住腐败行为与权力构成和实现形式存在一定的内在联系，从国家社会政治的高度来确定腐败行为的界定标准。亚里士多德在其名著《政治学》、《伦理学》中，就从政体与腐败的关系入手，分析了不同的政权构成和实现形式滋生不同的腐败行为。由此他认为权力构成和实现形式的过度专制化，就是一种社会政治的腐败行为。孟德斯鸠认为腐败是政治原则的腐化，他从分析贵族政体原则的腐化着眼，指出如果贵族们的权力变成专横的话，贵族政治就腐化了。如果这样，无论是治者或被治者就不会再有任何品德可说；当贵族成为世袭的时候，贵族政治的腐化就到了极点，在这时候贵族们几乎不可能有任何政治宽和可说。无限的权力和极端的危险都集中于暴君式的贵族们身上，因为这时他们的精神便陷于无所思虑、懒惰和疏略，国家便将因此不再有力量与活力。

世界著名的发展社会学家胡格韦尔在其代表作《发展中社会的社会学》一书中，用了很大篇幅分析了发展中国家中贪污贿赂、敲诈勒索等腐败问题，其中也提出了发展中国家评判腐败行为的法律标准。他说，同情发展中国家的观察家们惯于指出：贪污受贿的真正概念包涵一个法律上的标准，它自己在西方也是随着现代国家的充分发展的现代合理的科学体系的巩固才出现的。他们论证说，字典里对贪污受贿下的定义是："不合法地获得钱财和工作"或"使用公共资源来谋取更多的私人利益"。假定在政治和行政管理功能之间，在公共和私有资金之间有区别，只是现代国家的特点。这就是为什么这些在欧洲进行了几百年，在19世纪后期才被艰难地、慢慢地挤出去的腐败行为，在当代发展中国家引起了这么大的义愤，受到了这么大注意的原因。

按照《现代汉语词典》的解释，"腐败"一词主要有三种含义：（1）腐烂。如腐烂的食物。（2）（思想）陈旧；行为堕落。（3）（制度、组织、机构、措施等）混乱、黑暗。我们所说的"政治腐败"、"治理腐败"、"反腐败斗争"等词语概念中的"腐败"通常更侧重于其中第（2）种、第（3）种的意思。英文的 corruption 一般翻译成"腐败"，有时也翻译成"贪污"。实际上，"腐败"一词并不是一个法律概念，而更多的是一个政治性的术语。对"腐败"的界定，有很多说法，现在比较通行的定义是国际货币基金组织提出来的，即"腐败是为了私人利益滥用公共权力"。由此可见，"腐败"一般包括三个要素：（1）主体只能是享有和使用公共权力的人；（2）滥用了公共权力；（3）为了谋取私利。这样，我们就可以看出，"腐败"的本质实际上就是公共权力的异化和滥用，也即权力设置的目的、功能的异化和滥用，是为公共服务的公共权力异化和滥用而为个人谋取利益的过程和结果，其基本形式是贪污贿赂、渎职。当然，在我国，最广义的"腐败"，是指享有和使用公共权力的人即国家工作人员没有依法正当地运用权力，为国家、社会和人民群众谋福利，即不廉政、不勤政、不优政，包括政治生活腐败、经济生活腐败、思想道德腐败等。腐败究竟是什么？结合我国的实际情况，我们认为，腐败是指执政党组织和国家机关及其工作人员，包括受其委托从事公务的组织和人员，为满足私欲、谋取私利或局部利益而实施的严重违背纪律和法律，侵犯人民利益并造成恶劣政治影响的蜕化变质行为。明确这一定义，须把握几个要点：第一，国家机关也是在执政党领导之下正常运转的，一些国有公司、企业、事业单位、人民团体等从事公务的组织，也是受执政党的领导和委托之下展开社会活动的，腐败的主体作如此界定的意义在于，既明确腐败行为可以由单位或者个人实施，也明确执政党在治理腐败中的固有责任，因而我党强调提出"在党内绝不允许腐败分子有藏身之地"这一条非常重要。第二，腐败行为的动机，无非三种：一是为了谋取个人的利益，这是最普遍的。二是为了满足个人的不正当欲望。如一些作风败坏，挥霍浪费等，虽然对其个人未必有实际益处，但一些人利用职权穷奢极欲，当属腐败行为。三是为了局部利益，包括地方保护主义，不正当地谋求小团体利益等，表面看不是直接为了个人，实际上也是一种蜕化变质行为。第三，腐败必须是严重违背纪律和法律的行为，这里的纪律，包括党员必须遵守的党纪和约束国家公务员的政纪。腐败的界定必须有定量因素，应当是严重的违法乱纪行为，情节显著轻微的不符合党纪、政纪乃至法律的行为，不宜一概称之为腐败。第四，腐败行为将带来一定的消极结果。腐败必然造成恶劣的政治影响，同时它必须是侵害人民利益的行为。第五，在性质上，腐败是一种蜕化变质行为。这与亚里士多德等思想家的见解是一致的。腐败与共产党人的崇高理想和建党立国的根本宗旨也是水火不能相容的。

第二节　职务犯罪原因结构

伴随着世界范围内的新技术革命浪潮的冲击，现代系统科学方法论的引进，系统方法对于职务犯罪原因研究的意义日显重要，由此可以断言，我国对于犯罪原因的扁平分析传统将由此得到突破，将犯罪原因作为一个立体的系统结构予以全面认识和解剖，必将成为职务犯罪原因研究的主流和制高点，进而带来防控职务犯罪对策体系的深刻变革。

一、职务犯罪的生成系统

传统而言，关于产生职务犯罪的原因最具代表性的观点如下：

1. 现代化导致职务犯罪。美国政治学会会长亨廷顿在其代表作《变迁社会中的政治秩序》一书中，论述了职务犯罪与现代化的关系。他认为，现代化滋生职务犯罪的原因可归结为三个方面：一是现代化涉及社会基本价值观的转变；二是现代化开辟了新的财富和权力来源，从而进一步助长职务犯罪行为，占统治地位的传统规范并没有对它们与政治的关系加以界定，而界定这种关系的现代规范又未被主要社会集团所认可；三是由于政府职能的扩大，某些人利用权力来谋求利益。

2. 未满足需求的社会理论。这种观点相信，如果政府机构不能有效满足官员们的需求，那么职务犯罪活动就容易滋生，某些社会势力或通过贿赂官员，或通过组织一定的集团来影响政府机构。这种观点的主要代表人物有英国学者默顿和斯梅尔。

3. 阶层结构虚弱论和拜金论。前者强调如果没有一个强硬的阶层机构，职务犯罪就容易发展，缺乏一定的阶层机构，必要的道德和责任感就会缺乏。持这种观点的人主要是美国学者格里费斯和李普塞。后者则认为，如果在一个社会中过分突出商业价值，商业交易的原则就会在公共领域中弥漫，影响公共领域的规范和公共伦理精神。亨廷顿在分析职务犯罪互动方式时指出，在一个生财有道而做官无门的社会里，占主导地位的职务犯罪形式将是利用金钱去换权力。在美国，财富通常是通向政治权势的手段；而处于现代化进程中的国家，情况则相反，政治成了获取财富的道路，腐化的主要形式将是用权力去换取金钱，即权力资本化。

4. 联合国工业发展组织曾对世界100多个国家和地区的发展情况进行了研究，认为社会经济结构变革最迅速的时期，也是社会问题大量产生的"高发期"。美国学者本森在《美国的政治腐败》一书中指出，自20世纪50年代以来美国公共雇员的开支大幅上涨，却没有消除腐败现象。年薪超过5万美元并且享有优厚的临时津贴的国会议员也在想方设法地腐败。利益集团用金钱左右政客的现象已司空见惯。美国总统选举是美国政治制度的重要组成部分，美国总统选举是金钱选举，是金钱的较量。《美国自我探索》一书作者怀特指出：美国的政治行动委员会把数目空前的巨额资金投入政治活动。不管是出于恶意还是善意，这些政治行动委员会使用购买政治影响力和试图影响国会及总统的做法，变得比以往任何时候都更加突出。

以上关于职务犯罪的原因探究，就其一个方面揭示职务犯罪本质而言，见解的确非常深刻。但是，预防职务犯罪的系统控制需求，决定了原因理论必须达到的层次结构，在这一点上，上述理论便显得捉襟见肘。

职务犯罪是特定的个人所实施的社会危害行为，其原因必须从"人"与"社会"两个方面来研究。这就是职务犯罪原因的两大层次，各层次分别由若干子系统（层次）构成。因而有学者提出："人类社会是一个复杂的有机整体，犯罪是一种社会现象。因此，犯罪原因必然是多因素的，同时这些因素之间必然具有内在联系。内在联系，就是表现为层次关系——社会的三层结构和人性的两个方面，社会和人性之间既有存在与意识的唯物性质又有外因与内因的辩证关系。"[1] 据此，我们制作职务犯罪原因系统框架结构如下表：

---

① 储槐植：《多层次的犯罪原因论》，载《青少年犯罪问题》1983 年第 3 期。

职务犯罪原因结构																				
职务犯罪成因									职务犯罪条件											
客观成因					主观成因				时间			空间			对象			环境		
政治体制	经济水平	社会结构	历史文化	国际环境	理想信念	价值观念	心理素质	道德水平	年龄段犯罪	节假日犯罪	其他	犯罪领域	犯罪环节	犯罪部位	权力	金钱	其他利益	生活圈	社交圈	职场环境

　　曾有学者[①]提出"犯罪场"的概念，他认为，犯罪条件在狭义上说是指影响犯罪发生和变化的外部因素，即社会原因和个体原因之外的因素，大致有四类：时间因素、空间因素、犯罪侵害对象、社会控制机制弱化因素。犯罪条件对犯罪行为实施的关系，就其机制性质而言，起着"犯罪场"的作用。存在犯罪原因并不等于犯罪行为实施，犯罪原因从"可能犯罪"变成"实施犯罪"需要在特定领域（背景）中进行，犯罪场就是犯罪原因实现为犯罪行为的特定领域。"把犯罪原因系统分为犯罪原因和犯罪条件两个层面，比较明白易懂，也有实践价值。似乎没有多大必要分为根源、原因、相关因素和条件，分得越细越不容易说清楚。"[②] 笔者认为这一论述是很有见地的，对职务犯罪具有较强的解释力，是对职务犯罪原因分析路径的重要突破。联系国内近年预防职务犯罪的成功经验，其中非常重要的一条，是把职务犯罪进行系统解剖，明晰犯罪条件，进行犯罪领域、环节、部位等关联分析，引进生活圈、社交圈、权力结构等研究。如对于工程建设领域的职务犯罪，建设部有关领导经过深入调研思考，于 2002 年提出 7 个犯罪环节。沿着这条分析路径，上海市检察机关近年对工程建设领域职务犯罪解剖为 13 个易发环节，进而针对每一环节，分别研究犯罪得以实施的各种犯罪方法，并针对这些犯罪方法，设计相应对策，收到了明显的预防职务犯罪成效，在全国产生强烈反响。这固然仅仅是新的起步，但或许能给职务犯罪防控对策提供新的启迪。

---

　　① 如北京大学储槐植教授。

　　② 储槐植：《犯罪原因研究中的几个关系问题——呼吁开创犯罪原因研究的新领域"犯罪场"》，载《青少年犯罪研究》1990 年第 10 期。

二、职务犯罪成因

任何社会现象的产生都有其特定的原因，犯罪现象也是如此。这是一个多层次、综合性、流动变化、彼此作用的相关系统，包含有社会因素、心理因素、自然环境因素以及文化等多种因素。这些因素有机结合形成一定的罪因时，便可能导致犯罪现象的发生。公职人员犯罪是一种古老的犯罪形态，随着国家的产生而出现。发展至21世纪的今天，公职人员犯罪仍然存在，它的产生、发展、变化与一个国家、一个社会的基本特征密不可分。现阶段我国职务犯罪的发生，是同我国现阶段的政治、经济、文化等因素紧密相连的。

（一）客观成因探寻

1. 权力失控的政治因素

权力是在特定社会主体之间，一方根据自己的意志影响和决定另一方行为的能力。政治体制的状况如何，与权力活动的状态直接相关。倘若政治体制不完善或存在某些弊端，很可能出现不正当动机和不法企图发生作用的空间，出现权力被滥用的职务犯罪。而且，不法行为的体制空间越大，则权力滥用的现象及危害性就越严重。因而，关于政治体制的分析是探讨职务犯罪成因的首要途径。在这一原因层次，我们可以挖掘以下分析要素：

（1）权力配置。权力过分集中是我国政治体制的传统弊端。有人甚至称之为流弊。这种体制的权力分配特点是，权力以单一方向自上而下配置，在每一个层集中于某个人或几个人，体制内的一切资源如人员、机构及相关权力，均由权力中心全权控制和指挥。这种体制给职务犯罪留下的空间是，每一级权力的制约主要来自于上级，而横向的和自下而上的制约较弱，如果上级对下级失察或监督不力，则使下级有较大的自由行使权力的空间。邓小平认为："这种现象，同我国历史上封建专制主义的影响有关，也同共产国际时期实行的各国党的工作中领导者个人高度集权的传统有关。"① 固然，职务犯罪分子的堕落有其个人品质的原因，但是他们的职务犯罪活动既然发生于体制内，这就要求我们必须认真检讨制度环境存在的内在疏漏。无疑，正是过分集权的体制为某些掌权的人提供了自由用公的可能，过大的权力膨胀了他们的个人意志。而且，权力过分集中还使得纠正权力过错的代价大大提高。在实践中，很多职务犯罪活动在其初期已被群众发现和举报，但集权体制为其提供了排除障碍的力量，直至违法行为不可收拾，对国家和人民造成极大损害，才受到制止和追究。

---

① 《邓小平文选》（第2卷），第328~329页。

（2）权力运行。权力行使缺乏有力的制约和监督。权力现象的一个客观规律是，没有制约的权力容易被滥用。在失控和约束不力的情况下，个人的意志常常会由于没有压力和牵制而轻易地进入权力过程，从而使用权人形成不谨慎甚至是随意的精神状态。由于缺乏制约机制作保障，权力行为的规范也往往流于形式，丧失应有的权威和严肃性，得不到真正的贯彻。江泽民同志说，权力被滥用而又得不到制止，往往就会出现大问题。我国职务犯罪现象发生的现实直接地证明了这一点。虽然在党政体制中有专职地监督各级权力的机构，但监督权和被监督权之间明显失衡，使得监督机构的职能作用受到限制。权力运作的规律表明，权力越大、越关键，就越是应当予以规范和约束。而现实权力体制中的情况却相反，权力地位越高，受到的制约和监督却越弱。正因为制约监督不力，才使得某些人有恃无恐、肆意妄为。

（3）权力制约。权利对权力的监控力不足。在国家的政治生活中，人们的参与手段主要是两种，公职人员依靠公共权力，而公共大众主要运用宪法所规定的权利。在具体生活中，公共权力是为实现公民的权利而服务的。为了保证权力行使的合理正当，通常必须建立和完善权利对权力的监控控制制度，防止权力践踏和侵犯人民的权利和利益。权利对权力的监控是现代权力制约体系的重要组成部分。在我国，这样的制度尚未健全。权利对权力的制约缺乏有效的实现手段，公民权利行为组织性差，制度保障也不够。在公职人员的选拔、业绩评估和考察、权力违法的遏制以及权力受职务犯罪行为侵害的救助等方面，尚未建立起严密的权利参与和保障制度。例如舆论监督对权力违法乱纪的实际压力还远远不够，群众对贪官的抨击常常很难转化为组织制度的抨击，从而使得某些握有权力的人无所顾忌，甚至出现已怨声载道的官员仍然提拔重用的现象。这表明，权力的运用离开了人民群众权利活动的监控，也必然出现滥用的后果。

2. 利益失衡的经济因素

职务犯罪典型表现往往是权钱交易，因而经济方面的因素在职务犯罪生成过程中具有重要作用。可以说，我国现阶段的职务犯罪，大多存在着经济上的诱因，其实质是经济体制中的内在矛盾和问题在权力形式上的表现。利益关系紊乱，权属边界不清，是职务犯罪得以存在和发展的主要经济诱因。

（1）产权制度的缺陷。我国已经开始产权制度的改革。在保持公有制基本制度的前提下，实现产权制度的明晰化，真正使企业成为责、权、利分明，相互独立的市场经济主体。但是在现阶段，传统的产权结构还没有发生大的变化，体制弊端仍然存在并发生作用，引发了一系列经济和社会的不利后果。官员和企业负责人滥用权力、营私舞弊的很多行为都和产权制度上的缺陷有直接或间接的关系。一是利用公有财产的产权界限不清晰的漏洞，依靠种种优势地位无偿消费公有财产。在经济关系中，如果产权界限不清楚或较为模糊，就会使有关人员搭便车，介入人员侵犯他人利益却不承担任何责任。二是利用公有财产制度责任不明的缺陷，损公肥私。产权制度决定财产交易的方式和后果。如果责任清晰，直接的交易后果由交易的当事人承担，则会保证交易的有效性和合理性。但在职务犯罪发生的场合，往往是责任不明，交易人不承担交易的后果。一种表现是，直接占有者和交易者首先为个人或小集体的利益着想，把非法的获利转嫁为国家的支出；另一种表现是，在双方当事人串通的交易中，实际上存在着任人宰割的第三人，这就是国家。商业贿赂蔓延的事实也表明，由于公有财产责任制的不完善，在很大程度上导致了这种交易成本的提高和不法行为的发生。

（2）市场规则不完善。我国正式提出以社会主义市场经济体制为目标改革已进行十多年了，但是市场规则的建设仍处于逐步完善的过程中，现实中的市场经济实践也还没有为我们提供足够的经验来完全解决规则建设问题。因而，市场规则方面还存在诸多不完善的地方。一是市场进入规则不完善。成熟的市场要求，市场主体怎样才能进入市场参与竞争，要具备一定的法定条件，不具备条件的不能进入市场。由于目前关于市场进入规则的具体内容不全面、不严密，且执行不力，导致存在市场主体混乱的情况。查办的职务犯罪表明，不少部门和单位滥用权力，挤占、挪用专项资金，如教育、社会保险、扶贫、救灾等资金，将其投入证券、房地产等高风险的领域，利润归己，亏损归公。二是市场竞争规则不健全。市场上存在着大量的不正当竞争现象，如商业贿赂、工程招投标中的舞弊行为、行政垄断、地方和部门的自我保护主义等，表明行政封锁导致了市场分割，既阻碍公平竞争，也妨碍市场资源的有效配置。三是市场交易规则不完善。我国交易规则现有的问题主要在于：一方面，规则本身不完善。如现行合同法中，合同当事人的权利和自主性受限制，合同管理的行政权力介入太多，当事人的意志和自治原则难以体现，这种现状导致权力的不合理干预，并且为权钱交易提供机会。再如调整证券关系的证券法中，证券交易也是基本停留在行政调节的水平，交易中的欺诈行为以及其他不正当行为容易发生。另一方面，对规则的执行软弱无力。市场交易强调公平自愿，但现实中大量发生的是一些部门和行业利用自己的权力或垄断地位向企业、公民进行强制性交易行为，其突出表现是当前社会热议的一些部门垄断现象。

（3）分配关系不顺畅。以公职人员和国企领导人员为例，在全社会的收入增长的速度和数量上，他们还是居于后列地位。在党政干部群体内，由于各级财政包干，也存在贫富不均的问题，形成了收入极不平衡，刺激掌握权力的人变现金钱的欲望。因此，向下级单位和服务对象乱加摊派，巧取豪夺等现象严重。有的巧立名目，违法收费，收罗挂靠单位，收取管理费、保护费，庇护不法行为，致使法律权威受损，经济秩序破败。

（4）经济体制不健全。一是企业与其他经济组织的财产权在经济体制改革中逐渐得到确立。企业与其他经济组织独立核算、自负盈亏、自主经营，初步形成了市场竞争的格局，由于每个经济主体有着自己的独立经济利益，在竞争中不良经营者就会在运用其他不正当竞争手段的同时实施贿赂争取交易机会和交易条件。二是我国市场体系还处在发育不成熟阶段。新旧体制转轨的时期，由于管理经验不足，行政干预经济的现象依然存在，原料和辅助材料短缺的条件下，以各种手段获得行政的支持、获得项目、获得特许及获得物资成为必要和可能。商业贿赂是商品经济发展中市场不成熟，物资不够丰富等条件下滋生的一种丑恶社会现象。三是我国多种经济成分并存，大量乡镇企业、私营企业和个体工商户，他们没有较固定的供销渠道，在原料供不应求的条件下，他们为获得物资供应就有可能行使贿赂行为，诱发职务犯罪；他们没有稳定的销售对象，为推销商品，他们会买通采购人员，争取交易机会。另外，私营企业、乡镇企业的账目管理制度不严，也为贿赂等职务犯罪开了方便之门。

3. 转型失范的社会原因

职务犯罪的发生、变化、发展，与所处的发展阶段具有内在关联，很大程度上与社会发展的状况相适应。职务犯罪与社会就像一列火车，在基本的车身构造不变的情况下，速度和路况的变化都会造成列车运营的不同状态；社会的发展也是这样，出现什么问题以及什么对策是可行的，都和发展阶段有关。①

我国正处在历史发展转型时期的社会。从社会形态的发展阶段看，社会主义初级阶段是所有特征的精辟概括。这个阶段，除了经济层面具有显著的后发特征之外，社会层面一个最突出的特点是，社会主义制度本身还不成熟，有待发展和丰富、完善。尤其是就社会结构而言，已经从封闭的传统社会向开放的现代社会转型，但转型过程中的大量社会问题必将随之伴生，其衍生方式，一是生发出新的问题，二是旧的问题增加了新的内容。

从转型社会的特点来说，转型是一个社会的体制、生活方式、观念、规范乃至社会成员关系的诸多变化，其最深刻的内涵是社会结构方面，体现为社会二元结构的变化。社会转型的含义是一个社会结构代替另一个社会结构。但是这种转变是一个非常复杂的演变过程，新的社会结构既不能从外部强加于社会，也不可能在短期内轻易完成取代旧社会结构的任务。其中有一个逐渐生长

---

① 刘春：《当代中国反腐败论》，中共中央党校出版社 1998 年版，第 131 页。

的过程。它只能在既定的社会中生长和发育，在同旧的体制、规范磨合、斗争中逐步占据主导地位。因此，转型社会中，传统结构与现代结构二元并存，二元结构是转型社会的重要特征。

按照社会学的理解，在二元结构的社会里，传统结构的衰落与现代结构的生长存在制约关系，冲突和失范在所难免。其特点是在现代结构尚未占主导地位，而传统结构虽然有所瓦解，但仍有重要作用的关头，新旧两种机制、两种利益格局共存互生，形成激烈冲突。

转型社会中的二元化结构对公共权力来说是一种挑战，处理不好，就会成为引发权力腐败的陷阱。从行使权力的角度看，当特定的公共权力与二元的体制、标准面对时，究竟适用何种规范，大致取决于规范适用主体的选择，亦即以决策表现出来的权力行使过程。利益最大化的膨胀状态则由此产生。

4. 历史积弊的文化原因

防治职务犯罪机制的良好运行必须以适宜的人文氛围为前提。我国的吏治之道，在 20 世纪中叶随着新型国家的诞生得到了全方位的更新，这是新中国成立以后人文建构中积极的一面。但作为官员价值追求中的许多积极内容，如正直、清廉、执著、为民请命等传统文化，在一些官员的扬弃选择中没有得到珍惜和完善承袭，成为难以挽回的损失。

第一，政治运动的历史粉碎了千百年来植根于人们心中的从政道德，而更高的理想化的道德结构尚未深入人心。任何社会的人文价值都需要现实的人，才能转化为一定的社会建制，治理腐败机制的建构更是如此。在中国传统"官德"中，有"政者，正也"之类的格言，表明传统的"官德"要求是双重的：一是要求官员具有"责任伦理"精神，即必须对自己政治行为的后果负责，强调"自责"；二是要求官员具有"心志伦理"精神，强调"慎独"，要求正心、诚意、修身、齐家。这两种伦理精神的结合，才能养成官员必备的政治人格——以伸张正义为天职和秉性；以声色犬马之好、金钱器物之贪为耻辱。但是，我们的新型国家建立没多久，即陷入了"政治运动"的旋涡，为趋利避害，不少从政人员逐渐形成了宁"左"勿"右"的劣性，面对腐败行为缺乏斗争精神。

第二，政治的伦理化倾向使权力监督制约机制的建构得不到应有的重视。现代政治的一个重要标志是政治权力的可制约性，"依法治国"的实质也在于对权力的制约。以权力制约权力，以法律制约权力，旨在防止权力失控而导致腐败。然而，中国的传统政治文化却没有确立起以制度、法律来制约权力的监督意识，在反腐败的手段上注重以伦理道德规范对权力进行制约。这样，权力的运行、政治的发展就完全建立在执政者的道德自律上。不可否认，道德作为社会控制系统中的软制约机制，必然在一定程度上规范权力主体的行为，但它毕竟是一种软制约机制，如果仅仅把希望寄托在执政者自律上，最终只能带来失望。因此，在廉政建设中，弘扬"以身作则"、"廉洁自律"的伦理价值无疑是正确的，但在机制构建中，过分强调政治伦理，忽视政治制度建设，单纯期待清官的大量出现，无疑又是阻滞治理腐败机制健全的严重思想流弊。

第三，国家依赖情结使社会监控手段难以发挥到位，造成了权力监督制约力量的空缺和弱化。在国家和社会的关系上，现代民主理论认为国家是社会发展到一定历史阶段的产物，国家从社会中产生，国家存在的价值和意义是维护和实现社会的利益，相对于社会来说，国家是从属的东西，而社会是决定性的因素，国家应当受到社会的制约，而不应凌驾于社会之上。因此，现代民主政治文化普遍确立起国家权力必须受到社会制约和监督的意识。然而，在中国传统政治和现代政治的发展中，却没有确立起社会决定国家的政治观，认为国家决定社会的见解却是主流思想，这种思想如果不加以克服，对腐败控制机制的建立将是极为不利的。它将使人们习惯于认为社会的一切活动只能通过国家来处理和保护，社会的所有功能只能等待国家加以发挥，如果这样，治理腐败力量的单一就是必然的了。

第四，社会自主意识的弱化导致治理腐败参与力量的单薄。我国的政治文化中，适应民主政治发展需要的公民意识、平等意识相对脆弱，人们只能祈求"清官""为民做主"。"他们不能以自己的名义来保护自己的阶级利益，他们不能代表自己，一定要别人来代表他们。他们的代表一定要同时是他们的主宰，是高高站在他们上面的权威，是不受限制的政府权力，从上面赐给他们雨水和阳光。"正是由于这种心态，人们把政治看成纯属政治家的事物，完全听任超常权力的控制，而不愿参与对权力的控制和制约。久而久之，权力主体也很自然地把自己看成是特殊人物，可以为所欲为而不受限制，把制约和监督看成是对自己威严的冒犯。正是由于社会自主意识的弱化，导致遏制腐败的单薄和腐败行为的骄纵并存。

（二）主观成因分析

在分析职务犯罪主观原因时，传统分析使用较多的视角是从价值观入手探寻思想到行动的因果关系，这是必要的，从防控职务犯罪的需求来说，这种分析将能引导我们得出强化教育的结论，作为其对策方法，便是观念预防。但同时也要看到，一个人价值观是经过数十年塑造得以定型的，因而观念预防的方法和理念还是需要作深刻变革的，否则即使花很大的工夫，下很大的力气，最终仍然不能解决问题。为了增进行为约束的效果，我们尝试另辟蹊径，从行为科学和公共选择的理论分析理性经济人的行动，可能也是一项富有意义的工作。职务犯罪是公务员将其公共权力私利化的一种行为，是公务员为获取个人利益而采取的一种"理性经济人"行为。因此，我们有必要从经济学的角度出发去剖析其主观成因。

1. 资源稀缺性及公务员的经济人理性。公务员也是活生生的人，具有经济人的全部特征。微观经济学解释，人类社会的所有活动都是围绕对稀缺资源的获取、分配而展开的，对资源稀缺性的追逐既是人类社会进步的根本动力，也是产生人类各种悲剧的根源。把职务犯罪与资源的稀缺联系在一起并非指出职务犯罪的必然性，而是看到职务犯罪的可能性。正如经济学家亚当·斯密所说：人是理性的，在经济生活中总是受到利己行为动机所驱。为达到自己的目的，在互惠互利的基础上有了物与权的交换，形成权钱交易的行为方式，从而产生了职务犯罪。同时，经济人总是以利润最大化为基本行为准则，投机取利，具有用一切机会为自己争取更多利益的倾向。凡是能给其带来正效用的一切因素都会进入其收益函数。而当前处于转型时期的我国经济，不健全的政治体制和分配机制的存在使这种理性更具发展空间。

2. 权力的需求与供给的无弹性。英国历史学家艾克顿留下名言："权力倾向于腐败，绝对的权力倾向于绝对的腐败。"我国长期计划经济体制的影响，及我国传统思想和我国的社会制度，都导致党领导下的政府成为权力垄断主体。而一个公职人员在一定时期内拥有的权力是一定的，权限是一定的。作为公职人员的个体出于理性，为获取更多、更高的个人利益，有可能将权力"价格化"。价格随用权对象的不同是变化的，而权力拥有者又是一定的。这就形成了权力供给的零弹性。面对这种情况"经济人"必然会扩大权限或提高"价格"，同时对于权力效益的需求者来说只要价格在其承受范围内（一般以边际成本＝边际收益为限）则不会顾及其高低，而权力所有者也抓住权力需求者这一心理，更多为自己创造获取有价值事物的机会，从而使职务犯罪的产生不可避免。

3. 消费者的均衡原则及替代效应。在职务犯罪行为中，受贿者与行贿者是互为主客体的，可以说都是对方拥有品的消费者。作为权力的购买者——行贿者，其得到的"权力效益"必定在其预算线上（高的可能性更大），否则他也不会采取行贿这种冒险的行为。作为消费者的权力拥有者为购得经济利益（或其他利益）出于理性必然会奉献出权力，以达到其最大效用。霍顿指出："当政治机会超过经济机会，人们追逐权力以求致富，而当经济机会大于政治机会时人们就会用财富去换取政治权力。"这就产生了金钱与权力之间的替代关系，即占用大量权力的公务员用权力去替换能满足自身需要的精神的、物质的东西，而财富（指相对权力者来说有益的物质的、精神的东西）拥有者则会用此去换取"权力效益"。两者之间的不断替代最终符合交换的帕累托最优条件（即两者交换品的边际替代率相等）达到均衡。消费者均衡心理和替代行为的存在促使着行贿、受贿的产生。

4. 离退休前职务犯罪的效用最大性。金钱与职务犯罪者的效用是线性相关的，也即每一单位货币给职务犯罪者带来的效用是相等的，如不考虑惩罚到来的早晚给职务犯罪者带来的效用变化，则在职的任何时候职务犯罪对职务犯罪者个人来说都是无差异的，但是退休前职务犯罪一旦被查处，受到影响的也只是第二期的生活，而选择任职初期职务犯罪，则不仅第二期的生活可能受到影响，其任职期间的薪水和在职消费也可能因职务犯罪而被剥夺。因此，即使不假定惩罚是及时的，预期惩罚的存在，作为"理性经济人"也会选择离退前职务犯罪。这也许就是我国"59岁"现象的原因所在。

5. 决策的外部性。外部性又叫外部效应，是指私人收益与社会收益，私人成本与社会成本不一致的现象，由于人的行为是理性的，只要存在公共决策就存在着外部性，存在着决策的社会成本和收益与个人成本和收益的背离，即存在着具体决策和公共决策同私人利益的矛盾。也就存在着产生职务犯罪现象和贿赂行为的客观基础。

6. 职务犯罪者的成本收益分析。作为理性经济人，人们的基本行为准则就是比较行为的预期收益与预期成本的大小，职务犯罪者更是如此。采取行动与否取决于边际条件：边际成本＝边际收益。当政府官员进行决策时亦通过此模式，趋利避害，对各种实现目标的可能手段权衡取舍，以取得最大收益为限。从而我们也就不难理解以权谋私的产生了，政府机构决策规则按公共选择理论分成本模型和概率模型，通过成本模型机构集体分析决策成本与外在成本使这两成本之和（即依赖成本最小来决定集体选择的规则），或是通过概率模型分析按决策结果偏离个人意愿可能性最小为准来进行抉择。然而这两个模型分析实际上也就是"理性经济人"追求成本最小化、收益最大化的成本—收益分析。这种"理性"分析的存在促使政府官员为实现成本最小，收益最大而寻找机会，造成职务犯罪。

政府官员的这种"理性的经济行为"无一例外都是利用手中的权力寻找或创造徇私机会的过程。然而，这一行为的作出又是同政府官员道德失范、利益失衡而导致的责任心减退造成的。因而，职务犯罪可以这样一个公式描述：职务犯罪＝权力＋机会－责任心。①

_____

① 朱国伟：《理性经济人腐败的原因分析及对策研究》，载《公共管理评论》2005年第3期。

三、职务犯罪生成条件

生成条件分析即职务犯罪得以实施的场景分析。如前所述，职务犯罪的条件与犯罪原因不同。原因为职务犯罪提供了可能，而条件的具备则将犯罪由可能转化为现实。职务犯罪的生成条件，包括动机何以形成，机会如何产生，动机与机会结合，才会形成实际的犯罪。无疑，人的行为是受动机支配的，而动机是由需要产生的。其发生机制可以如下公式表示：需要—动机—行为—目的。其中，需要是个体在生活和实践中力求获得满足的一种内心精神状态。动机是人类自觉追求一定目的的自觉愿望或意图。动机的产生有两个条件：一是内部条件，即心理需要的驱使；二是外在条件，即满足需要的对象，或称诱因。以权钱交易为典型表现的职务犯罪，便是在自利需要的条件下，贪图安逸，不愿付出劳动投入和承担风险去创造社会财富，同时，在社会对此缺乏监督和有效控制，加之某些公职人员的自利需求，私欲膨胀，而市场平等竞争环境还未真正完善的条件下，利用行政权力阻碍竞争，阻碍经济要素的正常流动，人为压缩供应，提高价格，使获取超额利润的设租与寻租耦合，职务犯罪得以发生。因而职务犯罪的生成条件是：动机＋机会＋动机与机会的联结。

（一）动机

从语言学上说，动机是推动人从事某种行为的念头。从心理学上进一步分析，动机是为实现一定目的而行动的内心起因。动机是个体的内在过程，行为是这种内在过程的表现。引起动机的内在条件是需要，引起动机的外在条件是诱因。驱使有机体产生一定行为的外部因素称为诱因。凡是个体趋向诱因而得到满足时，这种诱因称为正诱因；凡是个体因逃离或躲避诱因而得到满足时，这种诱因称为负诱因。人类动机对活动具有引发、指引和激励的功能。就职务犯罪的发动而言，动机的功能在于：（1）引发功能。公职人员通过对外部信息的处理，使外部需求内化，产生弄权渎职、权钱交易的欲求，引发职务犯罪。（2）指引功能。公职人员对外部信息进行筛选，形成明晰的价值取向，进而指引其行动方案的选择，最终突破法律界限。（3）激励功能。行为人选择职务犯罪的行动方案，必然存在法律风险，但是强烈的动机发生激励作用，形成冒险心理，不惜以身试法。

根据动机的起源，可以把动机分为生理性动机和社会性动机。生理性动机源于生理需要，如饥、渴、性、睡眠、母性等动机。职务犯罪中的权钱交易、权色交易便是其典型。社会性动机又称心理性动机，它源于社会性需要。如职务犯罪中的徇私舞弊、买官卖官等。其中，交往动机和成就动机被认为是两种主要的社会性动机。交往动机指个体愿意与他人接近、合作、互惠，并发展友谊的动机。成就动机指个体在完成某种任务时力图取得成功的动机。心理学家麦克莱伦认为，各人的成就动机都是不相同的，每一个人都处在一个相对稳定的成就动机水平。阿特金森认为，人在竞争时会产生两种心理倾向：追求成就的动机和回避失败的动机。影响成就动机的因素有：（1）成就动机的高低与童年所接受的家庭教育关系密切。（2）教师的言行影响学生成就动机的强弱。（3）经常参加竞争和竞赛活动的人比一般人的成就动机强。（4）学生的学习成绩与其成就动机呈正相关。（5）个人对工作难度的看法影响成就动机。（6）个性因素影响成就动机。（7）群体的成就动机的强弱与自然环境和社会文化条件有关。此外，动机还可分为长远的、概括的动机和暂时的、具体的动机；高尚动机和低级动机；主导动机和辅助动机；意识动机和潜意识动机等。

职务犯罪与许多暴力犯罪、性犯罪等类型不同，虽然不能排除生理性动机也是其心理因素之一，但更为多见、更为主要、作用范围更广的还是社会性动机，尤其在以下几个方面较为突出：

1. 自私心理

自私自利是个人主义的道德境界，是私有制的产物，有各种不同的程度和表现形式。有的人极端自私自利，公开露骨地损人利己；也有一些人设法寻找一种既能满足自己的私利，又能照顾别人利益的处世哲学，宣称"主观为自己，客观为别人"，但就其实质来说，利己是核心，是根本基础，是推动他们活动的根本动力。[①] 自私的"自"是指自我，"私"是指利己；自私指的是只顾自己的利益，不顾他人、集体、国家和社会的利益。常有自私自利、损人利己、损公肥私等说法。自私有程度上的不同，轻微一点是计较个人得失、有私心杂念、不讲公德；严重的则表现为为达到个人目的，侵吞公款、诬陷他人、杀人越货、铤而走险。自私之心是万恶之源，贪婪、嫉妒、报复、吝啬、虚荣等病态社会心理从根本上讲都是自私的表现。自私之心，自古就有。战国时期，齐国有一美男子邹忌，一天另一美男子徐公来访，徐公走后，邹忌便问妻子、小妾、客人，他与徐公哪个长得更英俊，三人异口同声说邹忌长得好看。邹忌是一个有自知之明的人，他认为妻子是偏爱他，小妾是害怕他，客人是有求于他，他们不讲真话，都有私心杂念。所以《书·周官》就提出"以公灭私"，孙中山先生也提出"天下为公"的主张。但是，正如马克思曾形象地揭示社会心理现象的历史继承性：已死的先人纠缠着活人的头脑。传统社会一直存在着的自私自利心理，也会随传统文化的影响而持久地发挥作用。法国百科

---

① 罗国杰主编：《伦理学名词解释》，人民出版社 1984 年版，第 149 页。

全书思想家爱尔维修就说过，人们"从来不为别人的幸福牺牲自己的幸福，河水是不想河源倒流的，人们也不会违抗他们利益的激流"。① 他甚至绝对化地断定："任何人在任何时候也不会在损害自己的条件下去促进社会福利。"② 杰拉尔德·E.蔡登说："有人说腐败的根源还必须到人类性格的弱点中去寻找。人类在本性上是邪恶的和罪孽深重的。腐败是这一世界的一种方式，它是人类环境所固有的，没有一个人能逃避诱惑。"③ 我国社会主义市场经济迅猛发展，市场经济的物质利益原则会影响到人们的价值取向。正如有人所说，自然经济是一种求生的经济，而市场经济是一种求利的经济，在求生经济向求利经济的转换中，会激发人的私欲。市场经济中不同经济利益拥有者的竞争都具有自己利益最大化的冲动，这种冲动如果离开理性合法制度轨道，必然导致利己主义，而利己主义的冲动又必然引起不正当竞争，不正当竞争的背后必然有权力的支撑，而权力与不正当竞争之间的交易又必然是腐败的权钱交易，职务犯罪又由此生发。

2. 特权意识

特权意识是官本位文化的必然反映，特指职务犯罪群体乃至全社会在对待职务犯罪行为和职务犯罪现象时所产生的一系列畸形的、扭曲的、反主流的判断、认知以及价值观等，它通过关于官与民这两个方面的不同心理反差得以表现。特权意识从性质上讲属于一种反主流文化，也就是说，它的价值判断与社会应有的正确的价值判断完全是背道而驰的，这种亚文化以自私自利为核心，以特权思想为载体，以享乐主义为表现，其外在的行为是认同和支持职务犯罪行为及职务犯罪现象，甚至亲身"实践"职务犯罪，最终的结果是损害国家、他人和社会的利益以满足个人暂时的私欲。特权意识在我国可谓"源远流长"，历史学家吴晗说："一部二十四史，就是一部贪污腐败史。"特权意识就是在这样的人文环境之下产生发展起来，形成了它自己独特的内涵和外延。

权力意味着不平等。迪韦尔热指出："一种权力的存在意味着一个集体的文化体制建立起了正式的不平等关系。"④ 如果一个社会特权意识盛行，也就

① 北京大学哲学系外国哲学史教研室：《十八世纪法国哲学》，上海人民出版社1963年版，第537页。

② ［法］赫·恩·蒙让：《爱尔维修的哲学》，商务印书馆1962年版，第375页。

③ 参见王沪宁主编：《腐败与反腐败——当代国外腐败问题研究》，上海人民出版社1990年版。

④ ［法］迪韦尔热：《政治社会学》，华夏出版社1987年版，第116页。

是说人民普遍默认了职务犯罪行为人拥有特权，并为他们能顺利地行使其特权推波助澜，则这个社会就会形成一个以职务犯罪行为人为核心的特殊的利益群体。这一群体中的人也会自然地分成许多层次，下一级的人尽其所能地向上攀登以便掌握更多的社会资源，上一级的人则视其亲疏远近分配给下级不等量的权力，最终这一群体将结成相当牢固的同盟，如果可能，他们会将特权传给自己的子女。在特权不得世袭的制约下，各人则将自己的权力移交给自认为最靠得住的人，或者干脆"易子而官"，实际上形成了一种变相的承继关系。由此这个圈内就形成了其特定的特权意识。外边的人如果想进入这个圈内获得一定的职位，首先要认可并遵循它固有的游戏规则，从而使得特权意识越来越具有稳定性。

中国的特权意识在世界历史上是独特的，具有传承性，这既与我国漫长的封建史有关，也与我国的人文特征有关。中国人民历来是一个善于克己让人的民族，只要能平安度日，吃点亏也无所谓，这种心态决定了我们对事物的发展态势估计不足，得过且过的意识较为强烈，在问题还处在萌芽甚至发展阶段时，人们一般不愿意花太多力气去解决它，等到发现它经严重影响到人们的正常生活时，事情却已经到了不可收拾的地步。在对待官员职务犯罪的态度上也是如此。犯罪心理学认为，受害人的态度以及犯罪情境会对犯罪行为产生很大的影响。人们对于职务犯罪现象的容忍客观上构成了一个纵容甚至鼓励职务犯罪的情境，而受害人对于职务犯罪的忍气吞声则进一步激发了犯罪主体的侵害性。在特权意识的影响之下，人们普遍地将"权力"等同于"特权"，并且默认了掌权者可以享受特殊的待遇，这样的社会认知难免会助长某些公职人员的特权意识。

3. 从众心理

特权意识的另一表现是对社会具有侵蚀性，这就是从众心理。一方面，接受特权意识的人认为，职务犯罪是一种正常的社会现象，个人没有能力也没有必要去改变它，握有权力的官员为他人办事获得一定的报酬是劳务所得理所当然，没有必要大惊小怪。要在一个特权意识盛行的社会生存下去，就必须承认并接受它所宣扬的行为和观念，否则就会被排挤和打击，不但改变不了现实，就连自身的安全和稳定也难保。古今中外，我们都能看到，在一个特权意识盛行的社会里，那些想为人民谋点利益，与统治集团唱反调的官员，绝大多数会受到排挤和打击，有些会丢失其权力被赶出特权圈子，有些甚至要付出生命的代价。另一方面，被特权意识侵蚀者同情、支持和践行职务犯罪行为和职务犯罪现象。随着特权意识的泛滥，人们对职务犯罪现象的容忍力越来越强，多数人对于请客吃饭、送烟送酒已经觉得很"正常"，出门办事的时候自己也往往身不由己或者心甘情愿地做一些这样的事情。如果哪次送礼的对象拒收，还会觉得非常不安，怕自己的事办不成了。在体制和文化的双重作用下，一些能力超强，真心为民谋利的官员也不得不向权贵折腰，这是个体对恶劣环境的无奈屈服，也是可悲而又可怕的"现实"。

从从众心理考察，特权意识的可怕之处在于它对人们的影响是潜移默化的，它会一点一滴地改变人们的世界观和价值观。特权意识所支持的行为必然是以损害国家、社会和他人的利益来满足少数人的私利，职务犯罪尤其如此。犯罪主体贪污敛财的行为，不仅使得其所在组织的利益被极大地损害，也使得社会财富越来越多地聚集到少数人的手中，社会的经济秩序受到干扰和破坏，而政府官员所代表的执政党在群众心目中的地位和威信大为下降，严重地损害了党群关系和干群关系。而特权意识使人们的价值观和人生观发生偏斜，产生"万般皆下品，唯有做官好"之类的想法，从心底里羡慕那些还未曾受到法律惩处的职务犯罪分子。当一个掌握特权的"圈子"形成以后，人们进入这个圈子首先要认可并遵循圈子里的规则。特权意识更大的危害性表现在它的存在和流传使得人们对以权谋私甚至职务犯罪现象的容忍力提高，也使得不少官员在进行职务犯罪活动时将其合理化，部分职务犯罪分子甚至不觉得自己行为的违法性，不承认自己的所作所为是职务犯罪，因为"周围的人都这样"。这种亚文化如果任其滋长，就会损害我们的主流文化所确定的诚信、平等、利他等正面的价值观和社会情感，甚至可能使整个社会的道德体系崩溃，产生极度恶劣的人文环境，最终影响到我们的经济体制、政治体制及文化体制，从而导致整个社会出现无序、动荡的局面。

4. 欲求膨胀

主要是由需求结构处置不当诱发的。通过国际比较和历史比较可以发现以下规律：经济快速发展和现代化剧烈进行的时期往往是腐败高发多发时期，从计划经济体制向市场经济体制转轨的时期也往往是腐败高发多发时期。美国学者亨廷顿也总结出了这一现象："在大多数文化区域中，腐化在现代化最剧烈的阶段更为盛行。"英国、法国、美国等发达资本主义国家在18世纪特别是19世纪走向现代化的过程中，都曾有过腐败多发的经历。英国历史上风气尚可，但在经历快速经济成长工业化的过程中腐败也较为猖獗。19世纪美国经济起飞的时期腐化也达到高峰期。日本、韩国、菲律宾、泰国、土耳其、巴西、墨西哥、委内瑞拉等国家在其走向现代化的过程中也都有过类似的经历。

我国当前腐败多发也是规律性现象，表明从计划经济体制向市场经济体制转轨的时期也往往是腐败最为猖獗的时期，这与现代化规律具有一致性。其佐证材料是，俄罗斯、乌克兰、波兰、匈牙利等许多苏联和东欧社会主义国家，在 20 世纪 80 年代末以来从计划经济体制向市场经济体制转轨的时期，都不同程度地经历了腐败严重的过程。警察、海关官员、税务官员的敲诈勒索行为与黑手党的猖狂活动，成为俄罗斯、乌克兰、白俄罗斯等国经济发展的严重威胁。经济的快速发展，现代化的迅猛推进，如果与体制转轨交织作用，腐败高发多发的可能性就会大大增加。越南的情况就是如此。

对于现代化与腐败这种联系，有两种解释：其一，《第三次浪潮》的作者托夫勒分析：在政治上，第二次浪潮即工业化是各国政府由于生产与消费分裂，产生二重人格。同一个人，作为生产者，他把家庭、学校和老板教育成要节欲，对报酬要满足，要安分守己，忠诚驯服，讲纪律听指挥，作集体中的螺丝钉。作为消费者，同一个人又被熏陶成要多挣钱，永不满足，讲享受，不受拘束，成为追求个人自由安逸的人，总之要成为与生产者完全不同类型的人。尤其在西方，广告猛烈的火力对准了消费者，拼命地刺激男女们去买东西，"挥霍趁今朝，付款待将来"。这种活动为经济的车轮，提供了忠贞的服务。①该书在我国译于 1984 年，二十年后，提前消费的情况也被言中了。许多官员贷款上百万元购房，消费需求猛增，支付能力远远不足，很容易诱发权钱交易的动机。其二，亨廷顿分析：现代化加剧腐败的内在动因主要有三条：一是当越来越多的人们开始接受现代价值准则并用来评价既定的行为模式时，许多传统的行为方式会被裁定为腐败行为。腐败概念的流行表明现代化导致的公私利益区分的概念得到人们的广泛承认。二是现代化开创了新的财源和权力渠道，具有新资源的新集团的兴起以及他们在政治领域中力图产生影响的尝试造成了腐化的产生。新富集团用金钱购买政治影响，穷人则用选票换取金钱。三是政府权威的扩张和受政府管理活动的增多也增加了腐败的可能性。② 由此可见，现代化进程带来的需求结构变化，公职人员处置不当，便会萌发职务犯罪动机。

5. 心理失衡

当代犯罪学家沙尔和罗斯在 1974 年所写的《犯罪现象的生物学与心理学因素》一书中说："内分泌研究方法是一种引人入胜而又非常高明的研究。"关于犯罪原因的内分泌论者认为，犯罪产生的原因是由于内分泌不平衡的结果，如果改变了这种不平衡，犯罪原因就可以消灭。正是基于这一理论带来的殊荣，迪·杜德姆在 1949 年被选为国际犯罪研究协会总书记。显然，内分泌

---

① ［美］托夫勒：《第三次浪潮》，朱志焱等译，三联书店 1984 年版，第 95~96 页。
② ［美］亨廷顿：《变动社会的政治秩序》，张黛云等译，上海译文出版社 1989 年版，第 65 页。

不平衡是心理失衡的物质表现，心理失衡的问题解决了，内分泌也就容易平衡，犯罪的原因也将消除。无怪乎，一些官员因犯罪被查处后，其悔过自白几乎众口一词，自己走上腐败之路的原因首先是"心理失衡"。

"心态失衡是罪魁祸首。"从贵州省交通厅原厅长沦为罪犯的卢万里如是说。他在分析走上犯罪道路的原因时辩称，自己在过去长达30年的公务生涯中，一直是个"一尘不染"的"好官"。只因1997年贵州省政府换届，有个副省长的职位空缺，卢万里认为此缺非己莫属，谁知最后却旁落他人。由此他心态严重失衡，转而寻求经济上的满足。有人对此提出质疑，更高官位的追求失败，是不是使卢万里保持了30年的"操守"顷刻间"土崩瓦解"的唯一理由？在这里，我们不妨做进一步的假设：假如此时的卢万里如愿以偿当上了副省长，那他在新的位置上是不是就心理平衡了呢？人的欲望是无止境的，卢万里肯定还会奔着要做更大的官，而一旦他在某个环节上再一次"失衡"，他又该怎么办？这实在是个值得玩味的问题。南京市秦淮区房地产管理局原局长黄世华，以往骑着单车上下班从不计较，特别是在1993年至1998年间，接连负责指挥了许多在南京非常有影响的工程，为了确保这些工程按期完成，他无数次放弃休息，坚守在拆迁施工现场，以致有一天深夜骑自行车回家时，他竟晕倒在了路边。就是这样一个当年群众公认"没有忘本的人民公仆"，最后还是因涉嫌巨额受贿犯罪站到了被告席上。陷入无尽悔恨之中的他作出如此分析：自己这两个角色的转换，仅缘于一念之差。"这些年，我看到一些人一夜之间成了暴发户，心里很不平衡。"正是因为这种不平衡，黄世华把骑了多年的自行车扔了，开始计较专车档次了，收受礼金也渐渐心安理得了。

贪官何以心理失衡？首先是比较的参照物选择错误的结果。可以说，经济理性人的本能就是比较，从比较中获得利益最大化。因而在现实社会中，比较之心人皆有之。但是，关键是和谁比、怎样比，什么才是最大的利益。比较是有不同"参照系"的，参照物选对了，就可比出责任，比出动力，比出进取心，比出心理平衡来；参照物选错了，就会比出坏心情，比出怨气，比出失落，比出心理失衡来。胡长清如果经常比较小时候放牛娃的境遇，也不至于写几个字要人家几十万元现钞；成克杰如果明白自己那么大把年纪该如何做官，何至于强挖出个双眼皮取媚情人；李真如果不是曲解了"做秘书时的所见所闻"，也不见得一朝得势便时时处处渴望挥舞权力的魔棒"点人生威，点事成金"。官员何必心理失衡？追问一下从哪里来，他可能很快发现并非所有成就都来自自身；放眼一番自己的去处，他将发现非分的占有只能增加更多的惶恐。"纵有良田万顷，日食不过三餐；广厦千间，夜卧不过八尺。"要防止心理失衡，终究要靠树立正确的人生观、世界观、价值观来解决。

　　（二）机会

　　职务犯罪的机会就是使职务犯罪得以实施的客观环境和条件，它是职务犯罪动因转化为现实行为的重要条件性因素。管理上的缺陷，如制度存在漏洞、权力失去监督制约等，都为职务犯罪提供了机会。职务犯罪之所以能够由内部动因转化为现实行为，主要原因是存在犯罪机会。英国著名社会理论家和社会学家安东尼·吉登斯指出，权力主体所具有的控制能力并非是一种"量"上的直接延伸，在很大程度上，这种控制能力的强弱程度取决于权力所在的"场所"。在犯罪学上，我国储槐植等学者将其称为"犯罪场"，并将"犯罪场"定义为"存在于潜在犯罪人体验中，促成犯罪原因实现为犯罪行为的特定背景"。笔者认为，犯罪场实际上就是犯罪机会。在职务犯罪的生成中，犯罪场（犯罪机会）通过削弱或增强犯罪原因，从而抑制或促进职务犯罪行为的发生。也有学者提出罪前情景的概念，即犯罪个体所面临的直接促使其形成犯罪动机和将这种动机转化为侵害行为的外在形势。这是为了分析激发犯罪动机和促成犯罪行为实施的一系列最直接的情景因素而提出的。其目的在于将犯罪成因的研究从注重解释"人们为什么要犯罪"转移到"人在什么样的情景中最容易犯罪"。我们认为，罪前情景与犯罪场在实质上是相同的，都是回答人在何种环境下最容易犯罪的问题，即在什么样的机会下犯罪的问题。

　　1. 政治领域的职务犯罪机会

　　纵观当前发生的许多职务犯罪，在政治领域的机会主要包括决策人员的权力结构提供的机会、用人制度方面提供的机会、执法司法方面提供的机会等。

　　（1）决策权力结构提供的机会。"一把手"的腐败是其典型。近年来，在中央向地方和国有企业下放权力的过程中，各级地方政府和国有企业获得了巨大的权力，而在现行的领导体制中，这种权力又主要掌握在地方党政"一把手"或国有企业"一把手"，现行的领导体制本身存在着"一把手"权力过于集中的问题，至今仍未得到很好解决。比如，强调党的一元化领导，往往使这些地方的党委书记不断强化个人的权力；强调行政首长负责制，也促使一些地方的行政首长竭力扩大个人的权力和影响。各部门在自上而下布置工作中，强调党政"一把手"亲自抓和负总责，于是党政"一把手"事无巨细亲自掌控，由此导致决策权的高度集中，集体领导和个人分工的权力结构没有很好建立。正如邓小平所说："权力过于集中于个人或少数人手里，多数办事的人无权决定，少数有权的人负担过重，必然造成官僚主义，必然要犯各种错误，必然要损害各级党和政府的民主生活、集体领导、民主集中制、个人分工负责制等等。"①

决策权的高度集中为"一把手"实施职务犯罪提供了大量机会。近五年来，北京市检察机关受理的职务犯罪案件 1804 宗，被提起公诉的职务犯罪被告人达到 1374 人。这些案件呈现出六大特点，其中一个就是"一把手"犯罪现象突出。在北京市检察院一分院办理的大案要案中，"一把手"犯罪比例高达 70%。② 一些地方党政"一把手"权力太集中，监督往往成了真空，这里面根本上是个体制机制问题。所以，权力还是应该合理分散、科学配置，建立分权机制和制衡机制。对各级党政"一把手"的监督始终是个薄弱环节，也是反腐倡廉的一大难点，是难中之难、重中之重。认真分析和研究对"一把手"的监督问题，对于改善党风政风、扫除反腐盲区、建立健全反腐倡廉工作的长效机制，具有现实而迫切的意义。

在过去较长一段时间里，我们许多人都怀有一种迷信，认为各级党政"一把手"都是不会出问题或绝少出问题的，因此根本不存在需要对"一把手"进行监督的问题。比如前些年热播的多部反腐影视作品，几乎无一例外都落入了"副职腐败正职抓"的窠臼——副县长、副局长、副市长等一些副职领导干部蝇营狗苟，贪赃枉法，虽然有同僚或下属挺身而出奋起抗争，有纪委、检察院顶住压力依法办案，也难以撼动他们一分一毫。就在反腐败陷入僵局之际，市委书记、省委书记以"一把手"的身份，或者从党校学习回来，或者从国外考察回来，于是峰回路转，柳暗花明，腐败分子束手就擒……近年来，随着原广西壮族自治区主席成克杰、原贵州省委书记刘方仁、原云南省省长李嘉廷、原国土资源部部长田凤山、原国家统计局局长邱晓华等省部级党政"一把手"职务犯罪案件的被查处，基本上已经破除了一些人心中关于"'一把手'无需监督"的迷信。

虽然上述问题正在破解，但不少人仍然认为，由于各级党政机关、国家机关的"一把手"是十分重要的职务，所以对他们进行监督是一个微妙而敏感的问题，绝不能"轻举妄动"。如前段时间，湖北省秭归县纪委组织拍摄了200 多名干部上班期间炒股玩游戏、开会睡觉等各类违纪行为，并制成一部专题短片公开放映，但其中删除了一些单位"一把手"违纪行为的资料。县纪委负责人解释说，如果把"一把手"也曝光，他个人的威信受到影响，他在单位的工作就不好开展了。担心对"一把手"进行监督会影响其威信，或影响其所在地方和单位的工作，或在一定范围内造成混乱，或令监督者"监督

---

① 《党和国家领导制度的改革》，载《邓小平文选》（第 2 卷），第 329 页。

② 参见《北京青年报》2006 年 12 月 6 日。

不成反受其害"，等等，仍然是不少人在对"一把手"进行监督的问题上存在的认识障碍，事实上也是造成"一把手"监督难局面的重要原因。

（2）用人体制方面提供的机会。从查办的职务犯罪案件看，当前买官卖官问题仍然比较突出。这与长期以来用人体制方面存在的犯罪机会有密切联系。现行干部人事体制的最大弊端，便是群众所形容的"少数人在少数人当中选少数人"。所谓由少数人选人，是指政务类公务员即通过选举或任命而任职的公职人员，任用权主要集中在党政主要领导或主管组织人事工作的书记等人手中，在这种用人体制中，组织部门的考察把关和人大的任命程序容易流于形式。用人权主要集中在少数人手中，一方面为一些地方党政主要领导利用用人权谋私取利提供了机会，另一方面也使投机钻营谋取官职者大大降低了贿赂成本。这是因为，贿赂少数人毕竟比贿赂许多人更为便利。所谓"要想富，动干部"，跑官要官、买官卖官行为也因此变得有利可图。如绥化市原市委书记马德卖官案。这不仅是因为此案被称为新中国成立以来最大卖官案，也因为此案牵出了韩桂芝、田凤山等省部级高官。此案深刻反映了用人体制方面提供的职务犯罪机会。

该案说明，马德把其执掌的市委大院变成了一个"乌纱帽批发部"。在马德那里，小到乡镇党委书记、乡镇长，大到县委书记、县长，以及各市、县区内局委办各部门的"一二把手"，每个官职都有其价位，虽未明码标价，但也人人心中有数，即所谓官场潜规则。检察机关对马德提起的17项受贿指控中，12次受贿与"卖官"、"保官"有关。首先，这12次卖官行为90%以上发生在两年中，即2000年3月至2002年春节期间。2000年2月，马德由绥化地区行署专员任上擢升为绥化市委书记，2002年4月被查究。就这短短两年多一点的时间，马德居然就从下辖10个县市半数以上的处级以上干部口袋中掏走了600万元人民币，其中各部门的"一把手"就有50多人，可见马德卖官横征暴敛、肆无忌惮已到了何种程度。其次，这12次卖官中，除了有一次是他在任绥化行署专员时，即1998年春节至1999年春节期间，三次非法收受明水县县长吕岱给予的6000元外，其余11次，全是他在市委书记的"一把手"交椅上干的勾当。令人深思的是，明水县县长吕岱给专员的"礼金"三次加起来也不过区区6000元，但时为专员的马德一年后摇身一变成为绥化市委书记之后，还是这个吕岱，为自己职务的晋升，一出手就是14万元。

在中国这一类似科层制社会，上级对下一级的干部任用，通常是听信主要负责人的话。以一个市为例，对于市级领导班子成员的任免，表面上看是由省委省政府决定，而实际上却取决于市一级党政主要领导的态度。因此，市级领导层尽管名义上是集体领导，包括对下属县市局负责人的任免，如同绥化的常委会票决制度一样，形式上都要通过集体决定，但实际上，由于市里主要领导对这个领导集体的成员任免具有决定性的作用，很少有成员会反对主要领导的意见。这样一来，对下属官员的任免，即便有再完善的制度保障，也难免形成"一言堂"。作为一任"封疆大吏"，马德之所以能够在其所掌管的多达 10 个县市的官场上为所欲为，原因正在于此。

2. 经济管理体制带来的职务犯罪机会

经济管理体制就其本身而言是上层建筑，但它反映的却是生产关系及其管理形式。从本质上讲，属于经济管理范畴，体现着国家、集体和劳动者个人之间的责、权、利关系。任何社会的生产都是由众多的生产单位和各种经营活动构成的社会大生产的统一整体。为了使社会生产得以正常进行，必须采取一定的方式和方法，把分散的生产单位和经营活动联系起来，建立一个宏观的调节和控制体系，形成有序运行状态。这个体系大致分为四个方面的基本内容：（1）经济决策机构；（2）经济调节机构；（3）利益和动力机构；（4）管理组织机构。① 这四个方面的内容，体现在国民经济各个方面的管理体制上，如计划管理体制、物资管理体制、财政管理体制、税收管理体制、金融管理体制、价格管理体制、商品流通管理体制、工商管理体制、基本建设管理体制、进出口贸易管理体制、劳动工资管理体制、企业管理体制等。而这些国民经济各方面的具体管理体制，又共同形成了一个互相交错、互相联系的有机整体，构成国民经济管理体系。

由于我国经济管理体系的沿革轨迹，基本上与政治体制的过程和阶段相对应，因而其体制类型也基本上属于中央集权，主要以行政手段为特征的集中计划性经济管理体制。在以后的发展过程中，虽经多次改革，但基本模式没有大的突破，直至十一届三中全会以后，经过大刀阔斧的改革，体制、机制及制度创新取得重大进展。然而，社会主义市场经济体制的成熟和完善是一个漫长的过程，由于新的经济秩序和管理机制还没有完全形成，很大一部分管理领域有政府驾轻就熟的空间，这就是所谓的转型时期。在这个时期，体制机制上的空当和管理上的盲区，为职务犯罪提供了前所未有的机会，推动了犯罪行为的实施。从近年发生的职务犯罪案件看，国有企业、工程建设、电力、金融、保险、证券、进出口贸易等经济管理部门成了热点部位，其特征是权力比较集中、资金比较密集、垄断程度较高、竞争比较激烈，尤其是商业贿赂，主要采用的方式是信息费、咨询费、手续费、宣传费、赞助费等。总体上说，这些单

---

① 许连纯、徐洪波：《中国现代化进程中的腐败问题研究》，河南人民出版社 2005 年版，第 163 ~ 164 页。

位人员经常与"钱"接触，对他们的诱惑力量最为直接，在体制和制度、机制还不完善的情况下，职务犯罪漏洞较多。

3. 惩治方面的可乘之机

近期，执法司法中的职务犯罪案件又频频曝光于各类媒体，如湖南省高级人民法院原院长吴振汉、天津市人民检察院原检察长李宝金职务犯罪，武汉市中级人民法院13名法官涉嫌执法司法中的职务犯罪等。执法司法中的职务犯罪现象触目惊心。执法司法中的职务犯罪当前表现为三个层次：第一层，权钱交易的腐败，即一些执法司法人员利用权力，牟取不正当的利益；第二层，司法机关和行政执法部门的不正之风，如借机勒索、吃、拿、卡、要等鄙劣行为；第三层，司法不能自治，"独立行使"的权力被"多重意愿"所替代。在司法领域和执法环节，远远超出刑法规定的职务犯罪范畴的执法司法中的职务犯罪的表现形式多种多样，如贪赃枉法、枉法裁判、滥用追诉权、以罚代刑、泄漏案情、越权办案、收受和索取贿赂、司法经商甚至与黑社会有牵连等。① 从规模上看，执法司法中的职务犯罪日趋普遍，窝案串案不少，有的执法司法中的职务犯罪行为还是"一条龙"作业；在很大范围内，执法司法中的职务犯罪已经营造出一种社会心理和行为习惯，执法司法中的职务犯罪的公开化、体系化也早已让公众见怪不怪了，只要不被曝光和查处，很多腐败人员便泰然处之，腐败行为在当前不正之风蔓延的社会大背景下似乎被公众理解和默认了。

执法司法中的职务犯罪滋生和蔓延，是我国计划经济向市场经济过渡的转型期，两种社会机制运行模式中各种因素的力量对比产生的磨合振荡的表现之一，解剖其生成机理，可以发现诸多犯罪机会，亟待堵漏建制加以解决：

机会之一是，司法工作人员接触阴暗面较多，对犯罪分子的作案手段了解较多，受到的负面影响也较大，而自身职业又普遍带有条件差、待遇低的特点，于是一些放松了人生观、价值观修养的司法人员受个人利益驱动，思想开始偏斜，为寻求心理平衡，不惜铤而走险，以手中的职权来换取金钱。而一头栽进了"金钱"这个陷阱中。所以当司法人员的私欲、贪欲膨胀起来的时候，也就是他们手中权力变质的时候。我国的市场经济还不成熟，追求经济效益的市场运行规则却已经深入人心，而封建特权思想的残渣导致了权力的异化，权力被某些掌权者视为个人手中的商品，权钱交易于他们是理所当然，他们像商人一样积极从事买权卖权，唯恐"过期作废"。可悲的是，民众普遍的"理解"心理无形中也为这种思想营造了深厚的社会基础。

---

① 王琳、祝剑平、李天伦：《我国当前司法腐败的特点及其深层原因探析》，载《检察实践》2004年第6期。

　　机会之二是，现行司法体制存在弊端，为渎职侵权犯罪留下可乘之机。由于政治体制改革明显滞后，过去那种重行政轻司法的体制仍在延续，使司法独而不立，受制于行政，难于独立行使其独立司法的职能；从司法机关的内部职能运作机制来看，又存在着权力过于集中，职责不明，制约不力的弊端。内部监督、纪检部门缺乏相对独立的权力和工作空间，行使监督权受到内部的诸多掣肘。工作程序也缺乏公开性，为一些别有用心者带来"暗箱操作"的机会。在工作关系中，司法工作人员通常都处在地位优越，司法权力过于集中，助长特权思想和等级观念。同时，缺乏对自己工作岗位性质的正确定位，滋长特权心理，公共权力意识淡薄，利用职权搞权钱交易，索贿受贿，滥用职权，使国家法制被滥用。所以，我国当前的执法司法中的职务犯罪，也是一种非规范心理为特有体制所逐渐强化的过程和结果。

　　机会之三是，惩治执法司法中的职务犯罪的法制机制软弱，犯罪有恃无恐。国家权力机关对司法机关的制约虚化，对司法活动的监督，仅以审议一年一度的"一府两院"的工作来实现，缺乏科学性、经常性和制度化；刑法规定对腐败犯罪的定罪量刑过窄过轻，纵容了执法司法中的职务犯罪，渎职犯罪仍是立法中的敏感区域，并且，查处执法司法中的职务犯罪更是难以突破"权力相互"和强大的社会关系网的阻力，助长了腐败分子的侥幸心理。司法工作人员在腐败犯罪过程中，存在侥幸心理，信奉"天知地知你知我知"，倘若东窗事发，还有精心编织的保护网在，认为风险小，保险系数大。从当前我国刑法的犯罪惩罚机制看，腐败分子目前被查处的概率偏小，虽然腐败犯罪的成本在逐渐增大，但仍然有一些腐败分子不惜以身试法，顶风作案。

　　机会之四是，司法人员反侦查能力强，侦查机关获取证据能力不强，职务犯罪隐蔽性增强。反贪侦查机关很难获取可靠有用的确凿证据。司法人员知法懂法，一旦他们进行不法活动，必定会利用现行法制的漏洞规避法律，他们进行腐败活动通常具有隐秘性，有些犯罪如行贿受贿还具有对向性，如果不能找到突破口便更难以侦查破案。另外，由于腐败分子多多少少在工作关系和生活中形成了一定的人际关系网，来自多方的干涉和阻挠也会给惩治腐败工作造成一定影响。反贪侦查机关侦查技术有限，秘密侦查和技术侦查手段受到各种制约，一时难以有较大突破。

第三节　预防职务犯罪的基础理论

一、系统论在预防职务犯罪中的运用

　　系统论是研究系统的一般模式、结构和规律的学问，它研究各种系统的共同特征，用数学方法定量地描述其功能，寻求并确立适用于一切系统的原理、原则和数学模型，是具有逻辑和数学性质的一门新兴的科学。

系统思想源远流长，但作为一门科学的系统论，人们公认是美籍奥地利人、理论生物学家 L. V. 贝塔朗菲创立的。他在 1952 年发表"抗体系统论"，提出了系统论的思想；1973 年提出了一般系统论原理，奠定了这门科学的理论基础。但是他的论文《关于一般系统论》，到 1945 年才分开发表，他的理论到 1948 年在美国再次讲授"一般系统论"时，才得到学术界的重视。确立这门科学学术地位的是 1968 年贝塔朗菲发表的专著《一般系统理论基础、发展和应用》，该书被公认为是这门学科的代表作。

系统一词，来源于古希腊语，是由部分构成整体的意思。今天人们从各种角度上研究系统，对系统下的定义不下几十种。如"系统是诸元素及其顺常行为的给定集合"，"系统是有组织的和被组织化的全体"，"系统是有联系的物质和过程的集合"，"系统是许多要素保持有机的秩序，向同一目的行动的东西"，等等。一般系统论则试图给一个能描述各种系统共同特征的一般的系统定义，通常把系统定义为：由若干要素以一定结构形式联结构成的具有某种功能的有机整体。在这个定义中包括了系统、要素、结构、功能四个概念，表明了要素与要素、要素与系统、系统与环境三方面的关系。

系统论认为，整体性、关联性、等级结构性、动态平衡性、时序性等是所有系统的共同的基本特征。这些，既是系统所具有的基本思想观点，也是系统方法的基本原则，表现了系统论不仅是反映客观规律的科学理论，而且具有科学方法论的含义，这正是系统论这门科学的特点。贝塔朗菲对此曾作过说明，英语 System Approach 直译为系统方法，也可译成系统论，因为它既可代表概念、观点、模型，又可表示数学方法。他说，我们故意用 Approach 这样一个不太严格的词，正好表明这门学科的性质特点。

系统论的核心思想是系统的整体观念。贝塔朗菲强调，任何系统都是一个有机的整体，它不是各个部分的机械组合或简单相加，系统的整体功能是各要素在孤立状态下所没有的新质。他用亚里士多德的"整体大于部分之和"的名言来说明系统的整体性，反对那种认为要素性能好，整体性能一定好，以局部说明整体的机械论的观点。同时认为，系统中各要素不是孤立地存在着，每个要素在系统中都处于一定的位置上，起着特定的作用。要素之间相互关联，构成了一个不可分割的整体。要素是整体中的要素，如果将要素从系统整体中割离出来，它将失去要素的作用。正如人手在人体中它是劳动的器官，一旦将手从人体中砍下来，那时它将不再是劳动的器官一样。

系统论的基本思想方法，就是把所研究和处理的对象，当作一个系统，分析系统的结构和功能，研究系统、要素、环境三者的相互关系和变动的规律性，从优化系统观点看问题，世界上任何事物都可以看成是一个系统，系统是普遍存在的。大至渺茫的宇宙，小至微观的原子，一粒种子、一群蜜蜂、一台机器、一个工厂、一个学会团体、一个组织机构，都是系统，整个世界就是系统的集合。

系统是多种多样的，可以根据不同的原则和情况来划分系统的类型。按人类干预的情况可划分自然系统、人工系统；按学科领域就可分成自然系统、社会系统和思维系统；按范围划分则有宏观系统、微观系统；按与环境的关系划分就有开放系统、封闭系统、孤立系统；按状态划分就有平衡系统、非平衡系统、近平衡系统、远平衡系统等。此外还有大系统、小系统的相对区别。

系统论的任务，不仅在于认识系统的特点和规律，更重要地还在于利用这些特点和规律去控制、管理、改造或创造一个系统，使它的存在与发展合乎人的目的需要。也就是说，研究系统的目的在于调整系统结构，协调各要素关系，使系统优化。

系统论的出现，使人类的思维方式发生了深刻的变化。以往研究问题，一般是把事物分解成若干部分，抽象出最简单的因素来，然后再以部分的性质去说明复杂事物。这种方法的着眼点在局部或要素，遵循的是单项因果决定论，虽然这是几百年来在特定范围内行之有效、人们最熟悉的思维方法。但是它不能如实地说明事物的整体性，不能反映事物之间的联系和相互作用，它只适用于认识较为简单的事物，而不胜任于对复杂问题的研究。在现代科学的整体化和高度综合化发展的趋势下，在人类面临许多规模巨大、关系复杂、参数众多的复杂问题面前，就显得无能为力了。正当传统分析方法束手无策的时候，系统分析方法却能站在时代前列，高屋建瓴，综观全局，别开生面地为现代复杂问题提供了有效的思维方式。所以系统论，连同控制论、信息论等其他横断科学一起所提供的新思路和新方法，为人类的思维开拓新路，它们作为现代科学的新潮流，促进着各门科学的发展。

系统论反映了现代科学发展的趋势，反映了现代社会化大生产的特点，反映了现代社会生活的复杂性，所以它的理论和方法能够得到广泛的应用。系统论不仅为现代科学的发展提供了理论和方法，而且也为解决现代社会中的政治、经济、军事、科学、文化等方面的各种复杂问题提供了方法论的基础，系统观念正渗透到每个领域。

职务犯罪防控是一项综合性的系统工程。系统论在该领域的引进，将能带来应对职务犯罪的认识、实践、对策、实施全过程的深刻变革：

第一，职务犯罪防控的系统综合方法。按照职务犯罪防控系统的要素、结构、层次、发展过程的内在联系，在思维中复制和设计职务犯罪防控图式，这是对传统职务犯罪治理方式的发展和创新，主要表现在如下三个方面：

一是职务犯罪防控系统综合的非加和性。职务犯罪防控系统，作为职务犯罪及其防控体系诸要素所组成的具有廉政及法治秩序功能的整体，包括职务犯罪诱致因素，惩治和预防体系中的教育、制度、监督要素等，必须互相协调，整体谋划，不能孤立看待或简单相加，而应构成系统整体功能，形成系统防治职务犯罪的新质态。

二是职务犯罪防控系统的逻辑次序性。认识职务犯罪的要素要求综合，作为其应对的职务犯罪防控系统也要求综合。这种综合过程，必须遵从职务犯罪规律所决定的逻辑次序，根据防治系统固有的逻辑结构设计治理方案，分阶段、分领域、有步骤地推行实施。

三是职务犯罪防控系统综合的创造性。人们常说，"综合就是创造"。所谓创造性活动，指的是人们发现客观对象的新性质、新关系、新规律，形成反映事物本质的新概念、新思想、新理想，创造性的本质就是对尚未揭示出来的客观事物的关系、本质和规律的发现和运用。要有效预防职务犯罪，首先要对职务犯罪的内在规律有清醒的认识和科学的把握，把职务犯罪的各种遏制要素综合起来，发挥出最大效应。

第二，职务犯罪防控的系统分析方法。犯罪分析是预防职务犯罪的重要方法和基础工作，对职务犯罪分析透彻，才能对其犯罪发生、衍化、发展规律准确把握。开展这项工作，首先，必须扬弃传统的孤立解剖的分析方法，引进现代系统分析方法，把职务犯罪置于动态变化的系统之中加以分析，将差异分析方法贯穿其中，注意致罪因素之间的横向比较，不从纵向甄别致罪因素的不同层次，认识到职务犯罪犯罪宏观原因、中观因素和微观要素的相互作用关系，大系统中包含着子系统，子系统中包含着小系统。特别要注意动态分析，研究职务犯罪运动变化的演变过程，注意职务犯罪演变过程中的质变和量变、结构和功能。其次，引进差异分析时，注意把握职务犯罪发展过程的阶段性，认清职务犯罪从量的积累到质的飞跃，根源于事物内部的差异性，对其差异发展过程加以分析，才能更深刻地揭示职务犯罪发展演变规律。

第三，职务犯罪防控的系统工程方法。系统工程的方法早已有之，古代的许多建筑，古代中国的都江堰水利工程，当今中国的卫星探月工程，都是系统工程方法应用的成功范例。系统工程不仅可以运用于自然科学和各项工程技术，还可运用于社会科学。有人曾经风趣地说，大概是因为我们国家领导人多是工程师出身，所以许多经济社会发展的重大部署经常被命名为"某某工程"，这显然是一种曲解。事实上，工程这一概念现在已经大大扩展，日益普遍化。同样，系统工程作为一种方法，也日益引起人们的关注和运用了。这一方法名为"系统工程方法"，实际上包含了深刻的辩证内容。要处理各种矛盾的关系，往往需要运用这种方法，才能破解难题，事半功倍。人们经常说，预防职务犯罪是一项复杂的系统工程，原因就在这里。在治理职务犯罪过程中，尤其要注意借鉴科学技术中的系统工程方法，应用于人类社会的管理事务，实现防治职务犯罪的可预期功效。

第四，职务犯罪防控的系统优化方法。系统论强调优化并满意地解决问题，而优化方法的前提条件，就是在解决问题的一系列方法中，通过比较确定相对优化的解决方案。职务犯罪防控尤其如此，一方面，在防治职务犯罪的同一个工作环节中，可能有多个解决方案，通过优化方法的运用，可以减少社会投入成本，达到减少和预防职务犯罪的预期目的；另一方面，预防职务犯罪所得的结果及达到的目的，比其他方法所得的结果比较优化。前者就同一个目的或目标而论方法优劣，后者是就方法与目的、目标两者而论优劣。在采用优化方法前，有一系列的比较、分析、测算、论证、设计等大量的筛选工作，这个过程实质就是方法优化的系统过程。

职务犯罪防控的系统优化方法标准是客观的。优化方法实施的步骤：第一步，确定防控目标；第二步，制订防控方案；第三步，实施防控措施；第四步，对防控措施和防控目标进行绩效评估，不断修正，从而找到更加有效的预防方法，从特殊到一般，从个案到类案，从部位到领域，从特定单位到全行业的职务犯罪预防。在此有必要说明的是，其一，无论是防控目标的确定，还是防控方案的筛选，也无论是具体防控措施的实施和预防绩效的评定，都要运用最先进的手段和方法。优化方法要求防控措施制定的决策者要有系统论思维，并要在通览古今中外先进治理经验的基础上，结合实际选择最适合的方法。其二，要把防控系统的优化方法看成是动态的系统过程，坚持系统整体的要素、结构、层次、过程、中介的优化，把防控目的、方案、手段、实施等不同阶段实行等级序列优化，使防控职务犯罪的措施体系不断修正、调整，实现预期目标。

二、信息论在预防职务犯罪中的运用

信息论是关于信息的本质和传输规律的科学的理论，是研究信息的计量、发送、传递、交换、接收和储存的一门新兴学科。人类的社会生活是不能离开信息的，人类的社会实践活动不仅需要对周围世界的情况有所了解并能做出正确的反应，而且还要与周围的人群沟通关系才能协调地行动，这就是说，人类不仅时刻需要从自然界获得信息，而且人与人之间也需要进行通讯，交流信息。人类需要随时获取、传递、加工、利用信息，否则就不能生存。人们获得信息的方式有两种：一种是直接的，主要包括佛家所说的"色、声、香、味、触、法"，即通过自己的感觉器官，耳闻、目睹、鼻嗅、口尝、体触等直接了解外界情况；另一种是间接的，即通过语言、文字、信号等传递消息而获得信息。通讯是人与人之间交流信息的手段，语言是人类通讯的最简单要素的基础。人类早期只是用语言和手势直接进行通讯，交流信息。"仓颉造字"则使信息传递摆脱了直接形式，同时扩大了信息的储存形式，可以说是一次信息技术的革命。印刷术的发明，扩大了信息的传播范围和容量，也是一次重大的信息技术变革。但真正的信息革命则是电报、电话、电视等现代通讯技术的创造与发明，它们大大加快了信息的传播速度，增大了信息传播的容量。正是现代通讯技术的发展导致了关于现代通讯技术的理论——信息论的诞生。

信息论的创始人是美国贝尔电话研究所的数学家 C. E. 申农，他为解决通讯技术中的信息编码问题，突破老框框，把发射信息和接收信息作为一个整体的通讯过程来研究，提出通讯系统的一般模型；同时建立了信息量的统计公式，奠定了信息论的理论基础。1948 年申农发表的《通讯的数学理论》一文，成为信息论诞生的标志。申农创立信息论，是在前人研究的基础上完成的。1922 年卡松提出边带理论，指明信号在调制（编码）与传送过程中与频谱宽度的关系。1922 年哈特莱发表《信息传输》的文章，首先提出消息是代码、符号而不是信息内容本身，使信息与消息区分开来，并提出用消息可能数目的对数来度量消息中所含有的信息量，为信息论的创立提供了思路。美国统计学家费希尔从古典统计理论角度研究了信息理论，苏联数学家哥尔莫戈洛夫也对信息论作过研究。控制论创始人维纳建立了维纳滤波理论和信号预测理论，也提出了信息量的统计数学公式，甚至有人认为维纳也是信息论创始人之一。在信息论的发展中，还有许多科学家对它作出了卓越的贡献。法国物理学家 L. 布里渊 1956 年发表《科学与信息论》专著，从热力学和生命等许多方面探讨信息论，把热力学熵与信息熵直接联系起来，使热力学中争论了一个世纪之久的"麦克斯韦尔妖"问题得到了满意的解释。英国神经生理学家 W. B. 埃斯比在 1964 年发表的《系统与信息》等文章，还把信息论推广应用于生物学和神经生理学领域，也成为信息论的重要著作。这些科学家们的研究，以及后来从经济、管理和社会的各个部门对信息论的研究，使信息论远远地超越了通讯的范围。

因此，信息论可以分成两种：狭义信息论与广义信息论。狭义信息论是关于通讯技术的理论，它是以数学方法研究通讯技术中关于信息的传输和变换规律的一门科学。广义信息论，则超出了通讯技术的范围来研究信息问题，它以各种系统、各门科学中的信息为对象，广泛地研究信息的本质和特点，以及信息的取得、计量、传输、储存、处理、控制和利用的一般规律。显然，广义信息论包括了狭义信息论的内容，但其研究范围却比通讯领域广泛得多，是狭义信息论在各个领域的应用和推广，因此，它的规律也更一般化，适用于各个领域，所以它是一门横断学科。广义信息论，人们也称它为信息科学。

关于信息的本质和特点，是信息论研究的首要内容和解决其他问题的前提。信息是什么？迄今为止还没有一个公认的定义。英文"信息"一词 Information 的含义是情报、资料、消息、报道、知识的意思。所以长期以来人们就把信息看做是消息的同义语，简单地把信息定义为能够带来新内容、新知识的消息。但是后来发现信息的含义要比消息、情报的含义广泛得多，不仅消息、情报是信息，指令、代码、符号语言、文字等，一切含有内容的信号都是信息。哈特莱第一次提出消息、情报、信号、语言等都是信息的载体，而信息则是它们荷载着的内容。但是信息到底是什么呢？申农的狭义信息论第一个给予信息以科学定义：信息是人们对事物了解的不确定性的消除或减少。这是从通讯角度上下的定义，即信源发出了某种情况的不了解的状态，即消除了不定性。并且用概率统计数学方法，来度量为定性被消除的量的大小：$H(x)$ 为信息熵，是信源整体的平均不定度。而信息 $I(p)$ 是从信宿角度代表收到信息后消除不定性的程度，也就是获得新知识的量，所以它仅在信源发出的信息熵被信宿收到后才有意义。在排除干扰的理想情况下，信源发出的信号与信宿接收的信号一一对应，$H(x)$ 与 $I(p)$ 二者相等。所以信息熵的公式也就是信息量的公式。式中的 k 是一个选择单位的常数，当对数以 2 为底时，单位称比特（bit），信息熵是 1 比特。在申农为信息量规定名称时，数学家冯·诺依曼建议称为熵，理由是不定性函数在统计力学中已经用在熵下面了。在热力学中熵是物质系统状态的一个函数，它表示微观粒子之间无规则的排列程度，即表示系统的紊乱度。维纳说："信息量的概念非常自然地从属于统计学的一个古典概念——熵。正如一个系统中的信息量是它的组织化程度的度量，一个系统的熵就是它的无组织程度的度量；这一个正好是那一个的负数。"这说明信息与熵是一个相反的量，信息是负熵，所以在信息熵的公式中有负号，它表示系统获得后无序状态的减少或消除，即消除不定性的大小。

信息一般具有如下特征：（1）可识别。（2）可转换。（3）可传递。（4）可加工处理。（5）可多次利用（无损耗性）。（6）在流通中扩充。（7）主客体二重性。信息是物质相互作用的一种属性，涉及主客体双方；信息表征信源客体存在方式和运动状态的特性，所以它具有客体性、绝对性；但接收者所获得的信息量和价值的大小，与信宿主体的背景有关，表现了信息的主体性和相对性。（8）信息的能动性。信息的产生、存在和流通，依赖于物质和能量，没有物质和能量就没有能动作用。信息可以控制和支配物质与能量的流动。信息论还研究信道的容量、消息的编码与调制的问题以及噪声与滤波的理论等方面的内容。此外，信息论还研究语义信息、有效信息和模糊信息等方面的问题。广义信息论则把信息定义为物质在相互作用中表征外部情况的一种普遍属性，它是一种物质系统的特性以一定形式在另一种物质系统中的再现。信息概念具有普遍意义，它已经广泛地渗透到各个领域，信息科学是具有方法论性质的一门科学。信息方法具有普适性。所谓信息方法就是运用信息观点，把事物看做是一个信息流动的系统，通过对信息流程的分析和处理，达到对事物复杂运动规律认识的一种科学方法。它的特点是撇开对象的具体运动形态，把它作为一个信息流通过程加以分析。信息方法着眼于信息，揭露了事物之间普遍存在的信息联系，对过去难以理解的现象从信息观点作出了科学的说明。信息论为控制论、自动化技术和现代化通讯技术奠定了理论基础，为研究大脑结构、遗传密码、生命系统和神经病理学开辟了新的途径，为管理的科学化和决策的科学化提供了思想武器。信息方法为认识当代以电子计算机和现代通讯技术为中心的新技术革命的浪潮，为认识论的研究和发展提供了理论依据，将进一步提高人类认识与改造自然界的能力。

信息论在预防职务犯罪中有重要应用价值。无论是信息技术和信息方法，都对职务犯罪问题的研究具有重要意义。上述系统论与职务犯罪防控的关联，也有赖于信息论的支撑。在当今信息化与电子政务的推进过程中，信息论对职务犯罪预防的潜在贡献尤为巨大。信息化的推进正在引发一场人类社会前所未有的社会、组织、文化、环境等诸方面的深刻变革，社会管理体系的内涵和外延也在不断发生变化，特别是信息技术在组织中的广泛应用，使得社会组织管理正在面临前所未有的巨大挑战，特别是在职场管理活动中，以下影响不容小视：

第一，促使组织结构向扁平化方向发展。信息技术在职场管理中的广泛应用，正在促进职场组织结构发生深刻变革，组织结构的扁平化是最主要的趋势之一。相对于金字塔或瘦长型组织结构而言，扁平化组织中间层次减少，上下信息传输较迅速而准确，从而有利于权力系统较快地根据环境变化作出反应和决策，也可使下层的管理者具有较大的管理辖度与权限，便于上下通达，互相了解，减少官僚主义，减少权力异化和职务犯罪。

第二，信息成为权力运行的重要内容。信息技术的应用，使得权力要素管理对象也发生明显的变化，对人、财、物管理的同时，更加注重对信息的管理，信息管理成了管理的重要内容，这便是人们已经发现的领导资格就是信息储备这一规律。信息管理实质上是对信息的收集、整理、存储、传播和利用的过程，也就是信息从分散到集中、从无序到有序、从存储到传播和利用的过程。因而美国学者戴维·麦克利兰在《权力的两面性》一书中不厌其烦地强调，与个人统治相反，"社会化的领导应当是教育者，其职责是部长领导者确立共同目标，与集体的成员（群众）广泛交流沟通，寻找实现目标的适宜途径，并激发下属的信心，使大家感到自己是强者，有能力达到目标。这样行使权力和施加影响的领导者不会对任何人构成威胁，非但不危害社会，而且大大有益于社会"。[①] 显然，这种沟通交流的唯一内容，便是信息。

第三，信息使领导人的角色和定位发生调整。现在担任管理或领导职务的人每天都要接受、处理来自各种渠道的大量信息，如各种参考资料、电子邮件、报告、新闻与背景资料、电话、口头汇报、视察材料等。同时，每天都在传递各种信息，如各种指令、文件等。领导人员在各自的组织内部信息传递中处于神经中枢的地位，通常在信息管理过程中，扮演监管者和传播者双重角色。在权力行使过程中，如何利用好信息进行领导，成了管理效能的决定因素之一。

我国推行信息政务的实践，更进一步证明了信息论在防控职务犯罪中的重要作用。特别是旨在增强政府收入能力、保证公共支出理性的金税、金关、金财、金卡、金审等五个业务控制系统建设，对于预防职务犯罪已经发挥显著作用。其例证之一，"金税工程"是国家税务总局建设的税收信息管理系统工程的总称，目的是依托计算机网络技术，实现全国税务机关互联互通、信息共享，重点加强对增值税专用发票的管理和监控。金税工程二期由防伪税控开票、防伪税控认证、增值税计算机交叉稽核、发票协查4个系统组成，已覆盖全国增值税一般纳税人的50%，覆盖增值税发票总量的80%，在全国3835个区县以上税务机关联网运行。金税工程成功运行，实现了增值税管理各个不同环节在信息共享基础上的相互监督制约，形成了防止腐败产生的机制。基层税务人员和纳税人的所有征纳行为，无论是否合法，均记录在案，国家税务总局可以利用网络直接监管到县级税务机关，这有效制约了税务人员的执法随意性，税务干部违法违纪现象明显减少。如2003年统计显示，浙江省1994年至1997年曾是虚开发票偷骗税的重灾区，自2001年金税工程开通以来，违法违纪的税务干部仅有14人，占全省税务干部人数的比例低于0.1%，而且职务犯罪比例明显下降。正如朱镕基曾经强调，政府的任务和职能是"执法"和"管理"，而不是搞"形象工程"和"干预经济"。现代政府要求人员少、效

---

① 李津主编：《世界管理学名著精华》，企业管理出版社2004年版，第241页。

率高。人多、"工程"多、开支大，于是就乱集资、乱收费，农民负担不堪，企业齐声叫苦，这是我们很多政府机关的通病，必须下决心改革。改革的一个重要方面就是信息化。政府行政管理信息网络化是一场深刻革命，势在必行。各级政府、各个部门都要充分认识加快政府管理信息网络化建设的重要性和紧迫性，要自觉地从思想观念、管理方式等方面适应加快信息网络化发展的要求，采取切实有力的措施，积极利用网络技术、数字技术，加快行政管理信息化、现代化步伐，以适应改革开放和现代化建设新形势的需要。

三、控制论在预防职务犯罪中的运用

控制论是研究各类系统的调节和控制规律的科学。它是自动控制、通讯技术、计算机科学、数理逻辑、神经生理学、统计力学、行为科学等多种科学技术相互渗透形成的一门横断性学科。它研究生物体和机器以及各种不同基质系统的通讯和控制的过程，探讨它们共同具有的信息交换、反馈调节、自组织、自适应的原理和改善系统行为、使系统稳定运行的机制，从而形成了一大套适用于各门科学的概念、模型、原理和方法。控制论创始人维纳在他的《控制论》一书的副标题上标明，控制论是"关于在动物和机器中控制和通讯的科学"。

"控制论"一词"Cybernetics"，来自希腊语，愿意为掌舵术，包含了调节、操纵、管理、指挥、监督等多方面的含义，维纳以它作为自己创立的一门新学科的名称，正是取它能够避免过分偏于哪一方面，"不能符合这个领域的未来发展"和"纪念关于反馈机构的第一篇重要论文"的意思。

控制论是多门科学综合的产物，也是许多科学家共同合作的结晶。但是，控制论的诞生和发展是与美国数学家诺伯特·维纳的名字联系在一起的。维纳少年时是一位天才的神童，他11岁上大学，学数学，但喜爱物理、无线电、生物和哲学，14岁考进哈佛大学研究生院学动物学，后又去学哲学，18岁时获得了哈佛大学的数理逻辑博士学位。1913年，刚刚毕业的维纳又去欧洲向罗素和希尔伯特这些数学大师们学习数学。正是多种学科在他头脑里的汇合，才结出了控制论这颗综合之果。维纳在1919年研究勒贝格积分时，就从统计物理方面萌发了控制论思想。第二次世界大战期间，他参加了美国研制防空火力自动控制系统的工作，提出了负反馈概念，应用了功能模拟法，对控制论的诞生起了决定性的作用。1943年，维纳与别格罗和罗森勃吕特合写了《行为、目的和目的论》的论文，从反馈角度研究了目的性行为，找出了神经系统和自动机之间的一致性。这是第一篇关于控制论的论文。这时，神经生理学家匹茨和数理逻辑学家合作应用反馈机制制造了一种神经网络模型。第一代电子计

算机的设计者艾肯和冯·诺依曼认为这些思想对电子计算机设计十分重要，就建议维纳召开一次关于信息、反馈问题的讨论会。1943 年底在纽约召开了这样的会议，参加者中有生物学家、数学家、社会学家、经济学家，他们从各自角度对信息反馈问题发表意见。以后又接连举行这样的讨论会，对控制论的产生起了推动作用。1948 年，维纳的《控制论》出版，宣告了这门科学的诞生。

控制论的研究表明，无论自动机器，还是神经系统、生命系统，以至于经济系统、社会系统，撇开各自的质态特点，都可以看作是一个自动控制系统。在这类系统中有专门的调节装置来控制系统的运转，维持自身的稳定和系统的目的功能。控制机构发出指令，作为控制信息传递到系统的各个部分（即控制对象）中去，由它们按指令执行之后再把执行的情况作为反馈信息输送回来，并作为决定下一步调整控制的依据。

这样我们就看到，整个控制过程就是一个信息流通的过程，控制就是通过信息的传输、变换、加工、处理来实现的。反馈对系统的控制和稳定起着决定性的作用，无论是生物体保持自身的动态平稳（如温度、血压的稳定），或是机器自动保持自身功能的稳定，都是通过反馈机制实现的。反馈是控制论的核心问题。控制论就是研究如何利用控制器，通过信息的变换和反馈作用，使系统能自动按照人们预定的程序运行，最终达到最优目标的学问。

控制论是具有方法论意义的科学理论。控制论的理论、观点，可以成为研究各门科学问题的科学方法，这就是撇开各门科学的质的物点，把它们看做是一个控制系统，分析它的信息流程、反机制和控制原理，往往能够寻找到使系统达到最佳状态的方法。这种方法称为控制方法。控制论的主要方法还有信息方法、反馈方法、功能模拟方法和黑箱方法等。信息方法是把研究对象看做是一个信息系统，通过分析系统的信息流程来把握事物规律的方法。反馈方法则是动用反馈控制原理去分析和处理问题的研究方法。所谓反馈控制就是由控制器发出的控制信息的再输出发生影响，以实现系统预定目标的过程。正反馈能放大控制作用，实现自组织控制，但也使偏差愈益加大，导致振荡；负反馈能纠正偏差，实现稳定控制，但它减弱控制作用、损耗能量。功能模拟法，就是用功能模型来模仿客体原型的功能和行为的方法。所谓功能模型就是只以功能行为相似为基础而建立的模型。如猎手瞄准猎物的过程与自动火炮系统的功能行为相似的，但二者的内部结构和物理过程是截然不同的，这就是一种功能模拟。功能模拟法为仿生学、人工智能、价值工程提供了科学方法。黑箱方法也是控制论的主要方法。黑箱就是指那些不能打开箱盖，又不能从外部观察内部状态的系统。黑箱方法就是通过考察系统的输入与输出关系认识系统功能的研究方法。它是探索复杂大系统的重要工具。

控制论诞生后，得到了广泛的应用与迅猛的发展，大致经历了三个发展时期。第一个时期为20世纪50年代，是经典控制论时期。这个时期的代表著作有我国著名科学家钱学森1945年在美国发表的《工程控制论》。第二个时期是20世纪60年代的现代控制论时期。导弹系统、人造恒星，生物系统研究的发展，使控制论的重点从单变量控制到多变量控制，从自动调节向最优控制，由线性系统向非线性系统转变。美国卡尔曼提出的状态空间方法以及其他学者提出的极大值原理和动态规划等方法，形成了系统测辨、最优控制、自组织、自适应系统等现代控制理论。第三时期是20世纪70年代后的大系统理论时期。控制论由工程控制论、生物控制论向经济控制论、社会控制论发展。1975年的国际控制论和系统论第三届会议，讨论的主题就是经济控制论的问题。1978年的第四届会议，主题又转向了社会控制论。电子计算机的广泛应用和人工智能研究的开展，使控制系统显现出规模庞大、结构复杂、因素众多、功能综合的特点，从而控制论也向大系统理论发展。在1976年国际自动控制联合会的学术会上，专题讨论了"大系统理论及应用"问题。控制论也形成了工程控制论、生物科。其中生物控制论又分化出神经控制论、医学控制论、人工智能研究和仿生学研究。社会控制论则把控制论应用于社会的生产管理、效能运输、电力网络、能源工程、环境保护、城市建议，以至于社会决策等方面。维纳在1950年出版的《人有人有的用处——控制论和社会》一书中着重论述了通信、法律、社会政策等与控制论的联系。阿希贝1958年发表的《控制论在生物学和社会中的应用》一文，认为运用非线性系统的控制理论，可以研究社会系统。

控制论具有十分重要的理论意义和实践意义，它体现了现代科学整体化发展趋势，为现代科学技术提供了新的思路和科学方法。我国在20世纪60年代初就开始翻译介绍控制论的著作，但是，只是近年来才开始对它进行广泛而深入的研究。在经济、人口、能源、生产管理等方面，开始运用控制论建立数学模型。如投入产出模型、人口模型等，在运用中都取得了良好的效果。在职务犯罪防控领域，控制论同样具有非常重要的指导意义。其控制流程大致可以作如下表述：

信息挖掘——输入（教育、制度、监督等）——公共权力运行系统（公职人员结构、权力配置、运行机制等）——输出（犯罪与惩罚、各种负面影响等）——反馈（正反馈与负反馈：案例警示、检察建议、行贿犯罪档案查询等）。

我们对职务犯罪的态势、职务犯罪防控的基础性资料等进行研究分析，基本上与控制系统中的信息挖掘具有对应关系。近年来，中央提出建立健全教育、制度、监督并重的惩治和预防腐败体系，其中教育、制度、监督等控制职务犯罪的种种措施，相当于控制系统的输入环节。作为控制对象，实际职务活动的运行过程，据此我们必须深入了解和掌握公共权力的运行系统，包括公职人员的结构、权力配置、运行机制等。控制措施的输入，在公共权力运行系统之中发挥作用，出现各种效应，形成输出，包括正反两个方面的内容：一方面是正面效应，对廉政建设发挥推动作用，产生公务廉洁的效果；另一方面，教育、制度、监督等措施的输入，尽管一定程度上预防和减少了职务犯罪的发生，但在防控过程中，职务犯罪仍将在一定范围和领域内继续存在，一些职务犯罪继续发生的情况，同样是职务犯罪控制系统的输出内容，不可能完全排除。但是，在全部控制系统输出信号当中，我们可以抽取其中有参考价值的信号，重新反馈到职务犯罪控制系统的输入端，作为职务犯罪控制措施进行调整，更好地作用于权力运行过程，实现系统控制效果的不断改善。从近年检察机关开展职务犯罪预防的工作情况看，通过查办案件，进行犯罪原因、特点、规律的深入探究，查找职务犯罪赖以存在的体制、机制、制度等各个方面的漏洞，制定对策进行改良，提出检察建议，运用典型案例开展警示教育，建立行贿犯罪档案查询系统等，旨在提高腐败成本，使人们充分认识职务犯罪是"高风险的作业"，从而引导人们的行为选择，最终远离职务犯罪。

四、预防职务犯罪与寻租理论

寻租理论最早萌芽于20世纪60年代，至今已经有长足的发展，成为现代经济学的一个重要的分支学说。把寻租作为一个经济学范畴正式提出的是美国的经济学家克鲁格。他在1974年公开发表的《寻租的政治经济学》一文中深入研究了由于政府对外贸的管制而产生的对租金的争夺，并设计了数学模型对其进行计算和讨论，后来这篇文章被经济学界视为寻租理论的一个里程碑，克鲁格也被视为寻租理论的鼻祖。20世纪70年代，关于职务犯罪的寻租理论问世，引起了世界范围内的强烈反响，布坎南因寻租理论及公共选择理论获得诺贝尔经济学奖。

关于寻租理论，我们首先要了解"经济租金"的概念。"经济租金"是一个重要的政治经济学范畴。在经济学的发展历史中，它的外延有一个逐步扩大的过程，在传统的李嘉图学派的经济租金概念中，租金是永远没有供给弹性的生产要素（如土地）的报酬，它是诱使这种生产要素进入市场所必需的最小值的额外收益。后来，马歇尔发展了租金的概念，他把短期内缺乏供给弹性的生产要素（如建筑物、机器、工具等资本品）所得之报酬称为"准租金"。现在，一般的标准理论教科书对租金一词解释为：支付给资源所有者的款项中超过那些资源在任何可替代的用途中所得到的款项中的那一部分，也即超过机会成本的收入。从某种意义上讲，这是不需要吸引资源用于特定用途的一种分配上不必要的支付款项。现在，在众多关于"寻租理论"的文章中把租金定义为：租金是由于不同体制、权利和组织设置而获得的额外收益。

关于寻租有多种定义，布坎南等人认为，寻求租金一词是要描述这样一种制度背景化的行为：在那里，个人竭力使价值最大化造成了社会浪费，而没有形成社会剩余。他们把寻租描述为人们凭借政府保护进行的寻求财富转移而造成的浪费资源的活动，即一个人在寻租，说明了这个人在某事上进行了投资，被投资的这种事情实际上没有提高甚至反而降低了生产率，但却确实给投资者带来了一种特殊的地位或垄断权利而提高了投资者的收入，租金也就是由此所得的收入。因此，柯兰德尔给寻租下的定义是为了争夺人为的财富转移而浪费资源的活动。而克鲁格则认为寻租是为了取得许可证和配额以获得额外收益而进行的疏通活动。

所谓"寻租"，实际就是追求非生产性的利益，或者追求管制带来的价格差。斯蒂格里兹认为，寻租就是从政府那里获得特殊的好处；布坎南认为，寻租指那些本可以用于价值生产活动的资源被用在了决定分配结果的竞争上。也就是说，由于政府干预和行政管制，抑制了竞争，扩大了供求差额，形成了差价收入——租金。通俗地讲，寻租就是用较低的贿赂成本获取较高的收益或超额利润。可见，哪里有垄断、特权和管制，哪里就有租金。贝克尔说，腐败是政府干预经济的外在产物，对经济的控制越多，腐败也就越严重。

所谓寻租活动，就是利益主体寻求直接的非生产利润的行为。寻租主要是通过政府影响收入和财富分配。寻租主体是各种利益主体，寻租的对象是政府官员，寻租的特点是利用合法或非法手段得到占有租金的特权，寻租的目的就是最大限度地获得直接的非生产利润。所以，寻租活动一般伴随着职务犯罪行为的产生。寻租理论强调，在政府干预的情况下，人们为了获取个人利益，往往不再通过增加生产、降低成本的方式来增加利润；相反，却把财力、人力用于争取政府的种种优惠。这种行为本身存在着不确定性的特点，有些寻租活动带有合法的性质（比如讨价还价、施加影响），有些寻租活动带有不合法性质（比如行贿），有些则介于两者之间（比如游说、买通）。

职务犯罪虽然给寻租人带来收益，但并不增加社会财富，相反却增加全社会的交易成本，消耗相当部分的社会经济资源，使得资源配置低效率以及资源严重浪费，导致社会经济的"内耗"。由于寻租活动具有示范效应，导致职务犯罪恶性化。寻租者不需通过市场竞争和技术创新，就可轻而易举地获得高额甚至超高额利润，这为寻租者提供强烈激励，同时吸引更多的人加入寻租活动，造成更大范围的职务犯罪蔓延。布坎南认为，要克服"寻租"现象，根本出路就是解除行政权力对市场干预和管制，通过市场开展公平竞争。政府对微观经济的管理应有明确规范，提高透明度。

五、预防职务犯罪与破窗理论

职务犯罪有许多苗头性预兆，就像人们发现了破窗如不及时修复，必将导致更多的窗户被打破。由美国政治学家威尔逊和犯罪学家凯琳观察总结的"破窗理论"指出环境可以对一个人产生强烈的暗示性和诱导性。有一则材料，如果有人打坏了一栋建筑上的玻璃，又没有及时修好，别人就可能去打破更多的玻璃，这就是破窗理论。从中得到一些预防职务犯罪工作有益的启发。

首先，破窗理论说明了人都会有潜意识的模仿，跟从习惯。俗话说，入乡随俗，那个乡是什么样的乡，新人进去了可能会按乡里的老习惯去做，类似这样的事情是很多的。比如曾有报道某旅游城市的假日海滩脏杂物满地，一片狼藉，是由于人们去游泳时带去很多食品，就像破窗理论说的，有一人乱扔垃圾而没有及时清除，其他人看到地上有垃圾，都认为此处可随意扔垃圾，接着谁吃完后都随手乱扔，结果造成沙滩上遍地都是垃圾。如果在沙滩上每隔不远的地方安置一些垃圾箱，同时作一些规定，立牌明示，不能随便乱丢垃圾，同时安排一些人员监督、罚款，看到垃圾时及时清理，及时修好第一扇打破的"窗"，则会使假日海滩变得干净、整洁，也是人们所希望的。类似的还有18世纪的纽约以脏乱差闻名，环境恶劣，同时犯罪猖獗，地铁的情况尤其严重，是罪恶的延伸地，平均每7个逃票的人中就有一个是通缉犯，每20个逃票的人中就有一个携带武器者，1994年，新任警察局长布拉顿开始治理纽约，他从地铁的车厢开始治理，车厢干净了，站台跟着也变干净了，站台干净了，阶梯也随之整洁了，随后街道也干净了，然后旁边的街道也干净了，后来整个社区干净了，最后纽约变了样，变整洁干净了。现在纽约是全美国治理出色的都市之一，这件事也称为纽约的"引爆点"。

其次，破窗理论还说明了细节的重要性，每件大事都由无数小事即细节构成，"千里之堤，溃于蚁穴"，我们只有将细节尽可能做到完美，将来的结果才有可能完美。不管是小企业还是大企业，就好比一个酒店，如果洗碗工偷洗洁精回家用，而不及时制止，那厨师就可能偷菜或酱油回家，收银的可能偷钱，那整个酒店必然破败无疑。

破窗理论说明细节是如此的重要，那么我们如何把细节工作做好，首先要重视身边有用的细节，每个细节建立一个标准，然后按照标准来做，同时进行监督、检查，直至养成习惯。建立标准和树立模范都是重要的环节，不同的人有不同的准绳，所以必须建立统一的标准。人都有图方便、懒惰的陋习，有人随便一点，别的人肯定跟着随便，那么就没有规矩了。比如实验室的记录，如果记录的第一页、第一行是规范的，后面的记录也会跟着规范。如果第一行是不规范的，那后面的记录也不规范，可见建立模范和标准特别重要。只要我们把细节的模型做好，做规范，就会把细节做好。

威尔逊和凯林认为，"破窗"——错误未予纠正的任何征兆，哪怕是很细微的，都将引发严重的问题。他们强调，这是危险的信号，反映出对此负责的人的严重失职；没有人意识到保持一切事物正常运转的重要性，即使有人试图改善这种糟糕的局面，也会遭到其他人的强烈抵制。所有这一切使人们行事更加随心所欲，无视问题的存在，更没把它当成是管理混乱的表现。他们说，就连医生现在业已认识到，日常保健远比等到生病才被迫就医更有效。类似的，警察以及其他所有人也应该明了消除"破窗"的重要性。

破窗理论问世以来，许多国家在警务工作中加以运用，取得的成效是显著的。于是近年来许多人认为，同样的理论也完全适用于商业世界。美国迈克尔·莱文在《破窗——细节管理如何缔造一流企业》一书中说：如果一家汉堡王餐厅的客用卫生间没纸了，说明管理者在满足顾客的需求方面做得还不够。顾客就可能由此推断，这家餐厅的食品供应不足，或者他提供的食品不利于人体健康，甚至顾客会认为所有的快餐连锁店都不在意顾客的需求。他强调的是：为什么会出现"破窗"，它们是怎样产生的，为什么它们会被忽视，以及若不及时修复，会出现何种致命的后果。对于那些能及时修复"破窗"的企业，本书是一则预警，一次启蒙，一张地图，一个宣言，抑或是一块路牌，不仅阐释了"破窗"的各种具体范例、它们是怎样产生的、长此以往会引发何种后果，还分析了滋生破窗且容忍破窗存在的企业文化。本书已有中译本出版，其中阐述的原理可为预防职务犯罪工作借鉴。

六、预防职务犯罪与委托—代理理论

斯蒂格里兹、墨利斯、斯彭斯、阿克洛夫、维克里等人研究了委托—代理理论，形成了信息经济学，成为观察职务犯罪的又一视角。由于委托人、代理人的信息不对称，权责不明，缺乏监督，以及存在优败劣胜的"逆向选择"和侵犯委托人权利的"道德风险"，会使得市场效率损失和公有资产流失。

我们常说，买的不如卖的精。这虽是一句俗语，但却精确地描述了市场上由于买卖双方信息不对称而导致的不公平交易。信息不对称，在许多市场，如旧车市场、保险市场、股票市场等都普遍存在。在旧车市场中，车商了解每一辆车的状况，而买车的消费者仅知道在车商要出售的旧车中，既有次品旧车，也有高质量的旧车；但是，消费者面对一辆辆经过精心包装和粉饰的旧车，无法从外观分辨旧车的真实质量。结果，消费者怀疑，每一辆车都有是次品旧车的可能性。由于这种不确定性，消费者即使面对一辆高质量的旧车，他也不会支付高质量旧车的标价，因为他担心这辆车可能是次品旧车。

信息不对称性导致买卖双方最后的交易价格，高于次品旧车的实际市场价格（因为在消费者眼里，每辆旧车也有是高质量旧车的可能性），但低于高质量旧车的实际市场价格。这样，卖方是不会卖好车的，却乐意将经过包装的次品旧车卖出。结果，次品旧车充斥市场，高质量旧车被挤出市场。这一现象经济学称为逆向选择。在信息不对称的市场上，如果具有信息优势的一方，利用其优势来牟利，即不断地以次充好来欺骗另一方，那么逆向选择现象引起的损失，将不仅是信息劣势一方的一次性经济损失，它将使市场的信誉荡然无存，从而将市场摧垮。

在具体工作中，我们会在两种情况下遇到不对称信息的问题。按不对称信息发生的时间，在事前发生的信息不对称会引起逆向选择问题，而事后发生的信息不对称会引起道德风险问题。比如，选择一个企业经理，如果事先董事会不清楚经理的能力，而经理自己清楚，会出现逆向选择问题；如果事先双方都知道经理的能力，但签约后不清楚经理的努力程度，则出现道德风险问题；或者事先都不知道经理的能力，但签约后经理发现了自己的能力，而董事会不清楚，则也是道德风险问题，因为经理离任有可能带走客户。

在非对称信息情况下，逆向选择和道德风险是随时可能发生的，西方信息经济学认为，减免的办法就是建立起激励机制和信号传递机制。例如，在可能发生道德风险的情况中，委托人在签订合同时知道代理人的类型，但签订合同后不能观察到代理人的行动，这时委托人就需要设计出一个最优的奖励机制，诱使代理人选择委托人所希望的行动。而在出现逆向选择时，委托人在签订合同时不知道代理人的类型，不知道代理人的私人信息，他就必须通过一种"信号传递"机制来改进这一情况，即让拥有私人信息的一方想办法将信息传递给没有信息的一方；或者，后者诱使前者披露其私人信息。

委托—代理的理论根源来自于交易成本。新制度经济学在企业和市场组织的研究中运用了"交易成本"这个概念，指出经济组织的目的和效果就是节约交易成本。但因为交易主体具有机会主义倾向，为节约交易成本，需建立一些组织性框架，以有效防止机会主义行为。人类的有限理性与规则匮乏是致使交易费用变得十分高昂的原因之一。委托—代理关系泛指任何一种涉及信息非对称的交易，交易中拥有信息优势的一方称为代理方，另一方称为委托方。在委托—代理关系中，由于双方目的不一致性及信息的非对称性，委托方与代理方之间总是难以实现理性双赢，代理方在非对称的信息环境中总是最大限度地增进自身利益。

七、预防职务犯罪与内部人控制理论

日本学者青木昌彦提出了有关职务犯罪的内部人控制理论。以青木昌彦为首的一批经济学家在对 20 世纪 70—80 年代苏联和东欧的激进式改革研究时发现，在整个经济处于转轨时期，由于中央计划部门突然解体或完全退出，导致那些在计划经济时期已经从计划当局手中获得很大控制权的经理们，利用计划经济体制解体后留下的权力真空进一步加强了自己的权力，青木昌彦把这种现象称为"内部人控制"。在企业特别是国有企业中，经理人员是"内部人"，他们掌握了企业的控制权，倘若没有有效的监督机制，他们极有可能侵害出资人的利益，形成职务犯罪。因为内部人控制的资产往往属于"无保障资产"，如国有资产。

所谓"内部人控制"，就是指公司（或者企业）股东作为出资者拥有法律上对公司的控制权，但公司却事实上为经营者所控制的情况。公司一旦为内部人所控制，内部人的利益在公司的战略决策中必将得到强有力的强调，甚至导致内部人为了自己的利益而损害公司的利益的现象，这就是"内部人控制"带来的问题。其中的"内部人"，原则上是指以总经理为首的公司高层管理人员，包括公司的首席执行官，较多地参与公司的具体经营活动的董事等。需要注意的是，现代企业制度的发展演变使得企业出资者高度分散化，企业经营高度专业化，企业经营者在一定程度上能摆脱投资者的控制，事实上拥有对企业的控制权。

从总体上看，青木昌彦关于"内部人控制"命题的主要观点包括以下三个方面：第一，"内部人控制"可以定义为：经理人员事实上或依法掌握了控制权，他们的利益在公司战略决策中得到了充分的体现，并且经理人员常常是通过与工人的同谋而这样做的。第二，"内部人控制"通常表现为：（1）经理人员拒绝对企业整顿；（2）绩效很差的经理不会被替代，除非付出大量的成本；（3）新资本不可能以低成本筹集起来。第三，"内部人控制"可以分为"事实上的内部人控制"和"法律上的内部人控制"两种类型。"事实上的内部人控制"是指并不拥有本企业的股份，并不是企业法律上的所有者，而仅仅依靠其所处的特殊地位拥有对企业的实际控制权，而"法律上的内部人控制"则是指企业内部人（经理人员和工人）通过持有本企业的股票而掌握对企业的控制权，而所谓"内部人控制"主要是针对"事实上的内部人控制"而言。

内部人控制和控制内部人是现代企业资产经营管理中的一个难题。根据现代企业理论来看，只要企业为适应现代社会化大生产的要求而存在所有权与经营权的分离，就不可避免地要出现内部人控制的现象。为了防止在经济转轨过程中产生的内部人控制的失控现象，有必要从多方面着手控制内部人。一是引入企业法人大股东，优化公司股权结构，增强对内部人的监督控制；二是通过外部股东以及人力资本市场的压力，加强对内部人的控制；三是健全完善机制，降低内部人发生败德行为的可能性；四是建立足够动力和压力的进行外部监控的商业银行体系，以利于形成对内部人控制的有效机制。

八、预防职务犯罪与成本效用理论

成本效用理论认为，一旦公共权力进入市场，就会转化为资本，攫取经济剩余。权力资本就是权力主体对资产直接分割、占有的超经济资本，是正当权力掩盖下的"内盗"。权力资本可分为经营性权力资本——权力经商，自己设租，自己寻租；征敛型权力资本——实行超经济强制，乱摊派、乱罚款、乱收费、乱集资。

现代经济科学告诉我们，人类迄今为止尚未找到一种较市场机制更能有效配置社会资源的组织体制，而现实中的"市场失灵"客观上要求政府必须在一定的限度内掌握必要的经济资源和参与必要的经济活动（如提供公共物品，投资基础设施，调节收入分配，稳定经济秩序等）。这就使得权力与资源的结合在这一体制背景下具有某种天然的必要性与合理性。我们知道，当个人不掌握公共权力时，其欲望的满足只能凭借个人所能独立支配的私有资源（如劳动能力，当然也能通过寻租，偷盗等形式来满足）。相反，政治权力的客观存在，就为掌权者利用公共资源满足个人私欲开辟了一条新的途径。也就是说，权力配置资源是职务犯罪行为产生的制度基础。如果没有这一前提条件，职务犯罪行为无论如何也不会产生。这就是职务犯罪产生的必要条件。从职务犯罪的经济学分析我们可以看到，职务犯罪主要是人性的弱点和政府的过大权力造成的。解决之道，关键在于进行"机制设计"，健全制度、法治。

从以上基本的理论分析可以发现：第一，职务犯罪增加了交易成本，降低了市场的效率。这一点非常明显。第二，职务犯罪降低了政府对社会的控制力。政府是为社会提供公共产品的，公民享受这种公共产品的时候也就是政府履行其社会职能的时候。和市场中的情况类似，公民在接受公共产品的时候也要考虑成本问题。例如，如果司法职务犯罪严重，人们就会倾向于用民间手段解决纠纷。第三，职务犯罪带来了逆向淘汰。职务犯罪现象严重时，一个企业之所以成功，可能不是由于它经营管理上先进，或者技术上有优势，而是因为它比别的企业更会贿赂有关官员和国有经济组织的负责人。这种逆向淘汰会降低其他厂商改进产品和专注于研发的信心。第四，职务犯罪影响了市场经济对资源的配置的效率，根据科斯定理，在交易费用为零的情况下，无论产权如何界定，最终都可以达到帕累托最优。但是职务犯罪增加了交易成本，从而降低了资源配置的效率。第五，职务犯罪实际上可以看作是对厂商征收的一种额外的税金，这种税金降低了企业的经营收益。第六，职务犯罪严重阻碍改革的推进。职务犯罪的盛行使得握有权力的某些官员可以以权换钱，职务犯罪的收益使得他们更加珍惜自己手中的权力，并且运用各种手段，甚至暴力来阻止一切敢于削弱他们权力的改革，等等。从这些方面来看，我们可以得出结论，职务犯罪绝对不是市场经济的润滑剂，而是市场的绊脚石，不仅不能促进改革和经济发展，而且会严重阻碍改革深化和社会进步。[①]

第四节　职务犯罪预防对策

一、国际社会治理对策的基本走向

目前，国际社会治理职务犯罪正逐步从"重惩罚、轻防范"的旧模式转向"预防和惩罚兼治，以预防为主"的新模式。随着反腐败斗争的不断深入，世界上不少市场经济较为发达的国家和地区，在多年探索的基础上，越来越重视对贪污、贿赂等职务犯罪行为的预防，尤其是近些年来，在预防职务犯罪方面采取了更加行之有效的措施。

（一）主要动向

《联合国反腐败公约》第 1 条开宗明义："促进和加强各项措施，以便更加高效而有力地预防和打击腐败。"基于此，《联合国反腐败公约》对涉及政府、公共部门、私营部门的预防腐败的措施进行专门系统的规定，内容涉及制定、执行和坚持有效的预防性反腐败政策和做法，设立专门的具有必要独立性和人力物力资源保证的预防性反腐败机构，加强对公务员和非选举产生的公职人员的管理，制定体现廉洁、诚实和尽责的公职人员行为守则，规范公共采购和公共财政管理，提高公共行政的透明度，重视审判和检察机关反腐败方面的作用及其自身的腐败预防，加强对私营部门尤其是其商业活动的监管，加强金融监管，防止洗钱，推动反腐败的社会参与等，无一不是围绕对腐败"标本兼治，预防为主"战略所进行的精心设计。当前国际社会治理职务犯罪的对

---

① 何增科：《反腐新路》，中央编译出版社 2002 年版，第 101～104 页。

策走向，从以下几个方面突出了预防的功能：

1. 是标本兼治。综合运用政治、经济、法律、文化、教育等多种手段，打防结合，标本兼治，对职务犯罪犯罪实行综合整治，从根本上预防和减少职务犯罪，已成为国际社会反腐败的经典模式和主要实践形式。如新加坡政府认为，预防公务员贪污职务犯罪，必须采取多管齐下、综合治理的策略，除严厉惩戒和以俸养廉外，还要注重教育和防范，才能达到治本的目的。我国香港特别行政区采取的是"惩治、预防、教育"三管齐下、打击贪污的措施。韩国根据《反腐败法》，于 2001 年设立了直属于总统领导的反腐败委员会，其主要职能是在事前制定防止职务犯罪的政策，并保证这些政策能得以有效执行。

2. 财产申报。财产申报制度是国际社会反腐败的一项基本措施，被称为"阳光"制度。它使公职人员的财产受到严格监督。任何个人财产的不良变动都会受到查处。对于建立财产登记申报制度，许多国家的做法是：首先，制定财产申报方面的法律；其次，建立接受和审查申报书的机构；最后，定期审查和公布财产公布书。如法国制定了《政治生活财务透明度法》，详细规定了财产申报的对象、内容（除公职人员本人外，还包括其配偶及受抚养的子女的有关情况）、时间、申报书的接受、公布、审查的程序，以及对违反申报法律的处罚。法国的政府成员、地方议会议长的申报书，提交给专门的委员会定期审查和公布财产公布书。如果在审查中发现疑点，有关部门还要进行查账和深入的检查。美国于 1965 年颁布了《政府官员及雇员道德操行准则》，对各类高级官员及其配偶、子女的财产申报作出了规定。1978 年颁布了《政府道德法》，1989 年修订为《道德改革法》，规定总统、副总统、国会议员、政府高级官员，以及联邦法官等 1.5 万名官员，须在任职前报告并公开自己以及配偶的财经状况，包括收入、个人财产等；以后还须按月申报。对财产申报资料的接受、保管办法、保存期限、公开方式、查阅手续、审阅手续、审查，以及对拒绝申报和虚假申报的处罚办法，都作了详细规定。

3. 规范行为。国际社会普遍重视对公职人员日常行为的立法，为公职人员的行为提供明确的规范。联合国于 1979 年和 1996 年分别通过了《执法人员行为守则》和《公职人员国际行为守则》，建立了国际上具有普遍意义的公职人员行为原则。美国国会于 1985 年通过了《政府工作人员道德准则》，为"所有政府雇员，包括官员"制定了内容广泛的道德规范。韩国政府 1999 年 6 月 11 日颁布了《公职人员十项守则》，以此来整顿公务员队伍，减少职务犯罪现象。

4. 回避制度。回避是为了防止公职人员因某些人事关系，可能导致公私利益冲突而采取的一项预防性措施。法国规定，当公务员的配偶以职业身份从事有利可图的私人活动时，该公务员必须向其所属的行政部门或公共事业单位声明。美国联邦法律一般禁止联邦官员雇用或提升自己的亲属。《美国法典》第 5 部中规定，禁止包括国会议员在内的联邦官员任命、提升或推荐自己的亲属，到该官员执掌或控制的任何机构或部门工作。该法律还明确列出了应予禁止的公务人员亲属的范围。

5. 重视教育。教育是基础。提高社会公众和公职人员对反腐败的认识度和参与度，是反腐败取得成功的重要保障，因此国际社会都不遗余力地加大反腐败的教育与宣传力度。新加坡对公民从青少年起就进行廉政意识的教育。他们在中学普遍设立了廉政和反贪污的课程，使青少年认识到，"贪污贿赂如同黑社会和贩毒问题一样，都是严重的社会罪恶"。对社会不同行业和不同阶层，则有针对性地采取举办讲座、讨论会、展览等形式进行教育，力求在全社会形成廉洁光荣、贪污可耻的氛围。新加坡在公务员队伍中提倡继承和发扬中华民族的优良传统，特别是儒家学说"仁、义、礼、智、信"中的积极因素，经常进行爱护国民、忠于政府、奉公守法、遵守纪律的教育，努力营造一种良好的官场风气。不接受这些教育和培训的公务员不能上岗。

6. 注重职务犯罪评估。职务犯罪评估是近年来国际社会反腐败的又一尝试和探索。透明国际是最早开展这项工作的国际组织。澳大利亚新南威尔士州的反腐败独立委员会通过对政府机构具体运行情况的监测，进行公共部门的廉洁程度及反腐败成效评估，并提出报告和改进建议。韩国于 2002 年在中央和地方政府中全面实行"清廉度指数"评价制度，根据对企业和普通市民调查的结果、专家的评价、监察院和检察院监察整改的情况、新闻机构的舆论调查，以及行政改革成果和业务处理效率等进行综合评估，然后每年打一次分向社会公布，并根据得分的多少在分配预算时给予差别对待。韩国把这种方法作为"预防职务犯罪的系统"。

7. 信息公开。实行信息公开，是避免政府行为暗箱操作的有效措施。美国国会于 1966 年和 1976 年分别通过的《信息披露法》和《阳光下的政府法》，赋予了全体国民最大限度的知情权和政府官员最小限度的隐私权。《阳光下的政府法》规定，联邦政府的 50 个机构和委员会的会议必须公开举行，应律师的请求根据法律许可而举行的秘密会议除外。韩国汉城市政府为保证公务员廉洁从政，提高政府工作的透明度，在市政府网站上开设"民愿处理在线公开系统"，利用互联网处理市民在经济活动或社会生活中遇到的问题和困难。有关部门公务员在网上接到市民的"民愿"后，必须把处理的过程和结果在网上公布。该系统不仅起到了有效防止职务犯罪的作用，而且对市政府获得市民信任，提高政府透明度也起到了积极作用。

此外，许多国家推行优俸养廉制度。为了吸引优秀人才到政府机关工作，并使他们保持廉洁，国外对公职人员普遍采取了许多优惠措施。主要有：职务上的晋升比在私人企业快；为公职人员提供培训、进修的机会；给公职人员不低于私人企业同等资历人员的薪水；为公职人员修建专门的住宅等。

（二）基本理念

国际社会在治理职务犯罪的历史进程中，建立起"预防为主是治理职务犯罪的治本之策"的认识有一个漫长而艰苦的认识过程。问题的焦点就是法律的惩治是不是治理职务犯罪的万全之策。从国际社会治理职务犯罪行动发展全过程来看，是从"重惩罚轻防范"的旧模式，转向了"预防和惩罚兼施，标本兼治，以预防为主"的新模式上来。

法律惩罚对犯罪行为的治标作用，具有目标明确、见效快、可操作性强的特点。作为对犯罪行为及其危害性的直接反应，人类总是把处罚看做对付犯罪，也包括对付职务犯罪行为的最有力的武器。例如早在1906年英国就颁布了《治理职务犯罪法》，对官员的公务活动和个人经济行为都作了相应的规定，但这个时期社会仍然是把职务犯罪看做是政府官员中的个别现象，并没有得到足够的重视，西方工业国家对职务犯罪现象的处理依然强调以法律惩治为主。

20世纪50年代，美国犯罪学家萨瑟兰提出了著名的"白领犯罪"的概念，即具有显要社会地位的人利用其职权所进行的违法行为。很久以来，白领犯罪的危害常常被隐蔽起来，但实际上在美国白领犯罪对社会造成的损失是一般刑事犯罪总和的七倍。萨瑟兰理论的重要性在于其引导公众对发生在各政府部门司法部门中的普遍的职务犯罪现象的重视，引起全社会对这一特殊利益群体不法行为的注意，并使人认识到，职务犯罪不是个别现象，而是一个普遍的社会现象，仅用刑罚并不足以解决这个社会问题。从而使犯罪预防从理论到实践向前跨出了一大步。虽然这一概念是根据美国的情况提出的，但被各国研究犯罪问题的专家所认同，在预防包括职务犯罪在内的白领犯罪的行动战略中起着重要的指导作用。萨瑟兰主张，对白领犯罪不应仅看作为民事行为，而应当视为犯罪来处理，用刑罚手段遏制。直到20世纪中叶，国际范围里还是把刑罚当作处理职务犯罪问题的主要武器，预防战略还没有真正提到"治本之策"这样的高度来认识。

真正使人们认识到"预防为主"这一战略的重要性还是因为人们看到法律的制定和实施并没有扼制住职务犯罪在全球范围内的泛滥。到法制建设高度发展的20世纪末，全球范围的职务犯罪活动更为变本加厉。各国高层高员的职务犯罪大案层出不穷，震惊世人。20世纪90年代法国有12位市长涉嫌职务犯罪；法国前总理贝雷格瓦涉嫌100万元"借款"而自杀；意大利3位前总理分别被控与黑手党有染和受贿而被提起公诉；前北约秘书长涉嫌受贿被法办；西班牙政坛丑闻不断；韩国在20世纪80年代出现了3位前总统、4名内阁成员和数百名官员的恶性职务犯罪事件，震惊韩国朝野和国际社会。亚洲、非洲和南美的第三世界国家中的职务犯罪问题也都成了严重的社会问题，直接威胁到政权的稳定和经济的发展。目前出现的经济全球化的大趋势，更加促使这种以贪利为核心的职务犯罪以空前未有的速度和范围蔓延开来。

出现在发展中国家和发达国家中的这种结构性、系列性的职务犯罪现象，使国际社会领悟到，单靠法律的惩治已经是杯水车薪，单靠对职务犯罪案件的事后处置，已经远不能扼制住职务犯罪现象的发展势头。20世纪90年代，各国政府和联合国及各个国际组织，如世界银行、联合国开发计划署、国际货币基金组织、世界有关单位、部门和行业组织、透明国际等，无不深入研究治理职务犯罪的战略，普遍意识到面对全球性反腐的严峻局面，重新修正反腐对策已迫在眉睫。正是当前职务犯罪问题成为一个世界性的社会问题，促使国际社会把"预防为主"这个治本之策从后台提到了前台。

不采用超前预防的对策，无法遏制这种结构性职务犯罪的蔓延。消防队的主要任务应当是发现火灾隐患并加以解决，它的主要任务绝不是救火。人们开始走出这个认识误区。对职务犯罪问题的治理采取"预防为主"的方针，修正了把精力只放在事后处罚，挽回损失方面的被动局面。这是一种职能的转变，更是一种观念上的转变。20世纪90年代国外对政府官员的职务犯罪和职务犯罪行为普遍实行"全面控制"的基本预防战略。不是单纯针对职务犯罪的罪后处置，而是针对职务犯罪活动的预防。据我国监察机关1994年对美国的考察，了解到美国对职务犯罪问题主要实行五个方面的监督：议会监督、司法监督、行政监督、舆论监督和大众监督。各国在此方面没有更大差别。第四届国际反贪污大会更为具体地指出：消除贪污要以预防为主。一是完善法律制度；二是开展道德教育；三是设立专门机构；四是加强秘密侦查；五是行政与刑事处分相结合；六是公众参与；七是新闻监督；八是建立现金和银行交易报告制度。这说明，"标本兼治，预防为主"已经成为世界各国（包括发达国家和发展中国家）在治理职务犯罪问题上的共识。

能不能在反腐中切实有效地实行"预防为主"的战略，关系到反腐行动的效果与成败。非洲国家的反腐行动就有这方面的例证。职务犯罪现象在非洲许多国家都是政府最为头痛的大问题。乌干达和坦桑尼亚虽然国情不同，前者在统治中更倾向于专制铁腕统治，但两个国家由于在反腐中采用综合治理方针，消除了法律处罚与行政改革、宣传教育和广泛监督之间的冲突，因此在综合治理职务犯罪的斗争中取得了公认的良好效果。而塞拉利昂则因为没有对职务犯罪采取得力对策，特别是没有重视对职务犯罪活动预防，则依然处于职务犯罪泛滥、权力滥用的破败局势之中。可以断言，在世界范围内，凡是不能把预防摆到头等重要位置的国家，只能处于崇尚严惩，对职务犯罪"头痛医头，脚痛医脚"的被动局面之中。治理职务犯罪以预防为主和全面预防已形成世界性潮流。

二、中央关于预防职务犯罪的战略决策

近年中央关于反腐败工作部署，特别是历次中央纪委全会，明确了当前和今后一个时期加强反腐倡廉建设的指导思想、基本要求、工作原则和主要任务，强调要注意把握和体现改革创新、惩防并举、统筹推进、重在建设的基本要求，坚持加强思想道德建设与加强制度建设相结合、严肃查办大案要案与切实解决损害群众切身利益的问题相结合、廉政建设与勤政建设相结合、加强对干部的监督与发挥干部的主观能动性相结合，号召全党把反腐倡廉建设放在更加突出的位置，更加坚决地惩治腐败，更加有效地预防腐败。中央强调，要在坚决惩治腐败的同时，更加注重治本，更加注重预防，更加注重制度建设，不断形成有利于反腐倡廉建设的思想观念、文化氛围、体制条件、法制保证。

（一）标本兼治、注重预防是当前解决腐败问题的根本要求

从新中国成立之初，对刘青山、张子善的坚决制裁，到世纪之交对胡长清、成克杰的依法查办，表明共产党人和共产党政府对职务犯罪坚决打击的严正态度、坚强决心和对建立廉洁高效的政府的不懈追求，并取得相当的成效。同时，对现实生活中蔓延势头尚未得到根本遏制各种职务犯罪的有效治理，也进行着长期的思考和探索。新中国成立之初，毛泽东同志对如何跳出"其兴也渤焉，其亡也忽焉"的历史王朝兴亡更替的"历史周期率"，提出靠民主，让人民监督政府，使政府不敢有丝毫懈怠；改革开放之初，邓小平同志强调"在整个改革开放过程中都要反对腐败"，提出"两手抓，两手都要硬"的思想；世纪更替之初，江泽民同志指出反腐败斗争要"坚持标本兼治，教育是基础，法制是保证，监督是关键。通过深化改革，不断铲除腐败现象滋生蔓延的土壤"。"必须把打击和预防结合起来。"通过理论和实践的不断升华和总结，在治理腐败和职务犯罪的根本战略模式选择上，终于形成"打防并举，标本兼治，重在治本"之路，从原来侧重遏制走上强调标本兼治、逐步加大治本力度的轨道，在依法查处、打击腐败现象和职务犯罪、抑制腐败现象和职务犯罪蔓延、猖獗的势头的同时，注重对社会主义市场经济条件下的反腐败斗争的特点和规律的探索，对职务犯罪发生的原因、特点和规律的分析、研究和总结，建立健全监督管理，完善制度机制，不断铲除腐败现象和职务犯罪滋生

蔓延的土壤和条件，积极探索治理腐败和职务犯罪的治本之策，努力从源头上遏制和防范腐败现象和职务犯罪，实现对职务犯罪"惩治于既然，防患于未然"，以打促防，以防固打，延伸、扩大治理职务犯罪的效果。

反腐败斗争不可能"毕其功于一役"，按照毛泽东同志关于持久战的见解，它应当分为防御、相持、反攻三个阶段，而当前的反腐败斗争，恰恰处于相持阶段。相对于腐败高发、疲于应付的"防御"阶段，"相持"阶段最重要的特征是，腐败高发势头得到一定程度的遏制，腐败和反腐败的力量处于动态平衡，呈现出相对稳定的状态。

相持阶段追求的目标往往倾向于稳定压倒一切，先控制住再说。具体做法上，首先，在打、防措施价值取向上，更注重打，倾向于采用有力的惩治手段；其次，在治标、治本的选择上，治标行为更为明显，治本措施仍然是一个方向，没有真正落到实处。值得注意的是，在这个阶段，为了增长自己的力量，反腐败甚至可能采用非规范的操作方法，譬如有的地方尽量推迟贪污贿赂案件进入刑事诉讼程序，迟迟不作刑事立案，借用纪委、监察部门的手段，力求更严厉、更有效地打击腐败犯罪。

相持阶段追求的目标不能停留于稳定压倒一切，从反腐的阶段性来说，一旦腐败得到充分打击、蔓延势头遏制住以后，"相持"阶段将向"反攻"阶段推进。我们目前重视预防职务犯罪这个环节，就是要努力促成从"相持"到"反攻"的转变成为现实。当然，要真正实现全面"反攻"，取决于大的社会背景，譬如政治文明的积极推进，行政体制和运行机制的变革和创新，标和本价值取向上的调整等。有人结合我国现代化建设的"三步走"战略和十一五规划的部署预测，认为到2010年左右腐败现象将从高峰回落。其实，高峰的回落便是腐败与反腐败斗争由"相持"进入"反攻"的标志。如果没有早做预防工作，仅满足于打击犯罪的高压态势，任何稳定都不可能，腐败高峰的回落也无从谈起。只有采取积极进攻的姿态才能维持稳定，前方坚持在打，保持火力，同时包抄到敌人后方，落实制度防范等措施，来它个釜底抽薪，才能使腐败的能量逐渐减弱，反腐败的力量不断增强，动态的平衡点向前推进，腐败才会节节败退。

（二）深化体制机制制度改革创新，重在建设，是预防职务犯罪的基本途径

加强体制机制改革创新的重要内容和目的之一就是对权力的合理配置，并保证其依法有效地运作。中央提出的"结构合理、配置科学、程序严密、制约有效"地建立权力运行机制的"十六字方针"是一个统一的整体。结构合理，就是要对权力进行合理分解，重点是把决策权、执行权、监督权适度分

开，使不同性质的权力由不同的权力主体来行使。配置科学，就是不同的权力主体之间分工明确、各负其责，并且使职权和责任相统一。程序严密，就是要建立健全规范、缜密设计的权力运行程序，使各种权力都能依法有序运行。制约有效，就是不同权力主体之间既密切配合又有效制衡。建立健全科学的权力运行机制，既有利于加强对权力的制约，又增强了权力运行的规范性和透明度，这也是对权力进行有效监督的重要前提。

按照"十六字方针"建立健全科学的权力运行机制，是对现行权力运行机制的完善和重大改革。这一改革，涉及坚持和完善社会主义民主制度；改革和完善党的领导方式和执政方式；科学规范党委与人大、政府、政协以及人民团体的关系，以及领导机关及其内部机构的职能调整等政治体制中的一些重大问题，必须坚持党的领导、人民当家作主和依法治国有机统一的原则，统筹谋划，精心设计，稳步推进。应当特别注意把握好以下几个问题：

一是权力运行机制的设计，要有利于巩固党的执政地位。任何一种权力运行机制的性质、内容和形式，都是由本国的社会制度决定的。我们建设的是中国特色社会主义，人民当家作主是社会主义民主政治的本质要求，党的领导是人民当家作主的根本保证。建立和完善权力运行机制的根本目的，是为了加强和改善党的领导，巩固和发展社会主义制度。否则，如果动摇或者削弱了党的领导，就必然损害人民当家作主的地位，损害社会主义制度，这样的权力运行机制就是不科学的，政治体制改革也就失败了，苏联就是前车之鉴。

二是把对权力的制约与保证决策效率有机统一起来。对权力的制约往往容易出现两个方面的问题：一方面是制约乏力，起不到防止滥用权力的作用；另一方面是过分强调制约，影响决策效率。科学的权力运行机制，应当是既能有效地防止和纠正滥用权力的问题，又能够保证决策效率。邓小平同志曾经说过："在改革中，不能照搬西方的，不能搞自由化。过去我们那种领导体制也有一些好处，决定问题快。如果过分强调互相制约的体制，可能也有问题。"这就是说，对权力的制约既要有效，又要有度。按照"十六字方针"建立权力运行机制，应当克服现行权力运行机制的弊端，保持和发扬它的优势，而不应当丢掉这个优势。

三是要进一步解放思想，站在全球化、现代化的高度，用世界眼光去审视我们的改革，设计我们的权力运行机制。如把决策权、执行权、监督权适度分开，适度扩大监督机关的相对独立性，有效发挥舆论监督的作用等，体现的是对权力进行制约和监督的一般规律，是政治文明的重要内容，并不是资本主义的专利。我们应当像建立社会主义市场经济体制那样，从我国的实际出发，总结自己的经验，借鉴西方发达国家权力运行机制中的科学成分，创造性地建立和完善我们国家的权力运行机制。

　　科学配置权力，核心是解决好权力集中和权力分解之间的关系，有效地控制和预防职务犯罪。权力过分集中，之所以必然会产生腐败和职务犯罪，其根本原因在于，由于权力过分集中，缺乏必要和有效的监督，犯罪分子实施有关职务犯罪的机会增加，犯罪得逞的概率增加，并且犯罪后不易被及时发现，因此，逃避法律制裁的可能性增加。在上述情况下，犯罪分子支付的犯罪成本较少，而犯罪所得却相对地增加。因而其犯罪心理、犯罪动机便容易产生，愈发坚定，并最终付诸实施，导致职务犯罪的发生。从一般意义上来讲，职务犯罪产生概率的高低与权力集中程度的高低成正比例关系。但是能否得出结论，权力分解必然会减少职务犯罪呢？在论及遏制、预防职务犯罪时，人们绝大多数都立刻想到对权力加以监督、制约，归根到一点，就是对权力加以分解。之所以会采取这种遏制防范职务犯罪的模式、对策，究其最根本的原因在于增加职务犯罪的成本，减少其犯罪所得。因为在权力分解的情况下，无疑会增加职务犯罪实施的难度，提高承担制裁后果的风险，从而减少其犯罪所得，由此阻遏犯罪分子的犯罪心理、动机的产生，或者动摇、打消犯罪分子实施职务犯罪的念头，遏制、防范职务犯罪的实施。科学配置权力，预防职务犯罪，正确处理职务犯罪的发生率、危害结果和工作效率之间关系，既不能一味地分解权力，以求得防止职务犯罪的发生，而过分降低工作效率，人为增加可能发生的职务犯罪个案的危害结果；也不能一味地集中权力，以求得防止职务犯罪个案危害结果的扩张和保持较高的工作效率，而过分地容忍极高的职务犯罪的发生率。正确的选择应该是将过分集中的权力予以合理的分解，过分分解的权力予以合理集中，实现权力集中与分解的合理平衡，将职务犯罪的发生率和危害结果控制在人们可以容忍的限度内，将工作效率保持在人们期望的可以接受的水平上。实际上权力不合理的集中和不合理的分解，都是不可取的。该集中的要集中，该分解的要分解。该分解的分解，是一种遏制、防范职务犯罪的选择；该集中的集中，也是一种遏制、防范职务犯罪的选择。而不是用简单的思维去处理问题，一提到权力集中，就联想到导致腐败和职务犯罪，一涉及权力分解，就意味着遏制和防范腐败和职务犯罪。正如中央指出："要针对容易产生腐败现象的具体体制、制度和薄弱环节，通过深化改革和体制创新，建立结构合理、配置、程序严密相互制约的权力运行机制。改革也要实事求是。有些环节权力过于集中，有些环节权力过于分散，都容易导致腐败现象。要根据从源头上预防和治理腐败现象的需要，该分散的要分散，该集中的要集中，一切措施都要根据实际情况来决定，最终以社会效果来检验。"在进行体制机制改革创新过程中，应从制度安排、规则设计、具体操作等方面来科学设置权力、管理权力，推进权力集中与分解的最佳平衡，实现控制、防范腐败和职务犯罪的最佳的综合效果。

（三）统筹推进，实行综合治理，是预防职务犯罪的基本途径

防治职务犯罪是一项社会性的系统工程，必须按照系统论的科学原理推进预防职务犯罪工作。这是因为，首先，职务犯罪是一种社会现象。是各种社会矛盾和消极因素的综合反映，当这些社会矛盾发展到一定程度时，一些人就会为了解决个体与公共社会之间的矛盾而利用职权实施腐败行为，这些行为达到一定的社会危害程度，便成了职务犯罪。其次，实施职务犯罪的人，也即职务犯罪的主体都担当着相应的社会角色，突出表现在它们都具有一定的社会职位和特定的职责，而且都是在履行社会职责的过程中，利用职权，或者利用其社会影响、政治影响而实施职务犯罪。最后，职务犯罪是特定历史、社会背景的产物，与特定的政治、经济、文化、社会和历史条件密切相关，每一例职务犯罪的个案都反映了特定历史时期社会生产力和生产关系的具体矛盾。防治职务犯罪，就是要分析这些矛盾，查找体制、机制、制度各个方面的漏洞和问题，消除职务犯罪机会和条件，化解和解决矛盾，健全和完善制度，消除和堵塞漏洞。

党的十七大明确反腐败坚持标本兼治、综合治理、惩防并举、注重预防的方针，要求以完善惩治和预防腐败体系为重点，强化权力制约和监督，深化改革和创新体制，拓展从源头上防治腐败工作领域，要坚持治标和治本、惩治和预防两手抓、两手都要硬，惩治于已然，防患于未然，既坚决查处违纪违法案件、依法严惩腐败分子，又加大预防工作力度、不断铲除腐败滋生的土壤，努力把腐败现象减少到最低程度。要把反腐倡廉建设纳入经济社会发展和党的建设的全局之中，把改革的推动力、教育的说服力、制度的约束力、监督的制衡力、惩治的威慑力结合起来，把阶段性任务与战略性目标结合起来，整合各方面资源和力量，增强反腐倡廉建设的整体性、协调性、系统性、实效性。中央强调："惩治腐败，要作为一个系统工程来抓，标本兼治，综合治理，持之以恒。"经过不断探索和科学总结，现在已形成了有中国特色的综合治理腐败的领导体制和工作机制，那就是"党委统一领导，党政齐抓共管，纪委组织协调，部门各负其责，依靠群众的支持和参与"。对腐败现象和职务犯罪实行综合治理，主要包括四个方面内容：一是社会各责任主体在党委统一领导下各负其责，互相协调配合，形成工作合力。二是社会各责任主体必须把反腐倡廉、预防职务犯罪寓于自己的日常工作之中，综合采取宣传、教育、经济、行政、法律等各种有效措施治理腐败和预防职务犯罪，根据自己工作的特点，针对腐败现象和职务犯罪易发多发的部位和环节，制定和落实防治的规章与措施。三

是有关主管单位和领导机关要把治理腐败和职务犯罪与经济建设、民主法制建设、精神文明建设等工作紧密结合，制定经济、社会、文化发展的政策，出台重大的改革措施，制定法律、法规和规章时，要把反腐倡廉、预防职务犯罪作为有机组成部分考虑进去，进行论证，做到存利去弊，完善决策，未雨绸缪。四是有关治理腐败和职务犯罪的职能机关，如检察机关、纪检监察机关、国家预防腐败机构等职能预防与社会预防相结合，形成治理腐败和职务犯罪的专业化工作与社会化参与的工作机制和网络，以专业化带动社会化，社会化延伸专业化。综合治理的关键是保证民众知情、民众参与和民众支持。

第五节　境外预防职务犯罪主要方法

根据预防犯罪采取的措施、手段和切入点的不同，可将境外犯罪预防分为制度预防、技术预防与观念预防。制度预防是最根本的预防方法，通过健全制度、完善机制、改革体制、改进管理的途径，达到源头治理的目的；技术预防注重以现代科学技术为主要预防措施，是制度预防的重要辅助手段，其中也涉及机制和管理的改进问题；观念预防则强调加强公众防范意识，提高抵御犯罪的能力，使预防犯罪工作更加有组织化。制度预防、技术预防与观念预防在预防犯罪过程中各自发挥着不同的作用，三者只有相互协调、彼此配合，才能真正实现预防职务犯罪的目标。

一、境外观念预防的主要做法

（一）靠深厚的文化传统形成以廉为荣、以贪为耻的社会氛围

从东西方文化来看，差异还是很大的，但并不能说一种文化有利于遏制职务犯罪，而另一种文化就会造成职务犯罪现象的滋长。这些年来的反腐败实践已经证明，那种"东方文化传统滋生职务犯罪"的论调是站不住脚的，因为像新加坡这样的东方国家同样利用文化传统中反腐倡廉的积极元素走出了有效开展观念预防的道路。就西方国家而言，这些国家的国民一般都具有较高的民主意识、制度意识和思想文化素质等，他们利用这些文化传统优势开展反腐倡廉教育，在形成廉洁的社会氛围方面收到了很好的效果。比如，英国是世界上第一个完成工业革命的国家，其科技发达，生产力先进，从而决定了其国民具有较高的文化素质和社会道德素质。早在1837年维多利亚女王登基时，英国就提出公职人员道德六原则，一直沿用至今。英国历来讲究绅士风度、道德涵养和法制原则，传统文化氛围很浓。英国规定，对5—16岁的青少年都要进行道德教育，并在全社会倡导诚实信用。上述因素均对国家公务员强化自律意识

产生了积极作用。再比如，瑞典非常重视社会诚信，不管是政府官员还是普通公民，都很害怕有污点记录。一旦有污点记录，就很难在瑞典社会乃至欧洲国家立足。哪怕是一些非常小的污点记录也将产生严重后果。就连坐公共汽车、地铁逃票等都将影响行为人的生活3—5年。又比如，德国公务员一旦因受贿被开除，就再也找不到雇用他的公司，这就意味着他将失去所有工作机会，下场很惨。这在很大程度上对那些有职务犯罪意图的公务员起到了警示作用。就东方国家而言，一些国家和地区充分利用、挖掘传统文化中好的元素，大力开展廉政文化建设，同样收到了很好的效果。新加坡高度重视对公民进行道德和廉政教育，特别注意吸收借鉴中国儒家思想，取其精华，去其糟粕。在1982年华人春节献词中，总理李光耀号召新加坡人要保持发扬中华民族儒家的传统道德。他认为，儒家思想的核心就是"忠、孝、仁、爱、礼、义、廉、耻"八德，这既是新加坡每一个人必须保持和发扬的"八种美德"，也是新加坡政府一直坚持贯彻执行的"治国之纲"。1990年2月，新加坡政府发表《共同价值观白皮书》，提出五大共同价值观：一是国家至上，社会为先；二是家庭为根，社会为本；三是关怀扶持，同舟共济；四是求同存异，协商共识；五是种族和谐，宗教宽容。可以看出，白皮书吸收了许多儒家思想精华，并经过一番改造和发展，使之与新加坡的多元文化、多元种族等国情相适应，与现代精神气质和其他种族的伦理观念相融合。新加坡还注意廉政教育从青少年抓起，在中学普遍设立廉政和反贪课程，使青少年认识到贪污和贿赂如同黑社会和吸毒一样，都是严重的社会罪恶。他们对社会不同行业和阶层，有针对性地举行讲座、讨论会、展览，并通过报纸、电视等形式进行肃贪倡廉教育，力求在全社会形成"廉洁光荣、贪污可耻"的氛围。香港特别行政区从幼儿园就开始抓廉政教育，廉政公署社区处专门为幼儿园的孩子编写了一本《廉洁的香港我的家》，书中有儿歌，有卡通画，有短文警句，有寓言故事，小朋友很容易接受，从小就知道贪污的人和"大灰狼"一样坏。香港特别行政区还在中小学开设廉政课，廉政公署为学生们编写专门教材，教材的名字是《建设廉洁繁荣的新香港》。在香港特别行政区和新加坡的地铁站台、公交车内、高楼大厦上都有政府制作的各种宣传画和标语，告诉人们要保廉促廉，让人处处都感受到廉洁自律的良好氛围。韩国同样如此，2001年，韩国教育人力资源部委托全国道德教师会开发反腐败教材。同时，为了教育普通公民，提高他们的反腐败意识，反腐败的教育也在妇女学校、老年大学和其他文化教育及培训机构进行。由此看来，形成一个廉洁、诚信的社会氛围对于预防职务犯罪发挥着重要作用。

　　相比上述国家和地区，我国在这一方面还存在着很大差距，主要表现在：

一是一些群众对于反腐败态度冷漠甚至表现出一定的认同感。当前，在群众中存在这样一些反常现象，即一方面痛恨职务犯罪，另一方面却在就业、调动工作、孩子上学、看病就医之时请客送礼甚至大肆行贿；一方面斥责职务犯罪分子，另一方面却希望他们职务犯罪，以能接受自己的贿金为自己解决实际问题。这些现象说明在一些群众的内心深处并不是对职务犯罪现象的天然排斥而是一种认同。二是一些青少年的心灵受到职务犯罪恶风的污染。近些年来，与青少年的成长息息相关的几乎所有阶段，都伴随着家长的托关系、走后门，孩子上幼儿园、小学、中学、大学要找关系，毕业后就业要托人帮忙，青少年很小就知道了所谓"有钱能使鬼推磨"的道理，甚至小学生竞选班长也知道给同学买礼物"拉票贿选"。青少年特别是大学生是国家公务员的后备队伍，他们在上述社会环境中成长起来，怎么能保证进入公务员队伍后不贪不腐呢？三是一些企业把工夫大多花在了找领导寻靠山、跑机关搞公关上面，成了职务犯罪行为重要诱发因素。前文已经分析了行政权力介入资源分配、市场机制不健全是寻租现象的根源，但我们不能就此漠视一些企业和不法商人的行贿行为对领导干部廉洁从政造成的严重影响。改变办案实践中只把不法商人这样的行贿人当作证人而不予严厉打击的状况，是一个亟待解决的问题。一些领导干部反映，自己所处的是一个高风险岗位，一些不法商人经常围绕在身边请托办事、送钱送物，如果对自己的要求稍有放松，就会滑入职务犯罪泥潭而不能自拔。对此，一些领导干部风趣地说："党组织不能只寄希望于我们出污泥而不染，而要把荷塘搞得清洁干净一些。"我国是一个具有五千年悠久历史的文明古国，传统文化中既有封建思想的糟粕，更有重"修身"、讲"廉、耻"等儒家思想精华，要形成"以廉为荣、以贪为耻"的良好社会氛围，就要彻底甩掉封建思想这个包袱，把中华民族优秀的文化发扬光大。对比上述国家和地区的成功经验，我们需要做的就是要充分挖掘文化传统中一切有利于廉洁的元素，大力开展廉政文化建设，使廉洁行事、诚实守信等思想成为社会每一个公民都具有的坚定信念。

（二）加强对国家公务员的职业道德教育

国外开展对国家公务员的廉政教育主要是一种职业操守教育，教育内容是丰富的、具体的，行为规范非常明确，易于掌握。英国政府把道德建设作为公务员制度的重要组成部分，制定了政府工作"无私、正直、客观、责任感、公开、诚信、领导才能"七大原则，并且对每条原则都作出详细解释。与此同时，又相继制定国会议员行为准则、特别顾问行为准则、部长行为准则、公务员行为准则等，并加强宣传教育工作，从而保证公务员提高职业道德素质，做到廉洁从政。新加坡政府对公务员采取定期培训措施，以便加强政治思想教育。政府专门设立公务员学院和培训中心，新招聘的公务员必须首先接受训练，在职的公务员每年也必须参加一两个星期的培训和进修，学习政治、法律及其他知识和技术。政府有关部门每年都对公务员进行考察和评价，并于年底召开全国公务员评奖大会，表彰先进人员。德国政府十分重视对公务员的职业道德教育，以税务局为例，每个工作人员进入税务局后，都会得到一本廉政制度方面的手册，税务人员必须全文仔细通读，读完要在每个章节后签字，包括阅读人的姓名和阅读时间，以便定期检查，借此对税务人员进行教育和督导。香港反腐倡廉取得的成功与对公务员的廉政教育是分不开的。在大力推进全社会廉政文化建设的同时，廉政公署社区关系处定期为公务员举行防贪培训，并与公务员事务局联手推行"公务员廉洁守正计划"，取得积极效果。与上述国家和地区的做法相比，我国在对公职人员的教育方面的不足之处在于，行为规范不具体，缺乏明确的指向。国家公职人员级别、职务不同，并分属于不同的部门、行业，最容易记忆、最应该遵守的，是一些与其身份、地位、所属行业相关的职业道德操守。因此，像英国针对国会议员、特别顾问、部长、普通公务员等制定不同的行为准则；德国政府针对税务局工作人员制作廉政制度手册等一些好的做法，是很值得我们借鉴的。如果我们能够根据党纪处分条例、党员领导干部廉洁从政若干准则等的原则性规定，制定各个不同级别领导干部，诸如部长、省委书记、省长、市委书记、市长、局长等的行为准则，制定不同部门、行业，诸如公安、法院、税务机关、工商管理机关、土地管理部门、规划部门乃至纪检监察机关工作人员的行为准则，并加大宣传教育力度，则一定能收到很好的规范公职人员从政行为的效果。

（三）充分保障国家公务员拥有较为优越的生活条件

一般而言，贪廉问题与公务员的工资、津贴和福利状况有着极为密切的联系，稳定的工资收入、优厚的福利待遇以及由此而带来的较高的社会地位不仅可以使公务员安心工作，少生贪心，珍惜自己的职务、名誉和前途，没有必要冒贪污受贿的风险；反之，倘若公务员连基本的生活需求都得不到满足，他们就会利用手中的权力去谋取私利，贪赃枉法。基于此，许多国家采取"高薪养廉"的办法，为国家公务员提供了较为优厚的物质待遇，以促使公务员珍惜工作机会，遵守道德操守，做到廉政勤政。美国政府对公职人员采取高薪养廉的政策，以防止官员们为了金钱铤而走险。美国联邦文职人员实行多等级的职务工资制。自1968年起，一级到十五级的工资随物价指数的变动自动调整。美国国会在1972年又制定联邦工资比拟法，规定联邦雇员的工资要同私营企业人员的工资相当。每年，根据劳工统计局对公私部门工资对比所作的调查，经国会批准后，由总统发布行政命令调整政府雇员的工资。此外，联邦政府雇员还享受退休、带薪假期、各种形式的保险等其他福利待遇。因此，公职人员如果奉公守法，保障中等生活水平是没有问题的，这样，联邦政府雇员在一般情况下就不愿因职务犯罪问题而丢掉"金饭碗"。行贿人员的行贿数额只有远远高于政府官员的工资时，才能达到自己的目的，这就加大了行贿成本，很大程度上抑制了职务犯罪现象的发生。法国公务员实行的是一种指数浮动等级工资制，就是将公务员的工资增长同物价水平挂钩，每年根据官方公布的物价上涨指数，对公务员的工资作相应调整，以使其工资增长与物价上涨同步，收入水平不至下降。法国公务员除基本工资外，还有多种类型的津贴，其津贴收入在公务员的总收入中占有相当大的比重，十分可观，令一般私营部门职员望尘莫及。法国公务员的福利制度在西方国家中也是比较优越的，仅从休假制度来看，国家公务员不分级别与职务高低，每年都能享受 35 天休假。另外，法国对年迈离职后的公务员也给予较好的福利待遇。实践证明，法国公务员制度中合理的薪酬福利机制对于解除公务员对基本生活需求的后顾之忧，防止以权谋私现象的发生，保持政府廉洁，发挥了十分重要的作用。瑞士公务员的待遇十分丰厚：一是工资高，还享受各种"正常加薪"、"特殊加薪"。二是补助多。结婚、生孩子、鳏寡孤独、年老、病残、住房离工作场所较远、搬家等，均有法定补助费。三是津贴多。公务旅行、改变工作地点、因工作时间不正常而增加开支、加班、兼职、晋升职务等，皆享受法定津贴。四是实惠多。公务员伤残病亡，均享受比私营部门职员更好的待遇。正因为如此，瑞士公民便理直气壮地要求公务员廉洁奉公；公务员很自然地就会将全部精力投入公务，而不求谋取更高的非法收入。新加坡同样实行高薪养廉制度：一是较大幅度提高公务员工资待遇。1993 年，新加坡高级官员的月薪大约是：总理 5 万新元，部长 3 万新元，高级公务员 1—2 万新元，中级 2000—8000 新元，初级 1000 新元以上（当时 1 新元约合 5 元人民币）。以后公务员工资又有所增加，这在世界上是比较高的。二是切实解决公务员的福利问题，包括医疗福利、贷款优惠、住房优惠等。三是实行公务员退休养老金制度和中央公积金制度，使其老有所养。据估计，新加坡一个公务员从 20 岁左右参加工作到退休，养老金总额多则几十万，少则十几万，这足以保证一个人退休后的优裕生活。但是，一旦公务员贪污受贿，不但要革职、坐监、曝光，而且其大笔退休公积金将全部被没收充公。这就起到了廉洁保证金的作用。上述国家实行"高薪养廉"制度，确实起到了预防职务犯罪的作用，但这一制度是否适合我国，是一个值得深入探讨的问题。我们认为，"高薪养廉"不符合现阶段的中国国情，对于这一问题前文已有所涉及，这里提出两点理由：一是我国财政不能负担这么庞大的公务员队伍均享受高薪。目前，我国广义公务员，即国家财政供养人员包括行政机关、政党机关和社会团体及财政拨款的事业单位工作人员，总数为 4000 多万人，以公务员年均工资 15000 元计，每年需要花费财政支出 6000 亿元，相当于我国年财政收入 3.9 万亿元（2006 年数据）的 15.4%，这已是一个相当大的比例。在调研中可以看到，当前的许多市（地）、县（区）是吃饭财政，国家财政收入养活国家公务员已显出十分吃力的状态。如果实施高薪政策，国家财政是承担不了的。二是"高薪"不一定能"养廉"。客观地考察公务员薪酬，就要全面衡量其全部收入，包括账面收入和隐性收入。从大量职务犯罪案件可以看到，职务犯罪者特别是担任重要领导职务发生职务犯罪行为的人，其实际享受的收入是很高的，这包括工资、福利、职务消费、免费医疗、房产收益等，但这却不能阻止他们贪腐的黑手。办案人员经常从职务犯罪分子家中、办公室中查出大量存单、现金和贵重物品，这些贿金有哪些是为补贴家用而收下的呢？实际上，"高薪"根本不能填平职务犯罪者的欲壑。经过以上分析我们认为，虽然"高薪养廉"不适合我国国情，但对于"高薪养廉"制度中的一些积极的理念，比如平衡公务员心理、维持公务员较为优越的生活状态等，还是值得我们借鉴的。预防职务犯罪主要是针对绝大多数公职人员而言的，因此，借鉴"高薪养廉"制度的积极元素，应把目光投向工作在基层的广大公职人员。在基层，确实存在着公职人员由于配偶失业、子女求学、家庭成员生病等原因造成绝对贫困的情况；确实存在公职人员工资发放发生困难的情况；确实存在公务员收入与私营机构、垄断行业工作人员收入相比较低的情况；等等。正视这些情况，建立一套国家公务员福利保障机制，应该是一条预防职务犯罪的好的思路和途径。

二、境外制度预防的主要做法

（一）制定防止利益冲突的有关制度

利益冲突原是政治学概念，加拿大政府首先把它用作反腐败法律术语，意指政府官员公职上代表的公共利益与其自身具有的私人利益之间的冲突。国外学术界和政府机构认为，公职人员必须百分之百地为国家利益或公共利益服务，不得以公职谋取个人利益，为此，必须防止个人利益与公共利益可能发生的任何实在或潜在的冲突。在美国，1972 年尼克松政府的"水门事件"引发了关于从政道德的大辩论。1978 年，制定了《政府道德法》，10 年后国会又通过了《政府道德改革法》，关于利益冲突的条款写进了国家法律和法规。美国的《利益冲突法》是一部刑事法律，其中规定，任何政府官员或雇员都不得故意亲自或实质上参与任何同自己有财务利益关系的特别事项，违者应处 1 万美元以下罚金，或者单处或者并处 2 年以下有期徒刑。英国针对高官制定了一项"利益声明"制度，即在参与决策之前先说明拟决策事项是否关联到个人利益，利益内容包括个人在公司或社会上的任职、兼职情况、所加入的政党及社团、个人资产及所持公司股票、配偶及子女的任职情况等，其目的是查找出可能构成冲突的利益，防止以权谋私。"利益声明"制度简单易行，特别对于防止建筑领域的职务犯罪具有借鉴意义。官员在开会研究决定工程承包单位之前，先说明本人与参与竞标公司的利益关系，特别说明自己的配偶、子女、亲戚、朋友是否参与其中。如果构成利益冲突，就必须回避。加拿大专门制定了一部防止利益冲突的行政法规，即《公务员利益冲突与离职后行为准则》。该准则较全面地规定了公务员廉政公务、防止利益冲突的原则和要求，避免和解决利益冲突的措施和办法。它开宗明义规定原则如下：公职人员必须廉洁、诚实、无私，决策时应将公共利益摆在首位，私人利益不能受到其参与的政府活动的影响；在任职时和任职后妥善处理好私人事务，防止发生真实的或潜在的利益冲突，若产生冲突，以有利于公共利益之方式解决；不得超出职责范围帮助与政府打交道的私营实体或个人，不得以政府内部信息谋求利益，不得直接或间接地利用政府财产进行政府批准以外的活动；离职后一段时间内不得利用以前的职位和关系捞取个人好处。新西兰《公务员行为准则》规定，公务员应诚实地、不偏不倚地执行他们的公务，避免可能危及他们廉政或引向利益冲突境地的行为；不得使任何个人或组织因和某个雇员有关系就比其他人或组织得到优惠待遇；公务员应避免财务或其他利益直接或间接地危及他们执行公务，影响部门的形象；执行公务中存在或潜在的利益冲突应通知上级主管，由其确定最佳解决途径，主要方式有换人或要求当事人放弃其冲突的利益，若遭拒绝，可将其辞退。香港特别行政区于 2002 年 6 月颁布了《问责制主要官员守则》。在防止利益冲突方面，守则规定，主要官员在任期内，除非获得行政长官书面同意，否则不能作为主管、代理、董事或幕后董事、雇员或以其他身份，直接或间接参与任何其他行业。另外还规定，主要官员离职后 1 年内若加入商业机构、独资或与他人合资经营的公司，必须事前征询行政长官所委任的专责委员会的意见。守则同时指明，官员如果涉及利益冲突时，行政长官有权要求冻结或放弃有关投资。利益冲突在我国反腐倡廉工作中有许多现实表现，例如，党政领导干部在私营煤矿投资入股，利用职权为配偶、子女经商办企业提供各种便利条件，违规在企业兼职取酬等。防止利益冲突，对于反腐倡廉，特别是开展预防职务犯罪工作意义重大。

与上述国家和地区相比，我国防止利益冲突的法律制度还不健全。我们针对领导干部廉洁自律相继制定了许多"不准"规定，还出台了领导干部收入申报的规定、领导干部报告个人重大事项的规定等制度，这些制度规定绝大多数意在防止利益冲突。2000 年 1 月，中央纪委第四次全体会议报告首次提出"利益冲突"的概念，强调："省（部）、地（厅）级领导干部的配偶、子女，不准在该领导干部管辖的业务范围内个人从事可能与公共利益发生冲突的经商办企业活动。"《国有企业领导人员廉洁从业若干规定（试行）》首次采用"防止利益冲突"的提法，在第 6 条中规定："国有企业领导人员应当以国家和企业利益为重，正确行使经营管理权，对本人及亲属有可能损害企业利益的行为，应当主动回避，防止可能出现的利益冲突。"尽管我们制定了这些防止利益冲突的法律制度，但从立法角度看，还很不完善。具体表现在：一是这些制度规定散见在各种准则、条例、报告之中，很不系统；二是制度规定约束的对象各不相同，原则、尺度很难统一；三是根据某一阶段中心工作制定的许多"不准"具有时效性和局限性，一段时间之后会出现"过时"现象；四是个别制度规定设计不科学，难以起到防止利益冲突的作用；五是大多数规定没有相应的惩罚性条款，缺乏可操作性。这在一定程度上影响了防止利益冲突工作的正常开展。借鉴上述国家好的做法，我们应该针对这些不足努力加以改进，使防止利益冲突的法律制度更加系统、更加规范。

（二）实行财产申报制度

财产申报制度也称为"阳光法案"，是指一定范围内的国家公务员依法在规定的时间向有关部门报告和说明自己家庭和子女等的财产收支情况，然后由该部门予以核实和公开的一项制度。作为公务员制度中的一项十分重要的廉政措施，财产申报制度对职务犯罪行为既具有防范功能又具有显现功能。如今，凡是反腐倡廉成绩突出的国家，一般都根据本国国情制定了财产申报制度。美国以 1978 年的《政府道德法》为法律框架，经 20 世纪八九十年代数次修改，特别是在联邦政府道德署制定一系列配套法规后，最终形成了一套较为完善的财产申报制度。美国财产申报分公开申报和秘密申报两种。美国联邦行政部门包括总统、副总统、高级行政官员等在内的公职人员共约 25 万人要进行公开申报。部分中层或中层以下官员要进行秘密申报。申报内容包括个人、配偶和未成年子女的财产状况，如股票、债券、养老金、能带来收入的不动产、个人通过其他劳动获得的利益、投资及奖励所获得的利益等。加拿大《公务员利益冲突与离职后行为准则》针对财产申报作出规定，公职人员在任职后 60 日内，要将个人及其配偶和未成年子女的资产状况作出秘密报告。报告内容包括：所拥有的公开交易公司和外国政府的股票和证券，合伙、合资以及家庭企业的利息，商业性的田地，不动产，用于投机目的的商品、期货及外币、贷款以及任何因其工作性质可能引发利益冲突的资产和债券。法国《政治生活财务透明度法》明确规定，国民议会议员、参议院议员、所有中央政府成员和一些地方官员（如大区区长、海外省议会议长、30 万以上居民市市长）必须申报财产；总统候选人在正式竞选开始前，应提交财产申报表，宪法委员会在政府公报上公布选举结果时，应附上被宣布当选总统的候选人的财产申报表。另外还规定，如果拒绝申报或虚假申报，对于申报违法者须予以法律制裁，比如，对未按规定报送财产申报表或竞选账目的议员、政府官员、地方官员，在年内取消其被选资格。新加坡有关法律规定，获得政府任用令的人，必须在出任之前和以后每年的 7 月 1 日申报个人财产。停职后财产如果有所变动，应自动填写变动财产申报清单。申报财产的范围包括个人的动产、不动产、银行存款以及股票证券等。已婚人员还必须将其配偶的财产予以申报。申报财产的程序大体上是：个人填写并出具财产清单，到法院设置的公证处接受审查并由指定的宣誓官签名公证；公证书的正本须交由工作人员本人所属机关的人事部门保存，副本则保存于法院公证处。个人申报财产后还必须由贪污调查局审查核实。核实的内容包括：财产申报是否确实，有无故意漏报或故意将其财产转移到他人名下的情况。若发现公务员私人财产剧增，又不能说明其合法来源者，将以不当获利的嫌疑对其进行审查追究。韩国颁布的《公职人员财产登记制度》规定，担任公职者须在一定时期内向有关部门报告自己及配偶、子女的财产状况，包括数量、来源、变动等内容，然后由主管机关予以审核。任何隐瞒、谎报和转移财产的行为都被视为有罪，将受到法律惩处。

　　实行财产申报制度，是国内学术界一直都在探讨的一个热点问题。严格意义上讲，我国现在还没有建立财产申报制度。1995 年 4 月，中共中央办公厅、国务院办公厅印发《关于党政机关县（处）级以上领导干部收入申报的规定》，这种申报还只是针对"收入"而言，"收入"包括工资，各类奖金、津贴、补贴及福利费等，从事咨询、讲学、写作、审稿、书画等劳务所得，和事业单位的领导干部、企业单位的负责人承包经营、承租经营所得。从这些内容看，与"财产"本义相去甚远，主要是因为：一是"收入"只是"财产"的一部分。"收入"没有把房产、股票、债券、银行存款、房产收益等纳入其中，只是"财产"的一小部分而已。二是"收入"只是"财产"的发生额，而不是"财产"余额。收入申报考察的是公务员每年收入的发生额，财产申报考察的是公务员家庭每年的财产余额，两者考察目标是根本不同的。从收入申报规定的执行情况看，公务员每年按照自己的工资单填报表格，只是把人事部门已经掌握的数据再抄一遍而已，实际上已是流于形式。财产申报是一项十分有效的预防职务犯罪制度，借鉴上述国家好的做法，我们应该认真研究，抓紧制定财产申报制度，使这项制度早日在我国预防职务犯罪工作中发挥作用。

（三）完善惩治性法律制度

完善反腐败立法特别是惩治性法律，不但对严厉打击行贿受贿行为、惩治腐败分子起着至关重要的作用，而且能够堵塞法律漏洞，使具有职务犯罪意图者消除侥幸心理，不敢以身试法。从世界许多国家反腐败法律来看，虽然大多量刑不重，有的甚至没有死刑，但却非常细致、严密，具有很强的可操作性。德国惩治职务犯罪的法律体现了三个"并重"的原则。一是精神处罚和经济处罚并重。法律明确规定对贪污受贿和渎职的职务犯罪者可以判 1 天至 10 年的有期徒刑，并处以罚款或赔偿经济损失；对公务员违反纪律的处分，在给予行政警告或开除处分的同时，给予罚款和赔偿经济损失的处理。二是对受贿者处罚和对行贿者处罚并重。在查处行贿受贿案件时，不仅强调对受贿者严惩，对行贿者也给予严厉惩处。三是对违法企业的处罚和违法中介组织的处罚并重。对于企业的行贿行为和中介组织违法行为，除了要追究法人代表的刑事责任外，还要将该企业或中介组织上黑名单公之于众，通过行业协会，对违纪违规者在行业中给予限期停止业务活动和罚款处理。法国《公务员总法》规定的主要惩戒措施有警告、训戒、取消一次晋升资格、减薪、降职、调动工作、降级、临时解除职务、强制退休、撤职（保留领取退休金的权利）、撤职（停止领取退休金权利）等 11 种，其中，临时解除职务的时间不超过 6 个月，这期间，不付给一切报酬。在法国，对于贪污受贿等贪利性犯罪的惩戒则更为严厉，按照有关法律规定，对于这种其直接目的是非法取得并非属于自己的财物或者利用这些财物谋利的贪利性犯罪，不仅可以处以普通刑罚，而且可以处以剥夺荣誉称号或退休金；不仅可以处以自由刑或生命刑，而且还可以处以财产刑；不仅可以剥夺其自由，而且可以剥夺其继续犯罪的经济基础；不仅可以给行为人以经济上的打击，使其在经济上捞不到任何好处，而且甚至可以使其倾家荡产。名利俱损的严厉惩戒措施对于有头有脸而且需要依靠退休金安度晚年的公务员来讲，毫无疑问具有极大的威慑作用。在芬兰，行贿受贿受到的惩罚以罪行严重程度划分，从一般性罚款到判处最高达 4 年的监禁。公务员接受金钱、珠宝、家用电器、低利息贷款、免费旅行等都可被视为接受贿赂，甚至接受荣誉头衔和有关部门的推荐也可能被视为受贿。公务员如果被指控受贿，罪名成立，将被立即免职。《新加坡刑法典》第九章规定了"公务员犯罪或与公务员有关的犯罪"，《防止贪污法》第 5 条到第 14 条又细致规定了代理人、投标人、议员、公共机构成员的受贿罪以及对他们的行贿罪，两部法律共规定了15 个罪名，构成了反贪污贿赂犯罪的严密法网。此外，《防止贪污法》还提高了职务犯罪的法定刑，对教唆犯罪、预备犯罪与共同犯罪进行了新的规定，加大了惩治职务犯罪的力度，如规定受贿的公务员经查证属实，不但要处以监禁，还要处以罚款，并且没收该公职人员在职期间交纳的公积金。值得一提的是，该法规定，作为贿赂对象的公职人员应当逮捕向其行贿的人，并将其扭送到最近的警察局，如未能这样做，而且没有充分理由，应被认为是犯罪，并处以 5000 新元以下的罚款或 6 个月以下的有期徒刑，也可两罚并处。对行贿者可处以 1 万新元以下的罚款，或 5 年以下有期徒刑，也可两罚并处。

对比国外法律可以清楚地看到，我国惩治性法律制度存在如下不足：一是认定受贿犯罪的要件设置不科学。我国《刑法》第 385 条规定，国家工作人员利用职务上的便利，索取他人财物的，或者非法收受他人财物，为他人谋取利益的，是受贿罪。按照这样的规定，国家工作人员接受他人财物，但不为别人办事，就不能认定为受贿，这样就给一些领导干部收受他人财物提供了"免罪"保险。另外，把受贿标的定义为财物也是不符合反腐败斗争实际的，像实施性贿赂、安排旅游等均不能认定为受贿。二是"巨额财产来源不明确罪"的量刑过轻。我国《刑法》第 395 条规定，国家工作人员的财产或者支出明显超过合法收入，差额巨大的，可以责令说明来源。本人不能说明其来源是合法的，差额部分以非法所得论，处 5 年以下有期徒刑或者拘役，财产的差额部分予以追缴。近些年来的反职务犯罪实践一再验证了此项规定的不合理性。许多职务犯罪分子拥有数以百万计的受贿财物，只是由于无人举证是贿金，只能被认定为巨额财产来源不明，而最终逃脱了法律的严惩。三是对于职务犯罪者没有经济性惩罚的规定。按照规定，职务犯罪者只是被剥夺自由和贪污、受贿所得，除此之外经济上没有受到任何损失，而与此同时，国家和人民的利益却因职务犯罪行为遭受重大损失，这实际上是一种不公平。四是对行贿罪的规定不合理，对行贿者量刑过轻。我国《刑法》第 389 条规定，为谋取不正当利益，给予国家工作人员以财物的，是行贿罪；第 390 条规定，对犯行贿罪的，处 5 年以下有期徒刑或者拘役；因行贿谋取不正当利益，情节严重的，或者使国家利益遭受重大损失的，处 5 年以上 10 年以下有期徒刑；情节特别严重的，处 10 年以上有期徒刑或者无期徒刑，可以并处没收财产。这里有几点漏洞：首先，行贿罪要件设置不科学。如同前文所述，性贿赂、安排旅游等均不被认定为行贿，如进行"长线感情投资"，不提请托事宜，则不能认定为行贿。其次，没有法人行贿的概念，那些企业行贿、单位"公贿"的问题显然没有法律依据，更谈不上对行贿的单位实施经济处罚。最后，对行贿罪量刑过轻。根据反腐败斗争实际需要，行贿应被视为"重罪"，必须实行严惩。由此看来，修改刑法和完善其他有关惩治职务犯罪的法律制度，是一个迫在眉睫的问题，必须抓紧予以解决。

三、境外技术预防的主要做法

从反腐败实践看，只有完善的反腐倡廉制度，是不足以有效防止职务犯罪行为发生的，要使这些制度切实发挥作用，必须进行配套的技术性硬件设施建设。一些国家投入大量物力、财力，开展技术预防工作，取得了显著的成效。

（一）发展电子政务

所谓电子政务就是政府机构运用现代计算机技术和网络技术，将其管理和服务的职能转移到网络上完成，同时实现政府组织结构和工作流程的重组优化，超越时间、空间和部门分隔的制约，向全社会提供高效、优质、规范、透明和全方位的管理与服务。之所以把电子政务的发展作为重要的预防职务犯罪措施看待，主要是因为它具有如下一些预防职务犯罪的功能：一是可以通过网络实现政务的公开、透明；二是可以借助计算机程序减少人为因素的干扰，防止公务员滥用自由裁量权，从而加大制度和规则的执行力度；三是可以对政务实施全程监督和实时监督。近年来，世界上许多国家的电子政务发展速度很快，一些国家已经进入相对成熟的发展期。

这些国家电子政务的发展具有以下几个特征：

1. 以改善政府服务和方便广大民众为目的。这些国家都把改善政府传统的公共服务放在重要地位。美国通过建设电子政务帮助公民"一站式"查询现有的政府信息，并提出建立全国性的电子福利支付系统、跨部门地申请与纳税系统和电子邮递系统等。德国政府提出要"让数据而不是让公民跑路"。在德国，许多与老百姓日常生活密切相关的政府行政管理事务，如申报纳税、企业向统计局上报统计资料、大学生申请优惠贷款等都可以直接在网上操作。韩国首都汉城在20世纪末开发"民愿处理在线公开系统"，将与市民生活息息相关的10个领域54项行政业务处理过程在互联网上公开。市民可以上网通过这一平台查看和确认与自己相关的民愿申请被怎样处理，提出处理有误的问题，实施全天候监督，从而防止公务员拖延业务或处理不当。

2. 重视长远规划和统一技术标准。新加坡于1992年提出IT2000计划，旨在把新加坡建成一个"智能岛"。新加坡政府的目标是通过网络连接所有的办公室、公共场所和家庭，向社会各领域提供信息技术应用和服务，改善人们的生活质量。在实施这一计划的过程中，新加坡政府从科研到产品应用都进行统筹规划，同时以各种优惠政策鼓励私人企业参与。2001年3月，欧洲委员会在瑞典召开会议，研究统一欧盟各国电子政务建设优先发展的项目，规定了面向居民和面向企业的20个基本公共服务项目，要求欧盟各国以此为标准开展电子化服务项目。

3. 将电子政务纳入依法建设和发展的轨道。西方发达国家在电子政务建设过程中，十分重视相关法律法规的建设，用法律为电子政务保驾护航。1973年，瑞典出台世界上第一部保护计算机数据的法律，即《瑞典国家数据保护法》。美国是世界上拥有计算机及网络最多，应用最广泛和普及程度最高的国家，自1978年以后，相继出台了很多保护计算机数据的法规，如《伪造存取手段及计算机诈骗与滥用法》、《电子通信秘密法》、《计算机安全法》、《计算机病毒消除法》、《金融秘密法》、《信息自由法》等。英国相继颁布《数据保护法案》、《电子通信法》等，还出台了《信息自由法》，规定要保证企业和公民能够依法查询到政府公布的各项信息。

我国政府对发展电子政务高度重视，提出"三网一库"的架构，即政府机关内部的办公业务网、中央和地方政府及部门的办公业务资源网、以国际互联网为依托的政府公众信息网和政府系统共建共享的电子信息资料库，并取得积极进展，为提高行政效率和增加政府工作透明度发挥了重要作用。对比上述国家的做法，我国在发展电子政务方面还存在如下不足：

一是思想认识存在误区。有的把电子政务当作政府部门的计算机化，不重视软件开发和政府业务流程的整合，而是用计算机系统去模仿传统的政务处理模式；有的简单地把电子政务等同于政府上网，以为把政府一些政策、法规等搬上网络就万事大吉，没有把传统的政务工具同网络服务有机结合起来，提供全方位的服务。

二是条块分割，各自为政。我国至今没有明确发展电子政务的领导机构，来协调和指挥全国各大系统统一进行电子政务建设，也没有一套自上而下的组织保障体系。不同的系统只注重各自系统的电子政务建设而忽视相互整合，各个业务系统之间缺乏必要的联系。这样，只是形成了一个个信息孤岛，而没有形成一个有机联动的网络系统。

三是政务信息不充实，缺乏与广大用户之间的互动。许多政府部门电子政务网公开的信息数量少，质量不高，更新不及时，网页与网页之间的连接渠道少。另外，政府信息网络重视介绍宣传的静态功能，而忽视与用户之间的交流沟通。群众虽然从网上能够了解一些政务信息，但要办理一些事务却缺乏必要的渠道。总之，我国的电子政务发展还很不成熟，必须加强领导、注重整体规划，通过建立完善的政务网络系统来实现政务的公开、透明。

（二）建设国家征信体系

征信体系是指将分布在各政府部门、商业银行和其他社会机构中的与企业和个人信用有关的信息，进行采集和汇总，形成企业和个人信用信息数据库，为政府机关、商业机构和个人提供个人信用信息查询服务的一套系统。建立国家征信体系对于反腐倡廉的重大意义主要在于，能够通过及时了解、掌握企业和个人的不廉洁、不诚实行为，诸如欺诈、行贿行为等，把这些企业和个人排斥在某一市场之外，即对其实施"禁入"政策，以消除职务犯罪隐患。从一些西方发达国家建设征信体系的情况看，主要有以下两种模式：

1. 市场化模式。市场化模式的征信体系是指以盈利性征信机构为主导，通过收集、整理企业和个人的信用信息，为信用信息使用者提供独立的第三方服务的一种征信体系。美国、英国、加拿大、新西兰等国采用的是这种模式。该模式具有以下几个主要特征：

一是发达的信用中介服务。完善的征信体系必须有健全的信用中介服务机构作为组织保障。采取市场化模式的国家一般征信市场较为发达，有众多专门从事信用评级、信用管理等业务的信用中介服务机构。以美国为例，在资信评级领域，最具有代表性的有穆迪投资者服务公司、标准普尔公司等机构；在信用管理服务领域，最具有代表性的是美国信用管理协会和联合信用局。

二是具有较强信用意识的市场主体。在美国，信用交易十分普遍，缺乏信用记录或信用历史很差的企业很难在业界生存和发展，信用记录差的个人在信用消费、求职等方面会受到很大制约。

三是规范的信用行业管理。在美国，征信数据的采集和使用等都有明确的法律规定，联邦贸易委员会是信用管理行业的主要监管部门，同时，司法部、财政部、货币监理局和联邦储备系统等在监管方面也发挥着重要作用。

2. 中央银行模式。中央银行模式的征信体系是指以中央银行为主导，以建立"中央信贷登记系统"为主体，兼有私营征信机构的一种征信体系。"中央信贷登记系统"是由政府出资建立的全国数据库网络系统，直接隶属于中央银行。中央信贷登记系统收集的信息数据主要是企业和个人信贷信息。该系统是非盈利性的，主要供银行内部使用，服务于商业银行防范贷款风险和中央银行进行金融监管及执行货币政策。法国、德国、比利时等一些欧洲大陆国家主要采取这种模式。该模式具有以下几个主要特征：

一是征信机构是由中央银行建立，而不是由私人部门设立。在法国，中央银行的信用部门按月从银行采集向公司客户发放贷款累计超过50万法郎的信息。在比利时，信用信息办公室作为比利时中央银行的一个部门，主要采集、管理有关分期付款协议、租赁和公司借款中的不履约信息。

二是银行依法向信用信息局提供相关信用信息。在法国、德国、比利时等国，商业银行向中央银行的信用风险办公室或信用信息局提供所要求的信息是一种强制行为。比如，德国联邦银行就要求银行和金融服务机构向中央银行报告负债总额超过300万德国马克借款者的详细资料。

　　三是中央银行承担主要的监管职能。法国、德国、比利时等国，由于其信用信息局隶属中央银行，因而对信用信息局的监管通常主要由中央银行承担，有关信息的搜集与使用等方面的管理制度也由中央银行制定并执行。

　　我国个人征信体系建设于"九五"末期开始起步。随着我国商业银行个人信贷业务的开展和整顿市场经济秩序的深入进行，个人征信体系建设取得一定进展。2004年12月，人民银行个人信用信息基础数据库在北京、重庆、西安、南宁、深圳、湖州、绵阳等7个城市成功试运行。目前，个人信用信息基础数据库在全国的推广工作正全面展开。但由于多种因素的制约，我国在个人征信体系建设中仍存在一些亟待解决的问题：

　　一是社会信用意识尚未形成。在我国，大多数人并没有将信用看做是一种商品，因而也就很难真正认识其使用价值和价值。一个人不讲信用或实施欺诈，只会受到道德上的谴责，其经济利益并没有受到太大损失。这种思想环境不利于征信体系的建设。

　　二是个人信用信息数据存在分割、封锁和不透明现象。从国外情况看，一个国家个人征信行业能否健康发展，关键在于该国个人信用信息和信用数据能否透明，能否由合法、公开的渠道顺利获得。目前，我国个人信用信息主要掌握在人民银行、公安、法院、海关、工商、税务、劳动保障、人事等多个部门及商业银行、公用事业、邮政、电信、移动通讯、保险等非政府机构，处于分散和相互屏蔽的状态，全面而真实的个人信用信息很难获取。

　　三是建设征信体系无法可依。我国个人征信体系建设面临的最大困难是个人信用数据的收集，这在很大程度上是由于我国信用法律法规的缺乏造成的。到目前为止，我国尚无一部关于信用制度的全国性法律法规，信用信息的采集、使用以及公民个人隐私的保护等都没有法律支持。由此看来，国家征信体系建设是一项庞大的系统工程，要想深入推进并取得实效，必须付出艰辛的努力。

　　（三）实行金融实名制

　　金融实名制是指任何单位和个人在任何金融机构开设任何账户都必须采用真实姓名，金融机构必须审查开户人的身份证明文件，在确认其真实身份后才能开户，所有的金融交易必须使用真实姓名并记录在案。实行金融实名制，并紧密结合财产申报制度、个人外汇管理制度等其他经济制度，能够使个人收入来源的合法性更加透明，也能通过实名金融交易及时暴露非法收入和职务犯罪行为，对于预防职务犯罪具有十分积极的作用。金融实名制不单纯是一种制度规范，其中还包含许多技术性硬件建设，比如身份验证系统、资金监控系统等。

　　当前，世界许多国家都已实行金融实名制，有的自推行之初就收到了反腐败立竿见影的效果。美国《银行保密法》等金融法规，要求银行了解其客户的真实情况，对个人和机构开户、资金转移及有疑点业务的操作等方面均作了明确的规定。例如，美国财政部制定规则，要求各金融机构应识别开立账户客户的身份，对于任何形式的超过 1 万美元的交易应保持记录，对于购买超过3000 美元流通票据的购买者应要求其提供身份证明，对于资金进出美国账户的转移和可疑的资金转移，应予以报告。欧洲共同体《关于防止金融系统洗钱的指令》要求其成员国采取有力措施，确保金融机构在某些情况下识别客户并保存可疑交易的记录。英国、德国、意大利、荷兰等国也都实施了类似于美国的金融实名制。韩国是实施金融实名制的典型国家。1993 年 8 月，韩国制定《金融通则》，开始实行金融实名制。根据这一制度，在银行进行交易的人须持居民登记证，30 岁以上的成年人财产超过 5000 万元，20—30 岁的成年人财产超过 500 万元，以及所有不动产交易均要接受国税厅的财产调查。在推行金融实名制过程中，使韩国一些政商勾结的案件得以暴露，并先后揭露了包括前总统全斗焕、卢泰愚在内的一大批最高层职务犯罪官员，取得了良好的效果。

　　我国于 2000 年 4 月开始实行储蓄存款实名制。《个人存款账户实名制规定》中明确规定，个人在金融机构开立个人存款账户时，应当出示本人身份证件，使用实名。金融机构进行核对，并登记其身份证件上的姓名和号码。《人民币银行结算管理办法实施细则》也规定，银行应负责对存款人开户申请资料的真实性、完整性和合规性进行审查。但是我国的储蓄存款实名制与上述国家的金融实名制相比还很不完善，主要表现在三个方面：

　　一是银行与公安部门没有实现联网，在这种情况下，银行储蓄柜台无法验证开户人的身份证件的真伪，无法杜绝以假身份证件存款的现象。

　　二是人民银行与各商业银行之间，各商业银行之间没有实现信息联网，另外，也没有法律明确规定存款或转款达到多大规模就应该进行记录和调查，因此，监控可疑资金非常困难。

　　三是交易中现金支付的比重很大，即使是现在的储蓄存款实名制，也很难对大额资金流动实施跟踪。借鉴国外好的经验做法，我们必须抓紧建立健全有关金融实名制的法律制度，完善与金融实名制密切相关的一系列配套措施，这样才能真正使这一制度在反腐败斗争中发挥积极的作用。

第二章　检察机关预防职务犯罪的总体要求

第一节　检察机关预防职务犯罪的意义与依据

一、检察机关预防职务犯罪的概念

作为国家工作人员滥用权力、亵渎权力的表现，职务犯罪的危害是相当严重的。古往今来，世界各国在与腐败犯罪作斗争的过程中，在惩治和防范职务犯罪方面都做出了巨大的努力，一系列的制度、措施、办法被用于具体的防治工作。这项工作成为执政党建设和政权建设的重要内容，越来越受到重视。惩治和预防国家工作人员职务犯罪，不仅是现代政治理论、国家理论的重要内容，而且成为世界各国的共识和重要策略。在我们社会主义国家，国家工作人员肩负着人民赋予的神圣职责，本应全心全意为人民服务，但是由于来自内心的腐朽思想和来自外部环境的不良因素的影响，一些国家工作人员利用职权贪污受贿、渎职的现象在一些地区和领域还存在着发展和蔓延的趋势。为防止职务犯罪的蔓延，从根本上遏制和减少职务犯罪，在不断加大惩处职务犯罪力度的同时，应当进一步加强预防职务犯罪工作。

什么是预防职务犯罪？在研究什么是预防职务犯罪之前，有必要从犯罪学的角度了解一下什么是普通犯罪的预防。不同的时期、不同的国家对"犯罪预防"有不同的理解。苏联学者 B. K. 茨维尔布利等认为，"预防犯罪，就是用来消除犯罪原因和条件或者减弱（限制）这些原因和条件的作用，从而保证减少并在将来彻底根除犯罪的各种国家措施与社会措施的体系"，[1] 其中充满乐观主义精神，期待着将来能够彻底根除犯罪。美国犯罪学家史蒂文·拉布教授认为，"犯罪预防清楚地意指在犯罪行为发生之前或在进一步的行为发生之前就消除犯罪的一种努力"，"犯罪预防是指旨在减轻实际的犯罪程度和想

---

[1]　［苏］B. K. 茨维尔布利等编：《犯罪学》，曾庆敏、曹妙慧等译，群众出版社 1986 年版，第 130 页。

象的对犯罪的恐惧的一切活动"，① 这一定义既包含有预防被害的内容，也涉及了从心理上减轻恐慌感的问题。而英国内政部和伦敦警察厅对于犯罪预防的定义，则具有很强的实际操作性，"犯罪预防即是对犯罪危险进行预测、识别和估量，并制定行动对策以减少或制止犯罪"。②

在我国，关于预防犯罪的定义较多，具有代表性的主要有以下几种：有人认为，犯罪预防就是"通过限制、消除犯罪的原因、条件及其作用，来减少或防止犯罪现象的发生"，③这一定义下得十分简捷。有人认为，"所谓犯罪预防，就是调动社会上的一切积极因素，限制、消除犯罪的原因，控制犯罪场，减少或防止犯罪现象的发生"。④ 其中提到了"犯罪场"，并且涉及了广义的犯罪预防。有人认为，"预防犯罪乃是一个综合多种力量，运用多种手段，采取各种措施，以防止、控制和减少犯罪及重新犯罪的举措体系"，⑤ 其中突出了预防的"综合性"。有人认为，犯罪预防是"调动社会上的一切积极因素，运用各种手段和采取社会性和专门性的防治措施，限制、消除犯罪发生的原因与条件，以达到防止、遏制和减少犯罪的目的"，⑥ 强调了预防犯罪的社会性与专门性，而且用"防治"一词揭示犯罪预防的本质。有人认为，犯罪预防是"运用政治、经济、法律、文化教育、思想道德教育以及其他各种社会的、行政的手段和措施，以有效地控制、减少犯罪的一种有组织的社会活动"，⑦ 是一个比较细致的定义，而落脚点在于预防是"社会活动"。有人认为，"犯罪预防是消除犯罪原因与条件，减少和防止犯罪发生的措施与过程"，⑧ 强调了预防的"过程性"。有人认为，"所谓犯罪预防，实质上是调动社会上一切积极因素（包括个体因素），约束、抑制乃至消除诱发、导致犯罪的消极因素

---

① ［美］史蒂文·拉布：《美国犯罪预防的理论实践与评价》，张国昭等译，中国人民公安大学出版社 1993 年版，第 11 页。

② 参见《社会公共安全研究》1992 年第 1 期，第 96 页。转引自康树华主编：《比较犯罪学》，北京大学出版社 1994 年版，第 543 页。

③ 孙膺杰、吴振兴主编：《刑事法学大辞典》，延边大学出版社 1989 年版，第 215 页。

④ 康树华主编：《比较犯罪学》，北京大学出版社 1994 年版，第 578 页。

⑤ 冯树梁主编：《中国预防犯罪方略》，法律出版社 1994 年版，第 3 页。

⑥ 康树华、张小虎主编：《犯罪学》，北京大学出版社 2004 年版，第 180 页。

⑦ 杨春洗等主编：《刑事法学大辞书》，南京大学出版社 1990 年版，第 147 ~ 148 页。

⑧ 邵名正主编：《中国劳改学百科辞书》，中国人民公安大学出版社 1993 年版，第 215 页。

（包括个体因素），避免和减少犯罪的发生"，① 其中涉及"致罪因素"的问题。有人认为，"所谓犯罪预防，是指国家、社会（群体、组织）和个人所采取的旨在消除犯罪原因、减少犯罪机会、威慑和矫正犯罪人，从而防止和减少发生的策略与措施的总和"，② 其中将预防的主体进行了粗略的分化，提到了国家预防和个人预防，以及预防的策略问题。有人认为，"犯罪预防就是在研究犯罪原因的基础上，综合运用政治、经济、行政、法律、文化、教育、技术等多种手段，各部门、各单位共同配合，努力消除和减弱各种诱发犯罪的社会因素和个人因素，从而最大限度地防止、控制和减少犯罪现象的发生"，③ 其中包含了预防的主体、基础、手段、途径和目的，以及包括了犯罪控制的内容，可以说比较全面了。上述概念分别从不同的角度出发，各具特点，基本上构成了预防犯罪概念的全景概况。

　　在全面了解犯罪预防的基本概念之后，就可以较轻松地给职务犯罪下个一般定义了。一般地，预防与打击相对应，是指针对一定社会历史时期的政治、经济、文化和法制情况，综合采取包括政治的、经济的、文化的、教育的、行政的、法律的手段，不断抑制和消除能够引发职务犯罪的各种因素，以遏制、减少乃至最终消除职务犯罪的防范活动。严格地讲，预防职务犯罪绝不是针对已经发生的职务犯罪，而是针对容易导致职务犯罪发生的诸多因素，防止将来的某个地点、某个时间发生职务犯罪。也就是说是防患于未然或防患于将然，防患于已然没有太多意义。继续推论下去，预防、打击是相互对应、分别独立的两个方面，打击的本身并非预防，如果打击就是预防，那么根本没必要将这两种概念加以区分。但是，打击却能派生出预防的功效，实际上这是打击的一些附加性质如震慑性、威慑性、警示性引发的预防效果。不过，这些功效并非针对受打击者本身及其本次行为，而是针对受打击者本次行为之外及将来的行为，或者针对受打击者之外的人群。从这一意义上，上述职务犯罪预防可以理解为狭义的，广义的预防除了包括狭义的预防之外，还包括打击附加的预防功效，是指一切防止职务犯罪发生的措施、活动和过程，不只限于犯罪发生之前的预防，还包括对罪犯的惩罚和改造，同时强调"防"和"治"两个方面，是对职务犯罪进行防止、教育和治理的活动，与"控制"意义相近。检察机关预防职务犯罪工作是整个社会预防职务犯罪工作的组成部分和关键环节，是

---

　　① 冯树梁主编：《当代中国犯罪问题研究》，中国人民公安大学出版社1993年版，第267页。

　　② 许章润主编：《犯罪学》，法律出版社2004年版，第288页。

　　③ 张旭：《犯罪学要论》，法律出版社2003年版，第190页。

指在履行法律监督职能过程中，结合办案分析、研究职务犯罪发生的背景、原因和规律，剖析犯罪的堕落轨迹，从体制、机制、法制、制度和管理等角度提出预防对策和措施，帮助有关单位和部门加强教育，健全制度，促进管理，强化监督，推动相关单位建立健全职务犯罪内防机制，从而有效地遏制、减少职务犯罪的发生。

在预防职务犯罪工作中，很多单位和个人都可以通过自己的思想、行为发挥预防职务犯罪的作用，这些单位和个人都属于预防职务犯罪的主体。预防主体是预防活动的发动者和实施者，没有主体也就没有预防活动，在预防工作和相关活动中处于主动的地位。预防主体的主要作用在于设计预防方案，策划预防活动，在于确定预防工作的目标，选择预防工作的对象，并采取具体的措施，通过预防手段来实现预防目标。从一定程度上讲，预防职务犯罪的主体与预防腐败的主体应是一致的，但是不同主体的地位和作用是不同的。从宏观上，国家、社会都可以作为预防职务犯罪的主体，因为很多情况下都是以国家和社会的名义制定预防政策，实施预防措施。从微观上，包括社会的单位和个人，因为具体的措施得由他们执行。

在我国，预防职务犯罪具有广泛的社会基础，预防工作的主体相当广泛，不仅包括领导机关、专门机关，而且包括全社会的不同单位和个人。具体可以列为：执政党即中国共产党，包括党的中央机关和各级基层组织，国家权力机关，国家行政机关（包括中央政府和各级行政机关），国家司法机关（包括公安机关、安全机关、检察机关、法院、司法行政等），社会经济组织，社会文化机构（包括文化宣传、科学研究、文化娱乐等机构），社会教育机构（包括大学、中学、小学、幼儿教育机构、各种职业教育、专门教育机构等），社会群众团体（包括民主党派、工会、共青团、妇联、学术团体等各类群众性组织），家庭，个人。上述单位大都具有独立的社会职能，可以在预防职务犯罪中发挥不同的作用，家庭和个人也可以以不同的方式充当一定的角色，也都是预防职务犯罪的重要力量。中国共产党是反腐败的领导力量，在预防工作中起决策、引导和组织作用，检察机关在预防工作中具有独特的职能优势，其他各有关部门和单位都各有优势。在实践中，这些主体通过相互配合、协作，可以形成一个社会性的预防合力。

预防职务犯罪工作的对象是指预防工作所指向的系统、单位或个人，预防对象及其行为构成预防职务犯罪的客体。预防的客体在预防工作和活动中处于被动的地位，经常受到不同的预防力量的作用，预防客体与主体之间的有效互动才能促进预防目标的实现。在这一实现过程中，预防手段和方法起到媒介作用。作为外在力量，预防主体通过一定的媒介将其预防思想内化为预防对象内心的廉洁理念，并使其接受一定的制度约束。

在西方国家，犯罪控制理论的逻辑起点是"人人是潜在的犯罪者"，在反腐败中就是指所有的官员都在被控制之列……①姑且不论这一理论基于"人性原罪论"还是"权力原罪论"的预防思想，单是其中包含的科学内核就很值得借鉴。有一个基本的道理已经得到广泛认同，即只要存在权力的地方，就存在职务犯罪的可能性，所以，凡是拥有权力的人都属于预防职务犯罪关注的客体和对象。

预防职务犯罪通过促使预防对象及其行为发生变化，引起犯罪原因与犯罪之间因果联系的相应变动，切断原因与结果之间的关联，从而达到预防职务犯罪的目的。由于职务犯罪致罪原因具有多样性和多层次性，所以，预防职务犯罪的客体和对象也必然是复杂的和多元的，例如，主观活动，通常为犯罪动机，包括失衡心理、贪利动机、感情因素、道德问题等；客观行为，如犯罪预备、犯罪实施行为；影响行为的客观因素，如诱发职务犯罪的物品、利益、金钱和管理事件等；影响行为的客观背景和条件，如时间、地点和单位环境；等等。总的讲来，预防的对象主要包括单位和个人。预防职务犯罪工作的对象可以具体列为：

1. 可能为职务犯罪提供犯罪机会和条件的单位，这些单位的管理制度一般都不健全，存在一定的漏洞，经常为犯罪分子所"关注"。

2. 可能实施职务犯罪的单位和个人。这些单位和个人都具有一定的职务，包括已经从思想上流露出犯罪动机和倾向的人员，在特殊岗位上具有犯罪可能的人员，已经实施一般违纪违法行为或轻微职务犯罪的人，等等。

3. 诱发职务犯罪的群体。如行贿人的群体可以引发受贿犯罪，如果行贿方被严厉惩处，并大幅度减少，那么受贿犯罪就会得到有效的控制。

4. 一些诱发职务犯罪的利益条件，如物质利益、非物质利益等。

5. 一些突发性和偶然性的犯罪动因。

6. 其他一般预防对象。

需要说明的是，预防职务犯罪的主体和对象存在很大交叉，预防职务犯罪的主体也可能成为预防工作的对象。也就是说，国家机关、社会团体、企事业单位及国家工作人员往往具有双重角色，既可以作为预防职务犯罪的主体，也可以作为被预防对象。他们在社会预防职务犯罪的格局中起到主体作用的同时，也应遵照预防职务犯罪的各种要求，努力保证自身廉洁。当然，作为主体时他们一般是对其他个人或单位实施预防行为，而作为对象之时则要接受针对

---

① 　皮艺军：《国外预防职务犯罪对策述评》，载《人民检察》2001 年第 1 期。

自身的预防。

预防职务犯罪工作主要具有以下几个基本特征：

1. 超前性。"预防"是"事先防备"的意思，预防职务犯罪就是要事先防备职务犯罪的发生。预防职务犯罪可以在犯罪发生之前、当中、之后进行。但是所有预防目标都是针对将来，是为了防止将来不再发生某种、某类犯罪，而不是针对已往发生的犯罪。所以，预防职务犯罪工作应在犯罪发生之前就抓住犯罪的"苗头"，采取措施，力求将职务犯罪消灭在"萌芽状态"。超前性以对未来的预测和假设为前提，基于对犯罪规律的认识和把握，采取相应措施使得可能在某一时期发生的职务犯罪不再发生。科学预测、提前防范是预防工作超前性的直接体现，也是对预防工作的较高要求。

2. 主动性。这也是"事先防范"意义的自然延伸。既然是在事先采取措施防止犯罪发生，那么自然也就有了主动的成分。为了解决未然的职务犯罪问题，避免实际危害出现，必然要求以积极的态度，在职务犯罪发生之前主动采取措施，消除产生犯罪的因素，防止职务犯罪发生。

3. 针对性。职务犯罪的预防是针对某些具体的职务犯罪及其相关问题，基于对引发职务犯罪的原因分析，有针对性地采取预防措施和方法。为了增强针对性，必须对职务犯罪进行深入调查研究和科学分析，使措施体系与原因体系形成对应关系。

4. 广泛性。预防职务犯罪是一项复杂的社会工程，涉及社会的方方面面，这是预防工作范围的广泛性。预防工作具有广泛的社会基础和群众基础。预防工作的主体非常广泛，凡是可以在预防职务犯罪中发挥预防功效的单位和个人都是预防的主体。

5. 综合性。这是由职务犯罪的社会性所决定的。只有社会各部门和单位齐抓共管，通力合作，将专门机关的力量与社会力量结合起来，才能形成强大的预防合力。为了有效预防职务犯罪必须综合采取包括政治、经济、文化、法律、教育、技术等手段，互相衔接、有机搭配才能积极主动，富于成效。同时，预防的渠道、途径都应是综合性的，要努力做到多管齐下，共同施压，才能根治腐败犯罪，不留后患。

6. 现实可行性。预防职务犯罪工作是一件实实在在的社会性工作，其主体、客体、措施都是实实在在的，其效果也是可以显现的。预防工作是变更一定社会关系的过程，每一步骤都可以带来不同的变化，并不像某些同志所说的是"虚活"。从国情和各地实际出发，根据形势发展的需要，可以针对不同的人物、时间、环境采取措施开展预防工作，并辅以技术手段。通过开展周密细致的调查研究，弄清犯罪现状、原因和特点，然后对症下药，就可能产生一定的预防效果。突出重点部位和重要环节，强调可操作性，并强化对犯罪趋势的超前评估与科学预测，就可以从一定程度上增强预防职务犯罪的实际效果。

7. 长期性。腐败和职务犯罪与社会政治、经济、文化、法律、道德等存在千丝万缕的联系，这些问题盘根错节，情况复杂，要从根本上解决职务犯罪问题，必须从思想、机制、体制、制度各个方面同时入手，不断地发展社会主义物质文明和精神文明，消灭腐败和职务犯罪产生的前提和条件，显然，这项工作不是一朝一夕所能完成的，必须经历一个长期的过程，付出长期的艰苦努力。预防工作不可能立竿见影，立即见效，制定预防目标必须立足全局，着眼将来，从长计议，实现长期性和阶段性的统一，通过不断地实现阶段性目标来逐步实现长期性目标。

预防职务犯罪工作可以通过一系列具体措施来实现。通过包括侦查、逮捕、起诉、审判、监禁等手段惩处职务犯罪，可以充分显示国家机器的威力，对企图实施犯罪的人起到警示和抑制作用，遏制职务犯罪蔓延的势头。通过加强思想、道德、法制教育，可以在提高公职人员廉洁自觉性和抵抗腐败侵蚀能力的同时，提高广大公众的警惕性和识别职务犯罪的能力，增强同职务犯罪作斗争的信心。通过健全制度，加强管理，可以构筑预防职务犯罪的制度防线，增加职务犯罪的难度和障碍。通过惩治、教育、改造罪犯，可以使犯罪人提高认识，弃旧图新，不再重犯。通过这些途径和方式，可以体现出预防职务犯罪工作的作用，主要包括以下方面：

第一，可以推动党风廉政建设，促进党和政府廉洁。在新的历史时期，党和国家极为关心廉政建设，预防职务犯罪是其中的重要方面。促进廉政是预防工作的应有之义。

第二，可以促进社会稳定与社会和谐。职务犯罪是社会的不稳定因素之一，当这种不稳定因素达到一定的程度之时，社会就可能产生动荡和不安。通过开展预防工作，强化教育与制度，对易于产生职务犯罪的主客观条件进行控制，消除导致职务犯罪产生的消极因素，就可以在一定程度上减少犯罪，消除社会不稳定因素。另外，还可以宣传反腐败成果，表明党和国家反对腐败的决心，鼓励公众通过合法途径进行举报和监督，疏导人们的不满情绪，减少腐败犯罪对社会的消极影响，从而起到维护社会稳定的作用。

第三，可以促进改革开放和经济发展。由于多种经济成分并存及新旧体制转换等因素的影响，加上法律、法规和规章制度不健全、不完善，在一些腐朽思想的腐蚀之下，职务犯罪时有发生，严重阻碍改革开放和经济发展。开展预防职务犯罪工作可以减少职务犯罪，扫除经济发展的障碍，强化行政效率，维护经济秩序和社会秩序，为改革和经济发展提供一个良好的法制和廉政环境。

第四，可以促进对公民合法权益的保护。我国公民依法享有人身权利、民主权利和其他权利。职务犯罪在破坏政府管理职能的同时，也会侵犯公民的人身权利、民主权利和经济权益。预防职务犯罪，遏制和减少职务犯罪，尤其是"侵权"犯罪，实际上是在保护公民的合法权益。

第五，可以促进社会文明。通过开展预防宣传教育可以推广、普及社会公德和职业道德，促进社会公平和正义，可以倡导健康、文明的社会风尚，净化社会空气，推动廉洁文化建设。这些都是社会文明进步的重要内容。

第六，可以保护国家工作人员切身利益，维护他们的家庭幸福。通过开展预防职务犯罪工作，为国家工作人员打"预防针"，可以使他们增强对职务犯罪的"免疫力"，避免踏上犯罪的道路，这不仅保护了干部个人前途、名誉，而且维护了他们的家庭幸福。

二、检察机关预防职务犯罪的意义

一切事物的发展都离不开特定的历史背景和社会环境。预防职务犯罪从20世纪80年代末期就已经开始，到21世纪之后得以全面加强，并形成较大的规模。如果说最初是出于一种远见，那么到发展壮大之时，则是恰逢其时，完全适应了社会、政治、经济发展的实际需要。这项工作无论是对于政治、经济、文化和社会管理，还是对于人类社会发展和文明进步，甚至对反腐败工作本身，都具有十分重要的意义，主要表现在以下方面：

（一）适应反腐败形势的需要，推进了党风廉政建设

改革开放以来，党中央坚持"两手抓，两手都要硬"的方针，确定了反腐败斗争的指导思想、基本原则、工作格局、领导体制和工作机制，初步探索出一条在社会主义市场经济条件下围绕经济建设中心，服务"改革、发展、稳定"大局，依靠党的自身力量和人民群众的参与，有效开展反腐败的路子，反腐败斗争步步深入，成效显著。但是，反腐败仍然面临严峻的形势，在不少领域和范围，腐败现象蔓延的势头还没有得到有效控制，职务犯罪时有发生，一些地方和部门腐败问题还相当严重，存在着扩大和蔓延的趋势，人民群众和社会各界强烈要求严厉惩治职务犯罪。为有效遏制腐败的发生和蔓延，中央指出必须"标本兼治，综合治理"。党的十五大报告提出，要"坚持标本兼治，教育是基础，法律是保证，监督是关键"。"通过深化改革，不断铲除腐败现象滋生蔓延的土壤"。党的十六大提出，要"加强教育，发展民主，健全法制，强化监督，创新体制，把反腐败寓于各项重要政策措施之中，从源头上预防和解决腐败问题"。党的十七大提出，要"坚持标本兼治、综合治理、惩防

并举、注重预防的方针，扎实推进惩治和预防腐败体系建设，在坚决惩治腐败的同时，更加注重治本，更加注重预防，更加注重制度建设，拓展从源头上防治腐败工作领域"。党的十八大进一步提出，"要坚持中国特色反腐倡廉道路，坚持标本兼治、综合治理、惩防并举、注重预防方针，全面推进惩治和预防腐败体系建设，做到干部清正、政府清廉、政治清明"。这些要求都为我们发展社会主义市场经济、推进社会主义建设，全面建设小康社会的过程中深入开展反腐败斗争指明了方向。开展预防职务犯罪工作，既是对中央反腐败指示的贯彻执行，也是贯彻科学发展观重要思想的具体实践。通过开展预防职务犯罪工作，可以促进国家工作人员切实加强思想道德修养，提高政治素质和法律素质，增强廉洁奉公、遵纪守法意识，促使他们重新审视、认识权力，自觉运用权力为人民服务。通过预防工作可以促使各单位和部门建立健全规章制度，加强管理，注重监督与防范，可以从源头消除引发腐败和职务犯罪的条件和机会，有力地促进党风廉政建设。

（二）顺应世界潮流和历史发展，强化了预防职务犯罪这一治本之策

从世界各国和国际社会治理腐败的经验看，"防病胜于治病"已经成为普遍共识。"二战"以来，世界许多国家都在廉政立法和执法活动中采取积极措施预防和控制官员腐败。联合国和一些国际组织在这方面也做出了长期不懈努力。1990年8月，第八届预防犯罪和罪犯待遇大会会议重点讨论了政府中的腐败问题，会议通过的《反腐败实际措施手册》集中反映出国际社会高度重视预防职务犯罪的观念和有益经验。2003年10月31日，第58届联合国大会全体会议审议通过了《联合国反腐败公约》，于2005年12月14日正式生效。2005年10月27日，我国第十届全国人大常委会第十八次会议以全票通过决定，批准加入《联合国反腐败公约》，截至2005年9月，已有33个国家批准了公约。作为联合国历史上通过的第一个用于指导国际反腐败斗争的法律文件，对预防腐败以及反腐败国际合作、非法资产追缴等问题进行了法律规范。在我国古代，一些有为之君、有识之士都十分重视官吏犯罪的预防，提出"防祸（患）于未然"，"事前预防为上策，事中救助为中策，事后惩戒为下策"等思想，对我们开展预防工作仍然具有积极意义。我国反腐败斗争的实践充分说明，"惩治于既然"和"防患于未然"是反腐败斗争的两个基本方面，必须有机结合起来，惩治是保障，防范是基础，两者相辅相成，不可偏废。预防是惩治犯罪、遏制腐败的治本之策，加强预防工作就是要改变过去偏重打击、轻视预防的状况，强化预防这一治本策略。

（三）有效服务了党和国家工作大局，促进了改革开放和经济社会科学发展

1. 通过开展预防工作减少职务犯罪，消除了严重阻碍社会生产力发展的因素，减少了改革开放和经济社会发展的阻力。

2. 预防职务犯罪，防止国家工作人员滥用职权、权钱交易、以权谋私、有法不依、执法不严、违法不究等腐败现象，能够产生良好的勤政、廉政效果，引导和推动依法行政，促进公职人员依法、公正办理公共事务。

3. 通过预防活动创造良好的法制环境，这对于社会稳定、政治稳定、改革开放、经济社会文化发展都是非常必要的。

4. 预防职务犯罪贯穿于改革开放和经济社会发展的所有方面和全部过程，有效保证了改革开放、科技进步、经济结构战略性调整、国有企业改革、西部大开发、社会管理等的顺利进行和健康发展。

（四）在新的形势下深化和发展了检察机关惩治和预防职务犯罪工作

以往，由于时代的局限性，预防工作的范围、规模、深度、力度、影响等方面都受到不同程度的限制。检察机关不断加强预防职务犯罪工作，争取党委、人大的领导和政府的支持，法律监督职能得到进一步、充分的发挥，很多地方通过地方立法明确了检察机关开展预防职务犯罪工作的专门职责，使得检察机关预防职能进一步强化，预防工作范围和领域得到进一步拓宽。在 20 世纪 80 年代末，检察机关创立举报中心，开展举报工作，然后设立反贪污贿赂局，一些地方初步探索建立起包括举报、侦查和预防的"三位一体"反贪工作格局，但是在早期只有一个初步的体系，预防机构、机制、制度还不够健全。从 2000 年开始，检察机关设立专门的职务犯罪预防部门，全面加强预防工作，主动将预防职务犯罪工作纳入党和国家惩治和预防腐败整体格局，积极建立预防职务犯罪的社会化网络机制，为惩治和预防工作注入了新的动力和活力。检察机关经过不断开拓创新、探索实践和持续不懈的努力，已逐步建立起一个专门的预防职务犯罪工作体系，依靠侦防"一体化"工作机制和内部机构职责分工奠定了职能化的基础，通过加强渎职侵权犯罪的预防突破了最初主要针对贪污贿赂开展预防的局限，实现了职务犯罪预防的"全覆盖"，使得预防工作不断地朝向预防工作的制度化、规范化、专业化、社会化和法制化迈进，检察机关惩治和防治职务犯罪工作体系更加健全、科学、完备，有力地促进了惩治和预防职务犯罪的深化、发展。

三、检察机关预防职务犯罪的依据

（一）政策依据

世界各国反腐败的经验表明，一个国家尤其是执政党的领导人对反腐败的重视程度是决定反腐败工作能否成功开展的重要因素。"从根本上说，领导者的承诺是成功的反腐败政策的关键"，"政治领导层重视腐败问题是采取大规模反腐败行动的前提条件"。① 目前，我国预防职务犯罪工作并没有专门而具体的法律给予支撑，这是一个无法回避的事实。实践中，预防工作更多的是依靠党和国家的政策以及人民检察院的有关决定。中央的重视和要求在反腐败和预防职务犯罪工作中起到关键作用，直接影响预防职务犯罪工作的决策和政策，影响到预防工作的持续发展与总体效果。应当说，预防职务犯罪的政策与预防腐败的政策是一致的。中国共产党和国家领导层非常重视反腐败，给予反腐败以充分的支持，表明了反腐败的坚强决心。他们关于从源头预防和治理腐败的战略思路、方针政策和工作策略的论述，最初并不集中，只能零散地找到，后来才逐渐系统和明确起来。

在中国共产党第十八届中央纪律检查委员会第二次全体会议上，习近平总书记指出："党风廉政建设和反腐败斗争是一项长期的、复杂的、艰巨的任务。反腐倡廉必须常抓不懈，拒腐防变必须警钟长鸣，关键就在'常'、'长'二字，一个是要经常抓，一个是要长期抓。我们要坚定决心，有腐必反、有贪必肃，不断铲除腐败现象滋生蔓延的土壤，以实际成效取信于民。"

"要继续全面加强惩治和预防腐败体系建设，加强反腐倡廉教育和廉政文化建设，健全权力运行制约和监督体系，加强反腐败国家立法，加强反腐倡廉党内法规制度建设，深化腐败问题多发领域和环节的改革，确保国家机关按照法定权限和程序行使权力。要加强对权力运行的制约和监督，把权力关进制度的笼子里，形成不敢腐的惩戒机制、不能腐的防范机制、不易腐的保障机制。"

"任何人都没有法律之外的绝对权力，任何人行使权力都必须为人民服务、对人民负责并自觉接受人民监督。要加强对'一把手'的监督，认真执行民主集中制，健全施政行为公开制度，保证领导干部做到位高不擅权、权重不谋私。"

其他一些中央领导同志也在不同场合发表过关于从源头上预防和治理腐败

---

① ［加］里克·斯塔彭赫斯特、［美］萨尔·J. 庞德主编：《反腐败——国家廉政建设的模式》，经济科学出版社 2000 年版，第 129 页。

的论述。1993 年 8 月 21 日，江泽民同志指出，"惩治腐败，要作为一个系统工程来抓，标本兼治，综合治理，持之以恒"。① 打击和预防是反腐败的两个方面，正确处理两者的关系非常重要。只有坚持标本兼治，综合治理，既预防于前又惩戒于后，才能收到良好的治理效果。1994 年 2 月，江泽民在中央纪委的会议上提出："要边反边改，边反边建，标本兼治。"② 1995 年 1 月 23 日，江泽民同志指出，"必须把打击和预防结合起来"。③ 1995 年 10 月 6 日，江泽民同志指出，反贪污腐败要坚持"标本兼治，综合治理"④ 的政策，这是根据中国社会的实际和反腐败的经验，是在改革开放和发展经济的特定历史条件下制定的。1997 年 1 月，江泽民对"标本兼治"进行了阐释，他指出："反腐败斗争要坚持标本兼治。既要坚决同已经出现的消极腐败现象和腐败分子作斗争，又要努力做好消除产生消极腐败现象根源的工作，把查处案件、纠正不正之风同加强思想政治教育结合起来，同加强制度防范和管理监督结合起来，使反腐倡廉工作不断取得新的更大的成效。"⑤

　　1997 年 9 月，中国共产党第十五次全国代表大会召开，大会报告系统总结了反腐败的方针政策："坚持标本兼治，教育是基础，法制是保证，监督是关键。通过深化改革，不断铲除腐败现象滋生蔓延的土壤。党委统一领导，党政齐抓共管，纪委组织协调，部门各负其责，依靠群众的支持和参与，坚决遏制腐败现象。"⑥ 1998 年 1 月 22 日，江泽民同志谈道："反腐败工作，中央一直坚持标本兼治、综合治理的方针，把教育、法制、改革、监督有机地结合起来。"⑦ 2000 年 10 月，江泽民在致亚洲预防犯罪基金会第八届国际大会全体与会者的信中，将预防犯罪工作上升到科学管理社会和依法治国的高度，他在信中写道："中国政府和中国人民历来重视科学管理社会，实行依法治国，坚持一手抓经济建设，一手抓惩治犯罪，打防并举，标本兼治，根据犯罪发生的规律和控制犯罪的需要制定犯罪预防策略，把犯罪的预防工作纳入法治轨道，使犯罪预防工作法治化、规范化，并总结探索出了'教育是基础，法制是保证，监督是关键'的预防犯罪的社会治安综合治理的新路子。"其中，预防工作是针对于一切犯罪的，所以当然适用于职务犯罪。在这次会议的开幕式上，李鹏

---

① 江泽民：在中央纪委第二次全体会议上的讲话（1993 年 8 月 21 日）。
② 江泽民：在中央纪委第三次全体会议上的讲话（1994 年 2 月 28 日）。
③ 江泽民：在中央纪委第五次全体会议上的讲话（1995 年 1 月 23 日）。
④ 江泽民：在第七届国际反贪污大会开幕式上的讲话（1995 年 10 月 6 日）。
⑤ 江泽民：在中共中央纪委第八次全体会议上的讲话（1997 年 1 月 29 日）。
⑥ 江泽民：在中国共产党第十五次全国代表大会上的报告（1997 年 9 月 12 日）。
⑦ 江泽民：在中央纪委第二次全体会议上的讲话（1998 年 1 月 22 日）。

同志发表讲话："中国十分重视犯罪的预防工作。将犯罪遏制在最低限度直至消灭犯罪，是我国刑事司法的目的。我们确立了依法治国，建设社会主义法治国家的基本方略，实施一手抓改革开放和经济建设，一手抓打击犯罪和维护社会稳定的方针，在对待犯罪的策略上，坚持打防并举，标本兼治，初步形成了一套行之有效的预防犯罪的体制和机制，并总结探索出了'教育是基础，法制是保证，监督是关键'的具有中国特色的预防犯罪的路子。"①

2001年7月，中国共产党迎来了80岁生日，在庆祝建党80周年大会上，江泽民同志在谈到反腐败工作时重申了从源头预防腐败的方针，即"标本兼治，综合治理"，要求从思想上筑牢拒腐防变的堤坝，同时通过体制创新努力铲除腐败现象滋生的土壤和条件，加大从源头上预防和解决腐败问题的力度。2002年11月，在中国共产党第十六次全国代表大会上，江泽民同志强调坚决反对和防止腐败"是全党一项重大的政治任务"，要"坚持标本兼治、综合治理的方针，逐步加大治本的力度。加强教育，发展民主，健全法制，强化监督，创新体制，把反腐败寓于各项重要政策措施之中，从源头预防和解决腐败问题。坚持和完善反腐败领导体制和工作机制，认真落实党风廉政建设责任制，形成防止和惩治腐败的合力"。②

2003年2月19日，在中央纪委第二次会议上，胡锦涛同志强调，"进一步深入开展党风廉政建设和反腐败工作，必须以'三个代表'重要思想为指导，必须坚持党委统一领导、各方面齐抓共管的领导体制和工作机制，必须围绕发展这个党执政兴国的第一要务来进行，必须贯彻党要管党、从严治党的方针，必须坚持标本兼治、综合治理，必须依靠人民群众的支持和参与"。③

2004年1月12日，胡锦涛同志在中央纪律检查委员会第三次全体会议上指出，"推进反腐倡廉工作，要继续坚持标本兼治、惩防并举"。④

2005年1月11日，在中央纪委第五次全体会议上胡锦涛同志强调，"坚持标本兼治、综合治理，惩防并举、注重预防，抓紧建立健全与社会主义市场经济体制相适应的教育、制度、监督并重的惩治和预防腐败体系"，"进一步加大预防腐败的工作力度，必须继续在加强教育上下功夫，使领导干部自觉拒腐防变，带头廉洁自律；继续在完善制度上下功夫，推进反腐倡廉工作的制度

---

① 李鹏：在亚洲预防犯罪基金会第八届国际大会开幕式上的讲话（2000年10月12日）。

② 江泽民：在中国共产党第十六次全国代表大会上的报告（2002年11月8日）。

③ 参见《人民日报》2003年2月20日。

④ 参见《人民日报》2004年1月13日。

化、法制化，发挥法规制度的规范和保障作用；继续在强化监督上下功夫，保证把人民赋予的权力用来为人民谋利益；继续以改革统揽预防腐败的各项工作，通过深化改革、创新体制，从源头上预防和解决腐败问题。要经过努力，建立起思想道德教育的长效机制、反腐倡廉的制度体系、权力运行的监控机制，建成完善的惩治和预防腐败体系"。①

同时，他还指出："治标和治本，是反腐倡廉相辅相成、相互促进的两个方面。只有抓紧治标，严惩各种腐败行为，有效抑制腐败分子的猖獗活动，才能为治本创造前提条件。只有抓好治本，从源头上不断铲除腐败滋生蔓延的土壤，才能巩固和发展反腐败取得的成果，从根本上解决腐败问题。"

2012 年 11 月 18 日，在中国共产党第十八次全国代表大会上，胡锦涛指出："要坚持中国特色反腐倡廉道路，坚持标本兼治、综合治理、惩防并举、注重预防方针，全面推进惩治和预防腐败体系建设，做到干部清正、政府清廉、政治清明。"②

2005 年 1 月 3 日，中央制定下发的《建立健全教育、制度、监督并重的惩治和预防腐败体系实施纲要》全面、详细地阐明了关于预防腐败、预防职务犯罪的指导思想、方针、政策和有关措施。根据《建立健全教育、制度、监督并重的惩治和预防腐败体系实施纲要》，建立健全惩治和预防腐败体系的指导思想为："坚持以马克思列宁主义、毛泽东思想、邓小平理论和'三个代表'重要思想为指导，紧紧围绕加强党的执政能力建设，紧紧围绕发展这个党执政兴国的第一要务，树立和落实科学发展观，坚持立党为公、执政为民，坚持科学执政、民主执政、依法执政，坚持为民、务实、清廉，坚持党要管党、从严治党，坚持标本兼治、综合治理、惩防并举、注重预防，建立健全教育、制度、监督并重的惩治和预防腐败体系，不断提高党的领导水平和拒腐防变能力。"

在预防宣传教育方面，《建立健全教育、制度、监督并重的惩治和预防腐败体系实施纲要》提出："要以树立马克思主义的世界观、人生观、价值观和正确的权力观、地位观、利益观为根本，以艰苦奋斗、廉洁奉公为主题，以更好地做到立党为公、执政为民为目标，坚持进行党的基本理论、基本路线、基本纲领和基本经验教育，进行理想信念和从政道德教育、党的优良传统和作风教育、党纪条规和国家法律法规教育。把反腐倡廉教育贯穿于领导干部的培养、选拔、管理、使用等各个方面，坚持教育与管理、自律与他律相结合，督

---

① 参见《人民日报》2005 年 1 月 12 日。

② 胡锦涛：在中国共产党第十八次全国代表大会上的报告（2012 年 11 月 18 日）。

促领导干部加强党性修养，廉洁自律，反对和防止腐化堕落，常修为政之德、常思贪欲之害、常怀律己之心，牢记'两个务必'，做到'八个坚持、八个反对'，自觉经受住发展社会主义市场经济和改革开放条件下长期执政的考验。"

在从源头上防治腐败的制度改革和创新方面，《建立健全教育、制度、监督并重的惩治和预防腐败体系实施纲要》提出："深化干部人事制度改革。积极推进干部人事工作的科学化、民主化、制度化进程，扩大党员和群众对干部选拔任用的知情权、参与权、选择权和监督权。继续推行和完善民主推荐、民主测评、差额考察、任前公示、公开选拔、竞争上岗、任职试用期等制度。规范和全面推行党的地方委员会全体会议无记名投票表决下一级党委、政府领导班子正职拟任人选和推荐人选制度。落实和完善党政领导干部辞职制度和任职回避、交流制度，实行党政领导干部职务任期制度，完善职务和职级相结合的制度。抓紧制定体现科学发展观和正确政绩观要求的干部实绩考核评价标准。完善党内选举制度，改进候选人提名方式，适当扩大差额推荐和差额选举的范围和比例。逐步扩大基层党组织领导班子成员直接选举的范围。进一步完善和规范党和国家机关工作人员工资和津贴、补贴制度。

"深化行政审批制度改革，完善规范政府共同行为的有关制度。按照全面推进依法行政、建设法治政府的要求，进一步清理、取消和规范行政审批事项，加快转变政府职能，推进相关制度建设，完善审批方式，加强后续监管，建立科学合理的行政管理和监控机制。加快行政许可法的配套制度建设。完善行政执法责任制和评议考核制。制定行政效能投诉、行政过错责任追究办法。研究制定行政收费、行政强制和行政程序等方面的法律法规。规范并加强对社团、行业组织和社会中介组织的管理。完善国有资产管理体制和监管方式，健全法律法规和工作制度。推进垄断行业的改革，引入竞争机制，完善监管制度。健全政务公开、厂务公开、村务公开制度，制定规范电子政务的法律法规。

"深化财政、金融和投资体制改革。进一步深化收支两条线管理改革，完善转移支付制度，全面推行部门预算、国库集中收付制度，完善预算法律，加快建立财政资金绩效评价体系，形成财政资金规范、安全、有效运行的机制。加快银行、证券、保险业的改革，建立健全现代金融企业制度、金融监管制度，确保资金运营安全。建立健全金融账户实名制、现金交易限制及反洗钱制度、征信管理制度。建立对大额资金外流有效监控的预警机制和金融信息共享制度。加强投资领域法规制度建设，建立和完善投资监管体系，改进并加强对政府投资的管理。

"推进司法体制改革。制定和修改有关法律，完善司法机关的机构设置、职权划分和管理制度，形成权责明确、相互配合、相互制约、高效运行的司法体制，保障审判机关和检察机关依法独立公正地行使审判权和检察权。完善诉讼程序，完善人民陪审员制度，严格执行审判公开制度，保障公民、法人和其他组织的合法权益。完善执行工作机制。完善检察机关的法律监督职能，健全检务公开制度。健全司法工作规范和违法司法行为责任追究制度。

"规范和完善工程建设招标投标、土地使用权出让、产权交易、政府采购等制度。修订城市规划法、建筑法和环境保护法等法律，完善城市规划许可制度和工程建设招标投标制度。严格市场准入退出制度，加快信用体系建设。修订土地管理的相关法律法规，加强土地出让制度建设，严格控制划拨用地和协议出让土地范围，逐步把工业用地纳入招标拍卖挂牌出让的范围。完善产权交易市场功能和各项监管制度，积极探索建立企业国有产权交易信息监测体系，促进市场竞价机制的形成。健全政府采购制度，完善管理职责与执行职责分离的政府采购管理体制。建立健全对房地产、市政公用等市场的监管制度。"

"在加强对权力运行的制约和监督，确保权力正确行使方面，《建立健全教育、制度、监督并重的惩治和预防腐败体系实施纲要》提出："加强对领导机关、领导干部特别是各级领导班子主要负责人的监督，要认真检查党的路线、方针、政策和决议的执行情况，监督民主集中制及领导班子议事规则落实情况，凡属重大决策、重要干部任免、重大项目安排和大额度资金的使用，必须由领导班子集体作出决定。认真执行集体领导和个人分工负责相结合的制度。加强对党员领导干部民主生活会的指导，督促领导班子成员认真开展批评与自我批评，针对自身存在的问题和党员、群众提出的意见进行整改，整改情况应在一定范围内公开。检查领导干部个人重大事项报告、述职述廉、民主评议、谈话诫勉、回复组织函询等制度的执行情况。切实加强巡视工作，健全机构，增强力量，综合运用巡视成果。全面实行纪检监察机关对派驻机构的统一管理，加强对驻在部门领导班子及其成员的经常性监督。逐步加大党委、人大、政府、政协之间的干部交流。对县级以上地方党政领导班子、行政执法机关、司法机关和管理人财物部门的主要负责人，实行定期交流。

"加强对重点环节和重点部位权力行使的监督。加强对干部选拔任用工作的监督。着重检查党政领导干部选拔任用工作条例的执行情况，切实加强推荐、提名、考察考核、讨论决定等各个环节的监督。推荐干部要充分发扬民主，多数人不拥护的干部不能确定为考察对象。考察干部要全面深入了解德、能、勤、绩、廉的表现情况。任用干部必须如实记录拟任人选的推荐、考察、酝酿、讨论决定的情况，按规定进行表决。领导班子成员个人向党组织推荐领导干部人选，必须负责任地写出推荐材料并署名。对选人用人失察失误的，要依照有关规定予以追究。

"加强对财政资金运行的监督。健全公共财政体制，规范财政资金分配行为。监督检查部门预算、国库集中收付、政府采购和收支两条线管理的落实情况。完善预算编制、执行的制衡机制。强化部门内部制约机制，加强财政资金管理，提高财政资金使用效益。

"加强对国有资产和金融的监管。健全国有资本投资决策和项目法人约束机制，实行重大投资项目论证制和重大投资决策失误追究制。完善国有企业法人治理结构，规范公司股东会、董事会、监事会和经营管理者的权责。加强对资本运营各个环节的监管，防止国有资产流失，维护职工合法权益。建立健全金融机构监管协调机制和内控机制，强化金融监管，有效防止金融领域违纪违法案件的发生。"

（二）法律依据

检察机关开展职务犯罪预防的主要依据是《宪法》、《人民检察院组织法》和全国人大常委会《关于进一步加强社会治安综合治理的决定》，以及地方性立法。

我国《宪法》第24条规定，"国家通过普及理想教育、道德教育、文化教育、纪律和法制教育，通过在城乡不同范围的群众中制定和执行各种守则、公约，加强社会主义精神文明建设"。

《人民检察院组织法》第4条规定，人民检察院通过检察活动，教育公民忠于社会主义祖国，自觉地遵守宪法和法律，积极同违法行为作斗争。

1991年，全国人大常委会通过《关于加强社会治安综合治理的决议》，对综合治理犯罪作出规定，其中包括对贪污贿赂、渎职等职务犯罪的综合治理。此外，国务院制定的一系列行政法规中有关于预防和解决腐败问题的内容，也为开展预防工作提供了依据。

与中央的情况相比，一些地方在预防立法方面进展较快，很多地方已经出台了地方性预防立法，为预防工作提供了专门性法律规范。目前，已经有14个省、区，17个较大的城市制定了预防职务犯罪的地方立法或决议。省级预防职务犯罪立法包括：《山西省预防职务犯罪工作条例》、《吉林省预防职务犯罪工作条例》、《黑龙江省预防职务犯罪工作条例》、《江苏省预防职务犯罪条例》、《浙江省预防职务犯罪条例》、《安徽省预防职务犯罪工作条例》、《江西省预防职务犯罪工作条例》、《湖北省预防职务犯罪条例》、《四川省预防职务犯罪工作条例》、《贵州省预防职务犯罪工作条例》、《宁夏回族自治区预防职务犯罪工作条例》、《甘肃省预防职务犯罪工作条例》、《西藏自治区预防职务犯罪工作条例》、《新疆维吾尔自治区预防职务犯罪工作条例》。较大城市的预防立法有：《呼和浩特市预防职务犯罪工作条例》、《鞍山市预防职务犯罪工作条例》、《齐齐哈尔市预防职务犯罪工作条例》、《南京市预防职务犯罪条例》、《无锡市预防职务犯罪条例》、《宁波市预防职务犯罪条例》、《济南市预防职务犯罪工作条例》、《青岛市预防职务犯罪工作条例》、《郑州市预防职务犯罪条例》、《洛阳市预防职务犯罪条例》、《武汉市预防职务犯罪工作条例》、《广州市预防职务犯罪工作条例》、《深圳市预防职务犯罪条例》、《贵阳市预防职务犯罪工作条例》、《昆明市预防职务犯罪工作条例》、《西安市预防职务犯罪工作条例》、《乌鲁木齐市预防职务犯罪条例》。其中，2001 年 8 月 1 日施行的《无锡市预防职务犯罪条例》，是我国第一部预防职务犯罪地方性立法。2002年 11 月 30 日，安徽省第九届人民代表大会常务委员会第三十四次会议通过了《安徽省预防职务犯罪工作条例》，是我国第一部由省级人大常委会制定的预防职务犯罪条例。

目前的地方预防立法，从本质上讲都是工作立法，而不是一个具体的制度立法。以《无锡市预防职务犯罪条例》为例，该条例共 28 条，对预防工作的各个方面都作出了规定，包括立法的宗旨、依据、适用范围，职务犯罪的界定，预防的方针、原则，社会各有关部门的责任、配合和管理，检察机关的地位和职责，预防的方式和重点，廉政措施和要求，以及违反条例的责任，等等。根据该《条例》的规定，无锡市预防工作的基本原则为：法治和德治相结合、专项预防与社会预防相结合、专门工作和群众工作相结合，综合治理、依法进行。该《条例》解决了预防工作责任和职权分工、配合的问题，明确规定了社会各有关单位在预防职务犯罪工作中的责任，实行集体领导和个人分工负责相结合，谁主管谁负责，要求将预防工作与业务工作一起部署，落实，检查和考核。该《条例》明确规定检察机关作为专门机关具有依法履行检察职能，组织协调预防工作的职能，具体为：与有关部门共同制订预防职务犯罪工作计划，负责联席会议日常工作，指导预防职务犯罪工作，调查犯罪原因、特点和规律，研究预防对策和措施，总结推广预防工作经验，并会同有关部门进行检查。该《条例》还以列举的方式规定了一些专门的廉政措施，如实行政务公开、政府采购、审务公开、检务公开、警务公开，加强管理和监督制约，加强自我防范，廉洁从政，等等。

第二节　检察机关预防职务犯罪的定位与职责

一、检察机关预防职务犯罪的职能定位

曹建明检察长在第三次预防职务犯罪工作会议上指出，① 检察机关预防职务犯罪工作，是党和国家反腐倡廉建设总体格局的重要方面，是惩治和预防腐败体系的重要组成部分，是检察机关惩治职务犯罪工作的必然延伸。据此，可以明确检察机关预防职务犯罪工作的职能定位。

（一）检察机关预防职务犯罪工作是党和国家反腐倡廉建设总体格局的重要方面

反腐倡廉建设是党的十七大适应反腐败斗争长期性、复杂性、艰巨性的特点和经常化、制度化、法制化的形势，对党风廉政建设和反腐败斗争作出的新概括。经过长期实践，我们党和国家已形成了中国特色反腐倡廉理论体系，形成了符合我国国情的反腐倡廉指导思想、基本原则、工作方针、工作格局、领导体制和工作机制以及法规制度体系，走出了一条中国特色反腐倡廉道路。党的十七大提出"在坚决惩治腐败的同时，更加注重治本，更加注重预防，更加注重制度建设，拓展从源头上防治腐败工作领域"的要求，从而把坚决惩治腐败和有效预防腐败有机地结合起来、统一起来，成为近年来指导反腐倡廉工作的总要求。反腐倡廉建设已经确立了"标本兼治、综合治理、惩防并举、注重预防"的基本方针，形成了统一的指导思想。形成了覆盖全社会各行业、各领域的反腐败和廉政建设领导体制与工作机制，即"党委统一领导、党政齐抓共管、纪委组织协调、部门各负其责、依靠群众支持和参与"的反腐败领导体制和工作机制。制定了权力监督制约和监督、违法违纪行为惩处、廉洁自律、领导和工作机制等一系列门类齐全的法规制度体系，建立起中国特色反腐倡廉制度体系。检察机关预防职务犯罪工作与惩治职务犯罪工作，纪检监察机关工作同样都是这一总体格局中的重要方面。

（二）检察机关预防职务犯罪工作是惩治和预防腐败体系的重要组成部分

2005 年 1 月 3 日中央印发《建立健全教育、制度、监督并重的惩治和预防腐败体系实施纲要》，建立健全教育、制度、监督并重的惩治和预防腐败体系，是党中央从完成经济社会发展的重大任务和巩固党的执政地位的全局出发，为做好新形势下反腐倡廉工作作出的重大战略决策。建立惩防腐败体系的

---

① 参见《检察日报》，2009 年 5 月 26 日。

目的在于适应新形势的需要，面对全面建设小康社会的新任务，把党风廉政建设和反腐败工作推向一个新的发展阶段，努力从源头上铲除腐败滋生的土壤、有效预防腐败。建立健全惩防腐败体系就是要从多层面、全方位，从教育、制度、监督各系统、各环节入手，通过扎实有效的工作，建立起惩防腐败的长效机制，包括思想道德教育的长效机制、反腐倡廉的制度体系，权力运行的监控机制。惩防腐败体系着眼全局，与社会主义市场经济体制相适应，要求教育、制度、监督三者并重，多管齐下，着眼整体，系统治理；遵循事物发展的客观规律，主要针对教育不扎实，制度不完善，监督不得力等原因而建立的一个体系，全面反映了腐败发生发展的客观规律和反腐败的客观规律；惩防腐败体系尤其注重预防，教育、制度功能在于预防，监督既具有惩治功能也具有预防功能。根据惩防腐败体系建设的要求，"惩治腐败，必须从严"，"重视和发挥查办案件的治本功能"，检察机关在坚持从严查处贪污、受贿、行贿、挪用公款等违法案件，严肃查处失职渎职、严重损害国家利益的案件之外，还必须针对案件中暴露出来的问题，深入剖析，举一反三，查找体制机制制度方面的原因，建章立制，堵塞漏洞，逐步铲除腐败现象滋生蔓延的土壤。实际上，检察机关除了可以结合办案推进制度建设之外，还可以从教育出发，大办开展警示教育，可以推动实行廉洁准入，以及通过强化监督的纠偏和震慑作用，重点针对最为严重的、最为恶劣的腐败即职务犯罪来开展预防工作，从而在惩治和预防腐败体系中发挥自身的功能作用，成为惩防腐败体系建设不可或缺的力量。

（三）检察机关预防职务犯罪工作是检察机关惩治职务犯罪工作的必然延伸

检察机关是国家的法律监督机关，承担着查办贪污受贿、失职渎职、利用职权侵权犯罪等职务犯罪的重要职责。正是由于检察机关长期从事查办案件工作，所以对职务犯罪发生、发展、变化、消灭的规律有深刻的认识，对于职务犯罪人的思想、动机、动态、犯罪演化轨迹有深入接触和了解，对于一些部门、单位尤其是发案单位存在的制度缺陷和管理漏洞有深刻的洞悉，所以具有开展预防职务犯罪的职能优势和资源优势。检察机关查办案件实际上只是完成了惩防腐败建设的第一步，接下来很多工作还需要通过预防来完成，需要通过预防来扩大查办案件的效果，通过预防来发挥查办案件的治本功能，实际上这些功能都是通过延伸惩治职务犯罪工作来实现的。没有预防工作，检察机关就无法实现查办案件的治本功能，也就无法完成惩防腐败体系建设的任务。所以，预防职务犯罪工作既是惩治职务犯罪工作的合理延伸，也是必然延伸。实际上，查办和预防是检察机关惩治和预防职务犯罪不可或缺、不可分割的两个重要组成部分，是互相促进、互为补充的关系。预防依托查办案件，查办案件离不开预防。查办案件可以为预防工作创造条件，帮助发现职务犯罪的漏洞和问题集中的部位。凡是发生案件的单位、部门都是问题集中体现的社会部位和环节。预防工作就是要跟进查办工作，发现问题集中暴露的部位和症结所在，促使我们有的放矢，准确地实施预防方案将发现的问题解决掉。所以说，案件办到哪里，问题就会发现到哪里，预防就可以、就应当延伸到哪里，跟进到哪里，这是检察机关在惩防腐败体系建设中承担的不可推卸的责任。

检察机关作为国家法律监督机关，其业务主要可以分为诉讼业务和非诉讼业务。其中的诉讼业务主要是通过举报控告、侦查、侦查监督、公诉、申诉等方面，围绕诉讼法律进行。正是这些诉讼业务为预防职务犯罪工作提供了必要的职能基础和信息基础。非诉讼业务如预防职务犯罪工作，主要通过警示教育以推动思想教育，通过预防调查、检察建议以推动制度建设和强化监督，通过行贿犯罪档案查询以推动行政监管和社会管理，但是不能运用司法手段，这是预防工作与诉讼业务的重要区别之一。但是预防职务犯罪工作又与诉讼业务密切关联，不可割裂，离开了诉讼业务，预防工作将成为无本之木，无源之水。检察机关预防职务犯罪工作以法律监督职能为基础，也是法律监督的重要内容，预防职务犯罪工作必须紧紧围绕、依托诉讼业务和办案工作进行，做好诉讼业务的延伸与拓展。

二、检察机关预防职务犯罪的职责

曹建明检察长在第三次预防职务犯罪工作会议上指出，检察机关惩治职务犯罪工作的基本职责是：立足检察职能，结合执法办案，分析职务犯罪原因及其规律，提出预防职务犯罪的对策和措施，促进从源头上遏制和减少职务犯罪。也就是立足检察职能，结合执法办案，分析职务犯罪原因及其规律，提出预防职务犯罪的对策和措施，促进从源头上遏制和减少职务犯罪。结合执法办案，分析研究管理和制度等方面的漏洞，向发案单位提出预防建议并协助堵漏建制；在深入调研的基础上，向党委、人大、政府以及相关主管部门提出职务犯罪状况调查报告和对策建议；开展预防咨询、宣传和警示教育；建立职务犯罪信息库，开发和管理行贿犯罪档案查询系统并受理社会查询等。具体来讲，预防职务犯罪工作的主要职责是：（1）研究、制订预防职务犯罪工作计划、规定；（2）组织、协调和指导预防职务犯罪工作，总结、推广预防职务犯罪经验、方法；（3）分析研究典型职务犯罪产生的原因，向发案单位提出改进、防范建议；（4）分析职务犯罪的特点、规律，提出预防职务犯罪的研究报告和对策建议；（5）开展预防咨询和警示宣传教育；（6）发现和处置职务犯罪线索；（7）管理行贿犯罪档案查询系统，受理社会查询；（8）制作年度职务犯罪发生情况、发展趋势和预防对策综合报告；（9）承办其他预防职务犯罪工作事项。

检察机关在网络化社会预防中的地位很特殊，也很关键。在社会预防网络中检察机关应担当怎样的角色？发挥如何的作用呢？作为网络化社会预防中的一员，检察机关与其他单位一样负有预防责任。根据《关于进一步加强预防职务犯罪工作的决定》的规定，检察机关预防职务犯罪必须"坚持立足检察职能"，要积极"推动"建立预防职务犯罪的网络，有效开展预防工作。可见，检察机关在网络化社会预防中对外的作用主要就体现在"推动"之上，也就是在网络化社会预防工作中，充当一种策划、贯彻和"纽带"作用。具体讲，检察机关在网络化社会预防中主要起到以下作用：

1. 发挥查处职务的职能作用，形成并保持对职务犯罪的监督和威慑。

2. 结合办理案件，发现体制、机制、制度之漏洞，提出预防职务的对策和建议，启动有关单位和部门的预防活动，推动这些单位和部门建立健全内部防范机制。

3. 就预防职务犯罪的专业性问题向有关单位和部门提供预防业务指导。检察机关可以发挥预防职务犯罪中的业务优势，为有关单位提供指导和服务，如提供资料、法律知识、政策咨询、对策建议，提供查漏、堵漏的整改建议，并及时传播预防经验，等等。

4. 为党委和有关单位当好参谋。这是检察机关服务党委和社会有关单位的重要形式。在及时、认真、深入地分析职务犯罪的新情况、新问题、新特点和新动向，对犯罪发展的趋势和形势作出正确估计和科学预测之后，提出的很多参谋意见和对策，对于党委决策和单位预防都具有很高的参考价值。

5. 在具体预防活动中根据活动方案的统一要求，承担部分沟通和协调任务。

6. 在维护预防网络正常运行中承担任务，起到沟通、联络、协调的作用。

三、检察机关预防职务犯罪的工作内容

总的来讲，检察机关职务犯罪预防职务犯罪业务主要包括12项，即预防报告、犯罪分析、预防调查、检察建议、预防介入、警示教育和宣传、预防咨询、行贿犯罪档案查询、预防预警、线索处置、专项预防、预防协作。其中犯罪分析、预防调查、检察建议、警示教育和宣传、预防咨询、行贿犯罪档案查询、预防预警、线索处置等8项是《人民检察院预防职务犯罪工作规则（试行）》所规定的基础性工作，预防报告、专项预防、预防协作、预防介入则是预防工作创新发展的产物。这些工作的具体措施，本教程第三章将作专门论

述，在此仅对其他几项内容作说明：

一是预防预警。根据《关于加强和改进预防职务犯罪工作的意见》要求，预防部门应加强职务犯罪信息的收集、统计和分析，深入研究职务犯罪的行业分布、发案特点、作案手段，探索建立职务犯罪趋势预测预警系统，为查办和预防职务犯罪提供对策依据。

预防预警的重点在预警准备和实施两个环节。预警准备应注意收集与预防预警有关的所有信息资料，进行深入调查研究和分析，作好犯罪趋势分析，抓住苗头性的问题，为实施预警作好准备。实施预警之时，选择适当的方式将预防预警报告向有关单位、部门通报，以保证预警的效果。在实施预警的过程中，可能需要进行警示谈话，警示谈话应针对特定的个人进行，即发生职务违法违纪行为、暴露出职务犯罪迹象、具有较大犯罪可能的人员。

二是预防介入。也就是预防工作介入到侦查工作中，在侦查人员开展侦查活动的同时开展预防工作。根据《关于推进职务犯罪侦查和预防一体化工作机制建设的指导意见（试行）》，预防介入是选择性的，也是被动性的。所谓选择性介入，是指专门针对对典型的职务犯罪大案要案、窝案串案、新型犯罪案件，而不是对侦查部门侦查的所有案件都介入。所谓被动性介入，是指在确有实时同步开展预防必要的，可由侦查部门提出，经主管检察长决定，或由检察长直接决定，而不是由预防部门自行、主动决定介入侦查。在决定预防介入侦查之后，预防部门应指派专人参加办案组，介入侦查活动。预防介入侦查开展预防工作，包括采取通过旁听询问、讯问、查阅案卷和相关材料、专访有关单位等方式。根据犯罪原因分析的结果，可以开展警示教育，或者提出检察建议。

三是预防协作。预防协作是指人民检察院预防部门与其他业务部门、部分人民检察院及相关部门、人民检察院与社会有关部门和单位针对某项或几项专门性预防工作开展的工作协作。预防协作分为对外预防协作、检察系统协作、内部部门协作三种情形。对外预防协作可以采取建立协作机制、召开联席会议、召开座谈会、召开咨询会、预防工作通报会、联合调查、联合宣传教育等方式，其中建立协作机制包括党委领导的预防工作领导小组、预防工作指导委员会、预防工作联席会议、预防工作咨询委员会、预防职务犯罪协会、预防职务犯罪研究会等形式。内部部门协作可以采取建立内部协作机制、联合宣传教育、案例剖析会、专题剖析会等形式，其中内部部门协作机制包括院预防工作领导小组、侦查和预防一体化工作机制等形式。检察系统协作是指上下级检察院、不同地区或不同层级检察院之间的预防工作协作。

第三节　检察机关预防职务犯罪的原则与基本要求

一、检察机关预防职务犯罪的指导思想

近年来，检察机关预防职务犯罪的指导思想是在全国检察机关查办和预防职务犯罪工作会议上确立的。在这次会议上，曹建明检察长指出："要更加充分地发挥职务犯罪预防在推进惩防腐败体系建设和社会管理创新中的作用，针对执法办案中发现的社会管理问题及时提出检察建议，推动完善社会管理体系，促进提高社会管理水平。"① 邱学强副检察长进一步强调，"充分发挥职务犯罪预防职能，积极推动惩防腐败体系建设和社会管理创新"，② 要求把职务犯罪预防与深入推进三项重点工作有机结合起来，充分发挥职务犯罪预防在化解社会矛盾中的重要作用，紧紧围绕化解社会矛盾加强职务犯罪预防，特别是抓住引发大量社会矛盾和严重社会冲突的职务犯罪案件，深入剖析原因、总结教训，有针对性地提出预防对策建议，积极推动社会管理创新和体制机制完善，促进社会和谐稳定。要进一步明确职务犯罪预防工作的重点，抓住工程建设、土地和矿产资源管理、房地产开发等职务犯罪易发多发领域，商业贿赂等职务犯罪易发多发类型，司法、行政执法、教育、卫生等职务犯罪易发多发的重点行业和部门，深入剖析犯罪原因，提出源头治理防范的对策建议，推动完善反腐倡廉制度、体系建设。

按照以上要求，各级检察机关预防部门必须调整工作思路，③ 把推进惩防腐败体系建设和社会管理创新、服务经济社会科学发展与和谐稳定作为当前和今后一个时期检察机关预防职务犯罪工作更新更高的目标任务和重点工作。要更加重视对一个地区乃至全国一个时期职务犯罪发生特点、发案规律、犯罪原因及发展变化趋势的深刻分析，深入研究职务犯罪多发易发的体制性原因和机制上漏洞，以及政策、法律、制度和社会管理层面存在的突出问题，寻求解决源头性、根本性、基础性问题的办法，提出惩治和预防职务犯罪的体制机制改革、政策调整、制度健全、法律完善和社会管理创新等具有全局意义的防治对策。各级检察机关预防部门要明确新形势下的新任务，有目标、有计划，积极

---

① 参见《检察日报》2010 年 7 月 14 日。

② 参见《检察日报》2010 年 7 月 16 日。

③ 宋寒松：《服务"十二五"良好开局　推动预防职务犯罪工作科学发展》，载《人民检察》2010 年第 1 期。

稳健地推进工作。

　　从中可以看出，今后一段时期预防职务犯罪工作有两个明确的基本目标：一是促进惩防腐败体系建设，二是加强和创新社会管理。应当讲，促进惩防腐败体系建设是预防职务犯罪工作的一个直接目标。因为职务犯罪预防本身就是惩防腐败体系建设的重要组成部分，同时能够通过自身的职能作用推进惩防腐败体系建设。建立健全惩治和预防腐败体系是近年来反腐倡廉建设的一大亮点。党中央科学总结反腐倡廉经验，从加强党的执政能力建设的战略高度，坚持标本兼治、综合治理、惩防并举、注重预防的方针，提出建立健全惩治和预防腐败体系。2005 年 1 月，中央专门下发了《建立健全教育、制度、监督并重的惩治和预防腐败体系实施纲要》，对建立健全惩治和预防腐败体系作出了明确、具体要求。2008 年 6 月又下发了《建立健全惩防腐败体系 2008—2012 年工作规划》，对五年的惩防腐败体系建设作出了具体规划。惩防腐败体系建设是与完善社会主义市场经济体制、发展社会主义民主政治、建设社会主义先进文化、构建社会主义和谐社会相适应的体系，是实行教育、制度、监督并重的体系，是科学性、系统性、可行性相统一的体系，也是继承与创新相结合的一个体系。检察机关预防职务犯罪工作的主要内容与惩防腐败体系建设的内容基本一致，如加强反腐倡廉教育，筑牢思想道德防线，加强反腐倡廉制度建设，加强对权力运行的制约和监督，等等。所以，检察机关预防工作能够从不同的方面、不同的侧面、不同的层面有力地推进惩防腐败体系建设。

　　加强和创新社会管理是预防职务犯罪工作的一个社会目标，也是一项重要的社会责任。应当讲，提出这一目标反映了预防职务犯罪工作具有较强的前瞻性。在 2010 年 7 月，最高人民检察院就提出并探索开展预防工作促进社会管理创新的一些实践活动。2011 年，中央决策层面开始正式提出全面加强社会管理创新。2011 年 2 月 19 日，胡锦涛同志在中央党校举行的省部级主要领导干部社会管理及其创新专题研讨班上发表重要讲话，对社会管理创新作出部署。5 月 30 日，胡锦涛同志主持政治局会议研究加强和创新社会管理问题，郑重提出：随着实际情况的变化，社会管理理念思路、体制机制、法律政策、方法手段等方面还存在很多不适应的地方，解决社会管理领域存在的问题既十分紧迫又需要长期努力；以解决影响社会和谐稳定的突出问题为突破口。9 月 28 日，中央召开了全国加强和创新社会管理工作电视电话会议，认真贯彻中央关于加强和创新社会管理的意见，要求全国不断提高社会管理水平，促进经济社会协调发展。

　　在"十二五"规划进展顺利，经济保持平稳较快发展，以保障和改善民生为重点的社会建设正按计划、有步骤地稳步推进的经济社会发展重要机遇期，在世情、国情、党情都发生了深刻变化，改革难度不断加大，社会矛盾进一步凸显的特殊历史时期，检察机关预防职务犯罪工作面对的腐败犯罪不仅是廉政问题、法律问题，更是社会问题，是诸多社会问题交织、纠结的产物，不可分割。所以，开展预防职务犯罪工作必须与治理和解决社会问题有机结合起来，应把预防职务犯罪工作与促进惩防腐败体系建设、加强和创新社会管理紧密结合起来，把预防职务犯罪工作的重心放在制度创新、综合治理和质量效果上。从解决源头性、基础性、根本性和深层次问题，做好防治职务犯罪的体制机制和制度改革与创新的顶层设计着眼，从发挥专门工作优势，联系有关部门，动员社会力量，依靠人民群众，充分运用政治、经济、文化、社会、法律和科技的方法、手段进行综合治理着眼，从有效推进惩防体系建设，加强和创新社会管理，切实保障预防工作的质量效果着眼，从解决反腐倡廉建设中人民群众反映强烈的突出问题入手，从影响和破坏经济社会科学发展与和谐稳定的重点部位入手，积极探索和实践理论创新、方法创新、工作创新、制度创新，用不断取得的创新性、实质性进步和发展扎实推进预防工作，服务经济社会发展，促进社会和谐稳定。

二、检察机关预防职务犯罪的工作原则

根据中央反腐倡廉的基本方针和总体要求，按照最高人民检察院《关于进一步加强预防职务犯罪工作的决定》，结合检察机关参与廉政建设和对职务犯罪实行综合治理工作的性质和特点，检察机关开展预防职务犯罪工作应当遵循以下几个基本原则，作为预防工作中应当遵循的基本准则。

（一）坚持党中央关于反腐倡廉的基本方针的原则

目前，我国反腐倡廉的基本方针是"标本兼治、综合治理、惩防并重，注重预防"。标本兼治是反腐败和廉政建设的总方针和根本原则，落实到检察环节，就是要打防并举，标本兼治，既要严厉惩处各类职务犯罪，又要采取措施进行预防。实际上，这里蕴含了一个公认的命题，即打击是治标，预防是治本。这一原则，既是预防工作中的合理前提，又是预防工作的基础。坚持这一原则，才能保证检察机关依法查处职务犯罪，才能发挥检察机关在预防工作中的独特优势。为实现标本兼治必须在全社会范围内开展综合治理，这是对预防工作的直接要求，综合治理是将预防工作作为一项系统性工程来抓，要整合各方面的力量，综合运用各种工作手段，通过各种渠道，形成整体合力，综合解决各项腐败问题和社会问题。根据该原则，还要正确处理惩治和预防的关系，惩治是预防的基础和前提，在职务犯罪严重之时必须强化惩治，这是治乱的根本措施。但是，必须坚持在不放松惩治力度的前提下，把预防职务犯罪放在更

加重要的地位，不断重视和加强预防职务犯罪工作，努力通过教育、制度、监督并重的方式，有效遏制和防止职务犯罪的发生。

（二）坚持党的领导，依靠社会力量和群众参与的原则

本原则具有两层含义：一是坚持党的领导，这是从我国实际出发的必然选择。从国际情况看，执政党对反腐败的重视程度直接影响和决定反腐败工作的开展和成效。中国共产党第十五次全国代表大会确定了反腐败领导体系和工作机制，即"党委统一领导，党政齐抓共管，纪委组织协调，部门各负其责，依靠群众支持和参与"。治理和遏制职务犯罪是反腐败的重中之重，全党、全社会都有责任，预防职务犯罪坚持党的领导，就是要主动把预防工作置于党委领导之下，纳入党和国家反腐败斗争、综合治理的总体格局，党委领导、人大监督和政府支持将为预防工作提供健全的组织保障。二是依靠社会力量和群众参与。从社会学的角度讲，预防职务犯罪是一项社会系统工程，其对象是作为系统的社会，所以，必须依靠社会力量，走群众路线，依靠群众和社会力量的参与、支持。这样，才能为预防工作提供群众基础和社会基础。

（三）坚持服务党和国家工作大局的原则

无论如何也无法赋予反腐败独立的存在价值，因为反腐败一旦脱离了社会，脱离了经济、政治、社会的背景，就失去了现实价值。预防职务犯罪是反腐败的重要组成部分，也必须服务党和国家工作大局，从全局出发，为大局着想、为大局服务，这是预防工作的核心目标和基本任务。为此，必须增强大局意识、全局观念，紧紧围绕国家经济建设中心，结合深化改革、经济发展和实施依法治国的方略，确定并在运行过程中及时调整预防职务犯罪工作思路、策略和措施，真正为党和国家重大战略部署和各项决策的顺利实施服务。

（四）坚持立足检察职能的原则

预防职务犯罪是一项社会性的工作，检察机关只是其中的一个重要环节，与社会各界和其他有关单位相比较，检察机关具有较大的、独特的优势，这种优势源于检察职能，即法律监督。检察职能是检察机关开展预防工作的优势所在，也是保障检察预防权威性和实效性的关键。立足检察职能就是要积极研究职务犯罪的原因、特点和发展规律，科学预测职务犯罪发生、发展和变化的趋势，更多地从加强立法、改革体制、完善制度、强化管理、落实监督等方面提出对策。检察机关与有关单位、行业和系统共同开展预防工作，必须时时、处处立足检察职能，积极推动单位、行业和系统建立内部管理、监督机制，增强他们主动防范职务犯罪的能力，但是不能替代这些系统、行业和单位开展预防，否则就是越位。

（五）坚持实事求是的原则

这是一个普遍性原则。检察机关在预防工作中应当注意结合各地实际和检察工作实际，贴近政治、经济和社会现实，针对暴露出来的具体问题，提出切实可行的对策、建议，帮助制定具体可行的预防措施，促使有关单位和行业健全内部防范机制。这项原则要求求真务实，注重实效，强化操作性，不搞花架子，不能走过场。

三、检察机关预防职务犯罪的基本要求

根据检察机关预防职务犯罪工作的原则、基本思路、基本经验和工作实际，开展预防职务犯罪工作应当遵循以下基本要求：①

（一）坚持党委统一领导，在推进惩治和预防腐败体系建设中发挥检察机关惩治和预防职务犯罪的职能作用

推进惩治和预防腐败体系建设是一项复杂艰巨的系统工程，是全党全社会的共同任务，必须在党委统一领导下，党政齐抓共管，纪委组织协调，部门各负其责，依靠人民群众支持和参与，统筹推进。检察机关预防职务犯罪工作作为惩治和预防腐败体系的重要组成部分，必须纳入党和国家反腐倡廉建设总体格局，纳入惩治和预防腐败体系建设总体部署，按照反腐败领导体制和工作机制要求，在党委统一领导和部署下开展。检察机关既要按照职责和分工，积极开展预防职务犯罪工作，为党委治理腐败当好参谋；又要紧紧依靠党委领导，积极参加党委、人大、政府及国家专门预防机构等组织的预防活动，加强与有关部门的协调配合，在人民群众参与和支持下，共同推动预防职务犯罪工作，在惩治和预防腐败体系建设中更好地发挥检察职能。

（二）围绕中心、服务大局，始终把检察机关预防职务犯罪工作置于党和国家工作大局中开展

检察机关开展预防职务犯罪工作，本身就是服务大局的具体体现，只有围绕中心、服务大局，才能明确方向、突出重点、取得实效。要根据党和国家一个时期经济社会发展战略部署和重大措施，适应反腐倡廉建设的形势和任务，针对职务犯罪易发多发的重要领域和关键环节，紧紧围绕社会关注、群众反映强烈的问题，结合检察机关查办职务犯罪工作重点，科学确定和及时调整预防工作重点，增强预防工作实效，为深化改革、促进发展、维护稳定、保障民生服务。

---

① 参见《检察日报》2009 年 5 月 26 日。

（三）坚持立足检察职能，紧密结合执法办案开展预防职务犯罪工作

检察机关承担着侦查、决定逮捕和起诉职务犯罪等执法办案职责，对职务犯罪症结、特点有比较准确的把握，对犯罪分子的堕落过程有比较直接的了解，对引发犯罪的体制、机制、制度问题有比较深刻的认识，这是检察机关开展预防职务犯罪工作的职能优势。必须始终立足检察职能，紧密结合执法办案，从办理每一起职务犯罪案件入手，扎扎实实地做好预防工作，取得"办理一案，教育一片"的预防效果，在全党全社会惩治和预防腐败的大格局中发挥独特作用。既要着眼于强化法律监督职能，勇于创新、大胆探索，不断改进方式方法，拓展领域途径，研究提出惩治和预防职务犯罪的新思路、新办法、新举措，防止可有可无、无所作为的倾向；又要坚持立足职能，摆正位置，做到"到位不越位、尽职不越权、参与不干预、帮忙不添乱、服务不代替"，绝不能偏离职能、超越职权，把预防工作搞成一般监督、"包打天下"，也不能与有关单位签订所谓"廉政协议"，作出不发案的承诺，以致损害法律监督的严肃性、权威性。

（四）统筹兼顾、协调配合，增强预防职务犯罪工作的合力和整体效果

检察机关预防职务犯罪工作涉及各项检察业务，是各个业务部门的共同责任，必须坚持院党组统一领导，业务分管领导齐抓共管，预防部门加强组织协调，各个业务部门分工负责抓落实。预防部门要发挥职能部门的作用，加强对预防工作的组织协调、综合规划、规范管理和检查指导，促进预防工作落实，增强预防工作合力。相关业务部门要坚决克服办案是硬任务、预防是软任务的思想，切实把预防职务犯罪融入到执法办案工作之中，与执法办案任务同部署、同落实、同检查，真正做到两项工作统筹兼顾、相互促进。执法办案人员要主动把办案向预防延伸，在依法查明犯罪事实和情节，准确适用法律惩治犯罪的同时，注意深入分析和研究职务犯罪产生原因、作案手段和发展变化规律，有针对性地提出相应的治理对策，预防同类犯罪的发生，扩大执法办案的效果。

（五）严格遵循预防职务犯罪业务管理要求和纪律规定

预防职务犯罪业务管理要求和纪律规定是指对预防职务犯罪部门开展预防业务工作进行规范、管理和约束的有关制度要求和纪律规定。这些管理要求和纪律规定，对于促进预防工作规范化和专业化，保证预防业务工作健康、深化发展是十分必要的。

1. 预防业务管理要求

检察机关预防部门开展预防业务管理的要求主要包括业务数据统计分析制度、立项审批制度、主办责任制度和请示报告制度。

（1）业务数据统计分析制度。最高人民检察院《关于加强和改进预防职务犯罪工作的意见》要求健全业务数据统计分析制度。根据《人民检察院预防职务犯罪工作规则（试行）》第 27 条的规定，人民检察院预防职务犯罪部门应当依照规定，做好预防业务统计报表和案卡登记。这项工作要求对各地、各类业务工作情况进行统计，作出分析，以全面掌握预防业务情况，并利于预防业绩考核和工作指导。

（2）立项审批制度。最高人民检察院《关于加强和改进预防职务犯罪工作的意见》要求健全预防项目审核制度。预防业务工作普遍实行立项审批，凡是开展预防调查、犯罪分析、检察建议、预防宣传和警示教育、预防咨询、预防预警、预防介入、专项预防、预防协作等业务工作都应填写立项申请表，经部门审批通过之后才可进行，重大预防业务工作须经检察长审批后方可实施。

（3）主办责任制度。根据《人民检察院预防职务犯罪工作规则（试行）》第 26 条的规定，人民检察院预防职务犯罪工作实行主办责任制。主办检察官受职务犯罪预防部门委托从事预防业务工作，对所承办预防职务犯罪业务工作负责，具体研究、计划、组织、协调、实施、执行预防工作任务。

（4）请示预防报告制度。即主办检察官对所承办的预防业务工作的相关事项须向部门负责人和检察长进行请示、报告。根据《人民检察院预防职务犯罪工作规则（试行）》第 26 条的规定，主办检察官在办理完毕预防业务事项之后，应及时向部门负责人报告，对重大事项，应当向分管检察长报告。

2. 预防纪律规定

关于预防业务纪律的规定主要有两种情形：一是关于预防业务工作纪律的总体规定，主要由《人民检察院预防职务犯罪工作规则（试行）》规定；二是关于开展某项预防业务的特别纪律规定，如《关于加强和规范涉及工程建设项目的预防职务犯罪工作的意见》、《关于行贿犯罪档案查询工作规定》中的相关纪律规定。

根据《人民检察院预防职务犯罪工作规则（试行）》第 29 条的规定，人民检察院预防职务犯罪工作人员应当严格遵守检察工作纪律和检察人员行为准则，具有下列情形之一的，应当依照《检察人员纪律处分条例（试行）》等有关规定予以处分，构成犯罪的，依法追究其刑事责任：

（1）干预有关行业和单位的正常管理活动的；

（2）干预市场主体合法的经营活动的；

（3）为单位或者个人谋取私利的；

（4）隐瞒、包庇违法犯罪行为的；

（5）私自办理案件或者干预办案的；

（6）泄露案情或者其他国家秘密、商业秘密、个人隐私的；

（7）违反检察工作纪律和检察人员行为准则的其他行为。

根据《关于加强和规范涉及工程建设项目的预防职务犯罪工作的意见》，预防部门和全体人员在涉及工程建设项目的预防工作中应当遵守以下纪律：

（1）不得利用预防工作便利或以预防工作名义，以任何方式接受宴请、红包、有价证券和贵重礼品。

（2）不得干预建设单位的正常经济行为。严禁采用明示、暗示或威胁等手段，要求建设行政主管部门或建设单位在工程建设项目招投标或原材料、设备采购等过程中，给予特定单位或个人照顾，或直接指定中标人、供应商。

（3）不得向建设单位和建设施工企业拉赞助，摊派费用，报销票据。

（4）不得隐瞒、包庇工程建设项目中发现的违法犯罪行为。

最高人民检察院《关于行贿犯罪档案查询工作规定》专门对行贿犯罪档案的录入、储存、提供查询和查询结果的归档作了纪律性规定，具体包括：

（1）保证行贿犯罪档案查询系统操作统一规范，不得擅自变更；

（2）保证录入的档案及时、准确、完整，不得拖延、遗漏、仿造；

（3）严格遵守工作规定，不得擅自受理查询申请或者超范围提供查询内容；

（4）严格遵守检察人员守则，不得利用查询工作，谋取单位或者个人的私利。

第四节　检察机关预防职务犯罪的发展历程

一、预防职务犯罪工作的初步发展

检察机关很早就开始探索预防职务犯罪工作，这项工作可以追溯到20世纪50年代，检察机关采取检察建议、提请书和抗议书等形式以纠正国家工作人员的违法行为。1954年11月20日，最高人民检察院为防止贪污盗窃现象给财政部税务总局发出提请书，提请该局吸取济南市人民政府税务局第三分局第三稽征组填票员章光益大量贪污国家税款事件的严重教训，针对发生贪污的原因采取有效措施，为防止税务机关中的贪污盗窃现象而斗争。财政部税务总局接到这封提请书后，立即进行了讨论，并与最高人民检察院交换了意见，随即采取了措施解决这一问题。① 到 80 年代末期，预防工作渐受重视、初步开展，进入 90 年代得到充分重视并正式开展、全面发展起来。早期的预防主要是结合办案开展的个案预防，基本的方式为法制教育、廉政教育和提出建议，有些地方则不同程度地开展了调查研究。从全国范围看，检察机关开展工作较早并且取得了一定成效的，要数广东省和上海市。

广东省检察机关早期的预防工作属于整个反贪污贿赂工作格局的一部分。1988 年 3 月 8 日，深圳市人民检察院成立了经济罪案举报中心，开辟了一条充分依靠群众参与和支持又不搞群众运动的反贪污贿赂作斗争的新路子，极大地促进了反腐败工作的深入发展。1989 年 8 月，广东省人民检察院率先成立反贪污贿赂工作局，形成了一个集"举报、侦查、预防"于一体的反贪体系，并设立专门的预防机构即反贪污贿赂局预防处，预防工作成为反贪污贿赂工作的一部分。

1990 年 9 月，广东省茂名市化州县检察院向县委提交了成立"预防贪污贿赂犯罪中心"的专题报告，10 月，化州县正式成立了"预防贪污贿赂犯罪中心"。② 县委政法委书记担任主任，纪检、检察、监察、审计部门各有一名领导任副主任，县直等部门分管纪检或监察的领导共 40 人为预防中心成员。在县预防中心的统一指挥下，各部门均设预防领导小组。县"预防中心"办公室与检察院反贪局综合部门合署办公，检察长任办公室主任。化州县检察院充分利用这一有利条件，积极发挥参谋、指导、协调作用，根据贪污贿赂犯罪的新情况、新特点，制订预防方案和措施，为领导决策提供依据。通过创办《预防动态》专刊，及时反映情况，传递信息，推广经验，派人深入网点查漏、堵漏，帮助完善制度，解决预防工作中的具体问题。在化州县成立预防网络的基础上，茂名市检察院及时在化州县召开现场会，在全市范围内推广了化州县的经验，到 1992 年，茂名市四县一区都层层设立了预防机构，形成了全市范围的预防网络，后来被人称为"茂名模式"。③

上海市检察机关在预防工作中独具特色，他们将预防关口前移，注重从机制和制度上预防贪污贿赂犯罪，尤其是在重点工程预防方面很有起色。上海市闵行区检察院与上海市焦化厂在国家投资 17 亿元的"三联供"（供焦、供热、供气）重点工程上马之后共同开展预防贪污贿赂犯罪工作，一年多没有发生一起贪污贿赂案件，做到了"工程优质、干部优秀"。上海市检察院与市化工

---

① 参见杨书文：《检察建议基本问题研究》，载《人民检察》2005 年第 17 期。

② 参见《中国检察报》1992 年 12 月 7 日。

③ 参见《法制日报》2001 年 2 月 20 日。

局共同在上海焦化总厂召开预防贪污贿赂犯罪现场会,① 介绍、推广了该厂预防贪污贿赂犯罪工作的经验。

此外,其他一些地方检察机关也结合各地实际开展了不同形式的预防工作。河南省安阳市检察院于 1992 年 8 月 20 日召开新闻发布会,宣布成立"预防贪污贿赂犯罪检察中心"。② 台山市检察院把法制宣传作为预防贪污贿赂犯罪的重要手段,法制宣传有声有色,③ 宣传形式多种多样,具体包括上法制课、举办图片展、编印宣传册、开座谈会、利用媒体报刊宣传,等等。

预防工作一直得到最高人民检察院领导的重视。1991 年 4 月,刘复之检察长提出,④ "要积极做好防范工作,加强综合治理。对由于严重官僚主义、管理疏漏、制度不健全而发生贪污、贿赂犯罪案件的,要追究有关领导人的责任,同时采取积极态度提出检察建议,推动有关部门严密会计制度、审计制度、健全和完善行政管理"。1992 年 3 月,刘复之检察长总结指出,⑤ "对于犯有严重官僚主义行为的有关领导人,构成犯罪的,依法追究其玩忽职守的刑事责任,针对暴露出来的工作漏洞,推动整改,完善财会、审计、监督、管理等规章制度,健全防范机制"。

1992 年 7 月,上海市检察院成立了一个独立的预防部门,即预防贪污贿赂检察处(在成立反贪污贿赂工作局之后,又合并到反贪污贿赂局)。1992 年 7 月 15 日,《文汇报》对此专门做了报道,刘复之检察长得知这一消息之后,给予了充分肯定和高度重视,并立即责成有关部门对上海及广东预防犯罪的做法加以总结,要求在《中国检察报》上进行宣传。同时,刘复之检察长还提出了更高的要求:"现在要抽三四个人研究贪污贿赂犯罪预防问题,要像一厅⑥成立国家安全检察处那样,过渡到成立一个预防处。"

遵照刘复之检察长的指示,最高人民检察院很快成立了贪污贿赂犯罪预防处。1992 年 10 月 27 日,《人民日报》、《经济日报》、《中国检察报》等各大主要报纸和其他主要媒体同时进行了报道。贪污贿赂犯罪预防处作为一个新的专门从事预防贪污贿赂犯罪的机构,其职责就是研究贪污贿赂犯罪的态势、特

---

① 参见《文汇报》1992 年 8 月 13 日。

② 参见《安阳日报》1992 年 8 月 24 日。

③ 参见《中国检察报》1992 年 12 月 7 日。

④ 刘复之:《最高人民检察院工作报告》,1991 年 4 月 3 日在第七届全国人民代表大会第四次会议上。

⑤ 刘复之:《最高人民检察院工作报告》,1992 年 3 月 28 日在第七届全国人民代表大会第五次会议上。

⑥ 原最高人民检察院刑事检察厅。——笔者注

点，分析贪污产生的原因，提出预防贪污贿赂犯罪的对策。最高人民检察院贪污贿赂检察厅厅长赵登举①在接受记者采访时指出，② 预防贪污贿赂犯罪是反贪污贿赂斗争的重要组成部分，是检察机关为我国建立良好经济秩序的重要举措，是检察机关服务经济建设的重要一环。最高人民检察院设立预防处，认真抓好贪污贿赂犯罪的预防，就是实实在在为经济建设服务，用实际行动贯彻党的十四大精神。

1992 年 10 月，最高人民检察院在认真总结广东省、上海市检察机关预防职务犯罪实践的基础上，充分参考国内社会治安综合治理的做法，学习、借鉴国外和香港、澳门特别行政区预防腐败和职务犯罪的有益经验，制定并下发了《关于加强贪污贿赂犯罪预防工作的通知》，强调检察机关在严厉打击贪污贿赂等犯罪的同时要积极开展犯罪预防工作。通知下发之后，各地根据要求陆续开始建立预防贪污贿赂犯罪专门机构，积极运用检察职能开展预防工作，有效地促进了党风廉政建设。

《关于加强贪污贿赂犯罪预防工作的通知》下发后，各地检察机关做了大量的工作，1993 年，刘复之检察长对预防贪污贿赂犯罪工作经验进行了概括总结，③ 即"大力加强预防贪污贿赂犯罪的工作，针对发案单位暴露出来的漏洞主动提出'检察建议'，推动整改，促进会计、审计、监督、管理等规章制度的完善，健全防范机制。"

1993 年 3 月 22 日，在第八届全国人民代表大会第一次会议上，张思卿当选最高人民检察院检察长。其后，贪污贿赂等职务犯罪的预防工作得到进一步加强。一是有了明确的工作思路，"各级检察机关打防结合，标本兼治，积极探索减少和预防职务犯罪的新路子"。④ 也有了基本的措施体系，如调查研究、宣传展览、廉政教育、建章立制、提出检察建议等。1994 年，山东省检察机关召开了预防经济犯罪工作现场会，会议透露，一年多来，全省检察机关共发出检察建议 7500 多份，帮助治理重点单位 350 多个，取得了明显的法律效果和经济效果。⑤ 二是建立起预防机构，预防工作有了组织基础。到 1997 年，全国检察机关已有 21 个省、自治区、直辖市检察院成立了犯罪预防机构，一

---

① 后任最高人民检察院副检察长。——笔者注

② 参见《中国检察报》1992 年 11 月 2 日。

③ 刘复之：《最高人民检察院工作报告》，1993 年 3 月 22 日在第八届全国人民代表大会第一次会议上。

④ 张思卿：《最高人民检察院工作报告》，1997 年 3 月 11 日在第八届全国人民代表大会第五次会议上。

⑤ 参见《菏泽日报》1994 年 11 月 17 日。

些市、州、区、县检察院也成立了预防机构。一些基层地区建立起社会预防工作机制。到 1994 年 11 月，山东已有 11 个地市院、28 个县市区院建立了预防处、科，共配备专职、兼职检察干部 178 人，各级检察机关都作了大量行之有效的工作，取得了较好的成果。① 三是建立了初步的预防网络。湖南省检察机关建立了以行业为主体的纵向预防网络、以区域为主体的横向预防网络，并在横向和纵向预防网络中聘任检察联络员，协助检察机关开展预防工作，联络员在配合工作的同时还向检察机关提供了大量罪案线索，有力地促进了反贪斗争的深入开展。山东省检察机关在一些企业单位中聘任了检察助理员，并制定了《检察助理员工作条例》，对其职责、权限、工作纪律、审批手续等进行了明确规定。仅菏泽、济南两分院就在 98 个企业中聘任了 284 名检察助理员。② 上海市检察机关在 3000 余家企事业等单位中聘请了 4111 名检察助理员，请他们提供犯罪线索，提出堵漏建制措施，帮助落实检察建议。将证券、房地产等经济犯罪案件易发单位、行业组织起来，成立预防工作网络，这样的网络先后建立了 87 个，有 1300 余家企事业单位参与。③

　　1998 年 3 月 10 日，张思卿检察长总结指出，④ 各级检察机关坚持标本兼治，结合办案加强职务犯罪预防工作。一是深入调查研究，经常分析各个时期职务犯罪案件的情况，掌握犯罪活动的特点和规律，提出预防犯罪的建议，积极为党委反腐败斗争工作当好参谋。二是通过查办带有行业特点的案件，分析发案原因，提出有针对性的预防措施。如上海等地检察机关认真分析金融系统发生的典型案件，深入研究贪污、贿赂、挪用公款犯罪的发案特点和原因，与金融部门共同制定了一系列预防犯罪的具体措施。三是与发案单位共同查源头、找漏洞，建章立制，促进有关部门在体制、制度、管理等方面进一步强化监督制约机制，减少和消除发生犯罪的条件。四是围绕改革措施的出台和实施，研究国家工作人员行使职权的监督机制和预防职务犯罪问题，协助党委、政府制定有关配套措施。五是抓住典型案件，以案释法。六是通过新闻宣传、展览、座谈会、法制课等多种形式，进行具体生动的法制宣传教育。

　　这一段时期除了结合办案开展个案预防，努力实现"办一案，教一片，治一方"的社会效果之外，还积极探索在重大工程项目建设中开展同步预防。

－－－－－－－－－－

　　① 参见《菏泽日报》1994 年 11 月 17 日。

　　② 参见《菏泽日报》1994 年 11 月 17 日。

　　③ 参见《法制日报》1997 年 4 月 12 日。

　　④ 张思卿：《最高人民检察院工作报告》，1998 年 3 月 10 日在第九届全国人民代表大会第一次会议上。

检察机关针对三峡工程移民资金的管理使用中存在的犯罪问题和苗头，认真调查研究，写出专题报告，党中央、国务院主要领导同志作了重要批示，三峡工程建设中的廉政保障和监督机制很快建立起来。对一些投资大、工期长、易于发生职务犯罪的重点工程，检察机关在工程筹建之初即开始参与，在党委、政府的支持下，配合施工单位对工程的招标、施工、采购、验收的各个环节进行同步跟踪监督，防止贪污贿赂犯罪的发生。上海市检察机关 1992 年在市"三联供"工程中首次开展同步预防工作取得良好效果之后，广东、山东、江苏、湖南、河南、四川、辽宁等地检察机关积极学习上海经验，相继开展了同步预防工作。1994 年 10 月，广东省深圳市检察院对深圳、香港特别行政区共同投资 10 亿多元的"深圳河治理工程"开展了同步预防。他们对工程的招标活动进行同步观察，提醒"治河办"注意严审资信情况，防止一些劣质施工企业用钱铺路承包工程，通过列席有关会议或召开小型座谈会，宣传法制和有关招投标的规定，协助治河主管部门及时排除在招标工作中遇到的阻力和干扰，坚持"招标公开、择优发包"的原则，使工程的招标工作自始至终未发生一起贿赂案件。

　　同时，在一些热点行业开展行业预防。依靠各级党政组织在一些经济犯罪易发、多发行业开展预防工作，通过建立和完善制度，加强制约监督机制，规范生产、经营和管理行为。江苏省无锡市检察机关在多发、易发犯罪的行业和领域如金融、供电、医院、建筑等行业确立了重点单位，从中聘任联络员，形成了齐抓共管的局面。上海市徐汇区检察院查办一起工商银行储蓄员贪污案时，发现犯罪手段为利用电脑程序，化名虚构存款和挂失事实，提前设定起息日，虚设利息，然后提取现金私吞。经过走访多家银行，他们发现当时银行系统中普遍使用的计算机储蓄管理系统对每笔储蓄业务的起息日在软件程序中均未作强制性实时设定，可由操作员任意修改，这是犯罪得逞的根本原因。遂向中国人民银行上海市分行发出检察建议，建议全市银行系统引起重视，加强防范。中国人民银行上海分行根据建议下发《关于加强预防利用电脑作案犯罪的通知》，要求凡使用电脑办理存款业务的单位，没有设置"锁定"起息日程序的应立即进行设置，已设置"锁定"程序的单位，要对授权、编码、控制制度等进行检查，并通过此案吸取教训，对银行系统使用电脑的各环节要加强检查，以防止其他犯罪行为的发生。从而使得银行储蓄员通过篡改起息日侵吞公款的犯罪从根本上得以杜绝。①在犯罪多发行业开展调研活动，为领导机关和有关部门提供预防对策。为了有效防止行业性的经济犯罪，各地检察机关在

---

　　①　参见《法制日报》1997 年 4 月 12 日。

调查研究上下功夫。1995 年，针对证券系统从业人员犯罪剧增的情况，高检院与国家证券委、中国人民银行等有关单位共同到上海、深圳、福州进行调研，在深刻调查、分析研究的基础上，形成了一份高质量的调研报告①，得到了中央领导同志和职能部门的重视。根据该报告，最高人民检察院与国家证券委、中国人民银行共同向全国证券系统发出《关于加强证券从业人员犯罪预防工作的通知》，对完善市场交易制度、预防从业人员犯罪起到了积极的作用。

二、预防职务犯罪工作的全面加强

1998 年 12 月，全国检察机关预防职务犯罪工作座谈会在上海召开，会议对在新的形势下如何更好地开展预防职务犯罪工作进行了部署，要求统一思想，提高认识，把预防工作作为新时期检察机关的一项重要任务来抓，准确定位，明确目标，充分运用检察职能，扎扎实实地开展工作。会议之后，各地检察机关认真贯彻，态度积极，措施有力，预防职务犯罪工作取得了一定成效，得到了各级党政领导和广大群众的广泛好评。为了进一步加强和规范检察机关预防职务犯罪工作，实现办案的法律效果与社会效果的统一，推进依法治国和廉政建设，1999 年 1 月 29 日，最高人民检察院制定下发了《关于加强预防职务犯罪工作的意见》，要求统一思想，提高认识，明确目的，加强对预防工作的领导，实事求是，从实际出发，准确定位，将预防工作纳入党和国家的整体工作格局，发挥检察职能作用，综合运用预防措施，全面开展预防工作。

1999 年 10 月 27 日，最高人民检察院下发《关于认真贯彻党的十五届四中全会精神为国有企业改革和发展服务的意见》（以下简称《意见》）。国有企业改革和发展是新的时期一个热点和难点，为国有企业改革和发展服务是检察机关的一项重要任务。制定《意见》，就是为了贯彻落实党的十五届四中全会精神，执行中共中央《关于国有企业改革和发展若干重大问题的决定》，为国有企业改革和发展服务。根据《意见》，检察机关将从八个方面更好地为国有企业改革和发展服务：（1）提高为国有企业改革和发展服务的重要性的认识、增强责任感和自觉性；（2）依法打击各类犯罪活动，为国有企业改革和发展提供良好的法制环境；（3）加强执法监督，保护国有企业的合法权益；（4）加强预防犯罪工作，推动国有企业建立健全监督管理机制；（5）正确执行政策，严格依法办事；（6）严格办案纪律，坚持文明执法；（7）加强学习和调查研究，努力提高服务水平；（8）加强领导，狠抓落实。

---

① 此报告同时获得最高人民检察院优秀调研报告一等奖和全国优秀调研报告奖。——笔者注

2000 年是检察机关预防职务犯罪工作全面加强的一年。为了适应新的政治形势和反腐败、惩治职务犯罪形势的要求，更多地注重治本，努力从源头治理腐败，最高人民检察院抓住机遇，采取了一系列得力措施，进一步加强了预防职务犯罪工作。2000 年 8 月，最高人民检察院职务犯罪预防厅正式成立，这是最高人民检察院第一个专门领导和指导全国检察机关预防职务犯罪工作的部门。从此，预防职务犯罪工作成为检察机关一项独立的可以与侦查、公诉、批捕等项工作相提并论的业务工作。根据当时的有关文件，职务犯罪预防厅具有以下职责：

1. 对地方各级人民检察院职务犯罪预防工作进行指导；

2. 研究、分析职务犯罪的手段、特点、形成原因，把握犯罪规律，提出贪污贿赂、渎职犯罪的预防对策；

3. 对地方各级检察院在检察环节中开展社会治安综合治理工作进行指导；

4. 配合有关部门开展对未成年人犯罪的预防工作；

5. 制定最高人民检察院职务犯罪预防规划，收集职务犯罪预防资料，协调有关业务部门开展预防活动；

6. 开展职务犯罪预防法制宣传，承办下级检察院有关职务犯罪预防工作疑难问题的请示、答复；

7. 研究、制定职务犯罪预防工作细则、规定；

8. 联系社会有关单位和学术团体联手开展职务犯罪预防和理论研究，为社会提供职务犯罪预防咨询服务。

2000 年 10 月，全国检察机关预防职务犯罪工作会议在北京召开，中央政治局委员、中央书记处书记、中央政法委书记罗干同志出席会议并发表重要讲话，充分肯定检察机关进一步加强预防职务犯罪工作，并就如何进一步加强预防工作作出重要指示。各省、直辖市、自治区检察院分管预防工作的副检察长、预防处长参加了会议，中央纪委、中央政法委、中央国家机关有关主管部门负责纪检工作的同志参加了会议，并提出了不少有益建议。韩杼滨检察长做了题为《贯彻标本兼治方针，加大预防力度，积极探索建立有中国特色的检察机关预防职务犯罪工作机制》的讲话，对检察机关预防职务犯罪工作作出全面部署，提出了检察机关预防工作的主要目标和任务，着重要求在探索建立预防职务犯罪工作机制过程中，努力实现预防职务犯罪工作从分散状态到集中管理、从初级形式的预防到系统全面预防、从检察机关的部门预防向与社会预防相结合的转变，将预防职务犯罪工作纳入党和国家的反腐败总体格局，实行综合治理。

预防职务犯罪工作要为党和国家工作大局服务，必须围绕和紧跟重大战略决策的实施来制订、调整工作计划，做出工作部署。党的十五届五中全会通过的中共中央《关于制定国民经济和社会发展第十个五年计划的建议》，把实施西部大开发，促进地区协调发展作为一项重要内容，进行了全面规划和部署。为了贯彻中央精神，充分发挥检察职能，积极为西部大开发服务，2000年11月7日，最高人民检察院制定了《关于充分发挥检察职能积极为西部大开发服务的意见》，明确了检察机关为西部大开发服务的指导思想和基本要求，要求检察机关深刻认识为西部大开发提供法治保障的重要意义，严厉打击危害国家和社会治安的刑事犯罪，依法查办职务犯罪，强化法律监督，加强犯罪预防工作，保障西部大开发各项政策和重大项目的顺利实施。

2000年12月，最高人民检察院在经过长时间的研究论证，多次征求各方面意见和认真修改之后，下发了《关于进一步加强预防职务犯罪工作的决定》（以下简称《决定》），为预防工作制定了一个总的指导性文件。

《决定》适应面向新世纪依法治国和党风廉政建设的要求，围绕经济建设中心，坚持标本兼治方针，深入贯彻党的十五大和十五届五中全会的精神，对检察机关预防职务犯罪工作的实践经验进行了科学总结，全面规划了检察机关预防职务犯罪工作，提出了有中国特色的预防职务犯罪工作机制的基本框架，即要探索建立在党的领导下与有关部门配合，加强法制宣传教育、健全管理、强化监督，专项预防和系统预防、部门预防和社会预防相结合的有中国特色的预防职务犯罪工作机制，有效遏制和减少职务犯罪，这成为贯穿《决定》始终的一条主线。

《决定》为检察机关开展预防职务犯罪工作确立了五个基本原则，这些原则成为预防工作中应当遵循的基本准则，从中也反映出检察机关参与廉政建设和对职务犯罪实行综合治理工作的性质和特点。《决定》确定了预防工作重点，提出了加强预防工作的措施，并构建起一个较为完善的预防措施体系。《决定》进一步规范和细化预防工作的方式、方法，将预防工作方法归纳为三种基本方法，即对策研究，检察建议，预防宣传、教育和咨询。《决定》要求推动建立预防网络，加强信息交流、工作沟通与协调，充分利用社会资源共同开展预防工作；加强专题研究，分析犯罪原因和条件，揭示犯罪规律，增强预警能力；加强对策研究，提出预防对策和建议；加强预防犯罪信息系统建设，建立预防工作信息库；加强检察建议工作，不断提高质量，增强权威性和实效性；加强预防宣传、教育和咨询；加强预防职务犯罪的法律政策研究；加强预防职务犯罪的专业化建设，逐步形成专门预防的工作优势；加强预防职务犯罪的理论研究；加强预防职务犯罪的国际交流和合作，科学借鉴有益的经验。

为了保证检察机关预防工作有序和高效地开展，《决定》还规定了系统、完备的预防工作制度，主要应包括以下内容：

1. 预防职务犯罪工作责任制度。检察机关各业务部门共同承担预防责任，应根据各部门的业务性质和特点，进行明确分工，各负其责。职务犯罪预防部门统一组织、综合、管理、协调检察机关预防职务犯罪工作，开展系统研究和宏观指导。其他业务部门结合办理案件和各项业务工作，开展多种形式的预防工作。

2. 预防职务犯罪工作组织协调制度。建立由检察长组织、协调，各有关业务部门参加的工作制度，部署和落实检察机关预防工作。对于具有典型意义的职务犯罪案件，职务犯罪预防部门可派员介入案件的侦查、起诉活动，联合其他部门共同研究犯罪原因、手段和发案规律。

3. 预防职务犯罪项目管理制度。开展重大预防活动，应当立项，报检察长审批。预防职务犯罪部门统一掌握预防项目，并做好组织和协调。

4. 预防职务犯罪信息资料管理制度。建立系统内部的信息资料管理制度，加强职务犯罪案件信息和预防信息的通报和反馈，实现信息共享。

5. 预防职务犯罪工作总结报告制度。定期对预防工作进行总结，提炼经验，归纳做法，分析研究工作中的新情况、新问题，并主动向同级党委、人大进行报告，下级检察机关应定期向上级检察机关进行报告。

6. 预防职务犯罪工作督促检查考评制度。为了落实预防责任，各级检察机关要将预防工作与其他业务工作同部署、同检查、同考评，加强督促检查，保证工作实效。

三、预防职务犯罪工作的快速发展

从 2001 年起，预防职务犯罪工作进入快速发展时期。各级检察机关认真贯彻全国检察机关预防职务犯罪工作会议精神，根据《决定》的要求，积极探索预防职务犯罪工作机制，围绕检察职能，结合办案，全面加强了预防工作，为预防工作的长远发展奠定了扎实的基础。

（一）建立社会化的预防职务犯罪工作机制，充分利用社会资源，促进预防工作深入开展

经过一年多的实践，检察机关积极推进预防职务犯罪工作，逐步实现了从分散状态到集中管理、从初级形式的预防到系统全面预防、从检察机关的部门预防向与社会预防相结合的转变，逐步推动建立起了社会预防职务犯罪的工作机制：一是推动建立起党委领导下的、各有关部门和单位共同参加、检察机关充分发挥作用的、多层次的社会预防工作机制，将预防职务犯罪工作纳入党委领导下的反腐败总体格局。2001 年，检察机关把检察预防融入反腐败斗争和

综合治理的总体格局，积极推动建立社会化预防组织 1300 多个。① 据统计，至 2002 年底，全国各地建立各类社会预防职务犯罪领导组织 6300 多个。② 二是在人民检察院内部建立起检察长领导下的预防工作协调机制和责任机制，将预防职务犯罪的任务分解并落实到各个业务环节，形成了检察机关内部预防职务犯罪的整体优势。2002 年 4 月，最高人民检察院制定下发《关于检察机关有关内设机构预防职务犯罪工作职责分工的规定》，对推动各地检察机关建立内部预防职务犯罪工作机制起到了良好的促进作用。三是人民检察院和行业主管部门建立健全了共同开展预防工作的联系和配合制度，形成了优势互补和优势整合。

2001 年 3 月 16 日，最高人民检察院职务犯罪预防厅与清华大学公共管理学院共同举办了"21 世纪反腐败战略研讨会"。最高人民检察院副检察长张穹、中纪委委员、清华大学党委书记贺美英出席会议，来自中央和国家机关有关部门的纪检监察部门负责人，学术界的专家、教授，香港廉政公署负责人围绕"防止腐败的战略"，从多角度、多方位就如何防范腐败进行了深入探讨和研究。研讨会分为三大部分，即我国反腐败的综合战略；市场化改革、依法治国与反腐败；预防腐败。

贺美英同志在开幕式上致辞。张穹副检察长在开幕式发表讲话，分析了我国反腐败斗争面临的形势和任务，指出在贪污贿赂、渎职等职务犯罪发案率依然很高的情况下，必须强调依法严厉打击，要用"重典"，这一点不能有丝毫动摇，但同时必须树立长期作战的思想，把打击和预防有机结合起来。张穹副检察长提出反腐败理论研究的重点是：反腐败与改革、发展、稳定的关系，反腐败与改善投资环境、搞活经济的关系，经济发展与腐败犯罪的关系，我国实行以薪养廉的途径；公平、公开、公正与反腐败斗争的关系；权力的分解、制衡，以及决策的民主与反腐败的关系；监督机制建设问题，如何形成监督合力的问题；反腐败工作法制化问题；科学技术在反腐败工作中的运用问题。

2002 年 3 月 20 日，中国犯罪学研究会研究批准成立中国犯罪学研究会预防职务犯罪专业委员会，并于 2002 年 4 月 5 日在广州召开了成立大会，通过《中国犯罪学研究会预防职务犯罪专业委员会章程》，选举产生了中国犯罪学研究会预防职务犯罪专业委员会顾问、主任委员、副主任委员和成员名单。中

① 韩杼滨：《最高人民检察院工作报告》，2002 年 3 月 11 日在第九届全国人民代表大会第五次会议上。

② 韩杼滨：《最高人民检察院工作报告》，2003 年 3 月 11 日在第十届全国人民代表大会第一次会议上。

国犯罪学研究会预防职务犯罪专业委员会是中国犯罪学会下属的一个分支性学术机构，业务受中国犯罪学研究会指导，由最高人民检察院职务犯罪预防厅管理，其宗旨为：贯彻中央关于"打防并举，标本兼治"，"教育是基础，法制是保证，监督是关键"的精神，广泛团结和联系法律界、经济界、理论界、科技界等社会各界，发挥专家学者的智力资源优势和技术优势，深入开展预防职务犯罪理论研究和社会宣传，调动有关单位和行业主管部门共同开展预防职务犯罪工作，建立预防职务犯罪的自我防范机制，促进预防职务犯罪工作的深入开展。预防职务犯罪专业委员会主要包括五项任务：（1）开展预防职务犯罪理论研究；（2）向社会各界提供预防咨询服务；（3）联系社会各界开展预防活动；（4）编辑出版预防职务犯罪专业刊物、书籍，开展预防宣传教育；（5）进行国际交流与合作。

（二）突出重点，在金融证券等八大行业和领域开展系统预防的同时，结合重点工程和西部大开发开展专项预防

2001年3月，最高人民检察院下发《关于在金融证券等八个行业和领域开展系统预防工作的通知》，决定首先在金融证券、国有企业、税务等八大行业和领域重点开展系统预防。此举在社会上引起强烈反响，也得到有关部门的大力支持。最高人民检察院先后会同金融证券、国企、海关等八个行业和领域的中央部委和行业主管部门联合下发文件，部署工作，建立起在职务犯罪案件查办、信息交流、预防对策研究、检察建议落实、预防宣传、教育和咨询以及预防组织机制建设等方面的联系与配合制度。

安徽省检察院与合肥海关密切联系，有效配合，为了强化监督，合肥海关聘请检察人员担任监督员，在他们的共同努力下，合肥海关连续4年没有发生一起职务犯罪案件。吉林省昌邑区检察院结合查办发生在吉林造纸（集团）有限公司的7起职务犯罪案件，分层次开展普法教育，促使企业人员主动归还被挤占、挪用的企业货款1000多万元。同时，针对办案过程中发现的管理漏洞，主动提建议，帮助企业建立和完善了4个方面16项经营管理制度，使该公司经济效益明显提高，并逐步实现扭亏增盈。北京市检察机关与市城建工委、规划委、建委、市政管委、城建各单位共同启动北京市城建系统预防职务犯罪网络，重点在奥运会建设项目中开展预防工作。

此外，一些地方还在其他行业和领域开展了系统预防。湖南省郴州市检察院结合查办烟草行业的职务犯罪案件，针对发案较多的烟叶收购环节，向湘南烟草公司提出烟叶封闭式收购的建议，被推广到全省烟草系统，不仅有效地防止了职务犯罪的发生，而且降低了收购成本，提高了烟叶质量。陕西省检察机关与教育主管部门联手，协助其健全完善人、财、物管理的各项制度，从关键

环节上防止了职务犯罪的发生。咸阳市检察院综合分析近两年在教育系统查办的职务犯罪的特点、原因及规律，针对一些单位私设账外账、财务检查审计不力、权力监督流于形式、放松教职员工思想教育等问题，提出了"加强法纪教育，严格财务规范化管理，合理分离资金使用权和审批权，建立举报制度，实行财务公开、民主监督"等预防建议。

重大工程建设中职务犯罪发案比较集中，各地检察机关选择在当地有重大影响、事关长远的工程建设项目开展预防。他们抓住工程建设项目中职务犯罪易发、多发的关键环节和部位，向当地政府和行业主管部门、工程建设单位提出完善工程项目招标投标、立项审批、预算决算、资金拨付等环节管理制度的建议，监督工程项目主管单位严格执行法律法规，在工程建设过程中开展法制教育，同时注意发动群众举报，发现职务犯罪线索，严肃查处发生在工程建设中的职务犯罪。

上海市检察机关从实际出发，认真分析建设领域职务犯罪多发、易发的特点和原因，向建设主管部门提出推行"创双优"活动、实行廉政承诺、廉政责任追究、建筑资质与廉政记录挂钩等制度，重点加强对工程建设招标投标、原材料采购、资金拨付等关键环节的监督，有效地遏制了职务犯罪的发生，全市建筑工程领域职务犯罪的发案率由 1996 年占立案数的 38% 下降到 2001 年的 18%。该市检察机关立项开展专项预防工作的 150 件重大工程建设，完成投资 2100 亿元，没有发现一起职务犯罪。

福建省龙岩市、永定市市县两级检察院针对闽西境内国家级和省级重点项目多的实际情况，选择对投资 58 亿元的棉花滩水电站和投资 28 亿元的梅坎铁路工程开展同步预防，有效防止了虚报补偿、安置款的贪污、挪用公款案件的发生，避免了数百万元的经济损失。河南省南阳市检察院对投资 1.2 亿元的污水处理厂项目进行专项预防，实行全程跟踪监督，为国家节约了大量资金。洛阳市检察院对全市投资 200 亿元的 24 项重点工程进行专项预防，他们与市建委等单位联手预防，已经完成投资的 170 亿元的工程中，已竣工项目的工程质量合格率达到 100%，优良率为 91%。山东省聊城市检察院在涉及合同金额共计 1.2 亿元的 7 个重大工程、枣庄市检察院对京福高速公路枣庄段、菏泽市检察院对投资 27 亿元的发电厂扩建工程、烟台市检察院在 206 国道烟台段等分别开展了专项预防。

为了加强西部大开发中的预防工作，促进西部大开发战略目标的顺利实现，2002 年 9 月 17 日至 19 日，最高人民检察院在陕西省西安市召开了西部地区检察机关预防职务犯罪工作座谈会。来自西部各省检察院的主管副检察长、预防处长和吉林延边、湖南湘西、湖北恩施三个自治州的检察长，以及来自东部的上海市、山东枣庄市检察院的代表参加了会议。会议得到了国务院西部开发办、交通部、水利部、国家林业局、中国石油天然气集团公司等有关部委（办、局）、中央企业的大力支持，有关领导同志出席了会议。会议期间，与西部大开发相关的部委（办）的代表作了大会发言，介绍了当前中央关于西部大开发的总体要求和部署，以及各系统采取措施保证重大工程建设项目质量、预防职务犯罪工作的有关情况和经验。陕西省、上海市、四川省、山东省枣庄市等八个地方检察院在会上介绍了开展预防职务犯罪工作的经验。

这次会议重点研究部署了在西部大开发中开展重大工程职务犯罪专项预防工作，进一步明确了西部地区检察机关开展预防职务犯罪工作的方向和途径。会议提出西部检察机关在西部大开发中开展职务犯罪专项预防工作的总体要求：以提供法律服务，推动"创双优、促开发"为主题，强化法律监督，坚持打防并举，突出预防重点，加强内外协作，落实预防措施，注重预防实效，为西部大开发创造良好的法治环境。为推动检察机关在西部大开发重点建设项目中开展预防工作，会议在讨论研究的基础上制定了《关于在西部大开发重点建设项目中开展职务犯罪预防工作的实施意见》，明确了指导思想，提出了总体要求，确定了工作重点，并确立了管辖原则、与有关单位联系和配合方式、工作措施和方法、管理办法，对推动检察机关更好地为西部大开发服务起到了积极作用。

（三）广泛、深入地开展不同形式的预防职务犯罪宣传教育活动，普及预防职务犯罪的基本知识，努力营造良好的预防氛围

2001年以来，全国检察机关运用多种形式，广泛开展法制教育、警示教育，努力营造起良好的社会氛围。最高人民检察院在全国范围内开展了一系列具有较大社会影响的活动。

1. 建立中国职务犯罪预防网（http：//www.jcrb.com/yfw）①

2001年5月29日，中国职务犯罪预防网正式开通，这是我国首家以宣传反腐败和预防职务犯罪为主要内容的专题网站，由检察日报社正义网主办，②由最高人民检察院职务犯罪预防厅提供信息支持。中国职务犯罪预防网背景清新，图案明快。网站共设有七个主要栏目，即预防新闻、预防对策、警示参考、预防实践、预防服务、预防规范、预防理论。此外，网站专设举报栏，直接与最高人民检察院网上举报系统链接，可供举报人快捷地传递举报信息；网站设有调查区，可以不定期地进行与预防职务犯罪相关的专题调查。网站成功

---

① 现为 http：//www.yfw.com.cn。——笔者注
② 现由中国犯罪学研究会预防职务犯罪专业委员会主办。——笔者注

地与多家网站如中国法治网、中国产业经济信息网、反腐败网哨、香港廉政公署实现了链接，并与《中国工商时报》、《中国税务报》、《中国证券报》、《人民法院报》、《人民公安报》等报纸实现了信息的共享和交互传递。

开通职务犯罪预防网是检察机关运用现代信息和传媒技术向社会宣传预防职务犯罪工作的有益尝试，开通以来，得到了社会各界的广泛关注与大力支持。从5月29日开通至2001年底，上网访问共达460万人（次），平均每天有2.3万人（次）。为了便于全国范围的信息传递和交流，预防网还督促全国各省级以及部分地市级检察院开设预防网分站，目前分站数量已经达到30余家，初步形成了一个全国范围内的网络体系。中国职务犯罪预防网已经成为利用高新技术和快捷的网络媒体进行预防宣传、信息交流的重要媒介，成为检察机关预防职务犯罪工作的信息平台、工作平台和宣传平台。

2. 召开预防职务犯罪座谈会暨公益宣传新闻发布会，向社会公开征集公益宣传作品

2001年6月21日，最高人民检察院在人民大会堂召开预防职务犯罪座谈会暨公益宣传新闻发布会，开始在全国范围内征集预防职务犯罪公益宣传广告用语和电视短片、宣传图画。最高人民检察院副检察长梁国庆、张穹出席会议，中纪委、监察部、中央企业工委、中央金融工委、国务院体改办、国家工商总局、国家税务总局、海关总署、证监会、建设部、广电总局等中央国家机关，以及新华社、人民日报、光明日报、中央电视台等近40家新闻单位出席了新闻发布会。与会代表认为，最高人民检察院部署开展职务犯罪预防工作非常重要，开展预防职务犯罪公益宣传非常及时，必将对各行业、各部门防范职务犯罪发生产生积极影响，一致表示要大力支持、积极配合最高人民检察院做好预防职务犯罪的宣传工作，并结合各自的实际，就如何预防职务犯罪提出了具体意见和建议。

这次征集的公益宣传作品包括广告用语、图片设计、电视广告片创意、海报设计等。截至9月25日，共收到来自全国各省市的作品2042件。9月28日下午，由国家工商总局广告司、中央电视台、人民日报社、中国广告协会等权威机构的专家、学者组成的预防职务犯罪公益宣传评选委员会对收到的作品进行了认真评选，并经北京市长安公证处公证，评出47件获奖作品。

公开征集公益宣传作品活动为在全国集中开展预防职务犯罪公益宣传活动创造了条件。集中开展预防职务犯罪公益宣传活动可以充分利用媒体覆盖范围广、传播速度快、受众人数多、直观形象等优势，提高公众对预防工作的认识，增强预防意识，通过揭示职务犯罪的社会危害性，起到警示教育和时时提醒的作用，促使公职人员廉洁守法，注重自律，并激励广大公民同职务犯罪作

斗争。

3. 举办全国首次预防职务犯罪知识竞赛活动

2002 年 2 月至 6 月，为广泛动员社会各界参与，更好地宣传和普及预防职务犯罪知识，最高人民检察院联合最高人民法院、中央企业工作委员会、中央金融工作委员会、国家发展计划委员会、国家经济贸易委员会、公安部、司法部、建设部、交通部、水利部、卫生部、中国人民银行、中国证券监督管理委员会、中国保险监督委员会、国家税务总局、国家工商行政管理总局、国家药品监督管理局、国家中医药管理局等 18 家中央国家机关和行业主管部门共同主办了全国首届预防职务犯罪知识竞赛活动。竞赛活动由检察日报、人民法院报、中国经济导报、人民公安报、中国税务报等 14 家报社共同承办。

2002 年 4 月 15 日至 21 日，《检察日报》、《人民法院报》、《人民公安报》、《中国税务报》等报纸相继刊登竞赛试题，得到了社会各界和广大干部群众的积极响应，知识竞赛活动在全国各地迅速展开。参加这次知识竞赛活动的，遍及社会各个领域，除党政机关、司法机关工作人员、军人、企业人员、教师、工人、农民之外，还有不少离退休人员、大中小学生，等等。各有关主管部门如中央企业工委、金融工委、国税总局等部门结合竞赛活动开展了大规模的廉政教育活动。中央企业纪工委、中央企业工委宣传部联合下发文件，提出把本次活动纳入全年的廉政建设中统一部署，精心组织实施，推动中央企业群众性预防职务犯罪活动的深入开展。中央企业工委所辖大型企业踊跃参赛，中国兵器装备集团公司、中信集团、中国移动等一些大型企业的高层领导全都参加了竞赛，中色集团公司全体干部答题率为 100%。国家税务总局要求将竞赛活动作为开展反腐倡廉宣传教育的重要内容，各地税务系统在这次竞赛活动中表现相当突出，很多地方税务局都是全员参加，山东省国税系统共有 21000 人参加了竞赛。很多基层单位，如银行、海关、法院、公安分局、交警队、医院、工商所、邮政局、财政所都是全员参赛。邯郸市内贸局 1947 年参加革命、75 岁高龄的退休老人卫绍钦，与另外 3 名离退休老干部一起查资料，找答案，并特地到邯郸市检察院预防处进行咨询，他以他那个年代人所特有的认真劲向工作人员表示："我要确保每道竞赛答案完全正确！"一些重点项目如新疆阿克苏地区世界银行贷款项目协调领导小组执行办公室，以及驻外工作人员如中色集团公司远在非洲赞比亚谦比希铜矿现场的全体干部也参加了答题。江苏无锡市共有 100 多部门（单位）参加了竞赛活动。通州市市委对知识竞赛高度重视，指示："市委机关从书记到一般干部都要参加竞赛活动，带好头。"要求以预防职务犯罪领导小组的名义组织全市各级党政机关、企事业单位干部参加竞赛活动，做到人人参与，个个答题。

截至 2002 年 5 月 30 日，竞赛活动组委会办公室共收回有效答题卡 260 余万份，是目前法制类知识竞赛参与人数最多的一次。2002 年 6 月 10 日，在长安公证处的公证下，由各主办单位的代表共同抽出了一、二、三等奖和优秀奖，并评出 31 个组织奖。重庆市药检所的周渝南和湖南省邵阳市中心医院的黎蓉获得一等奖。2002 年 6 月 14 日，知识竞赛组委会在人民大会堂举行了隆重的颁奖仪式，最高人民检察院韩杼滨检察长，赵登举副检察长、政治部王振川主任，中央企业工委、建设部、交通部、国家工商总局等主办单位的领导同志出席了颁奖仪式。

这次预防职务犯罪知识竞赛以生动、活泼的形式，受到了社会各界的热烈欢迎。贵州贵南县国税局的来信说："成绩的优劣是其次，参加的意义是不言而喻的，请多组织内容丰富、形式多样的活动。"竞赛活动引发了声势浩大的预防宣传活动和学法热潮。河北省检察院在《河北检察》开辟专栏，提供法律咨询，进行辅导。贵州省开展"主题廉政教育"，举办法律辅导讲座。江苏省镇江市开展"千人竞答"活动。福建龙溪县检察院给有关单位上法制课，印发法律法规小册子。很多单位通过这次竞赛受到了一次很好的廉政教育，单位职工普遍掌握了职务犯罪的概念、政策和标准，加深了对预防职务犯罪工作的理解和认识，提高了参与和支持预防职务犯罪工作的积极性和自觉性。中央一大型企业的一位女同志在咨询完法律问题之后深有感触地说："尽管答题费了不少功夫，但回过头来一看，还真学了不少东西。"中色集团公司远在非洲赞比亚谦比希铜矿现场一线的全体干部，积极组织进行答题，也是感受颇深："我们不在国内，一年到头很少有类似的竞赛活动，通过答题，我们也知道了许多国内的有关文件精神。对我们施工现场的领导干部非常有现实意义。"竞赛活动充分反映出社会公众对预防工作和反腐败的热心和关注，也从一个侧面表明预防职务犯罪是人心所向。河南安阳马丽霞、金章纪等五人自发组织参加竞赛活动，他们分别是工人、学生、教师，均是以个人身份参加竞赛，他们在信中写道："我们不是大官，而是普通的公民。看了报纸上刊登出试题后，我们几个人虽然不在国家机关工作，但却关心国家大事……要是摇不上奖，我们也无所谓，贵在参加答题，以实际行动表示大力支持，这是我们每个公民的应尽职责！希望中央反腐败斗争坚持下去，特别是（查处）大案、要案和纠正部门不正之风要一抓到底。对于领导干部廉洁自律、预防职务犯罪应当常抓不懈。"一位中学生来信写道："我希望能够将正确答案寄回给我。我认为一个学生应该多关心一下社会政治，多认识一些怎样预防犯罪。"

4. 开展"预防职务犯罪需要您的参与"专题预防宣传活动

2002 年 6 月，职务犯罪预防厅结合全国检察机关举报宣传周活动，开展以"预防职务犯罪需要您的参与"为主题的预防宣传活动。为了组织好这次活动，最高人民检察院职务犯罪预防厅精心编辑、制作了大型主题宣传挂图，从源头治理的方针、社会化预防网络的构建、三管齐下的布局，预防工作措施、方法等方面全面、系统、形象生动地介绍了近年来中央反腐败源头治理的方针政策，以及检察机关预防职务犯罪的方式方法和工作重点。活动期间，全国检察机关2万多名检察干部在检察长的带领下走上街头宣传预防职务犯罪工作，张贴宣传挂图近2万多份，散发各类宣传资料数百万份。

在此期间，检察机关还开展了其他形式的预防宣传活动。最高人民检察院与电视台、广播电台、报纸杂志合作，开辟宣传阵地，如在《法制日报》、《检察日报》开设预防职务犯罪专版、专栏，连续报道各地预防职务犯罪工作的举措和成效。河北、江西、上海等省、市检察院与当地电视台合作开设预防职务犯罪专题节目。安徽省检察院在《新安晚报》开辟《检察之光》专版，马鞍山市检察院定期出版《检企预防宣传》。福建省厦门市与厦门电视台共同创办《检察纵横》电视栏目，并制作发放光盘。漳州市创办了《预防视窗》。北京市石景山区检察院组织编写了市场经济条件下的政策法律知识问答手册《预防职务犯罪与网络建设》。黑龙江省预防职务犯罪领导小组创办了《预防职务犯罪工作简报》。山东省检察机关播放《反贪警示录》、《省直机关警示教育大会实况录像》、《被钱和色推向深渊的市长》等教育录像片，引起了强烈的反响。

一些检察院与当地狱政管理部门联合在劳改劳教场所开辟廉政警示教育基地，组织正在服刑的职务犯罪分子现身说法，对国家工作人员进行警示教育。河北省磁县检察院结合磁县反腐败工作的实际向县委提出建议，利用河北省漳河监狱在磁县的有利条件，建立预防职务犯罪警示教育基地，开展警示教育活动。该县成立警示教育基地之后，县警示教育领导小组、预防职务犯罪指导委员会共同制定《关于开展警示教育做好预防职务犯罪活动的安排方案》，组织全县干部和群众进行警示教育，山西省院与省监狱管理局联合发出在全省监狱系统建立预防职务犯罪警示教育基地的通知，并在晋中监狱、女子监狱、阳泉监狱、太原第一监狱建立起预防职务犯罪的警示教育基地。各地检察院还积极争取党委支持，将预防职务犯罪教育纳入当地党校教学规划，成为对各级干部培训的常设课程。广州市检察院受党委委托，连续举办7期培训班，对全市处级以上干部进行系统的预防知识培训。新疆还创办了一家"预防职务犯罪学校"。

（四）深入开展调查研究，提供预防对策和决策建议

调查研究是预防职务犯罪工作的一项重要内容，在调研的基础上可以有针

对性地提出预防对策。据统计，2001 年检察机关充分发挥职能作用，针对办案中发现的漏洞和问题，向发案单位和有关部门提出检察建议 28500 多件。开展专题调研，研究发案规律和防范措施，有 4000 多条预防对策建议被当地党委和政府采纳。① 2001 年，职务犯罪预防厅预防处专门进行了《关于充当黑恶势力、严重经济犯罪"保护伞"的国家工作人员职务犯罪问题剖析》和《当前行贿犯罪的剖析》两个专题研究。山东省检察院关于《对当前税务人员渎职犯罪增多导致税款严重流失》的报告，引起了中央的高度重视，朱镕基总理亲自作了批示。2001 年 9 月，最高人民检察院职务犯罪预防厅与三峡建委监察局在重庆共同召开"三峡工程移民资金管理领域违法违纪案件研讨会"，确立了检察机关与三峡移民资金主管、监管部门共同开展预防工作的机制和联系制度，同时研究讨论了一些预防工作专题。河北省侯磊检察长根据黄骅市检察院的反映，敏锐地意识到一些市、县（区）可能在机构改革中吃"散伙饭"，提出要加强预防改革过程中的职务犯罪，专门向省委写了一封信，省委书记王旭东、省长钮茂生等都作了批示，省委办公厅将信印发全省，起到了很好的警示和提醒作用。浙江省检察院预防处在充分调研的基础上撰写了《我省殡葬业贪污贿赂严重亟待引起重视》的调研报告，引起了省政府的重视，现在省民政部门正在全面落实整改措施。河南省检察院针对行政执法人员职务犯罪严重的现状，把预防行政执法人员职务犯罪作为一项重点来抓。省检察院向省委递交了《关于贯彻落实全省行政执法监督工作电视电话会议精神和惩治、预防行政执法人员渎职侵权犯罪工作情况的报告》，报告了惩治和预防工作的情况，指出其中的具体问题，提出了做好预防工作的意见，被省委转发全省，要求各地结合实际，遵照落实。

（五）重点强化和规范检察建议工作，充分发挥检察建议在预防工作中的基础作用

检察建议是检察机关立足法律监督职能预防职务犯罪的基本形式。长期以来，各级检察院认真按照中央反腐败斗争要坚持标本兼治、综合治理，加大从源头上预防和治理腐败的要求，结合办案和其他执法活动，积极主动地运用检察建议强化预防职务犯罪实效，得到各级党委、政府和人大的充分肯定，受到发案单位和有关部门的高度重视。为进一步调动各级检察院运用检察建议开展预防工作的积极性，提高建议质量和工作效率，增强建议的科学性、针对性和实效性，最高人民检察院组织了全国检察机关首届预防职务犯罪优秀检察建议

---

① 韩杼滨：《最高人民检察院工作报告》，2002 年 3 月 11 日在第九届全国人民代表大会第五次会议上。

评选活动。优秀检察建议评选活动从 2002 年 5 月开始，历时半年。为了保证评选活动公开、公平、公正，体现出专业性和权威性，优秀检察建议评选委员会办公室设计了科学而严格的评选程序。各地检察机关对这次评选活动十分重视，精心组织，踊跃参加。经过各省、自治区、直辖市检察院的层层筛选，初选并上报了 187 件检察建议，评选办公室对所有检察建议进行了逐件审查，写出评审意见，供评审委员会进行评审。2002 年 11 月 26 日，由最高人民检察院有关内设机构负责人和中国人民大学、北京大学等学校特邀的知名专家学者共同组成的评审委员会经过评审，从中评选出 100 个优秀检察建议。2003 年 1 月 3 日，在第十一次全国检察工作会议上，最高人民检察院对获得全国检察机关首届预防职务犯罪优秀检察建议的单位进行了表彰，并颁发了获奖证书。

这次评出的优秀检察建议具有以下特点：表述准确，形式规范；符合法律、法规的有关规定；对问题剖析透彻、深刻，建议内容具体明确，具有较强的针对性和可操作性。这些建议基本上反映出目前检察机关开展检察建议工作的总体情况，为各地提供了模本，起到了很好的示范作用。例如，湖南省郴州市检察院向湘南烟草公司提出的"改革烟叶收购方式"的检察建议在全省得到了推广，并产生可观的经济效果。北京市检察院第二分院结合办理操纵证券价格案件提出"规范证券市场操作规程"的建议，发放到相关的 126 家证券营业部，受到中国证监会的重视。河北省黄骅市检察院针对全市机构改革中易发生职务犯罪问题对市委提出了"在机构改革期间防范七种职务犯罪"的检察建议，被省委转发。南京市检察院对金陵药业股份有限公司的检察建议不仅预防了职务犯罪，而且促进了企业经济的顺利发展。河南省灵宝市检察院针对尹庄镇群体上访问事件中暴露出来的理财和决策中的问题，对尹庄镇党委、政府提出预防职务犯罪的建议，有力地保护了农民的利益，维护了农村稳定。地处长江三峡的三峡坝区检察院针对三峡工程开始建设中的问题及时提出检察建议，有力规范了建筑和管理秩序。四川省检察院通过对省交通厅主要领导贪污、受贿犯罪的深刻剖析，有针对性地提出防范建议，探索出在西部大开发重点工程中预防职务犯罪的新路子，得到了地方党政领导的充分肯定。

（六）不断加强预防职务犯罪的机构建设与队伍建设

为保证预防职务犯罪工作的长远发展，最高人民检察院职务犯罪预防厅不断加强预防工作机构建设和队伍建设。截至 2003 年 4 月，全国省级检察院已全部设立了预防机构，345 个市（分、州）院和 1730 个基层检察院设置了预防机构，2707 个检察院成立了院内的预防工作领导协调组织，全国检察机关共有专职预防干部 5370 人。① 各地检察机关在深入开展预防工作的同时，不断提高预防工作的规范化和制度化水平。一些地方检察院从当地实际出发制定了预防职务犯罪工作条例或实施细则，还有一些地方制定了开展专项预防、个案预防以及规范检察建议的具体办法。

　　各地检察机关建立起预防专门机构、选调一大批干部从事预防工作之后，干部培训成为一项紧要任务。2001 年 8 月 21 日至 30 日，最高人民检察院职务犯罪预防厅与清华大学公共管理学院在北京举办全国检察机关预防职务犯罪高级培训班。全国各省、自治区、直辖市检察院和部分大城市检察院预防部门负责人 100 多人参加了培训。由清华大学、北京大学、国家行政学院、世界银行的专家教授，最高人民检察院、中纪委、人事部、财政部、中国人民银行等有关部门的负责人为学员系统讲授了"源头上治理和预防职务犯罪理论"、"公共权力运作与政务公开、监督"、"行政审批制度改革"、"财政、金融管理制度改革"、"干部人事制度改革"、"中国加入 WTO 后对政府行政管理的影响和展望"以及"关于职务犯罪预防工作的基础理论、机制建设、措施和工作方法"等 16 个专题。

　　8 月 30 日，高级培训班毕业典礼在清华大学举行，培训班学员代表作了交流发言。最高人民检察院政治部主任王振川、清华大学党委副书记胡显章、世界银行中国代表处的代表出席了典礼。胡显章为 120 名学员颁发清华大学"培训证书"。王振川主任在讲话中指出，预防职务犯罪是一门实践性很强的社会科学，检察机关开展预防工作离不开理论的支持，要把预防职务犯罪理论研究作为预防工作的重要任务，纳入检察理论研究的整体规划，在理论研究上要有一个新的突破，逐步建立和完善有中国特色的检察机关预防职务犯罪理论体系，以理论创新推动实践创新。

　　这次培训是职务犯罪预防厅成立后举办的第一次培训，表明了最高人民检察院高起点、大思路构建面向新世纪预防职务犯罪工作机制的决心。培训由最高人民检察院职务犯罪预防厅与清华大学联合办学，借助清华大学的师资优势，提升了教学培训的质量。培训的教学主题定位较高，紧紧把握改革开放和社会发展的大局，把握时代发展的脉搏，具有很强的前瞻性。授课教师高水平的授课，对学员产生了很好的启迪。学员们普遍反映这次培训起点高、内容新、知识面广，很受教育。通过学习，学员们深刻领会了近年来党中央在关于反腐败抓源头、综合治理方面的新要求，提高了政策水平，丰富了理论知识，解决了在实际工作中遇到的许多困惑和问题，增强了预防工作能力。通过这次

----

　　① 参见《检察日报》2003 年 4 月 4 日。

培训，基本满足了各地检察机关成立预防机构、培训干部的需要。

（七）推动预防职务犯罪立法，努力实现预防工作的可持续发展

这一段时期，最高人民检察院职务犯罪预防厅还派员参与《联合国反腐败公约》的起草谈判工作。自 2001 年 7 月至 2003 年 12 月，中国政府派出各相关部门人员组成的代表团，参与《联合国反腐败公约》的起草谈判工作。职务犯罪预防厅派员代表最高人民检察院参与这项工作，立足中国国情和检察制度特色，从检察机关反腐败实践的角度，在促成加强世界各国的预防机制、反腐败合作机制和资产返还机制等方面发挥了积极作用。《联合国反腐败公约》的制定和生效实施，标志着国际社会反腐败进入联手治理腐败的新阶段。《联合国反腐败公约》强调在对腐败犯罪有效打击的基础上，坚持多学科、综合性、广领域的预防战略，不但在国际社会倡导了治理特别是有效、积极预防腐败的科学理念、策略和措施，而且设计和创新了一系列治理腐败的法律制度和合作机制，为国际社会反腐败提供了基本的法律指南和行动准则，成为国际社会治理腐败的法律基石。《联合国反腐败公约》对我国反腐败工作产生了很大的启示和推动作用，对我国刑事实体法、程序法以及反腐败的国际合作也产生了深远的影响。

为了给预防工作提供充分的法律依据，保证预防职务犯罪的可持续发展，高检院职务犯罪预防厅积极推动预防立法，组织有关省市检察院广泛调研和论证，鼓励有条件的地方检察院积极提出议案。在各地党委领导和人大支持下，预防职务犯罪的地方立法工作取得显著成绩。2001 年 5 月，江苏省无锡市提请市人大通过《无锡市预防职务犯罪条例》，2001 年 8 月 1 日正式施行。其后，湖南省人大、四川省人大、黑龙江省人大都分别通过有关预防职务犯罪工作的决议。2002 年 11 月 30 日，安徽省人大常委会通过《安徽省预防职务犯罪工作条例》，成为我国第一部省级预防职务犯罪条例。其他一些地方，如河北省邯郸市、浙江省嘉兴市、福建省厦门市人大也分别以不同形式制定了预防立法。

（八）加强对各地检察机关预防职务犯罪工作的指导，总结推广优秀预防经验

这一段时期，最高人民检察院加强了对下的指导工作。从 2001 年起，职务犯罪预防厅开始创办《预防参考》和《预防职务犯罪工作情况》，成为预防厅指导预防工作，交流工作经验，提供预防对策参考的重要载体。2001 年，最高人民检察院职务犯罪预防厅及时组织编辑了《预防职务犯罪工作手册》和《建立有中国特色的预防职务犯罪工作机制——检察机关预防职务犯罪的探索与实践》，给预防工作提供了必要的借鉴和指导。2002 年，为了便于学术

界进行比较研究，充分借鉴国外立法经验，推动我国预防职务犯罪立法，加强廉政法制建设，预防厅又编辑了《国际预防腐败犯罪法律文件选编》，其中包括 18 个国家及联合国等 11 个国际组织有关预防腐败犯罪的 49 个典型法律文件，对国际治理腐败的操作性规范进行了详细介绍。

为总结预防职务犯罪工作经验，以典型经验引路，推动预防工作深入发展，2001 年 11 月 1 日至 3 日，最高人民检察院在江苏省无锡市召开全国检察机关预防职务犯罪工作经验交流会。最高人民检察院检察长韩杼滨，副检察长赵登举、张穹出席会议，各省、自治区、直辖市人民检察院、新疆建设兵团检察院、军事检察院的检察长或主管预防工作的副检察长、预防处长参加了会议。会议专门邀请中央纪委监察部、中央政法委、中央企业工委、中央金融工委、全国人大内司委、全国人大常委会法工委等 23 个中央国家机关、部委和行业主管部门参加会议，广泛征求了对预防职务犯罪的意见。赵登举副检察长总结一年来的预防工作情况，对下一步预防工作作了部署。韩杼滨检察长作重要讲话。部分地方检察院和党委、企业介绍了共同开展预防工作的经验，建设部、国家税务总局、中国证监会、国家经贸委、海关总署等 5 部委在会上做了专题发言，介绍了各自抓预防的经验和工作部署，会议期间，最高人民检察院与 20 个部委、最高人民法院召开座谈会，共同商讨了预防工作大计。

会议认为，从 2000 年全国检察机关预防职务犯罪工作会议召开以来，各级检察机关坚决贯彻党中央关于反腐败抓源头的方针，适应反腐败斗争正在逐步从侧重遏制，转上标本兼治、加大治本力度的轨道的需要，依照《关于进一步加强预防职务犯罪工作的决定》，围绕党和国家工作大局，结合查办案件和法律监督职能，加强与有关部门的联系和配合，积极开展预防工作，得到了中央各部门和地方党委、人大、政府、政协的重视与支持，预防工作取得了新的进展。

通过大会发言和书面形式，会议全面总结了各地开展预防工作的经验，在此基础上提出了有中国特色检察机关预防职务犯罪的工作机制的基本内容，同时还明确指出预防工作仍然存在一定的不足，如领导认识不到位、工作不平衡、措施不够有力等，需要进一步予以加强。会议提出今后一个时期检察机关预防职务犯罪工作的总体思路，并确定了预防工作的三个重点：一是继续加强与金融证券等八个行业和领域的系统预防，认真落实最高人民检察院和有关主管部门联合下发的通知，确保取得实效；二是针对"严打"斗争、整顿和规范市场经济秩序中暴露出来的职务犯罪问题，协同有关部门抓好预防；三是围绕西部大开发战略的实施，推动国家重大基础设施、重大生态工程建设的专项预防。

经过两年多的努力，检察机关预防职务犯罪工作得到全面、空前和快速发展。预防工作受到普遍欢迎，各级党委、人大高度重视，政府大力支持，有关主管部门主动配合。预防工作被普遍纳入党委领导下的反腐败总体格局。预防职务犯罪工作的社会化程度显著增强，全国性预防网络体系已经形成较大规模，社会预防的大格局基本构成，社会参与的范围空前广泛。预防职务犯罪工作思路更加明确，工作重点更加突出。基本思路可以归结为："以深入调查研究职务犯罪的特点、原因和规律，科学分析预测其发展趋势为基础；以探索建立有中国特色的检察机关预防职务犯罪工作机制为主线；以促进完善体制、机制、制度和加强管理监督等治本措施为重点；以健全网络化的社会预防和落实检察环节的预防职务犯罪责任制为动力；以增强预防和减少职务犯罪的实效为根本目标"。① 预防工作坚持全面预防和重点预防相结合，紧紧围绕党和国家工作大局确定重点，在全面开展预防工作的同时，尤其关注社会热点和关系国计民生的行业领域和部门，如金融证券、海关等行业和领域等，与有关部门联手开展系统预防工作。

四、预防职务犯罪工作的稳步发展

从 2003 年起，检察机关预防职务犯罪工作开始走上规范和稳步发展时期。这段时期，贾春旺检察长对预防职务犯罪工作提出了一系列新的要求，为保证预防工作的规范、专业、深入提供了重要指导。

2003 年 4 月 2 日，贾春旺检察长在听取预防厅负责同志工作汇报时指出：② "政法部门要打击犯罪，但打击犯罪并不是最终目的。我们追求的目的是维护社会稳定，促进经济发展，保障社会公平和正义，改善和提高人民生活。并不是职务犯罪发生的越多，打击的越多就越好。当然有了职务犯罪一定要坚决惩处，但最大限度地预防和减少职务犯罪更有必要。公安机关对刑事犯罪始终坚持打防结合，检察机关对职务犯罪也要打防结合。……检察机关的预防职务犯罪工作很重要，从某种意义上讲，它是中国特色检察制度的一个具体体现。……我们要努力把这项事业做好，使其在反腐败斗争中不断发挥作用。"

就检察机关如何开展预防工作，贾春旺检察长指出："职务犯罪预防厅首先要围绕'法律监督'的职能去做预防工作；其次要围绕'犯罪'去抓预防，

---

① 参见《法制日报》2001 年 4 月 4 日。

② 最高人民检察院职务犯罪预防厅编：《预防职务犯罪工作手册》（二），中国检察出版社 2003 年版，第 197～198 页。

也就是对检察机关管辖的职务犯罪的预防，与此无关的违法违纪的预防，不属检察机关的工作范围；另外要紧紧围绕'职务'研究预防的措施和特点。比如对管干部人事工作的，要分析主要存在的问题是什么，哪些环节、岗位容易出现问题，要有针对性的防范措施。……同时要充分运用社会力量共同做好工作。"

2003年6月10日，最高人民检察院职务犯罪预防厅在全国检察机关首届预防职务犯罪优秀检察建议评选活动的基础上，编辑出版了《预防职务犯罪优秀检察建议精选》，贾春旺检察长专门为该书作了序言，在序言中阐述了检察机关预防职务犯罪工作的重要地位和作用，指出：[①] "法律监督是宪法赋予检察机关的神圣职责，结合查办案件开展预防职务犯罪工作，是检察机关强化法律监督，维护公平正义，为党和国家工作大局服务的重要内容。在反腐败综合治理工作中，检察机关担负着重要职责。治标和治本是反腐败斗争相辅相成的两个方面。治标，严惩各种腐败行为，把腐败分子的猖獗活动抑制下去，才能为反腐败治本创造前提条件；治本，从源头上预防和治理腐败现象，才能巩固和发展已经取得的成果，从根本上解决腐败问题。依法侦查和起诉职务犯罪是检察机关的一项光荣而艰巨的任务，而预防职务犯罪，则是近几年来检察机关围绕党和国家大局，从检察职能出发积极探索和开展的一项重要工作，我们一定要把这项事业做好，使其在反腐败斗争中发挥更大的作用。"

同时，他指出："检察机关在开展预防职务犯罪工作中要紧紧围绕如何发挥职能优势做文章。首先，必须立足于法律监督职能开展预防工作。要结合查办职务犯罪案件和其他法律监督工作，发现职务犯罪形成的原因、特点和规律，开展对策调研，对社会各单位预防职务犯罪提出检察建议。其次，必须针对权力运行中的问题开展预防。职务犯罪是国家工作人员利用权力实施的犯罪，结合已经查办的案件，针对具体单位的情况，提出规范权力运作，防止权力滥用的建议和意见，推动有关单位完善管理制度，建立自律机制，是预防职务犯罪的关键环节。最后，必须围绕'职务犯罪'抓预防，也就是要把对直接管辖的职务犯罪的预防作为工作重点。"

2004年12月21日，在全国检察长会议上，贾春旺检察长讲话指出：[②] "要做好职务犯罪预防工作。立足检察职能，结合办案加强对职务犯罪发案原因、特点和规律的研究，积极开展发案单位的个案预防；配合有关部门，针对

① 最高人民检察院职务犯罪预防厅编：《预防职务犯罪工作手册》（二），中国检察出版社2003年版，第199页。
② 参见《检察日报》2004年12月22日。

公共投资和公共建设项目以及案件易发多发的行业和领域，深入开展专项预防和系统预防。积极开展预防对策研究，运用检察建议推动有关单位、行业建立内控机制，运用典型案例开展预防宣传和警示教育，努力从源头上减少和预防职务犯罪的发生。"

2005 年 1 月 27 日，全国检察机关第二次预防职务犯罪工作会议在广东省汕头市召开，各省、直辖市、自治区检察院的分管副检察长和预防处长等参加会议。最高人民检察院王振川副检察长出席会议，① 总结了近年来检察机关开展预防职务犯罪工作的经验，并就推进预防工作专业化建设、提高预防职务犯罪能力的工作思路和具体措施作了重要讲话。贾春旺检察长专门致信本次会议，② 强调，各地检察机关要进一步完善预防工作机制，加强预防机构和队伍建设，不断提高预防职务犯罪的能力，为强化检察机关法律监督职能，遏制和减少职务犯罪，促进党风廉政建设和反腐败斗争作出新的更大贡献。贾春旺检察长指出，党的十六届四中全会从提高党的执政能力、巩固党的执政地位的高度出发，强调要坚持标本兼治、综合治理，惩防并举、注重预防，抓紧建立健全与社会主义市场经济体制相适应的教育、制度、监督并重的惩治和预防腐败体系。检察机关作为法律监督机关，是反腐败的重要职能部门之一，必须深刻领会、坚决贯彻党中央的决策和部署，在坚定不移地依法惩治职务犯罪的同时，努力开创预防职务犯罪工作的新局面。贾春旺检察长强调，各地要按照最高人民检察院的要求，在加强与有关部门的联系和配合，增强预防工作的主动性上下功夫；在准确把握职务犯罪的特点和规律，增强预防对策的科学性上下功夫；在深入重点部位、落实预防措施，增强预防工作的实效性上下功夫，为强化检察机关法律监督职能，遏制和减少职务犯罪，促进党风廉政建设和反腐败斗争作出新的更大贡献。

2009 年 5 月 25 日，全国检察机关第三次预防职务犯罪工作会议在北京召开。曹建明检察长围绕检察机关预防职务犯罪的职能定位作了重要讲话，明确提出了"三个更高"的要求。他指出，③ 检察机关预防职务犯罪工作，是反腐败斗争的重要组成部分。加强和改进预防职务犯罪工作，是检察机关深入贯彻落实党的十七大精神，扎实推进惩治和预防腐败体系建设的必然要求；是顺应人民期待、坚持执法为民的必然要求；是保障和促进经济社会科学发展的必然要求；是实现检察工作自身科学发展的必然要求。各级检察机关要从深入贯彻

---

① 参见《检察日报》2005 年 1 月 28 日。
② 参见《检察日报》2005 年 1 月 28 日。
③ 参见《检察日报》2009 年 5 月 26 日。

落实科学发展观、服务党和国家工作大局的高度，充分认识新形势下加强和改进检察机关预防职务犯罪工作的重要意义，增强做好预防职务犯罪工作的责任感和紧迫感。检察机关预防职务犯罪工作，是党和国家反腐倡廉建设总体格局的重要方面，是惩治和预防腐败体系的重要组成部分，是检察机关惩治职务犯罪工作的必然延伸。其基本职责是：立足检察职能，结合执法办案，分析职务犯罪原因及其规律，提出预防职务犯罪的对策和措施，促进从源头上遏制和减少职务犯罪。各级检察机关必须准确把握和始终坚持预防工作的职能定位，努力从更高起点、更高层次、更高水平上推动检察机关预防职务犯罪工作健康发展。

这段时期的检察机关开展了以下具有较大影响的预防职务犯罪工作：

（一）积极推行行贿犯罪档案查询工作

从 2002 年起，检察机关开始探索建立行贿犯罪档案查询系统。浙江省宁波市北仑区人民检察院率先实行行贿犯罪"黑名单"制度，向招标单位提供"诚信咨询"服务，让行贿的建筑商为其行贿行为承担必要的违法成本或付出适当的代价，以控制贿赂犯罪源头，减少建筑工程领域受贿行为的发生。这一做法因其在防范贿赂犯罪的特殊功效而受到上级检察机关的充分肯定和大力推广。2004 年 4 月 15 日，最高人民检察院与建设部、交通部、水利部等联合下发《关于在工程建设领域开展行贿犯罪档案查询试点工作的通知》，确定在江苏、浙江、重庆、四川、广西五个省市区开展行贿犯罪档案查询试点工作，要求根据行贿犯罪档案查询工作任务的需要，进一步探索和创新行贿犯罪档案查询工作的具体内容、方式方法、工作流程和工作制度，完善行贿犯罪档案查询的工作措施，推进工作的规范化建设，为全面开展行贿犯罪档案查询工作积累经验。

2005 年 6 月，最高人民检察院对行贿犯罪档案查询试点工作进行了阶段性总结，11 月 1 日，在北京召开全国检察机关建立行贿犯罪档案查询系统工作会议，提出全国检察机关要建立行贿犯罪档案查询系统，2006 年 1 月 1 日统一对外开展查询。2006 年 1 月 1 日，全国检察机关普遍运用行贿犯罪档案查询系统，并正式接受社会对行贿犯罪档案进行查询，行贿犯罪档案查询工作全面开展起来。2006 年 3 月，最高人民检察院在深入调研分析、充分论证的基础上，制定下发了《关于行贿犯罪档案查询工作暂行规定》，对行贿犯罪档案查询系统建立的目的，行贿犯罪档案查询系统的负责部门、录入范围、录入内容、申请查询、结果告知时限、告知内容、结果复核、处置情况登记、纪律规定作出了全面规定，基本上确立了行贿犯罪档案查询制度。

2006 年 5 月，最高人民检察院又会同教育部、建设部、交通部、水利部、卫生部、药监局、银监会、证监会、保督会等有关职能部门共同座谈磋商，达成一致，形成《行贿犯罪档案查询工作座谈会纪要》，明确各自的工作任务和职责，要求相关的行业加强联系，做好配合，充分利用查询系统净化商业交易行为，促进廉政建设。2009年6月，最高人民检察院经研究后进行了修改，取消了最初的查询范围限制，由建设、金融、医药卫生、教育、政府采购等五个领域扩大到所有领域，同时对行贿犯罪档案查询软件进行了升级，并在全国进行推广和应用。2009年6月10日，最高人民检察院印发了《关于行贿犯罪档案查询工作规定》，将行贿犯罪档案查询的范围进行调整，取消了原来的五个领域的限定，《关于行贿犯罪档案查询工作暂行规定》废止。

（二）制定《人民检察院预防职务犯罪工作规则（试行）》

为了更好地适应形势的需要，进一步规范和推动预防职务犯罪工作，最高人民检察院制定了《人民检察院预防职务犯罪工作规则（试行）》（以下简称《工作规则（试行）》），经2007年2月27日最高人民检察院第十届检察委员会第72次会议通过施行。《工作规则（试行）》共30条，对人民检察院预防职务犯罪工作的原则、机构设置、职责、预防工作的具体实施、管理和工作纪律等作了明确规定。规则的施行，从整体上把预防工作纳入了规范有序发展的轨道，为预防工作深化发展提供了制度保障。

根据《工作规则（试行）》，人民检察院在党委统一领导的职务犯罪综合防治工作格局中，按照标本兼治、综合治理、惩防并举、注重预防的反腐倡廉战略方针，立足检察职能，积极配合、协助有关部门开展职务犯罪预防工作。人民检察院应当建立、完善与纪检监察、审计等职能部门的工作联系制度。人民检察院预防职务犯罪部门的主要职责有八项，即研究、制定预防职务犯罪工作计划、规定；组织、协调和指导预防职务犯罪工作，总结、推广预防职务犯罪经验、方法；分析研究典型职务犯罪产生的原因，向发案单位提出改进、防范建议；分析职务犯罪的特点、规律，提出预防职务犯罪的研究报告和对策建议；开展预防咨询和警示宣传教育；发现和处置预防工作中发现的职务犯罪线索；管理行贿犯罪档案查询系统，受理社会查询；承办其他预防职务犯罪工作事项。

《工作规则（试行）》明确了人民检察院应当开展以下七项主要业务工作：

1. 建立预防职务犯罪信息库。即收集典型、重大职务犯罪个案或者类案资料；与工作相关的社会公共信息；区域、行业、部门职务犯罪状况及防控职务犯罪的规定和做法；境外、国外相关信息、动态；其他与发现、控制职务犯罪有关的信息。

2. 预防调查。即围绕可能引发职务犯罪的隐患、非规范职务行为，以及职务犯罪衍化的宏观和微观因素开展预防调查。预防调查可以单独或者联合有关部门、单位进行。上级人民检察院预防职务犯罪部门可以定期提出专题调查要求，组织下级人民检察院预防职务犯罪部门开展调查。在预防调查中应当注意发现并依照规定做好职务犯罪线索移送等工作。预防调查结束后应当提交调查报告，并依据调查结果提出和制订预防措施。

3. 犯罪分析。即定期对职务犯罪发案情况和典型案例进行分析。查明个案原因、症结，把握类案特点、规律，研究区域、行业职务犯罪状况，了解变化趋势。开展犯罪分析，应当查阅有关案件卷宗、档案，向有关单位、人员了解情况，旁听案件的法庭审理，必要时，可以邀请有关专家和专业人员参与。人民检察院预防职务犯罪部门应当就犯罪分析结果提出书面报告并向侦查部门通报。对犯罪分析中发现的重大问题，应当及时向检察长报告并提出工作建议。

4. 检察建议。即针对以下情形，提出预防职务犯罪建议：已经发生职务犯罪，需要在制度、机制和管理方面改进完善，防止职务犯罪重发、继发的；已经发生职务违法，可能引发犯罪，应予制止、纠正的；存在引发职务犯罪隐患，需要防范、消除的；职务犯罪具有行业、区域性特点，需要有关部门进行综合防治的；其他需要提出建议的情形。预防职务犯罪建议应当包括以下内容：职务犯罪发生的原因、特点；应当消除的隐患和违法现象；治理防范的意见。预防部门应当在预防职务犯罪建议送达后 15 日内，主动了解落实情况，并做好记录；在收到有关部门、单位反馈情况后 15 日内，进行实效评估，并向其上级单位或者主管部门通报情况。

5. 预防咨询。即为部门、单位或者公职人员提供预防咨询。可以应要求为有关部门、单位所制定的规范性文件提出意见。预防咨询应当做好以下准备：明确涉及咨询事项的法律、法规和政策规定；了解咨询对象的主要工作职责；了解咨询对象制定、实施的内部管理制度和业务流程；了解咨询对象面临的职务犯罪风险和隐患。对一般咨询的回复，由部门负责人审核；对有关单位、部门的重大咨询的回复，应当报经分管检察长审批。

6. 预防警示教育与宣传。即运用预防调查和犯罪分析的成果，适时在一定区域、行业、单位开展警示教育和预防宣传。警示教育可以组织专人专题宣讲。预防宣传可以运用新闻媒体、文化载体和网络媒体等形式开展，主要宣讲职务犯罪的危害、惩治和预防职务犯罪的法律、政策、措施和成效，增强公职人员抵御职务犯罪的意识、能力，提高公众同职务犯罪作斗争的积极性。

7. 行贿犯罪档案查询。即依照规定，管理行贿犯罪档案查询系统，受理查询。并运用系统信息，定期分析贿赂犯罪状况，提出书面报告。行贿犯罪档案查询工作的文书、印章的样式和规格，由最高人民检察院规定。

《工作规则（试行）》明确规定预防职务犯罪工作实行主办责任制。主办检察官承办的事项应当经部门负责人审核；对重大事项，应当报经分管检察长审批，并在规定的期限内办理。主办检察官对办理完毕的事项，应当向部门负责人报告；对重大事项，应当向分管检察长报告。

《工作规则（试行）》还明确规定了预防工作纪律，要求预防工作人员履行职责，严格遵守检察工作纪律和检察人员行为准则。凡是干预有关行业和单位的正常管理活动的；干预市场主体合法的经营活动的；为单位或者个人谋取私利的；隐瞒、包庇违法犯罪行为的；私自办埋案件或者干预办案的；泄露案情或者其他国家秘密、商业秘密、个人隐私的；违反检察工作纪律和检察人员行为准则的其他行为，都应当依照《检察人员纪律处分条例（试行）》等有关规定予以处分，构成犯罪的，依法追究其刑事责任。

（三）举办全国检察机关惩治与预防职务犯罪展览

为了昭示和宣传党和国家反腐倡廉的坚定决心、重大举措，展示检察机关强化法律监督职能、惩治与预防职务犯罪的主要成效，教育广大公职人员，增强各界群众关心反腐败的信心和支持反腐败工作的动力，2007年8月29日至9月13日，最高人民检察院在中国人民革命军事博物馆举办了为期16天的全国检察机关惩治与预防职务犯罪展览。据介绍，① 本次展览展厅面积3300平方米，展线400米。共计有文字约5.5万字、图片470余张、案例73个、预防实例14个。展览全部采用先进的灯箱形式，设置了实物展区和电视警示教育DVD专区，还配置了触摸屏。展览主要包括五个部分：一是反腐倡廉，英明决策。主要展示党的反腐历程、党的领导人的重要论述、党和国家反腐败方针政策。二是惩腐肃贪，执法为民。主要展示2003年以来全国检察机关正确贯彻党中央关于反腐败斗争的总体部署，突出重点、完善机制、强化措施，集中力量惩治职务犯罪的成效。三是以案为戒，警钟长鸣。通过对重大典型案例的直观、深入剖析，揭示腐败犯罪的诱因、危害，提出引以为戒。四是加强预防，消除隐患。集中展示检察机关立足职能，深入开展预防职务犯罪工作的实效，表明专业化的预防大有可为、大有作为。五是履行职责，任重道远。主要介绍检察机关工作性质、职责和主要目标、措施。

2007年8月29日，吴官正、罗干和何勇、周永康、肖扬、贾春旺等领导出席了开展仪式。中直工委、中央国家机关工委、中央政法各部门的主要领导以及教育部、国土资源部、建设部等十七个部委的主要领导及最高人民检察院

---

① 《中国检察年鉴》（2008），中国检察出版社2009年版，第285页。

在京的领导参加了开展仪式。吴官正和何勇同志对展览给予高度评价，并作了重要指示，安排中纪委发文组织各有关部委干部群众前来参观，并指示《中国纪检监察报》作了连续头版专题报道，进而引起社会各界的高度重视和关注。周永康同志还对"展览专报"作出批示："展览受到了社会各界和广大群众的欢迎，对干部是一次深刻的教育，结束以后进行总结，把人民群众和各级干部观后的反映、愿望汇总编集，这是一本教材。"

各有关部委和单位纷纷组织参观。专设的四部问询电话全部成为热线，应接不暇，展览门票一度告罄。据不完全统计，此间共有 1600 余个部委、行业和部门、单位组织了集体参观，大多由主要领导亲自带队。近 30 名省部级领导干部和数十名大型国企领导带队参观了展览。以国家公务员为主体的 12 万人参观了展览，涉及公共权力机关、公益事业部门和公共服务行业以及各省、市、自治区。天津、河北、内蒙古、山西等周边地区也踊跃参观。直到闭展前夕仍电话不断，要求延期展览。

来自美国、英国、德国、法国、意大利、荷兰、瑞士、日本、韩国、澳大利亚、斯洛文尼亚、乌兹别克斯坦、马来西亚、委内瑞拉、以色列等 15 个国家的外宾 80 余人参观了展览。

国内各类媒体对展览作了全面、系统的报道。据统计，先后有境内外主流媒体 13 家前往现场采访报道，对引导舆论、扩大影响发挥了积极作用。其中，英国 BBC、美国之音等国外媒体派人做了现场采访和报道，也持积极肯定的态度。

本次展览是在中央颁布《建立健全教育、制度、监督并重的惩治和预防职务犯罪体系实施纲要》两年之后，在党的十七大即将召开之前举办的，具有重要的政治意义、历史意义和现实意义。通过展览集中宣传党中央的反腐决策、重大部署和主要成效，集中展示检察机关惩治与预防职务犯罪的成果，效果之好超过预期。从观众留言和问卷调查结果看，展览使得群众对反腐败满怀信心，对预防腐败犯罪寄予殷切期待，对充分发挥检察机关职能作用寄予厚望。

这次展览的突出特点是：首次增加了渎职侵权犯罪内容；更全面理清、系统阐明检察机关的职能作用和惩治犯罪的措施；首次展出检察机关结合执法办案开展预防工作的思路、模式和成效；将抽象的预防内容以生动、直观的形式展示给观众。其中预防实例、各有关部委加强内控的做法都给观众留下了深刻印象，发挥了传播预防理念、传递预防经验的作用。

五、预防职务犯罪工作的创新发展

从 2010 年起，检察机关预防职务犯罪工作进入一个创新发展时期。

2010 年 7 月 13 日，全国检察机关查办和预防职务犯罪工作会议召开，首次将预防职务犯罪工作会议与查办职务犯罪工作会议一同召开，实现了预防职务犯罪工作与查办职务犯罪工作同研究，同部署。这次会议实现了新的历史时期预防工作重点的战略性转移，决定把推进惩防腐败体系建设和社会管理创新作为目标任务和重点工作，并明确了基本的工作思路。曹建明检察长强调，[①]做好新形势下的查办和预防职务犯罪工作，最根本的是必须以科学发展观为指导，在更好服务经济社会科学发展、更好推动自身工作科学发展上下功夫。他要求各级检察机关全面贯彻落实中央关于推进反腐倡廉建设和三项重点工作的重大决策部署，全面加强和改进查办和预防职务犯罪工作，为深入推进党风廉政建设和反腐败斗争，为推动科学发展、促进社会和谐作出新的更大贡献。为此，他指出，要始终把服务经济社会科学发展作为查办和预防职务犯罪工作的出发点和落脚点。要切实把查办和预防职务犯罪工作纳入深入推进三项重点工作的总体格局。要从深入推进三项重点工作出发，准确把握查办和预防职务犯罪面临的新要求，有针对性地加大工作力度、改进办案方式、完善执法机制，更好地把查办和预防职务犯罪同解决影响社会和谐稳定的源头性、根本性、基础性问题结合起来。要着眼于促进社会管理创新，依法查办发生在社会管理活动中的职务犯罪；围绕公正廉洁执法，严肃查办执法不严、司法不公背后的职务犯罪，切实解决人民群众反映强烈的执法不严、司法不公问题。要更加充分地发挥职务犯罪预防在推进惩防腐败体系建设和社会管理创新中的作用，针对执法办案中发现的社会管理问题及时提出检察建议，推动完善社会管理体系，促进提高社会管理水平。

在这次会议上，邱学强副检察长指出：[②] 要从职务犯罪侦查预防工作的历史经验与根本走向上深刻理解和准确把握，既要坚持用好职务犯罪侦查预防实践中形成的宝贵历史经验，更要承前启后、继往开来，站在新的起点上继续开拓创新，使职务犯罪侦查预防工作更好地体现时代性，把握规律性，富于创造性。要从职务犯罪侦查预防工作的历史机遇与根本走向上深刻理解和准确把握，倍加珍惜学习实践科学发展观这个重大历史机遇，牢牢把握科学发展观中的"科学"二字，切实增强战略思维、创新思维、辩证思维，自觉运用学习

---

① 参见《检察日报》2010 年 7 月 14 日。
② 参见《检察日报》2010 年 7 月 16 日。

实践科学发展观的认识成果、实践成果和制度成果解决工作中的矛盾和问题，努力做到主观与客观的统一、理论与实践的统一、知与行的统一，推动侦查预防工作和队伍建设全面健康协调发展。要从职务犯罪侦查预防工作的精神状态与根本走向上深刻理解和准确把握，振奋精神、迎难而上，紧紧抓住实事求是这一党的思想路线的精髓，进一步解放思想、更新观念，辩证清醒地看待以往的历史成就和历史经验，辩证清醒地看待当前正在实行的一些政策和措施，防止把历史经验和历史成就神圣化、简单化和绝对化，防止在破除旧的束缚的同时发生新的思想僵化、坠入新的思维定式，努力推动从深层次上实现理念、机制、方法、职能、作风等方面的变革，促进执法能力、执法水平和执法公信力都有一个质的提高，不断把职务犯罪侦查预防工作推向前进。

面对新的时期经济社会科学发展、社会和谐稳定和反腐倡廉、政法工作的新形势，检察机关预防职务犯罪工作以科学发展观为指导，着眼经济社会文化科学发展、反腐倡廉、社会管理创新、和谐稳定全局，及时调整工作思路和重点，树立强烈的大局意识、忧患意识和责任意识，以预防工作要为党和国家谋大事、干大事、能干事、干成事的勇气和精神，果敢担当，以推进惩防腐败体系建设和社会管理创新作为更新更高的目标任务和重点工作，努力实现新时期预防工作的创新发展。通过深入研究职务犯罪多发易发的体制性原因和机制上的漏洞，以及政策、法律、制度和社会管理层面存在的突出问题，寻求解决源头性、根本性、基础性问题的办法，提出惩治和预防职务犯罪的体制机制改革、政策调整、制度健全、法律完善的对策建议，促进经济社会科学发展，促进社会和谐稳定。[①]

根据全国检察机关查办和预防职务犯罪工作会议的精神和要求，决定从2010年7月至2011年12月，全国检察机关将集中开展以"预防工程建设领域职务犯罪，推进社会管理创新"为主题的专项预防工作，针对工程建设领域的突出问题，发挥预防职务犯罪职能作用，积极推进惩防腐败体系建设和三项重点工作。同时，建立"职务犯罪发生情况、发展趋势和预防对策综合报告"制度，各级检察院都要在加强检察建议工作的基础上，每年年底把职务犯罪的发案情况、特点规律、原因和发展变化趋势，以及制度上、管理上、体制机制上存在的缺陷、漏洞作出分析，提出有针对性的惩治措施和预防对策，形成《年度职务犯罪发生情况、发展趋势和预防对策综合报告》，提交党委、人大和政府作出决策参考，在党委领导下加强预防职务犯罪工作，推动全党全

① 宋寒松：《新时期预防职务犯罪工作的创新发展》，载《检察日报》2011年8月24日。

社会预防腐败工作。开展工程建设领域专项预防工作和建立预防职务犯罪年度报告制度成为检察机关在新时期下，推进惩防腐败体系建设和社会管理创新的两项重要举措，成为带动整个预防工作深化发展的龙头。

全国检察机关侦查和预防职务犯罪工作会议对工程建设领域专项预防工作作出部署之后，各地检察机关纷纷结合本地实际，研究制订专项预防工作实施方案，采取各项有力措施，积极开展专项工作。据统计，截至 2010 年 10 月，全国各级检察机关共在 15013 个工程建设项目中开展职务犯罪预防工作。其中，国家级工程项目 1667 个，省级工程项目 2930 个，省级以下工程项目 10416 个，通过预防，发现不符合资质要求的单位 1343 个。① 各地检察机关在专项预防工作中，根据本地情况，有针对性地采取措施。浙江省检察机关以"项目安全、项目廉洁"为切入点，实现了"三个千亿"工程建设中的 29 个百亿项目预防工作全覆盖。北京市检察机关整合全市预防资源，统分结合，统筹协调，共同开展拆迁领域预防职务犯罪专项工作，提出了拆迁领域职务犯罪风险防控对策。四川省检察机关在全省 50 个重大项目建设和灾后重建中开展预防等。各级检察机关还针对多发、易发行业、部门、单位积极提出预防建议和预防咨询，取得了良好效果。

2011 年，检察机关积极配合中央部署的工程建设领域突出问题专项治理，继续深入推进工程建设专项预防，及时推广了工程预防信息共享机制、专家咨询预防机制、招投标动态监控等预防措施，涌现出了"武汉江岸：打造一座座廉政桥梁"、"浙江：三个千亿"等一批先进典型。2011 年 10 月 8 日，最高人民检察院还与国务院南水北调办联合下发了《关于在南水北调工程建设中共同做好专项惩治和预防职务犯罪工作的通知》，由最高人民检察院职务犯罪预防厅与南水北调办纪委共同牵头，工程建设所在地区检察院通力合作，区域联动，积极开展专项预防工作，保障南水北调工程廉洁高效顺利实施。11 月 29 日，中共中央政治局常委、国务院副总理李克强同志作出重要批示："此事办得好。应抓好落实，并及时总结经验，完善制度。"

与此同时，各地检察机关积极探索开展预防职务犯罪年度报告工作。为抓好和推动各地能够高质量地完成预防职务犯罪年度综合报告，2010 年 12 月 1 日，最高人民检察院在湖北咸宁召开了全国检察机关职务犯罪预防年度综合报告制度高级研讨班，有关部门、党政领导、专家学者等代表就如何起草年度综合报告作了较为充分深入的研讨，对建立年度报告制度的重要性的认识更为明确深刻，对年度综合报告的体系、结构和主要内容、特点，年度综合报告有效

---

① 参见《检察日报》2010 年 12 月 9 日。

应用的途径、方式，年度综合报告形成方法和过程，进行了有益的探讨，取得了一定的共识。

　　2011 年 1 月 10 日，浙江省检察院向省委报送了《2009 至 2010 年度我省职务犯罪发生情况、发展趋势和预防对策综合报告》，从案件总体走势、区域分布、罪名分布、行业分布、群体分布等方面对全省查办职务犯罪案件的情况作了综合分析，重点对 2009 年以来该省查办案件较多的七个行业（系统）特点进行了系统归纳，对今后一段时期全省职务犯罪发展趋势作了预测，并提出了防治对策。这是全国第一份省级检察院预防职务犯罪年度综合报告。到 2011 年上半年，浙江省已有 64 个检察院完成了预防职务犯罪年度报告，其中有 13 份报告获得当地党委主要领导的批示。① 据透露，截至 12 月中旬，已有 30 个省级院、282 个市级院、1560 个基层院完成了年度报告，受到党委、人大、政府等有关领导高度重视，分别得到 28 位省级领导、110 位市级领导、475 位县级领导的批示。② 有关领导在批示中对年度报告分析预测有理有据、对策切实可行等方面给予高度评价，要求各部门更加重视和支持职务犯罪预防工作，以年度报告为廉政教育和警示教育教材，加强组织学习，深刻对照检查，切实采取措施，解决当前各领域、各部门、各环节的突出问题，完善防控机制建设，切实从源头遏制和减少职务犯罪发生。各地检察机关正在积极采取措施，按照领导批示要求，对照年度报告提出的对策建议深入贯彻落实。

　　为了全面规范年度报告工作，2011 年 12 月 1 日，最高人民检察院下发了《关于实行惩治和预防职务犯罪年度报告制度的意见》，对实行惩治和预防职务犯罪年度报告制度的指导思想、总体要求、主要内容、工作程序、落实与运用等作了明确规定，主要规定了五个方面的内容：一是明确了为促进惩治和预防腐败体系建设、加强和创新社会管理作出积极贡献，是实行年度报告制度的任务目标；二是规定了各级检察机关每年都要撰写并呈报年度报告，并在各级人民代表大会召开之前呈送；三是以列举形式对年度报告的内容作出了明确规定，同时指出撰写年度报告可以根据本地实际情况，每年各有侧重，既可以报告案件情况，又可以报告检察机关开展惩治和预防职务犯罪工作的情况、推动惩防腐败体系建设的意见和建议、落实惩治和预防工作的措施办法等；四是明确了年度报告的形式，提出了对专项工作和解决突出问题的特例，既可根据形势和工作需要，及时提出类案、行业、领域职务犯罪情况以及检察机关开展专项工作情况等专项报告，也可以总结一个时期的惩治和预防职务犯罪工作情况

---

① 参见《检察日报》2011 年 10 月 18 日。
② 参见《检察日报》2011 年 12 月 16 日。

呈报多年度报告；五是明确要求各级检察院特别是上级检察院要对下级检察院年度报告的撰写、运用和效能发挥等情况开展综合评估。

以"预防工程建设领域职务犯罪，推进社会管理创新"为主题的专项预防工作和建立、推行"职务犯罪发生情况、发展趋势和预防对策综合报告"制度成为一个强有力的引擎和龙头，有力地带动了整个检察机关预防职务犯罪工作全面、深化、创新发展，主要体现在以下方面：

（一）创新工作机制，进一步夯实社会化预防工作的基础

从检察机关内部，积极推进职务犯罪侦查和预防工作一体化机制建设，努力形成侦查与预防的整体合力。2010年7月29日，最高人民检察院在充分调研和讨论的基础上，制定下发了《关于推进职务犯罪侦查和预防一体化工作机制建设的指导意见（试行）》，要求加强预防与侦查部门工作联系、信息交流和相互配合，建立侦查部门和预防部门之间的领导协调机制、分工协作机制、信息交流机制、预防介入机制、线索发现和处置机制、承办督办机制等六个方面的机制。通过建立健全侦查与预防一体化工作机制，各地检察机关解决了预防与侦查"两张皮"、相互脱节、信息不通畅等问题，大大提高了工作的针对性和效率。

从检察机关外部，进一步健全完善社会预防工作机制。据统计，① 截至2011年3月，全国已有上海、山西、内蒙古、辽宁、黑龙江、江苏、浙江、安徽、江西、河南、湖南、贵州、西藏、陕西、甘肃、新疆等16个省份及327个地（市）、2509个县（区）建立了党委领导的预防职务犯罪领导机构，在促进源头防治、推广预防成果、形成预防合力、推进惩治和预防腐败体系建设中发挥了重要作用。2011年3月16日，最高人民检察院职务犯罪预防厅根据曹建明检察长指出的"检察机关的预防职务犯罪工作是惩治和预防腐败体系的重要组成部分，必须纳入党和国家反腐倡廉建设总体格局，纳入惩治和预防腐败体系建设总体部署，按照反腐败领导体制和工作机制要求，在党委统一领导和部署下开展"，认真总结近年来各地检察机关在开展预防职务犯罪工作中主动争取党的领导、积极推动建立党委领导下的预防职务犯罪工作机制的优秀经验，下发了《关于加强和推进党委领导的预防职务犯罪工作机制建设的通知》。提出了四个方面的要求：一是加大力度，积极推动建立党委领导的预防职务犯罪工作机制。要以党委领导的预防职务犯罪工作机制为抓手，推动预防工作再上新台阶。二是充实内容，充分发挥领导机制的作用。要以党委领导

---

① 参见最高人民检察院职务犯罪预防厅：《关于加强和推进党委领导的预防职务犯罪工作机制建设的通知》。

的预防职务犯罪工作机制为平台，使其成为预防职务犯罪工作坚强有力的领导力量。三是形成合力，推动建立社会化预防格局。要以党委领导的预防职务犯罪工作机制为依托，推动、协助相关部门搞好预防工作，建立层次分明的预防职务犯罪社会化网络。四是要立足职能，扎实做好协调工作。要以党委领导的预防职务犯罪工作机制为动力，切实做好各项预防工作，以实际行动为机制建设打下坚实的基础。

2012 年 2 月 23 日，最高人民检察院召开第四次预防职务犯罪工作联席会议，邀请中央纪委、中央组织部、中央宣传部、中央政法委、中央工程治理领导小组办公室、最高人民法院、国家发展和改革委员会、科技部、民政部、财政部、人力资源和社会保障部、国土资源部、水利部、文化部、卫生部、中国人民银行、国务院国有资产监督管理委员会、国家林业局、国务院三峡工程建设委员会办公室等 46 家单位，共商预防大计。最高人民检察院通报了两年来检察机关预防职务犯罪工作情况并介绍了工作打算。各联席会议成员单位有关负责人介绍了本单位推进惩防腐败体系建设工作情况，对进一步加强配合协作，共同开展预防职务犯罪工作提出了意见和建议。

（二）创新预防工作领域，全面加强渎职侵权犯罪预防工作

针对近年来渎职侵权犯罪不断被揭露，对经济社会发展、社会和谐稳定和群众切身权益构成严重威胁和危害，而预防工作相对薄弱的现实，近年来，最高人民检察院不断提高认识，开拓领域，拓展范围，不断加大渎职侵权犯罪的查办和预防工作力度。2009 年 10 月，最高人民检察院向十一届全国人大常委会第十一次会议作了《关于加强渎职侵权检察工作、促进依法行政和公正司法情况的报告》。2010 年 10 月，最高人民检察院又向全国人大作了汇报，①2009 年 11 月至 2010 年 8 月，共立案侦查渎职侵权犯罪案件 6375 件 8840 人，同比分别增加 6% 和 10.6%，其中重特大案件 3019 件，同比增加 9%；查处县处级以上国家机关工作人员 298 人，同比增加 8%；通过办案，为国家和集体挽回经济损失 11.2 亿元。各级检察机关注意从查办的渎职侵权犯罪案件入手，帮助发案单位开展警示教育，完善制度，堵塞漏洞。共提出预防渎职侵权犯罪的检察建议 10650 件，向有关单位提供预防咨询 20434 次，对国家机关工作人员进行警示教育 248 万余人次。2010 年 12 月，中央办公厅转发了最高人民检察院与中央纪委等九部门联合制定的《关于加大惩治和预防渎职侵权违法犯罪工作力度的若干意见》（以下简称《若干意见》），对检察机关加大惩治和预

---

① 曹建明：《关于改进渎职侵权检察工作情况的报告》，2010 年 10 月 27 日在第十一届全国人民代表大会常务委员会第十七次会议上。

防渎职侵权犯罪力度作出全面部署，强调在严肃查办的同时，加大预防工作力度，着力强化措施，突出工作重点，增强预防实效。各地检察机关深刻认识到这是对检察机关加强预防渎职侵权犯罪工作提出了新的更高要求，积极配合渎职侵权犯罪案件查处，认真分析研究渎职侵权犯罪的特点、规律，强化对行政执法和司法领域开展犯罪分析，提出具有较强针对性的预防对策。为了加强引导和指导，最高人民检察院职务犯罪预防厅在《关于加强渎职侵权职务犯罪预防工作的通知》，进一步明确要求强化措施，扎实有效推动渎职侵权犯罪预防工作，抓好六个方面：一要结合全国检察机关惩治与预防渎职侵权犯罪展览巡展，切实抓好对国家机关工作人员的警示教育。二要配合做好地方党政和农村两委换届选举工作，加强选举中的渎职侵权犯罪预防。三要加强做好司法执法人员渎职侵权犯罪的预防工作。要针对立案、侦查活动、审判、执行等关键环节，结合查办贪赃枉法、徇私舞弊等典型案件，加强剖析，积极提出监督制约的建议和措施，促进司法执法活动公开、公平、公正。四要结合开展的严肃查办危害民生民利的渎职侵权犯罪专项工作开展预防。五要结合开展的预防工程建设领域职务犯罪，推进社会管理创新专项预防活动，加强工程建设领域渎职侵权犯罪的防范。六要积极发现移送渎职侵权犯罪线索，促进案件查办。

2011 年 4 月，针对 2011 年以来新闻媒体相继曝光"瘦肉精"、"毒奶粉"、"牛肉膏"、"染色馒头"等一批严重危害食品安全事件，引起党和国家高度重视、社会各界的广泛关注的实际情况，最高人民检察院部署开展严肃查办危害民生民利渎职犯罪专项工作，同时组织预防部门在食品安全监管环节集中开展预防工作。要求各级检察机关加强与农业、卫生、商务、质检等行业主管、监管部门和纪检监察、公安、法院等行政执法、司法机关的联系沟通，通过召开联席会、座谈会、研讨会、案例剖析会等形式，加强情况通报、信息共享。开展食品安全监管环节专项预防调查，全面排查食品安全监管环节职务犯罪风险点和风险环节，紧密结合查处的典型案件开展同步预防，做到一案一预防、一案一剖析，深入分析管理层面存在的漏洞，提出完善内部管理的检察建议和预防对策，促使有关部门有效整改，健全完善食品安全监管部门廉政风险防范制度。要求切实抓好法制宣传和警示教育，进一步增强监管工作人员的法制意识、责任意识。深入查找深层次原因，推进食品安全管理制度创新，及时向党委、人大、政府和行业主管、监管部门提出治本性防治对策和检察建议，促进源头治理。

从 2010 年开始，一些基层"两委"换届开始较早的地方检察机关，就开始了针对"两委"换届的职务犯罪预防工作，它们在严肃查办换届选举中职务犯罪的同时，积极开展预防调查、预防咨询、犯罪分析、检察建议和行贿犯罪档案查询等工作，加强对换届选举中职务犯罪行为的监督，突出解决破坏选举的苗头性问题，产生了良好的效果。2011 年 5 月 25 日，最高人民检察院在海口召开了"服务和保障换届选举专题预防工作座谈会"，① 中组部干部监督局局长贺家铁参加会议并讲话，开展专题预防工作作出部署。会议认为，从历史经验和当前换届选举中暴露出的问题看，这一时期跑官要官、买官卖官、拉票贿选、破坏选举等职务犯罪时有发生，这些行为给党和政府形象造成严重损害，因此，检察机关必须积极主动发挥职能作用，严厉查办和有效防治一切影响和破坏换届选举的职务犯罪。加强对国家工作人员在换届选举中职务犯罪行为的监督，严防买官贿选、"带病参选"。会议要求各级检察机关将专题预防贯穿于换届选举的全过程，协助党委维护好换届选举工作秩序，防止买官贿选、破坏选举行为的发生，防止"带病参选"、"带病提拔"、"带病上岗"。同时深入分析换届选举中职务犯罪发生的原因、特点、规律，积极研究防治对策。

（三）创新预防宣传和警示教育的思路、模式、途径、方式和方法，带动预防宣传和警示教育工作大发展、大繁荣

2010 年 9 月 13 日至 27 日，最高人民检察院在中国人民革命军事博物馆举办了全国检察机关惩治和预防渎职侵权犯罪展览。这是新中国成立以来第一次举办以惩治和预防渎职侵权犯罪为主要内容的全国性展览。展览集中展示了近年来检察机关反渎职侵权工作成果、举措，生动揭示渎职侵权犯罪严重的社会危害性，警示、教育国家机关工作人员必须牢记全心全意为人民服务宗旨，恪尽职守，勤政廉政，鼓励全社会参与和支持反渎职侵权工作，推动经济社会又好又快发展。据报道，② 15 天的展期里，来自中央国家机关和北京市直机关等近 1000 家单位的约 10 万人到场参观。近 40 名省部级干部和数十名国有大型企业领导同志参观了展览。展览引起了社会广泛关注和强烈反响，人民日报、新华社、中央人民广播电台、中央电视台等十余家新闻媒体对此予以详尽报道。9 月 26 日，吴邦国、贺国强、周永康、张德江等中央领导同志，来到展览现场参观并作出重要指示。

据介绍，本次展览具备首次性、权威性、思想性、形式多样性、语言的亲和通俗性和组织的针对性等 6 个特点。据了解，本次展览选用的 62 个案例，都是近年来检察机关查办的在全国有重大影响的案例，其展出 800 余幅图片，

---

① 参见《法制日报》2011 年 5 月 25 日。
② 参见《检察日报》2010 年 9 月 30 日。

20 余部视频影像资料，229 块展板，其中，有不少图片资料属于第一次展出。展览有三大亮点：一是手触翻页感应屏就是一本大号的电子书，借助投影手掌在空中感应，来回翻看，反渎职侵权工作的一些专业术语和概念一目了然；二是实景展示，失职渎职引发的灾害、灾难现场，触目惊心，逼真还原现场，能给观众留下直观、深刻的印象；三是在展区里以动漫短片、漫画图示，形象、立体、通俗地展示了渎职犯罪的表现形式和危害。

　　展览结束后，最高人民检察院又部署在全国范围内进行全国检察机关惩治和预防渎职侵权犯罪展览巡展："法治与责任——全国检察机关惩治和预防渎职侵权犯罪展览。"职务犯罪预防厅及时作出安排，召开了全国检察机关惩治和预防渎职侵权犯罪展览巡展工作调度会，进行了全面部署。全国检察机关各级预防部门正按照最高人民检察院党组的部署和要求，以极大的热情，投入各地的巡展工作。据报道，① 这场由最高人民检察院主办，各地检察机关承办的以"法治与责任"为主题的惩治和预防渎职侵权犯罪展览巡展，从 2010 年 12 月开始，历时近 1 年，在全国 4 个直辖市，22 个省会城市，5 个自治区首府城市，336 个地、市、州以及新疆生产建设兵团和所辖各师驻地，巡展共接待中央驻地方单位、地方各级党政机关、国有企事业单位、大专院校、部队等 55418 家机关和单位的 216 万余名工作人员参观，发放宣传手册和相关宣传资料 300 余万份，观众留言、题词达 3 万多条。展览力度、规模、影响和效果空前，取得了圆满成功。巡展引起各级党政领导对惩治和预防渎职侵权犯罪工作的高度关注，全国有 28 个省、自治区、直辖市党政"一把手"亲临巡展开幕式或参观展览并讲话，参观巡展的省部级领导有 1009 人，参观展览的领导均对最高人民检察院举办巡展给予充分肯定，并提出希望和要求。俞正声同志（时任上海市委书记）参观结束后指出，这个展览办得很好，要多组织公务员前来参观，对广大干部特别是各级领导干部要加强法制宣传。张高丽同志（时任天津市委书记）参观后要求全市上下居安思危，增强忧患意识，认真落实中央关于惩治和预防渎职侵权违法犯罪的重要部署，深入推进党风廉政建设和反腐败工作。为了确保参观到位，很多地方以党委、政府"两办"名义下发观展通知。江苏、山西、湖南等 20 多个省、自治区、直辖市的党委、政府办公厅专门下发参观巡展的通知，对组织参观提出具体要求。许多地方采取组织省、市、县级党政机关、各部门的主要领导一起参观，共同接受教育的形式。地方各级主要领导的重视与参与，激发了社会各界参与巡展的热情，更使地方各级党政领导干部感受到了党和国家惩治和预防渎职侵权犯罪的决心，增

---

① 参见《检察日报》2012 年 2 月 6 日。

强了对惩治和预防渎职侵权犯罪重要性和必要性的认识，有力地推动了中央《关于加大惩治和预防渎职侵权违法犯罪工作力度的若干意见》的贯彻落实。

举办全国检察机关惩治和预防渎职侵权犯罪展览有力地带动了整个预防职务犯罪宣传和警示教育工作的大发展和大繁荣。2011 年 9 月至 2012 年 2 月，最高人民检察院在全国范围内开展了为期 6 个月的"预防职务犯罪万里行"大型采访宣传活动。通过组织新闻媒体和运用各种宣传手段对检察机关惩治和预防职务犯罪工作进行全面的采访、报道、宣传、发动，广泛宣传党和国家的反腐败战略方针，彰显党和国家坚决惩治和有效预防腐败的决心和行动，展示预防职务犯罪的创新举措、有效办法和积极成效，进一步增强了反腐败必胜的信心。通过用全国联动、内外互动的方法形成规模、制造声势，通过集中推动和广泛、连续、多样、综合的活动，大规模的宣传和教育工作在全国迅速开展起来，职务犯罪预防的理念渗入到各部门、单位、领域、行业，逐步形成良好的社会氛围。

廉政公益广告作为公益宣传的一个重要方面，简便可行，富于吸引力、感染力、渗透力和影响力。检察机关预防部门把法治文化、廉政文化宣传当做一项公益事业来抓，推动社会反腐教育，大量的预防职务犯罪廉政公益广告作品陆续在电视台、网络、公共交通以及一些户外传媒平台播放。例如上海市检察机关结合本地特点，自 2011 年 7 月以来，先后策划制作了《莫让贪婪锁住你》、《天下为公》、《目光》和《权力的辩证法》等四部预防职务犯罪廉政宣传片，在预防工作座谈会上向 40 多家国家机关、大型国企、事业单位、大型项目领导和负责人播放，而且让这些宣传片"进地铁、进机场"。这些廉政公益广告在上海所有地铁站点 2979 块电子屏、地铁车厢 2 万余块电子屏以及两大国际机场候机大厅 180 块电子屏实现了"全覆盖"，并在市区商业广场巨幅电子屏上滚动播放。①

2011 年 8 月 8 日，最高人民检察院着手组织在全国检察机关公开征集廉政宣传短片，择优参加 2011 年 12 月在香港举办的为有效利用多媒体、提高公众反贪意识的国际廉政宣传短片比赛。2011 年 12 月 8 日至 9 日，国际反贪局联合会国际廉政宣传短片比赛暨研讨会在香港举行。在这次比赛中，我国内地检察机关共选送了 6 部廉政宣传短片，《莫让贪婪锁住你》和《贪婪的代价》获得优异奖，《贪婪的代价》还获得最受欢迎廉政宣传短片奖。

2012 年 2 月，最高人民检察院开始组织全国检察机关开展首届廉政宣传短片、公益广告评比活动。最高人民检察院根据《全国检察机关首届廉政宣

---

① 参见《检察日报》2012 年 1 月 10 日。

传短片、公益广告评比实施方案》，在各省级检察院组织评选和推荐的基础上，组织专家认真评审，评选出特等奖 5 个、一等奖 10 个、二等奖 20 个、三等奖 30 个、优秀奖 100 个，最佳影像奖 1 个、最具创意奖 1 个，于 2012 年 9 月对获奖作品进行了通报表彰。检察机关制作的廉政宣传短片和公益广告，尤其是获奖作品在中央电视台以及地方广播电视和公共场所播出，产生了良好的社会效果。

为了强化预防职务犯罪工作的宣传力度，树立和提升预防职务犯罪工作的公众形象，最高人民检察院委托专业设计单位创作并经网络投票、专家评审，确定了全国检察机关统一使用的预防职务犯罪形象标志（以下简称"logo"），于 2012 年 7 月开始全国推行。预防职务犯罪 logo 以中文"正"字为蓝本，将"预防"一词的拼音首字母"Y"和"F"融入其中，突出表达了预防职务犯罪，树立廉正风气的主题思想，鲜明宣示了促进国家工作人员"做人正，为官正"的职业道德操守，充分显示了预防工作的"扶正、补正、修正"的功能作用。同时彰显检察机关预防职务犯罪工作"关心您、保护您、帮助您"的社会承诺和人文理念，体现检察机关维护社会公正的职责。

在开展预防宣传的同时，全国检察机关深入开展警示教育工作。各级检察院主动与各地党校、行政学院等干部教育培训机构联系沟通，把预防职务犯罪教育纳入到各级党校和行政学院的课程之中，向参加培训的党员领导干部宣讲党的反腐败方针政策，剖析和揭示职务犯罪的严重性和危害性，以案释法，提高党员干部廉政意识和法治理念。各级检察机关还全面推动警示教育基地建设，为开展警示教育提供扎实的工作平台。据统计，[①] 截至 2010 年底，全国范围内由检察院单独建设并已建成的警示教育基地有 686 个，面积达到 22.24 万平方米，而由检察机关与其他部门合作共建的警示教育基地数量更多。警示教育基地的建设，为开展预防宣传和警示教育活动提供了重要载体，特别是警示教育基地教育形式的不断更新，教育内容的不断深化，有效地强化了预防警示效果，警示教育基地已成为宣传党和国家反腐方针政策的重要平台，国家工作人员接受廉政勤政教育的生动课堂，得到各地党委的高度重视和社会各界的广泛认可。

2011 年 5 月 12 日，最高人民检察院在江苏省扬州市召开了全国检察机关警示教育基地建设现场会。会议对近年来检察机关警示教育基地建设情况及警示教育工作情况进行了全面总结和交流，就检察机关在"十二五"期间如何推进和规范警示教育基地建设，全面加强预防宣传和警示教育，提高预防部门

① 参见《检察日报》2011 年 5 月 13 日。

整体工作水平和能力，促进预防工作深入健康发展，进行了深入研讨。

2011 年 11 月，最高人民检察院出台了《关于"十二五"时期全国检察机关预防职务犯罪警示教育基地建设的指导意见》（以下简称《意见》），从警示教育基地建设的指导思想和目标任务、原则、设置和配置、实施、保障和管理等五个方面对警示教育基地建设作了全面部署和要求。根据《意见》，各级检察机关要根据各地不同的社情民情、思想文化背景、经济发展状况，建设符合当地实际、突出地方特色、主题鲜明的警示教育基地。可以与特定行业、部门联合建设专门的警示教育基地或开辟专门展区。应当根据教育对象的不同特点和需求，分层、分岗施教，将示范教育、警示教育、岗位教育相结合，以法警人，以理育人，以情感人，给人以省悟、启迪和镜鉴，推动、督促受众自我养成教育。

《意见》明确了受教育的主要对象，包括：党政机关、行政执法机关、司法机关的工作人员；重点行业、热点部门、重要岗位及易发多发职务犯罪的行业和单位的人员；换届选举（含农村"两委"）候选人、新提拔的领导干部、新录用的公务员；各种进修班、培训班，以及行政学院、党校举办的党员干部主体班人员；国有企业工作人员、重大工程建设项目主管部门工作人员及相关参建人员；等等。同时，明确提出了"9 个一"教育法，即看一个警示教育展览、观一部警示教育片、听一堂预防教育课、开展一次以案说法、进行一次廉政谈话、组织一次专题讨论、进行一次廉政承诺、开展一次风险源点分析排查、发一份学习（宣传、提示）资料。

《意见》明确提出了警示教育基地建设的目的，要求主题鲜明、格调高雅、内容丰富，融政治性、警示性、教育性于一体，实现警示教育工作常态化、规范化、专业化。力争到 2013 年底实现省、市两级检察院警示教育基地或警示教育平台基本覆盖，2015 年底大多数基层检察院完成警示教育基地或警示教育平台建设。同时，各级检察院要对警示教育基地所需经费有所倾斜，积极争取将警示教育基地建设和运行费用列入财政预算，加强经费保障，保证警示教育基地的正常运行。

（四）创新制度预防和技术预防，实现行贿犯罪档案查询系统全国联网

从 2006 年至 2011 年，经过 5 年多时间，检察机关行贿犯罪档案查询工作取得了长足发展，各省级检察院都建立了各自的行贿犯罪档案查询系统，行贿犯罪档案查询工作无论是软件开发使用，还是信息收集与录入，或者是受理查询、查询结果应用，以及查询工作管理，都有了基本的流程和规范，积累了丰富经验。2010 年 1 月 1 日，华东六省一市先行一步，实现了区域性联网，华东六省一市各级检察院在本地即可对该系统进行跨省查询。这一段时期，贿赂

犯罪变化态势和经济社会发展的形势对行贿犯罪档案查询工作深化发展的新要求，中央加大诚信建设力度、建立健全社会信用体系的部署对查询工作提出新任务，同时社会对行贿犯罪档案查询的需求越来越大，要求越来越高，检察机关应当进一步采取措施强化行贿犯罪档案查询工作，以满足社会对诚信建设的需求。另外，行贿犯罪工作暴露出来一些实际问题如信息孤立、不对称、异地查询等，查询系统的完整性、客观性、公正性、实效性等方面受到一定限制，影响了查询系统的价值与效能，需要通过全国联网来解决。

为从根本上解决行贿犯罪档案信息不完整、异地查询不便等问题，必须实现全国联网。2011 年 7 月，最高人民检察院正式组建行贿犯罪档案查询管理中心，着手实施检察机关行贿犯罪档案查询系统的全国联网。2011 年 8 月 12 日，最高人民检察院下发《关于做好全国检察机关行贿犯罪档案查询系统联网工作的通知》，要求各级检察院提高认识，把联网工作作为一项重点工作来抓，统筹安排，有效协调，在 2011 年 9 月 30 日之前完成全国行贿犯罪档案查询系统建设。最高人民检察院随即建立起第一个全国性的行贿犯罪档案数据库和行贿犯罪档案查询平台；并在地方各级人民检察院和相关部门支持、配合、协助下，系统如期完成与各省级院查询系统的联网对接，开始试运行。

在联网查询系统试运行的同时，最高人民检察院于 11 月底、12 月初在江苏省吴江市举办了全国检察机关行贿犯罪档案查询管理工作培训班，围绕行贿犯罪档案查询和管理实务进行对各省级检察院预防处长和查询工作业务骨干进行了培训，从队伍方面为查询工作做好了充分准备，使得全国行贿犯罪档案查询系统联网运行具备了更加充分的条件。2012 年 2 月 16 日下午，最高人民检察院举行检察机关行贿犯罪档案查询系统全国联网开通仪式。最高人民检察院检察长曹建明，中央纪委副书记、监察部部长、国家预防腐败局局长马馼出席，最高人民检察院常务副检察长胡泽君讲话，副检察长邱学强主持。胡泽君在讲话时指出，"建立健全行贿犯罪档案查询制度，是检察机关落实标本兼治、综合治理、惩防并举、注重预防的方针，推进惩治和预防腐败体系建设的重大举措，也是积极参与加强和创新社会管理，促进社会诚信体系建设，服务经济社会科学发展的重大创新，以及强化法律监督，实现预防职务犯罪工作信息化、系统化、社会化的重大成果"。① 胡泽君副检察长明确提出，最高人民检察院和各省级检察院要设立行贿犯罪档案查询管理中心，分州市院以下检察院要设立行贿犯罪档案查询中心或查询窗口，受理社会查询，并从三个方面对查询工作提出要求：一是强化管理，完善行贿犯罪档案查询系统，加强信息录

---

① 参见《检察日报》2012 年 2 月 17 日。

入和采集，建立健全查询工作制度，强化网络安全和保密意识；二是强化运用，增强行贿犯罪档案查询系统的效能，完善衔接机制和查询制度；三是强化宣传，扩大行贿犯罪档案查询工作的社会认知度和影响力。

马馼部长对行贿犯罪档案查询工作给予充分肯定并对全国联网寄予很高期望："2006 年以来，最高人民检察院认真总结实践经验，积极探索、稳步推行行贿犯罪档案查询制度，产生了良好的法律效果、政治效果和社会效果。实践证明，行贿犯罪档案查询是加强职务犯罪预防、从源头上防止和减少腐败犯罪的有效手段，在遏制贿赂犯罪、促进诚信建设、优化廉政环境等方面发挥了积极作用，特别是对打击贿赂犯罪发挥了震慑作用，规范了市场主体行为。这一系统全国联网后，其功效必将进一步增强，推进反腐倡廉建设的重要作用将得到有效发挥。"① 同时，她指出："完善行贿犯罪档案查询制度，不仅是检察机关的重要职责，更是惩治和预防腐败体系建设的重要内容。各级纪检监察机关要高度重视这项工作，充分运用到惩防体系建设的各项工作中，检察机关和相关职能部门要密切协作，在加大行贿犯罪惩处力度的基础上，进一步健全配套机制，通过地方立法、规章、规定、联合发文等形式，明确查询、应用、处置、反馈等程序、办法，为有效开展查询提供坚实保障，推进行贿犯罪档案查询系统在更高层面、更广范围、更深层次上得到充分应用，共同推动预防贿赂犯罪工作和社会诚信建设纵深发展。"

结合举行检察机关行贿犯罪档案查询系统全国联网，最高人民检察院行贿犯罪档案查询管理中心推出四项措施：一是正式启用最高人民检察院行贿犯罪档案查询专用章，受理中央部委机关、中央企业的行贿犯罪档案查询；二是在中国职务犯罪预防网（http//www. yfw. com. cn）建立行贿犯罪档案查询页面，作为检察机关行贿犯罪档案查询工作的信息发布专用平台；三是统一公布检察机关受理行贿犯罪查询的预约电话，受理电话查询；四是统一采用二维码防伪标志，以防止和减少发生伪造查询告知函的现象。

2012 年 2 月 28 日，最高人民检察院行贿犯罪档案查询管理中心受理了行贿犯罪档案查询系统全国联网之后的首次查询。行贿犯罪档案查询管理中心对查询申请所列 200 余家企业，通过全国行贿犯罪档案系统进行了查询。经查询，发现 3 家企业存在单位行贿犯罪记录，2 名个人存在个人行贿犯罪记录。② 行贿犯罪档案查询管理中心当即向查询单位提供了盖有最高人民检察院行贿犯罪档案查询专用章的行贿犯罪档案查询结果告知函。有关主管部门将根据查询

---

① 参见《检察日报》2012 年 2 月 17 日。
② 参见《检察日报》2012 年 2 月 29 日。

结果，依照相关规定对查询发现的 3 家企业和 2 名个人作出相应处置。

行贿犯罪档案查询系统全国联网是一次具有革命性意义的推进、改造和升级，经过全国联网，检察机关行贿犯罪档案查询系统经历了"脱胎换骨"式的变化，形成了一个全新的、完整的覆盖全国的"四级一体"的全国行贿犯罪档案查询网络体系，包括全国行贿犯罪档案数据库、查询平台、管理系统和分析系统等主要部分。全国联网实现了行贿犯罪档案查询工作的三个质的飞跃：一是统一了信息汇集，形成完整的全国行贿犯罪档案信息库，消灭了信息"孤岛"现象，从此有了第一个全国性的行贿犯罪档案信息库。二是统一了查询平台，实现了查询本地化。经过对行贿犯罪档案查询系统的全面改造、升级与改版，建立了一个全新的联网通用查询平台，各级人民检察院可以在本地对全国行贿犯罪档案查询系统进行查询，彻底解决了异地查询等实际问题。三是统一了查询管理，形成查询工作的系统合力。由最高人民检察院行贿犯罪档案查询管理中心对查询系统和查询工作进行统一管理，为促进查询工作全面深化发展和整体效能发挥奠定了基础。

实现全国联网将使行贿犯罪档案查询系统效能成数倍地增强。一方面，通过改造、升级、改版，采用新的技术手段和操作程序，可以大大提高行贿犯罪档案查询的时效和效率，并彻底解决通过传真、电话等方式异地查询等带来的实际问题，在增加查询便利的同时节省大量人力物力成本。另一方面，通过全面联网，可以使以前只能供个别省份、几个省份查询、应用的信息供全国范围的查询和应用，并在全国范围内产生促进准入、促进管理的效果，查询系统信息的使用价值倍增。另外，全国联网还增大了查询覆盖面，可以有效避免一些单位通过到异地开展业务而规避查询的现象。据报道，① 全国联网使行贿犯罪档案查询系统功能实现了倍增，这种倍增效应随着工作的深化和发展不断得以释放，上半年，全国检察机关共受理查询 34 万余次，涉及单位 48 万余家，个人 49 万余人，有关主管部门和单位对经查询有行贿犯罪记录的 152 家单位和318 名个人作了处置。

为了及时总结好经验、好做法，推进诚信体系建设的法治化、规范化，中国法学会联合中央有关部门开展了"全国诚信建设制度创新事例征集"活动，共收集事例 257 件，涉及人大、法院、检察院、发改委、公安、司法行政、卫生、税务、工商、纪检、证监 11 个系统。事例内容涵盖政务诚信、商务诚信、社会诚信、司法公信等诚信体系建设的各个领域。从事例的创新性、实效性、合法性、正当性等角度，经初评、复评、终评，最终确定 10 件最佳事例和 30 件

① 参见《检察日报》2012 年 8 月 17 日。

优秀事例。①"检察机关推行行贿犯罪档案查询制度"被评定为全国诚信体系建设制度创新 10 件最佳事例之一，入选理由为：检察机关适应经济社会发展的形势，针对贿赂犯罪和诚信缺失这两大问题，探索出联合有关部门共同遏制贿赂、促进惩防腐败体系建设，推进市场规范和守信、守法经营，推动诚信建设的行贿犯罪档案查询制度，已广泛应用于市场准入、工程建设、项目招投标、政府采购、银行贷款、人事管理等领域。2012 年 8 月 17 日，中国诚信法治保障论坛在北京人民大会堂开幕，并举行了全国诚信建设制度创新事例颁奖仪式，最高人民检察院职务犯罪预防厅在论坛上就行贿犯罪档案查询制度作了主题报告。

（五）创新和健全工作机制、制度，通过强化预防工作，积极参与和创新社会管理

检察机关把推进加强和创新社会管理作为一项重要任务，不断健全机制制度，将预防职务犯罪工作与促进、创新社会管理紧密结合起来。为深入贯彻落实中央关于加强和创新社会管理的战略部署和最高人民检察院关于充分发挥检察职能参与加强和创新社会管理的要求，最高人民检察院就充分发挥预防职能积极参与加强和创新社会管理推出了十条强化措施：一是把加强和创新社会管理作为当前和今后一个时期预防职务犯罪工作的着力点。从源头上解决社会管理层面存在的突出问题，促进提高社会管理法治化、规范化水平。二是加大预防危害民生民利职务犯罪的力度。加强对土地征用、房屋征收拆迁、企业改制、教育医疗、社会保障、环境保护、安全生产、食品药品安全、城市公共服务管理、文化建设、涉法涉诉等涉及民生领域职务犯罪的预防工作，促进群众最关心、最直接、最现实的利益问题的研究解决，促进维护群众权益机制的健全和完善。三是积极探索在非公有制经济组织和社会组织开展预防职务犯罪工作。加强对非公有制经济组织和社会组织依法经营、公平竞争、规范管理、行业自律、诚信建设的法制宣传教育，积极开展预防咨询法律服务，引导非公有制经济组织和社会组织积极预防职务犯罪，发挥其在社会管理中的作用。四是推进中介组织预防职务犯罪工作。五是积极开展基层社会组织预防职务犯罪工作。六是创新社会廉洁准入管理机制。加强行贿犯罪档案查询系统建设，确保行贿犯罪档案全国联查准确高效。积极探索扩大违法犯罪档案查询范围，推进与行政监管机关诚信管理系统的联网对接，参与社会信用评级，促进社会信用体系建设。七是加强法治文化、廉政文化建设。把预防宣传和警示教育纳入社会主义文化建设的总体格局之中，积极开展预防职务犯罪进机关、进学校、进企业、进社区、进乡村活动。加强预防职务犯罪警示教育基地建设。把预防职

---

① 参见《法制日报》2012 年 8 月 20 日。

务犯罪警示教育列入党校等干部教育机构的培训课程。加强公益廉政宣传，充分发挥预防宣传教育在加强和创新社会管理中的作用。八是全面实行惩治和预防职务犯罪年度报告制度。促进惩治和预防腐败体系建设，加强和创新社会管理各项工作的落实。九是积极探索，勇于创新，不断拓展预防工作参与社会管理创新的方法途径。十是加强和完善预防职务犯罪社会化工作机制。建立健全党委统一领导的预防职务犯罪指导委员会、领导小组等工作机构，组织协调社会各界共同开展预防职务犯罪工作，落实各项社会管理综合治理措施，创新方式方法，健全规章制度，促进党委领导、政府负责、社会协同、公众参与的社会管理格局的巩固和完善，推进中国特色社会主义社会管理体系建设。

第五节　检察机关预防职务犯罪的发展目标

一、检察机关预防职务犯罪的专业化

专业化是检察职能优势的体现，更是预防工作长期发展、可持续发展的要求。第一，应以科学的态度对待、研究这项工作，把这项工作作为一项专门业务，按照专业化标准和专门化要求从事这项工作。第二，努力加强专业理论研究，以科学的理论作指导，以科学的方法解决预防工作实践中的各种实际问题，建立科学的理论体系和可行、有效的措施体系。第三，紧密结合检察职能开展预防工作，充分体现部门优势，形成业务专长。将预防职务犯罪工作牢牢扎根在检察机关查办职务犯罪案件的职能基础之上，基于对犯罪分子思想演变、堕落轨迹的深入了解和深切感受，对职务犯罪的状况、特点、成因、规律的准确把握，对体制、机制、制度以及监督管理的漏洞和薄弱环节的深刻认识，去从事预防职务犯罪工作。第四，建立一支拥有专业的知识结构、预防知识和预防技能的工作机构和工作队伍，专门从事预防工作。当然，很多知识和技能要靠加强学习和实践获得。应切实通过深入扎实的预防工作实践，培养一批党性强、业务精、有理论、重实务，具备相关专业知识背景和社会工作能力的复合型的预防专业人员和专家队伍。第五，科学规范预防业务内容，形成明确的业务分工。基于实践将预防业务进行细划和分工，建立一整套规范化的制度体系和管理标准，实现预防工作的规范化和制度化，为专业化提供保障。

为此，应高度重视和扎实推进预防工作专业化建设，强化预防调查、预防咨询、检察建议、警示教育等预防工作基础业务，在增强工作质量、提升工作效果和提高工作能力上求突破，特别要在提高预防调查工作能力和水平上下功夫。预防调查是预防工作的基本功。通过科学有效的预防调查方法，把职务犯罪的情况、特点、规律、趋势以及发生犯罪的原因、条件和深层次问题全面、客观、扎实、深入地分析研究透彻，是增强预防工作的针对性、有效性，做好一切预防工作的基础。应把强化预防调查作为提高预防工作能力的重点来抓，扎实抓好预防调查的质量效果。应进一步完善和落实侦防一体化机制建设，强化与反贪、反渎等部门的配合协作，增强侦查和预防工作的整体合力。①

二、检察机关预防职务犯罪的社会化

预防工作社会化是取得预防成果的途径和检验预防成效的标准。② 预防工作的社会化即面向社会开展预防工作。预防职务犯罪的社会属性决定了预防职务犯罪必须走社会化预防的道路。预防职务犯罪应当依靠法律，但是更应当关注社会，因为单靠法律解决不了或者无法彻底解决社会问题。预防职务犯罪的任务是要分析职务犯罪作为社会现象的内在矛盾，寻找原因，消除职务犯罪的机会和条件，化解和解决矛盾。单纯针对个案开展预防只能解决个别问题、局部问题，不能从根本上解决社会问题，必须从整个社会考虑，将社会看做一个系统，作为一个整体，将预防工作作为一项系统工程来抓，实行综合治理，才能从根本上解决职务犯罪问题。如何开展社会化预防呢？这就要求自觉将预防工作纳入党委领导下的预防腐败总体格局，使检察机关的职能活动与社会力量相结合，与有关部门的预防工作相联合，建立社会预防的工作机制和社会预防的工作网络，调动社会力量积极参与，广泛依靠人民群众，充分运用社会资源，走开放型的预防之路。

为此，要积极推广"建立预防职务犯罪人民阵线"、"预防职务犯罪两长（检察长与高校校长）论坛"、"大项目大工程预防"等推进社会化的经验，扩大预防工作覆盖面，抓好重点行业、重点领域预防工作；加强与各有关部门、企业的联系，建立健全联席会议制度，加强协调配合，推动预防对策措施的具体落实；广泛发动人民群众和社会各界积极参与预防工作，探索预防协会、预防社区志愿者等新的社会化形式，促进公众在预防工作中发挥作用；继续推动党委领导下的预防职务犯罪工作领导小组（委员会）的建设，积极承担起领导小组办公室工作，充分发挥协调、组织和具体办事机构的作用，推动社会化

---

① 宋寒松：《预防工作要有大视野大思路大举措》，载《检察日报》2012 年 7 月 25 日。

② 宋寒松：《预防工作要有大视野大思路大举措》，载《检察日报》2012 年 7 月 25 日。

预防大格局的形成。①

三、检察机关预防职务犯罪的规范化

规范化是预防工作的基础目标，也是一个管理目标。规范化与制度化、专业化、程序化都是紧密相连的，体现在工作制度、业务内容、措施体系、工作流程、工作目标、工作标准的设计与制定，以及决策、组织、分工、执行、监督、评价等实务操作等诸多方面。首先，应有一整套制度，包括工作制度和管理制度，做到工作有章可循，管理有章可依。其次，实现专业化。在专业化基础上，把预防工作划分为不同的业务种类，分别制定不同的业务标准，明确工作职责与业务分工，按标准实行专业化管理。再次，规范工作程序。要有完整、精细、准确的程序化工作流程，以保证业务工作可以按部就班地进行，顺利进行工作控制和管理。最后，应有一个目标体系。明确工作达到怎样的程度才符合要求，才能真正体现预防工作的效果与价值，才能据此对各项工作作出评价，对业务人员进行考核。总之，预防工作的规范化要求建立健全各项工作制度和管理制度，严格工作程序，理顺、细化业务流程，明确考核标准，强化工作管理，科学评价工作效果，为预防工作有序、顺利、高效开展，为预防工作的可持续发展提供坚实的保障。

四、检察机关预防职务犯罪的现代化

现代化是一个内涵十分丰富、与时俱变、与时俱进的概念。对于预防工作来讲，现代化意味着运用现代化的理念、现代化的技术设备、现代化的工作手段、现代化的工具，不断地推进预防工作创新，使预防工作总能适应新的形势、情况、背景和需要，不断地实现与时俱进，努力提升预防职务犯罪工作的现代化水平。当下，主要的方面应是信息化。应下大气力探索在公开、透明、信息化时代创新发展预防工作的新途径，运用科学技术手段、信息网络、新传媒为预防工作注入新动力，创造新活力。可以讲，信息工作是预防工作的生命线。掌握了信息资源，才能掌握预防工作的主动权，预防工作才能如鱼得水，得心应手。应从科学发展、科技强检的高度认识信息工作，建立预防工作信息化基础平台，以信息化促进预防工作的网络化、程序化、规范化和专业化，为预防工作的可持续发展奠定牢固的基础。应以计算机技术为支撑，以网络为载体，以信息为内容，努力实现预防工作信息集中、交流和共享的互联共享。广泛收集包括基础信息、预防工作信息、案件信息、行业信息、社会信息在内的

---

① 宋寒松：《预防工作要有大视野大思路大举措》，载《检察日报》2012年7月25日。

海量信息，通过对预防信息进行分类、归纳、整合、储存、管理和综合分析，为预防工作实践提供全方位的服务。通过预防职务犯罪工作信息化基础平台，一方面实现预防部门与侦查部门及其他业务部门的信息交流，另一方面实现与有关行业主管部门，以及与纪检监察机关、国家预防腐败局的信息交流。

五、检察机关预防职务犯罪的法制化

应当讲，法制化是预防工作孜孜以求的根本性目标，只有实现了预防工作法制化，才能为预防工作提供最为坚实的保障。检察机关进一步加强预防职务犯罪工作以来，预防工作得到全面发展，取得了社会公认的显著成效和广泛影响。但是在较长时期里，检察机关开展职务犯罪预防工作主要是从《宪法》、《人民检察院组织法》和全国人大常委会《关于进一步加强社会治安综合治理的决定》中寻找依据，缺乏专门、具体的法律依据，这成为长期困扰和影响预防工作发展的一大瓶颈。尽管实践中检察机关可以依靠党委、人大的重视、支持并依据"红头"文件开展预防工作，但是由于缺乏"刚性"，难免使预防工作成为"软任务"，这绝非长久之计。所以，必须努力实现预防工作的法制化。与中央的情况相比，一些地方在预防立法方面进展较快，很多地方已经出台了地方性预防立法，据统计，已有14个省、区，17个较大的城市制定了预防职务犯罪的地方立法或决议，如《山西省预防职务犯罪工作条例》、《吉林省预防职务犯罪工作条例》、《江苏省预防职务犯罪条例》、《浙江省预防职务犯罪条例》等，为预防工作提供了专门性法律规范。2005年12月生效的《联合国反腐败公约》已经为国际社会反腐败提供了基本的法律指南和行动准则，成为国际社会治理腐败的法律基石，其中很多内容都是预防腐败。为了实现预防职务犯罪工作的法制化，应当从中央和地方两个层面积极推进，尤其是中央层面，应根据犯罪发生的规律和控制犯罪的实际制定犯罪预防策略，推动制订预防职务犯罪工作立法，对预防工作的指导思想、方针、原则、内容、措施等作全面的规定，形成一个包括金融实名制、公务员行为规范、公众监督等基本要求在内预防职务犯罪的措施体系，从而真正把预防职务犯罪工作纳入法治轨道。也就是说，检察机关应当在完善法律法规、树立预防工作强制力、公信力上进行积极探索；进一步推动各省级和有立法权的市级人大常委会制定《预防职务犯罪工作条例（决议、决定）》，配合人大常委会加强对相关条例、决议、决定执行情况的执法检查；加强调查研究和顶层设计，积极推动《防治腐败法》等反腐败立法工作。①

---

① 宋寒松：《预防工作要有大视野大思路大举措》，载《检察日报》2012年7月25日。

第三章 检察机关预防职务犯罪工作措施

第一节 预防措施概述

一、预防措施的概念

预防职务犯罪是检察机关依据法律监督职能，运用检察手段，联合其他社会力量，采取专业措施与社会综合措施相结合的手段，以遏制和减少职务犯罪的检察职能活动。预防职务犯罪是由预防主体、预防客体、预防手段三个要素构成的全部预防职务犯罪实践活动。这三个要素之间既有各自的特征，又具有紧密的内在联系。预防主体是预防职务犯罪活动的发动者和实践者，是预防手段的运用者，在整个预防职务犯罪活动中处于主导地位。预防客体是预防主体力求改变的对象。预防手段是预防主体用以作用于客体并改变客体的工具，是联系主、客体之间的纽带。

预防职务犯罪活动中的预防措施，是运用预防手段直接作用于一定预防对象，能够引起犯罪原因与犯罪结果之间因果关系发生变化，切断未然犯罪向已然犯罪发展的内在联系的具体活动内容。

二、预防措施的法律属性与法律依据

预防职务犯罪是检察机关法律监督职能的重要内容。检察机关法律监督职能，具有诉讼和非诉讼两种属性。

检察机关通过刑事诉讼惩治职务犯罪，属于诉讼性法律监督职能。它在预防职务犯罪方面的意义主要在于通过惩治犯罪震慑犯罪实现直接预防作用。

除此之外，检察机关还应当有效履行非诉讼性法律监督职能。

检察机关非诉讼性法律监督职能是指检察机关依照法律在诉讼程序规定之外所从事的检察业务职责。

首先是由实现间接预防的需要所决定的。间接预防或称一般预防，是通过对罪犯的刑罚处罚，在社会上产生警戒作用，使具有犯罪危险人不去犯罪。但事实上，惩治犯罪的过程和结果并不能自然地、全部地实现间接预防作用。仅就查处贪污贿赂犯罪的司法实践就足以证明，那些强烈的、无度贪婪的欲望之

火，并不会因为严厉的刑罚惩治而熄灭。事实上，法律惩治犯罪的过程往往并不被世人所知。特别应当注意的是，在现阶段我国公民包括国家工作人员对有关职务犯罪的法律规定了解得并不广泛，相当一部分人知之甚少，甚至无知。解决这些问题，需要检察机关对国家工作人员乃至对广大公民进行有关职务犯罪的法律宣传教育，对惩治职务犯罪结果进行广泛宣传，开展警示教育活动，强化间接预防效果。

其次是由恢复职务犯罪损害、消除职务犯罪致罪隐患的需要所决定的。在产生职务犯罪的客观因素中，多数是发案单位管理制度的失效与缺陷。检察机关在查办职务犯罪过程中发现发案单位在制定和执行管理制度方面存在的缺失，不仅有必要向发案单位提出修复管理制度的建议，更需要举一反三，向与发案单位相类似单位提出预先警示建议，扩大间接预防的作用空间。实践证明，为有效恢复职务犯罪给社会造成的损害，需要检察机关结合查办职务犯罪，及时发现消除职务犯罪致罪隐患，针对发案单位在制定和执行管理制度方面存在的漏洞，提出修复性建议。因此，检察机关不仅应当通过惩治犯罪履行诉讼性监督职能，还必须通过开展积极有效地预防活动，强化非诉讼性的监督职能。

综上可见，检察机关预防职务犯罪的具体预防措施基本属于非诉讼性的监督职能的范畴，主要依据非诉讼性的监督权。因此，必须正确认识和运用检察机关非诉讼性质的法律监督职权，依法进行职务犯罪预防活动。

检察机关非诉讼性法律监督职权主要有以下三个方面：

1. 访察知情权是履行法律监督职能的前提条件。访察知情权是指检察机关除参加诉讼过程以外，通过其他合法渠道和方式，访问、观察、调查、发现有关法律监督对象情况的活动。为了充分行使法律监督职能，法律监督机关应当对法律监督对象的权力运行活动状况有及时、清楚的了解和认识，否则就无从监督。检察机关当前发现犯罪能力不足，已经发生而没有被及时发现的"犯罪黑数"的存在的一个重要原因就在于行使访察知情权不到位。充分履行法律监督职能，首先就要充分行使检察机关的访察知情权，不仅要及时发现职务犯罪，而且要及时发现职务犯罪的致罪因素。

2. 检察建议权是履行法律监督职能的重要内容，是《检察官法》赋予检察官的重要职权。检察建议，是检察机关在行使法律监督职能过程中，对有关单位在管理上存在的问题和漏洞，为建章立制，加强管理，以及认为应当追究有关当事人的党纪、政纪责任，向有关单位提出的司法建议。检察建议是恢复犯罪对管理体制、制度造成损害的重要途径。检察机关不仅应当对诉讼活动中发现的问题提出检察建议，而且应当对非诉讼活动中发现的致罪隐患提出检察建议。

3. 教育宣传权是检察机关的法定职权。《刑事诉讼法》规定刑事诉讼法的任务之一是："教育公民自觉遵守法律，积极同犯罪行为作斗争，以维护社会主义法制。"《检察院组织法》规定："人民检察院通过检察活动，教育公民忠于社会主义祖国，自觉地遵守宪法和法律，积极同违法行为作斗争。"检察机关开展预防教育宣传，是为了保证法律的统一施实，更加有效履行法律监督职能，对监督对象以及社会进行的法律宣传教育活动。检察机关预防部门不仅要对预防单位进行预防教育宣传，而且要积极推动全社会廉政文化建设。

检察机关充分履行法律监督职能，开展职务犯罪预防工作，特别要充分发挥非诉讼性的三个基本权利，积极有效地运用预防调查、预防建议、预防咨询等各种预防措施，增强预防效果。坚持惩防并举、重在建设，以建设性的思路、举措和方法推进反腐倡廉建设，使惩治与预防、教育与监督、深化体制改革与完善法律制度有机结合。有效发挥检察机关职务犯罪预防工作在反腐倡廉建设中的重要作用。

三、预防措施的基本作用

针对预防职务犯罪客体的多样性特征，采取综合性预防措施。由于诱发职务犯罪的因素具有多种表现形式，预防工作的具体对象具有千差万别的具体特征，因此预防职务犯罪就需要采用多种手段，达到预防职务犯罪的目的。

检察机关在开展预防职务犯罪中研发采取预防措施应当以实现三个方面的作用为基本目的。其一，发挥遏制和控制"亚罪犯"的产生和发展的作用，达到降低职务犯罪的发案率的目的。"亚罪犯"是罪犯的预备队。防止和减少"亚罪犯"产生，并控制"亚罪犯"发展，即阻断其向犯罪的恶性发展、促使其向降低犯罪危险的良性发展是降低发案率的前提条件。这种事先预防是预防犯罪价值的根本体现与首要任务。其二，发挥增强犯罪的暴露几率，减少"犯罪黑数"，缩短"犯罪黑数"的潜伏期的作用，达到降低重、特大案件发案率，减少职务犯罪的社会危害性，消减犯罪侥幸心理的目的。"犯罪黑数"的存在，不仅助长犯罪的侥幸心理，而且是较轻犯罪发展为严重犯罪的重要原因。造成"犯罪黑数"存在的原因，是由检察机关发现犯罪能力不足和犯罪隐蔽性日益增强两方面构成。预防职务犯罪既是检察机关发现犯罪的重要途径，更具有激活社会防范机制、增加职务犯罪暴露几率的重要作用。其三，发挥主动恢复职务犯罪对管理体系造成损害的作用，达到防止和减少重复犯罪的目的。职务犯罪直接影响发案单位管理功能的正常发挥，扰乱正常的工作秩序，破坏规章制度的执行，败坏单位风气，混淆人们的是非观念，降低自我约束能力。检察机关预防职务犯罪的重要作用之一，就是及时恢复犯罪所造成的损害，防止在发案单位、部门、系统重复发生职务犯罪。

四、创制和实施预防措施的基本原则

检察机关在开展职务犯罪预防工作中，必须积极创制预防措施并认真组织实施。检察机关创制和实施预防措施要紧密围绕社会管理创新的需要，以激活、完善社会管理机制，形成社会预防职务犯罪机能为基本目标，积极推动惩治和预防腐败体系建设。

（一）创制预防措施的基本原则

注重预防效果是检察机关开展职务犯罪预防工作的最终价值取向，研究制定预防对策和措施必须紧紧围绕预防效果，坚持从实际出发，做到切实可行、行之有效。主要遵守以下基本原则：

1. 多样性与综合性。要在全面掌握预防对象客观情况的基础上，提出和制定预防措施。具体的预防手段是针对具体的预防客体确定的。所以预防职务犯罪客体的多样性与广泛性特征决定了预防职务犯罪措施的多样性与综合性。检察机关职务犯罪预防活动面临的预防客体和预防对象涉及社会各个领域、系统、行业、部门、单位，情况千差万别，问题形形色色，必须针对不同情况、不同问题制定多种不同的预防措施。不同事物之间的关联性决定了任何具体问题都不是孤立存在的，解决某一个具体问题往往需要考虑从多个层面采取多种综合性预防措施加以解决。

2. 针对性和目的性。必须根据预防客体的特征和预防目标制定预防对策和措施。预防手段应当具有很强的针对性和目的性，才能产生良好的预防效果。具体的预防手段必须针对具体的预防客体来确定，围绕明确的预防目标来组织实施。

3. 有效性和可操作性。预防对策研究要根据有关系统、领域、部门和单位对预防工作的实际需求，注意运用和吸收企业管理、行政事务管理等方面的科学理论和现代化模式、手段，深入进行宏观对策和前瞻性研究，积极提出建立健全工作机制和管理监督制度等防范和遏制职务犯罪的对策和建议，配合有关系统、部门和单位科学规划预防方案，制定预防措施，推广预防经验。

（二）实施预防措施的基本原则

1. 依法合规决策的原则。检察机关开展职务犯罪预防工作都必须依法进行，严格遵守相关的法律法规，防止超越检察机关的法律监督权。检察机关所提出的预防对策和建议需要经过相关预防决策主体的决策，使之成为党委决定、政府及其有关部门的政令，由预防单位遵照执行。

2. 预防单位自行实施为主的原则。预防对策的具体实施，应当以预防单位自主组织实施为主，把预防对策的实施纳入预防单位的管理过程中，检察机关不得超越职权，违法干预行政管理、企业管理、社会自主管理活动。

3. 检察机关积极协助指导的原则。检察机关应当积极配合、协助指导相关行业、系统、部门及其预防单位落实预防对策和措施，开展预防活动。

4. 共同评估检验效果的原则。检察机关和预防单位有共同保证预防措施实现预防效果的责任，要共同对预防措施的实施情况和实际效果进行评估检验，形成共识，上报同级党委的预防领导机构和预防单位的上级主管部门。形成对预防活动的闭合式管理。

第二节　预防调查

预防调查是人民检察院职务犯罪预防部门的一项重要业务，是预防职务犯罪的基础性工作。检察机关职务犯罪预防部门及其工作人员应当认真在理论和实践上加强对预防调查的全面理解和准确把握。

一、预防调查概述

预防调查对预防职务犯罪工作具有重要意义，预防调查的成果既是制订预防工作总体计划的依据，也是制订具体预防方案，采取预防对策、措施的依据，切实搞好预防调查，提高预防调查的质量，增强预防调查的效果是做好预防工作的前提之一。可以说预防调查处于预防工作的起点，预防调查的开始往往标志着检察机关组织一项较大预防活动的开始。

（一）预防调查的概念

预防调查从属于犯罪学的方法研究范畴的犯罪调查，是指对已然犯罪进行个案调查和专题调查，探寻犯罪发生的一般原因、特点、规律或某类犯罪的症结、特点，以利于有针对性地开展犯罪防治。

人民检察院职务犯罪预防部门开展的预防调查是指人民检察院依据法律监督职能，针对查办职务犯罪中发现的在较大领域或范围内诱发职务犯罪的风险或隐患进行专门调查并提出防治对策或建议的预防事项。

（二）预防调查的基本特点

1. 调查手段的多样性。预防调查是检察机关非诉讼性职能活动，其所运用的调查手段包括访问、观察、查阅、统计和讯问、查阅案卷等方式。

2. 调查目的的积极性与前瞻性。预防调查着眼于未然犯罪，调查内容和对象是处于职务犯罪发生之前的情况，目的是为了在职务犯罪发生之前，通过科学的归纳分析和趋势预测，提出预警和防范对策，以提高预防单位的自我防范能力，把犯罪消灭在萌芽状态。

3. 调查程序、手段、方式的法定（规定）性。预防调查是检察机关的职能活动，必须按照一定的程序、规定的手段和方式依法合规地进行，防止预防调查活动中的随意性，避免由此引起超越法律监督职能范围，滥用检察权的情况发生。其基本要求为：

一是必须结合执法办案，围绕职务犯罪。预防调查的启动依据是检察机关查办职务犯罪的职能和已经查办的职务犯罪。没有职务犯罪就没有预防调查。但是，必须明确，我们这里所说的执法办案是指检察机关整体的执法办案活动；职务犯罪案件是指检察机关整体查办的所有职务犯罪案件。并非是指某一个检察院只能依据本院查办的某一个具体案件，才能启动预防调查活动。当前尤其应当看到，由于交通、通讯等信息传播日益便捷，人们的社会联系日益广泛，职务犯罪传播已经由过去的相邻地域传播，发展为跳跃式传播。因此，要增强预防工作的预见性，就必须扩大对职务犯罪发案的实时监控的空间。没有对职务犯罪发案动态的尽可能大的实时监控空间，就不可能及时了解职务犯罪的传播路径，超前把握本地区职务犯罪的发案趋势。在这种情况下，我们开展职务犯罪预防工作强调结合办案，就不能仅仅局限于某一个院查办的某一个具体案件。特别是基层院就更是如此，而应当依据较大辖区的办案活动，结合本省乃至于全国检察机关查办的职务犯罪案件。只有在尽可能大的范围内，建立起对职务犯罪发案动态的实时监控系统，才能适应职务犯罪传播规律，提高预防职务犯罪的预见性。

二是坚决执行预防调查的规定程序，严格履行审查批准手续（详见本节"五"的相关内容）。

二、预防调查的任务

预防调查的基本目的是为制定预防对策、犯罪预测预警提供依据，是实现职务犯罪预防工作的根本任务的重要手段。人民检察院预防职务犯罪部门应当围绕可能引发职务犯罪的隐患、非规范职务行为，以及各种诱发职务犯罪的宏观和微观因素开展预防调查。预防调查应当完成以下五项任务：

1. 发现非规范职务行为存在状况，查明非规范职务行为存在的部位、类型、表现形式、发生的具体原因。非规范职务行为主要是指国家工作人员不履行或不正确履行职责，违反工作制度、操作规则、职业纪律的具体公务行为。其本质是违规性，即有章不循、违规操作；其类型是具体公务行为。实践证明，几乎所有的职务犯罪都是突破规章制度之后，致使管理失效的结果，职务犯罪一定是非规范职务行为，非规范职务行为多发的地方也一定是职务犯罪高风险部位。因此，查明非规范职务行为的存在状况是预防调查的重要任务。

2. 准确把握可能引发职务犯罪的隐患存在的部位及其具体的风险点。所谓可能引发职务犯罪的隐患是指与职务犯罪的发生具有必然的内在联系，且呈现较高相关概率，符合必要条件逻辑关系的致罪原因。这里称之为隐患的致罪原因虽然并不一定必然引起职务犯罪的发生，但在这种隐患存在的地方发生职务犯罪的可能性极高，如果从较大空间和较长时间范围考察，在那里发生职务犯罪又是必然的，暂时没有发生是偶然现象。预防调查应当把查明可能引发职务犯罪的隐患存在的状况作为重要任务。

3. 积极主动发现职务犯罪线索。惩治职务犯罪对于预防工作具有特殊功效。事实上如果没有打击对职务犯罪形成的法律威慑，单纯的预防工作必然是苍白无力的。打击犯罪和预防犯罪二者相辅相成，不可偏废。如果只打不防，必然是打不胜打；如果只防不打，也将是防不胜防。惩治职务犯罪和预防职务犯罪具有相同的职责，一致的目标。目前，检察机关自侦案件线索的主要来源是举报，发现职务犯罪案件线索渠道不畅的问题已经成为影响检察机关有效履行法律监督职能的重要障碍。及时发现职务犯罪是检察机关的重要法律职责，是惩治犯罪的前提条件，是检察机关强化法律监督的重要环节与紧迫要求。职务犯罪预防部门同样应当履行及时发现职务犯罪的法律监督职能，确立"以防助打，以打促防"的积极预防策略，坚持把及时发现犯罪，促进有效打击，作为预防部门的一项重要职责。因此我们在开展预防调查中，应当积极主动发现职务犯罪线索。

开展预防调查的地方，一般也是发生职务犯罪较多的地方。预防部门开展预防调查活动，在深入了解可能存在的诱发职务犯罪的深层次原因的同时，应当利用这一有利时机注意发现已经发生的职务犯罪。

4. 研究制定预防对策。预防对策即预防职务犯罪手段，是指作用于一定预防对象，能够引起犯罪原因与犯罪结果之间的因果关系发生变化，切断未然犯罪向已然犯罪发展的内在联系的活动内容。预防手段是预防主体用以作用于改变预防客体的工具，没有预防手段就不会产生预防效果。研究制定预防对策是预防调查的出发点与落脚点，研究制定有效的预防对策是预防调查的关键环节和根本任务。

5. 发现具体预防方法，总结积累预防经验，为预防咨询提供依据。社会各界在贯彻落实党的反腐倡廉建设，建立完善惩治和预防腐败体系的过程中，创造了许多预防腐败的成功经验，对于预防职务犯罪具有明显效果。检察机关应当通过预防调查总结、积累、推广预防经验。

三、预防调查的内容和对象

（一）预防调查内容和预防调查对象的内涵

根据预防调查的任务确定预防调查的具体内容和对象。一般来说，调查内容是指调查活动所要考察了解的某一具体事物的客观状况。它回答调查什么的问题。调查对象是指能够为调查活动提供情况的人或单位。它回答向谁调查的问题。预防调查的内容是预防调查活动所要考察了解的与具体预防调查任务相关事物的客观情况。预防调查的对象是指能够提供预防调查内容的人或单位。

（二）预防调查的内容

具体预防调查内容，即需要考察了解的具体问题及其各个层面的情况，是由不同的调查任务决定。根据预防调查的基本任务、《人民检察院预防职务犯罪工作规则（试行）》第 7 条及有关规定，人民检察院预防职务犯罪部门应当围绕可能引发职务犯罪的隐患、非规范职务行为，以及职务犯罪衍化的宏观和微观因素开展预防调查。预防调查的内容主要有六个方面：一是职务犯罪发生情况及特点规律；二是职务犯罪发生的原因；三是可能诱发职务犯罪的异常社会现象、经济活动或者职务行为以及其他可能诱发职务犯罪的隐患、问题；四是国家、地区出台实施的有关重大改革措施、政策对职务犯罪的影响；五是防治职务犯罪的方法、措施；六是其他应当调查的事项。在此，我们对预防调查的内容着重从以下几个方面进行研究：

1. 非规范职务行为的调查内容

（1）非规范职务行为的主体。一是按照职能划分主体的类型。属于国家机关人员的，可以划分为：行政执法人员、司法人员、其他国家机关工作人员。属于一般国家工作人员的，可以划分为：国有公司、企业、事业、其他国家工作人员。二是对于人员状况可以划分自然状况和社会状况两大类。

（2）非规范职务行为的客观表现形式。重点了解违规手段的特点和后果危害。

（3）非规范职务行为的主观表现形式。注意区分故意和过失、主动和被动。

（4）非规范职务行为存在的条件、原因，要进行宏观和微观全面了解、分析。

2. 可能引发职务犯罪的隐患的调查内容

（1）可能引发职务犯罪的隐患的基本类型。可以分为主观型隐患和客观型隐患、群体性隐患和个体性隐患、管理型隐患和操作型隐患、抽象型隐患和具体型隐患。

（2）可能引发职务犯罪的隐患的客观表现形式。

（3）可能引发职务犯罪的隐患在调查空间内的分布情况。

（4）可能引发职务犯罪的隐患存在的条件、原因、危害后果。

3. 职务犯罪发生的特殊原因与一般原因（条件、特点、分布情况）。特别要注意与某一具体犯罪，或某一领域犯罪相关联的行业、部门、系统、领域可能存在同类犯罪的情况（原因、条件、特点、分布情况）即由已然犯罪出发，调查可能存在的未然犯罪。

关联因素的基本类型包括：社会职能、岗位职能、主体的自然属性、社会属性、手段特点、时间与空间特点等。重点是具有同一管理体系、同一行业性质、同一业务内容的职务犯罪的规律和特点。

（三）预防调查的对象

具体的预防调查对象由不同的预防调查任务及其涉及的具体调查内容所决定。

1. 非规范职务行为存在的单位、系统、行业、部门、领域及其人员。这些属于内部调查对象范围。这里是行业内部潜规则的发源地，这里有非规范职务行为留下的客观的管理痕迹，也有最知道内情的人。

2. 非规范职务行为的相对人。具体公务行为特别是司法行为、具体行政行为相对人往往对非规范职务行为了解最多，感受最深。

3. 纪检、监察、审计等负有监管职能的部门。

4. 政府信访部门和检察机关控申举报部门。

5. 社会公众、新闻媒体。

6. 职务犯罪相对高发的单位、系统、行业、部门、领域及其人群。

7. 检察机关认为应当调查的对象。

四、预防调查的步骤与方法

预防调查一般要经过选择调查课题、设计调查方案和制订调查计划、组织实施调查、汇总总结调查情况和研究制定预防对策、撰写预防调查报告、发布预警通报或提出预防建议等基本步骤。

预防调查需要应用的基本理论与方法，主要涉及犯罪学关于犯罪研究的理论、系统论、信息论、控制论等自然科学研究方法、概率统计的基本方法、归纳和演绎、分析和综合等逻辑方法。

综合运用量化研究和实证分析等科学的调查研究方法，准确揭示产生职务犯罪的深层次原因和条件，提高对职务犯罪发展变化的规律性认识，增强及时发现、预警、防治职务犯罪的能力是对预防调查方法运用的基本要求。只有熟练掌握科学理论分析与统计分析相结合的方法，并在开展预防调查的不同阶段加以灵活运用，才能全面准确把握职务犯罪的发展趋势和规律，正确制定预防对策和措施，有效地提出预防建议，准确发布预防警报。

（一）预防调查的题目选定

1. 确定预防调查课题的基本原则

选定预防调查课题在遵循必要性与可行性一般原则的前提下，要以科学的发展观为指导，坚持职务犯罪预防工作为大局服务的方向，选择事关大局、危害严重、前瞻性强的作为预防调查的课题。

2. 确定预防调查课题的基本依据与立项标准

全国检察机关第三次预防职务犯罪工作会议制定并印发的《关于加强和改进预防职务犯罪工作的意见》要求，坚持围绕群众关注的热点，举报反映的重点，以及权力集中、资金项目密集、职务犯罪易发多发的行业和领域，开展专题、专项调查，及时协助有关方面消除诱发职务犯罪的隐患因素。根据最高人民检察院提出的要求和实践经验，选择预防调查立项的依据和标准主要有以下几个方面：

（1）根据上级部署及任务要求；

（2）职务犯罪涉及的突出问题；

（3）纪检监察部门移送或者查处案件较多的问题；

（4）审计部门发现问题较多或移送案件较多的问题；

（5）行业主管部门发现问题较多或移送案件较多的问题；

（6）媒体揭露的突出问题；

（7）信访举报突出的问题；

（8）社会各界、人民群众反映强烈，影响社会稳定的突出问题；

（9）涉及体制转变、重大政策出台等容易引发的职务犯罪的问题。特别是涉及资金使用方面问题更为明显：一是涉及大规模资金集中投放、资金高度密集的；二是资金总量大、涉及范围广、管理环节多、持续时间长的活动（比如支农、惠农资金管理使用）。

（二）制订调查方案和调查计划

制订调查方案和调查计划阶段的主要工作，包括拟定调查提纲、确定调查方法、明确调查的时间和空间范围、进行取样设计和问卷设计。

1. 在已选定课题的基础上，拟定调查的提纲

（1）确定所需收集资料的内容，将需要收集资料的内容进一步具体化。例如事故调查，需收集伤亡情况、发生事故的单位性质、矿山、工厂、事故处理结果、移送司法、行政处理及其理由等资料。

（2）确定需要统计的内容、数据，设定统计样本和统计表格。

（3）确定调查的领域、系统、行业、单位、人员。根据调查内容确定调查对象。

（4）明确调查的时间区间和空间范围。选择最能够反映所调查事物本质的时段和区域。

（5）确定调查方式与取样模式，即普遍调查或抽样调查。一般来说，为了使调查结果精确，在条件许可的情况下，尽可能采用普遍调查方式，收集全部样本资料。对于分布均匀的调查内容可以采取抽样调查方式，但对于分布不均匀的调查内容，则必须采用普遍调查方式，只有尽可能全面收集全部样本资料。才能最大限度地保证调查结果的精确。

2. 拟定调查的工作计划

（1）规定任务期限。

（2）明确责任人员。执行主办责任制。

（3）明确质量要求。收集情况全面精确、分析认定问题准确清楚、制定对策得当，遵守纪律良好。

（三）组织实施调查

1. 预防调查的组织方式

《人民检察院预防职务犯罪工作规则（试行）》第8条规定，开展预防调查，可以根据需要，单独或者联合有关行业、部门、单位进行。上级人民检察院预防职务犯罪部门可以定期提出专题调查要求，组织下级人民检察院预防职务犯罪部门开展调查。

（1）内外结合。具有专业性强或属于系统性的课题可以联合有关行业、部门、单位进行。检察机关一般应当与调查对象的同级管理机构统一协调组织调查活动。内外结合要以检察机关为主导。

（2）上下联动。具有较大区域性的课题，可以由上级检察院预防部门组织下级检察院预防部门联合行动，由上级检察机关制订调查方案，统一组织调查。上下联动要以上级检察机关为主导。

（3）单独开展调查。调查内容相对简单，涉及范围较小的课题，可以由任一级院预防部门自己独立开展调查活动。

2. 预防调查的基本方法

根据调查方案和计划进行实地调查和资料收集。预防调查的基本方法有：

（1）问答方式。主要有两类：一是座谈、走访、现场访问、个别谈话、询问、提审等方式。这种方式适用于小范围个别调查。询问、提审适用于在押的犯罪嫌疑人、被告人或服刑人员的调查；个别谈话、询问、提审对于了解具体细节问题、较深层次问题、主观方面问题具有特殊作用。二是问卷调查。其是适用于对社会公众的随机抽样调查。优点是客观、广泛，缺点是成本高，不确定性大，不适用于要求精确、专业性较强的问题的调查。

（2）观察。其中，实地察看、现场测算适用于典型事件的调查；查阅资料、案卷适用于对既往发生事件的调查。

走访、座谈、观察要有详细准确的调查记录。

（3）统计分析。必要的事件登记和数据统计。普遍统计、抽样统计、局部统计。

3.关于预防调查中统计分析系统的建立与运用

在预防调查中运用概率统计方法和微机技术，建立数据分析管理系统，对及时、准确地进行数据统计分析，提高工作效率具有重要作用。其基本步骤如下：

（1）选取统计因子，设计统计样本。确定统计分析中具体的个别事件，选取与事件本身有着内在联系、能够反映事件基本特征、规律的相关要素，作为统计分析的相关因子。在确定统计因子的基础上设计统计样本模式和样本卡片。样本是从研究对象总体中抽取的一部分。这是得出随机事件的概率或寻求必然事件相关前提条件的基础。

（2）样本的制作与汇总。制作样本的第一步就是填写样本卡片，再按照预定的程序输入微机，建立全省预防职务犯罪分析系统的资料库。

（3）利用微机技术，实施分析管理。计算机的巨大存储能力和快速处理能力为统计、分析、管理提供了技术条件。程序软件必须能够对各种类因子进行单独或组合统计；能够对离散型因子进行分类统计；能够对模糊型因子进行任一区间的分段统计。

（4）适应预防调查课题，确定分析模式：

总体分析。即把资料库中的全部样本进行多层次分析。由于总体分析的样本容量大，反映情况全面，分析结果比较准确。

局部取样分析。即对样本按一定区域或行业划分，抽取局部样本进行分析，以研究局部情况。

组合抽样分析。即选取两个以上因子，抽取一类样本进行分析。利用系统的这种分析功能，可以进行多要素相关分析研究。

（四）汇总归纳提炼调查情况和研究制定预防对策

《人民检察院预防职务犯罪工作规则（试行）》第10条规定，预防调查结束后应当提交调查报告，并依据调查结果提出和制订预防措施。

总结阶段主要有资料处理、资料分析、归纳提炼三项工作：

1. 资料处理。即对收集来的资料进行系统的科学加工，使之更客观、完整、具体、简明。

2. 资料分析。即运用理论分析和统计分析方法对资料进行深入分析，充分揭示调查内容和对象的总体状况、存在的主要问题、各种问题之间的联系，探寻问题存在的原因、特点、危害，以及发展的趋势、规律。

3. 归纳提炼。即对调查发现的问题及其分析，进行必要的理论概括，在理论层面上给予解释，在机制、制度、宏观方面和操作、现场管理微观方面作出判断。

（五）撰写预防调查报告

撰写调查报告，阐明调查过程的一般情况，综合调查资料的分析结果，准确全面地体现调查成果。撰写《预防调查报告书》的结构和格式大致如下：

1. 预防调查的由来：立项调查的理由。

2. 调查过程的一般情况：调查内容所处的时间、空间范围、调查对象、调查的基本方式。

3. 调查发现的基本事实。如实反映对调查内容、对象考察了解的客观情况，要求事实清楚、准确。

4. 调查发现的突出问题及危害、原因。要求指出危害要客观，分析原因要具体、判断依据确实充分。

5. 具体的预防对策与建议。

五、预防调查的程序与文书格式

1. 立项与立项报告审核批准。预防调查课题项目，可以由预防部门、主管检察长、检察长提出。预防部门制作《预防调查立项报告审批表》，由预防部门负责人审批决定；需要相关部门配合调查或者比较重大调查项目经主管检察长批准决定。

2. 预防调查方案的审核批准。预防部门负责人应当确定主办人，并由主办人认真制订调查方案，由预防部门负责人批准后组织实施。

3. 制作预防调查报告审核批准。预防调查要形成《预防调查报告书》，由预防部门负责人审核后报主管检察长批准。

4. 发布预警通报或提出预防建议审核批准。按照规定程序，主办人起草、预防部门负责人审核、主管检察长批准、以检察院名义发出。

5. 移送案件线索审核批准。主办人提出、预防部门负责人审核、主管检察长批准。移交过程要办理必要的交接手续。

6. 备案。预防调查完成之后，于 7 日内将《预防调查立项报告审批表》、

《预防调查报告书》的副本报上一级院预防部门备案。本级或上一级院预防部门认为有必要时，可将《预防调查报告书》同时报送省院预防处。

7. 归档。预防调查结束之后，要将《预防调查立项报告审批表》、《预防调查方案》、《预防调查报告书》、《检察建议》等文书与调查活动中取得的各种资料、记录立卷归档。

六、预防调查结果的应用

（一）情况通报，发布预警通报

检察机关应当充分发挥预防调查成果的作用，及时采取多种形式向有关领导、部门通报情况。

（二）提出预防建议

开展预防调查的检察机关，一般应向同级相关部门、单位发出情况通报、发布预警通报、提出检察建议，但是上级院可以根据下级院的预防调查结果向同级相关部门、单位发出情况通报、发布预警通报、提出检察建议。

（三）发现移送案件线索

《人民检察院预防职务犯罪工作规则（试行）》第 9 条规定，人民检察院预防职务犯罪部门在预防调查中，应当注意发现并依照规定做好职务犯罪线索移送等工作。这就涉及线索处置的问题。线索处置是指预防部门发现、受理职务犯罪案件线索之后，对线索进行审查和处理的过程。在预防职务犯罪工作中所受理的线索可能来源于有关单位、个人的举报，或者通过预防调查、预防咨询等活动自行发现，以及犯罪嫌疑人的自首。根据《关于推进职务犯罪侦查和预防一体化工作机制建设的指导意见》，在预防职务犯罪工作中对所受理的举报线索限于初查审查，即审查线索是否具有初查价值，经审查认为有初查价值就移送侦查部门处理，没有初查价值的，作结案处理。其中，移送侦查部门的举报线索，应到举报中心备案。移送侦查部门的举报线索，应注意跟踪侦查部门的处理和反馈结果。

案件线索移送要坚持归口管理、主动、及时的原则。具体做到以下三点：

1. 认真分析筛选，提高移送案件线索的成案率。职务犯罪案件线索应当是反映犯罪事实脉络或者具有侦查头绪的信息资料。反映犯罪事实脉络越清晰、侦查头绪越多的案件线索的可查性和成案的可能性就越高。预防部门收到的案件线索一般可查性和成案率都比较高。但其中也有一些属于重复性举报和多年缠讼的来信来访，或者是不属于职务犯罪范畴的其他问题。如果不加分析地一概而论，统统移交给举报中心，不仅可能使具有重要价值的案件线索被延误，错过有利的侦查时机，还可能让那些侦查价值不大的案件线索不必要地占用侦查环节宝贵的人力物力。所以，我省预防部门发现案件线索，并不是简单地直接向有关部门移送，而是首先对案件线索进行初步分析挑选，再分别不同情况进行处理，以提高所移送案件线索的成案率，达到充分利用预防资源，减少或者避免浪费侦查资源的效果。实践中分以下几种情况，采取不同的操作方法和移送程序进行处理：

首先，对于具有可查性的案件线索，预防部门在分析筛选过程中，一般都要尽可能地进行一些简单的调查了解，进一步丰富案件线索，分清轻重缓急，然后提出移送意见。经过检察长或者主管预防的副检察长审批之后再转举报中心或者自侦部门处理。其中，对于一般案件建议移送举报中心，对于重大或者情况紧急的案件建议直接移送自侦部门，同时向举报中心备案。

其次，对于举报不详、可查性不大的重复举报、来信、来访，由预防部门登记，处、科长直接批转控告申诉部门或举报中心。把这些材料按照职能分工，及时分流，让有关部门进行处理，以免不必要地占用预防部门的工作精力。

通过分析筛选工作，极大地提高了预防部门移送案件线索的可查性，成案率平均达到78%以上，张家口市2003年以来移送的52件案件线索，成案率达到100%，不仅有效地节省了侦查资源，缩短了办案周期，而且为预防活动及早展开提供了有利条件。

2. 适度初查部分案件线索，利用预防资源直接置换出侦查资源。预防部门一般不介入案件初查活动，但是对有些案件线索，预防部门能够借助开展预防活动的有利条件进行初查，而且有利于预防部门及早掌握预防单位管理情况，便于预防活动的开展，预防部门在经过检察长批准之后进行初查，同时向举报中心备案。完成初查之后，具备立案条件的再经检察长批准，直接向侦查部门移送。实践中我们体会到，适合预防部门初查的案件有以下几种情况：

一是案情简单或者预防部门情况熟悉，初查工作量不大的案件线索。预防部门受理的有些案件线索情节简单，往往只要几个材料，就可以确定犯罪事实是否存在，为立案提供依据。或者是预防部门对有些案件线索本来就比较了解，初查活动驾轻就熟。预防部门选择这样的案件线索进行初查，不需要花费很大精力就可以完成，不仅避免了自侦部门枉费周折，而且能够让预防部门尽早掌握发案单位的基本情况，为开展预防活动奠定基础。

二是结合预防活动就能进行初查的案件线索。有些案件线索是预防部门在开展预防活动当中获得的，往往在开展预防活动的同时就能够进行初查。对此，只要及时向检察长报告获得批准，就可以开展初查。这样不仅节约人力物力，而且对正在开展的预防活动还会有很大的推动作用。

三是能够利用预防工作机制得到预防单位有力配合进行初查的案件线索。对于在建立了专项预防、系统预防工作机制的预防单位发现的案件线索，预防部门进行初查往往能够利用预防工作机制提供的有利条件，得到预防单位的积极配合，同时也更有利于加强检察机关预防部门和预防单位的密切配合，促进预防单位自身开展预防活动。

3. 按照归口管理原则移送案件线索。预防部门一般应向本院举报中心移送，检察长、主管检察长另有决定的除外。

第三节　职务犯罪分析

犯罪分析是犯罪学研究犯罪形态、规律的重要方法。职务犯罪分析是检察机关开展预防工作的重要措施。做好犯罪分析对预防职务犯罪工作具有重要意义，我们必须加以深入研究，给予高度重视。

一、职务犯罪分析的概念和特征

坚持以具体案例为研究对象，注重对职务犯罪案件进行深入剖析，从中发现犯罪的原因、特点、规律，并以此为依据制定预防对策，是检察机关开展职务犯罪预防工作的基本内容之一。检察机关自开展职务犯罪预防工作以来，就把犯罪分析作为一项重要工作方法加以运用，许多地方的职务犯罪预防部门最初就是从犯罪分析入手开展预防工作的，犯罪分析作为一项预防业务，发展至今已具有深厚的实践基础与丰富经验。2000 年最高人民检察院《关于进一步加强预防职务犯罪工作的决定》提出，"加强对社会主义市场经济条件下职务犯罪发生原因、特点和规律的专题调研。综合运用量化研究和实证分析等科学的调查研究方法，准确揭示产生职务犯罪的深层次原因和条件，提高对职务犯罪发展变化的规律性的认识和及时发现、防治职务犯罪的预警能力"。《人民检察院预防职务犯罪工作规则（试行）》规定，"人民检察院预防职务犯罪部门应当定期对职务犯罪发案情况和典型案例进行分析，查明个案原因、症结，把握特点、规律，研究区域、行业职务犯罪状况，了解变化趋势"。根据最高人民检察院的规定和预防工作实践，我们可以认识检察机关所进行的职务犯罪分析具有的基本内涵与特征。

（一）职务犯罪分析的概念

犯罪学一般意义上的犯罪分析，主要是指运用实证分析和统计学方法，获取与犯罪和犯罪人有关的数据资料，通过对过去、现在犯罪状况的综合分析，对犯罪形态、数量和趋势作出判断。检察机关开展职务犯罪预防工作同样需要运用犯罪学的犯罪研究方法，对职务犯罪案件进行犯罪分析。

职务犯罪分析，是指检察机关在职务犯罪预防工作中，为及时准确把握职务犯罪的原因、特点、规律，研究制定预防对策，在有关方面的配合下，采用实证和统计等多种方法，对检察机关查办的职务犯罪案件，进行全面考察，详尽获取与犯罪相关的具体数据、资料，深入研究犯罪状况、犯罪形态和犯罪趋势的一项专门业务活动。

（二）职务犯罪分析的特征

1. 涉及案件的规定性。检察机关进行的犯罪分析，所涉及的案件只能是检察机关查办的职务犯罪案件。需要指出的是，这里所供分析的案件一般是本级院所查办的案件，必要时也可以借鉴非本级院所查办案件的分析结果。

2. 功能体例的专门性。检察机关所作的职务犯罪案件分析是开展预防工作的重要手段和措施，是适应预防职务犯罪需要，为研究预防对策、提出预防计划、制订方案提供依据的一项专门性工作。它注重实际应用，侧重对实际问题的研究，不同于一般理论研究的论文体例；主要依据实际案例，坚持从现实犯罪分析中得出结论，区别于一般的调研文章，也不同于犯罪调查和预防调查。

3. 内容指向的普遍性和典型性。职务犯罪分析的主要内容是犯罪的原因、特点、规律。其中既有对典型案件的特殊性揭示，又有通过特殊性对一般犯罪规律、特点的把握。

4. 分析方法的实证性。职务犯罪分析方法主要采用实证分析和统计分析，侧重于列举犯罪事实的方法与态度，不要脱离实际的抽象推理。

5. 分析结果的应用性。职务犯罪分析的结果直接应用于预防犯罪活动。依据分析结果研究预防对策，制定预防工作计划方案，发布预警预测通报，在一定范围内汇总通报、相互交换，扩大对职务犯罪的实时监控范围。

6. 分析主体的职能性与多重性。职务犯罪分析既是检察机关预防职务犯罪的工作职能，同时也是所有预防职务犯罪主体的共同职能。检察机关开展职务犯罪分析应当根据需要与相关部门加强协调配合，采用专题研讨、案件分析会议等多种形式，共同进行犯罪分析。

二、犯罪分析的目的、任务与原则

（一）犯罪分析的目的

检察机关对职务犯罪案件进行犯罪分析，其目的就是探索犯罪的原因、特点、规律，加强对职务犯罪动态的实时监控，为制定预防对策、工作方案、计划、规划，创建制度、机制、体制，推动社会管理创新提供依据。

其分析结果对其他检察业务固然具有重要的参考作用，但它不同于检察机关基于侦查、批捕、起诉工作侦查取证、突破案件、审查证据、认定犯罪的需要所进行的案件分析。实际工作中要防止把二者混为一谈。

（二）犯罪分析的任务

1. 揭示职务犯罪的原因、特点、规律，奠定预防工作基础。任何一件职务犯罪案件都是基于一定的主客观条件引发的，只有准确地把握这些原因，才能制定预防对策，从而控制职务犯罪发生的结果。职务犯罪作为一种社会现象，必然会随着社会的发展而呈现出不同的特征，遵循着一定的规律，及时准确地把握这些特点和规律，才能提出具有针对性、有效性的预防措施，从根本上掌握与职务犯罪作斗争的主动权。因此，做好职务犯罪案件分析是开展职务犯罪预防工作的重要前提和基础之一。无论是研究预防职务犯罪理论还是从事预防职务犯罪实践，都必须从具体的职务犯罪案件出发，以具体的职务犯罪为基本对象。

2. 加强对职务犯罪的实时监控。职务犯罪是我国当前历史条件下广泛存在的一种犯罪现象，分布在社会各个地方、领域、行业、系统、部门，相互之间既有区别又有关联，尤其在致罪条件、作案手段、动机目的等方面情况千差万别，花样不断翻新，随着社会信息渠道广泛联系，相互传授、仿效、迅速传播。检察机关只有在更加广泛的地域和范围及时准确地把握职务犯罪的总体动态，才能从某一案件、某一行业、某一部门、某一地方的职务犯罪的特殊性，预测职务犯罪的未来发展趋势，从而采取预先防范措施。而这一切都需要在对具体案件、具体行业、部门、地方的职务犯罪原因、特点、规律准确了解的基础上并加以汇总、交换才能得以实现。

3. 发挥检察机关职能优势，研究制定预防对策，推动社会管理的创新与完善。检察机关在预防职务犯罪工作中的职能优势，就在于检察机关能够依据自己的法律监督职能，在查办职务犯罪案件中获得第一手资料，及时准确地发现职务犯罪发生的原因，特别是体制性、机制性等深层次原因，及时准确地把握职务犯罪的特点和规律。检察机关必须充分发挥检察机关在职务犯罪预防工作中的职能优势，坚持结合办案，加强职务犯罪案件分析，在提高检察机关预防对策的针对性、有效性、科学性的基础上，做到三个更好：一是更好地制作职务犯罪年度报告。给党委、人大的职务犯罪年度报告的重要内容之一是对本级院查办职务犯罪进行总体、综合性深度分析。平时职务犯罪分析的积累是年度报告犯罪分析的重要基础。各级检察机关都要把日常的职务犯罪分析工作纳入年度报告制作规划，为年度报告制作奠定基础。二是更好地提出预防检察建议。检察建议的基础之一是犯罪分析及其提出的预防对策。准确把握职务犯罪形势是科学部署反腐败工作的基础，全面准确的犯罪分析，有助于党委正确科学地作出反腐败的决策和部署。检察机关要在做好犯罪分析的基础上，更好地为党委反腐败斗争决策服务，依据犯罪分析，向党委、人大报告，职务犯罪的新情况、新特点、新趋势，及时提出建议，供党委预防腐败工作决策参考。深入的犯罪分析发现的犯罪原因、特点、规律，特别是发案单位或者行业、部门管理中存在的带有普遍性的深层次体制性、机制性问题，有助于恢复犯罪对管理活动所造成的一系列损害，弥补管理活动中存在着制度缺失。检察机关要在做好犯罪分析的基础上，积极主动地向发案单位或相关行业、部门提出检察建议，帮助发案单位堵漏建制，配合有关系统、部门和单位完善制度，强化治理，有效预防职务犯罪。三是更好地开展职务犯罪预防宣传、教育活动。有效地预防宣传、教育活动离不开对职务犯罪特点规律的准确把握，没有对职务犯罪案件的深入分析和总结，没有大量的实际案例，职务犯罪预防宣传教育就缺乏说服力和影响力。犯罪分析不仅为警示教育活动直接提供教育素材，还可以为有关媒体宣传和舆论监督提供翔实材料。检察机关要把职务犯罪分析成果转化为预防宣传教育资源，以典型案例作为开展预防警示教育的活教材，坚持用身边的人和事，深入开展预防警示宣传教育，增强预防宣传教育效果。

4. 促进侦防一体，实现以防助打。深入准确地分析职务犯罪所揭示的犯罪原因、特点、规律，可以扩大侦查部门的侦查视野，引导侦查部门由此及彼，及时关注其他行业、领域或环节存在职务犯罪的情况，掌握犯罪的苗头和动向，及时发现案件线索，从而推动职务犯罪查处工作。

（三）犯罪分析的原则

1. 及时必要。开展职务犯罪案件分析要根据预防工作需要，注重分析效果，不可单纯追求案件数量和分析次数。职务犯罪的原因、特点，如作案手段等情况随着时间推移在不断地发生变动，因此，组织犯罪分析要注意分析的时效性，切实把握时机，及时进行分析，一旦时过境迁，不仅资料难以收集，而且也失去了分析的意义。

2. 具体准确。犯罪分析的最终目的是为制定预防对策提供依据。因此分析问题要具体准确，特别对犯罪的各种原因、发案部位、作案手段等特点要具体准确，切忌笼统概括，抽象空谈、含混不清。

3. 突出重点。根据案件特点和犯罪分析的目的要求确定分析的重点内容，注意反映一个案件、一个地区、一个行业、一个部门、一段时期职务犯罪的主要原因、基本特点和规律，不必面面俱到。

4. 相互配合。检察机关开展职务犯罪分析可以由某一级检察机关单独进行，也可以由上级检察机关组织下级检察机关上下配合统一进行。检察机关开展职务犯罪案件分析是为了在预防单位开展预防活动，发生职务犯罪的单位涉及各个领域、行业、部门，检察机关开展职务犯罪分析应当与相关的单位、行业、部门相互配合共同进行，以便取得外部支持，形成共识，为预防对策的顺利实施打下基础。

5. 侦防一体。侦查部门在职务犯罪案件侦查终结后，应当提供相关犯罪信息，为预防职务犯罪部门开展犯罪分析工作提供便利。预防职务犯罪部门应当就犯罪分析结果提出书面报告并向侦查部门通报。对犯罪分析中发现的重大问题，应当及时向检察长报告并提出工作建议。

三、职务犯罪分析的类型

（一）个别案件分析

检察机关职务犯罪预防工作中的个别案件分析也称个案分析或个案剖析，是指人民检察院为实施预防职务犯罪工作，结合本级检察机关查办的职务犯罪具体案件，开展调查研究，深入分析查明该案的发案原因、症结、特点，研究制定相应预防对策的业务活动。

个别案件分析的对象是特定的犯罪案件。根据其目的和意义的不同分为两种情况：

1. 通过分析某一个职务犯罪个案探寻特定个别犯罪发生的原因、特点，发现犯罪的直接原因和发案单位存在的引发犯罪的隐患和管理漏洞，为发案单位、行业主管部门制定预防对策提供依据，促进发案单位加强教育、完善制度、强化监督，消除存在的犯罪隐患，以防止类似案件的重发、继发。

2. 通过分析特定的典型职务犯罪案例，发现职务犯罪的特殊性。选择案例，一是强调犯罪的典型性。所选案例应当在某一类职务犯罪中具有代表性，该类职务犯罪的基本特征、共同原因。二是强调犯罪的特殊性。所选案例应当属于某一新的领域，或在犯罪主体、作案手段、发案原因等方面具有新的特点，能够反映出新的犯罪动向。

在侧重具体犯罪分析的同时注意个别犯罪与总体犯罪之间的联系，从个别现象发现一般现象；在侧重微观分析的同时，注意微观与宏观之间的联系，从微观之中见之于宏观。

职务犯罪的个案分析是人民检察院开展职务犯罪预防工作的重要基础和主要内容，也是预防干部必备的基本技能。

（二）类别案件分析

检察机关职务犯罪预防工作中的类别案件分析又称类案分析，是指人民检察院为实施预防职务犯罪工作，结合本级检察机关查办的某一个职务犯罪类型的案件，开展调查研究，深入分析查明该类职务犯罪的发案原因、症结、特点，研究制定相应预防对策的业务活动。

进行职务犯罪类案分析，区分不同类型案例主要有以下几种方式：

1. 按照职务犯罪的罪名或犯罪种类分类。其目的和意义在于通过某一类职务犯罪的分析，发现某种罪名和同一类型职务犯罪的原因、规律、特点，针对共同犯罪症结，研究制定预防对策，为治理、预防某一类职务犯罪提供依据。

2. 按照发生职务犯罪的领域、行业、系统分类。其目的和意义在于通过某一领域、行业、系统职务犯罪的分析，发现某一领域、行业、系统职务犯罪的原因、规律、特点，针对某一领域、行业、系统发生犯罪的症结，研究制定预防对策，为治理、预防某一领域、行业、系统职务犯罪开展行业预防提供依据。

3. 按照职务犯罪人的不同岗位、职务分类。不同的岗位、职务所担负的责任和行使的权力不同，诱发职务犯罪的原因、作案的手段、发案的几率各具特点，进行类案分析，可以按照领导岗位、一般岗位分类，或者按照特殊岗位如财务、供应、人事等进行分类。通过对不同岗位、职务的国家工作人员发生职务犯罪的案件进行分类分析，发现在某一岗位、担任某一职务的国家工作人员发生职务犯罪的共同原因、特点及规律，为改进和完善某一岗位、职务权力运行控制对策，预防职务犯罪提供有效依据。

（三）案件总体分析

检察机关职务犯罪预防工作中的案件总体分析是指检察机关对于本辖区一定时期之内发生职务犯罪的总体情况进行全面分析，在对全部职务犯罪案件统计、分类、归纳的基础上，对本辖区职务犯罪的分布、发案原因、特点、规律作出结论，并对本地职务犯罪未来发展趋势作出判断，为研究制定本地区一定时期之内预防职务犯罪的总体规划和基本预防对策，向党委提出专题报告提供依据。

案件总体分析要把握以下几点：

1. 职务犯罪总体情况分析要全面系统，重点突出。对本辖区职务犯罪总体情况要进行概括归纳和局部分析包括犯罪的类型分布、地区分布、行业分布、主体分布、犯罪形式手段、犯罪环节部位以及重点领域和典型案件情况等。

2. 本辖区内职务犯罪发生发展的特点规律，诱发职务犯罪的原因和条件，要结合实例、数据进行实证分析，客观、准确地反映职务犯罪案件的发案情况。

3. 要对本地区职务犯罪发展趋势作出基本预测。在对职务犯罪特点及规律分析的基础上对辖区内职务犯罪未来发展趋势作出预测预警，把握规律性，体现前瞻性，增强预见性。要提高预测预警的科学性，坚持依据的客观性，一切趋势预测都要有现实的客观依据。

四、犯罪分析的内容及要求

进行犯罪分析必须根据犯罪分析的任务和目的，紧紧围绕职务犯罪的特征、特点，导致职务犯罪发生的原因、条件，职务犯罪形成、变化、发展规律，控制、治理职务犯罪的对策方法等的基本内容展开。

（一）分析职务犯罪特征、特点

进行犯罪分析，无论是对个别案件的分析，还是对与局部和总体犯罪的分析，都必须首先对列入分析范围的职务犯罪的具体表现进行全面了解，重点在于准确揭示犯罪特征，并由此发现职务犯罪的基本特点。

1. 犯罪主体特征

犯罪主体特征包括主体的自然特征和社会特征。一是犯罪人担任的职务，重点反映犯罪人的社会身份，所涉及公共权力的指向、性质、所处的环节、部位和社会领域。任何一项具体的公共权力最终会表现为一个具体的职务，并由一个人来担任，担任这个职务的人就是这项公共权力的具体行使者。准确地表述犯罪人所担任的职务，不仅直接表明犯罪主体的法律属性，更重要的是要反映出这项公共权力所处的社会领域和具体部位。因此在作犯罪分析时，不能简单地只写出犯罪人的单位名称和所任职务，而且要写出犯罪人所在单位、部门的职能和本人所任职务的具体职权范围。特别是对某一个地区进行总体犯罪分析或者对某一个领域、行业、部门进行局部犯罪分析，更要注意对各个岗位的基本职能进行准确描述。对个别案件进行犯罪分析还要注意反映犯罪人的职务沿革情况。以便对其在担任不同职务期间所发生的犯罪进行深入分析。二是犯罪人性别和年龄。不同性别和不同年龄犯罪人产生犯罪动机、目的、发生过失，导致职务犯罪的特点规律各不相同。三是犯罪人的文化程度，它表明了一个人的受教育水平。一个人所受教育水平、教育类型与教育环境对一个人世界观、价值观具有重要影响，犯罪分析不可只简单表述学历程度，应当把所受教育特别是高等教育及其之后的教育历程、所在国别、专业，甚至于具体学校，给予具体描述。四是必要时对犯罪人家庭状况进行分析。

2. 犯罪行为特征

无论是故意犯罪还是过失犯罪，其犯罪的表现形式各不相同，但又存在着共性特征。分析归纳犯罪的行为特征，是分析职务犯罪中需要重点把握的内容。

属于故意犯罪的职务犯罪分析，重点反映作案手段，集中说明犯罪人是怎样作案的，使用的是什么方法，无论是对具体案件的具体作案手段，还是同一类型的作案手段都要有充分的揭示。

首先，要十分注意特殊作案手段的出现。一种新的、特殊作案手段的出现，往往预示着一种新的犯罪形式的发生。例如，中国银行任丘支行行长王文光，利用客户预留印鉴卡片，私刻客户预留印鉴，用假预留印鉴伪造客户预留印鉴卡片，再将伪造的客户预留印鉴卡片替换真正的客户预留印鉴卡片，然后用私刻的客户预留印鉴，冒充客户支取客户资金，用于营利活动，这种新型作案手段，完全改变了传统的挪用公款犯罪方式。在犯罪分析中对于特殊的作案手段，要有详尽准确的描述。

其次，还要注意从不同的作案手段中归纳出其共同特征，尤其是对同一地域，某一时期，或者同一时期，某一领域、行业、部门作案手段的共性特征，要通过总体犯罪分析，进行必要的统计，发现不同领域、行业、系统、部门职务犯罪的各种作案手段。

属于过失犯罪的职务犯罪分析，重点反映其过失特征。注意揭示过失行为和后果之间的内在联系。

3. 犯罪主观特征

对于故意犯罪的职务犯罪的分析重点是犯罪动机和犯罪目的。任何犯罪行为都是在犯罪动机、目的的作用下产生、发展和变化，它是引起、维持犯罪活动，并促使该犯罪活动朝某一目标进行的内在动力。犯罪动机发生的一般过程是，由于自身失衡，进而产生需求，形成犯罪意念，经过不断的心理强化，产生犯罪动机，形成犯罪指向目标，发生犯罪行为。进行职务犯罪案件分析也要按照这一规律进行犯罪动机和目的的分析。

对于过失犯罪的职务犯罪分析，重点描述过失心理的形成过程和外在表现，并归纳出一般特点。

（二）分析职务犯罪原因与条件

职务犯罪原因与条件主要是指促使职务犯罪形成，引起职务犯罪的发生、变化的个人与社会、主观与客观等诸多存在现象。无论是个别职务犯罪的发生还是社会总体职务犯罪的存在，都是由一定的原因与条件所导致的，探寻这些原因与条件是研究制定预防职务犯罪对策的前提，只有对犯罪原因与条件掌握得准确全面，预防对策才能制定得具体有效。因此，全面准确地分析职务犯罪原因与条件，是进行犯罪分析的核心内容。

分析职务犯罪原因与条件的过程，就是回答"职务犯罪是怎样发生的"

的过程。职务犯罪的形成与变化，缘于个体、环境、主观、客观等诸多因素的综合作用，这些原因与条件相互关联，表现为各种不同的社会现象，共同构成致罪因素系统。

在构成职务犯罪的原因与条件的致罪因素系统中，每个因素与影响犯罪形成、发生、变化的作用有主次之分，有的对犯罪的形成具有决定性，起关键作用，属于主要原因；有的对犯罪发生提供客观条件，具有辅助作用，属于相对次要因素和条件。分析职务犯罪的原因与条件既要区分主次，把握重点，明确主要因素；又要看到犯罪原因与条件的主次地位是辩证的，在一定条件下是可以转化的，必须全面把握，不可顾此失彼。

探寻职务犯罪的原因与条件，主要依据检察机关查办的职务犯罪案件，以及与职务犯罪相关的各种社会现象。要在分析犯罪特征，归纳犯罪特点的基础上，对导致犯罪发生的各种因素和条件进行深入分析探究。实践中应当在总体上把握微观、宏观、主观、客观、特殊事件等方面。

微观方面主要涉及犯罪人个体原因，如价值观念、性格嗜好、家庭亲属、职业岗位、工作环境、单位的职能、性质、管理等主客观因素。

宏观方面主要涉及国家地域特征和社会环境、行业领域、机制、制度等客观条件。

特殊事件对诱发职务犯罪发生具有特殊意义，既可以导致犯罪意念的产生，也能够促使犯罪行为的实施。如果说犯罪人个体主客观因素和社会客观因素与条件的形成是犯罪能量积累，那么特殊事件就是触发犯罪发生的火种。

具体分析从以下几个方面展开：

1. 犯罪人个体主观因素

（1）价值观念。一个人的价值取向在强化犯罪意念，形成犯罪动机，特别在强化犯罪意念的价值评估的心理过程中对其评估取向具有决定性作用。在基本的人生观、价值观的基础上，人的价值取向可以随着人的年龄、处境发生变化。分析人的价值取向应当具体实际，不可泛泛空谈。

（2）性格。在一定程度上，性格决定行为方式。分析犯罪原因不是评价人的性格优劣，而是寻找性格在一定条件下对个别犯罪的影响，自信的心存侥幸、刚愎自用，果断的敢于冒险、鲁莽草率，外向的放纵失控、不拘细节，内向的阴险狡诈、善于伪装。

（3）嗜好。嗜好，主要是不良嗜好，是导致一个人步入歧途的重要因素。诸如赌博、好色、吸毒、好排场、好寻刺激、享受、好攀比虚荣等。即使是非不良嗜好，在一定条件下也容易成为一个人的弱点，有的人就是在投其所好中被拉下水。

2. 犯罪人个体客观因素

（1）职务与职权。任何国家工作人员都担任一定的职务，具有特定的职权。岗位职务和职权范围设定对于职务犯罪的形成与发生均有密切关系。权力集中有利于提高社会管理效率，但权力过于集中往往成为滥用权力的条件，在职务犯罪分析过程中要注意发现岗位职务和职权范围设置上存在的问题。

（2）家庭亲属与个人交友。职务犯罪人身边的小范围环境往往也隐藏着一些犯罪诱因。一是过于讲亲情，而放弃了原则；二是交友不慎，被不法之徒拉拢、利用。不注意洁身自好，时时被请入声色娱乐场所，在"美色"的诱惑下，铤而走险。

（3）行为人扭曲的需要结构。每一个人都有自己正常的需要。当他周围所处的环境、条件无法满足需要，且这种需要长期以来一直受压抑时，那么行为人一旦找到机会，就会把这种需要爆发出来。有些干部年幼时由于物质缺乏，导致他们对物质的需要长期处于一种抑制状态；一旦他们掌握了权力，意识到可以用权力满足他们一贯压抑的需要时，他们就会竭尽全力地用权力去攫取一直无法得到的东西。无论是金钱还是权力，此时都会使他们的需要得到一定的宣泄。

3. 职务犯罪的职业环境

（1）发生职务犯罪的领域、行业的社会职能分析。涉及作为职务犯罪主体的国家工作人员所在的不同的国家机关、部门、单位，单位分属的各个不同的社会领域和行业。发生职务犯罪的单位的职能、性质，表明其特定的社会管理功能。不同单位所发生的职务犯罪的原因、特点、规律与该单位所担负的社会管理职能密切相关。在市场经济条件下与经济活动关系密切的职能部门往往成为职务犯罪多发部位。随着社会经济活动的发展，在不同时期、不同地方会出现不同的热点部位。基本建设投入较多、房地产业发展时期，土地、建设、金融等行业部门的职务犯罪案件往往高发；矿产资源丰富的地方，资源管理部门、安全生产监管等部门可能成为职务犯罪易发多发的地方。因此，进行职务犯罪分析要对发生职务犯罪的领域、行业进行分析比较，注意发现职务犯罪高发领域、行业所在，探求不同领域、行业发生职务犯罪的特殊的规律、特点及原因。为确定重点预防领域、行业，针对不同领域、行业发生职务犯罪的特殊性制定预防对策提供依据。

（2）行业管理体制。一切职务犯罪的发生都是管理失效和缺失的后果。不同行业具有不同的管理体制，管理失效和缺失的情况也各不相同。垂直集中管理的行业，权力集中，不利于社会监督；分级管理的，易受地方利益左右，缺乏制约，随意性强。分析职务犯罪，必须区分不同行业的管理特征，注意发现不同行业管理制度存在的缺失与弊端。

（3）具体单位的管理状况。单位的管理严格，风气正、制度严职务犯罪就不容易发生；相反，管理混乱、纪律松弛、制度荒废的地方国家工作人员也往往由于缺乏严格的监督体系，使得他们手中的权力容易失衡、失制，导致权力的非责任化以及权力的私利化。

4. 职务犯罪的社会环境

职务犯罪与其他犯罪一样都是一种社会现象。分析职务犯罪必须注意其所处的社会环境，进行必要的宏观分析，把握特定社会背景的特点及与职务犯罪发生的内在联系。

（1）社会经济体制变革。不同的社会经济体制必然会产生不同的经济运行模式，导致不同的社会管理体制。市场经济体制下，为维护市场秩序和资源配置管理，在加大政府管理市场经济运行职能的同时，也增加了市场主体特别是民营企业寻求权力干预的需求。进行职务犯罪分析既要关注社会主义市场经济体制这个大的社会背景，又要注意从职务犯罪发生的原因、规律中发现当前社会条件下预防职务犯罪的指导思想与基本原则。

（2）社会利益格局调整。社会主义初级阶段的所有制和分配方式所确定的利益格局，是现阶段的经济基础和社会存在。在此基础上所产生的价值观念、道德标准具有多重性和多样化的特点。其中消极层面的影响就是导致腐败的思想基础。分析职务犯罪就要由犯罪现象看到犯罪人所处的利益阶层和他的利益追求。

（3）社会管理职能变革。在新的历史时期，根据社会经济发展的需要，国家的社会管理职能和方式会进行必要的调整。其结果会改变国家机关、部门、单位的职能变更，甚至产生新的管理体系，这些变革也会产生新的职务犯罪的类型、领域。分析职务犯罪也要注意及时发现由于社会管理体制变革而产生的职务犯罪的新类型、新领域，确定新的预防重点和制定相应的预防对策。

5. 特殊事件

特殊事件既可以是预先制定的事件，也可以是随机、偶然发生的。特殊事件主要涉及重大社会活动，制度改革，体制调整，新政出台，机构、人事、岗位变动，个人社会关系变故等事件发生。进行职务犯罪分析要注意发现特殊事件触发职务犯罪的特殊作用，研究特殊事件出现的规律，研究预先制定的特殊事件引发职务犯罪的规律，增强预见特殊事件出现的能力。

（三）分析职务犯罪的基本规律

职务犯罪形成与发生、变化与发展都是一定的原因与条件作用的结果。职务犯罪的基本规律就是职务犯罪的致罪原因与条件和职务犯罪的形成与发生、变化与发展结果之间具有内在的因果关联性。任何一种职务犯罪的形成与发生，职务犯罪的任何一种变化与发展，都具有特定的原因与条件，其中是有内在规律可循的。掌握了这些基本规律就可以更加准确、深刻地认识纷繁的职务犯罪现象，指导我们更加自觉地主动地开展预防职务犯罪工作。因此我们在分析职务犯罪的过程中，不能停留在对犯罪现象的一般认识，而要提高到对职务犯罪一般规律的认识，当前分析职务犯罪基本规律的重点是以下三个方面：

1. 职务犯罪形成与发生规律

职务犯罪的形成与发展是由一定的致罪原因、条件所共同导致的结果，分析职务犯罪的形成与发展基本规律就是探寻这些因果关系之间内在联系，在质和量两个方面找出因果之间的关联程度，从而达到察因而知果、除因而消果的目的。当前把握职务犯罪形成与发展规律应当关注以下几点：

（1）多重价值观念、道德标准对国家工作人员职业道德乃至对党的理想信念的动摇和扭曲成为职务犯罪主观故意的思想基础。

（2）市场经济体制下资本的逐利性催生的寻租行为与公共权力制造租金的功能是导致权钱交易、官商勾结的内在联系。贪污贿赂犯罪等腐败现象表现为公职人员对其权力的私利化，即把他所持的公共权力当作私人资本来行使，权力成了为私人谋取利益的一种手段和方式。

（3）监督管理制度缺失为职务犯罪的发生提供了可乘之机。在职务犯罪的形成中，权力的滥用就是在缺乏对权力的制约机制的条件下产生的。

2. 职务犯罪变化与发展规律

诱发职务犯罪的原因是多方面的。因素的性质决定着该职务犯罪的严重程度；因素的组合方式决定着职务犯罪的具体形态。职务犯罪的原因又是在一定条件下发生作用的。研究职务犯罪的变化与发展规律主要应当关注以下几点：

（1）职务犯罪的方式和手段变化。权力运行方式、社会管理模式的调整、法律法规的产生与变化、惩治打击力度的加大是催生新的犯罪方式和作案手段的重要因素。

（2）职务犯罪规模大小的变化。一般具有这样的规律：经济发展规模与职务犯罪规模一般成正比；社会管理监督程度与职务犯罪规模成反比；"犯罪黑数"潜伏期与犯罪规模成正比。

（3）职务犯罪领域行业的变化。经济发展热点领域权力设租机会较多，往往成为职务犯罪多发领域。权力集中的行业部门往往监督制约不足导致案件多发易发。

3. 职务犯罪传播规律

职务犯罪的传播是指职务犯罪种类、犯罪的方式和手段在不同地域、领域、行业之间的传递、蔓延。

（1）职务犯罪的地域间传播目前呈现两种情况：

一是地缘传递，是指职务犯罪发生地区的运行轨迹，它与我国经济的发展进程相符合。准确掌握源点和传播方向，有利于我们对职务犯罪研究领域的确定，有针对性地对重点领域进行长时稳定的观测，把握其运动轨迹，及时发现征兆，采取相应措施。

二是跳跃性传播，特别在当前交通、通讯、信息传播速度快、范围广的情况下，职务犯罪的传播可以跨越相接地缘，由辐射源点跨地区直接传递到四面八方，这是当前需要高度警惕的一种现象。

（2）职务犯罪在领域、行业之间的辐射传播，职务犯罪的部门辐射规律是指职务犯罪活动在不同系统、行业中的运行轨迹。这类职务犯罪的传播，往往是地缘相邻、业务相近、职能相关的行业、部门之间通过相互效仿、影响得以实现。我们在进行职务犯罪分析过程中，要根据这一规律，注意由某一领域、某一行业、某一部门的职务犯罪现象，从而预测到其他领域、行业、部门可能会发生的职务犯罪现象。

五、犯罪分析的基本方法

（一）定性分析

主要是对职务犯罪个案进行实证分析，从多个相似个案的特点、原因中归纳一类案件的特点、原因，达到从分析个案到总结类案的效果。对普遍存在的问题应当从制度上找原因，对反复发生的问题要从现象中找规律。通过对各种案件事实和相关材料进行分析，对各种犯罪现象、因素进行归纳分析，揭示犯罪的特点、本质和规律。定性分析方法主要包括：阅卷法，文献法，观察、访谈、问卷法，典型调查法等。在查阅大量的相关案件材料同时，往往还需要进行社会调查来完成，只有通过调研，案件剖析才会有广度和深度，才能抓住热点、难点。

（二）定量分析

主要是运用案件信息库的资料、数据，运用一系列社会统计、数理统计方法和数学模型，将预防信息和数理统计结合起来，对职务犯罪现象的数量特征、数量规律、数量关系进行分析。一是描述量的动态轨迹，利用历史数据预测其未来，序时平均数、平均增长数等，如某个行业历年职务犯罪数所占比例及变化情况；二是将个别的量汇总、抽象为一般的量，显示量的集中趋势和离散趋势，求平均数和标准差，涉及单个变量，集中量数（均衡性）、离中量数（差异性）等，如职务犯罪的年龄、地区分布等；三是寻找犯罪现象之间数量上的相互关系，涉及两个以上变量的相关分析（依存关系）和回归分析（因果关系），如电力系统农网改造、土管系统土地整理与职务犯罪的相关性研究，金融系统某项制度出台如房地产贷款浮动利率审批权力的增大对职务犯罪的因果性影响等。

（三）具体分析方法

1. 认真查阅案卷资料。

2. 到发案单位召开座谈会，与有关人员个别谈话。

3. 旁听案件的法庭审理。

4. 与涉案人员谈话。

5. 施行两个结合，提高案件分析的科学性和准确性。对于专业性强的案件，检察机关应当与有关部门共同开展分析活动，以弥补检察机关专业知识不足的问题。

6. 个别案件分析的时效。犯罪分析应当在生效判决之后进行。但资料收集活动则宜早不宜迟。若条件许可，可从侦查阶段开始，最迟应在移送起诉之前开始。

7. 预防部门与自侦部门密切配合。预防部门依照规定向自侦、公诉部门收集相关情况。侦查部门在职务犯罪案件侦查终结后，应当提供相关犯罪信息，为预防职务犯罪部门开展犯罪分析工作提供便利。

六、犯罪分析的工作流程

一般而言，犯罪分析流程如下：

1. 立项、填写《犯罪分析登记表》。

2. 收集、汇总材料。

3. 撰写报告。报告的内容有：犯罪人的基本情况；犯罪的基本事实与判决结果；犯罪的基本特点，包括主观方面、客观方面、主体方面、犯罪领域或地域特征，特别注意揭示犯罪的手段特征和主观动机、目的方面的特征。

4. 需要向检察长报告的重大问题：发案单位管理活动存在严重漏洞，需要开展预防活动，提出建议；发现漏罪、漏犯或新的犯罪线索，发现错案、冤案。

5. 向侦查部门通报案件分析结果，对侦查部门有参考价值的重点是作案手段、主观动机、发展领域的有关情况。

6. 向有关部门通报情况，必要时发出预测预警通报。

7. 犯罪分析完成之后，7日内将《犯罪分析登记表》、犯罪分析报告报上一级预防部门备案。本级或上一级院预防部门认为有必要时，可将犯罪分析报告同时报送省院预防处。

8. 立卷归档。完成案件分析报告之后，应当把收集的各种资料和最后形成的犯罪分析报告、《犯罪分析登记表》立卷归档。

9. 各级检察机关预防部门每年要对辖区内职务犯罪案件进行一次全面分析。于 12 月 10 日之前，写出分析报告，报上一级院预防部门。日常或专项犯罪分析可以由本级院或上级院根据需要决定。

第四节　预防检察建议

检察建议是中国特色检察制度中特有的一项制度，是检察机关法律监督的一种重要方式。1978 年检察机关恢复重建以来，特别在中央提出社会治安综合治理方针后，检察建议得以广泛运用，成为防止和减少犯罪的重要形式和手段之一，在刑事法律监督实践中大量应用于社会治安综合治理和服务经济建设方面，发挥了积极作用。

近十几年来，随着检察机关职务犯罪预防工作的广泛深入开展，检察建议的作用和地位更为突出。特别是 1997 年党中央作出加大从源头上预防治理腐败的部署以来，检察机关全面加强职务犯罪预防工作，对预防检察建议的运用更加广泛。根据最高人民检察院在全国人民代表大会上的报告中提供的数据统计，自 1998 年至 2011 年全国各级检察机关提出的预防职务犯罪检察建议就达 270118 件，对预防职务犯罪发挥了重要作用。实践证明，检察机关提出的预防职务犯罪检察建议针对性强、易于被采纳，具有良好效果，已成为检察机关开展预防犯罪工作的一项重要的法律手段，是预防职务犯罪的重要措施之一。

一、预防职务犯罪检察建议的法律依据

检察建议虽然在司法实践中被检察机关广泛应用，但是很长一段时间以来，检察建议在法律层面上缺少明确规定，在现行法律中，只有 1995 年 2 月 28 日全国人大常务委员会通过的《中华人民共和国检察官法》第 33 条的第 2 项中第一次以法律的形式明确规定："提出检察建议或者对检察工作提出改革建议被采纳，效果显著的，应当给予奖励。"除此之外，其他关于检察建议的规定仅散见于最高人民检察院的司法解释及一些部门性规范文件及会议纪要。其中，1999 年 1 月 18 日最高人民检察院颁布的《人民检察院刑事诉讼规则》第 239 条第 2 款规定："对扣押在人民检察院的犯罪嫌疑人的违法所得需要没收的，应当提出检察建议，移送有关主管机关处理；需要返还被害人的，直接决定返还被害人。"2001 年最高人民检察院制定的《人民检察院民事行政抗诉案件办理规则》第八章对检察院在办理民行抗诉案件中向法院及其他单位发

出检察建议的情形作了规定。但有关检察建议的一般概念、适用范围、法定效力、提起程序，法律和相关司法解释并没有作出相应的规定，虽然最高人民检察院的司法解释权是宪法赋予的权利，最高人民检察院所作的司法解释具有法律效力及普适性，很多学者也论述了检察建议在效力上有其权威性、法律性、法定性，由于缺乏法律上明确、具体规定的依据，特别是在非诉讼活动中适用范围最广的针对预防犯罪方面的检察建议，没有在相关立法中确立相应的法律地位和法律效力，加之相关司法解释中缺乏具体程序规定，各地在执行中的做法也不尽一致，因此弱化了检察建议的严肃性，其执行力在一定程度上受到影响。

2007年2月27日最高人民检察院第十届检察委员会第72次会议通过的《人民检察院预防职务犯罪工作规则（试行）》第14条至第17条对于检察机关预防职务犯罪工作中提出预防职务犯罪建议的情形、建议的内容、建议的审批程序、提出建议之后的回访与实效评估等活动作出了规范性的规定，为检察机关职务犯罪预防工作开展预防建议活动提供了必要的依据。

为进一步规范检察机关检察建议的适用，充分发挥检察建议的作用，更好地、全面地履行人民检察院的法律监督职能，2009年11月17日，最高人民检察院颁发了《人民检察院检察建议工作规定（试行）》，从检察建议的提出原则、发送对象、内容要求、适用范围、提出程序、制发主体、审批程序等方面作了明确规定。这是检察机关开展检察建议工作的基本依据，适用于检察机关任何一项法律监督职能和任何一个业务职能部门开展检察建议活动，与《人民检察院预防职务犯罪工作规则（试行）》关于检察机关职务犯罪预防工作开展检察建议活动的相关规定，在原则上完全一致，内容上相互补充。

各级检察机关职务犯罪预防工作部门应当按照《人民检察院检察建议工作规定（试行）》和《人民检察院预防职务犯罪工作规则（试行）》的规定和要求，结合职务犯罪预防工作实际，认真开展检察建议活动，提高检察建议的质量，增强检察建议的效果，更好地发挥检察建议在预防职务犯罪工作中的作用。

二、预防职务犯罪检察建议的概念和特征

（一）预防职务犯罪检察建议的概念

根据《人民检察院检察建议工作规定（试行）》第1条的规定所给出的定义，检察建议是人民检察院为促进法律正确实施、促进社会和谐稳定，在履行法律监督职能过程中，结合执法办案，建议有关单位完善制度，加强内部制约、监督，正确实施法律法规，完善社会管理、服务，预防和减少违法犯罪的一种重要方式。这一定义概括了检察机关所开展的全部检察建议的共同内涵，

当然同样包括检察机关预防职务犯罪检察建议的基本内涵。但是，检察机关职务犯罪预防工作所提出的检察建议与其他检察业务工作提出的检察建议相比较毕竟不完全相同，从强调检察机关职务犯罪预防工作所开展的检察建议的特殊性的角度，则应当对预防职务犯罪检察建议的内涵作进一步的明确。预防职务犯罪检察建议是人民检察院为防止和减少职务犯罪发生，在履行法律监督职能过程中，结合执法办案，通过预防调查和犯罪分析等方式，在把握职务犯罪特点、规律、查明职务犯罪隐患、预测职务犯罪发展趋势的基础上，向党委、政府及有关部门、单位提出的关于正确实施法律法规，改进社会管理、服务，完善相关制度，加强内部监督、管理的检察建议。

（二）预防职务犯罪检察建议的特征

1. 检察建议的基本特征

（1）检察建议权力的法定性。检察机关向有关方面提出检察建议是法律赋予检察机关的职责与权力。检察权包括检察建议权，这一权力由相关法律和司法解释所确立。

（2）检察建议行为的司法性。检察机关提出检察建议属于检察机关非诉讼形式的法律监督行为。检察机关是国家的法律监督机关，检察机关履行法律监督职能是国家司法机关的司法行为，其行为方式具有诉讼性和非诉讼性两种，检察机关依据检察职能，结合执法办案，提出检察建议是履行非诉讼行政法律监督职能的司法行为，其送达的《检察建议书》是检察机关制作的一种司法文书。

（3）检察建议效力的相对制约性。检察建议是检察机关在履行法律监督职能过程中，特别是在执法办案过程中，发现诱发犯罪、危害社会稳定、市场经济秩序等重大隐患、存在社会、行业、系统、部门、单位管理缺失等突出问题而后才提出的，具有充分的依据和确实的必要。因此，检察建议虽然不具有绝对的强制性，但是受建议单位除非具有充分理由，不得无理拒绝，且拒绝应当给予答复。

（4）检察建议作用的间接干预性。检察建议权属于检察权，检察机关提出检察建议不得超越检察权直接干预行政权、企业管理权、村民、社区自治权，需要经过权力转换，实现对社会管理的干预。检察机关提出的检察建议需要经过党委、政府及其有关部门、相关单位的采纳与决策，转化为抽象管理和具体管理行为，促进惩治和预防腐败体系的健全与完善，促进社会管理的改进与加强。

（5）检察建议的规范性。检察建议是检察机关的一项具体的司法活动，有关检察建议的适用，在制作主体、适用对象、建议内容、审核批准、送达恢复、督促评估等方面，都必须严格按照相关规定执行。

2. 预防职务犯罪检察建议的特殊性

检察机关预防职务犯罪检察建议除具有检察建议的一般特征以外，还有以下几点独具的特征：

（1）目的和作用的专门性。预防职务犯罪检察建议其目的和作用就是为了防止和减少职务犯罪的发生。检察机关职务犯罪预防部门提出预防职务犯罪检察建议，必须立足检察机关的预防职务犯罪职能，从防止、控制、减少国家工作人员职务犯罪这一根本职能出发，确立开展检察建议活动的宗旨和目的。

（2）适用对象的广泛性。检察机关提出的预防职务犯罪检察建议适用于所有对预防职务犯罪负有责任、已经发生或可能发生职务犯罪的机关、部门、单位。预防职务犯罪是党和国家惩治和预防腐败体系的重要组成部分，必须纳入党的反腐败斗争总体格局，反腐败斗争主体的多重性决定了检察建议适用对象的广泛性。

（3）制作依据的真实、充分性。检察机关提出预防职务犯罪检察建议的依据不仅是对已经发生的职务犯罪的直接感触和认识，更多的是经过对职务犯罪的深入分析和诱发职务犯罪的隐患的深入调查，在对职务犯罪的特征、发生的原因、条件、规律、职务犯罪隐患存在情况取得深刻认识的基础上提出来的。每一项建议都具有真实、充分的客观依据。

（三）预防职务犯罪检察建议的原则

《人民检察院检察建议工作规定（试行）》第2条指出，提出检察建议，应当立足检察职能，结合执法办案工作，坚持严格依法、准确及时、注重实效的原则。检察机关提出预防职务犯罪检察建议在坚持以上原则的基础上还要做到以下几点：

1. 立足职能，服务大局。检察机关提出预防职务犯罪检察建议，必须立足于全面履行法律监督职能，积极开展预防职务犯罪，牢固树立为大局服务的宗旨，增强为大局服务的意识，提高预防职务犯罪工作的主动性。要站在促进惩治和预防腐败体系建设，维护社会稳定和经济发展的高度，及时、敏锐地发现诱发职务犯罪的原因、条件、隐患，科学地研究、制定预防对策，提出预防职务犯罪检察建议。

2. 切合实际，具体准确。检察机关提出预防职务犯罪检察建议的依据必须实事求是，符合客观实际，提出的需要解决的问题要具体准确，切忌空泛原则。这就要求检察机关在提出预防职务犯罪建议之前，必须切实做好预防调查和犯罪分析，对建议解决的问题有深入的研究和准确的认识。

3. 注重实效，便于操作。预防职务犯罪检察建议必须立足于预防职务犯罪客观需要的实际，提出有针对性和可操作性的建议和对策。对策建议必须针对职务犯罪的原因、特点和规律，有的放矢地提出防控措施。针对性越强，效果越好，意义越大。预防职务犯罪检察建议所提预防要点和对策必须具有可操作性，便于领导决策和受建议单位实际应用。

4. 前瞻预测，勇于创新。检察机关提出的预防职务犯罪检察建议应当具有较强的前瞻性和预测性，在对职务犯罪未来发展趋势和未来职务犯罪发生的原因和条件作出准确判断的基础上，提出预先防范措施，是预防职务犯罪工作的根本价值取向。预防职务犯罪检察建议提出的预防对策应当符合科学发展观和党的改革发展方针，防止使用看似有效、实则陈旧，不利于从根本上有效防治职务犯罪的办法，坚持改革创新，积极运用源头治理的科学方法预防职务犯罪，以期取得持续有效防治职务犯罪的效果。

三、预防检察建议的适用

（一）适用预防检察建议的情形

《人民检察院检察建议工作规定（试行）》第 5 条规定："人民检察院在检察工作中发现有下列情形之一的，可以提出检察建议：

（一）预防违法犯罪等方面管理不完善、制度不健全、不落实，存在犯罪隐患的；

（二）行业主管部门或者主管机关需要加强或改进本行业或者部门的管理监督工作的；

（三）民间纠纷问题突出，矛盾可能激化导致恶性案件或者群体性事件，需要加强调解疏导工作的；

（四）在办理案件过程中发现应对有关人员或行为予以表彰或者给予处分、行政处罚的；

（五）人民法院、公安机关、刑罚执行机关和劳动教养机关在执法过程中存在苗头性、倾向性的不规范问题，需要改进的；

（六）其他需要提出检察建议的。"

《人民检察院预防职务犯罪工作规则（试行）》第 14 条规定："人民检察院预防职务犯罪部门应当针对以下情形，提出预防职务犯罪建议：

（一）已经发生职务犯罪，需要在制度、机制和管理方面改进完善，防止职务犯罪重发、继发的；

（二）已经发生职务违法，可能引发犯罪，应予制止、纠正的；

（三）存在引发职务犯罪隐患，需要防范、消除的；

（四）职务犯罪具有行业、区域性特点，需要有关部门进行综合防治的；

（五）其他需要提出建议的情形。"

《人民检察院检察建议工作规定（试行）》和《人民检察院预防职务犯罪工作规则（试行）》对检察机关提出检察建议的情形规定虽然在内容上不尽一致，但并无矛盾，虽然后者在先，但后者所提出的前四种情形恰恰为前者第（一）、（二）、（五）、（六）项所包含。

在实际执行和运用过程中需要着重于理解和把握以下四个方面的适用情形：

1. 针对已然犯罪提出预防建议。即已经发生职务犯罪，需要发案单位、发案单位所在的同一系统、行业在管理、监督制度、改进完善，防止职务犯罪在发案单位及其所在的同一系统、行业重发、继发。这种情形是根据已经发生职务犯罪所暴露出的引发此次犯罪的原因、条件和可能引发职务犯罪的隐患，为防止此类犯罪的重发和其他职务犯罪的发生，而需要在发生职务犯罪的单位及其单位所在的同一系统、行业完善管理、消除隐患，从而需要提出建议的情形。

2. 针对未然犯罪提出预防建议。即存在引发职务犯罪隐患，需要消除或已经发生职务违法，可能引发犯罪，应予制止、纠正。这种情形是虽然还没有发生职务犯罪，但是根据检察机关发现某个单位及其所在的同一系统、行业已经存在引发职务犯罪潜在因素、条件，或者存在可能引发职务犯罪的违规职务行为，需要进行消除和纠正、制止，防止职务犯罪发生，从而提出检察建议的情形。

3. 针对区域性职务犯罪与犯罪隐患的存在情况提出预防建议。当出现职务犯罪具有区域、行业性特点，或某一区域、行业出现普遍存在的诱发职务犯罪隐患，需要有关部门进行综合防治的情形时，检察机关可以向对该区域、行业具有统一管理职能的国家机关、部门提出预防职务犯罪检察建议，对该地区、行业统一组织实施预防职务犯罪活动。

4. 针对职务犯罪发展趋势预测提出预防建议。这种情形是检察机关根据职务犯罪传播规律和发展趋势分析，在对职务犯罪作出预测的基础上，对未来可能发生的职务犯罪，或对未来可能发生职务犯罪行业、部门、单位需要开展预防活动，采取预防对策而提出的检察建议。职务犯罪以及职务犯罪的类型、作案手段等具有跨地区、跨行业、跨门类进行传播、扩散的规律，检察机关通过犯罪分析和预防调查可以对职务犯罪的发展趋势作出预测，对未来可能出现的职务犯罪，或者对未来可能出现职务犯罪的行业、部门、单位预先发出预防职务犯罪检察建议，制定并实施预防措施。

　　（二）预防检察建议的内容

　　《人民检察院检察建议工作规定（试行）》第 4 条规定："提出检察建议应当有事实依据，并且符合法律、法规及其他有关规定，建议的内容应当具体明确，切实可行。检察建议一般包括以下内容：

　　（一）问题的来源或提出建议的起因；

　　（二）应当消除的隐患及违法现象；

　　（三）治理防范的具体意见；

　　（四）提出建议所依据的事实和法律、法规及有关规定；

　　（五）被建议单位书面回复落实情况的期限等其他建议事项。"

　　《人民检察院预防职务犯罪工作规则（试行）》第 15 条规定："预防职务犯罪建议应当包括以下内容：

　　（一）职务犯罪发生的原因、特点；

　　（二）应当消除的隐患和违法现象；

　　（三）治理防范的意见。"

　　由以上规定可以看出，关于检察建议的内容，《人民检察院检察建议工作规定（试行）》比《人民检察院预防职务犯罪工作规则（试行）》规定得更加具体完备。结合二者的规定和预防职务犯罪工作实际，检察机关提出预防职务犯罪检察建议的内容应当重点把握以下几点：

　　1. 提起预防职务犯罪检察建议的原由。关于检察机关提起预防职务犯罪检察建议的起因和原由，一般可以是检察机关已经查办的某一个职务犯罪案件，也可以是基于检察机关所作的犯罪分析、预防调查；这里所说的已经发生的职务犯罪案件可以是本院查办的，也可以是其他地方检察机关查办的；犯罪分析、预防调查可以是本院所作，也可以是上级院的通报的其他地方检察机关所作。

　　2. 职务犯罪发生的原因、特点。职务犯罪的原因、特点，是提出预防职务犯罪措施的重要依据。检察机关针对已经发生的职务犯罪，提出预防职务犯罪检察建议，必须对职务犯罪进行深入分析，在检察建议中阐明职务犯罪发生的原因、特点，其中，要特别注意对犯罪手段的特征给予详尽表述，让受建议单位充分了解导致职务犯罪发生的原因和职务犯罪的特点，才能更加准确、深刻地了解检察机关提出预防职务犯罪建议的意图，采纳建议，制定有效的整改措施。

　　3. 应当消除的隐患和违法现象。可能引发职务犯罪的隐患和已经存在的一般违法、违规现象，是预防潜在的职务犯罪的客体。检察机关提出预防职务犯罪检察建议，必须向受建议单位明确指出该单位存在着引发职务犯罪的隐患和违法、违规现象以及隐患和违法、违规现象的具体表现、所存在的部位。

4. 提出建议所依据的事实和法律、法规及有关规定。检察机关提出预防职务犯罪检察建议，是法律赋予检察机关权力之一，属于司法行为。检察机关在检察建议中指出的受建议单位所存在的诱发职务犯罪的原因、隐患、违法违规行为及现象必须具有法律、法规依据，在预防职务犯罪检察建议中应当准确加以引用。

5. 治理防范的具体意见。预防对策是预防职务犯罪检察建议的核心内容，也是受建议单位采纳、落实检察建议的基本依据，必须明确具体。特别对治理防范的具体部位、基本要求、治理目标要一一明确。但对于修改、制定管理制度则不可包办代替，防止超越权限而代替受建议单位制定行政管理、企业管理、自治组织管理规则。为了增强检察建议的针对性，保证预防措施的有效落实，检察机关应当事先与受建议单位进行必要的沟通。

6. 被建议单位书面回复落实情况的期限等其他建议事项。预防职务犯罪检察建议提出以后，受建议单位应当对采纳和落实情况向提出检察建议的检察机关作出书面回复。检察机关在提出预防职务犯罪检察建议时，应当对回复期限提出要求。恢复期限的长短可视检察建议所提需要落实事项的多寡、难易、繁简而定，一般应以不超过30个工作日为宜，情况复杂的，可适当延长。

（三）预防检察建议的适用对象与管辖

《人民检察院检察建议工作规定（试行）》第3条规定："人民检察院结合执法办案工作，可以向涉案单位、有关主管机关或者其他有关单位提出检察建议。"

预防职务犯罪检察建议的适用对象应当包括所有负有预防职务犯罪责任的国家机关、企业、事业单位、村民、社区自治组织及其他社会组织等预防职务犯罪的主体。在实际工作中，检察机关提出预防职务犯罪检察建议的适用对象应当包括以下几方面：

1. 已经发生或可能发生职务犯罪的某一个具体单位。

2. 已经发生或可能发生职务犯罪的某一个系统、行业的主管机关、部门。

3. 已经发生或可能发生职务犯罪的某一个行政区划的党委、政府。

关于预防职务犯罪提出检察建议的的管辖，《人民检察院检察建议工作规定（试行）》第6条规定："人民检察院可以直接向本院所办理案件的发案单位提出检察建议。需要向发案单位的上级单位或者有关主管机关提出检察建议的，办理案件的人民检察院应当层报被建议单位的同级人民检察院决定并提出检察建议。"

检察机关提出预防职务犯罪检察建议的管辖应当实行属地管辖与级别管辖

相结合的原则。实践中可以根据相关规定按如下办法执行：

1. 各级检察机关可以直接向本院所办理案件的发案单位提出检察建议。

2. 各级检察机关可以直接向本院辖区内应当开展预防职务犯罪的企业、事业单位、村民、社区自治组织及其他社会组织直接提出预防职务犯罪检察建议。

3. 各级检察机关可以直接向本院辖区内应当开展预防职务犯罪的同级国家机关、部门直接提出预防职务犯罪检察建议。

4. 下级人民检察院认为需要向本院查办案件的发案单位的上级单位或者有关主管机关提出检察建议的或需要向某一应当开展预防职务犯罪的行业、系统的主管机关、部门提出检察建议的，下级人民检察院应当层报被建议单位的同级人民检察院决定并提出检察建议。

（四）预防职务犯罪检察建议的类型

检察机关提出的预防职务犯罪检察建议的种类可以按照检察建议适用的主体和客体进行划分。

1. 按照适用客体的不同进行划分：

（1）个别性建议。即针对某一项具体问题提出的预防职务犯罪检察建议。

（2）类别性建议。即针对某一类职务犯罪或某一类问题提出的预防职务犯罪检察建议。

（3）综合性建议。即针对多种类职务犯罪或多种类问题提出的预防职务犯罪检察建议。

2. 按照适用主体的不同进行划分：

（1）单一性建议。即针对某一个具体单位提出的预防职务犯罪检察建议。需要由某一具体部门、单位实施的操作层面的对策和建议。检察机关针对查办案件过程中发现的问题，向发案单位提出的单项具体整改意见。这种建议要明确指出存在的问题，提出具体整改内容，其主要内容一般涉及某一部门、单位管理活动中的具体问题。一般由发案单位自行整顿。

（2）系统性建议。即针对某一个系统、行业、部门提出的预防职务犯罪检察建议。需要由系统、行业决策或实施的管理层面的对策和建议。检察机关向发案单位、案件多发行业、部门或其同类系统、单位提出的联合采取综合措施，预防职务犯罪的意见。其主要内容一般涉及某一领域、某一类的局部性问题。

（3）地域性建议，或称决策性对策建议。即针对某一个行政区划、特殊地域提出的预防职务犯罪检察建议，其主要内容一般涉及全局性、调整性、联动性的问题。一般需要经过党委、人大、政府进行决策，方可实施的对策和建议。检察机关向党委或政府及有关部门提出的预防职务犯罪并关系到当地工作大局的意见供领导决策参考。通过党委、政府的决策行为达到预防犯罪的目的。

四、预防检察建议的工作流程

（一）预防检察建议书制作、审批、备案程序与文书格式

《人民检察院检察建议工作规定（试行）》第7条规定："提出检察建议，应当按照统一的格式和内容制作检察建议书，报请检察长审批或者提请检察委员会讨论决定后，以人民检察院的名义送达有关单位。检察建议书应当报上一级人民检察院备案，同时抄送被建议单位的上级主管机关。"

第9条规定："各级人民检察院办公室统一负责检察建议书的文稿审核、编号工作，各承办部门负责检察建议的跟踪了解、督促落实等工作。"

《人民检察院预防职务犯罪工作规则（试行）》第16条规定："预防职务犯罪建议应当采用最高人民检察院规定的检察建议文书格式。经检察长审核签发，并报上一级人民检察院预防职务犯罪部门备案。"

根据以上规定，检察机关提出预防职务犯罪检察建议的立项审批和《检察建议书》的制作可以按照以下程序操作：

1. 立项审批。检察机关提出预防职务犯罪检察建议，应当首先立项，可以按照检察长或主管检察长指示立项，也可以由检察机关职务犯罪预防部门提请立项。由承办人员填写《提出检察建议登记表》，经预防部门负责人、主管检察长，逐级报批。

2. 制作《检察建议书》。承办人制作《检察建议书》文书格式适用最高人民检察院制定的法律文书样式第一百五十八条《检察建议书》的格式。

3. 审批用印。《检察建议书》完成起草，经预防部门负责人、主管检察长逐级审核，报请检察长审批或者提请检察委员会讨论决定后，由检察长签发，用院章，以人民检察院的名义送达有关单位。

各级人民检察院办公室统一负责检察建议书的文稿审核、编号工作。文书编号为：某检预建〔年号〕某号。

4. 备案。文书制作发出后一般应当在7日内报上一级检察院预防部门备案，同时抄送被建议单位的上级主管机关。

（二）预防检察建议的督导落实、撤销、实效评估

《人民检察院检察建议工作规定（试行）》第8条规定："人民检察院应当及时了解和掌握被建议单位对检察建议的采纳落实情况，必要时可以回访。被建议单位对检察建议没有正当理由不予采纳的，人民检察院可以向其上级主管

机关反映有关情况。检察长对本院提出的检察建议，上级人民检察院对下级人民检察院提出的检察建议，认为确有不当的，应当撤销，同时及时通知有关单位并作出说明。"

第 10 条规定："各级人民检察院应当加强检察建议的分类统计，定期对发送检察建议的情况进行综合分析和评估。"

《人民检察院预防职务犯罪工作规则（试行）》第 17 条规定："人民检察院预防职务犯罪部门应当在预防职务犯罪建议送达后十五日内，主动了解落实情况，并作好记录；在收到有关部门、单位反馈情况后十五日内，进行实效评估，并向其上级单位或者主管部门通报情况。"

根据以上规定，可以按照以下程序操作：

1. 回访。人民检察院预防职务犯罪部门应当在预防职务犯罪建议送达后 15 日内，主动了解落实情况。回访由职务犯罪预防部门负责人指定专人负责，回访人员不少于 2 名，并对回访情况做好记录。

2. 督导。受建议单位对检察建议没有正当理由不予采纳的，或无故逾期不予答复的，发出检察建议的人民检察院可以直接或报经上一级人民检察院，制作《督促落实检察建议通知书》，送达其上级主管机关，反映有关情况。

受建议单位需要与检察机关共同开展预防活动的，检察机关应当给予配合支持，协助制订具体的预防工作方案。

3. 检察建议的撤销。检察长对本院提出的检察建议，认为确有不当，应当撤销的，职务犯罪预防部门要按照检察长指示，起草《撤销检察建议决定书》，逐级审批后送达；上级人民检察院对下级人民检察院提出的检察建议，认为确有不当，应当撤销的，一般应当通知发出检察建议的人民检察院，作出撤销检察建议的决定，特殊情况也可以由上级人民检察院直接作出撤销检察建议的决定。同时由作出撤销检察建议的决定的人民检察院及时通知有关单位并作出说明。

4. 实效评估。检察机关在收到有关部门、单位关于落实预防职务犯罪检察建议的反馈情况后 15 日内，检察机关职务犯罪预防部门应当指定 2 人以上，对受建议单位落实检察建议提出的各项预防措施情况和效果，进行实效评估，并写出《落实检察建议效果评估报告》，主要内容包括：对检察建议的具体落实情况、试行各项整改措施的可行性与有效性；职务犯罪重发、继发的可能性等给出评价。经受建议单位签署意见，向受建议单位的上级单位或者主管部门通报情况，并报上一级人民检察院备案。

（三）预防职务犯罪检察建议立卷归档

检察机关职务犯罪预防部门开展检察建议的每一项活动都应当做好记录，

有关制作检察建议的全部资料、检察建议书、评估报告、《提出检察建议登记表》要认真整理立卷归档。

第五节　预防咨询

一、预防咨询的概念与作用

（一）预防咨询的概念

检察机关在不具有一般监督权的情况下，如何充分发挥检察职能，采取多种方式，促进预防单位的管理与监督，建立有效的制度制约机制，形成巩固的制度防线，是预防职务犯罪工作的重要任务之一。积极开展预防措施咨询，促进社会公众积极参与预防职务犯罪，这是最高人民检察院提出的基本预防措施之一，也是职务犯罪预防部门的一项重要任务。

这里所提出的预防咨询的基本内涵不仅包括检察机关对单位、公民的询问、建议做出解释与答复，更重要的应该是检察机关应邀与其他预防主体之间就制定预防对策、实施预防措施而进行的征询与协商行为。职务犯罪预防部门在预防工作实践中充分运用预防咨询方式对促进预防单位的管理与监督，推动制度制约机制的建立具有重要意义。

（二）预防咨询的意义与作用

职务犯罪预防部门以往所开展的预防咨询，主要是检察机关与预防单位之间就强化管理与监督，为建立制度制约机制所进行的征询、协商活动。它的意义和作用有以下几点：

1. 预防咨询是强化管理，建立制度防线的客观需要。事实证明，所有职务犯罪的发生都是管理制度失效的结果。凡是职务犯罪高发的地方多是制度废弛、管理混乱的领域或单位，凡是职务犯罪高发时期也正是国家管理秩序受到干扰破坏的时期。强化管理，建立制度制约机制即以完善的法律、法规、规章、制度为基础，形成完整有效的管理体系，规范国家工作人员的职务行为，是从源头上预防职务犯罪的根本性措施。检察机关具有与职务犯罪长期斗争的实践经验，尤其对职务犯罪的作案手段有比较深入的研究，因此比较容易发现管理体系中存在的漏洞及其所产生的隐患。要发挥检察机关的这一优势，就必须使检察机关能够及时了解管理活动情况，因此也就有必要使检察机关能够适当接触管理活动。然而职务犯罪主体所在领域的管理类型主要是国家行政管理和国有企业、事业单位管理，检察机关缺乏直接参与的法律依据。为了更好地适应预防职务犯罪的需要，建立有效的制度制约机制，发挥制度防线的预防作用，检察机关在依法惩治职务犯罪的前提下，有必要采取适当方式与行政部门和企业、事业等预防单位加强配合，在促进管理、强化监督方面发挥更大的作用。预防咨询是检察机关依据预防职务犯罪职能，以行政部门或企业、事业等具体预防单位的邀请为前提条件所实施的一种非诉讼的参议性活动。这种方式既不违反法律规定，又为检察机关以适当身份和方式广泛深入社会预防领域的管理活动，及时了解情况、发现问题，与行政部门或企业、事业等具体预防单位共同配合开展预防职务犯罪工作提供了有效途径，对实现检察权与行政管理权和其他一般社会管理权在预防职能上的互补作用具有重要意义。同时，预防咨询实施于建立管理体系并保证有效管理的行为过程，多是在职务犯罪发生之前的预防活动，在预防作用上更具有前瞻性。

2. 预防咨询对健全完善管理制度，促进有效监督具有直接作用。任何一个预防领域或具体预防单位强化管理，建立有效的制度制约机制，形成巩固的制度防线，要解决的根本问题都是健全与完善规章制度与实施有效的监督检查。现阶段诱发职务犯罪的重要原因，一是管理制度不健全、不完善，或具体运作过程的操作程序不规范。目前各行业系统绝大多数已有专门的法律、法规，但是有些具体管理办法制定的不够完善，因而给犯罪留下可乘之机。特别是当今社会发展很快，社会管理往往滞后于社会活动，更加凸显出管理制度缺乏前瞻性的弊端。二是有章不循，违规操作成为职务犯罪的必要手段，而违章不纠、监督不力则是诱发职务犯罪的必要条件。我省检察机关以往查办的职务犯罪案件属于当年作案当年发现的只占 20% 左右，多数是在作案两三年以后才被发现，时间长的甚至能隐藏七八年。这种现象的存在，一方面是由于罪犯作案手段狡猾、隐蔽，另一方面也反映出以前的监督活动没有发挥应有的作用。这些失效制度和失效监督反映的主要问题是：（1）制定制度和实施监督的针对性不强，缺乏预防职务犯罪的目的性；（2）对制度缺陷和违规现象的危害认识不足，尤其对诱发职务犯罪的危险性感觉不敏锐；（3）对管理中出现问题的原因分析不够深入；（4）弥补制度缺陷不够及时，纠正违规现象不够严格；（5）监督程序不符合规范要求；（6）监督检查不细致，内容不完整。对于这些问题，检察机关如果不深入其中便很难在发生职务犯罪之前发现并及时给予建议弥补。这些问题究其原因主要是三个方面：一是这些单位的管理目标本身就缺少预防职务犯罪的内容；二是预防单位缺乏预防职务犯罪的职业素质和基本知识；三是管理者的原则性与责任心不够强。预防单位在管理活动过程中从预防职务犯罪的目的出发邀请检察机关给予咨询，不仅有利于及时发现并弥补管理活动存在的纰漏，而且检察机关恰恰能够弥补这些不足，从三个方面为建立完备制度，激活监督机制，强化制约，促进有效管理发挥重要作用。

（1）导向作用。能够增强制定制度和监督活动的目的性，完善管理目标。检察机关的预防咨询活动首先会引导预防单位把预防职务犯罪列入管理目标，使预防职务犯罪工作成为预防单位总体管理机制中的重要组成部分。（2）技能补充作用。能够增强管理活动的深度和广度。预防单位的管理活动有了检察机关预防咨询的参与，就能直接得到专业预防职务犯罪技能的支持，促进管理活动更加深入，进而从根本上提高预防单位的预防能力。（3）激励作用。能够增强监督活动的严肃性。检察机关以预防咨询的形式参与预防单位的监督活动，可以在一定程度上激励预防单位严格履行监督职能，减少监督活动中的干扰、阻力，在一定程度上防止有章不循、违章不纠的现象发生。

　　3. 预防咨询拓展了检察机关广泛介入社会预防领域的途径，为实现两个结合创造了有利条件。预防职务犯罪作为反腐败的重要组成部分，涉及多种社会领域，必须建立党委统一领导的预防工作机制，充分发挥各类预防主体的职能作用，形成社会预防格局。按照各类预防主体的权限和职责划分，在总体预防体系中有决策性预防主体、专职业务性预防主体、社会基础性预防主体。检察机关作为专职业务性主体，既要为预防决策主体服务，又要为具体预防单位服务，只有广泛深入社会预防领域，与各预防主体紧密结合起来，才能充分发挥作用。预防咨询不仅可以运用于预防单位的管理活动，还可以推广运用于行政管理、行业管理活动，能够和新闻媒体、工会以及多种社会组织的监督活动相配合。检察机关可以根据预防职务犯罪的需要灵活运用，具有广泛的实用价值。

二、预防咨询的适用对象与具体形式

　　为了有效地促进预防单位强化管理活动，实现预防职务犯罪的目的，检察机关的预防咨询应当区分预防单位的性质及其管理的不同类型、不同行为、不同对象采取多种预防咨询形式。最高人民检察院提出的预防职务犯罪的八个重点行业和领域基本涵盖了目前检察机关预防职务犯罪工作所涉及的所有预防单位的类型。这些单位的人员性质可划分为国家机关工作人员、非国家机关工作人员的其他国家工作人员；这些单位的管理类型则分别属于国家行政管理、企业管理、事业管理。在这些划分的基础上，我们还可以看到，任何性质的预防单位及其所实行的任何类型的管理活动都表现为决策行为、组织行为、指挥行为、控制行为。据此还可以将管理划分为抽象管理活动、具体管理活动、监督控制活动等基本类型。检察机关的预防咨询可以针对不同情况采取不同的咨询方式。

（一）管理决策活动中的会议咨询

管理决策是指制定管理目标和行为规则，区分岗位职责，确定操作程序等管理行为。决策行为的效力具有规范性、普遍性、持久性，搞好管理决策是强化管理建立制度机制的基础。检察机关应当把管理决策作为预防咨询的首选对象。会议咨询是适应管理决策活动特点的预防咨询形式。

1. 会议咨询的基本形式

会议咨询是指检察机关应邀参加预防单位的会议或检察机关和预防单位举行联席会议进行预防咨询。这种方式适合管理决策活动的特点。预防单位为了建立新的管理制度或补充修改已有的管理制度都必然经过调研论证，一般在形成草案的过程中要召集有关部门会议，此时可邀请检察机关参加会议；也可与检察机关专门召开联席会议，进行预防咨询活动。

2. 会议咨询的希望目标与咨询要点

管理决策中预防咨询的基本目标是实现预防单位的预防职能的规范化和责任化。但是，针对不同管理类型的管理决策的内容和特点，预防咨询的重点应有所不同。

（1）国家行政管理的决策活动的咨询要点。管理决策在国家行政管理中属于抽象行政行为。但是，对于省级以下检察机关所对应的具体预防单位的管理决策活动，更多的则是建立健全规章制度的工作。其主要任务是依据法律、法规、规章等制定具体管理办法并且形成制度，使法律、法规、规章之间建立起有机联系，成为具体部门、单位实施管理的程序与规范。检察机关的预防咨询要在提高预防单位管理制度的严密性和防范职务犯罪的针对性上给予特别关注。其基本要求是：原则规定的具体化；内设机构、岗位职权设置的制衡化；职务行为的程序化与公开化。

（2）企业管理的决策活动的咨询要点。管理决策在企业（事业）管理中属于计划职能。其主要任务是依据相关法律、法规、规章和企业生产经营管理实际，制定企业管理制度。企业或实行企业化管理的单位的管理制度繁多，涉及面很广。有的大型企业的管理制度多达上百件数千条。例如邯钢集团的管理标准包括 25 个管理职能的 249 个管理标准，字数多达几百万。检察机关要把预防咨询的重点放在容易发生职务犯罪部位的管理制度上。目前主要应以企业领导管理、采购供应管理、销售管理、技术改造和基建工程管理为重点。

（3）会议咨询的主要活动内容：

A. 审阅文件草案，为预防单位提供相关法律、法规等参阅资料；

B. 参与讨论或考察论证活动，发表论证意见或提出论证报告；

C. 提供典型案例，分析预防单位管理活动的薄弱环节，针对预防职务犯罪，提出弥补性意见，以至于协助预防单位修改、起草相关条款。

2001 年 6 月，河北省地方税务局研究执行新《税收征收管理法》办法，特意邀请省院领导和预防部门参加会议，认真征询检察机关对税务人员在执行新《税收征收管理法》中可能发生的职务犯罪的情况分析及预防对策，收到良好效果。河北省烟草专卖局在制定全省烟草系统廉政建设方案过程中，专门把方案提到全省烟草系统预防职务犯罪指导委员会办公室会议进行专题讨论，听取检察机关的意见。最后形成的方案发挥了重要作用，得到国家总局的肯定。

（二）管理监督活动中的随行咨询

监督即察看与督促。管理监督是指管理主体察看、了解、掌握管理对象遵守、执行管理制度的情况，并对违规行为作出处理的行为。监督是管理的重要环节，监督的状况如何关系到管理目的能否顺利实现。只有制度没有监督，任何严密的制度都只能是一纸空文。监督活动是落实管理制度的根本保证，应当列为检察机关预防咨询的重点对象。

1. 随行咨询的基本形式

在各种管理监督活动中最常见的监督形式是监督检查。即监督部门通过察看、审阅、核对等方式，了解管理对象遵守、执行管理制度的情况，发现违规现象并作出处理。随行咨询是指检察机关应预防单位邀请跟随其进行监督检查活动，在参加检查的过程中随时给予咨询。随行咨询不仅有利于检察机关深入了解、及时发现预防单位管理中存在的问题，更有利于预防单位及时采取措施实施补救，增强监督检查的效果。

2. 随行咨询适用的主要监督活动及特点

根据国家法律、法规规定，对国家机关工作人员的监督主要由内部行政监督和行政法制监督两部分组成；对其他国家工作人员的监督，除一部分靠内部行政监督范畴的行政监察监督、行政法制监督范畴的党内监督和司法机关的监督实现之外，大部分是靠单位内部的监督活动完成的。检察机关应当选择与预防职务犯罪关系密切的监督主体开展预防咨询。

（1）内部行政监督及特点。内部行政监督包括行政监察、一般权限的内部行政监督、审计监督。

其中，行政监察的职权最为广泛，与预防职务犯罪的关系最为密切。其监督对象包括国家机关工作人员和国有金融机构的国家工作人员。检察机关以预防咨询的形式配合驻预防单位的行政监察部门开展监督活动有利于强化行政监督的预防职务犯罪作用。

一般权限的内部行政监督也有其独到之处。它所包含的上级对下级的监督在实行垂直领导管理的行政部门非常重要。它所包含的对国有企事业单位的监督职能，除了对国有企事业单位的管理人员进行必要的法纪监督外，其重点还在于对国有企事业单位经营管理状况的评估与检查。

通过预防咨询介入上述监督活动十分有利于推动金融、工商行政、税务、烟草专卖、海关等部门的系统预防和国有企业的预防。承德市检察院跟随市人民银行对该市农业银行进行专项检查，进行预防咨询，提出整改建议 19 条，有效地强化了专项检查的作用。

（2）行政法制监督及特点。所谓行政法制监督是指行政机关及其工作人员所受的除内部行政监督以外的其他所有监督。包括党内监督、权利机关的监督、司法机关的监督、公民与社会组织的监督。除司法机关的监督以外的其他行政法制监督中党内监督范围最广，力度最大，包括了所有党员国家工作人员，且以党的纪律为依据。

（3）系统、行业、单位内部的管理监督及特点。系统、行业、单位内部的管理监督是实现系统、行业、单位内部管理而设立的监管机制。一是行业监管。主要有人民银行对金融行业的监管、国有金融机构内部业务监管；建设行政主管部门对建筑行业的监管；医药行业监管等。二是国有公司、企业、事业单位内部经营监管。主要有审计、稽核等。检察机关应在这些管理监督中开展预防咨询。

3. 随行咨询的主要内容

（1）随行听取情况汇报。监督检查活动一般都要首先由被检查单位汇报情况。随行咨询人员要通过听取汇报掌握基本情况，初步确定咨询的主要环节。

（2）查阅资料。监督部门通过查阅、核对资料，了解管理对象遵守、执行管理制度的情况是监督检查活动的基本内容。随行咨询人员不但要认真参与查阅，而且要根据需要提出补充调阅内容的建议。

（3）实地察看。随行咨询人员要跟随监督检查人员察看具体操作过程和设备设施运行。

（4）提出咨询建议。随行咨询人员对跟随检查过程中发现的问题，适时向监督检查人员提出咨询建议，或解答监督检查人员提出的征询。对跟随检查过程中的一般问题可以随时提出建议或答询。对重大问题应认真研究答复。随行咨询人员在完成跟随检查之后要综合检查全过程的情况向监督检查人员提出咨询建议。对重大问题要同时报告其上级主管部门。例如，2001 年邯郸市检察院应邯郸市国税局邀请，对全市国税系统增值税发票管理专项检查进行随行咨询。他们与市国税局共同查看相关资料 44060 份，发现可能诱发职务犯罪的隐患 14 类，提供咨询建议 68 次。国税局据此查出可落实税款 38.2 万元，取消了一批不合格的一般纳税人资格，补充完善了增值税发票管理制度。

（三）特定管理活动场合的临场咨询

有些具体管理活动是要按照一定程序在特定场合进行的，其中多数属于具体行政行为。常见的有建设工程招投标、政府采购招投标、药品采购招投标、土地使用权拍卖招投标等。这些活动既是社会关注的热点问题，也是职务犯罪容易发生的地方。保证这些行为的公开、公平、公正是预防职务犯罪的重点之一。检察机关在这些场合进行预防咨询也就显得非常必要。由于这些招投标活动都是政府行政主管部门按照规定的程序、形式、场合组织实施的，检察机关进行预防咨询的形式就要适应招投标的特定场合与形式的需要。临场咨询就是检察机关应组织招投标的行政主管部门的邀请到招投标现场，就预防招投标中发生职务犯罪给予咨询。其基本活动内容包括三个方面：

1. 现场宣告。向现场全体人员宣布有关招投标的规定和违规可能触犯刑法构成职务犯罪的规定。例如，河北省检察机关曾在建筑工程招投标现场开展咨询，宣读《河北省建设工程招标投标管理规定》第 39 条关于禁止在招标活动中接受贿赂、回扣的规定，第 43 条关于招投标管理机构的工作人员不得玩忽职守、滥用职权、徇私舞弊的规定，以及违反这些规定所涉及的职务犯罪的刑法规定。

2. 现场察看，受理咨询。查阅招投标组织者提供的相关资料，观看规定程序的执行情况，听取现场人员对招投标活动的反映，解答现场提问。发现违规问题，做好记录，按程序反映并提出纠正建议。例如，2002 年廊坊市检察院在电信公司长途枢纽大楼工程招投标现场发现标底有重复计算项目，遂会同监察部门提出纠正意见。主管部门接受意见，重新组织招投标，工程报价比原来减少了 200 多万元。

3. 现场宣传，受理举报。利用图片展览、播放音像等形式宣传职务犯罪的典型案例进行警示教育。在现场设立举报箱，公布举报电话，发挥社会公开监督作用和法律的威慑作用。

三、预防咨询的原则

预防咨询是检察机关预防职务犯罪工作的一项具体预防措施，必须服从预防工作的整体需要，实施统一的组织领导，运用于重点预防领域。检察机关开展预防咨询必须依据检察职能，通过参议咨询活动，健全、完善、激活预防单位的管理机制，促进预防单位强化管理、监督，不能超越职权，干预预防单位的管理监督。检察机关开展预防咨询应当与预防单位协商一致，把预防咨询作为重要预防措施，预先列入共同预防职务犯罪工作内容，形成制度，保证预防咨询活动能够及时有效地实施。

（一）统一领导，运用于预防重点

预防咨询是检察机关预防职务犯罪工作的一项具体预防措施，必须服从预防工作的整体需要，实施统一的组织领导，运用于重点预防领域，才能发挥应有的作用。检察机关实施预防咨询的对象主要是行政管理活动和企业、事业管理活动，所以更应当充分发挥党委统一领导的预防职务犯罪指导委员会的组织协调作用。预防咨询虽然只是一项非决策的参议性活动，但毕竟涉及管理决策，面对的部门、单位较广，检察机关从职能和力量上都不可能全面参与，只能根据需要选择重点预防领域的重点管理活动实施预防咨询。

（二）依托职能，着眼于促进管理

检察机关开展预防咨询以参议咨询的身份、适度参与预防单位管理活动，既不是干预预防单位的管理，更不是代替预防单位的管理，而是为了更好地发挥管理制度对职务犯罪的预防作用，促进预防单位强化管理。因此，检察机关在开展预防咨询中绝不能超越职权，任意干预预防单位的管理活动，而应该始终着眼于促进预防单位的管理，健全、完善、激活预防单位的管理机制。

（三）协商一致，形成制度约定

检察机关的预防咨询是以预防单位邀请为特定条件的，所以必须建立在双方协商一致、达成共识的基础之上。首先，双方要对预防咨询的必要性有充分的理解和一致的认识。预防单位只有真正看到预防咨询的效果和自身的客观需要，才能真心实意地主动发出邀请并给予密切配合。检察机关同样要对预防咨询目的、意义有深刻了解，才能积极、自觉地加以运用。其次，双方要就预防咨询作出预先约定，形成制度。最好能在双方共同制订的预防职务犯罪工作方案中把预防咨询作为预防职务犯罪的重要措施预先作出明确规定。这样才能保证预防咨询活动能够及时有效地实施。

四、预防咨询的操作规范与文书

（一）几个重点预防咨询方式的操作

1. 预防单位在建立健全管理制度等管理决策活动中，检察机关可以应邀参加预防单位的相关会议或与预防单位举行专门联席会议，参与研究论证，给予咨询协助。

检察机关在会议咨询活动中应当审阅文件草案，为预防单位提供相关法律、法规等参阅资料；参与讨论或考察论证，发表论证意见或提出论证报告；提供典型案例，针对预防职务犯罪，分析预防单位管理活动的薄弱环节，提出弥补性意见，协助预防单位拟制相关条款。

2. 预防单位组织监督检查活动，检察机关可以应预防单位邀请跟随参与监督检查，在参加检查的过程中随时给予咨询，及时发现预防单位管理中存在的问题，及时建议预防单位实施补救措施，增强监督检查的效果。

检察机关在随行咨询活动中应当听取情况汇报，确定咨询的主要问题；查阅资料，实地察看操作过程和设备设置运行情况，了解被检查单位遵守、执行管理制度的情况；对跟随检查过程中发现的问题，应适时向监督检查人员提出咨询建议，或解答监督检查人员提出的征询。

3. 预防单位按照有关规定和程序组织的建设工程招投标、政府采购招投标、药品采购招投标、土地使用权拍卖招投标等活动，检察机关可以应主管部门的邀请到场，就预防招投标中发生职务犯罪给予咨询。

检察机关在招投标场合进行临场咨询，应当现场向全体人员宣告有关招投标的法律规定和违规可能触犯刑法构成职务犯罪的法律后果；现场察看相关资料和程序执行情况，听取现场人员对招投标活动的反映，受理咨询；发现违反招投标规定的问题，要做好记录，按程序向有关部门反映并提出纠正建议；进行现场预防教育，现场设立举报箱，公布举报电话。

（二）预防咨询程序

检察机关应当按照以下主要程序开展预防咨询活动：

1. 咨询邀请。预防单位可以按照事先约定或者根据预防工作需要向检察机关发出邀请，告知预防咨询活动的内容、方式、要求、时间、地点。邀请一般应以书面形式，也可以用口头邀请。检察机关接到邀请要制作记录备案，并填写《预防咨询登记表》，逐级报告、审批。

2. 咨询受理。检察机关对预防单位的邀请要作出接受与否的决定并以相应的形式答复预防单位。

3. 咨询准备。检察机关决定接受邀请后，应当指派专人参加，一般应不少于两人。受派人员要制作预防咨询预案。根据预防咨询的内容和形式，查阅预防单位提供的资料，熟悉相关法律规定，确定议程、程序，准备必要的现场用品。开展预防咨询应当做好以下准备：

（1）明确涉及咨询事项的法律、法规和政策规定；

（2）了解咨询对象的主要工作职责；

（3）了解咨询对象制定、实施的内部管理制度和业务流程；

（4）了解咨询对象面临的职务犯罪风险和隐患。

4. 咨询实施。按照会议咨询、随行咨询、临场咨询的要求与方法实施咨询活动。

5. 咨询的回复。一般问题的咨询意见，能够当场决定的，应当当场作出咨询意见；重大疑难问题的咨询意见应当经预防部门研究决定，并以检察机关的名义用《预防咨询意见书》的形式提交预防单位。活动中应认真制作咨询笔录，把预防咨询活动中提问、答询、商讨、建议等内容记录在案。具体要求如下：

（1）对一般咨询的回复，由部门负责人审核；对有关单位、部门的重大咨询的回复，应当报经分管检察长审批。

检察机关开展预防咨询，对不产生变更法律关系的简单咨询，填写《预防咨询登记表》以口头形式答复。凡参与部门、单位规范性文件制定或其他重大咨询的回复，一律以《预防咨询意见书》的形式提交预防单位。

（2）一般咨询的回复，由部门负责人审核，重大咨询的活动回复，报经分管检察长审批。

（3）预防咨询回复之后，7 日内将《预防咨询意见书》、《预防咨询登记表》的附件报上一级院预防处备案。

6. 咨询终结。预防咨询结束之后应当把咨询的主要问题、咨询意见填入《预防咨询登记表》，需要制作《预防咨询意见书》的，经批准制发。预防咨询结束后，要将本次预防咨询的全部文书资料整理装卷、归档。

第六节　职务犯罪技术预防

现代科学技术的迅猛发展，极大地改变了社会管理模式，也为我们提供了与犯罪作斗争的新手段，开辟了新途径。运用现代科学技术预防职务犯罪，对建立更加完善有效的惩治和预防腐败体系具有重要意义。《人民检察院预防职务犯罪工作规则（试行）》第 23 条规定："人民检察院预防职务犯罪部门应当积极探索运用技术方法预防职务犯罪。与有关行业、系统、部门、单位建立信息共享机制。"

近年来，检察机关在积极有效地开展职务犯罪预防工作的过程中，日益重视运用现代科学技术手段，在多个领域尝试职务犯罪的技术预防，取得良好效果，职务犯罪技术预防已成为提高反腐倡廉建设科学化水平的重要措施，应当大力推广运用。

一、职务犯罪技术预防的概念和特征

（一）职务犯罪技术预防的概念

运用科学技术预防犯罪，一直是公安机关对犯罪进行防范的重要措施。公安机关所实施技术预防主要是指运用可视的物质设施、电子报警、电子监视等硬预防技术和密码设置、程序设置、操作流程控制等软预防技术，防范、阻遏、控制犯罪。

检察机关采用的职务犯罪技术预防措施是借鉴公安机关对一般犯罪的技术预防措施，针对职务犯罪的特点、规律，适应预防职务犯罪的需要，创立和发展起来的。

职务犯罪，特别是其中的故意犯罪，绝大多数属于制度缺失、管理失效所造成的后果。保障制度有效执行，强化管理与监督，是预防职务犯罪的重要环节。反腐败斗争和预防职务犯罪必须以有效的管理监督，保证制度的落实和执行。搞好反腐倡廉建设和预防职务犯罪，不仅需要完善的制度，还需要使相关制度切实发挥作用，为此，必须采取有效措施，加强及时有效的监督和管理，保证制度的执行和落实。职务犯罪技术预防手段就是采用配套的技术性硬件设施，来达到这一目的。

各地检察机关在职务犯罪预防工作实践中，运用现代科学技术，特别是信息技术预防，在行政权力运行操作、国有企业管理、国家重点工程项目建设管理等领域预防职务犯罪，取得良好效果。

根据职务犯罪技术预防实践，概括职务犯罪技术预防作用、特点，可以对检察机关采用的职务犯罪技术预防给出如下定义：职务犯罪技术预防，是指运用科学技术产品和设施，加强对国家工作人员在行使国家机关、国有单位具体管理行为过程中的职务行为的控制和监督，增加实施职务犯罪行为障碍，增强发现职务犯罪的能力，促进国家工作人员依法正确履行职责，防范职务犯罪发生的方法。

（二）职务犯罪技术预防的特征

1. 物理性。职务犯罪技术预防是以科学技术产品和设施为基础的预防措施，它是以科学技术产品和设施制约人的行为、监督人的行为、看管职务犯罪所侵害物品，具有以物管人、以物管事、以物看物的特点。

2. 预设性。职务犯罪技术预防所采用的技术手段，是根据预防职务犯罪的需要而预先设定，因此需要实施者事先对可能发生职务犯罪的各个环节进行精心研究，周密设置各项技术手段，才能取得良好效果。

3. 机制性。职务犯罪技术预防手段是非主动的，一经设立就只能按照已有的设置和指令进行工作，一般不具有主动修正、调整的功能。

4. 固定性。职务犯罪技术预防手段要具有客观不可更改的特征。无论是用于行为监督、控制操作技术设施所作的一切记录不受非正常的人为操控。

二、职务犯罪技术预防的作用

职务犯罪技术预防的基本作用主要体现在两个方面：一是运用科学技术设施增加非人为机械动作，控制人为手动操作，减少制度执行过程中人的随意变更的机会，控制国家工作人员的具体管理职能、阻遏、监督国家工作人员在履行具体管理职责的操作过程中，违反制度规定的行为，为实施职务犯罪的行为设置障碍，保证制度的执行，防止职务犯罪的发生；二是在宏观和微观层面，增强对职务犯罪及其诱发职务犯罪隐患的监控能力和预警预测能力，增加职务犯罪暴露的几率。具体体现在以下四个方面：

1. 控制操作，规范职务行为。预防职务犯罪的一个重要方面，就是加强制度建设，保证权力正常运行。为了减少制度执行中的人为因素，在建立权力运行制度的基础上，采取特定科技手段，控制国家工作人员按照预定程序操作，防止国家工作人员的主观随意行为，规范国家工作人员职务行为，保证制度的执行与落实，使职务犯罪"不能为"。

2. 设置障碍，阻遏犯罪。针对职务犯罪行为的违规性特点，预防职务犯罪必须强化操作行为管理。职务犯罪技术预防就是根据制度管理的要求，在权力操作运行的各重点环节和风险点，运用科学技术手段强化管理，为职务犯罪行为设置障碍，增加实施犯罪的难度，防止国家工作人员职务行为失常，使职务犯罪"不易为"。

3. 加强监督，暴露犯罪。针对职务犯罪智能化程度越来越高、作案手段日益隐蔽、"犯罪黑数"多、潜伏期长的特点，职务犯罪预防工作需要借助特定的科学技术手段，加强对国家工作人员职务违规行为的监督，增强发现犯罪的能力，促进国家工作人员严格执行制度，依法正确履行职责，使职务犯罪"不敢为"。

4. 全面监控，预警预测。针对职务犯罪类型、手段可以在不同地域、领域、行业、部门、单位之间传播的特点、规律，职务犯罪预防工作有必要在较大范围以至全国建立职务犯罪监控系统，为此，需要借助科学技术手段建立对职务犯罪及其职务犯罪隐患的监控网络，提高检察机关对职务犯罪动态的监控能力和预警预测能力，在这一点上，职务犯罪技术预防的作用尤为重要。

三、预防职务犯罪技术手段的基本类型

职务犯罪技术预防的物质基础是现代科学技术，特别是电子信息处理技术、探测传输技术。目前，预防职务犯罪的技术主要是运用可视的物质设施、信息自动采集、电子报警、电子监视等硬预防技术和密码设置、程序设置、操

作流程控制等软预防技术，防范、阻遏、控制犯罪。

（一）可视、感应监控技术

主要是计算机、视频摄像、有线或无线传输技术的配合使用。

1. 视频记录。现场情形的动态和静态自动观察记录设备。例如，执法人员随身携带的执法记录仪、重点部位的摄像监控技术。

2. 远程监视。由有线或无线传输设备连接视频摄像和其他信息采集设备，采集现场视频和其他信息的技术，实现跨视界、远距离监控。

3. 电子感应技术。利用电子、红外等物理技术采集信息并加以传递，实现现场和远距离信息采集、记录、传输的设备。例如，射频识别（RFID）、红外感应器、全球定位系统、激光扫描器等。

（二）程序控制技术

主要是计算机网络技术和计算机程序软件技术。应用局域网络和专门的软件管理程序，控制、监督操作行为。

1. ERP 软件系统。ERP 系统是指建立在信息技术基础上，以系统化的管理思想，为企业决策层及员工提供决策运行手段的管理平台。它是从 MRP（物料需求计划）发展而来的新一代集成化管理信息系统，它扩展了 MRP 的功能，其核心思想是供应链管理，集合信息技术与先进管理思想，成为现代企业的运行模式。其主要宗旨是对企业所拥有的人、财、物、信息、时间和空间等综合资源进行综合平衡和优化管理，协调企业各管理部门，ERP 是以计算机程序软件为表现形式的管理工具。它是 IT 技术与管理思想的融合体，是先进的管理思想借助电脑来达成企业的管理目标。

2. 局域网络办公系统。用计算机网络和专用办公软件构成特定机关、部门、单位内部办公系统，实现权力运行管理制度的公开、制约、监督的设备。

3. 信息储存、分析、发布系统。用计算机网络和专用软件建立收集、贮存、分析有关职务犯罪以及引发职务犯罪隐患的信息系统，构成检察机关与相关党政机关、部门之间的共享平台。

（三）综合技术系统

充分运用现代科学技术，特别是把新一代信息技术实行综合运用，实现控制与监督于一体的系统技术设备。当前，比较成熟的综合运用技术方式主要是物联网技术。

物联网是新一代信息技术的重要组成部分，是物物相连的互联网。物联网的核心和基础仍然是互联网，是在互联网基础上的延伸和扩展的网络；其用户端延伸和扩展到了任何物品与物品之间，进行信息交换和通信。物联网通过信息传感设备，按约定的协议，把任何物品与互联网相连接，进行信息交换和通信，以实现对物品的智能化识别、定位、跟踪、监控和管理的一种网络。

构成物联网的各种信息传感设备，如传感器、射频识别技术、全球定位系统、红外感应器、激光扫描器、气体感应器等各种装置与技术，实时采集任何需要监控、连接、互动的物体或过程，采集其声、光、热、电、力学、化学、生物、位置等各种需要的信息，与互联网结合形成的一个巨大网络。其目的是实现物与物、物与人，所有的物品与网络的连接，方便识别、管理和控制。预防职务犯罪活动的客体非常广泛，既有实施犯罪的人或单位，也有引发职务犯罪和职务犯罪所侵害物，不仅是数量种类巨大而繁杂，而且职务犯罪的分布空间十分广泛、发生的时间极不稳定，具有极大的随机性。

和传统的互联网相比，物联网有其鲜明的特征，在预防职务犯罪方面具有广泛的应用前景。它是各种感知技术的广泛应用。物联网上部署了海量的多种类型传感器，每个传感器都是一个信息源，不同类别的传感器所捕获的信息内容和信息格式不同。传感器获得的数据具有实时性，按一定的频率周期性地采集环境信息，不断更新数据。它是一种建立在互联网上的泛在网络。物联网技术的重要基础和核心仍旧是互联网，通过各种有线和无线网络与互联网融合，将物体的信息实时、准确地传递出去。在物联网上的传感器定时采集的信息需要通过网络传输，由于其数量极其庞大，形成了海量信息，在传输过程中，为了保障数据的正确性和及时性，必须适应各种异构网络和协议。物联网不仅仅提供了传感器的连接，其本身也具有智能处理的能力，能够对物体实施智能控制。物联网将传感器和智能处理相结合，利用云计算、模式识别等各种智能技术，扩充其应用领域。从传感器获得的海量信息中分析、加工和处理出有意义的数据，以适应不同用户的不同需求，发现新的应用领域和应用模式。

现在，已有的物联网应用类型有些已经比较成熟，如：私有物联网，一般面向单一机构内部提供服务；公有物联网，基于互联网向公众或大型用户群体提供服务；社区物联网，向一个关联的"社区"或机构群体（如一个城市政府下属的各委办局：公安局、交通局、环保局、城管局等）提供服务；混合物联网，是上述的两种或以上的物联网的组合，但后台有统一的运行维护实体。职务犯罪技术预防可以根据需要从中借鉴使用。

四、职务犯罪技术预防的应用领域及范例

技术预防是运用科学技术设施，增强对权力运行及其具体管理操作流程的控制与监督能力，减少制度执行过程中滥用权力随意变更的机会，增强管理、监督、控制能力和信息处理能力，防范、阻遏、控制职务犯罪。其主要应用领域和范例有以下几个方面：

（一）预防行政执法部门职务犯罪的技术应用

主要运用局域网络，建立控制、监督系统。比较成功的是邯郸地方税务局建立的行政权力运行风险预警监控系统。具体操作要领有以下几点：

1. 查找风险点。查找识别廉政风险点是建立权力运行监控机制的基础性工作，直接关系到风险管理监控的针对性和效果。按照"收集风险信息、进行风险分析、对风险进行描述"的程序确定风险点。收集风险信息主要是通过典型案例，收集系统内外、本岗位或类似岗位发生过哪些典型案件、形成的背景、过程、造成的原因和危害程度等有关信息；风险分析是以风险信息为依据，看权力行使和履行职责过程中容易发生哪些不廉洁行为或违规违纪违法问题，在什么时间、哪些环节发生风险的可能性比较大，发生几率高不高，发生腐败等问题后会带来哪些损失、政治影响和其他后果，作为风险点的基本依据，将分析结果制作风险目录；风险描述增强了风险管理监控的针对性，主要描述存在风险的环节、发生几率、表现、造成的损失及给国家、系统、单位、个人带来的危害后果。

2. 按照风险可能造成的损失和危害程度确定风险等级。一级风险是可能造成重大损失和危害的环节；二级风险是可能造成严重损失和危害的环节；三级风险是可能造成一般性损失和危害的环节。例如，河北省邯郸市地税局通过分析查找，经市局监控办初审、领导小组审定，共查找出风险点132项（行政执法权91项、行政管理权41项），其中：一级42项，二级78项，三级12项，制定防范措施341条。目前能实现网上监控的共71项，其中行政执法权49项、行政管理权22项；能从征管系统、财务管理系统和稽查管理系统导入数据的34项，手工录入预警的37项；能实现预先提醒的14项。

3. 规范工作程序。结合工作实际，研究制定风险识别、风险分析、风险规则、风险监控"四个环节"的权力运行监控机制工作流程，查找、评估、定级、审核"四步法"确定风险程序，部门初审、主管领导重点审、监控主管部门汇审、领导审批"四级审核"程序，起点、过程、结果"三步动态监控"程序以及定期检查、风险预警、群众评议、量化考核、结果公开"五项督导监督"程序。

4. 设置预警指南模块。包括《风险目录》、《风险点流程图》和《工作流程图》，便于每个人随时了解自己完成的工作是否存在风险、是几级风险、该如何防范风险、工作该如何开展，达到事前提醒目的。预警监控模块包括信息采集、自动预警、预警处理、分析评估和查询监控功能。

例如，河北省邯郸市地税局设置的预警监控模块，包括：（1）信息采集功能，通过直接从征管系统、财务管理系统和稽查管理系统自动导入数据或人工录入数据。(2) 自动预警功能，数据导入监控系统后，计算机根据事先设定的预警阈值进行检索、分析，提取疑点风险信息，用警灯、警报声音自动给直接责任人预先提醒或预警。用红、黄、蓝、绿四个圆形图标预警状态，"红色"代表一级风险、"黄色"代表二级风险、"蓝色"代表三级风险、"绿色"代表正常。(3) 预警处理功能，根据预警级别和权限，可以管理本部门和下级部门的预警情况，并实现处理流程的网上自动流转。一级风险由市局处理，二级风险由县 (市、区) 局处理，三级风险由各部门直接领导人处理。(4) 分析评估功能，在监控系统中用柱状图、预警地图和数字图表的形式，直观分析对比各风险等级和所有风险项目在各单位、部门及个人的预警情况，便于各级领导和监察部门决策指导预警监控工作。(5) 查询和监控功能，在系统中各级领导根据权限可以随时查看单位、部门和个人所有风险项目、各等级风险发生及处理情况，从而实现工作风险动态监控与处置。(6) 重大事项监控功能，对干部任免、重大事项开支 (10000 元以上) 的会前酝酿、会上研究和会后公示，实现程序和内容的监控预警。(7) 群众监督功能，监控系统设置了"网上投诉"、"税务 110"和"曝光台"模块，可以实现匿名投诉、电话举报，对警情处理不及时、不到位的人员予以网上公开曝光，并逐级进行责任追究。充分体现了公正、公平和公开。

(二) 预防国有企业职务犯罪的技术应用

预防国有企业职务犯罪的技术应用主要在财务、物资采购供应、仓储管理、产品销售等重点环节，积极引导企业运用技术手段、技术设备开展预防工作。应用的主要技术手段，是 ERP 信息化管理系统，充分发挥其所具有的可追溯性、公开性、可实时记录的特点，对"一把手"和人、财、物等关键岗位人员进行实时监督，注重流程控制，堵塞业务管理漏洞，规范职工业务行为，加强对工程项目建设过程中的管理。比较成功的范例有唐山京唐钢铁联合有限公司在企业管理中的应用和邯郸峰峰集团在物资采购供应管理中的应用。

唐山京唐钢铁联合有限公司在企业管理中，运用 ERP 信息化管理系统将产、供、销、计量、质检等容易发生问题的工作环节纳入到工作流程之中，在易发廉政问题的岗位，安装了信息采集设备，对质检工作的取样制样环节进行实时监控，对各个计量点实行远程监控，原燃料取样制样工作基本实现了自动化，实现了"阳光操作"。

邯郸峰峰集团在物资采购供应管理中，通过深化物资供应体制改革，实现从源头上治理腐败、预防职务犯罪的有效途径。特别是在管理流程上使用计算机管理软件，运用技术预防措施防止人为干扰管理流程，取得了良好效果和成功经验。峰峰集团作为一家特大型国有煤炭企业，每年有十多亿元、十万余种的物资采购供应规模。过去，集团内部是分级采购，分级储备，各矿、厂甚至基层的区、科都有采购权，百里矿区分布着大大小小数百个仓库。这种分级采购、分级储备模式带来的弊端越来越突出，不仅采购费用高、物资积压、报废严重、用人多、工作效率低，而且成本不实、采购过程不透明、监控困难，易诱发职务犯罪。集团公司针对传统管理体制存在的弊端，以创新求变为动力，对传统的物供体制进行大刀阔斧的改革，实行集团化物资管理模式，建立了"集中采购、集中储备、集中配送"三集中的物资采供新机制。

为了保证和支持新的物资采购供应机制相关制度的落实和执行，集团公司开发了物供管理信息软件系统。建立了现代化物资管理信息系统。建起了 2 处机房，配备了 9 台服务器，184 台 PC 机，148 台打印机以及其他软、硬件设备。开发出供应链信息系统、办公自动化系统、电子商务系统、鼎峰物流系统、加油站管理系统、机械厂管理系统、山西柳林超市管理等七大系统，共197 个管理模块，覆盖了公司的 30 个部门、子公司以及驻外物流基地的所有业务范围，完成了物流业务流程再造，实现了信息共享和办公自动化。

物供公司先进的计算机信息系统，不仅提高了工作效率，更重要的是开辟了物资供销领域科技防腐的新天地。信息系统为每一名业务人员设定网上工作权限，彻底取消了手工单操作。通过管理信息系统，可以在计算机上对供应商进行信誉评价，进行 ABC 管理；各级管理人员可以随时掌握库存、采购、计划、在途运输等物资流动、需求流动和资金流动情况，便于相互支持和监督；纪检、审计部门可以对招标采购、合同、使用、财务挂账、付款等整个物资供应业务流程进行审计、监督；领导能够及时了解和掌握各种数据和信息，便于科学决策和及时发现问题。由于程序设计环环相扣，各项业务必须按照规定的程序办理，这样就杜绝了人为的漏洞，有效地避免了无计划、无审批采购、不按合同付款、超计划付款等违规现象的发生，形成了更加科学、规范、高效、环环相扣、相互监督、相互制衡的内控机制，改制后，物供公司接收了 10 矿两厂的所有仓库，固定资产猛增，但人员却由原来的 1100 多人骤减为 555 人，实现了科技防腐，为物供体制改革提供了有力的支持。

（三）预防重点工程项目建设职务犯罪的技术应用

预防重点工程项目建设职务犯罪的技术应用，主要是运用 ERP 管理软件、视频及其他信息采集技术、卫星定位系统及其无线和有线传输技术，在项目招标、施工人员、技术管理、工程质量管理、物资运输供应等环节加强监督管理。实现重点工程项目建设管理的程序化、正规化、规范化，减少在重点工程建设过程中因人的主观因素干扰可能给工程建设造成的损失。比较成功的范例是河北省高速公路工程项目管理中的技术应用。为了防止原料运输供应环节，供应商在运输途中偷换物料品种，他们采用 GPS 卫星定位技术，对原料运输车实行网上运行监控，发现异常责令退货；为了保证隐蔽工程的质量验收和重点技术人员到位，他们采用远程视频监控，增强了对施工现场的控制管理。特别是运用到互联网和其他科技手段，保证了交通系统"工程项目管理十公开"制度的落实。

河北省交通系统为了实行"阳光工程"，建立了重大项目管理的公开公示制度，施行"工程项目管理十公开"制度。即建设项目计划公开、项目审批结果公开、招标投标过程公开、征地拆迁管理公开、施工过程管理公开、计划变更管理公开、质量检查结果公开、合同履行情况公开、建设资金使用公开、工程竣工验收公开，并制定了具体的操作规范。高速公路管理局，为了保证制度的落实，针对工程现场分布路线长、管理难度大的特点，依托互联网及其他现代科技手段，建立了"高速公路项目动态管理平台"，对保证"工程项目管理十公开"制度的落实，发挥了重要作用。

大广高速公路筹建处，依靠"高速公路项目动态管理平台"这一现代科技手段，结合项目建设形势不断拓展功能应用，实现了全部日常工作网络化运行，提高了工程质量，确保了安全生产。他们为了落实"工程项目管理十公开"，保证工程质量，在动态管理平台开设了"基桩检测"、"桩基凿除"、"支座检查"、"台背回填"、"渗井施工"和"路面钻芯"、"透层施工"等质量管理公开专栏，向全社会公开。质量检测单位及时将检测结果及检测照片上传到网络，接受全社会监督，实现了公开透明的质量实时控制。这一做法把工程建设的每一个环节、每一个细节都呈现在社会公众面前，接受全社会监督，各施工和监理单位对于这种措施既有压力又有动力，质量意识明显提高，质量控制能力逐步增强，有效地防止了由于"暗箱操作"而诱发的职务犯罪。

（四）预防银行系统职务犯罪的技术应用

预防银行系统职务犯罪的技术应用，主要是运用密码、网络、视频及其他信息采集技术，加强银行金库、信贷、储蓄等重点部位的监督管理。比较成功的范例：

1. 金库远程监控。河北省邯郸市农行发生的金库人员贪污 5000 万元案件之后，检察机关与银行系统对该案进行了深入分析，并对全省银行系统金库管理状况进行了全面调查，发现并总结推广了建设银行河北省分行运用远程监控技术，对各市级分支机构金库实行集中监控的经验。建设银行河北省分行为了加强对下级行的金库管理，在省行设立监控室，通过远程监控系统，直接监视下级银行金库活动，每当下级行金库管理人员启动金库，省行监控室监控人员便能通过监控系统直接看到金库的一切活动。这一经验和技术的运用，有效地加强了全省银行金库监管，从根本上消除了发生此类犯罪的隐患。

2. 银行客户预留印鉴电子卡片和预设密码技术。中国银行任丘支行行长王文光挪用公款案件发生之后，针对王文光利用客户预留印鉴卡片，伪造客户预留印鉴并利用伪造的预留印鉴复制预留印鉴卡片，冒充客户支取巨额存款，私自挪用的特殊作案手段，检察机关在案件分析和预防调查的基础上，推广了工商银行和建设银行对预留印鉴管理的经验，对客户预留印鉴不仅制作纸质的预留印鉴卡片，而且同时制作电子预留印鉴卡片，并预设密码，保存在本行局域网络系统，非经特定程序，个人无法私自改变。

3. 银行客户信用等级认证。银行系统普遍对客户信用等级实行自动跟踪、认证、评级，作为客户信贷、信用卡透支额度的重要凭证，对预防银行信贷活动过程中发生职务犯罪发挥了重要作用。

（五）共同预防职务犯罪网络系统

检察机关运用计算机网络系统与预防单位建立共享工作平台，实现预防工作的规范化管理。

唐山市检察机关搭建了面对特定联合预防单位会员的 OA 办公系统，会员单位通过账号密码登录，使相关预防上报、下发的工作信息一目了然，并且自动生成各类统计报表。OA 网络办公系统针对不同单位，提供招投标管理、重点工程专项预防、农村乡镇预防网络管理、寻求法律帮助等点对点互通式的个性化服务。案件举报、法律求助、法律咨询、行贿犯罪档案查询、信息交流等项工作通过预防网络迅速实现，达到了互联、互通、互动和无障碍沟通。在相关单位进行招投标等重大经常性管理活动、召开相关会议和远程法律咨询等事项，可利用 OA 网络办公系统进行视频对话。他们在 OA 网络办公系统运用过程中，积极推广财务管理、物流管理、技改工程项目管理、物资采购供应管理等方面计算机信息化管理软件，加强对相关机构和人员职务行为的控制，推促相关单位和人员职务行为的民主化、透明化，自觉接受群众的监督；用最少的预防资源，提高预防工作现代化管理水平和工作效率，提高人民群众对职务犯罪预防工作的参与度，进而达到有效遏制和减少职务犯罪的根本目的。

五、职务犯罪技术预防的实施原则与要点

1. 突出重点，积极引导。职务犯罪技术预防，应当首先实施于重点系统、行业、部门。要根据职务犯罪的发案数量、危害，确定实施职务犯罪技术预防的重点，避免不分轻重缓急普遍要求所有单位统一开展职务犯罪技术预防。实行职务犯罪技术预防，应当以预防单位自愿为主，检察机关引导为辅。职务犯罪技术预防一般需要较大的资金投入，尤其要注意预防单位的实际能力，既看

需要，又看可能，检察机关既要积极推广，又要防止不顾客观条件一味追求数量，绝不允许超越检察权限，实行强迫命令。

2. 因地制宜，注重效果。开展职务犯罪技术预防，应当根据职务犯罪的类型、手段等特征，决定采用何种技术。必须注意区分不同行业、部门职务犯罪的规律和特点，从职务犯罪预防的实际效果和需要出发，选用不同的预防技术，切不可一味追高求全，不分行业、部门特点，普遍推广采用同一模式的预防技术。

3. 协调配合，主动支持。开展职务犯罪预防，应当以预防单位为主，检察机关积极支持配合。凡预防单位决定实施职务犯罪技术预防措施，检察机关应当主动协助，特别是在预防单位为制定制度、研究确定风险控制点、操作规程等环节，向检察机关发出邀请、提出咨询时，检察机关必须派员参加，给予具体帮助。

4. 总结创新，宣传推广。检察机关为推动职务犯罪技术预防的开展，应当坚持调查研究，及时发现并总结职务犯罪技术预防经验，主动发挥检察机关预防职务犯罪优势，向有关单位提供职务犯罪的规律、特点，提出预防职务犯罪的重点部位、风险环节，支持预防职务犯罪技术创新，大力宣传职务犯罪技术预防的意义和效果，主动积极地介绍各种技术预防措施和方法，推动新的科学技术在职务犯罪技术预防工作中的运用，推动职务犯罪技术预防在更多领域的运用。

第七节　预防年度报告

2011 年 10 月 12 日，最高人民检察院第十一届检察委员会第六十六次会议审议通过了《关于实行惩治和预防职务犯罪年度报告制度的意见》（以下简称《意见》），决定在全国各级检察机关推行惩治和预防职务犯罪预防年度报告制度（以下简称年度报告制度）。这是最高人民检察院为适应反腐倡廉建设新形势要求，全面发挥检察机关惩治和预防职务犯罪的职能作用，深入推进惩治和预防腐败体系建设，积极促进加强和创新社会管理，实现职务犯罪预防工作战略转移，而创新并实施的重要举措。准确认识和把握这一制度的内涵与属性，强化年度报告的社会影响力，切实发挥年度报告制度作用，从根本上实现年度报告制度任务，具有十分重要的意义。对此，我们必须给予深刻的了解和充分的认识。

一、年度报告制度的内涵和法律属性

最高人民检察院创制年度报告制度是为适应反腐败斗争深入发展新的形势要求和实现预防工作战略转移的需要，而采取的诸多措施中的一项重要预防活动内容。准确地把握年度报告制度的内涵和法律属性，认清制作年度报告的基本作用和目的，才能充分发挥其社会影响力。

（一）建立惩治和预防职务犯罪年度报告制度的直接作用和基本目的

随着反腐败斗争形势发展，特别是面对党的十七大提出加强反腐倡廉建设，完善惩治和预防腐败体系的要求，预防职务犯罪工作在如何拓展工作领域、完善机制体系、工作程序、提高工作效能和协作能力等方面遇到许多新情况、新问题。尤其是预防职务犯罪工作如何在"党委统一领导、党政齐抓共管、纪委组织协调、部门各负其责、依靠人民群众支持和参与"的反腐败工作格局中充分发挥惩治和预防职务犯罪的职能作用，实现社会化大预防，在惩防体系建设中发挥足够的影响力，是亟待破解的重要课题。

为了适应新的形势要求，最高人民检察院提出了检察机关职务犯罪预防工作战略转移的决策：要把推进惩防腐败体系建设和社会管理创新作为当前和今后一个时期检察机关预防职务犯罪工作更新更高的目标任务和重点工作。更加重视对一县一市一省乃至全国一段时期内职务犯罪发生特点、发案规律、犯罪原因及发展变化趋势的深入分析，对反复发生的问题从规律上找原因，普遍发生的问题从机制上找原因，深入研究职务犯罪多发易发的体制性原因和机制上漏洞，以及政策、法律、制度和社会管理层面存在的突出问题，寻找解决源头性、根本性、基础性问题的办法，提出惩治和预防职务犯罪的体制机制改革、政策调整、制度健全、法律完善和社会管理创新等具有全局意义的防治对策。这一战略性转移是对检察机关职务犯罪预防工作实践进行科学总结基础上的科学决策，是预防工作发展的必然需要。

这一战略性转移主要体现在以下三个方面：一是由检察机关独自开展预防工作为主，向建立党委统一领导，社会各界广泛参与，检察机关充分发挥职能作用的社会化大预防的格局转变。二是由结合具体案件、解决单一问题的预防工作为主，向把握职务犯罪总体规律，解决制度、机制等源头性、根本性、基础性问题，推进惩防腐败体系建设和社会管理创新转变。三是由检察机关预防部门单独、分散行动方式，向侦防一体、上下联动的工作方式转变。这集中体现了最高人民检察院对今后一个时期预防工作的部署作出的全局性、战略性的调整。而实现这一战略性调整的关键在于建立党委统一领导，检察机关与其他各预防主体协调配套，共同发挥职能作用的大预防工作机制。为此，必须实现检察机关与党委的紧密联系，建立检察机关与党委之间的沟通渠道，使党委能够更加及时、准确、全面地了解检察机关开展惩治和预防职务犯罪工作情况，了解职务犯罪的基本特点规律，了解检察机关提出的关于预防对策、预防活动的建议。

年度报告制度的提出，正是适应预防工作重点战略转移的要求，实现战略转移任务，为建立社会大预防工作机制，建立检察机关与党委之间的常态联系渠道而制定的具体举措。检察机关预防部门要将年度报告作为检察机关服务党和国家中心工作的重要任务来抓；作为提高检察机关法律监督地位，优化检察机关法律监督内容的一项重要工作来抓；作为预防部门谋大事、干大事，提升社会影响力的一项重要工作来抓。

《意见》关于执行年度报告的指导思想指出：以邓小平理论和"三个代表"重要思想为指导，深入贯彻落实科学发展观，按照标本兼治、综合治理、惩防并举、注重预防的方针，主动把惩治和预防职务犯罪工作纳入党和国家反腐倡廉建设、加强和创新社会管理的总体布局之中，立足检察职能，结合执法办案，客观分析职务犯罪发生发展变化形势，深入剖析引发职务犯罪的成因，提出具体有效的防治对策建议，及时报送党委、人大、政府和纪委、政法委及有关部门，推动形成惩治和预防职务犯罪工作的合力，为促进惩治和预防腐败体系建设、加强和创新社会管理作出积极贡献。进一步表明了实行年度报告制度的基本作用和目的。我们只有紧紧地把握住这一点，才能从根本上方向上保证年度报告制度的社会影响力。

（二）检察机关惩治和预防职务犯罪年度报告制度的基本内涵

年度报告制度的主要内涵应当包括以下四个方面：（1）执行年度报告制度的主体是各级检察机关；（2）实行年度报告制度的目的和作用，是为党委、政府中心工作提供决策参考，发挥检察机关查办和预防职务犯罪的社会效果、法律效果和政治效果，推进惩治和预防腐败体系建设，积极促进加强和创新社会管理；（3）年度报告制度的主要内容，是对当年本辖区开展查办和预防职务犯罪工作情况及其职务犯罪总体状况、特点规律、致罪因素条件、演变趋势等进行深度分析，从完善体制、机制、制度角度提出预防对策和开展查办和预防职务犯罪工作的举措与建议；（4）年度报告制度的主送对象是同级党委、人大、政府和纪委、政法委及有关部门。据此分别将年度报告和年度报告制度定义如下：

惩治和预防职务犯罪年度报告，是指各级检察机关为深入推进惩治和预防腐败体系建设，积极促进加强和创新社会管理，对当年本辖区开展查办和预防职务犯罪工作情况及其职务犯罪总体状况、特点规律、致罪因素条件、演变趋势等进行深度分析，从完善体制、机制、制度角度提出预防对策和开展查办和预防职务犯罪工作的举措与建议，报送同级党委、人大、政府和纪委、政法委及有关部门的一种专题报告。

惩治和预防职务犯罪年度报告制度，是指各级检察机关为深入推进惩治和预防腐败体系建设，积极促进加强和创新社会管理，按照最高人民检察院的统一规定，对当年本辖区开展查办和预防职务犯罪工作情况及其职务犯罪总体状况、特点规律、致罪因素条件、演变趋势等进行深度分析，从完善体制、机制、制度角度提出预防对策和开展查办和预防职务犯罪工作的举措与建议，向同级党委、人大、政府和纪委、政法委及有关部门作出专题报告的一项专门检察业务活动。

（三）惩治和预防职务犯罪年度报告制度，是检察机关一项非诉讼性职能活动

检察机关实行年度报告制度，制作年度报告所运用的犯罪分析、预防调查等基本方法和研究制定预防对策并提出建议、进行法制宣传教育，是对检察机关非诉讼性法律监督权的综合运用，因此年度报告制度的法律属性是检察机关到非诉讼性法律监督活动。

二、年度报告的基本原则、特征和内容

为了充分发挥年度报告的作用，必须准确把握年度报告制度基本特征，依据年度报告制度的根本目的，结合查办和预防职务犯罪工作的现实任务需要，统筹组织年度报告内容，为年度报告制度产生社会影响力打下基础。

（一）年度报告制度的基本原则和特征

《意见》提出的总体要求是：

——坚持党委领导、齐抓共管。积极推动完善党委统一领导、党政齐抓共管、纪委组织协调、部门各负其责、依靠人民群众支持和参与、检察机关充分发挥职能作用的惩治和预防职务犯罪工作格局。

——坚持围绕中心、服务大局。紧紧围绕党和国家中心工作，紧紧围绕推动惩防腐败体系建设、加强和创新社会管理，注重研究引发职务犯罪的体制缺陷、机制漏洞和社会管理方面的原因，注重解决源头性、基础性、根本性等深层次问题，注重预测预防苗头性、倾向性、风险性问题，注重在政策调整、法律完善、制度健全、机制创新、体制改革和强化权力监督制约、加强和创新社会管理等方面，提出预防和减少职务犯罪的对策建议，促进和保障经济社会又好又快发展。

——坚持联系实际、注重实效。根据本地区职务犯罪发生发展的实际情

况，注重解决实际问题，提出有针对性、前瞻性、实效性和可操作性的防治对策建议。

——坚持侦防一体、配合协作。职务犯罪侦查和预防部门要紧密配合、分工协作，其他各有关部门积极献计献策，加强统计数据、典型案例等信息资源的交流、共享和利用，共同做好年度报告工作。

据此，我们可以看出实行年度报告制度必须坚持以下基本原则：

1. 有利于保证党委统一领导反腐败工作体制的科学决策。党委、人大、政府是反腐败的决策性主体，处于反腐倡廉建设的主导地位，检察机关开展查办和预防职务犯罪，推动社会化大预防格局的形成和发展，无论是在一个行业、一个系统甚至在一个行政区域全面系统地开展预防活动、推行预防措施都必须经过决策主体的决策才能实现。因此，检察机关无论是实行年度报告制度，还是制作年度报告都必须着眼于保证党委统一领导的反腐败工作格局的决策需要。

2. 有利于发挥各部门职能作用，促进其职责落实。每个行业、系统、部门、单位在建立完善惩治和预防腐败体系，开展职务犯罪预防活动中都负有各自的责任，只有使他们充分发挥各自的职能作用，才能保证各项预防措施的落实。制作年度报告应当让他们各自对自己预防职务犯罪的职责和任务有准确地把握和了解。

3. 有利于动员人民群众的支持和参与。人民群众是反腐败的最终力量，制作年度报告必须充分反映人民群众对反腐败的期盼和智慧。

4. 有利于检察机关充分发挥职能作用。检察机关职务犯罪预防工作，是党和国家反腐倡廉建设总体格局的重要方面，是惩治和预防腐败体系的重要组成部分，是检察机关惩治职务犯罪工作的必然延伸和法律监督职能的重要内容。在反腐败斗争中，检察机关要更加充分地发挥中国特色社会主义检察制度的优势，特别在查办和预防职务犯罪方面更好地履行法律监督职能，加强与党的纪律检查和行政监察机关的联系与配合。因此，年度报告要充分发挥检察机关的积极性和主动性，充分反映检察机关的意图、需求、设想、建议，以利于取得党委、人大、政府及社会各界对检察机关查办和预防职务犯罪工作的了解与支持，充分发挥检察机关职能作用。

5. 坚持围绕中心、服务大局。年度报告制度是检察机关开展预防工作、服务党委政府反腐败工作大局的一项重要措施和手段。这就决定了年度报告必须紧扣党委和政府的中心工作来提出对策和建议，当好党委政府治理腐败的参谋，使综合报告最终体现为党委、政府的决策和促进廉政建设的制度和措施。

6. 坚持联系实际、注重实效、实事求是。预防效果是预防工作的生命，制作年度报告必须紧密联系预防工作实际，适应查办和预防职务犯罪工作需要，避免不切实际的哗众取宠。年度报告是供领导决策的重要依据，必须客观、准确地反映职务犯罪案件的发案情况，要有根有据，符合实际，做到分析理性、论据可靠、建议科学，努力使决策部门掌握第一手翔实的数据和资料。

在这些原则下，年度报告具有以下基本特征：

1. 报告类别的专题性。年度报告不同于检察机关一般的行政公文或工作事项报告，也不同于年终总结或向人大的工作报告或专题调研报告。而是各级检察机关专门就当年本辖区开展查办和预防职务犯罪工作情况及其职务犯罪总体状况、特点规律、致罪因素和条件、演变趋势等进行深度分析，从完善体制、机制、制度角度提出预防对策和开展查办和预防职务犯罪工作的举措与建议，报送同级党委、人大、政府和纪委、政法委及有关部门的一种专题报告。

2. 报告主旨的全局性。年度报告要立足反腐败斗争总体形势，站在深入推进惩治和预防腐败体系建设全局的高度，在整体研判本地职务犯罪特点、规律和趋势的基础上，着重从完善机制体制的角度，分析职务犯罪的发案特点、发展趋势和根本原因，提出解决源头性、根本性、基础性、综合性问题的惩治预防对策。职务犯罪预防年度报告要准确把握党和国家反腐倡廉建设的总体要求，全面反映在中央正确领导下，各级检察机关查办和预防职务犯罪工作所取得的成绩，同时要客观分析职务犯罪产生的特点、原因和危害，通过深入分析，有针对性地提出预防对策和检察建议，为党委、人大、政府等深入开展反腐败斗争提供决策参考，其内容不能与党的路线方针政策相左。年度报告这种高度务实的价值取向，是其最鲜明的特征。

3. 报告内容的全面系统性。年度报告应对查办和预防职务犯罪工作情况、职务犯罪发生的总体状况进行全面系统的总结和综合分析，经过深入研究和理论思考归纳，完整系统反映职务犯罪起因、发生、发展的特点，力争在规律层面给出结论。

4. 报告行为的职能性。报告要立足检察职能，以检察机关办案资源和预防资源为依据，集中展示检察机关查办和预防职务犯罪工作成果，从检察机关法律监督职能出发，突出检察工作特色，以发挥好检察机关在深入推进惩治和预防腐败体系建设中的独特作用为目的，以区别于纪检监察等部门对违法违纪案件的调查分析，防止超越检察职权范围，提出干预行政权和企业经营管理权的要求。

（二）惩治和预防职务犯罪年度报告制度的主要内容

《意见》规定，年度报告的内容包括以下几个方面：（1）检察机关惩治和预防职务犯罪工作的总体情况；（2）职务犯罪发生发展的特点规律，诱发职务犯罪的原因和条件；（3）职务犯罪举报情况，社会各界对职务犯罪的评价和舆情动态；（4）职务犯罪变化趋势预测预警，惩治和预防职务犯罪、推进惩防腐败体系建设、加强和创新社会管理的对策建议；（5）其他需要报告的事项。

各级人民检察院要密切结合本地实际，突出年度报告的重点内容，着力解决实际问题。

紧密围绕年度报告目的和作用，根据实行年度报告制度的基本原则和年度报告的基本特征，对年度报告中主要内容也要把握好以下几点：

1. 总体情况要全面系统，重点突出。对总体情况既要有概括归纳，包括主要工作、总体数据，又要有局部分析，包括犯罪的类型分布、地区分布、行业分布、主体分布、犯罪形式手段、犯罪环节部位以及重点领域和典型案件情况等。

2. 职务犯罪发生发展的特点规律，诱发职务犯罪的原因和条件；职务犯罪举报情况，社会各界对职务犯罪的评价和舆情动态部分，既要有结合实例、数据的实证分析，又要有内在联系的揭示和必要的理论概括。坚持实事求是原则，客观、准确地反映职务犯罪案件的发案情况，尽可能用数字说话，不回避热点问题，不粉饰敏感部门；所用的一切分析材料必须真实可靠，符合实际，做到分析理性、说理可信，努力使决策部门掌握第一手翔实的数据和资料。

3. 对本地区职务犯罪发展趋势的总体预测。职务犯罪预防年度报告要着重加强对辖区内职务犯罪特点规律的分析和发展趋势的预测预警，从而把握规律性，体现前瞻性，增强预见性，力求引起党委、人大、政府和有关部门高度重视，发挥其应有的参考和引领作用。

要提高预测预警的科学性，坚持依据的客观性，一切趋势预测都要有现实的客观依据。要从现实职务犯罪的客观存在状况出发，根据其变化规律，预测其将来。职务犯罪的发案趋势，是以案件的基本特点为基础，按照职务犯罪的变化规律，根据职务犯罪产生的诱发因素和抑制因素的力量对比态势，综合运用定性和定量的研究方法，推测出职务犯罪在今后一段时期内的发展态势。切忌主观臆断，凭空武断。

4. 对本地区惩治和预防职务犯罪的对策建议。检察机关预防职务犯罪应把推进惩防腐败体系建设和社会管理创新作为更新更高的目标任务和重点工作，深入研究职务犯罪多发易发的体制性原因和机制上的漏洞，以及政策、法律、制度和社会管理层面存在的突出问题，寻求解决源头性、根本性、基础性问题的办法，提出惩治和预防职务犯罪的体制机制改革、政策调整、制度健全、法律完善的对策和建议，促进经济社会科学发展，促进社会和谐稳定。

（三）制作惩治和预防职务犯罪年度报告制度的基本要求

1. 制作年度报告的部门

年度报告的研究起草工作由职务犯罪预防部门牵头负责，办公室、侦查监督、公诉、反贪污贿赂、反渎职侵权、控告申诉、案管中心、监所、研究室等相关部门配合，必要时派员参加。

操作要领：统一领导，加强协作，明确任务，专人负责。

2. 年度报告的制作方法

（1）收集资料：广泛收集包括职务犯罪总体情况，重点行业、领域职务犯罪发案情况，典型案件情况，群众举报情况，惩治和预防职务犯罪工作情况，专项工作情况等资料。

（2）专题调研：根据撰写年度报告的需要，围绕职务犯罪总体情况、特点、变化、趋势、诱因以及典型案件等开展预防调查。

（3）实证分析：对职务犯罪的发展变化作出定量分析，总结归纳职务犯罪发生的原因、特点、趋势和规律。

需要掌握运用的基本方法：基本工作情况的归纳总结；依据资料库对职务犯罪案件进行全面的统计分析；必要的职务犯罪分析，包括重点领域犯罪分析、典型案例分析；必要的预防调查；进行犯罪趋势预测；研究制定预防对策和建议。

3. 年度报告的制作程序

（1）起草报告：对所收集的资料进行深入分析，研究提出惩治和预防职务犯罪的对策建议，起草年度报告初稿。

（2）征询意见：年度报告初稿形成后，要征求本院相关内设机构的意见，必要时在一定范围内征求有关方面的意见。

（3）审定报告：年度报告经分管职务犯罪预防工作的副检察长审阅后报检察长审定，或者提交检察委员会审议。

4. 制作年度报告的级别与时限

各级人民检察院每年都要起草并呈报年度报告。在此基础上，可根据形势和工作需要，及时提出类案、行业、领域职务犯罪情况以及检察机关开展专项工作情况等专项报告，也可以总结一个时期的惩治和预防职务犯罪工作情况呈报多年度报告。

各级检察机关查办和预防职务犯罪工作的规模不同，但职责相同，任务一致，各级人民检察院都应当按照最高人民检察院的要求，每年都要制作并呈报年度报告。

三、正确运用年度报告，实现领导决策

实行年度报告制度的根本目的，就是为了实现检察机关与党委的紧密联系，建立检察机关与党委之间的沟通渠道，使党委能够更加及时、准确、全面地了解检察机关开展惩治和预防职务犯罪工作情况，了解职务犯罪的基本特点和规律，了解检察机关提出的关于预防对策、预防活动的建议，使检察机关查办和预防职务犯罪工作能够得到党委、人大、政府及有关部门的支持与配合，有机地融入惩治和预防腐败体系。正确运用年度报告，最大限度地发挥年度报告的作用，强化年度报告的社会影响力，是我们实行年度制度的根本任务。

（一）充分认识决策主体的性质和主体决策作用的重要性

反腐败斗争是在党委统一领导下，社会各界广泛参与的一场政治斗争。预防职务犯罪活动作为反腐败斗争的重要组成部分，同样具有多重主体，其中党委、人大、政府是决策型主体，具有主导地位，具有领导国家、管理社会的基本职责和权力。只有充分发挥决策主体的决策作用，才能广泛调动社会各界力量，形成共同开展预防职务犯罪的社会预防大格局。

预防职务犯罪是检察机关的重要业务职能，检察机关在查办职务犯罪过程中，对职务犯罪的思想根源、管理体制、制度上存在的漏洞、易发部位，有比较深切的感受和了解，对职务犯罪的专业性特点有比较准确的把握，尤其对职务犯罪的作案手段有比较深入的研究，因此比较容易发现管理体系中存在的漏洞及其所产生的隐患。因此，检察机关具有提出预防对策和建议的优势地位。但是由于检察机关不具有一般监督权，不能超出法律监督职权，直接干预行政权和企业管理权等社会管理范围。检察机关提出的预防职务犯罪对策和建议，必须经过党委、人大、政府及相关单位的决策之后才能成为社会预防活动的依据。

检察机关的年度报告制度能否发挥应有作用，特别是年度报告中提出的预防对策和建议能否得到执行落实，也就是年度报告产生良好的社会影响的问题的关键在于党委、人大、政府能否批准年度报告，依据年度报告提出的对策建议作出决策，以及保障这些决策的贯彻、落实、执行，使其成为社会预防的具体行动。因此积极争取并充分发挥决策主体的作用，为整合社会资源，形成预防合力打下基础使我们正确施行年度报告制度，运用好年度报告应当关注的首要问题。

（二）发挥党委决策的领导作用

党委统一领导、党政齐抓共管、纪委组织协调、部门各负其责、依靠人民群众支持和参与的反腐败工作格局中，党委是领导核心。领导就是决策，决策

的过程就是领导的基本活动过程。年度报告制度的实行，年度报告中提出的对策建议能否转化为社会预防行动首先在于党委的决策。

对于年度报告和年度报告中提出的预防对策和建议来说，党委决策的表现就是党委作出的决定，领导作出的批示、指示。为了得到党委对年度报告的肯定，取得党委决策良好效果，检察机关有必要做到以下几点：一是事前汇报。一般可以通过向政法委领导、政法书记汇报工作，征求意见，了解党委全局部署和要求。二是与纪检监察交换意见，沟通情况。可以就反腐败总体形势和预防对策建议等问题，与纪检监察部门交换情况，向纪委书记征求意见。三是及时传达党委的决定和领导作出的批示意见，使相关部门及时了解党委意图。四是及时采取措施，抓好落实。对于党委作出的决定或提出具体要求的批示要制定和贯彻落实意见，涉及相关部门或批示要求相关部门承办，检察机关要及时取得联系，了解情况，给予指导。并将落实党委决定或者领导批示的措施的意见、进展与效果及时向党委报告反馈。

（三）发挥政府决策的行政执行作用

行政权是执行法律、权力机关意志的权力，具有执行性的特点。其依据行政决定权、行政命令权、行政执行权，通过发布行政命令，组织行政实施的行为，对年度报告中提出的预防对策和建议的决策，具有重大意义，无论是涉及的范围还是贯彻落实力度和效果都非常重要。特别在当前，行政职能部门仍然属职务犯罪多发领域，是检察机关职务犯罪预防工作的重点对象，年度报告提出的预防对策和建议主要靠这些部门贯彻执行落实，因此取得政府决策良好效果，检察机关有必要做到以下几点：一是争取政府主要领导的支持和认可。政府主要领导都是党委副书记，可以通过党委途径，用专题报告、请示汇报、邀请视察等形式进行沟通联系，使政府主要领导及时了解检察机关查办和预防职务犯罪工作情况和年度报告反映的重要问题、提出的对策建议。二是加强与相关领导的沟通和联系。不仅要与政府部门分管政法的领导加强联系，沟通情况，而且还要与年度报告中涉及重点领域、系统、行业、部门的分管领导进行必要的沟通联系，不仅使政府相关领导对检察机关的职务犯罪预防工作情况能有足够了解，同时对自己所分管的部门发生职务犯罪情况和存在的隐患有足够的了解，以引起领导的关注，支持检察机关所采取的对策和建议。三是加强与政府相关部门之间的联系沟通。特别是对年度报告中反映的职务犯罪发案较多、隐患较多、问题突出的部门、单位和检察机关需要与之共同开展预防活动或专项活动的部门要进行事前沟通，共同探讨预防对策，共同制订开展共同预防活动、专项活动的方案，切忌闭门造车，一厢情愿，避免造成对策建议不切实际，而一经提出则怨声四起。

（四）发挥人大决策的监督促进作用

人大监督的实质是以权力制约权力。人大及其常委会行使监督权的实质是对权力的制约，以保证国家机器按照人民的意志和需要运转。人大实施监督是对"一府两院"工作的支持和促进。人大的监督具有最高法律效力，人大的决策，对检察机关职务犯罪预防工作具有重要意义，人大的决议和领导批示对年度报告的执行和落实具有重要作用，不仅可以引起有关方面对预防工作的重视，而且能够推动预防对策建议的贯彻落实。取得人大决策良好效果，检察机关有必要做到以下几点：一是建立经常性联系。检察机关应当通过上门征求意见、召开人大代表座谈会、发放征求意见函等形式，及时通报情况，使人大代表、常委会领导能够及时、充分地了解检察机关职务犯罪预防工作情况，检察机关年度报告制度及其提出的预防对策和建议目的、意义和内容。二是争取向人大作出关于职务犯罪预防工作的专题报告，提请人大作出专题决议。三是对人大作出的决议、领导作出的批示、人大代表提出的意见和建议认真研究制订改进落实方案和措施，并及时给予书面报告回应。四是适时邀请人大代表对检察机关职务犯罪预防工作以及年度报告提出的对策措施的执行情况进行巡视、考察和回访，并根据搜集的意见和建议，进一步加强和改进职务犯罪预防年度报告工作。

（五）把握呈送报告的时机

《意见》规定，呈送报告：在本级人民代表大会召开之前，以党组或者人民检察院的名义将年度报告分别报送党委、人大、政府和纪委、政法委及有关部门，同时报上一级人民检察院。

关于年度报告呈送的时机对不同主送对象应当分别不同情况：给人大、政府的年度报告应当在本级人民代表大会召开之前。但是，给党委、政法委、纪委的年度报告应当在每年纪检监察工作会议之前报送。因为地方各级党委每年都要召开本级纪检监察工作会议，贯彻中央和上级党委召开的纪检监察工作会议，在此之前，要对本地反腐倡廉建设和反腐败的形势任务进行分析，研究制定相关对策和措施，全面部署反腐倡廉工作。只有在此之前，让党委了解检察机关的年度报告反映的各项情况，才有可能让党委把检察机关提出的对策和建议纳入到当地反腐倡廉工作的总体任务当中，进行统一部署，从而保证对策建议的落实。

四、年度报告工作的实施

切实抓好决策的贯彻落实，把年度报告取得决策成果转化为实际预防活动并取得成效，是产生社会影响力的根本标志和目的。年度报告上报以后，有关领导作出了批示，给予了肯定，有的还提出了明确的要求，检察机关如何抓好落实，是把领导决策转化为实际预防活动的关键。

《意见》对年度报告的落实与运用提出两点要求：

1. 各级人民检察院要把年度报告的贯彻落实作为一项重要任务来抓，加强组织领导，细化分解任务，落实工作责任，制订具体实施方案和步骤。对一些问题突出的地区和部门，以检察建议等形式提出整改意见，促进年度报告所提防治对策建议的落实。

2. 要高度重视和认真落实各级党委、人大、政府及有关部门对年度报告的指示、建议和意见。需要有关部门配合协作或者具体落实的，要主动联系，积极沟通。落实情况及成效要及时向党委、人大、政府及有关部门报告和反馈，并报上一级人民检察院。

在具体实施过程中也要把握住以下几点：

（一）加强领导，统一计划，全面部署，明确责任，分级落实

1. 检察机关内部进行情况通报交流，扩大对职务犯罪实时监控的范围。

扩展对职务犯罪的实时监控空间，增强预见性，对建立预测预警机制，制订预防工作计划和措施十分必要。

检察机关在建立较大空间职务犯罪发案动态的实时监控系统的基础上，进一步建立起预测预警系统，开展预测预警，是职务预防工作的迫切需要。职务犯罪预测预警机制是在广泛收集信息的基础上，通过科学的归纳分析和趋势预测，对预防单位在管理上、制度上存在的漏洞，以及其他重大活动中的倾向性问题，提出预警和防范对策，以提高预防单位的自我防范能力，把犯罪消灭在萌芽状态。这是在更高水平上加强职务犯罪预防工作的重要举措。

年度报告制度为检察机关上下级之间和在较大空间范围交换情况提供了有利时机和条件。各级检察机关制作的年度报告，对各自开展查办和预防职务犯罪工作进行了全面总结，对本辖区查办的职务犯罪的发案情况、罪名的地域分布、行业分布、重点领域、作案手段、犯罪形态、犯罪原因、特点、规律进行了全面分析。各级检察机关将年度报告中的这些情况进行相互交流，不仅是要求下级向上级检察机关要汇总情况，更重要的是上级检察机关要把汇总以后的情况向下级检察机关通报，这对各级检察机关特别是下级检察机关从总体上了解、把握职务犯罪的总体情况具有十分重要的意义：

（1）有利于各级检察机关掌握职务犯罪发案的总体态势。

（2）有利于各级检察机关及时了解新的犯罪形态、作案手段、诱发犯罪的潜在因素，对今后开展同一领域、同一类型职务犯罪预防可以起到重要的参照作用。

（3）有利于各级检察机关相互借鉴预防方法、对策。

（4）有利于各级检察机关给未来犯罪作出预测预警。

上级检察机关要组织好年度报告的汇总和相互交换，将下级检察机关上报的年度报告汇总之后，发至所辖各级检察机关；下级检察机关要主动上报本级年度报告，并对上级检察机关通报的年度报告认真阅研，作出相应的判断。

2. 准确把握各级领导批示精神，分级制订工作方案。

各级党委、人大、政府对年度报告会作出形式多样的决策，相关领导对年度报告也会作出各种不同类型的批示，提出不同的要求。各级检察机关要根据各自的职能，认真进行研究，深刻领会各级领导批示精神，针对不同类型、性质的决策，制订落实决策的工作方案。

（1）下级检察院要及时将本机关领导的批示报送上级检察院。上级检察院要对下级检察院报送的领导批示等决策意见进行汇总、分类归纳，把握各级领导新式决策层的基本精神和要求，提出各级检察院贯彻落实的总体指导意见。并将各地各级领导批示进行汇总通报。

（2）下级检察院要按照上级检察院提出总体指导意见，结合本地实际制订贯彻落实批示决策具体方案。对领导批示中涉及的具体问题和具体要求要提出专题贯彻落实意见和具体方案，并报同级党委、人大、政府和上一级检察院。

（3）各级检察机关要将上级检察机关汇总通报的各地领导批示、关于落实领导批示的指导性意见、本级检察机关制订的具体工作方案及时报告同级党委、人大、政府。

3. 统一计划安排，专题部署检查，切实抓好落实。

贯彻落实党委、人大、政府对年度报告批示决策是事关检察机关全局性的工作，检察长要亲自过问，列入总体工作计划，进行统筹安排，作为一项专门工作进行部署检查，切实抓好落实。

职务犯罪预防部门要将贯彻落实各级领导对年度报告批示决策作为一项重要工作，列入年度预防工作计划，认真组织实施，实行专人负责，专项考核，确保落实到位。

（二）主动加强与有关部门联系，充分发挥预防单位职能作用

年度报告中反映的职务犯罪涉及社会各个领域，分布在各个不同系统、行业。预防职务犯罪的各项对策和建议也是针对职务犯罪和职务犯罪的隐患而提出来的。同样，党委、人大、政府领导对年度报告及其年度报告中提出的对策建议所作出的批示决策，也需要有这些相关部门具体落实，最终成为相关部门单位的具体预防活动。相关部门单位是预防职务犯罪的主体之一，负有相应的

预防工作责任。有效发挥年度报告制度的作用，强化年度报告的社会影响力，检察机关必须与相关部门相互配合，协调联动，充分发挥预防单位的积极性和主动性，才能保障各项预防措施的有效执行。为此，检察机关应当采取如下措施：

1. 通过党委统一领导的预防职务犯罪领导机构，通报情况，引起各预防单位重视与关注。

预防职务犯罪活动的主体是由各级党委，国家权力机关，行政机关，司法机关，国有公司、企业、事业单位等五个方面构成。这些不同主体具有不同的职能，负有相应的预防责任。党委处于领导地位，负有组织决策责任；权力机关和行政机关处于主导地位，具有导向作用；司法机关处于骨干地位，负有专职业务职能；其他社会组织属于基础力量。从预防职务犯罪的性质和主体成分以及相应的职能可以看出，预防职务犯罪不是检察机关一家的事，党委、人大、政府、司法机关及社会各界都有责任，是一项涉及社会许多部门和领域的综合性系统工程。要保证预防职务犯罪工作顺利开展，必须建立一个有权威的、统一的领导机制，负责领导、组织动员社会各界特别是基础性预防主体共同参与；能够充分发挥检察机关的专职职能作用，使它对党委、人大能发挥提供决策依据和协助组织的参谋、助理职能，对各有关预防单位能发挥预防业务指导、监督职能，与预防单位建立经常性的预防工作关系，促进预防单位自身内在预防机制的形成与完善。

根据这些要求，预防职务犯罪领导机制的具体组织形式应当包括两个层次：

一是党委领导下的决策层。目前，我国省（直辖市、自治区）、市、县（市）、区成立的"预防职务犯罪指导委员会"即是其具体的组织形式。指导委员会由同级党委主管政法工作的书记任主任，人大、政府主管领导和纪委书记、检察长任副主任，吸收有关部门主要领导参加。办公室设在检察院，由预防部门负责日常工作。实践证明这种领导体制及具体组织形式，充分体现了党委的统一领导，有利于把预防职务犯罪的责任落实到每一个预防主体身上，有利于协调有关部门配合和动员社会各界群众广泛参与，更有利于充分发挥检察机关的职能作用和开展业务指导工作。检察机关的预防措施和意见通过领导的决策行为在更高层次、更大范围发挥了预防作用。

二是部门负责的组织实施层。年度报告经过领导批示决策之后，检察机关应当以预防职务犯罪领导机构的名义，向各成员单位通报年度报告的内容和领导的批示决策，提出贯彻落实意见，制订工作计划，部署预防工作，推动各成员单位开展地方活动。检察机关要充分履行预防领导机构办事部门的职能作用，积极主动地做好以下工作：（1）整理汇总党委、人大、政府作出的相关决议和领导批示等决策意见，提出贯彻落实的指导意见和要求，报经领导审定批准。（2）以领导机构的名义全面通报年度报告的全部内容，党委、人大、政府作出的相关决议和领导批示等决策意见，提出贯彻落实的指导意见和要求。（3）以领导机构名义对本地区预防职务犯罪工作做出整体部署，要求各相关部门制订具体贯彻落实计划安排，并协同相关部门督导检查，抓好落实。

2. 主动联系重点领域、行业、系统、部门，召开联席会议，制定共同预防对策。

根据年度报告中有关职务犯罪和行业分布和职务犯罪发展趋势的分析结果，确定的职务犯罪重点领域、行业、系统、部门或者领导批示中提出需要加强重点预防的相关行业部门，检察机关要主动与之联系，召开联席会议，通报情况，共同研究制定预防工作措施，建立相应的预防工作关系，制订具体的预防工作方案。一是要对各自的犯罪态势和引发犯罪的隐患、原因形成共识；二是要研究制定具体的预防措施；三是要采用适应行业、部门特点的预防工作模式，建立相应的预防工作联系制度，形成具体的共同预防工作方案。

（三）适时组织开展专项预防活动

专项预防活动是检察机关根据本地区经济建设和社会稳定的大局需要，针对某一类危害突出的职务犯罪、潜在危险严重的犯罪隐患或职务犯罪发案率较高、犯罪隐患突出的重点领域、行业、部门，有计划、有组织地开展专项预防治理活动。

实行年度报告制度和落实党委、人大、政府作出的相关决议和领导批示等决策，根据需要适时组织专项预防活动，集中治理危害本地区大局的突出问题，或者对问题突出的重点领域、系统、行业、部门进行集中治理。

五、科学评估年度报告执行效果，保证年度报告制度健康运行

为了保证年度报告制度的有效运行，必须建立对年度报告效果的评估制度。采取多种形式，对职务犯罪预防年度报告的采用情况进行跟踪评估。准确把握和了解年度报告的哪些内容最终进入到了领导决策层面，这些内容在加强制度建设、完善体制机制方面发挥了怎样的作用等，以进一步提高报告质量，增强实效性。

（一）评估年度报告制度的基本标准

1. 依据预防职务犯罪的应该达到的效果，年度报告的期望目标应包括概括目标和基本目标两个方面：

概括期望是：（1）激活社会管理体系有效运行；（2）促进社会管理体系

不断完善。

基本目标是：（1）提高社会全体（组织与公众）对预防职务犯罪工作的认知程度；（2）促进社会预防职务犯罪工作机能的形成并不断增强；（3）控制与减少职务犯罪的发案数量。

2. 以实行年度报告制度的基本目的为依据。实行年度报告制度的目的和作用是为党委、政府中心工作提供决策参考，发挥出检察机关查办和预防职务犯罪的社会效果、法律效果和政治效果。推进惩治和预防腐败体系建设，积极促进加强和创新社会管理。

具体应当把握以下几点：

（1）报告以及报告中提出的对策建议被领导采纳并转化为领导决策的范围，引起当地党委、人大、政府等有关部门对职务犯罪预防工作的重视程度。

（2）领导批示决策转化为具体预防活动的情况。

（3）依据领导批示决策开展的具体预防活动及采取的具体措施，主要包括机制制度的创新与改革、管理制度的运行和监督、预防措施的创新，增强职务犯罪实施监控能力和提高发现犯罪能力，建立社会预防工作机制，积极动员人民群众广泛参与。

（4）各项具体措施所产生的实际效果。包括职务犯罪发案数量的变化、非规范职务行为和犯罪隐患的变化、职务犯罪暴露几率的变化、人民群众对反腐败的认知程度。

（二）年度报告制度的评估方法

基本方法是定性分析和定量测评。具体评估内容有：

1. 全面检查落实领导批示决策计划、方案的执行情况。

2. 对照比较上年职务犯罪、追究党政纪责任案件的发案数量；检查非规范职务行为和犯罪隐患发生情况变化。

3. 管理制度运行情况。

4. 人民群众认知程度。

具体评估方式是：建立评估制度和监控体系，以经常性、阶段性自评与检查考评相结合，减少和避免集中组织专项检查考评。可以采取系统总结、统计分析、专题汇报、社会调查等方式进行。

（三）年度报告制度的评估效果的反馈

完成年度报告制度试行情况评估之后，检察机关要将评估情况和评估结果，进行全面汇总归纳，形成专题报告，报送同级党委、人大、政府和上一级检察机关，并向相关单位进行通报。

（四）职责、责任与追究

实行年度报告制度是检察机关的一项重要任务，贯彻落实各级党委、人大、政府领导对年度报告的批示和决策是相关各部门的共同职责。检察机关和各相关部门必须按照各自分工和职责划分切实抓好落实，完成任务。对于不认真履行职责，不执行预防职务犯罪领导机构的决定，没有完成分担任务，致使领导决策失效，造成反腐倡廉建设重大失误和影响的，要按照相关规定由纪检监察部门追究责任，检察机关可以就此向党委、政府及其纪检监察部门提出追究责任的建议。

第八节　行贿犯罪档案查询

一、行贿犯罪档案查询的概念和意义

行贿犯罪档案查询是指检察机关运用行贿犯罪档案系统，受理社会有关单位和个人的查询，根据查询结果向查询单位和个人提供查询服务，以预防贿赂犯罪，并促进社会信用体系建设。这是检察机关运用计算机和信息技术开展预防工作的重要实践。根据《人民检察院预防职务犯罪工作规则（试行）》的规定，人民检察院预防职务犯罪部门应当依照规定，管理行贿犯罪档案查询系统，受理查询。并运用系统信息，定期分析贿赂犯罪状况，提出书面报告。可见行贿犯罪档案查询工作有两项重要内容：一是管理系统和受理查询，二是定期分析并形成贿赂犯罪状况报告。

从诚信建设的角度讲，检察机关运用办案资源，建立并推行行贿犯罪档案查询制度，是对行贿犯罪行为信息的征集与利用，体现为对贿赂这种严重的失信行为的惩戒与防范，以及对潜在行贿犯罪人的警示、警醒与规范、限制。其意义在于：

第一，警戒行贿犯罪。对于经查询有行贿犯罪记录的单位和个人，有关行业主管（监管）部门和业主单位根据有关的法律规定和部门规定，或者根据业主的要求，作出限制准入、取消投标资格、降低信誉分或资质等级、中止业务关系等处置，这些处置实际上是对行贿人作为失信者的惩戒。从而使得一向被人们错误理解成"一本万利"的行贿犯罪从此变成"高风险的作业"。

第二，对潜在贿赂犯罪的警示和遏制。一方面，运用这个系统，可以筛查高概率的贿赂犯罪主体、领域和环节，阻断犯罪主体与客观机会的结合，把犯罪概率比较高的主体甄别出来，起到遏制犯罪的作用。另一方面，行贿犯罪是牟利性犯罪，行贿人往往通过成本与收益比较，产生犯罪心理，形成行为选择。行贿犯罪作为一种客观真实的记录，进入档案查询系统，置于现代网络技术监控之下，加大了行贿犯罪成本和代价。使得潜在的行贿人感受到一定的压力，行贿人在通过成本、收益比较之后，担心被纳入行贿犯罪档案查询系统而增大经济成本、付出巨大代价，就可能放弃行贿，或者有所"收敛"。另外，有关主管部门运用查询结果，在任用资格、准入条件方面作出客观评价和合理处置，也能引导市场主体和社会公众形成符合自身长远利益的正确行为选择，起到了良好的诚信引导作用。

第三，行贿犯罪档案信息库收集了大量贿赂犯罪案例资源，为分析犯罪态势，把握贿赂动向提供数据来源。系统不仅录入行贿案件事实，也加载了大量行贿行为相对应的受贿案件分析因子，内容全面，选项多样，加之信息技术固有的分析功能，能够高效率地对犯罪形态、趋势、变化作出判断和预测，满足控制犯罪实践的现实需求。

二、行贿犯罪档案查询系统的结构

全国行贿犯罪档案查询系统依托于检察专网，采用 B/S 架构和 J2EE 技术标准，通过 servlet 技术处理业务逻辑关系，利用 Oracle 数据库集中存储行贿犯罪档案数据，用中间平台发布查询系统软件。全国行贿犯罪档案查询系统采用两级集中部署模式，即在最高人民检察院建设数据中心存储最高人民检察院办理的贿赂犯罪档案案件和全国各省办理的贿赂犯罪档案案件；在省级人民检察院分别建设数据中心，存储省院办理的贿赂犯罪档案案件和本省辖区检察院办理的贿赂犯罪档案案件，市、州、分院和基层院不需要建设数据中心，直接访问本省的行贿犯罪档案查询系统即可。其中以最高人民检察院为主线承担着全国行贿犯罪档案信息数据存储，接受全国行贿犯罪档案信息数据的交换，提供行贿犯罪档案信息全国联网互查以及部分对外查询（只限央企、外商独资企业）；以各省级人民检察院为支线分别承担本省行贿犯罪档案案件信息数据存储，管理本地方市、县、区检察院行贿犯罪档案信息数据录入完整性，按时上报各省受理查询案件总数以及接受除最高人民检察院受理的对外查询。同时，最高人民检察院和省级人民检察院之间建立了数据交换平台，实现全国各省的贿赂犯罪档案汇总到最高人民检察院，实现全国各级检察机关业务办理过程中的数据交换，整个查询系统大致可分为查询系统、录入系统、审核系统三大板块。其中查询系统主要用于对外提供行贿犯罪查询以及部分行贿行为查询；录入系统细分为行贿犯罪档案、受贿犯罪档案、行贿行为档案、受贿行为档案四个板块，录入标准为生效判决（裁定）所确定的贿赂犯罪（行为）信息与不起诉决定等的贿赂犯罪（行为）信息；审核系统主要用来核查地方个案信息录入的完整性、准确性，犯罪趋势分析，查询管理以及审核行贿犯罪（行为）查询、录入信息审核、档案变更审核。

三、行贿犯罪档案录入及其要求

为增强行贿犯罪档案查询系统效能，推动查询工作的深入、行贿犯罪档案查询系统信息录入的完整性、及时性是开展查询工作的前提，最高人民检察院在此基础上先后发文督查促进行贿犯罪档案查询信息录入。要求完整地录入2005年至今的贿赂犯罪信息和人民法院判决认定构成受贿犯罪所对应的行贿行为信息、人民检察院相对不起诉决定认定的行贿行为信息；补充录入1997年至2012年遗漏的贿赂犯罪（行为）信息。具体要求是：第一，信息录入要完整。查询系统统计软件中所列数据项目分为必填项、选填项和关联项，必填项必须填写；关联项应明确注明行贿与受贿的关联关系；案件判决书、不起诉决定书、撤销案件决定书应当扫描上传。例如，必填项个人案件数据项包括：姓名、性别、证件号码、涉案类别、家庭住址、刑期、犯罪说明、案件性质、立案时间、涉案金额、判决结果、判决机关、判决时间、判决生效日期、是否涉外等，这些信息都应当录入。第二，信息录入要准确。行贿犯罪档案信息录入必须确保准确无误，录入的案件信息必须与判决书内容一致，防止同名同姓导致查询结果误差。例如，申请人姓名或单位名称录入必须符合要求、身份证号码或组织机构代码录入正确、涉案金额填写正确（尤其阿拉伯数字）、犯罪说明录入格式准确："××××年××月××日，犯罪内容。"第三，信息录入要及时。生效判决、裁定和作出的不起诉决定书的贿赂犯罪（行为）信息都要按时录入。此外，要求补录的2005年以来生效判决、裁定的贿赂犯罪（行为）信息情况和1997年以前至2004年的生效判决、裁定的贿赂犯罪（行为）信息情况也必须按时录入。

四、行贿犯罪档案查询受理和实施

为了有效预防贿赂犯罪，促进诚信建设，从2006年1月1日起，检察机关全面推行行贿犯罪档案查询制度，正式开展行贿犯罪档案查询工作，受理社会查询。2012年2月16日顺利实现全国联网。目前，已建成覆盖全国的"四级一体"的网络体系，建立了统一的全国行贿犯罪档案信息库和统一查询平台，实现了查询的本地化，各级人民检察院在本地就可以对全国行贿犯罪档案系统进行查询。

行贿犯罪档案查询制度俗称行贿犯罪"黑名单"制度。但为了不引起歧义，我们建议检察机关正式文本用此称谓。该制度是检察机关在新的形势下，立足法律监督职能，依靠网络技术和制度建设预防贿赂犯罪，促进诚信建设的重大制度创新，是检察机关联合有关主管部门共同开展贿赂犯罪社会预防、有效遏制贿赂犯罪发生、推进守信经营守法经营、促进诚信建设的成功实践。从2002年起，检察机关就开始对这项制度进行探索，浙江省宁波市北仑区检察院率先建立了行贿黑名单制度，在建设领域开展诚信咨询服务。在充分论证和调研的基础上，2004年4月，最高人民检察院与建设部、交通部、水利部联合下发通知，确定在江苏、浙江、四川、重庆、广西五省区市开展行贿犯罪档案查询试点工作。2006年1月1日，全国检察机关正式开通行贿犯罪档案查询系统，向社会提供查询服务。

行贿犯罪档案查询制度是一整套社会工作机制和制度的总和，包括检察机关与有关主管部门、社会单位和个人共同参与的行贿犯罪档案查询工作机制，以及相关的工作制度，如行贿犯罪档案查询系统建立、运行和管理制度，接受社会查询制度，查询结果应用制度，主管部门对经查询有行贿犯罪记录的单位和个人进行处置的制度，等等。主要包括三个方面的工作内容和程序：一是检察机关结合办案，将立案侦查并经人民法院判决生效的行贿犯罪信息整理、录入，建立行贿犯罪档案信息库；二是检察机关根据查询申请受理社会查询，提供查询结果告知函；三是有关主管部门和业主单位对经查询有行贿犯罪记录的单位和个人作出处置。有关主管（监管）部门和业主单位对经查询有行贿犯罪记录的单位和个人作出限制准入、降低资质或信誉分、取消投标资格等处置，以示惩戒。尽管这项工作初衷是预防贿赂犯罪，但其促进诚信建设的功能越来越明显，引起了充分重视，逐步得以改进和完善，成为检察机关立足本职促进诚信建设的重要内容。

2006年至2009年上半年，检察机关为了稳妥推进，将行贿犯罪档案查询限定于建设、金融、医药卫生、教育、政府采购五个领域。有关行业主管（监管）部门围绕重大建设项目招投标、大宗物资采购供应、信贷审批等事项，对经查询确有行贿犯罪记录的单位或个人，依据有关法律法规和监管规定作相应处置。实践证明，这项工作对诚信体系建设作用显著，且确实为各方面工作需要，遂于2009年6月作出决定，将查询范围扩大到所有领域。

为了切实加强对行贿犯罪档案查询工作的管理，更好地发挥其预防贿赂犯罪和促进诚信建设的功能作用，最高人民检察院于2011年7月正式组建了行贿犯罪档案查询管理中心，专门负责对这项工作实行统一管理。2012年2月16日，检察机关行贿犯罪档案查询系统顺利实现了全国联网。从此，我国有了第一个全国性的行贿犯罪档案数据库。目前，检察机关已经建立起依托检察局域网的四级一体、分散录入、集中存储、信息共享的信息系统和网络体系，建立了统一的信息系统和统一的查询平台，实现了对查询工作的统一管理和档案查询的本地化，各级人民检察院在本地即可对全国行贿犯罪档案查询系统进行查询。

根据最高人民检察院《关于行贿犯罪档案查询工作规定》，单位向检察机关申请查询需提供书面申请和单位证明，个人向检察机关申请查询需提供书面申请和有效身份证件。检察机关应及时处置受理的查询申请，认真审查查询申请及相关证明文件和证件。对符合受理条件的，应当在受理3日内书面告知查询结果。对不符合条件的，应当告知对方并说明原因。对有行贿犯罪记录的单位和个人，应当向查询申请的单位或者个人提供以下内容：（1）行贿犯罪行为实施的时间和犯罪数额；（2）判决的时间和结果；（3）共同实施行贿犯罪中的被查询对象的相关内容。

对单位或者个人提出异议的查询结果，应当认真复核，由承办人在3日内提出意见，报经检察长批准后予以回复。

五、行贿犯罪档案查询结果的应用

目前，行贿犯罪档案查询制度主要应用在以下行业和领域：

1. 建设市场准入管理和防治商业贿赂。中央构建惩防腐败体系《2008—2012年工作规划》明确要求：建立和完善商业贿赂犯罪档案查询系统，把是否存在不正当交易行为尤其是行贿行为作为市场准入和退出的重要依据。有关主管部门为了治理商业贿赂，在各自行业、领域内充分运行行贿犯罪档案系统，对经查询有行贿犯罪记录的单位和个人，在市场资质、市场准入等方面依法依规作出相应处置。

2. 工程建设。工程质量问题往往与行贿受贿有内在联系。一方面，受贿人可能放弃管理和监管责任，听任承包方分包肢解工程，并可能在监理、验收等环节玩忽职守，这样，一些"豆腐渣"工程将难以避免。另一方面，行贿人具有经济人的典型心理特征，在成本与收益上必然会锱铢必较，行贿的投入一定要从利润上捞回来，所以偷工减料、粗制滥造等行为也就在所难免。在工程建设中对承包方进行行贿犯罪档案查询，对有行贿犯罪记录的单位和个人实施技术隔离，可以避免行贿方与受贿方双方相互勾结。

3. 项目招投标。在公共投资项目招投标过程中，将行贿犯罪档案查询作为招投标审查的必经程序，凡是参加投标的企业都必须经过行贿犯罪档案查询，通过对参加投标的企业进行审查，将有行贿犯罪前科的企业淘汰出局，或者降低考察分值，减少其中标机会，以降低项目招投标的腐败风险。

4. 政府采购。将行贿犯罪档案查询作为对采购商进行资质审查的必经程序，凡是有行贿犯罪记录的单位和个人将受到一定的限制，无行贿犯罪记录的单位和个人可以顺利进入采购商名录。

从行贿犯罪档案查询制度促进诚信建设的实际效果来看，这项工作一直得到有关部门的积极响应和大力协助配合，一些地方建设、水利、交通、招投标等部门出台文件，要求凡参加投标或政府采购的企业必须经过行贿犯罪档案查询，没有行贿犯罪记录才能过关。据统计，2006年至2011年，全国检察机关共受理查询139万次，被处置单位1983家，个人3075人，有关行业主管部门和业主对他们作了限制准入、取消投标资格、降低信誉分或资质等级、中止业务等处置。不少地方投标单位和个人主动到检察机关进行查询以自证清白。工作成效体现在以下四个方面：

第一，避免和减少了公职人员受贿犯罪。通过行贿犯罪档案查询，避免一些曾有行贿犯罪记录的人混入投标人和供应商之中，减少了其再次行贿的风险，避免更多的公职人员面临行贿的诱惑，从而减少犯罪机会。

第二，促进了工程质量的提高。随着工程建设管理和政府采购实践的不断规范和完善，监督管理的不断严格，加上行贿犯罪查询系统的配合，使得通过行贿犯罪手段获得商业机会和市场份额的概率逐渐降低，从而减少和避免了"豆腐渣"工程。

第三，降低了政府采购成本。在政府采购中，由于贿赂交易的原因，供应商与负责采购的官员容易结成利益关系甚至利益联盟，采购人可能为照顾行贿人利益，也利于自己拿回扣，拿好处，而慷国家之慨，抬高采购价格，实现各方利益均沾。运用行贿犯罪档案查询系统，破除了采购领域的利益关系链，为国家节约了开支，降低了成本，减轻了纳税人的负担。

第四，营造了诚信氛围，促进了诚信文化建设。随着行贿犯罪档案查询制度的推行和应用，没有行贿犯罪记录逐渐成为采购方对供应商、招标单位对投标方的基本要求，有行贿记录的受到惩戒，没有行贿记录的予以褒奖，这些做法在潜移默化之中不断培养了经营者和公众抵制行贿的价值和理念，强化了经营者廉洁守法、不行贿的意识，逐渐促成了守法者理直气壮、行贿寸步难行的廉洁守信的社会氛围。这种良好的社会氛围，又逐步使得讲道德、重信用、看品行成为商务活动者的自觉行为，对市场的良性循环、商务环境的改善起到积极的推动、引领作用。一些有社会责任感的经营者纷纷声明把不行贿作为企业道德的底线。以往多是业主单位到检察机关查询，现在许多投标单位和个人主动到检察机关查询，以自证清白。

社会各界对检察机关开展行贿犯罪档案查询工作普遍给予肯定和高度评价。反映在以下三个方面：

一是社会各界和公众反应好。认为这项工作是检察机关发挥职能作用，从源头治理腐败，预防职务犯罪和商业贿赂的重要措施，有利于促进规范市场经济秩序和健全社会信用体系。

二是有关领导重视。周永康同志亲切关心行贿查询等工作，视察检察机关惩治和预防职务犯罪成果大型展览，充分肯定此项工作。何勇同志批示认为这是一项重要的基础性工作，对落实反腐倡廉方针，完善惩防体系建设有重大意义。有的党政领导还批示认为，这项工作成本不高，作用很大，具有"四两拨千斤"的功效。

三是有关行业主管部门和单位积极支持。认为检察机关只提供犯罪档案查询，不干预、不参与行政执法和行业主管（监管）部门对有行贿犯罪记录的单位和个人的实体处理，厘清了检察职能与行政监察、监管职能和权限的界限，体现出检察机关尽职不越权，符合法治精神。

四是国际影响好。在国际上，联合国经济合作组织上海全球峰会对行贿犯罪档案查询系统给予了积极评价。一些非政府组织如透明国际也在《全球腐败年度报告》给予充分肯定。该组织大中华地区及南亚区专员对此发表评论说："中国在公共采购方面引入'黑名单'制度，反映了中国反腐败正在转移到注重预防的制度建设上来。'黑名单'制度所产生的威慑和预防、教育作用非常大，在国际反腐败运动中也是一个新的经验，它具有惩戒目标明确、执行程序快捷、打击面小、社会威慑性强等特点。"该组织研究部负责人也认为："'透明国际'很赞同中国反贪部门以公开透明的方式推广'行贿犯罪档案查询系统'，以打击医疗卫生行业里滋生的种种腐败现象。"

第九节　预防职务犯罪的警示教育与预防宣传

预防职务犯罪的警示教育与预防宣传是检察机关开展职务犯罪预防工作的基本措施，各级检察机关对此十分重视。2007年最高人民检察院制定的《人民检察院预防职务犯罪工作规则（试行）》对此作出明确规定；2010年9月，最高人民检察院在北京成功地举办了以"法治与责任"为主题的惩治和预防渎职侵权犯罪展览，并在全国组织巡展；为了加强预防职务犯罪警示教育，最高人民检察院于2011年发出通知，印发了《关于"十二五"时期全国检察机关预防职务犯罪警示教育基地建设的指导意见》。在最高人民检察院的指导和推动下，近年来，全国各级检察机关广泛深入地开展了多种形式的预防职务犯罪教育与宣传活动，据最高人民检察院在全国人民代表大会报告中提供的数据统计，仅在2010年和2011年两年全国检察机关开展的各种预防职务犯罪教育宣传活动中，就有 4764 万人次接受教育，产生了良好的预防效果和社会效果。

一、预防职务犯罪警示教育与预防宣传的概念和特征

预防职务犯罪警示教育与预防宣传，属于国家法制宣传教育范畴。法制宣传教育是一种特殊的思想教育宣传。思想教育是人类道德、精神境界的传承和提升行为，也是人类文明的传递，凡是影响人们的思想品德的活动，都是思想教育。宣传是运用各种方法传播一定的观念以影响人们的思想和行动的社会行为，是思想教育的一种途径和方式。可见影响人们的思想和行动是思想教育宣传的共同作用和目的。

法制宣传教育是指通过多种形式向公民普及宪法、法律和法规的基本知识，增强公民的法律意识，培养公民自觉遵纪守法的行为习惯，推进依法行政、依法管理和公正司法，形成依法办事的社会氛围的宣传教育活动，是一种特殊的思想教育宣传活动。法制宣传教育曾经在国家社会治安综合治理活动中被广泛应用，是预防犯罪的重要措施。

（一）预防职务犯罪警示教育与预防宣传的概念

预防职务犯罪警示教育与预防宣传虽然都是检察机关依据法律监督职能，所开展的一种特殊的法制宣传教育活动，但究其目的、内容、方法等方面，警示教育与预防宣传二者之间仍具有不同内涵。

1. 预防职务犯罪警示教育的概念。警示教育是指检察机关为了防止和减少职务犯罪的发生，依据查办的职务犯罪案件以及所做的职务犯罪分析和预防调查结果，向国家工作人员解读有关法律政策、揭示发生职务犯罪的原因与危险、职务犯罪产生的后果与危害，使其在思想上对职务犯罪产生警觉和戒备，自觉防止和抵制职务犯罪的教育活动的总和。

2. 职务犯罪预防宣传的概念。职务犯罪预防宣传是指检察机关为了防止和减少职务犯罪的发生，向社会组织和公众传播有关职务犯罪的国家法律政策、国家查办和预防职务犯罪成果、发生职务犯罪的原因以及职务犯罪造成的后果、危害，引导人们自觉防范、抵制职务犯罪，动员社会公众与职务犯罪作斗争的活动的总和。

（二）预防职务犯罪警示教育与预防宣传的特征

由于警示教育与预防宣传在目的、内容、方法等方面存在差异，形成二者的不同特征。

1. 预防职务犯罪警示教育的特征

（1）教育目的的警示性。预防职务犯罪警示教育的直接目的是通过施教者展示职务犯罪存在的危险、产生的后果危害，解读相关法律、法规、政策使

受教育者在思想上对职务犯罪引起警觉，产生戒备，自觉防范和抵制职务犯罪，以达到预防职务犯罪之目的。

（2）教育对象的特定性。警示教育的对象是具有特定指向的。首先应当是职务犯罪主体中的国家工作人员；其次应当是特定区域、行业、单位的特定的人。检察机关可以在不同区域、行业、单位开展警示教育，但所召集的受教育的重点对象应当是国家工作人员，而且这些接受警示教育的国家工作人员是属于特定区域、行业、单位的特定的人。

（3）教育内容的专用性。检察机关用于警示教育的基本内容是检察机关查办的职务犯罪案件以及所进行的职务犯罪分析和预防调查成果，并据此阐述职务犯罪的相关法律规定和法律政策，揭示职务犯罪的危害后果，指明发生职务犯罪的危险。

（4）教育方式的多样性。检察机关开展的警示教育采用方法具有多种样式，只要不超越检察机关的权限，不违反相关法律、法令、法规，凡是有利于预防职务犯罪，增强警示教育效果的方法都可以使用并不断创新。

2. 职务犯罪预防宣传的特征

（1）宣传目的具有教育鼓动作用。职务犯罪预防宣传的目的不仅在于传播国家有关职务犯罪的法律知识和打击、预防职务犯罪的成果，教育国家工作人员遵纪守法，严于律己，更重要的还在于通过宣传活动，动员广大人民群众对国家机关、部门、单位及其国家工作人员进行监督，向检察机关举报职务犯罪现象，积极参与反职务犯罪的斗争。

（2）宣传对象的公众性。检察机关开展职务犯罪预防宣传的对象是不特定的社会公众。其中不仅包括国家工作人员，还包括广大人民群众，因此，其规模和范围都相对较大，一般应当在某一个行政区域或某一个系统、行业范围之内。

（3）宣传内容的全面性。检察机关开展预防宣传应当紧密围绕预防职务犯罪的目的，有比较全面的预防宣传内容。既要具有国家反腐败斗争的总体方针、路线、政策，又要具有检察机关查办和预防职务犯罪的情况；既要有较大行政区划范围内的宏观情况，又要反映本辖区的具体情况。

（4）宣传方式的多样性。职务犯罪预防宣传的形式，应当根据宣传目的和效果需要，充分利用各种宣传手段，尽量扩大社会影响，形成必要的社会舆论氛围，力争取得好的宣传效果。

（三）警示教育与预防宣传的联系和区别

职务犯罪警示教育和预防宣传同属检察机关开展职务犯罪预防工作的具体职务犯罪预防措施。其实施主体相同、目的一致、作用互补，是通过不同途径和方法对人的思想施加影响。为了更好地发挥警示教育和预防宣传的作用，在具体实施和操作中，既要把握住二者的联系，又要注意区分它们的不同特征。

1. 内容侧重点不同。警示教育所使用的内容侧重于检察机关查办的职务犯罪案件以及所进行的职务犯罪分析和预防调查成果，其基本点是已经发生的职务犯罪。预防宣传所选取的内容不仅包括检察机关查办的职务犯罪的相关情况，而且要把党和国家反腐败工作的路线、方针、政策、国家有关职务犯罪的法律、法规、政策、检察机关查办和预防职务犯罪的重大成果作为重点宣传内容。

2. 适用对象不同。警示教育的对象具体，适用的重点教育对象是具体地域、行业、机关、部门、单位的具体的国家工作人员。预防宣传的对象是不特定的社会公众，不仅包括国家工作人员，而且更多的受教育者应当是广大人民群众。

3. 组织方式不同。为了更好地发挥警示教育和预防宣传的作用，检察机关应当采用不同方式进行组织。警示教育适于相对人员集中的组织形式；预防宣传适于比较开放的组织形式。

二、预防职务犯罪警示教育与预防宣传的内容和任务

《人民检察院预防职务犯罪工作规则（试行）》第 21 条规定："人民检察院预防职务犯罪部门应当运用预防调查和犯罪分析的成果，适时在一定区域、行业、单位开展警示教育和预防宣传。"第 22 条规定，警示教育与预防宣传内容和目的是：主要宣讲职务犯罪的危害、惩治和预防职务犯罪的法律、政策、措施和成效，增强公职人员抵御职务犯罪的意识、能力，提高公众同职务犯罪斗争的积极性。

预防职务犯罪警示教育和预防宣传的共同作用在于张扬法制、以法示警，使人知法守法、知害避害、知险避险、自我警戒、自我防范，实现间接预防作用。

根据以上要求，应当结合检察机关开展职务犯罪警示教育和预防宣传的实际需要，围绕各自的特有功能，对警示教育和预防宣传的作用进行定位并作内容选择。

（一）预防职务犯罪警示教育的内容与任务

最高人民检察院《关于"十二五"时期全国检察机关预防职务犯罪警示教育基地建设的指导意见》提出警示教育基地建设的指导思想是：坚持以邓小平理论和"三个代表"重要思想为指导，深入贯彻落实科学发展观，坚持"标本兼治、综合治理、惩防并举、注重预防"的方针，立足检察职能，不断

加强警示教育工作，通过宣传教育，使广大国家工作人员学习践行社会主义核心价值体系，以树立正确的世界观、人生观、价值观和权力观、地位观、利益观为根本，筑牢依法履职、廉洁用权的党纪国法和道德防线，扎实推进惩治和预防腐败体系建设，努力从源头上减少、遏制职务犯罪的发生。明确提出警示教育的最终任务和作用是从思想上影响国家工作人员的核心价值体系，促使国家工作人员树立正确的世界观、人生观、价值观和权力观、地位观、利益观。警示教育要围绕这一根本任务，选择教育内容，确定教育目标。

1. 法律法规政策教育。警示教育要把有关职务犯罪的法律、法规、政策作为重要教育内容。使受教育者知法守法，依法行政，防止无知妄为，盲目履职。

2. 职务犯罪危害教育。要把职务犯罪造成的危害后果作为警示教育的重要内容。充分运用犯罪分析和预防调查中发现的职务犯罪给国家、单位、个人、家庭、政治、经济、健康等方面造成的严重危害，使受教育者全面了解一旦发生职务犯罪的严重后果，促其知害而不敢为。

3. 职务犯罪危险教育。警示教育要充分说明职务犯罪隐患所在，告知受教育者发生职务犯罪的危险所在，最好能够选择受教育者所在地区、机关、部门、单位发生的职务犯罪案例作为教材，用身边的人和事进行教育，使受教育者认识到如果放松警惕，危险就在身边，促其知险而自警。

4. 职务犯罪原因教育。警示教育要透彻剖析职务犯罪的原因，结合具体案例和犯罪分析与预防调查成果，充分揭示引发职务犯罪的根本原因、直接原因，引导受教育者在思想上真正认识到自身存在的素质缺陷和行为误区，真正在思想上引起反思，引起警觉。

（二）职务犯罪预防宣传的内容与作用

1. 宣传党和国家反腐败工作方针和相关法律、法规及政策。职务犯罪预防宣传要把党和国家反腐败工作方针、路线、政策、反腐倡廉建设及其惩治和预防腐败体系建设的总体部署、国家关于职务犯罪的法律、法规、政策作为首选的宣传内容。使广大人民群众充分了解党和国家反腐败的决心，树立与腐败现象作斗争的信心，增强法律意识，动员人民群众积极与腐败现象和职务犯罪作斗争。

2. 宣传职务犯罪危害后果、隐患、产生原因。运用典型案例揭示职务犯罪对党和国家、社会稳定、经济发展带来的危害，揭示职务犯罪给个人、家庭、政治前途造成的惨痛后果以教育人们自觉抵制职务犯罪；应用犯罪分析和社会调查的成果提示人们职务犯罪的隐患所在，揭示职务犯罪产生的原因、条件，引起人们对职务犯罪的警觉，引导人们去积极参与职务犯罪的治理和防范。

3. 宣传查办职务犯罪的成果。积极宣传国家惩治和预防腐败的成果，宣传检察机关查办和预防职务犯罪成果，展示党和国家治理腐败的能力，展示检察机关惩治和预防职务犯罪的能力，引导人们认识法网恢恢疏而不漏的道理，扩大惩治犯罪的社会威慑力。

4. 宣传职务犯罪预防对策。正面宣传党和国家治理腐败的各种措施的有效性，宣传正面典型，推广预防职务犯罪先进经验，介绍预防职务犯罪的具体对策和良好效果，供人们学习借鉴。

三、预防职务犯罪警示教育与预防宣传的方式和实施要点

《人民检察院预防职务犯罪工作规则（试行）》第22条规定，警示教育可以组织专人专题宣讲。预防宣传可以运用新闻媒体、文化载体和网络媒体等形式开展。

（一）预防职务犯罪警示教育的方式与实施要点

1. 组织专题报告。预防职务犯罪警示教育最常用的方式是组织专题讲座报告。这种形式，便于组织，针对性强，参与讲座的往往是特定单位的特定人员，选取内容切合受众特点，教授者与听众面对面，便于交流互动。

增强专题报告效果的关键在于提高讲授者的授课水平。做好警示教育专题报告应当把握好以下几点：一是针对听众的特点，选取适当内容。不同行业、不同部门、不同岗位的国家工作人员，具体职能、职责各不相同，他们在工作中可能发生的职务犯罪类型不同，讲座讲授的相关法律政策、选取的案例应当注意有所侧重，切忌千篇一律，千讲一稿。二是增强讲授技巧增强感染力。避免照本宣科，既要生动活泼，又要庄重严肃，不可一味追求噱头，注意把握节奏，做到语言精练，表达准确，取得预防效果。三是做好现场交流互动，认真解答听众写条提问或口头提问。

2. 各级党校、行政学院开设职务犯罪预防课程。各级党校、行政学院是对各级党政领导干部、国家工作人员进行培训教育的专门机构，每年都要组织大批在党政机关工作的国家工作人员进行集中教育培训。检察机关应当充分利用这一机会，有选择地在一些国家工作人员的培训活动中，设置预防职务犯罪的专门课程。这些集中培训一般具有时间相对集中，人员精力相对集中，因此，这种方式不仅针对性强而且易于接受。另外，无须检察机关专门召集组织，不用考虑场地、时间。

为了充分发挥这种教育形式的优势，应当做好以下几点：一是与党校、行政学院及相关部门进行必要的协调、配合，取得支持。最好由省级院与省委组

织部、省人事厅、省委党校、省行政学院进行协调，制定相关文件，统一安排部署，形成制度机制。二是根据受训国家工作人员的不同级别派出相应的主讲人员。提倡各级检察长、副检察长当院领导主持讲座。三是各级检察机关要注意适时了解，同级党校、行政学院的教育培训计划，做好课程设置准备，防止临时拼凑。

3. 监狱现身说法。让职务犯罪服刑人员现身说法，是检察机关开展预防职务犯罪警示教育的一种有效方法。这些职务犯罪服刑人员通过自我剖析走上犯罪的具体原因，以他们犯罪的深刻教训、失去自由以后的切身体会，使受教育人从这些服刑人员身上汲取教训，引起对职务犯罪的警觉。但是把服刑人员带出监狱，进行现身说法受到监狱管理和安全因素的限制。在监狱设置警示教育场所，组织受教育人员前去听取服刑人员的现身说法，既可以保证安全，又可以让受教育人员实地感受职务犯罪给个人和家庭造成的身心危害。

实际组织中要把握好以下几点：一是与监狱机关搞好协调、配合。一般应当由省级检察机关与监狱管理部门共同研究制定相应的文件，对相关事宜作出规定。确定具体的实施场所、具体主管部门、主管人员，防止多头联系，随意安排，造成监狱机关管理困难。二是认真组织，确保安全。检察机关组织相关人员前去监狱开展警示教育，要与受教育单位共同研究具体方案，制定专人负责，教育受教育人员严格遵守监狱管理规定，确保人员安全，防止各类事故发生。三是有针对性地选择现身说法的服刑人员。一般要求选择的现身说法的服刑人员最好与受教育人具有相同或接近的从业经历，以增强教育的效果。

4. 发案单位定期探视。检察机关可以建议已经发生职务犯罪，且有在监狱服刑人员的单位，定期组织本单位工作人员前去监狱探视原在本单位工作的服刑人员。听取服刑人员服刑改造汇报，鼓励他早日回归社会；提醒本单位工作人员，不要忘记本单位曾经发生过职务犯罪，现在还有人正在服刑，教育大家要以此为戒，防止本单位再次发生此类犯罪。采取这种警示教育方式要坚持预防单位自愿的原则，检察机关可以提出建议，但不可强制实施。

5. 警示教育基地定期轮训。建立专门的警示教育基地，对辖区内的国家工作人员进行定期轮训教育。2011 年，最高人民检察院为进一步加快检察机关警示教育基地建设，加强规范管理，印发了《关于"十二五"时期全国检察机关预防职务犯罪警示教育基地建设的指导意见》对警示教育基地的任务、作用、原则进行了全面规划，提出了具体要求。根据最高人民检察院的意见和要求，警示教育基地的设置和具体实施警示教育活动的过程中应当把握以下几点：

（1）主题鲜明，突出特色。基地建设要主题鲜明、格调高雅、内容丰富，融政治性、警示性、教育性于一体，实现警示教育工作常态化、规范化、专业化。根据各地不同的社情民情，不同的思想文化背景，不同的经济发展状况，建设符合当地实际、突出地方特色、主题鲜明的警示教育基地。也可以与特定行业、部门联合建设专门的警示教育基地或开辟专门展区。

（2）注重实效，开拓创新。根据不同教育对象的特点和需求，分层、分岗施教，将示范教育、警示教育、岗位教育相结合，以法警人，以理育人，以情感人，给人以省悟、启迪和镜鉴，推动、督促受众自我养成教育。积极探索教育规律、创新教育方法、丰富教育载体，积极探索运用现代技术和数字化手段开展警示教育。

（3）周密计划，统一组织。根据辖区内反腐倡廉建设和思想教育的统一部署，认真制订年度警示教育活动计划，确定警示教育对象。根据警示教育基地的功能和受教育人员的特点，采用必要的形式，充分发挥警示教育基地的教育作用。具体的方式有：看警示教育展览、观警示教育片、听预防教育课、开展以案说法、进行廉政谈话、组织专题讨论、进行廉政承诺、开展风险源点分析排查、发放学习（宣传、提示）资料。可以有针对性地选择项目，开展活动。

（4）加强警示教育基地建设的保障和管理。按照最高人民检察院的要求，警示教育活动由检察机关职务犯罪预防部门组织实施，充分发挥预防职务犯罪工作领导小组的作用。有条件的地方可以成立由纪委、宣传部、组织部、检察院等部门组成的警示教育活动办公室，由检察院负责日常管理。争取党委、政府的领导和支持，充分发挥预防职务犯罪工作领导小组的作用，加强检察机关与相关部门之间的沟通和协作。积极探索成立专门的警示教育基地管理部门，配备专职管理人员，加强经费保障，检察机关建立和管理警示教育基地过程中要特别注意加强自身监督制约。注重自身形象，严禁利用开展警示教育活动的便利，谋取个人及小团体的利益，坚决杜绝各类违纪、违法问题的发生。

（二）职务犯罪预防宣传的方式与实施要点

1. 借助传媒宣传。检察机关开展职务犯罪预防宣传，应当充分借助各种媒体增强传播效应。报纸、广播、电视、网络等媒体具有受众广泛，传播迅速，视觉直观等特点，通过媒体刊登、播放公益广告、幽默漫画、廉政书画、警示教育短片播放等形式，开展经常性预防宣传。检察机关利用媒体开展预防宣传应当与当地党委宣传部门和相关媒体加强协调配合，根据预防宣传的任务需要，预先制订宣传计划，创立宣传模式，报送同级党委审核批准，协调媒体实施。

2. 发放宣传品。制作各种宣传品，向农村、社区、机关、学校、工厂广泛发送。检察机关可以把职务犯罪相关的法律政策、预防措施等制作成图画、书册，通过相关组织、部门向社会广泛发送。

3. 举办大型专题展览。检察机关可以根据一个时期查办和预防职务犯罪工作的需要，举办专题性展览活动，增强开展预防宣传教育的社会效果。大型专题性展览具有容量大、范围广、针对性强等特点，容易扩大社会影响力。2010 年 9 月，最高人民检察院在北京成功地举办了以"法治与责任"为主题的惩治和预防渎职侵权犯罪展览。为了扩大展览的效果，最高人民检察院组织了在全国的巡展活动。在最高人民检察院统一部署和职务犯罪预防厅的具体指导和协调下，全国（除香港、澳门特别行政区、台湾地区）各省、自治区、直辖市人民检察院和新疆生产建设兵团人民检察院在 4 个直辖市、22 个省会城市、5 个自治区首府城市、336 个地市州和新疆生产建设兵团及所辖各师驻地进行了展出。展览及巡展期间，中央国家机关及驻地方单位、地方各级党政机关、事业单位等 55418 家单位的 216 万余名公职人员参观了展览，发放宣传手册和相关宣传资料 300 余万份，观众留言、题词达 3 万多条。展览效果显著，达到了预期目的，取得圆满成功。

4. 统一组织专项宣传活动。检察机关可以根据惩治和预防职务犯罪工作的需要，在辖区内统一组织专项预防宣传活动。专项预防宣传可以引用多种警示教育和宣传方法，相对集中一段时间，针对某一类犯罪、某一种倾向，或配合某一项专项治理活动、某一个法律、法规、政策的贯彻实施，确定一个主题，统一组织，全面展开。

四、预防职务犯罪警示教育与预防宣传的原则

1. 正面为主、弘扬正气的原则。提高职务犯罪警示教育和预防宣传的效果，必须坚持正面教育为主，大力弘扬正气的原则。正面教育十分重要。警示教育和预防宣传需要运作案例，但必须用分析、批判的立场和观点，情节介绍要适度，避免案情的消极影响，避免模仿。警示教育和预防宣传必须把握惩恶扬善的主旋律，使受教育者树立惩治和预防职务犯罪的信心，努力营造有利于惩防职务犯罪的舆论氛围，坚定社会公众反腐败斗争必然成功的信念，避免扩大社会阴暗面，防止产生正不压邪，对反腐败失去信心。

2. 依规有序的原则。检察机关开展职务犯罪警示教育和预防宣传，必须依照法律和有关规定有序进行。坚持立足检察职能，防止发生失职或越权，产生不良后果。必须切实遵守有关保密规定，不得在警示教育和预防宣传中泄露国家秘密，慎重披露案情数据、犯罪手段和侦破经过。慎重使用案例中涉及的人的姓名、肖像，避免涉及个人隐私，防止侵犯他人合法权利。要加强对警示

教育和预防宣传活动的管理，建立立项审批管理程序。

3. 积极创新，务求实效的原则。检察机关开展预防职务犯罪警示教育和预防宣传，必须根据预防职务犯罪的任务需要，采取切实有效的教育宣传手段，在不断总结实践经验的基础上，充分运用各种有效方式，努力开创新的警示教育和预防宣传途径。开展警示教育和预防宣传必须十分注重教育宣传的实际效果，切不可单纯追求形式新颖，而忽视实际效果。开展任何一次警示教育和预防宣传都必须具有明确的目的、具体的保障措施、周密的计划安排，防止草率从事，影响教育宣传效果。

五、警示教育和预防宣传的立项与审批程序

（一）立项审批

开展警示教育可以由检察机关向预防单位，也可以由预防单位向检察机关提出邀请；预防宣传一般由检察机关主导邀请相关部门配合。检察机关预防部门确定任务以后，要指定承办人，制订具体实施方案，填写《预防职务犯罪警示教育立项审批表》或《职务犯罪预防宣传立项审批表》，经职务犯罪预防工作部门负责人、主管检察长审核批准。

（二）组织实施与效果评估

组织实施警示教育和预防宣传过程中，要将相关情况，如部门、单位、时间、地点、参加人员、人数、程序等，认真记录。警示教育和预防宣传活动结束之后 7 日内，检察机关职务犯罪预防部门应当派员在开展警示教育的单位和开展预防宣传的范围之内，进行回访、调查了解警示教育和预防宣传的效果，作出基本评价。承办人须将开展警示教育和预防宣传的情况和评估结果汇总，并填写《职务犯罪警示教育登记表》和《职务犯罪预防宣传登记表》。

（三）立卷、归档与备案

警示教育和预防宣传活动结束之后，职务犯罪预防部门要把全部资料立卷归档，并将《职务犯罪警示教育登记表》和《职务犯罪预防宣传登记表》副本报上一级院预防部门备案。

第四章　检察机关预防职务犯罪工作机制

　　检察机关预防职务犯罪工作是反腐败工作的重要组成部分，随着我国反腐败工作的深入、反腐败战略方针的调整和工作重心的转移，检察机关预防职务犯罪工作也在认识的不断深化中向前发展，与此相适应，检察机关预防职务犯罪工作的机制也在不断探索和实践中得以丰富和完善。2009 年 5 月召开的全国检察机关第三次预防职务犯罪工作会议，在对反腐败历史进行考察和对反腐败工作基本状况进行全面分析的基础上，提出了加强和改进预防职务犯罪工作的意见，并专门提出要健全完善预防职务犯罪工作机制，从而使探索建立和健全更加行之有效的预防职务犯罪工作机制成为各级检察机关预防工作的一项紧要任务和重要课题。

第一节　预防职务犯罪工作机制概论

　　国际反腐败理论界从反腐败机构、反腐败战略和反腐败法律制度三个方面来评估一个国家的反腐败体制和工作机制。换句话说，完整的反腐败体制和机制应包含反腐败组织机构建设、反腐败战略选择以及组织机构和战略选择赖以运作的法律环境。预防职务犯罪作为反腐败的有机组成部分，存在局部和全局的关系，因此，理解和把握其工作机制自然需要从反腐败体制和工作机制整体层面来把握。这就需要首先理清哪些是领导体制层面，哪些则属于工作机制层面的东西，这是探索建立预防职务犯罪工作机制的认识基础。

一、预防职务犯罪工作机制的概念、特征和内容

　　根据《现代汉语词典》的解释，"机制"指的是有机体的构造、功能和相互关系，泛指一个工作系统的组织或部分之间相互作用的过程和方式，如市场机制、竞争机制、用人机制等。"体制"指的是国家机关、企业、事业单位等的组织制度，如学校体制、领导体制、政治体制等。很明显，两个词的中心语和使用范围不一样，"机制"重在事物内部各部分的机理即相互关系，因此，往往以"工作机制"的形态出现，正如有观点认为的"机制就是制度加方法

或者制度化了的方法"；而"体制"指的是有关组织形式的制度，限于上下之间有层级关系的国家机关、企事业单位等，因此，往往以"领导体制"的面目示人。显然，领导体制确定的是组织机构之间的组织关系，有其确定的组织原则予以规制，不是工作中可以任意"探索"的，必须按照组织原则通过一定的组织程序或法律程序来解决；而工作机制作为"制度化了的方法"却有赖于社会实践去不断健全和完善。

（一）预防职务犯罪工作机制的概念

就反腐败工作而言，我国的反腐败工作是在中国共产党领导下进行的，党是国家廉政建设的领导核心。党的十五大总结我国反腐败的历史经验所确立的"党委统一领导，党政齐抓共管，纪委组织协调，部门各负其责，依靠群众支持和参与"的反腐败领导体制和工作机制，是我国反腐败工作必须遵循的根本原则，也是检察机关开展预防职务犯罪工作必须坚持和遵守的组织原则和工作原则。

预防职务犯罪是一项系统工程，这是由职务犯罪预防主体的多元性、预防对象的广泛性、手段措施的多样性和预防效果的渐进性等因素所决定的。这就要求检察机关预防职务犯罪工作必须坚决贯彻中央关于"标本兼治、综合治理、惩防并举、注重预防"的工作方针和关于《建立健全教育、制度、监督并重的惩治和预防腐败体系实施纲要》的要求，自觉纳入党对反腐败工作的总体部署中去统筹谋划，在党领导反腐败的领导体制下开展。同时，预防职务犯罪作为一项系统工程，要实现综合治理的目标，还需要在全社会建立起一个系统的工作机制，为预防职务犯罪提供一个沟通灵活、协调有力、上下联动的有效载体和工作平台，以充分动员各有关方面的力量，形成预防合力，保证良好的预防工作实效。此外，建立预防工作机制的必要性，还体现在这个机制在为预防工作提供便利的同时，还有助于推动建立社会预防的领导体系和工作体系，实现预防工作的规范化和正规化，促进预防工作的全面发展。因此，建立健全预防职务犯罪工作机制不仅是由职务犯罪预防的社会属性所客观决定的，更是对预防职务犯罪实践经验总结后得出的正确结论。

什么是预防职务犯罪工作机制呢？它是指"社会各有关部门、团体和个人共同组成的预防工作组织，以及各部分之间相互作用的过程和方式"。[①] 通俗地说，就是各预防职务犯罪工作组织之间因工作关系而形成的一种制度化了的工作方法和措施，其调节和规制的对象是各"预防职务犯罪工作组织"，而其表现形式是"制度化了的工作方法"。准确理解预防职务犯罪工作机制需要

---

① 柳晞春：《预防职务犯罪基础理论与实务导引》，中国检察出版社 2006 年版。

从这两个方面进行把握，因为前者回答的是这个机制的主体是谁，而后者回答的则是这个机制内容的表现形式。

什么是预防职务犯罪工作组织？首先，需要指出，"预防职务犯罪工作组织"有广义和狭义的不同。广义上的理解应是指"具有预防职务犯罪职责并行使该职责的部门和团体"；而狭义上的理解是指"具有预防职务犯罪职责的专门机关和团体"。显然，从预防职务犯罪社会化要求的本质上看，狭义上的理解无法回答预防职务犯罪主体多元化的这一基本现实以及国有机关、企事业单位、人民团体是预防职务犯罪主体的这一根本定位。因此，只有从广义上理解预防职务犯罪组织，才可能把它们纳入预防职务犯罪工作机制所调节和规制的范畴。

改革开放以来，随着反腐败斗争的深入，我国预防职务犯罪的专门机构和团体不断丰富和发展。从性质上分，有国家机关和民间团体型的预防职务犯罪组织；从组织形态上分，有常设型和非常设型的预防职务犯罪组织；从工作关系上看，有紧密型和松散型的预防职务犯罪组织。检察、纪检监察和审计机关，是国家层面、常设型的预防职务犯罪的专门机关，属紧密型组织。各种预防职务犯罪协会或学会，则属于民间层面、非常设型的预防职务犯罪团体，属松散型组织。由于我国反腐败工作是在共产党的统一领导下进行的，因此，当前民间的预防职务犯罪组织主要还定位于学术的研究层面，名称也各有不同，如冠之以预防贪污贿赂犯罪中心、预防职务犯罪专业委员会、预防职务犯罪研究中心等。此外，为了贯彻落实某项特定的反腐败工作任务或上级工作部署，各地往往还根据工作需要设立一些非常设型的反腐败组织，如"廉政领导小组"、"治理商业贿赂领导小组"、"职务犯罪大要案协调小组"、"职务犯罪人员追逃领导小组"等。这些非常设性反腐败组织，对于推动某一特定时期预防职务犯罪任务的执行和落实也发挥着重要作用。应当说，预防职务犯罪的专门机关和团体，是预防职务犯罪工作机制调节和规制的重要主体，但它显然并不是全部。理解这一点，有助于扩大构建预防职务犯罪工作机制的视野，把"负有预防职务犯罪职责的国有机关、企事业单位和人民团体"均纳入到预防职务犯罪工作机制的主体中来，真正推动实现预防工作的社会化统筹。

什么是"制度化了的工作方法和措施"？理解这个概念，需要对机制与工作方法和措施有一个准确的把握。首先，机制是经过实践检验证明有效的、较为固定的方法，一项工作机制，不因某位负责人的变动而随意变动，而单纯的工作方式、方法是可以根据个人主观随意改变的。其次，机制本身含有制度的因素，并且要求所有相关人员遵守，而单纯的工作方式、方法往往体现为个人做事的一种偏好或经验。例如监督机制，不仅指人人必须遵守的制度，而且应该包括各种监督的手段和方法。只有二者结合起来才能发挥作用。再次，机制是在各种有效方式、方法的基础上总结和提炼的，而方式、方法往往只是做事的一种形式和思路。机制一定是经过实践检验有效的方式方法，并进行一定的加工，使之系统化、理论化，这样才能有效地指导实践。而单纯的工作方式和方法则因人而异，并没有上升到理论高度。最后，机制一般是依靠多种方式、方法来起作用的，而方式、方法可以单一起作用。例如，建立起某种工作机制的同时，还应有相应的激励机制、动力机制和监督机制来保证工作的落实、推动、纠错、评价等。

（二）预防职务犯罪工作机制的特征

理解了机制与工作方法和措施的区别，就不会把在发案单位举行一次别开生面的警示教育理解为建立了警示教育工作机制，也就不会把与发案单位共同进行了一次预防职务犯罪的座谈或案件剖析，标榜为建立了所谓的联席会议机制，从而也就能理解作为检察机关预防专业化措施的案件剖析，何以能在一些地方成为一项规范化了的案件剖析会工作机制，而对于国际反腐败理论界把反腐败法律制度作为反腐败机制的三大内容之一也就有了更深的理解，因为法律制度本身也属制度化了的工作方法和措施范畴。由上，可以得出清晰的结论，把开展预防工作的某一具体方法和措施简单地理解为机制本身，对预防工作机制的建立是有害的。必须从预防工作机制的基本特征、主要内容和相关保障性制度等多个层面去全面把握预防工作机制的内涵和外延。

社会化是预防职务犯罪的基本特征，也是对预防工作的基本要求。与此相应，预防职务犯罪工作机制一般具有以下基本特征：① 一是社会性，它是一个由许多组织和个人组成的社会性组织，具有广泛的社会基础和群众基础，可以实现群防群治。二是综合性，集中了各有关单位的职能优势，整合了它们的各种预防职能，容易形成一个综合体，产生整体合力。三是系统性，具有一定的组织形式和运行办法，按照一定的制度和程序开展工作，能及时传递信息，迅速作出反应。

（三）预防职务犯罪工作机制的内容

从预防的对象和预防的内容看，预防职务犯罪工作机制在组织架构上至少应包括三方面的内容：② 一是统一的预防工作领导机制。即在党和国家反腐败的总体格局中寻求统一领导，为预防工作提供重要组织保障。二是网络化的社会预防机制。该机制的目的是建立一个全社会共同参与的综合性工作体系，通

---

① 参见柳晞春：《预防职务犯罪基础理论与实务导引》，中国检察出版社 2006 年版。
② 参见柳晞春：《预防职务犯罪基础理论与实务导引》，中国检察出版社 2006 年版。

过该机制，可以采取多种有效的组织形式和方法，有计划、分步骤、分层次地实施预防措施，推进预防工作。三是各预防主体单位内部的预防工作机制。通过国有机关、企事业单位、人民团体等预防主体的内部防范职务犯罪工作机制，延伸预防工作触角。

与预防工作机制的内容相呼应，为了保证预防工作机制的有效运行并发挥作用，还必须设计必要的保障性工作制度。这些制度主要包括三个方面：① 一是预防工作的领导制度。指在某一特定地区、行业和领域制定的对预防工作进行领导、决策、指挥、任务部署、监督执行的工作制度。二是网络化社会预防工作制度。包括各有关单位、部门在预防工作中的职责分工、任务划分、工作要求等制度以及预防各部门之间的工作联系制度等。三是被预防单位内部的预防工作制度。上述三类制度对三项工作机制的运行起着基础性支撑作用。仅有工作机制，缺乏有效的具体工作制度支撑，机制就容易流于形式或成为空壳。

为了保证建立的预防职务犯罪工作机制统一、规范、有效，在确定其主要制度内容同时，还应建立一个相对的标准，以衡量和引导预防工作机制的构建。这方面的标准主要包括：一是有明确的指导思想，使人对机制建立的初衷一目了然，以利于形成共识；二是有确定的工作机构或负责部门，以提供组织保证；三是对参与各方有明确的职责和任务的分工，以实现各负其责；四是有明确的工作原则和工作要求，以规范各方的工作程序；五是有规范化的监督和检查制度，以保证职责落实到位。

二、检察机关预防职务犯罪工作机制的主要形态

通过对预防职务犯罪工作机制概念的解读、特征的分析以及内容和标准的梳理，可以看出构建预防工作机制是一项系统的工程。检察机关在构建预防职务犯罪工作机制中，首先要搞清楚"是什么、怎么做、做什么"等基本问题，在此基础上才能实现"怎么做好"的目标。

当前，随着检察机关预防职务犯罪工作的深入发展，各地已形成了一些成熟有效的工作机制。外部，党委统一领导的预防职务犯罪工作机制和检察机关与有关部门之间建立的预防职务犯罪联席会议工作机制，是两种主要的形态；内部，检察机关党组统一领导的预防职务犯罪分工协作机制和检察机关侦防一体化机制，是两种主要形态。上述工作机制的形成和发展，是检察机关预防职务犯罪实践不断深入和创新发展的结果，有其深厚的理论基础和实践基础。

1. 外部，从党领导反腐败工作的整体格局看，党委统一领导的预防职务

---

① 参见柳晞春：《预防职务犯罪基础理论与实务导引》，中国检察出版社 2006 年版。

犯罪工作机制，因其所具有的全局性和系统性特征，因此，它客观上成为检察机关推进预防职务犯罪工作社会化的"顶层设计"部分；而从检察机关作为预防职务犯罪专门机关的定位看，检察机关与有关部门之间所建立的预防工作联席会议制度，因其所具有的局部性和灵活性特征，因此，它成为检察机关在党委统一领导预防职务犯罪工作大背景下，有针对性地开展行业性、系统性或区域性职务犯罪预防的有效载体和措施，成为社会化预防的"微观基础"部分。

2. 内部，从检察机关预防职务犯罪职能是法律监督职能必然延伸的视角看，检察机关党组统一领导的预防职务犯罪分工协作机制，坚持以检察职能为立足点，开展职务犯罪预防，有效地推进了检察机关内部预防职能的整合，促进了检察机关预防工作的职能化、规范化和专业化，客观上成为提升检察机关专门预防服务和促进社会化预防能力和水平的重要抓手；而从当前检察机关查办和预防职务犯罪工作的实践看，深入推进检察机关侦防一体化机制建设，对于克服重查处、轻防范或者侦防脱节的不良现状，推动惩治与预防并重，又具有十分重要的现实针对性，因此，推进侦防一体化机制建设客观上成为检察机关内部预防职务犯罪分工协作机制的关键环节。

当前检察机关推动形成的上述三项预防职务犯罪工作机制，既具有相对的独立性，但实质上又形成了一个有机整体，它们在推动检察机关职务犯罪预防工作的发展上正发挥着越来越重要的作用。但是，由于这些机制有的推出时间不长，有的因各地的探索和实践存在着争议或不同的理解，因此，还需要对其进一步加强理论的研究和实践的提炼，去伪存真，才能进一步推动这些预防职务犯罪工作机制的健康发展。

第二节　党委统一领导的预防职务犯罪工作机制

近年来，各地检察机关在总结惩治和预防职务犯罪工作基础上，逐步探索建立了在党的领导下与有关部门配合，专项预防和系统预防、检察部门预防和社会预防相结合的检察机关预防职务犯罪工作机制。据不完全统计，[①] 全国已有上海、山西、内蒙古、辽宁、黑龙江、江苏、浙江、安徽、江西、河南、湖南、贵州、西藏、陕西、甘肃、新疆等 16 个省份及 327 个地（市）、2509 个县（区）建立了党委统一领导的预防职务犯罪领导机构，并形成了相关的工作机制。党委统一领导的预防职务犯罪工作机制的建立，在促进源头防治、推

---

① 曹建明检察长在全国检察机关第三次预防工作会议上的讲话。

广预防成果、形成预防合力、推进惩治和预防腐败体系建设中发挥了重要作用。

一、党委统一领导的预防工作机制的概念、特征和内容

党委统一领导的预防工作机制，是指党委统一领导，专门机关（检察、监察、审计机关）依法监督、指导，相关职能部门分工负责、协作配合的社会化预防职务犯罪工作机制。

理解这一机制，应从三个层次来把握其特征：一是党委统一领导是该机制的顶层部分。党委对预防职务犯罪进行统一领导，是党领导反腐败工作在预防职务犯罪领域的根本要求和具体体现。从各地党委预防职务犯罪工作领导小组的组织构成看，在党委统一领导的预防工作机制中，党委、人大、政府和检察机关的有关领导参与构成领导小组，由于纪委处在反腐败组织协调的地位，领导小组组长一般由分管政法或纪检监察工作的党委副书记或纪委书记担任，副组长则分别由人大常委会的常务副主任、政府部门的常务副职和检察长担任。二是专门机关（检察、监察、审计机关）的监督、指导构成机制的枢纽部分。检察、监察和审计机关是国家层面预防职务犯罪的专门机关，在党委统一领导预防职务犯罪工作的前提下，三机关发挥各自的职能优势，监督、指导各预防主体开展预防职务犯罪工作。三是职能部门的分工负责与协作配合构成机制的网络基础。这里的"相关职能部门"主要是指那些除了履行其内部预防职务犯罪职责外，还负有相关社会预防责任的国家机关。如纪委、政法委、组织、宣传、农办、人大内司委、法院、公安、司法行政、发改、教育、文化、广电、国资、财政等部门。这些机关（包括负责党务、立法、司法、行政管理和监督、文化宣传和教育等部门）由于其所承担的党务管理或社会管理的职责，因而对于其所管辖的行业或企事业单位负有相应的社会预防职责，或者对社会上个人负有预防职务犯罪的宣传或教育职责。

在具备上述组织架构特征的同时，作为一项专门的预防职务犯罪工作机制，党委统一领导的预防工作机制，其在内容上也有以下四个方面特点：一是有明确的指导思想。建立党委统一领导的预防工作机制，旨在充分发挥党委领导的政治优势和专门预防机关的职能优势，动员和利用各领导小组成员单位的部门和资源优势，通过建立预防网络，将各预防主体组成一个系统的、网络化的社会预防体系。在这个体系中，工作机制的运用，并不仅是启动专门机关和领导小组成员单位的预防功能，而在于动员和推动各预防主体，鼓励它们主动加入到预防工作中去。二是有明确的职责划分。在党委统一领导的预防工作机制中，作为领导小组的成员单位，在党委统一领导和专门机关的监督指导下，

立足职能优势，承担相关的社会预防责任。其中，检察机关作为专门机关之一，主要承担如下职责：认真履行法律监督职能，依法组织协调预防职务犯罪工作；会同监察机关、审计机关制订预防职务犯罪工作计划；调查分析职务犯罪的特点、成因和规律，研究制定预防职务犯罪对策意见；负责组织、协调和检查国家机关、人民团体、企事业单位和部门预防职务犯罪工作情况，及时总结推广预防工作经验；做好举报、立案查处职务犯罪工作，结合办案开展预防职务犯罪法制教育和警示教育，提出检察建议，提供法律咨询；督促、指导有关单位制定和组织实施预防职务犯罪措施；与有关单位建立预防职务犯罪联席会议制度，交流预防工作信息；在职务犯罪易发、多发行业和领域与有关单位共同开展系统预防和专项预防活动；检查、通报预防职务犯罪工作情况；认真做好上级交办的其他预防职务犯罪工作事项。监察、审计机关及其他职能部门预防职责的划分，虽有不同的侧重点和区别，但总的一点，这种职责划分必须与其拥有的职权相配合，与其职能相适应。由于这些职能部门在社会预防中具有双重角色，即承担内部预防和社会预防双重职责。因此，要求其既要立足职能分头实施预防措施，又要在预防行动中相互配合，从而形成了分工负责、协作配合的工作格局。三是常设的办事机构。党委统一领导的预防工作小组设有办事机构，办公室通常设在检察机关，并由领导小组各成员单位的相关负责人员，组成办公室成员。办事机构的主要职责：研究提出本区域预防职务犯罪工作的发展规划和各成员单位工作任务分解意见，报领导小组审定；开展职务犯罪阶段性调查分析，研究犯罪态势和走向，提出控制和治理的意见，为领导决策提供依据；围绕领导小组全局性工作部署，抓好领导小组成员部门职责的监督落实；对领导小组下达的任务，分解到各具体的岗位，制订落实的意见和措施，保证按要求完成；联合检察、监察、审计机关和相关部门，对预防主体履行职责情况开展联合检查；协调各领导小组成员单位，开展社会化预防；负责对成员单位履行预防职责情况的汇总，总结和交流工作经验，做好预防工作的年度总结。四是规范的工作制度。包括领导小组成员单位责任和任务分解制度、领导小组办公室工作职责和议事制度、落实职责任务的监督、保障制度等。

二、运作方式和实践效果

党委统一领导的预防工作机制，在组织架构的设置和工作制度的设计上，具有较强的可操作性，其在预防职务犯罪方面的成效，越来越得到各级党委、政府的支持和社会各界的认可。为此，为进一步推动党委领导的预防职务犯罪工作局面的形成和发展，2011年最高人民检察院职务犯罪预防厅专门下发了

《关于加强和推进党委领导的预防职务犯罪工作机制建设的通知》，提出"要以党委领导的预防职务犯罪工作机制为抓手，推动预防工作再上新台阶"，"要充实内容，充分发挥领导机制的作用。要以党委领导的预防职务犯罪工作机制为平台，使其成为预防职务犯罪工作坚强有力的领导力量"。"已建立党委领导预防职务犯罪工作机制的地方，要推动进一步健全例会（联席会议）制度、查办和预防职务犯罪情况通报制度、专项预防研究部署制度、预防成果推广应用制度、预防职务犯罪考评制度等，在完善制度、充实内容上下功夫。"这些要求和部署，为各级检察机关进一步有序推动党委统一领导的预防工作机制建设理清了思路，明确了方向。

从当前检察机关的预防实践看，党委统一领导的预防工作机制，主要依靠会议制度、任务分解制度、信息共享制度、检查督导制度和考核制度等一系列制度来保障和推动机制的有效运行。

1. 会议制度。分领导小组会议、联席会议、办公室会议等。领导小组会议，每年年初召开一次，由领导小组全体成员参加，其主要任务是分析工作形势，明确年度任务，通过年度各成员单位工作要点，并提出具体的工作要求。联席会议，由于工作需要，领导小组可以定期或不定期召开由部分领导小组成员参加的预防工作会议，讨论研究相关部门在预防职务犯罪工作中出现的问题，听取相关部门有关预防工作汇报，提出对策，制定措施，部署下一阶段的工作任务。办公室会议，由预防办主任、副主任和办公室成员等参加，主要任务是学习领导小组会议精神，统一思想认识，落实领导小组的决策部署，协调各项工作开展。

2. 任务分解制度。依据领导小组或地方性法规对预防职务犯罪职责分工的要求或规定，领导小组办公室对各成员单位提出具体的预防任务分解及措施意见，并要求所有成员单位结合实际制定年度工作要点，落实具体工作。各成员单位的预防职责分工在领导小组会议上审议通过，由办公室下文执行，并对工作要点实施项目化管理，便于检查考核。

3. 信息共享制度。预防信息共享是党委预防领导小组开展工作的重要抓手。主要依托会议情况通报、信息工作简报、网络信息交换平台等途径，实现各成员单位之间预防工作信息、情况的共享。

4. 检查指导制度。检查指导制度，是领导小组及其办公室发挥作用、完成职责、落实任务的一个重要工作抓手。检查指导制度，一般由领导小组办公室采用专项督导或联合检查的形式来开展。其目的是通过专项督导或联合检查的方式，督促预防主体增强主体意识，提高依法履行预防职责的自觉性，监督检查预防主体完善内控制度，落实预防措施。从浙江省检察机关实践情况看，专项督导制度已在各个行业领域充分运用，成为一种新的专业化预防措施。其综合性、高效性和刚性较好地弥补了其他预防措施的不足。

5. 考核制度。将预防职务犯罪工作纳入党委政府的业绩考核，这是领导小组及其办公室履行检查评价职责的重要和有力措施。如浙江省检察机关通过把预防职务犯罪纳入"平安浙江"考核，涵盖了经济、政治、文化和社会各方面。自 2009 年开始，省预防领导小组办公室配合省委政法委把全省各地开展预防职务犯罪工作情况纳入平安市、县（市、区）考核。通过考核，使预防工作有了一个硬的抓手，推进了社会化预防工作开展。

党委统一领导预防职务犯罪工作机制的实施，其成效主要体现在四个方面：一是理顺了反腐败工作的关系。党委统一领导、纪委组织协调、部门各负其责的反腐败领导体制，要求预防职务犯罪工作应当接受纪委和预防腐败机关的组织协调。随着国家和省级预防腐败局的相继成立，需要正确处理两者之间的工作关系。党委预防职务犯罪工作领导小组办公室设在检察机关，既有利于检察机关立足检察职能，开展专业预防；又有助于检察机关主动接受预防腐败机关的组织协调，充分依靠预防腐败专门机关机构设置的综合性和长期性优势，密切配合、互相支持，共同做好预防职务犯罪工作。二是推动了社会化预防格局的形成。预防职务犯罪工作是项系统工程，需要坚持内部预防、专门预防、社会预防相结合的原则，发动各种力量共同参与。当前，由于预防工作的社会化程度不高，一些地方对检察机关预防职务犯罪工作在社会化预防职务犯罪工作中的功能定位不准，思路不清，没有形成检察机关专门预防与预防主体内部预防有效联动的工作局面，党委预防工作领导机制的建立，推动形成了层次分明的预防职务犯罪社会化网络，以党委领导的预防职务犯罪工作机制为依托，促进了社会化预防领导体制和机制建设，促进了党委领导、政府负责、社会协同、公众参与的社会管理格局的巩固和完善，实现了预防职务犯罪的联动效应。三是实现了预防工作方式的重大转变。突出表现在社会化预防工作，从过去由检察机关主导国家机关、企业（事业）单位、团体等预防主体开展预防，转变为预防主体自身内部预防为主，检察、监察、审计等职能部门监督指导预防主体开展预防。四是促进了预防工作合力进一步形成。党委领导预防职务犯罪领导机制的建立，通过明确各领导小组成员单位的工作职责和任务的分解落实，使预防职务犯罪工作呈现出组织有保障、协调有依据、工作有抓手的良好态势。特别是在检察、监察、审计等职能部门的基础上，把一些重要职能部门作为成员单位充实到领导小组办公室中以后，促使各社会职能部门立足职能优势承担了相关的社会预防责任。

三、领导小组办公室的作用和自身建设

党委预防职务犯罪工作领导小组的成立，为预防工作的开展提供了有力的组织保障，但同时也对如何发挥领导小组的作用提出了新的命题。检察机关作为预防职务犯罪工作领导小组的办公室，将承担全新的职责和任务，同时，上级检察机关作为领导小组的办事机构，其在业务指导上，无论是横向还是纵向的任务也会更加繁重。保障党委统一领导下社会化预防网络的有效运转，除了建立相关工作制度外，检察机关作为领导小组办公室，其作用的发挥将起到举足轻重的作用。从总体上看，党委预防领导小组办公室的作用，主要有四个方面：

1. 参谋、助手作用。也就是为领导小组当好参谋、出好主意。一是围绕领导小组全局性工作部署，加强对开展社会化预防职务犯罪工作机制、方式和方法的研究，探索有效开展工作的新思路、新方法和新途径，提高预防职务犯罪工作决策的科学化水平。二是加强对本地区一个时期或重点领域、关键环节的职务犯罪动态分析，及时向党委提出预防对策参考。在此基础上研究提出预防职务犯罪工作的发展规划和各成员单位工作任务分解意见，报领导小组审定。三是开展职务犯罪阶段性调查分析，研究犯罪态势和走向，提出控制和治理的意见，为领导决策提供依据。

2. 组织、协调作用。也就是抓好领导小组决策部署的组织实施。一是对领导小组各成员单位的预防职务犯罪职责进行合理分工，抓好各成员单位年度预防工作任务分解、落实和检查。二是协调解决各成员单位在落实预防工作任务中遇到的问题。三是支持和督促下级领导小组及其办公室履行职责，督促各地结合本地反腐败工作的形势以及本地职务犯罪发案的现状，创新工作抓手和载体，推动党委统一领导的预防职务犯罪工作机制正常、有效运转。

3. 监督、指导作用。也就是发挥成员单位的职能作用，监督、指导各预防主体开展预防工作。一是围绕领导小组全局性工作部署，抓好领导小组成员部门职责的监督落实。二是发挥专门机关（监察、检察、审计机关）的专业预防优势，采用监察、检察、审计建议或组成联合督导组等手段，监督、指导各预防主体有针对性地开展预防工作。三是发挥各行政管理和监理部门的职能优势，监督、指导本行业、本系统或所管辖企业、事业单位有组织、成系统地做好预防职务犯罪工作。

4. 服务、保障作用。也就是履行好办事机构的职责，确保领导小组工作有序运转。一是加强研究，推动完善党委领导的预防工作机制的各种相关制度建设。二是完善办公室自身的工作制度，确保办公室日常工作的有效开展。三

是履行办公室的综合管理职责，做好日常性信息汇总、办公室成员联系、信息刊物发行等工作。四是负责预防领导小组工作的年度总结，并提出考核评价意见。

当前，预防职务犯罪工作的社会化尚处在起步阶段，实践中，预防主体自觉履行预防职责的意识还不强，党委预防工作领导小组成员单位对自身应履行的社会化预防工作职责也不同程度地存在着模糊认识，工作主动性、针对性和创造性都亟待提高。检察机关作为领导小组办公室，要全面履行好自身的职责，必须进一步理清工作思路，明确工作重点，加强自身能力建设，通过加强与各成员单位的沟通与协调，共同推动预防职务犯罪工作各项任务的落实。

抓好领导小组办公室自身建设，应当把握好以下几个方面：一是要加强办公室队伍建设。根据工作需要，可以从领导小组成员单位挑选若干名同志担任办公室成员，方便工作沟通与协调。二是加强对办公室成员的业务培训。就适应预防工作新形势，加强业务学习和交流。同时对转变工作角色和工作方法提出明确要求，为检察机关切实行使预防办职责奠定思想基础和业务基础。开展对办公室正、副主任的业务培训，交流工作体会，提高适应预防工作新形势的能力和水平。三是规范工作程序。对办公室的工作职责、办公室主任会议和办公室全体成员会议职责、会议议事规程等作出规定，使办公室各项工作的开展实现制度化。四是不定期召开领导小组办公室全体成员会议，分析形势，研究工作中遇到的问题，通过统一思想认识，来进一步明确工作要求，改进工作。五是创新平台和载体，促进工作交流。以《通报》、《工作简报》的形式，向党委、政府部门、社团、国有企事业单位，通报、交流各成员单位、各预防主体开展预防职务犯罪情况，指导本区域预防职务犯罪工作。

第三节　预防职务犯罪联席会议工作机制

联席会议制度是社会化预防工作机制的另一种基本形式。根据最高人民检察院的要求，已建立党委领导预防职务犯罪工作机制的地方，要推动进一步健全例会（联席会议）制度。党委统一领导的预防职务犯罪工作机制具有宏观性、组织性、保障性特点。预防职务犯罪联席会议制度则具有灵活性、针对性、具体性的特点。联席会议制度的灵活性对党委统一领导的预防职务犯罪工作格局能起到很好的弥补作用。近年来，不少地方检察机关与有关部门积极行动，坚持和健全预防职务犯罪联席会议制度，在强化源头防治腐败体制机制建设，推动党风廉政建设和反腐败工作上取得了明显成效。

一、预防联席会议工作机制的内涵和外延

理解预防职务犯罪联席会议工作机制，首先要搞清什么是联席会议。联席会议是指两个以上的机构、组织，为了一个共同的目的，以会议的形式进行工作联系、协调、配合的制度。[①] 在现实的政务和管理活动中，联席会议作为一项工作机制被广泛应用，并依托一套完善的相关工作制度，成为不同机构、组织之间协同开展工作的一种行之有效的工作方法和措施。虽然实践中，也不乏一些冠之以联席会议形式开展工作的部分成员单位之间会存在着组织上的领导关系或业务上的指导关系（如召集人由党委、政府、人大等领导机构承担的联席会议），但从总体上看，不同机构和组织之间所以采取联席会议的形式协同部署和开展工作，是因为参与该项工作的成员之间组织上不存在隶属关系，彼此不能发号施令，不能以自己的意愿直接影响相对的一方，通过单方面提出工作要求来推动工作目标的实施。因此，不同机构、组织之间寻求共识，协调举措，推动工作，是联席会议作为一项工作机制被广泛应用的主要动因，也是联席会议工作机制区别于其他组织制度在构成主体上的一个显著特点。尽管不同行业、部门的联席会议在形式、内容、工作原则或组织架构会有不同，但都有一些共同的特点，如目标一致、地位平等、职能互补等。正因为有共同的目的，彼此才会有共同的诉求，这是联席会议形成的思想基础；正因为地位平等，才需要以协商方式来谋求共识；正因为职能互补，才能发挥各自优势，形成工作合力，产生一加一大于二的效果。需要注意的是，联席会议作为一项工作机制，虽然形式上以会议的形式来体现，但作为一项工作机制则包含着丰富的内容。如果仅仅停留在会议的层面来理解联席会议工作机制，甚至把一年召开一两次会议理解成联席会议制度的全部内容，则不仅在认识上流于浮浅，而且在实际工作中也不利于该机制的全面、有效运行。

那么联席会议制度包含哪些内容呢？为发挥联席会议的作用，推动联席会议制度规范有序开展，发起和参与单位都会制定相关工作制度，其内容一般包括以下几个方面：指导思想、工作机构、工作内容和职责、参会成员单位、会议组成单位具体职责分工、工作规则、具体工作要求等。联席会议一般都有牵头单位，并可以根据工作目标或工作重点的改变，调整牵头单位；联席会议的职责和各成员单位的职责分工也可以根据形势发展进行调整、分工和充实。因此，联席会议是动态的，发展性、实践性及灵活性是其作为一项制度的优势所

[①] 许道敏：《预防职务犯罪工作联席会议机制研究》，载《人民检察》2012 年第 6 期。

在。需要指出的是，联席会议制度与领导小组制度有一个显著不同点，联席会议对有关议题所达成的共识，是由提请单位形成书面会议纪要或决议，采用联合发文的形式，通知成员单位共同遵守和执行。联席会议不同于领导小组，一般不能有自己的公章。

理解联席会议制度的概念、特征和基本内容，对于检察机关在预防职务犯罪工作实践中，健康、有序地推动预防联席会议工作机制的发展十分重要。那么，什么是预防职务犯罪联席会议工作机制呢？它是指检察机关基于预防职务犯罪的共同目标，与具有预防职务犯罪需求或存在风险隐患、需重点防范的行业、部门、单位，共同商讨预防对策，定期或不定期以会议的形式，研究问题，落实任务，形成较为稳定协作关系的工作机制和工作平台。

预防职务犯罪联席会议工作机制，与前些年一些地方流行的检察机关与某一行业（系统）或单位签订行业预防协议的做法有本质的区别。行业预防协议的立足点，是检察机关将自身置于预防主体的地位，指导和帮助案件多发和易发行业开展职务犯罪预防的一种"业务指导机制"；而预防职务犯罪联席会议工作机制，则是检察机关与各联席会议参与成员单位，基于共同开展预防职务犯罪的目标、任务和职责要求，在职能优势互补的前提下建立的一种"业务协商机制"。可以说，它是社会各界对职务犯罪预防社会属性的认识不断深化的结果，是国家机关、企事业单位和人民团体预防主体意识树立的标志，是检察机关总结行业性预防的经验教训，推动社会化预防职务犯罪工作发展的成果。因此，从某种意义上说，没有社会上各预防主体自主预防意识的觉醒，没有检察机关对自身在预防职务犯罪工作中的角色的准确把握和定位，就不可能建立起健康、规范的预防职务犯罪联席会议工作机制。这也正是近年来一些地方预防联席会议制度热热闹闹建立、冷冷清清收场，最终沦落为"标签式、过场式预防"的重要原因之一。

预防职务犯罪联席会议工作机制与一般性联席会议工作机制具有其共同的特征，但是其组织形式由于牵头部门的不同，实践中会有不同的形式。主要有三种形式：一是由党委牵头，人大、政府、政协、纪委、政法委等部门领导同志参加，成员单位则包括检察、监察、审计、计委、发改以及有关行业和部门。主要任务是听取各部门预防工作情况报告，研究分析一个时期职务犯罪情况，对预防职务犯罪工作作出部署。二是由检察机关牵头，一些地方检察院与有关行业、部门就预防职务犯罪的具体事宜建立相对稳定的会议制度和工作制度，共商预防对策，落实预防措施。三是由检察、监察、审计三机关牵头。当前不少省、市人大常委会制定了《预防职务犯罪条例》（以下简称《条例》），从全国看，《条例》普遍把检察、监察和审计机关作为预防职务犯罪的监督、指导机关，这些地方为推动《条例》的落实，也采取不定期组织召开联席会议的形式，研究部署相关预防措施。如《湖北省检察机关、监察机关、审计机关监督预防职务犯罪工作暂行规定》明确：检察、监察、审计机关可根据需要召开预防职务犯罪工作联席会议。其主要内容是分析形势，通报情况，总结交流经验，制订工作计划，研究部署下一阶段工作等。

成员规模不定，组织形式多样，是当前预防职务犯罪联席会议制度中的一个普遍现象。比如，有的行业某一年度发生了一批社会影响较大的案件，有关行业主管迫于上级领导机关的压力或社会压力，会临时提出希望检察机关能与其召开一次"联席会议"，共商预防对策。这种情况在预防实践中相当普遍。因为是"临时起意"，因此其操作往往随意性比较大，而且这种"联席会议"，往往是开完会出个双方签署的会议纪要就完事了，其长效性难以保证，也谈不上严格意义上的联席会议工作机制。灵活性既是联席会议制度的一个优势，但也会带来一些不规范运作的问题。因此，从推进预防联席会议规范发展的角度看，在各成员单位共同协商基础上，制定规范的联席会议制度和工作流程是十分有必要的。从了解的情况看，尽管不少检察机关普遍运用联席会议制度的方式与有关行业、系统或部门共同开展职务犯罪预防，但往往只是在针对与有关部门建立联席会议制度的相关文件中，对联席会议的目的、联席会议的任务、成员单位的职责等作出一些原则性的规定，而普适性的操作规范还比较欠缺。联席会议制度，作为检察机关预防职务犯罪的一种重要而有效的工作机制，在明确其内容（如指导思想、工作机构、工作内容和职责、参会成员单位、会议组成单位具体职责分工、工作规则、具体工作要求等）的同时，对联席会议的运作，从会议发起、议题提交、会议纪要形成、会议措施的监督落实等各个环节制定操作性规范，并作为普适性的要求，像企业 ISO 标准一样推行并运用于检察机关与不同行业、部门的联席会议制度之中，这对预防联席会议的规范发展无疑将起到积极的推动作用。如有的地方对联席会议发起作出如下规定：每次联席会议都必须有一个明确的中心议题，负责中心议题的单位对需要研究协商的议题，应事先向本单位领导汇报，并形成书面材料，提交联席会议牵头单位，并对联席会议提出具体建议和措施。联席会议牵头单位收到成员单位中心议题后，经认真审查，即及时作出是否召开联席会议的决定，并告知各成员单位。类似这种操作性规范，对指导检察机关预防联席会议的运作就具有很强的操作性。但由于这项工作机制发展的不平衡，普适性的操作规范，还需要各地在不断实践和探索中去建立和完善。

二、预防联席会议的主要工作内容

从预防实践看，由于会议召集单位的不同，组织形式和运作方式会有不同；由于会议成员单位构成的不同，工作内容和工作分工也会存在区别；此外，由于法制环境的不同（如有的地方有地方性预防职务犯罪的法规，有的地方则没有），工作载体和工作手段也会存在差异。这使得当前各地检察机关预防职务犯罪联席会议呈现出一种百花纷呈的局面，规模有别，形态各异，但是考察预防联席会议工作机制建立的初衷，兼之无论是党委牵头还是检察、监察、审计三机关牵头的联席会议，检察机关在联席会议中都起着关键性的作用，因此，结合检察机关多年预防工作实践所形成的行之有效的专业化预防措施，我们仍可找到预防联席会议一些共性的工作内容，主要有以下几个方面：

1. 探索健全有效工作机制。预防工作具有很强的实践性和发展性，因此，与此相关的具体工作机制必然会随着工作重点的转移、工作内容的深化、工作方式的调整而发生改变。这就要求联席会议成员单位要坚持与时俱进的理念，着眼加强领导、明确职责、强化合作、落实措施，从增强合力和效果出发，依托联席会议机制所建立的沟通和磋商机制，坚持立足职能，创新思路和方法，共同探索建立健全有效的工作机制，革旧布新，不断推进预防工作的制度化、规范化和经常化。

2. 配合做好案件查办工作。打击犯罪是预防职务犯罪的重要手段和关键环节。因此，加强协调、沟通和配合，服务和促进案件查办是联席会议制度的一项最基本职责。联席会议各成员单位在工作中发现和收到群众举报的工作人员涉嫌职务违纪违法线索，应依照有关规定及时移送有管辖权的相关单位并配合做好相关案件的调查或侦查工作。

3. 开展预防信息情况交流。推进预防工作的群防群治，发挥各部门优势互补的职能作用，必须加强职务犯罪信息情况的交流。依托联席会议平台，行业、部门可以向检察（监察、审计）机关通报自身反腐倡廉建设的情况，包括队伍建设、内控制度完善、工作人员违纪违法案件等方面情况。检察（监察、审计）机关可以通报查办的各成员单位职务违纪违法犯罪情况以及审计过程中发现的苗头性、倾向性问题，分析犯罪原因、特点和趋势，查找犯罪隐患，为相关成员单位完善内部预防机制服务。

4. 开展预防调查和对策研究。调查研究是做好任何工作的一种基本方法。要做好预防职务犯罪工作，提高预防对策建议的针对性和有效性，离不开卓有成效的预防调查工作。依托联席会议制度，开展预防调查，发挥各自的职能和业务优势，有利于深入各相关单位业务运作的各个环节，发现职务犯罪苗头性、倾向性问题，从而为源头上预防职务犯罪提出治本性措施和对策。因此，根据各成员单位职务犯罪存在的可能隐患以及通过查办案件暴露的问题，有针对性地开展专题预防调研、共同开展预防对策的分析论证，是预防联席会议的一项重要工作内容。就检察机关来说，2010 年最高人民检察院推出了惩治和预防职务犯罪报告制度，如能用好联席会议机制，也将有利于提高报告质量，推动报告成果的转化和运用。

5. 推进检察（监察、审计）建议落实。检察（监察、审计）建议是专门机关以专业预防推动社会化预防的重要手段，相关建议能否落到实处，真正发挥作用，需要成员单位之间的共同努力来完成。联席会议机制畅通了各成员单位的联系渠道，完善了磋商机制，通过信息沟通，不仅有助于提高专门机关预防建议的针对性、实效性和可操作性，也有助于相关预防建议的落实，使对策建议真正转化为各成员单位的内部廉政防控的制度和措施。

6. 开展预防宣传、教育和咨询。开展预防职务犯罪宣传、教育和咨询是预防职务犯罪的基本方法。各成员单位可以根据本单位职务犯罪的发案情况、一段时期反腐败工作的重点领域和环节，利用各种载体和媒介，协同开展各种形式的思想政治、职业道德和法制教育、职务犯罪警示和廉政勤政教育。特别是检察（监察、审计）机关可以在联席工作中，积极开展预防咨询，提高各成员单位对各类违纪违法犯罪行为的鉴别能力，提高各成员单位干部职工的自我防范意识。

7. 推进行贿犯罪档案查询工作。行贿犯罪档案查询，是指检察机关对人民法院生效裁判认定的个人和单位行贿犯罪事实，录入计算机信息管理系统，并向社会提供查询。它是运用技术手段强化职务犯罪预防的工作措施。行贿犯罪档案查询制度实施以来，在社会上引起了较大反响，对促进市场经济的诚信体系和失信惩罚机制建设发挥了积极作用。但行贿犯罪档案查询制度还存在一些不完善的地方，在实践运作中也暴露出一些问题，联席会议工作机制为发现和解决这些问题又提供了一个渠道。

上述七项工作内容，是当前在预防职务犯罪联席会议中有一定普遍性的工作。由于预防联席会议建立各地的目的和侧重点不同，工作内容必然会有一些差别。从发挥预防联席会议的作用，提高其实际社会价值角度看，各地应结合预防职务犯罪工作实践，不断拓宽其工作内容，以尽可能地发挥其社会化预防的"网络基础"的功能。

三、进一步完善预防联席会议机制

应当说，各级检察机关在探索预防联席会议工作机制过程中，积累了宝贵的经验，预防联席会议工作机制在各地生根开花，有力地提高了检察机关预防职务犯罪工作的社会影响力，营造了社会化预防的工作氛围，推动了全社会预防职务犯罪工作的发展。但是，预防联席会议工作机制，作为一项在摸索实践中的工作举措，也出现了一些不良倾向：① 一是职能错位。一些地方对检察职能和行政职能之间的界限不分，基于双方通过联席会议建立的工作机制，随便干预行使行政管辖权的联席会议成员单位的职权；或者是因为顾忌联席会议的合作关系，放弃法律监督职能，以致发现职务犯罪线索也不及时移送侦查部门处理，甚至还帮忙掩盖。二是借机谋利。利用联席会议建立起来的友好关系，公私不分，向会议成员单位说情、拉关系为自己和亲朋好友捞好处；或者到一些财力充盈的成员单位拉赞助、报销单位费用等，对预防联席会议的社会公信力带来严重损害。三是庸俗化为公私交融的"联谊场所"。预防联席会议机制是公共性的，不是同学同行朋友之间的感情联络的场所，一些地方的联席会议满足于节日聚会，"吃个饭，照个相，送个礼品人就散"，体现不出预防宗旨和内容价值，使联席会议制度走入了歧途。四是成为无所作为的摆设。现在许多地方建立了联席会议机制，但一些地方存在有机制没有活动的情况，满足于追求形式，满足于在多少单位建立了联席会议制度，而不是把工夫放在工作成效上，联席会议并没有真正发挥作用。

　　预防联席会议工作机制存在的不良倾向，需要引起高度重视，采取有力措施，坚持正确的发展导向，才能保证联席会议机制的深入健康发展。从检察机关的预防工作实践看，要注意把握以下几个环节：

　　第一，要提高思想认识，充分发挥联席会议的基础作用。最高人民检察院党组副书记、常务副检察长胡泽君在 2012 年 2 月召开的中央部委第四次预防职务犯罪工作联席会议上要求："检察机关的专门预防与各有关部门的系统、行业预防紧密配合，优势互补，形成合力，才能形成惩防职务犯罪工作体系，增强预防工作的针对性和实效性，把各项预防措施落到实处，取得遏制和减少职务犯罪发生的实际效果。""检察机关与各有关部门要坚持和进一步健全预防职务犯罪联席会议制度。积极探索惩治和预防职务犯罪的司法工作与国家行政管理、行政执法相关制度的有效对接，促进相关系统、领域、行业的监督、管理、服务、执法活动的法治化、规范化建设。"目前，联席会议机制的作用，从全国看发展还不平衡，由于对联席会议制度理解的错误或以偏概全，有关联席会议制度在社会化预防中的作用的认识还比较浅浅。要从基础性制度的

---

　　① 许道敏：《预防职务犯罪工作联席会议机制研究》，载《人民检察》2012 年第 6 期。

高度，从社会化预防网络的触觉的高度，重新认识联席会议机制，加强对联席会议机制的领导和指导，不断提高联席会议制度的工作实效和水平。

第二，要准确职能定位，正确履行检察机关预防职能。发挥立足法律监督职能开展工作，做到"到位不越位、尽职不越权、参与不干预、帮忙不添乱、服务不代替"，切实解决职能错位和无所作为的问题。到位不越位，就是要准确把握检察机关法律监督的职能属性，正确理解监督权与行政权的区别。既做到对成员单位管理上存在的问题或犯罪隐患，能及时提出监督意见，但又超越职权代为行使成员单位的行政管理权，损害其正常的管理秩序、运营秩序和经营秩序。尽职不越权，就是要明确检察机关的职责、权限与其他联席会议成员单位的职责、权限的联系和区别，找准对接点和双方职责权限的分界点。参与不干预，就是既要以积极的姿态了解有关单位的业务运作流程，使预防职务犯罪的要求纳入其业务流程和工作管理各个环节，又要避免干涉联席会议单位的内部事务，防止不恰当的干预，带来干涉有关单位自主经营活动的诟病。帮忙不添乱，就是既要发挥检察机关职能优势，针对职务犯罪隐患，有的放矢提出改进意见，推动成员单位强化内控机制，堵塞职务犯罪漏洞，又要尊重各成员单位内部管理自身的规律，不乱开药方，注意方式方法，维护其正常的工作秩序和管理秩序。服务不代替，就检察机关作为专门机关，既要以专业化的措施，服务和促进成员的内部预防，但又不能代替成员单位作为预防主体的预防职责，包揽应由成员单位自身应当做的事。

第三，要把握行业特点，遵循规律开展预防工作。检察机关所以能为有关单位提供预防职务犯罪方面的帮助，其依据在于检察机关通过查办职务犯罪职责的履行，探索、总结出一套适合于有关行业、领域防控职务犯罪的基本规律，运用对这些规律的认识指导成员单位预防工作的具体实践，确保预防措施的针对性和实效性，服务和促进成员单位的内控机制建设和源头治理。

第四，加大资源整合力度，提高联席会议制度实效。信息交流机制畅通是做好职务犯罪预防的基本条件。检察机关与有关联席会议成员单位，应该建立经常性、稳定性的信息通报制度，以保证经常性的信息沟通交流。检察机关要充分利用现代科技手段整合行业性职务犯罪的信息，为成员单位科学开展职务犯罪预防工作提供信息支撑和决策根据；联席会议成员单位要通过健全廉政风险防控机制，在查找职务犯罪风险点的同时，为检察机关提供人员信息、岗位和职责信息，使检察机关预防工作更加贴近成员单位实际，从而取得预防职务犯罪实效。

第五，积极探索，丰富联席会议的工作内容和措施。联席会议是整合职能优势的举措，平等成员之间的积极互动很重要。要改变一些地方联席会议就是牵头单位通报情况的现状，加强与其他形式如案件剖析会制度的资源整合，创新工作形式。要"加强预防职务犯罪工作情况交流，实现信息共享，积极探索职务犯罪技术预防的合作。共同开展经常性的预防宣传和警示教育工作，积极推进预防职务犯罪宣传教育进党校、进行政学院等工作，根据党和国家重大部署和有关部门重点工作安排，共同开展专题性预防宣传工作，加强预防职务犯罪工作的社会宣传，重视运用大众传媒、现代网络加强预防职务犯罪工作的公共宣传，促进社会主义廉政文化、法治文化建设"。①

第四节　检察机关内部预防职务犯罪分工与协作

预防职务犯罪职责必须进行合理分工，加强部门间的协作配合，是检察机关对多年预防职务犯罪实践经验的总结。分工协作制度，最早见之于 2000 年最高人民检察院《关于进一步加强预防职务犯罪工作的决定》（以下简称《决定》），其中第 21 条规定："建立预防职务犯罪工作组织协调制度。职务犯罪预防部门和其他各业务部门在开展预防职务犯罪工作中，应当加强协调与配合。建立由检察长协调各有关业务部门参加的会议制度，组织、部署和落实检察机关预防工作。对于典型职务犯罪案件，适时组织协调职务犯罪预防部门派员介入案件的侦查、起诉活动，共同研究犯罪原因、手段和发案规律。"最高人民检察院 2002 年 4 月制定出台的《关于检察机关有关内设机构预防职务犯罪工作职责分工的规定》（以下简称《规定》），又从制度上明确了各内设机构预防职责分工的基本内容，有力地推动了检察机关内部预防工作分工、协作局面的形成和发展。建立和完善检察机关内设机构预防职务犯罪分工协作机制，充分发挥检察机关各业务部门在检察预防业务工作中的职责作用，形成检察预防的整体合力，促进检察预防工作健康发展已成为当前检察机关依法履行法律监督职能的一项重要业务工作。

一、内部分工协作的要求

检察机关开展职务犯罪预防工作，必须坚持分工协作的工作机制，是由"检察机关职务犯罪预防工作是法律监督职能的必然延伸"这一根本属性所决定的，正因为检察机关法律监督职能是由不同的内设机构承担的，所以结合法律监督职能开展的预防工作职责也应由各个部门承担。值得注意的是，有观点

---

①　最高人民检察院党组副书记、副检察长胡泽君在 2012 年 2 月中央机关预防联席会议工作上的讲话。

在阐述检察机关内部实行预防工作分工与协作的必要性时，从检察一体化的角度出发，把预防业务是检察机关最新的业务、预防机构不完善、队伍业务素质薄弱、无法胜任更无法独立承担预防职务犯罪职责和任务作为预防职责分工协作的一种客观理由来阐述。对于这种"客观理由"的理解，一方面，我们认为它是不准确的，因为它并没有抓住实行预防工作分工协作的内在原因和法理基础；但另一方面，我们又要看到有其现实的合理性。因为预防实践中一些地方的确是从检察一体化的角度出发，在预防职责或任务的分工上并没有按照各职能部门承担的法律监督职能来划分和部署预防工作任务，而是实行"责任田承包制"，每个部门各划一块"责任田"，这一现象在开展行业联席点预防的实践中尤具代表性。

《规定》基于各内设机构的职能对其应承担的预防责任进行了规定，但是随着检察机关预防职务犯罪工作的发展，这一规定已无法回答各地检察机关在丰富的预防实践中所出现的各种分工和协作形式。这就对理解内部分工的要求或者内部分工应坚持的原则，带来了一些歧义和思考。笔者认为，理解内部分工的要求，有两条脉络：一是目的。建立内部分工协作机制，其目的显然是要通过明确不同内设部门的预防责任，构筑有关内设机构齐抓共管的预防职务犯罪工作责任制，通过既有分工又有协作来形成预防工作合力，增强检察机关预防工作的整体效能。二是性质。内部分工协作的性质，是对检察机关法律监督职能在预防业务领域的合理划分，任何预防机制和形式的创新必须坚持法律监督职能的定位和检察一体化的发展要求。从这两条脉络出发，只要符合上述目的和性质总体要求的预防分工与协作形式，都是值得探索和发展的，而不应照抄照搬哪一种模式，这也有利于预防工作的创新和发展。

在这一总体要求的前提下，预防职责内部分工与协作机制，作为一项工作机制，同其他预防职务犯罪工作机制一样，也必须有其具体的内容要求，这个要求表现在三个层面：

1. 预防工作参与方的职责划分，应重点明晰四个层次的职责：院级领导、预防职能部门、内设机构、预防工作人员。预防工作是检察机关面向社会的窗口，业务涉及面广，社会关注度高，并具有很强的政治性，因此，作为院领导的检察长、分管检察长以及检察机关的最高业务决策机构——检察委员会，在预防工作中应承担的职责必须进行明确，也就是说明确领导责任；预防职能部门是检察机关内部统筹、协调开展预防职务犯罪的专门部门，其职责是否履行到位，直接影响一个地方检察机关预防职务犯罪的开展，因此，对预防部门必须明确其组织、实施的职责；各内设机构是履行法律监督职能的具体部门，如何立足自身职能开展预防也必须进行明确；预防工作人员是具体的实施者，要使各部门预防工作职责落到实处，有必要将其职责任务分解落实到一定办案时间和办案环节，或者工作阶段和工作环节担负预防工作的人员，明确其职责，量化其任务，并对其预防工作实行目标管理与绩效评价。

2. 参与方开展预防工作的具体制度。这包括两个方面：一是明晰的责任分工制度；二是科学合理的部门协作制度。分工是基础和前提，没有明确的分工就谈不上有效率的协作，而只会导致工作上的混乱无序；同样，没有有效率的协作，分工也会变成"各扫门前雪"的工作结局，不利于形成一加一大于二的整体效果。因此，在科学合理的职责分工前提下，建构科学有效的部门协作制度是提高内部整合效益的重要环节。这类制度主要包括信息资源共享制度、案件分析研究制度、工作配合协作制度和工作归口管理制度等。

3. 实现分工与协作的保障性制度或措施。这类制度或措施，是为监督和保障分工与协作机制有序运转而设立的。主要包括预防工作量化考核制度、工作情况检查评比制度等。

检察机关内部分工与协作机制，经过多年的实践，已经形成了"党组统一领导、业务分管领导齐抓共管、预防部门组织协调、各个业务部门分工负责抓落实的预防工作机制"。这一机制是检察机关内部预防职务犯罪工作分工与协作的实践成果。检察机关党组统一领导的预防工作机制的建立，使预防工作实现了从预防部门包揽一切向预防部门组织协调、业务部门分工负责的格局的转变。对检察机关预防工作的深入发展具有深远的意义。

二、内设机构的预防职务犯罪职责分工

检察机关各业务部门都负有预防职务犯罪的重要职能作用。在开展预防职务犯罪过程中，必须充分发挥各业务部门的职能作用，实现群防群治，综合治理。根据《决定》和《规定》及其他有关规定，明确了检察机关各内设机构在预防职务犯罪工作中的职责，分别是：

1. 反贪污贿赂部门、渎职侵权检察部门的职责：（1）结合查办的职务犯罪案件，针对发案单位在管理和制度等方面存在的问题，提出预防职务犯罪的检察建议；（2）在侦查活动中对犯罪嫌疑人、证人、知情人、犯罪嫌疑人家属等进行法制教育；（3）结合查办案件，以案释法，进行警示教育和法制教育；（4）定期分析查办职务犯罪案件的情况，研究职务犯罪的发案规律和特点，对预防职务犯罪问题提出对策意见。

2. 公诉部门的职责：（1）结合对法院审判活动是否合法实行监督，针对审判活动中存在的问题，提出预防职务犯罪的检察建议；（2）在审查起诉活动中对犯罪嫌疑人进行法制教育；（3）结合出庭支持公诉，剖析被告人犯罪

的原因，揭露职务犯罪造成的社会危害，开展法制宣传和警示教育；（4）定期分析起诉、不起诉、抗诉以及判决无罪等案件情况和存在的问题，对预防职务犯罪问题提出对策意见。

3. 侦查监督部门的职责：（1）结合对侦查机关的侦查活动是否合法实行监督，针对侦查活动中存在的问题，提出预防职务犯罪的检察建议；（2）结合对侦查机关的立案监督，针对应当立案而不立案，或者不应当立案而立案的情况，发现可能产生职务犯罪的问题，提出预防职务犯罪的检察建议；（3）在审查逮捕环节注意发现可能产生职务犯罪的漏洞和问题，及时提出纠正意见；（4）定期分析立案监督和侦查监督中发现的情况和问题，对预防职务犯罪问题提出对策意见。

4. 监所检察部门的职责：（1）结合对监狱、看守所和劳教所等监管机关的执法活动实行监督，针对刑罚执行和监管活动中存在的问题，提出预防职务犯罪的检察建议；（2）结合查办徇私舞弊减刑、假释、暂予监外执行等职务犯罪案件，认真分析发案单位在管理和制度等方面存在的问题，提出预防职务犯罪的检察建议；（3）配合监狱、劳教所对正在服刑的罪犯和劳教人员，特别是职务犯罪罪犯进行认罪服法教育，提高改造质量；（4）与监狱管理部门加强协调配合，组织在押职务犯罪罪犯现身说法，开展警示教育。

5. 控告（举报）检察部门、刑事申诉检察部门的职责：（1）开展举报宣传，鼓励具名如实举报、控告职务犯罪，发动人民群众积极同职务犯罪作斗争；（2）对职务犯罪举报线索进行系统分析，掌握职务犯罪的发生和变化规律，对预防职务犯罪问题提出对策意见；（3）在接待工作中，向控告人、举报人、申诉人提供法律咨询，解答他们提出的法律问题；（4）结合办理刑事申诉案件、国家赔偿案件，认真分析发生错案的原因，提出预防职务犯罪的检察建议。

6. 民事行政检察部门的职责：（1）结合对民事审判、行政诉讼活动是否合法实行监督，针对民事、行政审判活动中存在的问题，提出预防职务犯罪的检察建议；（2）结合办理抗诉案件，分析有关单位在管理和制度中存在的问题，提出预防职务犯罪的检察建议；（3）定期分析民事、行政审判开展情况，发现民事行政枉法裁判等职务犯罪问题，对预防职务犯罪问题提出对策意见。

7. 职务犯罪预防部门的职责：（1）统一组织、协调检察机关预防职务犯罪工作；（2）负责检察机关预防职务犯罪工作规划和工作总结；（3）对检察机关的预防职务犯罪工作进行宏观指导，总结和推广预防工作经验；（4）统一掌握检察机关开展预防工作情况，负责预防统计，评估和考核预防效果；（5）进行系统、宏观预防对策研究；（6）归口管理预防职务犯罪的检察建议；

（7）系统开展预防职务犯罪宣传、教育和咨询；（8）统一组织开展预防理论研究；（9）统一负责与预防社会网络组织的联系；（10）负责预防职务犯罪信息的收集、研究和利用；（11）负责预防综合技术的推广利用。

解读这一《规定》时应当注意到，随着预防职务犯罪工作的深化，这种分工的原则性已进一步体现出来，由于全国检察机关内设机构设置的不同和预防工作发展状况的差异，具体到每个地方，各职能部门的预防任务又有不同。从实践看，有几个问题需要注意：

（一）完整理解《规定》所划分的各内设机构的预防职责

《规定》规定了检察机关七个主要内设业务部门的职责，还有一些部门的预防工作职责没有纳入，但并不说明这些部门没有预防的职责和任务。为弥补这一不足，一些地方根据本地预防工作实际，对其他部门职责作出了规定。如有的地方规定，法律政策研究部门：要围绕建立有中国特色的检察机关预防职务犯罪工作机制，开展预防理论研究，为预防工作的深入开展提供理论指导；与预防部门配合，加强预防职务犯罪的对策研究，为党委、政府制定预防职务犯罪工作决策提供参考；会同预防部门开展预防职务犯罪立法研究，推进预防职务犯罪工作法制化建设；与预防部门共同组织开展专项预防调研、研讨活动，并编发预防工作方面的调研文章。有的地方规定，宣教部门：要根据党委宣传部门和上级院对预防工作的宣传部署，积极配合预防部门制订预防宣传方案，并协助抓好方案的落实；组织协调新闻媒体深入预防工作第一线采访，会同预防部门审核预防宣传稿件；协助预防部门开展预防调研、专项预防和警示教育活动。有的地方规定，办公室要积极配合预防部门做好重要预防文稿（如惩治和预防职务犯罪报告）的撰写和发文的审核把关工作；行政部门要配合预防部门做好预防专项经费审请工作。有的地方对政工和监察部门的预防职责也提出了要求：要按照党风廉政责任制的要求，加强对开展预防工作人员的监督和管理，杜绝预防干部利用开展预防工作之便进行违法、违纪活动。

此外，由于《规定》是从检察机关各主要业务部门的职能出发，规定了相关业务部门的职责，但实际中由于机构设置发展的不平衡，承担相关职责的具体部门也存在不同。特别是预防部门设置不到位的地方存在由其他业务部门履行预防部门职能的情况，如有的把《规定》所规定的预防部门职责交由法律政策研究室、控申部门甚至政工监察部门承担。同时，自《规定》于2002年4月印发以来，随着检察改革的深入，部分机构的编制设置得到了相应的调整，如渎检部门的升格更名、职务犯罪大要案侦查指挥中心的增设、省级院公诉部门的分设、案管中心和行贿犯罪档案查询中心等新机构的成立，这些变化都直接关系到内设机构的职责分工。因此，对于《规定》所规定的各内设机构的预防职责更应从原则层面去理解，各地不能拘泥于规定的要求，而应根据本地预防工作的实际需要进行必要的补充和完善，授权承担本应由其他职能部门承担的预防职责的部门，也不宜以上级对口职能部门没有这一工作职责为由，拒绝履行预防职责。

（二）要用发展的眼光看待各内设部门预防职责的划分

《规定》所规定的各内设部门职责会随着预防工作的深化发展而不断调整、充实和丰富。如随着社会化预防网络的建立、健全，不少地方建立了党委领导下的预防职务犯罪工作领导小组，办公室设在检察院，于是职务犯罪预防部门作为党委预防职务犯罪工作领导机构的办公室，必然要承担日常工作，其职责就随之增加。此外，检察机关院内领导小组成立后，随着检察机关预防工作一体化的形成，预防部门除了承担院领导小组办公室日常工作外，还承担了考核各业务部门预防工作的职责。这些都是《规定》中所没有的。又如，《规定》规定了预防部门有负责预防职务犯罪信息的收集、研究和利用职责，但具体工作内容则是变化的。如有的地方在此基础上进一步细化规定：预防部门负责建立预防职务犯罪信息资料库；经检察长批准要介入办案环节，收集预防资料，开展个案和类案的综合分析，同步开展预防活动。又如，有的地方，在《规定》所规定的控告申诉检察部门预防职务犯罪职责中，根据工作实际，给控申部门又加了两条职责：（1）对举报群众进行法制宣传，增强反腐倡廉意识，注意从不服人民法院已生效判决和人民检察院决定的申诉案件中发现职务犯罪线索；（2）分析造成错案的原因，向有关部门提出防止执法不公、规范办案程序、预防职务犯罪的检察建议。惩治和预防职务犯罪年度报告制度实行后，有的又增加了控申部门要对本地区年度举报职务犯罪情况进行综合分析，并报送预防部门等。此外，2007年最高人民检察院制定出台的《人民检察院职务犯罪预防工作规则（试行）》，将其中对预防部门的职责从《规定》中的11条变成了8条，表述也有了变化。这些调整虽然内容和表述上有改变，但有一点是肯定的，其所增加的职责都是立足相关部门职能延展开来的。因此，对于职责的分工必须坚持发展的眼光，不能因《规定》中没有明确要求做就不做或者相互推诿。检察机关各内设机构必须在院预防工作领导小组领导和预防部门统一协调下，依据各自的业务特点和业务职能，自觉承担预防工作职责。

（三）要厘清预防职务犯罪职责和预防工作任务的关系

严格地说，预防职责分工与预防任务分工是有区别的。顾名思义，预防工作职责是基于职能基础上对不同内设机构预防业务的区分，而预防工作任务则是基于各地预防工作发展的需要对不同内设机构预防任务的分解。这个任务可以基于内设部门的法律监督职能，也可以与其原有职能毫不相干。如随着社会化预防工作的深入，有的地方在外联上采取了部门联系的方式以落实预防任务。如某市检察院在制定的预防职务犯罪工作意见中规定：个案预防任务由自侦部门承担，而43个网络成员单位的预防工作任务则分解到了检察机关18个内设机构，每个处室都有预防任务，并对开展预防工作的原则、措施、工作制度、工作重点、各内设机构在预防工作中的职责、组织领导、协调保障等都作了具体的规定。因此，可以看出随着社会网络化预防的不断发展，检察机关各内设机构的预防工作任务会发生调整和变化，这种变化符合检察一体化的要求，应当说对各业务部门紧密结合检察工作实际，深入开展职务犯罪预防，有效推动预防工作创新发展是有益的。检察机关各内设部门都要从检察一体化的高度出发，以开阔的眼光来对待这种发展和变化。职责分工与任务分工的区别，也提醒各地检察机关要结合本地实际合理分工各内设机构的任务；尽量做到职责与任务的有效结合，不能做到的，要明确任务归属；做到分工明确、任务明确、责任到位。

（四）要把握预防工作职责和预防工作措施的区别

预防工作职责和预防工作措施，是两个不同的概念。行使一项预防工作职责，可以采取不同的预防工作措施；而一项预防工作措施，也可以反映不同的预防职责要求。如《规定》中规定，公诉部门在预防职务犯罪工作中要对法院审判活动中的违法现象和错误判决案件进行分析，针对审判活动中存在的问题，向人民法院和有关部门提出纠正违法、完善办案制度的检察建议。这是对公诉部门预防职责的规定。在这个规定的前提下，有的地方为落实《规定》的要求在制定的实施细则中细化为具体的措施：职务犯罪案件的开庭审判，群众比较关注，参加旁听人员多，公诉部门事先要与发案单位取得联系，组织人员参加，出庭支持公诉的人员对此类案件要做好充分的庭前准备工作，结合案件的具体情况，对被告人犯罪的原因、动机作深刻的剖析，揭露职务犯罪造成的社会危害，开展法制宣传，可以争取审判机关的支持，让认罪态度好、有悔罪表现的被告人，在最后陈述阶段作悔罪陈述，进行反面教育警示。这是落实前述预防职责的具体预防措施。又如有的地方在制定落实《规定》的细则中规定：反贪污贿赂部门、渎职侵权检察部门在侦查活动中要对职务犯罪嫌疑人、证人、知情人、犯罪嫌疑人家属进行法制教育（这是预防职责）；要结合查办职务犯罪案件，因案制宜开展"六个一"的个案预防活动，即"责成犯罪嫌疑人写一份反省书，与发案单位领导进行一次座谈，到发案单位上一堂法制教育课，制发一份检察建议书，进行一次案后回访，建立一套个案预防档案"（这是具体预防措施）。分清职责和措施的不同，对各内设机构落实分工要求，拓宽工作思路，正确履行职责是十分重要的。但是，一些地方为了便于操作把《规定》的职责具体化到某一具体的预防措施，这容易使预防干部混淆职责与措施的关系，如果把一项具体的预防措施当作职能部门的整体职责，就很容易挂一漏万，不利于工作的全面开展。

三、预防职务犯罪内部分工的落实

在合理分工的前提下，如何保障预防职责落实到位，是内部分工与协作机制的重要环节。当前由于认识不一，检察机关内部分工落实很不到位。据有关调研报告显示："绝大多数检察院的其他业务部门对预防工作并不积极配合，这些业务部门不把预防工作看做'分内'业务，这种固定观念很难通过'提高思想、统一认识'而扭转于朝夕之间。除非检察长施加强大压力，否则其他业务部门对协助开展预防工作基本无动于衷；即使在检察长的强大压力之下，其他业务部门充其量只会被动参与，很少积极配合。之所以如此，最主要的原因是缺乏促使各业务部门积极参与、配合预防工作的激励机制。"[1] 一些地方预防工作中存在的不良现象不同程度地影响和制约了预防工作深入健康的发展：一是"两张皮"现象。随着职务犯罪预防部门的单设，一些地方出现了打防脱节，打击不管预防，预防脱离打击的"两张皮"现象。二是"独角戏"现象。一些同志认为，职务犯罪预防工作是专职预防部门的事，与其他业务部门无关，因而出现了预防部门一家唱"独角戏"的现象。

预防职务犯罪内部分工的落实，是检察机关预防工作面临的一个重要现实问题，也深入发展和完善预防分工协作机制的重要任务。应当从三个方面夯实基础，以推动分工协作机制的落实。

（一）认识基础——以共识谋合作，进一步提高预防工作法律监督属性的认识

预防部门之外的其他检察职能部门，其本身的工作职责有明确规定，从事预防工作超出了其原有的职责范围，要求他们做到在主观上乐于接受、客观上积极参与，客观上需要一个理解适应的过程。提高对预防工作一体化的认识，是推动各内设机构自觉履行预防职责的思想和认识基础。如果不从改变认识上入手，其他职能部门始终抱着一种预防工作与己无关的心态，不能把预防工作与自身的业务工作同部署、同考核，是很难形成合力的。检察机关各内设机构应当从三个方面正确理解检察机关预防职务犯罪工作的性质和要求：一是必须

---

[1] 桑本谦、李华：《检察机关预防职务犯罪的困境和出路》，载《当代法学》2010年第3期。

认识到检察机关预防职务犯罪工作是中国特色检察制度的一个具体体现。检察机关预防职务犯罪有其特殊地位和优势，职务犯罪案件从举报受理、立案侦查、批准逮捕、提起公诉到审判监督、刑罚执行监督，检察机关参与了职务犯罪诉讼的全过程。因此，检察机关预防职务犯罪工作必须充分发挥各业务部门的监督职能优势，协同配合，共同努力，才能真正取得成效，这是检察机关做好预防工作的必经之路。二是必须认识到检察机关预防业务工作是检察机关法律监督职能的必然延伸。检察机关预防业务工作，延伸、丰富和强化了各项法律监督职能的目的和方式，是实现各项法律监督职能不断强化与法律监督效果不断增强两者之间相互促进的重要途径和"桥梁"。各内设机构积极、自觉地履行预防职务犯罪工作职责，有利于立足各自的法律监督职能，不断丰富和拓展检察预防业务工作的内涵和外延。三是必须认识到检察机关的预防实践和探索坚持立足于各项具体的法律监督职能是检察预防的一项基本原则。检察机关各内设机构围绕各自的具体检察职能积极开展相应的检察预防工作是检察预防形成整体合力，并在社会预防中发挥功能优势的基础和前提。检察预防在社会预防中的功能优势集中体现在宣教、打击、预警、监控、调研，而这些功能最终都要通过检察机关的各个业务部门在开展各项具体检察职能中得到体现。所以，检察预防工作必须作为各业务部门的共同任务，充分发挥反贪、反渎、侦监、公诉、控申、民行、监所等各项业务工作及研究室、宣教、办公室等综合性工作在检察预防中的作用。

检察预防业务工作脱离了具体的检察职能和办案工作，就背离了检察预防工作的根本属性；抛弃了检察预防固有的功能优势，就不可能在社会预防中取得预期的法律效果和社会效果。这一共识，是当前各级检察机关各内设机构必须树立的一个基本共识。

（二）制度基础——以制度促落实，加强对预防工作分工协作的组织领导

推动检察机关预防工作分工、协作机制的落实，必须加强执行性制度和保障性制度建设，发挥制度的根本性、稳定性和长效性作用，实现以制度推动执行、促进管理、强化监督的目标。具体地应当从三个呈递进关系的方面加强制度建设：

1. 强化组织保障。从全国看，目前多数检察机关内部成立了预防工作领导小组，领导小组由检察长或检察长指定的副检察长担任组长，预防部门负责人担任副组长，反贪、反渎、公诉、侦监、监所、民行、控申、预防、侦查指挥中心办公室、办公室、研究室等各内设机构主要负责人担任成员，领导小组办公室设在预防部门。这一预防工作领导机制的建立，从组织形式上已改变了以往预防工作由预防部门独自承担的表象，为工作从预防部门包揽一切向预防

部门组织协调、业务部门分工负责格局的转变提供了支撑。领导小组的支柱作用如能发挥得好，必然有利于强化内部职能部门间的合作意识和协作意识，打破部门间各自为政的壁垒。

2. 强化工作措施。建立院预防工作领导小组，只是为预防工作的分工协作搭建了施展的平台，要在这个平台上演活分工与协作这部戏，还必须有具体的"道具"。从预防实践看，至少应建立四项制度：一是年度会议制度。就是建立院预防领导小组全体成员年会制度，每年召开一次会议，对上年度全院预防工作进行总结，对当年预防工作任务进行分析，提出要求。二是任务分解和督导制度。以院预防工作领导小组为平台，对每年度各领导小组成员单位的主要预防任务进行分解，并由预防部门监督、指导，以推动落实。三是信息情况通报制度。通过领导小组成员单位季度例会或信息简报等方式，通报查办和预防职务犯罪工作开展情况，探讨和解决工作中碰到的问题，推动下一步工作的实施。四是目标考核制度。对各业务部门预防职务犯罪工作实行责任制，对年度会议分解落实到各相关部门的预防工作任务纳入年度绩效考核，年底经院预防领导小组授权，由预防部门对各业务部门落实预防工作责任制情况进行检查考核。通过上述四项制度的建设，形成年初有部署、年中有检查、年末有考核的工作局面。

3. 强化预防管理。管理出效益，管理也出质量。组织的正常运作和制度的有效落实，都有赖于日常的有效管理。加强预防管理对分工协作机制的落实有着至关重要的作用。根据《规定》的要求，对预防工作进行统一管理，是检察机关预防职能部门的一项重要职责。因此，领导小组作用能否有效发挥，预防部门能否有效行使决策咨询、监督指导、组织协调的职责是关键环节。没有专门的机构和人员去落实组织意图、执行组织决策，组织再健全、措施再有力，工作也不可能落实到位。预防部门由于成立时间短，在很多地方都是弱势部门，因此，预防部门要擅于争取检察长和检察委员会的支持，并在检察长领导下，切实负起预防管理职责，着力做好四个方面工作：一是统一组织规划预防工作。对有关内设机构预防活动的开展做到既有年度工作的长计划，又要有阶段工作的短安排，以规范其开展，扩大其影响，保证其效果。二是统一综合预防工作情况。对预防工作情况进行综合、分析、研究，及时总结、推广预防工作经验和做法，推动提升预防工作整体水平。三是统一管理预防工作开展。做好对检察机关专门预防措施使用情况的跟踪管理、质量评估和资料归档工作，确保各项预防工作规范、有序开展。四是统一协调预防工作步骤。统筹兼顾各内设机构的业务工作实际和预防工作实际，合理安排全局性、整体性的预防活动，注意工作的局部联系和互为依托因素，协调内设机构的预防工作步骤，实现预防工作协调有序，步调一致。

以制度保障分工与协作机制的落实，是一项长远的工作，完善预防工作分工与协作的制度链条，形成一环扣一环的制度体系，也需要一个不断探索的过程。在这个探索的过程中，检察机关各内设部门都应强化责任意识，注重加强工作总结，并不断把经验上升为指导工作的规范化制度，必然能推动分工与协作不断上一个新台阶。

（三）实践基础——以实践推动发展，不断培育预防职务犯罪分工协作的氛围

实践出真知。实践经验告诉我们，解决认识不统一的有效办法之一，就是通过卓有成效的实践来改变人们心中的固有观念。因此，很多时候，一项改革举措其探索实践的过程，就是认识得到逐步统一，工作得到不断推动的过程。做好检察机关预防工作也是如此。检察机关预防工作从无到有，其本身就是在各种质疑声中不断发展壮大，并逐步形成今天这样党和政府支持、社会各界认可的局面。检察机关整体预防工作如此，内部分工与协作机制的形成和发展也同理。唯有以积极的举措，推动实践，着力找准各项检察职能与预防工作之间的结合点，找准各内设机构协同开展预防工作的联结点，日积月累，实践的深化，必然推动理念的提升，并转化为行动的自觉。可以从以下三个方面来推动分工协作实践的开展：

1. 职能融合，从各内设部门履行法律监督职能中寻找结合点。在职务犯罪诉讼过程中，检察机关内设机构参与其过程并行使不同的职能，相互之间形成既相互监督又相互促进的关系。加强职能融合，就是寻找各自履行法律监督职能过程中，需要协同开展预防工作的链接点，通过逐步扩大交叉点的方式，形成各内设机构工作中"你中有我，我中有你，你离不开我，我离不开你"的工作关系。以开展案件分析为例，有关内设机构针对有关系统、行业、领域一个时期的发案情况开展调查，会涉及不同部门之间信息的获取，如提审犯罪嫌疑人，还需要有关部门的配合和支持。这种工作上的相互依赖，就能使分工基础上的合作，在日常的业务活动中得到强化。

2. 措施融入，从专门预防措施的共同运用中寻找结合点。检察机关多年预防实践形成的案件剖析、预防调查、检察建议、警示教育、预防咨询、行贿犯罪档案查询、年度惩治和预防职务犯罪综合报告等七种专门预防措施，已成为检察机关开展专门预防的主要手段，并成为检察机关开展日常预防工作的主要内容。在这些措施的使用过程中，检察机关内设部门之间的协作越来越紧密。如预防检察建议的提出，需要各相关内设部门在发案情况的分析、对策建议的梳理、检察建议的发送和管理等方面相互协作；重大预防调查的开展，需

要多个内设机构甚至上下级院不同部门之间的协调来共同参与对区域共性致罪因素、普遍发案现象的综合性分析调查；预防宣传和警示教育的开展，因为工作量大，涉及各种媒体的联络、警示视听资料的制作、宣传场地的落实等，需要预防、宣传、研究室、行装等各内设机构之间的协作；等等。总体来看，随着检察机关对预防工作专业化水平的提高，专门预防措施的运用会越来越普遍，这为各内设机构预防环节的协作提供了更大的空间。

3. 专项协作，从专项预防工作的共同开展中寻找结合点。开展行业性、专题性或综合性的预防活动，是检察机关预防工作重要载体。如开展大型综合性的和系列专题性的警示宣教活动，这类专项预防工作由于涉及面广，组织工作一般涉及多个内外部门，往往需要事先周密的准备工作，既有赖于有关内设机构的积极参与，更需要预防部门的统一组织协调。通过各内设机构的联动，不仅可以发挥各部门的优势，更有利于在活动的共同开展中积累经验，培育合作氛围。因此，在预防合作意识不强的地方，预防部门作为预防管理部门，有意识地组织开展一些需要多部门参与的预防活动，对提高其他职能部门分工协作意识，推动预防工作合力的形成是有益的。

第五节　职务犯罪侦防一体化机制

职务犯罪侦查和预防一体化工作机制，是当前检察机关预防工作机制的重要内容。"侦防一体化"在理念上的提出和实践中的发展，既体现了在反腐败斗争新形势下，从源头上遏制腐败的精神，也反映了检察机关在历史不同时期工作侧重点的变化。从突出侦查到注重预防、从侦查预防职能分立到探索侦防一体，这种变化反映了检察机关对预防工作认识的深化，也符合检察预防工作向更高层次、更高水平上专业化发展的现实要求。2010 年 7 月，最高人民检察院反贪污贿赂局、渎职侵权检察厅、职务犯罪预防厅共同出台了《关于推进职务犯罪侦查和预防一体化工作机制建设的指导意见（试行）》（以下简称《意见》），这标志着侦防一体化机制建设迈出了规范化的步伐，检察机关多年来对侦防一体化的探索进入了一个新的发展阶段。

一、侦防一体化的概念和特征

职务犯罪侦防一体化是指职务犯罪侦查部门与预防部门立足于惩治和预防职务犯罪工作职能，通过具体工作的有机结合、相互配合、相互渗透，整合检察机关内部力量，从而实现人力资源和信息资源的共享和优化配置，以提高惩治和预防的实际效果。

职务犯罪侦防一体化的特征，在于"一体"。"一体"通俗地理解即为整体，形成"你中有我，我中有你"的局面。"一体化"是指多个原来相互独立的个体逐步融合成为有机整体的过程。就惩治职务犯罪而言，检察机关内部履行侦查和预防职能的机构是分别设置的，形成个别个体，一体化就是要实现履行侦防职能的内设部门在职务犯罪侦防各环节有效配合、一体统筹，使侦查和预防工作达到相互渗透、相互交融。在侦查的同时，利用查办的个案积极进行有针对性的行业和系统预防；在开展预防的同时，积极查找案件线索有效地进行打击，进而更好地预防，使侦防贯通融合，合理分配，从而实现侦防整体功能的最优化和侦防效益的最大化。

关于侦防一体化机制的特征，人们多从一体化的机理上去理解，并将其概括为以下主要方面：

1. 整体性。表现在：一是一体化性能的发挥存在于侦防各子系统各要素的相互联系、相互作用之中；二是整体性能不是两部门职能的简单相加，其释放的效能远大于各个体性能之和；三是如两部门不能有效协作，一个子系统不能得到另一子系统的支持，其作用即无法体现。

2. 结构性。侦查部门和预防部门作为两个子系统，其职能不能杂乱组合，而是有机结合，并且其结合的契合程度是整体性能良好发挥的重要保证。

3. 协调性。侦防一体化机制是各部分之间相互作用的过程和方式，并且这种作用是动态变化的。基于统一的目标和原则，侦、防两部门之间始终强调相互协作、调和与融合。在实践层面，表现为其性能的实现有赖于各部门之间工作上的统筹安排、相互配合和协调。

4. 开放性。侦防一体化机制不是封闭、孤立存在的，而是存在于一定的社会环境中，具有一定的包容性和吸纳性，可以根据一定的外界环境及时地调整自身，以实现自身功能的最大化。在实践中，职务犯罪的预防工作具有较强的包容性，可以吸纳包括舆论媒体在内的很多外界的信息资源，同时这些资源也可以用来服务于具体的侦查工作。

这些特征的界定，对于理解侦防一体化的本质属性有很大帮助。同时，基于预防实践，理解侦防一体化特征有必要区别两对容易混淆的概念：一是侦防一体化与打防并举。侦防一体化不等于"打防并举"，侦防一体化关注的是侦查和预防如何有机结合，以实现资源有效利用和效益最大化；而后者关注的是打击和预防在实际工作中各自发挥作用，以不同的手段和方式实现惩治和预防的目的，体现的是两者"孰轻孰重"的工作取向。二是侦防一体化与预防工作的内部分工与协作。侦防一体化机制与内设机构预防工作分工协作机制是不同的两个机制范畴。但是，预防实践中，不少同志把这两个概念混为一谈，特别是在当前强调推进侦防一体化的大背景下，一些地方出现了只讲侦防一体，不讲预防工作内部分工的倾向，这种片面的理解，对检察机关预防工作的全面开展是不利的。因此，有必要对这两种机制的不同点进行认真梳理，这对当前检察机关两种重要工作机制的健康发展十分重要。

应当说，预防工作内部分工协作机制，通过对包括侦查和预防部门在内各内设机构预防职责的明确，为侦防一体化提供了法理支撑。预防职责分工的明确，也促进了侦查和预防部门之间更有秩序的配合和协作。但是，两者是有其不同特征的，表现在以下几个方面：

1. 目的不同。《意见》明确指出，侦防一体化的目的是"要切实解决侦查和预防脱节、整体合力不强等问题，实现资源优化配置和信息共享"，"克服就案办案、就预防搞预防的孤立思维和片面做法"，"实现以打促防，以防助打，打防结合，相互促进，形成合力"。显然，侦防一体化是以推进侦防并举，实现侦防互为促进为目的的。与侦防一体化这种"互利性"不同，预防工作内部分工协作机制强调的是检察机关各内设机构在履行预防职责时既有分工又有合作的关系。《决定》第21条规定："建立预防职务犯罪工作组织协调制度。职务犯罪预防部门和其他各业务部门在开展预防职务犯罪工作中，应当加强协调与配合。建立由检察长协调各有关业务部门参加的会议制度，组织、部署和落实检察机关预防工作。"不难看出，预防工作内部分工协作机制是各内设机构在预防工作层面的分工与协作，是以明确各内设机构各自预防职责为前提，以推进预防工作的协同开展为目标的。

2. 主体不同。侦防一体化的参与主体主要是反贪、反渎和预防部门；而预防工作分工协作机制的参与主体则是检察机关各内设机构，这些内设机构除《规定》列出的七个主要业务部门外，随着预防工作的发展和检察机关内设机构的调整，其参与主体也在变化之中。例如，大要案侦查指挥中心、案管中心和行贿犯罪档案查询中心设立以后，随着其部门职能定位的完善，必然也会成为预防工作内部分工协作的主体。

3. 角色不同。这主要是指参与主体在两个机制中的定位和作用有别。在预防工作内部分工与协作机制中，预防部门作为预防管理部门，相对于其他内设机构更多的是处于管理者和监督者的角色，起着对检察机关整体预防工作进行"组织、协调、综合、管理"的作用；而在侦防一体化机制中，预防部门与履行侦查职能的部门则同处于参与者的角色，体现为一种"平等"、"互惠互利"的关系。虽然，在侦防一体化制度设计上，由于其领导小组办公室设在预防部门，预防部门对侦防一体化工作扮演了推动者角色，但从机制设计的目标来看，侦查部门与预防部门原则上不存在谁领导谁、谁管理谁、谁监督谁的问题。工作中，侦查与预防职能的融合与互补是一种互动的关系。

4. 平台不同。预防工作内部分工协作，依托院预防工作领导小组开展工作；侦防一体化工作，实践中则多是依托院侦防一体化工作领导小组开展工作。两个领导小组在成员构成上有明显区别，院预防工作领导小组是以预防工作内部分工协作机制的参与方为成员的，涉及检察机关多数内设机构；而侦防一体化工作领导小组其成员主要是反贪、反渎和控申部门。依据《意见》的要求，侦防一体化工作依托院预防工作领导小组开展工作，从惩治是特殊的预防来理解，这种安排符合机构设置的精简效益原则。但是，在《意见》出台前，不少地方侦防一体化工作有其专门的领导机构，有的叫侦防协作办公室，更多的是侦防一体化领导小组。无论是从检察预防实践出发还是从具体工作的开展来看，这种运作平台的区分是必要的。与预防工作内部分工协作机制通过院预防工作领导小组成员大会分解任务、研究和部署预防工作不同，侦防一体化工作机制应在院预防工作领导小组的大框架下，以侦防一体化成员单位联席会议为平台来研究和部署侦防一体化工作。

5. 内容不同。主要是指两种机制所包含的内容不同。侦防一体化机制总体上分为以防促侦、以侦促防两类机制。《意见》将其具体化为"六大机制"：（1）职务犯罪侦查和预防的统一领导、协调机制；（2）侦查和预防部门分工负责、配合协作机制；（3）职务犯罪侦查和预防工作信息交流共享机制；（4）职务犯罪预防部门介入典型职务犯罪案件侦查活动开展同步预防机制；（5）职务犯罪案件线索的发现和处置机制；（6）上下级人民检察院预防工作分工承办、统一督办机制。预防工作内部分工协作机制的内容则主要是三个方面：（1）基于职能产生的预防职责分工。这主要是依据《规定》所明确的各内设机构的预防职责划分。（2）适应社会化预防要求产生的预防任务的分工。这是各地根据本地社会化预防工作开展情况自行确定和划分的。（3）在上述职责和任务分工基础上产生的配合与协作机制。

在了解侦防一体化本质属性的基础上，进一步厘清实践中一些模糊认识，有助于准确理解《意见》的要求，健康有序地推进侦防一体化机制的建设。

二、侦防一体化的基本要求

检察机关自2000年侦查和预防机构分设以来，职务犯罪侦防工作出现了一些不良倾向，主要表现在：（1）侦防工作脱节。职务犯罪侦查和预防工作各自单线作战，缺乏有效衔接和配合。预防人员不关心侦查情况，侦查人员不重视预防工作，甚至出现两部门各自为政的情况。有的地方侦查部门出于保密考虑，不能、不愿及时向预防部门提供案件信息等，造成预防部门对案件情况掌握不了，对个案预防出现掣肘现象。此外，对于个案的同步预防，一些地方预防和侦查部门由不同领导分管，领导间的意见分歧，大局考量、协调不力也导致侦防脱钩。（2）侦防发展不平衡。重办案轻预防现象仍具有相当普遍性。在各项检察工作评比中，办理案件数占较大分量。与办案相比，预防工作被视为软任务，呈现出形式化、表面化、边缘化的态势。根据《规定》，侦查部门实行办案预防一岗双责，负责个案预防工作。这就要求侦查部门在案件侦查同时，开展好个案预防工作。但是，在检察业务考核中，一些地方并没有把个案预防工作纳入对侦查部门业务绩效的考核，使侦查人员形成重办案、轻预防的思想。在侦查案件时没有时间顾及预防工作，案件侦查终结之后又不愿意投入精力开展预防。（3）侦防效果不明显。由于侦防脱节以及侦防部门之间信息不畅，从事预防工作人员又因未亲自查办案件，不熟悉案件发生的原因，不了解涉案人员思想演变的轨迹，而很难深刻了解职务犯罪形成的体制、机制等方面的缺陷，从而造成预防对策流于表面，影响了职务犯罪的治理成效。

正是在这一背景下，侦防一体化被提上议事日程。侦防一体化工作机制作为检察机关强化职务犯罪侦查和预防工作有效衔接、协调配合，增强工作实效的有力举措，成为当前深化检察改革和创新发展的重要内容。其目标就是要通过侦查部门和预防部门职能的融合，将原本割裂的信息渠道予以疏通，让信息流通更为顺畅，使相关信息能够发挥其最大价值，最大限度地发挥检察资源优势，使预防工作能够有效地服务侦查工作，同时在侦查中加强预防工作，最终实现"以侦促防、以防促侦"的目标。

基于这一目标，各地检察机关围绕建立侦防一体化工作机制进行了广泛而深入的探索，以推进检察机关侦防一体化工作机制为主题的专题理论研讨活动纷纷展开，理论上的争鸣，实践中的探索，极大地推动了检察机关预防实践，丰富和发展了侦防一体化的内容。在总结各地检察机关多年来职务犯罪侦防一体化探索经验的基础上，2010 年 7 月最高人民检察院反贪总局、渎检厅和职务犯罪预防厅联合印发的《意见》，从指导思想、总体目标、基本原则、主要内容等主要方面对职务犯罪侦防一体化机制建设提出了要求，为各级检察机关建立和完善侦防一体化工作机制指明了方向、明确了重点、理清了思路。

1. 明确了侦防一体化的指导思想：深入贯彻落实科学发展观，按照"标本兼治、综合治理、惩防并举、注重预防"的反腐败工作方针，落实《建立健全教育、制度、监督并重的惩治和预防腐败体系实施纲要》的要求，在实践中不断健全完善侦防一体化机制，强化侦查和预防工作相互配合，增强查办和预防职务犯罪实效。

2. 明确了侦防一体化的总体目标：切实解决侦查和预防脱节、整体合力不强等问题，实现资源优化配置和信息共享，增强惩治和预防职务犯罪的整体效能和综合效果，强化检察机关法律监督职能作用，实现"四个更加"的目标：（1）惩防并重的理念更加深入。强化侦防并举、统筹联动、一体运作的意识，克服就案办案、就预防搞预防的孤立思维和片面做法。（2）职责分工和协作更加有效。职责分工更能满足工作实际和资源配置的要求，将预防融入执法办案流程，侦查和预防职能有效衔接，坚持侦查和预防职务犯罪两手抓、两手硬，实现以打促防，以防助打，打防结合，相互促进，形成合力。（3）信息交流更加通畅。实现信息通报、交流、共享和利用的制度化和常态化。（4）管理运作更加有序。明确协调事项和落实要求，完善工作流程，实现规范、有序运作。

3. 明确了侦防一体化的基本原则：（1）坚持依法办事，科学统筹。依照《人民检察院组织法》、《刑事诉讼法》和最高人民检察院《关于加强和改进预防职务犯罪工作的意见》等规定，立足检察职能，把握查办和预防职务犯罪工作规律，既分工负责、各司其职，又促进资源整合、协作配合，提高效率。（2）坚持操作规范，运作有序。制定规范化的工作程序，严密工作环节衔接，严格日常的科学管理和督促检查。（3）坚持解放思想，大胆实践。结合工作实际，积极探索，勇于创新，在实践中不断完善。

4. 明确了侦防一体化的主要内容：建立和完善六大机制，即职务犯罪侦查和预防的统一领导、协调机制；侦查和预防部门分工负责、配合协作机制；职务犯罪侦查和预防工作信息交流共享机制；职务犯罪预防部门介入典型职务犯罪案件侦查活动开展同步预防机制；职务犯罪案件线索的发现和处置机制；上下级人民检察院预防工作分工承办、统一督办机制。

在明确侦防一体化主要内容的同时，《意见》对六大机制的具体内容也提出了明确要求：

（1）建立职务犯罪侦查和预防工作的统一领导、协调机制。各级检察机关成立预防职务犯罪工作领导小组，加强统一领导和工作协调。领导小组办公室设在职务犯罪预防部门，预防部门负责人为办公室主任，反贪、反渎部门各一名副职兼任办公室副主任。通过定期、不定期地召开有侦查、预防等部门负责人参加的协调会议，研究部署涉及预防工作的重大问题、专项工作和相关措施，促进工作沟通和信息交流，实现对侦查和预防工作同谋划、同部署、同落实、同检查、同考核。

（2）建立侦查和预防部门分工负责、配合协作的机制。进一步明确侦查部门和预防部门在预防工作中的职责分工。侦查部门应充分发挥惩治犯罪的治本功能，坚持查办和预防两手抓，结合办案积极开展预防，并强化督促检查和考核。通过讯问促使犯罪嫌疑人自我悔过，加强犯罪原因的调查研究；积极开展预防宣传和警示教育，运用典型案例以案释法；及时针对办案中发现的问题提出检察建议，帮助发案单位建章立制，推动落实防范措施。预防部门应加强犯罪分析，针对类案、行业和区域的特点、规律或普遍性问题开展预防。建立重大或专项预防活动的联合开展机制。对于涉及新领域、新手段、新类型的职务犯罪案件，重大职务犯罪案件，反映趋势性、行业性、区域性特点、规律的典型案件，涉及国计民生、群众反映强烈的突出问题，侦查部门与预防部门要联合召开案件剖析会、专题分析会，共同提出预防方案，并组织落实。

（3）建立职务犯罪侦查和预防工作信息的交流共享机制。建立信息通报制度，健全侦查和预防职务犯罪信息系统，完善侦查和预防职务犯罪信息库，畅通信息通报渠道，实现案件信息资料的共享。侦查部门对于立案侦查的案件，认为有明显预防价值的，应抄送预防部门；对于受理、查办案件的综合分析情况、专项查办工作动态、结合查办案件开展的预防工作情况及形成的相关预防信息资料等，应及时通报预防部门。对于重大典型职务犯罪案件，在案件侦查终结后，经检察长批准，预防部门可以向侦查部门借阅案卷材料，侦查部门应及时协助。预防部门应将开展预防工作的综合情况、职务犯罪的状况、动态和变化趋势等分析报告及时通报侦查部门，并提出查办重点和方向的建议。积极探索、充分利用网络办公和网络信息平台等形式进行信息交流和共享。对交流和共享的信息资料，要指定专人负责，严格管理，不得泄露或擅自处理。

（4）建立职务犯罪预防部门介入典型职务犯罪案件侦查活动开展同步预防的机制。对于典型职务犯罪大案要案、窝案串案、新型犯罪案件，确有实时同步开展预防必要的，可由侦查部门提出，经检察长决定，或由检察长直接决定，预防部门指派专人参加办案组，介入侦查活动，通过旁听询问、讯问，查阅案卷和相关材料、专访有关单位等方式，调查分析犯罪原因、落实相关预防措施等工作。介入侦查活动的预防人员要服从统一领导、指挥和协调，遵守办案纪律和工作要求，不得影响、妨碍办案。

（5）建立职务犯罪案件线索的发现和处置机制。预防部门应当在预防工作中注意发现和受理案件线索，经审查，认为有初查必要的，应当及时移送侦查部门，并向举报中心备案，侦查部门立案的，应向预防部门反馈。其他线索，依照有关规定移送举报中心处理。遇有涉嫌正在预备犯罪、实行犯罪或在犯罪后即时被发觉，企图自杀、潜逃或在逃，有毁灭证据、伪造证据或串供可能等情形的，应当立即报告主管检察长，并配合侦查部门依法作出处理。

（6）建立上下级人民检察院预防工作分工承办、统一督办的机制。省、地、县三级人民检察院在预防工作中，根据层级、管辖、职责、业务特点和优势充分发挥各自作用，依托党委预防职务犯罪工作领导小组等组织和相关预防网络机制有效开展工作。省级人民检察院预防部门要充分发挥组织协调作用，统一指挥，统一调配预防资源，建立多个检察院共同承办，或者一个检察院承办、其他检察院参与配合的工作机制，形成预防合力。县级人民检察院要紧紧结合办案开展预防工作，专门预防部门暂未设立的，应将预防责任落实到反贪、反渎部门，并确定专人负责。各级派出人民检察院（检察室）要结合履行法律监督职能落实预防责任。各级人民检察院要加强对下级人民检察院承办的重大预防项目的督促检查，对于特别重大的预防项目，要加强指导，并可以采取挂牌督办的方式，要求有关检察院及时落实。

侦防一体化工作机制包含两项内容：一是实现侦防一体化的工作制度；二是推动侦防一体化制度落实的保障性措施。因此，建立和完善侦防一体化工作制度和推动制度落实到位的保障制度，是深化侦防一体化深入发展的两个重要环节。在明确建立六项工作制度的基础上，《意见》在保障性措施上提出了明确的要求：一是加强领导和保障。要将侦防一体化机制建设作为事关检察机关法律监督水平、惩治和预防职务犯罪整体效能、检察工作长远发展的基础性工作来抓，加强领导，狠抓落实。要为侦防一体化机制建设提供人力、经费和物质等方面的保障，加大投入，提高科技含量，增强快速反应能力。上级检察院侦查部门和预防部门要从有利于推动侦防一体化的需要出发，及时纠正业务实践中有碍侦防一体化的措施和做法，推动预防和侦查工作同谋划、同部署、同落实、同检查、同考核。二是加强指导和督促检查。上级人民检察院要加强业务指导特别是分类指导，加强对侦防一体化机制的建立健全、措施落实、效能发挥等情况的督促检查，及时总结推广好经验，好做法，对存在的问题提出改进意见，推动侦防一体化机制不断健全、完善并发挥作用。省级检察院可以根据指导意见制定具体的规则或细则。三是加强工作统计和目标考核。把侦查部门和预防部门落实侦防一体化机制职责、开展预防工作情况纳入本级人民检察院和上级人民检察院对下级的业务考核体系，加强预防调查、犯罪分析、预防咨询、检察建议、综合报告、预防宣传和警示教育、案件线索移送等工作信息的分类、统计和分析，及时查找问题，督促改进，确保侦防一体化机制各项职责分工和具体任务目标的严格落实。四是强化业务素质。采取正规化岗位培训、在岗自学、岗位练兵和业务竞赛等多种方式，强化业务技能，加强理论和实务研究，提升业务素质和能力，增强侦查人员和预防人员落实侦防一体化机制要求的自觉性，提高其运用侦防一体化机制有效开展工作的能力和水平。各级检察院应将对侦查部门和预防部门落实侦防一体化职责、开展预防工作情况逐步纳入本级检察院的业务综合考核体系，以推动侦防一体化机制各项职责分工和具体任务的落实。

《意见》实施以来，各地普遍根据本地区预防工作实际，纷纷制定了侦防一体化工作的实施细则或办法，进一步明晰侦防一体化工作机制中各相关部门的职责和任务，并从可操作性出发制定了细化的举措，有力地推动了检察机关侦防一体化的深入发展。

三、侦防一体化的若干基础问题

侦防一体化是检察机关整合内部职权的行为，是在现行法律框架下的一种工作模式的转变。它反映了检察机关反腐败工作的基本规律，是保障检察机关充分、高效地行使职能预防和惩治职务犯罪的科学制度。《意见》的出台为检察机关侦防一体化的发展，指明了方向、理清了思路、明确了目标。但在推动侦防一体化实践过程中，由于对侦防一体化的内涵和外延上的不同理解或者由于"屁股决定脑袋"，出于部门利益的考虑，对侦防一体化作出有利于部门的倾向性解读等原因，使得侦防一体化在实践运作中出现了一些偏差，也给《意见》的执行带来一定程度的困扰。因此，在深入贯彻《意见》的过程中，有必要对侦防一体化的若干基础问题进行认真的梳理，以澄清认识，推动侦防一体化工作的健康发展。

（一）关于侦防一体化的目的问题

侦防一体化在检察机关经历了近十年的实践，实践中对侦防一体化的不同理解首先表现在对实践动机和目的的认识上。一种观点认为，侦防一体化侧重点是推动侦查部门落实预防职责。认为"侦防一体化是在侦查部门开展侦查的同时，预防部门同步介入以开展预防，是一种以个案预防为依托，形成预防、侦查联动的工作模式"。[①] 这种理解，把侦防一体化限定在个案预防的协作层面，把预防、侦查联动作为手段，而把促进预防工作作为侦防一体化的唯一目的。或者认为，"侦防一体化是指检察机关侦查部门在典型案件侦查过程中，在犯罪嫌疑人被采取强制措施之后，预防部门及时派员介入，在侦查人员的配合下围绕预防开展讯问、调查，在侦查过程中对发案单位进行即时个案预防的同时，分析该行业和领域的发案规律和发案趋势，取得预防经验，为行业和领域预防（事前预防）积累材料，打好基础"。"侦防一体化工作机制的基础是预防部门和侦查部门都有预防的职责，实质是预防职能上的一体化。"[②] 这种理解虽然把侦防一体化的目的，从个案预防上升到行业或系统预防，但其

---

① 2009 年 12 月《北京侦防一体化工作机制研讨会综述》，载北京检察网。
② 顾军：《侦防一体化工作机制的几个问题》，载法律信息网。

把侦防一体化理解成预防职能的一体化仍然是片面的。将侦防一体化定位在预防职能一体化有一定的代表性。实践中，有的地方一讲到侦防一体化，预防部门就认为侦查部门应配合预防部门做好预防工作，而侦查部门也认为侦防一体化是预防部门强加给侦查部门的职责，导致工作配合消极。还有一种观点则从实用主义出发，基于传统的重办案、轻预防的固有观念，把侦防一体化的侧重点放在预防部门利用预防调查的手段帮助侦查部门获取案件线索、隐蔽侦查意图、深挖窝串案上，并乐此不疲，使预防部门沦落成检察机关的又一个侦查部门。由于脱离了职能互补、效果互惠，侦防一体化成为参与主体的一厢情愿行为，影响了侦防一体化机制的健康发展。

　　侦防一体化要实现工作协调一致，形成合力，首先需要明确其目的指向。准确理解侦防一体化的目的，关系到侦防一体化的深化与发展。作为侦查与预防职能融合的有机整体，侦防一体化的目的，就参与主体来说，既具有统一性又具有差异性。目的的统一性表现在一体化的根本目标，是通过充分发挥检察机关侦查和预防职能作用，形成法律监督合力，最大限度地遏制职务犯罪等腐败现象的发生。也就是说一体化参与方在总体目标上是一致的，没有这种认识上的一致性，就不可能产生协同的行为。这种统一性是侦防一体化形成的前提和基础。目的的差异性则反映了一体化背景下侦查和预防部门有各自具体的目的指向和诉求，侦查部门更多的是希望能依托一体化机制提高其发现和查处职务犯罪的能力，预防部门则希望凭借一体化机制克服信息获取不及时、不全面的短板，解决侦防脱节的问题，以提高预防工作时效和水平。承认这种目的差异性并采取有效的举措，是侦查和预防部门在侦防一体化机制下实现双赢，促使侦防一体化发展的动力和保障。为纠正侦防一体化实践运行出现的前述两种不良倾向，《意见》明确指出，侦防一体化的目的是"要切实解决侦查和预防脱节、整体合力不强等问题，实现资源优化配置和信息共享"，"克服就案办案、就预防搞预防的孤立思维和片面做法"，"实现以打促防，以防助打，打防结合，相互促进，形成合力"。

　　（二）关于侦防一体化的职能融合问题

　　职能融合是实现侦防一体化有效运行的途径。清华大学黎宏教授认为，侦防一体化要注意突出检察职能，从个案的角度入手，切实发挥专业化的检察预防职能。检察理论研究所副所长向泽选认为，检察预防不同于社会化的一般性预防，其定位应紧紧结合检察机关的办案活动展开。[①] 据此，检察机关在侦防

---

　　① 参见黎宏、向泽选在 2009 年北京侦防一体化工作机制研讨会上的发言：《侦防一体化工作机制研讨会综述》。

一体化方面要有新的作为，就必须在检察一体化理念的指导下，依法拓展相关检察职能，加强相关职能的融合。基于对这一理念的认同，《意见》强调要建立职务犯罪预防部门介入典型职务犯罪案件侦查活动开展同步预防机制和职务犯罪案件线索的发现和处置机制。从而在《规定》已明确侦查部门预防职能的基础上，《意见》又赋予了预防部门参与侦查并开展线索收集和调查处置的权力。

职能的融合，促进了侦查和预防部门履行职责时工作的衔接，畅通了信息渠道。但同时，也给侦防一体化实践带来一些困扰。正如中国人民大学陈卫东教授曾指出："在探索一体化过程中，必须注意形成有效机制，避免预防部门又被侦查部门重新吸收合并。"① 这一担忧在现实工作中也并非完全是空穴来风。当前，由于很多基层检察机关办案任务重、警力缺乏，导致预防干部抽调办案的现象非常普遍。由于精力有限，预防干部开展的预防工作仅仅停留在根据职责分工本应由侦查部门承担的个案预防上，这种现象客观上使预防部门形同虚设，使一体化机制所强调的职能融合，变成了侦查与预防部门的合署办公，预防干部"忙时帮办案，闲时搞预防"，从而使预防部门沦落成检察机关的又一个侦查部门，严重影响预防工作的专业化和预防工作的全面开展。

职能融合中出现的角色错位，主要集中办案职能对预防职能的冲击上。办案作为检察机关的一个重要拳头，其地位是历史形成的，而预防作为检察机关新生的业务，对其在检察机关的地位从认识到实践都有待于进一步提高。解决职能融合给侦防一体化实践所带来的困扰，应当在四个方面澄清认识：首先，职务犯罪查办和预防都是检察机关法律监督工作的重要组成部分。检察机关预防部门从无到有，从当初隶属于侦查部门发展到机构分设，这表明预防职能是检察机关侦查职能深化发展的产物，其与侦查职能相互作用，相互补充，构成了检察机关反腐败的两只拳头。因此，顾此失彼、厚此薄彼都不利于检察机关反腐败作用的发挥。其次，在检察机关内部，侦查和预防是两个不同的业务部门，各自履行不同的职责，但必须看到两个部门之间不存在诉讼法上的侦查部门与侦查监督部门、公诉部门那样的相互制约与监督关系，对外都代表检察机关行使检察权。因此，侦防一体中的职能融合不仅是合理的，也是一体化的法理基础。对此，不应对职能融合产生误解和担忧。再次，随着对检察机关预防工作法律属性的认识，预防职能已经从当初侦查环节拓展到了检察机关法律监督的各个环节，并在检察机关内部形成了明确的预防职责分工，而预防部门也

---

① 　参见陈卫东在 2009 年北京侦防一体化工作机制研讨会上的发言：《2009 年北京侦防一体化工作机制研讨会综述》，载北京检察网。

发展演变为检察机关预防工作的组织、协调、综合和管理部门，这一新的综合性职能定位，客观上使预防部门不存在被侦查部门重新吸收的可能。最后，侦防一体化是检察机关整合内部职权的行为，是在现行法律框架下的一种工作模式的转变，不是组织形式的一体，更不是侦查部门与预防部门的"合二为一"。这种工作模式的调整，是在人员分属不同，各自行使预防和侦查职权的前提下，相互介入侦查和预防环节，以独立个体的存在形式实现侦查和预防的互帮互助、互利互惠。

（三）关于侦防一体化的资源共享问题

人力资源优化配置和信息资源共享机制，是推动一体化机制有效运行的"两驾马车"。① 这无疑是对的，但人力资源如何优化配置，信息资源如何实现共享，则需要认真研究。目的不能代替手段，为了这个目标，采用不恰当的手段，则可能会导致侦查和预防职能的错位。就人力资源共享来讲。有观点认为，由于检察机关侦查部门忙闲不均，案子多时，"力不从心"；办案"淡季"，又闲而无事。② 因此，可以把侦防人力资源的优化配置与互动作为一种较好的解决途径，改变这种忙闲不均带来的人力资源闲置的困境。并建议在侦查部门办案忙季，预防部门协助办案；侦查部门办案淡季，侦查部门指定专门人员从事个案方面的研究与探讨，为预防工作提供必要的帮助。这种观点，从解决办案警力紧张的现实看，有很强的实用性，也容易为实践所接受。但这种人力资源的共享也会带来一些弊端，导致职能的错位。因此，正确理解一体化下的人力资源共享就十分重要。有观点认为，侦防一体化是侦查和预防部门工作模式的转变。这一观点对实现人力资源的正确共享很有启发意义。同时，从信息资源共享的角度看，解读《意见》规定的六个机制，有三个机制，包括信息交流共享机制、预防部门同步介入侦查机制、案件线索的发现和处置机制，是跟信息共享有关的。信息资源的共享是核心。侦查部门配合预防部门同步介入侦查获取预防信息，为预防服务；线索发现和处置机制是预防部门主动获取和收集犯罪线索，为侦查服务。虽然手段上不同，但本质上也是为了实现信息共享。从工作模式的角度看，预防部门同步介入侦查不应是预防人员协助审讯突破案件，而应是从预防的视角，通过旁听犯罪嫌疑人的供述，了解犯罪的主客观原因，或者是从预防视角进行有针对性的讯问，获取对预防工作有益的第一手材料。预防部门发现和收集线索，是在预防工作中增强犯罪线索的收集意识，而不是把预防调查搞成类似侦查部门的初查或者成为初查的前置

---

① 刘建国主编：《职务犯罪预防的理论与实践》，中国检察出版社 2012 年版。
② 刘建国主编：《职务犯罪预防的理论与实践》，中国检察出版社 2012 年版。

阶段。

案件线索发现和处置、预防同步介入侦查机制是一体化的两项重要内容。对此，有两点共识：一是预防部门介入侦查开展预防调查，能够及时掌握发案原因、环节和作案手段等第一手材料和信息，通过对犯罪主客观方面深入的调查、分析、研究，准确把握犯罪的特点和规律，深刻剖析犯罪动因，探索行之有效的、具有本地域特色、本行业特点的预防措施，对存在的问题提出合理化建议和整改措施，增强预防实效。但是开展同步预防，涉及介入案件的范围和时机，应从全局高度把握预防部门介入侦查的必要性和可行性。二是侦查部门借助预防部门，可以拓宽线索发现渠道。预防部门从多种途径获得的零星分散的各种职务犯罪情报资料和线索，可以为侦查部门指明某些单位职务犯罪的规律和易发部位，同时，利用预防调查手段还可以隐蔽侦查意图，促进案件的查处。目前，在一些地方预防调查已成为侦查部门获取案件线过的重要途径。

（四）关于侦防一体化与社会化预防的问题

从惩防体系建设精神来看，侦查和预防是检察机关的两个"拳头"，侦防一体化机制是检察机关内部的工作协调关系，检察机关开展预防工作面临的挑战更多是外部关系，因而必须整合自身资源，从侦查的案件入手，形成侦查预防的合力。"科学预防不但取决于外源性预防机制（即党和政府主导下的大预防机制）的领导与推动，而且取决于内源性预防机制（即检察机关内部资源的整合优化）的互动与配合。"[1] 因此，侦防一体化是贯彻全国检察机关第三次预防工作会议关于"检察机关提高专业预防能力、健全专业预防机制、强化专业预防措施"要求的实际举措。其本质是为了提高专门预防的本领和水平，从而树立检察机关预防工作的权威性和公信力，更加有利于检察机关履行好党委预防工作领导小组办公室的职责，实现以专门预防推动社会预防的目标。

加强职务犯罪侦防一体化机制建设，建立和完善党委统一领导的职务犯罪预防工作机制，是当前检察机关职务犯罪预防工作的两大抓手。前者旨在提高检察机关专业化预防的整体能力，后者旨在推动形成社会化大预防格局。但值得注意的是，现在检察机关内部存在一种错误认识。如有的认为，加强检察机关内部侦防一体化工作，是对以往检察机关不切实际"扛社会化大预防的大旗"的修正，是对检察机关预防工作"紧密结合执法办案开展预防职务犯罪工作"这一定位的回归。[2] 有的同志则对检察机关推进建立党委统一领导的预

---

[1]　刘建国主编：《职务犯罪预防的理论与实践》，中国检察出版社 2012 年版。
[2]　王进：《基层检察机关建立侦防一体化机制的思考》，载正义网 2010 年 6 月。

防工作机制感到困惑，认为是"扛社会化大预防的大旗"的举措，有违"立足检察职能开展职务犯罪预防工作"的职能定位。这些错误认识虽然角度不同，但都将两种机制对立起来，这无论是对检察机关侦防一体化工作的推进，还是对推动党委领导下预防工作机制建设，实现预防职务犯罪的社会化都是有害的。侦防一体化就是要进一步整合侦查和预防的力量，形成有效的、专业化的侦防工作机制。脱离检察机关专门预防谈社会化预防，检察机关预防工作就没有生命力；同时，局限于检察机关专门预防，不主动融入和纳入社会化预防，检察机关预防工作也难有大的作为。

澄清"侦防一体化是检察机关预防工作定位回归"的错误认识，需要准确理解"紧密结合执法办案"的实质。在全国检察机关第三次预防工作会议上，曹建明检察长讲话中指出，要准确把握检察机关预防职务犯罪工作的职能定位开展预防工作，要"立足检察职能，紧密结合执法办案，从办理的每一起职务犯罪案件入手，扎扎实实做好预防工作"。什么是"紧密结合执法办案"？预防实践中产生了不同理解。有的认为，这就是做好"办案后半篇文章"，进而把预防工作等同于做好个案预防。但这种认识显然是错误的，如果检察机关预防工作仅仅是开展这种"结合自身办案"的个案预防，那么预防工作只能是跟着办案走，"踩着西瓜皮，滑到哪算到哪"，预防工作的主动性、系统性和前瞻性都无从谈起，预防工作服务中心工作，关注群众呼声也不能够很好地得到贯彻和落实。所以，不能把"紧密结合执法办案"理解成"结合自身办案"而必须放在"结合整个检察机关执法办案"的层面来理解，通过把握了解全国检察机关查处职务犯罪的情况，根据各地职务犯罪发案的现状和规律以指导本地有针对性和前瞻性的部署，开展预防工作。这是检察机关预防工作的应有之义。

（五）关于侦防一体化与队伍专业化的关系

队伍专业化是侦防一体化的基础，同时，侦防一体化的发展反过来又会促进队伍的知识能力的专业化。这表现在两个方面：一是从职务犯罪类别看，反贪、反渎所办案件都有其自身的特点和规律，每类案件的侦查手段、取证方法、预防对策都有差异，需要侦防人员因地制宜、因案取策，深入研究不同罪名的犯罪规律和特点，有针对性地提出侦防对策。二是从职务犯罪领域看，职务犯罪涉及不同行业，"隔行如隔山"，每个领域案件，都需要充分了解该领域的法律法规、职能运转、规章条例，这客观上促使侦防人员加大知识涉猎面，提升专业能力。侦防人员专业化水平的提高，为侦防一体化工作中人力资源的互动和优化配置创造了基础。

第五章 检察机关预防职务犯罪组织实施

顾名思义，检察机关预防职务犯罪组织实施就是检察机关预防职务犯罪工作应如何组织开展和有效运作。预防职务犯罪工作的形式不同、模式不同，其组织实施的程序、方法和步骤也大不相同，因此，达到的效果也会有所不同。目前，从检察机关预防职务犯罪工作实践来看，各地探索形成的预防工作形式很多，名称各异。例如，个案预防、行业预防、专项预防、系统预防、类案预防、领域预防、专题预防、警示预防、网络预防、同步预防、共建预防等。这些分类将预防的对象、方式、措施、目的和效果等混淆在一起，不利于预防工作的统一实施。我们认为，根据预防工作的对象不同，预防工作可以分为三大类：个案预防、行业预防和专项预防。这也是得到最高人民检察院认可的比较科学的分类方式。下面逐一介绍这三类预防的组织实施。

第一节 个案预防的组织实施

个案预防是人民检察院开展预防职务犯罪的最早模式之一。早在 20 世纪 50 年代，检察机关在查处贪污贿赂案件后，就有通过发送检察建议、开展廉政警示教育以及经济犯罪调研等活动，督促发案单位吸取教训，敦促其他国家工作人员遵守宪法、法律和廉政规定。1989 年联合国召开第四次国际反贪大会，确定"消除贪污要以预防为主"为会议主题。最高人民检察院开始重视预防贪污贿赂工作，专门下发了《关于加强贪污贿赂犯罪预防工作的通知》，其中就要求各级检察机关，"通过结合办理具体案件，分析发案原因，提出检察建议，帮助发案单位总结经验教训，完善规章制度，堵塞犯罪漏洞，努力实现办一案，教一片，治一方的社会效果"。这是最高人民检察院最早对个案预防提出的要求。1999 年 1 月 29 日最高人民检察院出台的《关于加强预防职务犯罪工作的意见》和 2002 年 12 月 13 日出台的《关于进一步加强预防职务犯罪工作的意见》对个案预防工作都提出了明确的要求。从目前预防职务犯罪工作的现状看，个案预防仍是预防工作中运用最广泛、流程最完整、预防效果最明显、最能体现检察职能的一种预防职务犯罪工作模式。本节主要介绍个案预防的概述、方法步骤及开展个案预防需要注意和把握的问题。

一、个案预防概述

目前，个案预防无现成规章可循，各地检察院对个案预防的重要性、必要性认识程度不同，采取的措施和办法也不一样，其工作的内容、程序也不尽相同，导致工作效果有较大差别。

（一）个案预防的概念

个案预防是指检察机关结合某一职务犯罪案件的查办工作，针对发案单位存在的机制、制度以及管理上的问题，采取警示教育、座谈会、案件剖析、检察建议等举措，协助发案单位加强教育、完善制度、强化监督、改进管理，以防止和减少职务犯罪的预防方式。个案预防是预防工作最基本、最直接、最有效的形式。脚踏实地的个案预防，是做好预防职务犯罪整体工作的基础，与行业、专项预防工作相比，它更具有立竿见影的效果，特别适合于基层检察院。

从个案预防的概念可以看出，首先，个案预防的主体是检察机关，是检察机关结合查办某一职务犯罪案件而开展的预防活动。其次，个案预防的客观依据是在查办职务犯罪案件中发现的案发单位在管理体制、机制、制度等方面存在问题和漏洞，并需要采取有效措施进一步改进和完善。这是个案预防启动的条件。并非所有的个案都有开展个案预防的必要。最后，个案预防最终的目的是亡羊补牢，对可能产生职务犯罪的体制、机制、制度进行必要的矫正，以防止职务犯罪在此发案单位再次发生。

（二）个案预防的工作原则

1. 坚持紧密结合查办职务犯罪案件。查办职务犯罪案件是开展个案预防的首要前提。个案预防属于案后预防，重点要针对职务犯罪发案单位所暴露出来的机制、制度以及管理上存在的问题，寻求源头上治理和防范的预防对策。查办的职务犯罪案件可以是一个单独的个案，也可以是窝案、窜案。

2. 坚持依靠发案单位支持和参与。个案预防涉及的预防调查、警示教育、案件分析、检察建议落实等措施的运用，单靠检察机关开展工作有其局限性，必须充分加强与发案单位及其主管部门的沟通联系，加强组织领导，依靠发案单位的密切配合和积极参与，达到办一起案件就完善一套制度、教育一批干部的目的。

3. 坚持立足检察职能。"打击、监督、预防、保护"是检察职能的基本内容，四者共同体现检察法律监督职能的统一。个案预防作为预防工作的形式之一，必须贯穿于检察工作的全过程，落实到检察业务的每个环节。具体而言就是由检察长或分管副检察长的统一领导，预防部门对外牵头，侦查部门具体抓落实，其他有关部门积极配合。

4. 坚持侦防一体化机制。开展个案预防时，要加强检察机关职务犯罪侦查部门和预防部门的联系、协作配合，共同促进侦查和预防职务犯罪工作协调发展，达到法律效果和社会效果的有机统一。具体而言就是承担个案预防职责的有关内设机关既要分工负责、各司其职，又要共同组织落实，相互协作配合，推动惩治和预防职责协调发展。如开展案例分析、检察建议等活动必须由侦查部门与预防部门共同商讨。在办案过程中，对于典型的重大案件，侦查部门应邀请预防部门的同志适时介入，共同研究发案原因，研究预防对策。

（三）个案预防责任主体

根据最高人民检察院《关于检察机关有关内设机构预防职务犯罪工作职责分工的规定》（高检发预字〔2002〕1号），反贪、反渎、公诉、侦监、监所、控告、申诉、民行等部门均可以结合本职工作或多或少地承担一定预防职责，实行办案预防一岗双责制度。而预防部门主要负责统一组织、协调。具体如下所示：

1. 反贪污贿赂部门、渎职侵权检察部门

（1）结合查办的职务犯罪案件，针对发案单位在管理和制度等方面存在的问题，提出预防职务犯罪的检察建议；

（2）在侦查活动中对犯罪嫌疑人、证人、知情人、犯罪嫌疑人家属等进行法制教育；

（3）结合查办案件，以案释法，进行警示教育和法制教育；

（4）定期分析查办职务犯罪案件的情况，研究职务犯罪的发案规律和特点，对预防职务犯罪问题提出对策意见。

2. 公诉部门

（1）结合对法院审判活动是否合法实行的监督，针对审判活动中存在的问题，提出预防职务犯罪的检察建议；

（2）在审查起诉活动中对犯罪嫌疑人进行法制教育；

（3）结合出庭支持公诉，通过剖析被告人犯罪的原因，揭露职务犯罪造成的社会危害，开展法制宣传和警示教育；

（4）定期分析起诉、不起诉、抗诉以及无罪判决等案件情况和存在的问题，对预防职务犯罪问题提出对策意见。

3. 侦查监督部门

（1）结合对侦查机关的侦查活动是否合法实行的监督，针对侦查活动中存在的问题，提出预防职务犯罪的检察建议；

（2）结合对侦查机关的立案监督，针对应当立案而不立案，或者不应当立案而立案的情况，发现可能产生职务犯罪的问题，提出预防职务犯罪的检察建议；

（3）在审查逮捕环节注意发现可能产生职务犯罪的漏洞和问题，及时提出纠正意见；

（4）定期分析立案监督和侦查监督中发现的情况和问题，对预防职务犯罪问题提出对策意见。

4. 监所检察部门

（1）结合对监狱、看守所和劳教所等监管机关的执法活动实行的监督，针对刑罚执行和监管活动中存在的问题，提出预防职务犯罪的检察建议；

（2）结合查办徇私舞弊减刑、假释、暂予监外执行等职务犯罪案件，认真分析发案单位在管理和制度等方面存在的问题，提出预防职务犯罪的检察建议；

（3）配合监狱、劳教所对正在服刑的罪犯和劳教人员，特别是职务犯罪罪犯进行认罪服法教育，提高改造质量；

（4）与监狱管理部门加强协调配合，组织在押职务犯罪罪犯现身说法，开展警示教育。

5. 控告（举报）检察部门、刑事申诉检察部门

（1）开展举报宣传，鼓励具名如实举报、控告职务犯罪，发动人民群众积极同职务犯罪作斗争；

（2）对职务犯罪举报线索进行系统分析，掌握职务犯罪的发生和变化规律，对预防职务犯罪问题提出对策意见；

（3）在接待工作中，向控告人、举报人、申诉人提供法律咨询，解答他们提出的法律问题；

（4）结合办理刑事申诉案件、国家赔偿案件，认真分析发生错案的原因，提出预防职务犯罪的检察建议。

6. 民事行政检察部门

（1）结合对民事审判、行政诉讼活动是否合法实行监督，针对民事、行政审判活动中存在的问题，提出预防职务犯罪的检察建议；

（2）结合办理抗诉案件，分析有关单位在管理和制度中存在的问题，提出预防职务犯罪的检察建议；

（3）定期分析民事、行政审判开展情况，发现民事行政枉法裁判等职务犯罪问题，对预防职务犯罪问题提出对策意见。

7. 职务犯罪预防部门

（1）统一组织、协调检察机关预防职务犯罪工作；

（2）负责检察机关预防职务犯罪工作规划和工作总结；

（3）对检察机关的预防职务犯罪工作进行宏观指导，总结和推广预防工作经验；

（4）统一掌握检察机关开展预防工作情况，负责预防统计、评估和考核预防效果；

（5）进行系统、宏观预防对策研究；

（6）归口管理预防职务犯罪的检察建议；

（7）系统开展预防职务犯罪宣传、教育和咨询活动；

（8）统一组织开展预防理论研究；

（9）统一负责与预防职务犯罪社会网络组织的联系；

（10）负责预防职务犯罪信息的收集、研究和利用；

（11）负责预防综合技术的推广利用。

（四）个案预防的主要措施

个案预防的具体措施有很多，典型的有"五个一"制度（一案一分析、一案一座谈、一案一建议、一案一教育、一案一回访）、"六个一"制度，甚至"八个一"制度。还有一些地方总结的"一案三会"制度，即召开一次案件通报会，宣传法律常识，进行警示教育；召开一个案情分析会，分析发案的主客观原因，找出漏洞，提出防范对策；召开一个回访座谈会，征求发案单位意见，了解预防措施的落实情况。有的地方则要求在办理具体案件的同时，坚持做到"四个必须"：必须下功夫调查研究，切实掌握发案原因和管理漏洞；必须制订方案，供主管检察长审批；必须提出检察建议，帮助发案单位总结经验教训，促成其制定预防措施；必须在职责范围之内，帮助发案单位落实预防措施，切实堵塞漏洞。我们认为，一个典型职务犯罪的个案预防内容包括"几个一"，受诸多因素影响，如案情复杂程度、案件社会影响力以及案件所暴露出发案单位制度和管理的漏洞是否严重等。这就要根据实际情况制订相应的预防方案，然后逐一抓好落实。笔者认为，开展一个完整的个案预防至少应当包括以下五个方面措施，即"五个一"：

1. 一案一分析。即对案件的发案情况进行一次主客观的分析。这就需要预防工作人员通过提审犯罪嫌疑人或被告人，向办案人员或其他涉案人员了解情况，调阅案卷，掌握案件的第一手材料，分析案情，剖析犯罪发生的原因。

2. 一案一座谈。即与发案单位召开一次座谈会，通报案件发案情况和发案原因，共同讨论双方下一阶段开展预防工作的主要措施和方法。

3. 一案一建议。即在分析的基础上找出发案单位规章制度、经营管理中暴露的问题和存在的漏洞，有针对性地提出健全制度、加强管理并进行整改的建议。

4. 一案一教育。即与发案单位联合开展上警示教育课、看警示教育片、旁听庭审、组织参观基警教育基地等一系列教育活动，帮助发案单位工作人员提高思想，增强法律意识，筑牢防腐倡廉的思想防线。

5. 一案一回访。即在发案单位完成内部整改后，检察机关到发案单位进行考察；了解整改措施的实施情况和预防建议的落实情况，帮助发案单位进行总结，以保证取得良好的成效。

这里，我们应当明确，"一案一××"并非开展一次个案预防只能进行一次座谈、一次教育或一次回访，而是指一个完整的个案预防必须具备这一内容。另外，除了上述的"五个一"外，一些地方还提出"一案一整改"、"一案一悔过"、"一案一通报"、"一案一建档"等。我们认为"一案一整改"是针对发案单位的要求，不是对检察机关而言的；"一案一悔过"只能针对认罪的职务犯罪罪犯，对主观发案原因"一案一分析"已涵盖了这方面的内容；"一案一通报"在"一案一座谈"中已涵盖了这方面的内容；"一案一建档"则是属于预防工作规范化的内容，行业预防、专项预防结束后都要建档，因此，不宜作为个案预防的基本内容。综上我们认为，一个完整的个案预防应当具备上述"五个一"。

二、个案预防方法和步骤

在个案预防中，侦查工作是预防工作的基础和前提，预防工作是侦查工作的延伸和巩固。侦查案件的过程，既是获取犯罪嫌疑人罪证的过程，也是发现发案单位管理上、制度上漏洞的过程。个案预防正是立足于堵塞体制、机制、制度和管理上的漏洞，防止发案单位的其他工作人员再次利用这种漏洞进行职务犯罪。客观上讲，发现漏洞的工作往往是循序渐进的过程，通常在案件侦结时，才能全面发现发案单位管理上、制度中的不完善之处。应当明确，侦查是揭露、证实犯罪，它有时限上的特殊要求。对侦查人员而言，尽快完成案件的侦结是第一位的，也只有将案件侦查终结，办案人员才有精力开展预防。因此，个案预防工作宜在案件侦查终结时启动，对一些特殊案件，还可以在推动起诉、审判后才启动个案预防。当然，对一些社会影响较大、重大典型案件，侦查部门认为有开展预防的价值时，可以先行在侦查过程中做诸如要求犯罪嫌疑人写悔过书，收集致罪原因等工作，以便为了下一阶段开展预防工作打下良好的基础。

一个完整的个案预防至少应当包括以下步骤：

（一）选择个案

个案的选择是对个案预防开展的重要前提，直接关系到个案预防的最终成效。首先，谁来选择个案？我们认为，办案人员在办案中对职务犯罪的思想演变、堕落的轨迹，有比较深入的了解；对体制、机制、制度以及管理上的漏洞和薄弱环节，有比较深切的感受；对职务犯罪的特点和规律，有比较准确的把据。因此，要实行办案预防一岗双责制度，案件的承办人同时也是个案预防的责任人，由办案人员来主动提出需要开展个案预防的个案，才能使个案预防更富有针对性和有效性。当然，也可以由检察长、业务部门根据工作需要决定开展。其次，选择个案应当考虑哪些因素？基于对司法成本的考虑，以及对司法资源的有效合理运用，并非检察机关查办的每个案件都有必要开展预防工作的。一般而言，个案预防的案例选择，应注意综合考虑以下四个方面的因素：一是该案在发案单位比较普遍，群发性、再发性强；二是该案的发生暴露出发案单位在制度上、管理上有重大漏洞；三是案件典型、系串案、窝案或嫌疑人在发案单位职务比较高、数额大，职务性特点突出，教育性强；四是发案单位有开展职务犯罪预防工作的积极性。

（二）制作立项审批表

办案人员对所查办的职务犯罪案件有了综合判断后，就可以根据需要提出是否开展个案预防的意见，并填写《个案预防立项审批表》。《个案预防立项审批表》应当列明案件的基本情况（包括犯罪嫌疑人基本情况、犯罪过程、目前司法处理情况、所处的司法处理阶段）、立项理由（包括个案预防的必要性、可行性和预期效果）和工作计划（开展的主要预防活动、完成的时间、参与的人员等），层报业务部门负责同志、检察长批准。必要时，《个案预防立项审批表》附上侦查终结报告等一些文字材料。这里要强调一下，有些地方，由于侦查部门人员工作压力比较大，个案预防是由预防部门工作人员提出的，则由预防人员填写《个案预防立项审批表》，然后依据相关要求做好后续工作。

（三）撰写个案分析报告

1. 收集资料。要收集侦查终结报告、犯罪嫌疑人悔过书（犯罪嫌疑人认罪）、一些证人证言、违反的相关规章制度以及发案单位执法的情况等书面材料。对于案件承办人来说，这些资料在办案过程中已基本收集完毕，并在侦查卷宗中有所体现，所以这个环节可以省略。对于预防干警等非承办人员开展个案预防工作的，就需要由承办人提供，这就牵涉到检察机关内部协调及信息移送通报的问题。

2. 着手调查。召开调查会、座谈会，个别走访，查看侦查笔录，与其他办案人员进行沟通了解，对发案单位进行实地走访考察，必要时可以提审犯罪嫌疑人。主要了解个案职务犯罪的背景情况、发案频率、犯罪人年龄、文化素质、职级高低、发案范围、发案环节、作案手法、涉案数额、发案时间、危害程度等内容。

3. 分析发案原因。对调查中所收集到的原始材料进行系统审核、整理、统计和分析，对调查信息和材料进行加工和处理，变成系统的可以引用、使用的材料。如通过对收集和调查来的各种要素进行系统分析，如犯罪年龄与犯罪率的关系，收入多少对职务犯罪的影响，文化程度对犯罪认识的作用，思想认识和制度漏洞对犯罪的诱因等，深入分析发案的主客观原因。

4. 撰写个案分析报告。个案分析报告应当全面、综合地反映出被调研对象的机制、制度和管理中存在的漏洞，分析并列明产生的原因，在此基础上，提出包括完善机制、健全制度、强化管理等解决问题的办法。个案分析报告应当包含以下三方面内容：（1）职务犯罪的基本事实；（2）分析职务犯罪心理和动机；（3）分析作案手法，单位制度、机制及内部监督等方面可能存在的缺陷。

（四）与发案单位召开座谈会

与发案单位取得联系，召开一定范围的座谈会，如领导成员、中层人员、职工代表，特别是重点预防对象参加的座谈会。通报相关案情，指明发案的主要环节和原因，提出检察机关与发案单位开展个案预防工作的几点建议和意见，并征求发案单位。同时，双方共同讨论下一步开展预防工作的有关事宜，形成共识。必要时双方可以形成会议纪要或联合发文，建立预防工作领导小组等临时性的机构，共同推动之后预防工作的深入开展。

（五）发出检察建议

检察建议是预防部门开展预防工作唯一的法律形式，在检察机关诉讼规则中有明文规定的。但在预防工作实践中，检察建议工作存在问题较多：一是预防检察建议流于形式。一些检察建议书质量不尽如人意，内容简单，分析问题不到位，提出的预防对策针对性不强，指导性、操作性不够，使得预防检察建议流于形式。二是格式不统一、不规范，问题和建议混杂，条理不清、层次不明。有的检察建议没有把发现的问题一一列清，而是把问题和建议"一勺烩"，逻辑关系混乱，行文混乱，意思不清楚。三是预防检察建议提出的预防对策针对性不强，造成采纳率和整改率偏低。因此，检察建议发出之前，检察机关要主动与被建议单位的有关领导交换意见和看法，结合案情阐明检察建议的制作依据、分析问题的症结及提出具体预防措施的思路，认真倾听发案单位提出的实际困难和工作需要，共同研究采取整改措施，进一步完善检察建议的内容。这既能调动被建议单位采纳检察建议并落实整改的积极性和主动性，又保证了建议的准确性和可操作性。

在充分征求发案单位意见后，可以结合办案人员撰写的个案分析报告，提出成熟的预防意见和建议，交科局讨论后，由办案人员撰写成预防建议，层报检察长批准。预防职务犯罪检察建议采取当面送达方式。送达检察建议前，人民检察院应与受建议单位沟通送达时间、步骤及双方参加人员；送达检察建议时，应当由办案部门和预防部门组成人员到受建议单位当场宣读，并就检察建议内容进行当场座谈，相互交换意见。

（六）开展系列预防活动

检察建议得到发案单位的采纳后，根据检察建议的内容和双方之前达成的共识，集中一段时间，检察机关与发案单位可以开展一系列预防活动。在这个阶段中，以发案单位自主开展为主，检察机关主要是指导和协助。这些系列活动包括：召开动员大会，统一部署预防职务犯罪工作；成立预防职务犯罪领导小组，明确责任分工；开展预防职务犯罪知识讲座，由检察院派员到发案单位讲授预防职务犯罪知识；开展"预防渎职侵权犯罪知识竞答"活动；组织检验检疫人员观看职务犯罪警示教育片；组织发案单位人员参观警示教育基地，听取职务犯罪服刑人员现身说法；开展岗位危险点排查，提出预防对策；写一篇心得，通过学习教育，使发案单位干部职工对自己思想产生的触动、收获和体会进行总结、分析等。这些工作则主要是由预防部门牵头做。

（七）到发案单位回访

与发案单位开展一系列预防活动后，检察机关到发案单位进行回访考察，了解整改措施的实施情况和预防建议的落实情况，评估发案单位现阶段职务犯罪的风险，并帮助发案单位进行总结。回访的形式可以采用座谈会、实地调研、问卷调查，查看书面资料等形式进行。回访考察要注意了解发案单位的整改情况，注意收集发案单位的整改意见、情况反馈书等。回访考察的目的，是进一步促使发案单位认真落实有关预防措施，巩固办案和预防工作成果，使个案预防真正发挥作用。

（八）总结归档

个案预防结束后，要及时进行总结，形成总结报告，将个案预防的总体情况向发案单位的主管部门通报，并报上一级检察院备案。同时将个案预防过程中所形成的《个案预防立项审批表》、《个案预防终结报告》、《检察建议书》等工作文书和开展预防活动照片、会议记录等相关书材统一整理装成案卷，交内勤归档。建立档案，可以避免预防工作流于形式，促进个案预防由零散走向集中，也促使预防各环节的工作更加扎实。这样，个案预防工作从程度上说就算完整了。

三、个案预防需要把握和注意的问题

个案预防是检察机关开展预防职务犯罪工作最基本、最重要的工作形式之一。在预防实践中也存在一些问题，如侦查部门忙于办案，没有力量和精力开展个案预防；考评工作不对个案预防进行考评，而是对检察建议、案例分析等预防措施进行考评，客观上影响了个案预防工作的有效开展；个案预防的开展时机如何确定；等等。

（一）个案预防责任主体

最高人民检察院《关于检察机关有关内设机构预防职务犯罪工作职责分工的规定》和2002年6月福建省院预防职务犯罪领导小组会议通过《福建省检察机关预防职务犯罪工作规则（试行）》、《福建省人民检察院预防职务犯罪工作领导小组成员处室预防工作职责（试行）》，将个案预防"六个一"主要分解给自侦部门，即个案预防的责任主体是办案部门。2010年，宋寒松厅长在全国侦查预防工作会议上也谈到侦查和预防部门的分工："个案预防和一些类案预防可以更多地依靠侦查部门结合办案来开展，针对办案中发现的问题，向发案单位及主管部门提供预防咨询、提出检察建议，帮助发案单位和多发行业整章建制，这样既有优势，做起来也方便。在这中间，预防部门主要是做好组织、协调、综合、服务工作，也可以参加一些典型案件的个案预防工作。预防部门主要是在侦查部门办案和个案（类案）预防的基础上，加强类案预防、行业预防和制度预防。这里说是分工，但要更突出强调配合协作。"

我们认为，当时让自侦部门承担个案预防的要求，是基于全国各地特别是部分设区市院和大部分基层院未设立专门的预防机构，或是预防部门系反贪局下属的二级科室。现如今，全国几乎所有的设区市和绝大部分基层院均成立了预防处（科）。因此，个案预防由预防部门承担是合理的，也是现实的。原因主要有以下三个方面：一是随着预防机构的建立，到目前为止，很多基层院预防科独立出来，至少配备了两人，已具备独立开展一些基本业务的能力。二是自侦部门办案精力有限，客观上影响了个案预防开展的效果，而预防部门作为一个单列机构独立出来后，有条件也有人力从事个案预防工作。三是检察机关侦防一体化机制的深入发展，为预防部门独立承担个案预防工作创造了很好的条件。

（二）开展个案预防工作必须依托"查办和预防"一体化机制

综上所述，个案预防工作由预防部门来承担，但需要自侦部门的支持和配合，否则就会造成打击和预防脱节。在开展个案预防过程中，两个部门应当充分发挥各自优势，首先应发挥侦查部门熟悉案情、了解嫌疑人作案手段、发案原因及是否需要进行案后预防的优势，在对应否进行案后预防作出初步判断后，采用《个案预防意见书》的形式函告预防部门，经预防部门审核同意，即启动个案预防程序。在具体工作中，侦查部门应派员参加后续各阶段工作，为预防工作献计献策，预防部门应主动与侦查部门沟通，共同搞好预防。这就需要与自侦部门加强配合，资源共享，也就是我们预防处一直以来推行"查办和预防"一体化。所以各地要严格贯彻执行最高人民检察院侦防一体化机制，把侦查和预防"一体化"机制建立起来，并以此为依托，开展个案预防。

（三）关于如何理解"从工作管理角度，不再使用个案预防、系统预防、专项预防的提法"

2007年最高人民检察院《关于印发〈人民检察院预防职务犯罪工作规则（试行）〉说明的通知》第二点提到，从工作管理角度，不再使用个案预防、系统预防、专项预防的提法。《通知》中专门指出两个主要原因：一是这些概念是基层检察院对开展预防活动的综合概括，从工作管理角度看，内容、做法交叉，各地对其理解和做法不一，难以准确界定。二是在开展个案预防、系统预防、专项预防在预防实践中可能存在偏离检察职能的现象，从工作管理角度，不再使用这些概念的提法。我们认为，个案预防、系统预防和专项预防是实践中探索总结出来的三个行之有效的成熟的工作模式，在实践中无法被《预防规则》各种预防措施所替代，仍应当予以延用和提倡。

第二节　行业预防的组织实施

行业预防在预防实务中也称为行业系统预防，通常是指检察机关在行业系统中开展预防职务犯罪的专门实践活动，是检察机关预防职务犯罪的一种工作模式，具有较强的法律政策性和严格的程序规范。本节主要介绍检察机关行业系统预防活动基本概念、工作原则、开展形式、程序步骤和具体方法等内容。

一、行业预防概述

（一）行业预防的概念

"行业"在辞海中的解释是"职业的类别"，可理解为各类职业的总称。国内"行业"一词较早与反腐败工作联系在一起的是1990年10月8日中共中央纪律检查委员会向中共中央呈报的《关于加强党风和廉政建设的意见》中对"坚决纠正行业不正之风"的论述。检察机关使用行业预防这一专门概念可以追溯到 1999 年 1 月最高人民检察院出台的《关于加强预防职务犯罪工作的意见》，该意见对"行业预防"的表述是：针对案件多发行业在制度和管理方面存在的问题，分析案件发生的原因，提出有情况、有分析、有措施的检察建议，促使案件多发行业完善管理制度和健全防范机制，堵塞犯罪漏洞，推进行业预防。2001 年 3 月，最高人民检察院出台了《关于在金融证券等八个行业和领域开展系统预防工作的通知》，对检察机关在行业领域开展系统预防进行专门部署，使得检察机关行业预防工作在实践基础上取得了新的进展和经验。综上所述，行业预防一般是指检察机关结合执法办案工作，履行法律监督职能，与行业系统主管部门和单位联系配合共同开展职务犯罪防范治理工作的专门检察活动。

（二）行业预防的指导思想

检察机关开展行业预防的指导思想是：按照"标本兼治、综合治理、惩防并举、注重预防"的反腐败方针，注重推动行业系统建立健全教育、制度、监督并重的惩治和预防腐败体系建设，通过检察机关的专门预防与行业系统社会预防紧密配合，有效防范行业性、系统性腐败行为及职务犯罪案件的发生，促进行业系统内控机制制度的完善，增强行业系统及其工作人员预防职务犯罪工作的意识和能力，形成治理行业不正之风和遏制、减少系统职务犯罪的长效机制。

（三）行业预防的基本原则

1. 坚持在党委领导的反腐败工作格局中开展行业预防的原则。实践证明，党的领导是检察事业坚持正确政治方向和一切成功的根本保证。检察机关在行业系统开展预防工作必须坚持党委领导、纪委协调，检察机关充分发挥职能作用，各有关行业部门协作配合的工作格局。检察机关开展行业预防工作要主动向党委、人大汇报，积极争取政府及有关部门的支持，通过有效的协调配合，促进预防活动合力合拍，确保行业系统预防取得实效。

2. 坚持社会化与专业化相结合开展行业预防的原则。开展行业系统预防，要充分利用有效载体，在预防机制制度社会化水平上，加强探索研究和创新，要深入行业系统一线，善于运用大众传媒、公益广告、现代网络等公共资源，对行业系统典型案例进行警示教育宣传，不断促进行业系统廉政文化建设，形成有利于行业系统预防工作的社会氛围和局面。

3. 坚持结合执法办案开展行业预防的原则。检察机关在行业系统开展预防工作，最大的优势是熟悉行业系统案件发案原因、症结，了解导致案件发生的机制、制度缺陷，较好地掌握了行业系统案件的特点、规律和发展趋势，更能提出有针对性的防范治理措施对策，因此，在开展行业系统预防工作中检察机关必须结合查办案件、深入开展分析调研，及时发现苗头性、源头性问题和机制、制度漏洞，及时防范、消除诱发腐败的各种风险。

4. 坚持检察机关与行业系统加强协作配合形成长效机制的原则。深入推进行业系统职务犯罪预防工作要强化机制、制度的顶层设计，应当将检察机关与行业系统协调配合机制纳入到惩治和预防腐败体系建设之中，加强行业系统预防中的联系配合、具体协作、优势互补、形成合力，严格按照相关的规定、程序、步骤，有序开展行业系统预防活动，不断推动行业系统预防工作向持续纵深发展。

（四）行业预防的工作依据

检察机关与相关行业系统和单位，开展职务犯罪预防工作的主要政策依据是中共中央印发的《建立健全教育、制度、监督并重的惩治和预防腐败体系实施纲要》（以下简称《实施纲要》），最高人民检察院与中央机关、相关部委共同开展职务犯罪预防工作的专门文件，最高人民检察院开展行业领域专项工作的通知决定以及最高人民检察院预防职务犯罪工作联席会议纪要等专门文件。《实施纲要》是检察机关开展职务犯罪预防工作的重要政策支撑，纲要提出支持和保证司法监督，加大惩治和预防职务犯罪力度。强调重视和发挥查办案件的治本功能，要针对案件中暴露出来的问题，深入剖析，举一反三，查找体制、机制、制度的原因，建章立制，堵塞漏洞，逐步铲除腐败现象滋生蔓延的土壤。要求执法执纪机关要协调配合，综合运用法律、纪律、经济处罚、组织处理、限制从业资格等方式和手段提高执法执纪水平，这是检察机关开展行业预防的主要动力，同时，检察机关开展行业预防也是落实中央《实施纲要》的具体举措。

1999年以来，最高人民检察院相继出台了《关于加强预防职务犯罪工作的意见》、《关于在金融证券等八个行业和领域开展系统预防工作的通知》等通知意见，并与教育、建设、交通、水利、工商、海关、税务、中央金融工委、中央企业工委、中国人民银行、证监会、保监会等多个国家机关部委联合发文共同开展职务犯罪预防工作。迄今为止，最高人民检察院已召开四次由多个中央国家机关及相关部委参会的联席会议，形成专门的职务犯罪预防工作会议纪要。上述政策文件为检察机关开展行业预防工作指明方向、重点和工作内容，是检察机关开展行业预防工作的重要依据。

二、开展行业预防组织形式、具体方法与步骤

（一）行业预防的组织形式

行业预防有较强的自主性，可以启动行业预防的机关既可以是行业主管部

门，也可以是专门机关，还可以是专门机关与行业主管部门和单位联合启动。从各地的实践看，行业预防的组织方式，主要有三种形式：

1. 检察机关与相关行业主管部门或单位系统采取"一对一"方式，开展行业预防活动。一般是检察机关与相关行业或单位，针对一段时间以来，行业系统职务犯罪易发、多发或者行业系统职务犯罪隐患突出需要进行专门治理，而由检察机关与相关行业部门或单位经过协商，共同开展预防职务犯罪活动。"一对一"方式开展行业系统预防职务犯罪活动，具有组织简单、内容灵活、针对性强的特点，是地市或县区一级检察机关自主开展行业预防活动的主要方式。

2. 检察机关上下联动共同开展行业预防。一般由上级检察机关与同一级别的行业主管（监管）部门共同组织，确定行业预防工作方案，采取集中时间，分步骤、有计划，自上而下在全行业展开的方式开展预防职务犯罪活动。通过上下联动方式开展行业预防能够保证预防活动在开展时间、参与人员、预防内容等方面的落实，具有声势大、内容全、覆盖面广的特点，是检察机关开展行业预防的基本形式，一般由省级检察院牵头组织。2001年，最高人民检察院与工商总局、税务总局、海关、中国人民银行、国家经贸委等多个部委联合发文开展行业预防活动，开启检察机关上下联动共同预防的先河。

3. 由当地党委领导，纪委组织，相关部门共同参与的行业预防。一般是当地党委、政府根据本地区职务犯罪发生、发展的趋势，决定对一定行业系统开展职务犯罪预防活动。党委领导下行业预防职务犯罪活动，通常由纪委负责组织，检察机关作为预防活动重要主体参与到行业预防活动之中，具体落实党委、纪委的预防工作意图。检察机关在参与预防活动中要按照职责，主动向党委汇报工作，积极与有关部门、单位协调配合，共同制订切实可行的预防活动工作计划，明确工作任务、责任和目标要求，在党委统一领导下的预防职务犯罪工作机制中开展行业预防活动。这种预防形式，具有要求高、任务重和时效性强的特点，是专门预防与社会预防的重要结合点，是检察机关服务大局的重要体现，检察机关应当投入更多的人力、精力，保证行业预防活动的政治效果、法律效果和社会效果。

（二）预防实践的行业预防主要做法

1. 与单个系统开展行业预防。检察机关要综合运用预防手段，增强预防效果。可以针对某一行业或系统发案较多的情况，与该行业、系统联合召开职务犯罪专题研讨会，共同研究讨论该行业、系统职务犯罪的状况、发案原因，制定相应的预防对策。同时，结合该行业、系统贪污贿赂或渎职侵权犯罪的典型案件，制作从业人员犯罪案例宣传挂图，在全行业、全系统开展法制宣传教育，举办法制讲座，适时组织犯罪人员现身说法活动，根据切身体会诉说犯罪的恶果，做到警钟长鸣。还可以根据行业、系统贪污贿赂等问题较为严重的情况，在该行业、系统立案侦查贪污受贿案件，结合具体案件的办理，经过分析研究，及时向有关主管部门发出检察建议，要求予以重视并在全行业、全系统采取有效措施预防犯罪的发生。

2. 与多个行业建立网络预防。网络预防是一种高级的行业预防形式，是指在多个行业、系统、单位同时开展预防活动，形成"点、线、面"相结合的"立体"预防形式。网络预防，可以在较大范围内形成预防体系，产生强大的预防合力，促进职务犯罪的综合治理，有效预防职务犯罪的发生。建立犯罪预防网络，首先需要在较大范围内或者全社会范围内确立预防网点，这些网点包括有关的职能部门，如纪委、监察部门等，还包括一些重点行业、系统的单位或部门，由专门机关将不同的网点联结起来，建立网络运行的机制，制定必要的工作制度和规章制度，以确保网络的正常运行。检察机关是网络预防中的专门机关，其作用主要有四个方面：（1）策划、参谋作用，即为预防网络的不同网点提供预防建议；（2）维护预防网络的作用，检察机关作为网络预防的关键，承担维护网络的主要任务；（3）指导作用，对各个网点的预防工作进行指导和督促；（4）协调作用，即协调网络预防的各项工作和各种关系。

3. 聘请预防职务犯罪"联络员"。检察机关在社会各单位聘请检察联络员，协助开展预防工作。联络员分别属于不同的机关、企业、事业单位，他们定期或不定期向检察机关汇报工作情况。检察机关对所聘请的联络员进行专门培训，通过他们开展法制宣传、典型案例教育，并获取相关的案件信息等。有的地方针对工程建设问题开展社会预防，聘请工作责任心强、作风正派、办事公道、工程管理经验丰富、具有一定法律知识的人员担任工程质量、廉政建设监督员。监督员在预防犯罪领导小组的领导下，实行分组管理，定期向领导小组汇报情况。这种方式有利于将预防工作落实到基层，充分发动人民群众参与和支持检察机关预防工作。

4. 廉政"共建"。是指检察院通过与其他单位结成不同内容和形式的"共建"单位，共同开展预防职务犯罪工作，其主要目标是廉政。检察机关与"共建"单位开展预防的内容主要包括：帮助企业建章立制，堵塞漏洞，培训单位的纪检监察力量和法制宣传力量，开展法制宣传教育等。一些地方检察院搞"法制共建"，他们的做法主要是四个结合：（1）法制宣传与当前形势相结合，针对干部职工普遍关心的一些问题，经常与企业厂长、经理、管理人员进行座谈，学习、讨论与企业紧密相关的政策和法律法规，使得他们正确认识、明确区分违法和犯罪，划分罪与非罪的界限；（2）法制教育与企业生产实际相结合，把法制教育工作做扎实；（3）法制教育与企业职工培训相结合，对职工上岗之前全面进行法制培训；（4）法制教育与查办案件相结合，一边办理具体案件，一边进行法制教育。这种方式在一段时期内曾得到过大力推广，但廉政"共建"与检察职能不完全一致，所以廉政"共建"的提法现已不再提倡。

（三）行业预防的主要工作步骤

1. 确定预防对象。检察机关开展行业预防的对象，一般是一段时间以来，职务犯罪案件易发、多发，存在较为突出职务犯罪隐患或者因职能转换已经出现可能导致职务犯罪的苗头性、倾向性问题，而有必要进行专门防范的行业系统。也可以是相关行业主管部门和单位重视反腐倡廉建设，主动邀请检察机关指导本行业开展职务犯罪预防工作。同时，检察机关作为党委领导下的惩治和预防腐败体系建设的重要职能部门，应当积极发挥参谋助手作用，通过年度（专项）报告就行业系统职务犯罪查办和预防工作向党委、政府提出建议，有效推动本地区行业职务犯罪预防工作。

2. 开展预防调研。预防调研是检察机关开展行业预防的基础性工作，根据需要单独或与相关行业主管部门和单位联合开展。调研方式，通常可能采取案件分析、座谈了解、专家咨询、实地察看、讯问犯罪人员等方式全面收集、分析与行业职务犯罪相关的资料。调研内容主要包括：（1）一段时间以来，行业职务犯罪发生情况、发展趋势；（2）研究职务犯罪行业性、系统性的机制制度存在的缺陷；（3）形成有情况、有分析、有对策的初步调研意见。对于具体行业职务犯罪的系统特点、领域环节、类型现象可以结合第九章预防实践的相关内容进行把握。

3. 拟定预防方案。科学合理的预防方案是做好行业预防职务犯罪活动的保证。行业预防活动方案主要是开展行业预防基本思路、目标任务和具体步骤的计划，是检察机关在调研基础上形成的工作设想，由检察机关与相关行业主管部门和单位共同协商而形成的行业预防活动的基本安排。方案计划通常包括：开展行业预防的指导思想和工作目标，预防活动的时间安排、主要内容和措施形式，组织领导和任务要求等基本内容。

4. 明确工作要求。检察机关与相关行业主管部门和单位开展职务犯罪预防活动，要坚持求真务实、注重效果的工作理念，避免图形式、走过场，真正实现行业预防活动司法资源和社会效益的有机统一。行业系统预防要注重建立协调配合的长效工作机制，在行业预防机制制度建设上下功夫，以联席会议为纽带实现行业预防工作常态化，以情况互联互通为基础保证行业预防的活力，以完善行业内控机制及制度、遏制职务犯罪发生为目的促进行业预防的治本功能。

5. 开展预防活动。根据行业预防不同的形式，开展预防活动也有所不同：

（1）检察机关与相关行业采取"一对一"方式开展行业预防。一般分为四步：A. 建立联系配合关系。检察机关与相关行业主管部门和单位通过召开联席会议，建立联系配合协作关系，通常以会议纪要的形式明确行业预防活动的意义、目标和任务要求，会议一般由双方主要领导、相关职能部门负责人参加。B. 做好相关准备工作。开展行业预防调研，检察机关联合行业主管部门和单位对行业职务犯罪行为进行深刻剖析，掌握行业职务犯罪发案的原因、症结，发现行业职务犯罪的特点、规律，提出初步防范对策，增强预防活动的针对性和实效性。拟定精细化的预防活动计划方案，对于发案的单位要采取个案预防的方案，进行专门治理，对于行业应当紧密结合办案情况提出预防活动计划。C. 组织预防活动。检察机关与行业主管部门和单位，在开展"一对一"行业预防活动中，对发案单位要进行"六个一"的个案预防，对发案主客观原因进行一次剖析，对国家工作人员上一次警示教育课，对发案单位机制、制度缺陷发一份检察建议，对发案单位落实建议和教育情况进行一次座谈回访，对发案单位的预防工作进行一次小结。在全行业开展预防活动可以参照检察机关上下联动预防形式，开展"五个一"预防活动。D. 总结巩固提高。检察机关与行业主管部门和单位在预防活动结束后，要及时掌握预防活动效果，尤其对行业系统内发案单位机制、制度建设情况，应当进行专门测评，并得出评估结论。对于在行业预防活动中发现的问题，双方要提出切实可行的整改意见，推动行业预防工作取得实效。

（2）检察机关上下联动共同开展行业预防。一般分为四步：A. 联合发文。在沟通、调研等前期准备的基础上，上级院（一般为省级院，也可以是地市一级检察院）与相关行业主管部门和单位联合发文，明确行业预防活动指导思想和任务目标、建立预防组织机构和工作机制，确定工作内容和工作要求。B. 动员部署。通常采取视频会议形式全员参与，参加动员会人员为各级检察机关与相关行业主管部门和单位的领导、职能部门人员和全体干部、职工，动员会主要是说明行业预防的重要意义，宣读行业预防活动方案。C. 组织实施。开展具体预防活动一般以相关主管部门和单位为主，通常以"反腐倡廉宣传月"的形式，集中时间自上而下同步展开，检察机关对行业宣传月活动进行指导、配合，综合运用预防措施，检察机关主要组织"五个一"活动：开一次行业系统典型案件通报座谈会、上一场警示教育宣传课、组织一场预防职务犯罪法律咨询活动、组织一次行业系统职务犯罪风险点排查活动，提出一些建设性、针对性强的完善内控机制的意见和建议。D. 巩固提高。在

"反腐倡廉宣传月"结束后，检察机关与相关行业主管部门和单位要适时对宣传月活动的整体效果进行评估，总结推广活动中具有治本意义，能够从源头上遏制和防范职务犯罪发生的机制、制度，对活动中发现的问题要查找原因，提出加强和改进预防活动的意见，推动行业预防活动持续深入开展。

（3）由当地党委领导，纪委等相关部门共同参与的行业预防。一般分为四步：A. 接受任务，明确职责。党委领导、纪委具体组织的行业预防活动，往往针对本地区行业系统腐败形式较为严峻，有必要进行综合治理情况下开展的，检察机关作为查办和预防职务犯罪的职能部门，应当积极发挥好参谋助手作用，按照党委的统一安排，履行好法律监督职能。B. 主动沟通，制订方案。检察机关与行业主管部门和单位，在受领行业预防工作任务后，双方应当主动加强沟通协调，开展行业职务犯罪情况联合调研，并共同制订行业预防具体实施方案，主要对行业预防的开展时间、预防重点、活动形式、参与人员和双方分工等基本内容达成一致意见，并呈报党委或纪委审批。C. 按照要求，具体实施。行业预防工作方案经党委或纪委批准后，检察机关与行业主管部门和单位的主要领导要召开一次联席会议，共同研究落实党委或纪委的批复意见，如有需要还应对行业预防活动实施方案进行必要的修订和充实，检察机关在具体组织实施中，要积极配合行业主管部门和单位开展治理活动，针对活动对象的不同，综合运用预防措施，开展行业预防"五个一"活动，增强预防活动整体效果。D. 及时总结，做好汇报。检察机关要及时对开展行业预防工作的经验、做法进行总结，形成检察机关开展行业预防活动工作报告。报告还要对行业预防职务犯罪工作从体制机制方面，提出具有治本意义，能够从源头上遏制和减少职务犯罪的对策措施，使报告真正具有较高理论价值和实践指导意义，推动全社会行业系统职务犯罪预防工作。

6. 评估预防效果。效果评估是对行业预防活动成效进行的整体评价，目的在于总结行业预防的经验做法，及时发现不足，提出整改提高意见。预防效果一般分为短期效果和长期效果，因此，短期效果评价主要是对集中开展行业预防活动后，对参与预防活动的单位和国家工作人员，在行业内控机制、制度完善水平、廉洁勤政从业意识和拒腐防变能力等方面成效进行的评价，并通过对整改后的体制、机制、制度是否仍然存在诱发职务犯罪的条件、风险进行科学严谨的分析判断，国家工作人员对预防活动的心得汇报，预防职务犯罪法律知识测试、竞赛等方式取得。长期效果评价主要是对参与预防活动后，单位和国家工作人员是否在较长时间内（1—3 年）再次发生重大违纪行为和职务犯罪作为最基本的评价标准。

7. 提出整改意见。对预防活动效果评估结束后，行业预防活动可以进入巩固提高阶段，检察机关与行业主管部门和单位要对预防活动中的经验做法进行总结、推广，双方就发现的问题要各自提出改进意见，因此，检察机关在开展行业预防活动中，可以对预防活动的流程的每一个环节进行一次小结，为整改提高阶段提出切实可行的改进意见做好准备。最后，检察机关应当对行业预防活动基本情况、取得效果等情况形成行业预防活动综合报告，建立具体的行业系统预防活动工作档案，做到"一活动一档案"，促进行业预防活动深入发展。

三、行业预防的制度建设

行业预防的机制制度建设，是检察机关推动行业预防工作持续深入开展的基础工作。当前要着重建立和健全以下几项工作制度：

（一）预防职务犯罪联席会议制度

联席会议制度是由检察机关与行业主管部门和单位主要领导参加的专门会议，主要是通报惩治和预防职务犯罪的工作情况，共同协调预防职务犯罪工作，研究解决推进预防职务犯罪工作中遇到的重大问题，联席会议通常每年要召开一次至二次，可以定期召开也可以视情况召开。同时，还应当建立行业预防工作联系人制度，专门负责协调联系工作，定期通报查办行业系统职务犯罪和违法违纪案件情况，认真总结预防经验，共同探讨防范对策，从制度上、组织上保证行业预防职务犯罪工作的深入开展。

（二）预防职务犯罪信息沟通制度

信息沟通制度是检察机关与行业主管部门和单位保持紧密联系共同预防的有效形式，是行业预防常态化的要求。检察机关对查办行业系统职务犯罪案件，要深入分析案件发生的原因、特点、手段、规律和发展趋势，综合运用预防措施加强对行业系统职务犯罪动态的预警预测，并及时反馈给行业主管部门和单位。行业主管部门和单位要将本单位开展的一些有关预防职务犯罪工作的政策和措施定期或不定期通报检察机关。

（三）案件线索移送协查制度

线索移送协查制度是检察机关与行业主管部门和单位落实惩治和预防并举方针的具体体现，有利于发挥查办案件在预防工作中的治本功能。行业主管部门和单位的监察部门对发现或受理的违反法律规定的案件线索，可能涉嫌职务犯罪的，要适时移送当地的检察机关，以促进案件的及时侦查。检察机关在办案过程中，要注意方式方法，要维护行业系统和单位工作的有序、稳定，实现惩治和预防工作政治效果、法律效果和社会效果的有机统一。

（四）行业预防活动协助指导制度

协助指导制度是检察机关与行业主管部门和单位各自发挥专长，共同促进行业预防工作深入开展的重要保证。检察机关要主动为行业部门和单位国家工作人员提供预防咨询、法律服务，针对重点领域、重要岗位、重点人员，提出有针对性的检察建议，主动协助行业主管部门和单位整章立制，帮助行业主管部门和单位及时消除诱发职务犯罪的因素。双方在加强各自工作人员业务培训中，可以互相聘请授课人员，积极提供有关资料，共同组织预防方面专业活动。

四、当前开展行业预防需要把握的事项

行业预防是检察机关服务经济社会发展大局，参与加强和创新社会管理的有效手段，也是检察机关实现专业化预防与社会化预防活动相结合的基本途径，当前检察机关在开展行业预防活动中，还存在启动条件立法依据不足、行业预防网络建设水平不够健全、行业预防融入社会化预防程度不深等方面问题。检察机关要主动作为，积极推动行业预防工作科学深入发展。

（一）坚持建立健全惩治和预防腐败领导机制和工作机制

行业预防是检察机关职务犯罪预防社会化活动的重点内容，具有涉及面广、协调难度大、法律政策性强的特点，是检察机关围绕中心、服务大局的有效载体，必须坚持在党委统一领导、党政齐抓共管、纪委组织协调、部门各负其责、依靠群众支持和参与的反腐败领导体制和工作机制下开展。检察机关开展行业预防要主动向党委领导汇报，争取人大、政府的支持，注重预防网络建设，形成行业预防的整体合力。

（二）加强预防活动组织领导，形成行业预防思想共识

检察机关与行业主管部门和单位，开展行业预防活动，无论是上下联动，由各级检察院与相关行业部门共同协调推进，还是检察机关与行业部门"一对一"的联合开展，或者是在党委领导下开展行业预防都要强化组织领导，关键点是检察机关与行业主管部门和单位对开展预防活动要充分沟通、形成共识，这是做好行业预防活动的思想条件。同时，上级检察院要加强对下级的工作领导和指导，掌握行业预防的工作进度和效果。

（三）充分运用"侦防一体化"机制，形成检察机关对行业预防工作合力

行业预防职务犯罪活动是一项综合性较强的预防业务，要求检察机关必须紧密结合案件查办情况，对行业性、规律性的职务犯罪发生、发展的特点，有一个整体把握，并提出治本对策措施，因此，各级检察机关要运用"侦防一体化"平台，先由侦查部门就行业预防活动提供相关的典型案件素材，提供

有关犯罪嫌疑人的犯罪心理和主观动机的原始信息，以进行初步的案件分析，而后预防部门对信息进行加工和整合，为制订科学的预防活动方案提供有力支撑。检察机关侦查和预防部门的通力合作，是检察机关做好行业预防活动的内在要求。

（四）严明检察纪律，增强行业预防活动的社会公信力

检察机关在开展行业预防过程中，要恪守"忠诚、为民、公正、廉洁"的检察职业道德和工作纪律，不得借开展行业预防活动，干预有关行业部门和单位的正常行政管理活动，不准利用行业预防掩盖有关单位存在的问题或者包庇违法犯罪活动，不准干预市场主体自主的经济行为，不准利用开展行业预防活动谋取个人和单位的私利。

（五）实现行业预防的法制化、网络化和社会化

1. 加强行业预防的法制化建设。行业预防立法不足，主要表现为行业预防活动启动条件没有法律依据，实践中行业预防活动往往是由行业主管部门和单位主动邀请，上级机关联合决定或者是党委、政府认为有开展的现实需要，由纪委牵头组织，检察机关作为预防工作的专门机关在启动行业预防上处于被动、配合的地位，无法及时有效地防范行业系统职务犯罪的继发和重发，影响行业系统整体预防效果。各级检察机关要积极推动行业预防的立法工作，关注点要放在行业系统职务犯罪预防自动启动的条件设置上，可以是一定时间内职务犯罪涉案人数达到编制数比例为条件或者案件数量为条件而自动启动。通过人大的法律、法规、决定、决议等方式，明确行业预防的启动条件、启动方式、组织形式、职能部门和任务分工等内容，进一步掌握行业预防活动的主动权。

2. 加强行业预防的网络化建设。检察机关要将行业预防网络作为党委领导下惩防腐败体系的组成部分，纳入到惩防腐败体系整体建设之中，检察机关要加强与各有关部门的联系配合，充分发挥检察机关的职能作用，成立由纪委、宣传、组织、政法委、综治办、法院参与，检察院、政府组成部门、政府直属机构和大型重点国有企业等为主体组成的行业预防犯罪网络，在检察机关设立行业预防工作办公室，依托联席会议制度，实现行业预防活动的经常化，共同做好行业职务犯罪预防工作。

3. 加强行业预防社会化建设。检察机关开展行业预防，要结合地方实际，充分利用已有平台，在行业预防社会化上进行有益探索，一是把行业预防活动纳入到一个地区、一个行业、一个单位的党风廉政建设之中，作为党风廉政建设的组成内容列入党委、政府和相关行业主管部门的议事日程，完善行业预防工作机制制度。二是主动将行业预防建设纳入到社会综合治理考评体系之中，

把行业主管部门和单位落实行业预防情况作为考评内容，推动行业预防工作与社会综合治理工作同部署、同开展、同考评，推动行业预防工作向纵深发展。

第三节　专项预防的组织实施

专项预防是检察机关服务经济、服从大局，发挥预防职务犯罪作用的一项预防工作形式。实践证明，开展专项预防工作，既是检察机关贯彻中央"标本兼治、综合治理、惩防并举、注重预防"的反腐败方针，也是检察机关依法行使监督职权促进党风廉政建设所采取的重大举措。

一、专项预防概述

（一）专项预防的概念

专项预防是指检察机关在一定时期内，围绕党委政府关心、人民群众关注、对当地经济发展和社会进步具有重要影响的重大工程建设项目以及专项整治活动等热点问题，与有关单位和部门加强联系和配合，积极开展预防职务犯罪的一种方式。专项预防不限于重点工程建设项目，还包括在资金使用、环保、招投标、涉农、换届选举等专门项目开展的系列预防活动。例如，2003年，在抗击"非典"斗争中，各级检察机关强化了在抗"非典"中的职务犯罪专项预防工作。2006年，最高人民检察院职务犯罪预防厅下发《关于在治理商业贿赂专项工作中作好预防职务犯罪工作的通知》，结合治理商业贿赂专项活动开展的一系列活动，也属于专项预防。2011年，最高人民检察院职务犯罪预防厅下发《关于加强食品安全监管环节职务犯罪预防工作的通知》，部署开展食品安全监管环节职务犯罪专项预防工作。

（二）专项预防的特点

1. 专业性强。专项预防是检察机关预防部门针对一个单位、一个领域、一个行业、一个环节部门发生的职务犯罪案件或问题开展的预防工作，具有较强的专业性，是其他部门不能替代的。

2. 操作性强。专项预防是针对某个案件在发案单位及其同行业、同系统中深挖原因、找出问题、提出建议、落实措施，工作有步骤、有形式、有内容，已形成一定规范化格局，便于操作。

3. 典型性强。专项预防绝大多数情况下是从个案预防中发展和延伸过来的。但并不是所有的个案预防都可以发展为专项预防，而是在一些重要的、热点的部门、领域发生案件，且反映的问题有一定的新颖性、趋势性，在一段时间内有一定的代表性时，才会延伸出专项预防。

4. 综合性强。专项预防的工作形式和内容包含有案例分析、法制宣传、检察建议、检查调研、编制网络和建立载体等，基本涵盖了预防工作所有的形式和内容。

此外，由于专项预防的预防对象单位较多和工作期限与工程建设周期同步，因此，专项预防还具有主体多、相互制约差、时间局限性强的特点。

（三）专项预防工作的指导思想和基本原则

1. 检察机关开展专项预防工作的指导思想

检察机关开展专项预防工作的指导思想是：以中国特色社会主义理论为指导，贯彻落实科学发展观，围绕科学发展与和谐稳定大局，坚持"标本兼治、综合治理、惩防并举、注重预防"的方针，充分发挥检察机关预防职务犯罪职能作用，通过综合运用打击、预防、监督、保护等工作措施，着力解决专项活动存在的突出问题，推进专项活动惩治和预防腐败体系建设，促进社会管理机制制度创新。

2. 检察机关开展专项预防工作的基本原则

（1）坚持党委领导的原则。推进惩治和预防腐败体系建设是一项艰巨而复杂的工程，是全党全社会的共同责任，必须在党委统一领导下，党政齐抓共管，纪委组织协调，部门各负其责，依靠人民群众支持和参与，统筹推进。检察机关开展专项预防工作必须坚持党的领导，主动把专项预防工作置于党委的领导，纳入反腐败和综合治理总体格局，在党委领导、人大监督和政府支持下，充分发挥职能作用。

（2）服务大局的原则。专项预防是检察机关开展预防职务犯罪工作、服务党委政府反腐败工作大局的一项重要措施和手段。检察机关开展专项预防工作本身就是服务大局的具体体现，只有围绕中心、服务大局，才能明确方向、突出重点、取得实效。要根据党和国家一个时期经济社会发展战略部署和重大措施，适应反腐倡廉建设的形式和任务，针对职务犯罪易发、多发的重要领域和关键环节，紧紧围绕社会关注、群众反映强烈的问题，结合检察机关查办职务犯罪工作重点，科学确定和及时调整专项预防工作重点，增强预防工作实效，为深化改革、维护稳定、保障民生服务。

（3）加强协作配合的原则。由于专项预防工作涉及很多其他部门和单位，所以尤其要做好统筹协调工作，要积极主动与纪检监察、审计、项目主管（监管）部门及有关单位进行联系和配合，建立工作协调机制，及时掌握立项审批的项目情况，加强信息交流和情况通报，协调预防计划和预防活动，增强合力。

（4）依法预防的原则。在开展专项预防工作中，既要着眼于强化法律监督职能，勇于创新、大胆探索，不断改进预防工作方式方法，拓展预防工作的领域和途径；又要坚持立足法律监督职能，摆正位置，规范职权，坚持到位不越位、尽职不越权、参与不干预、帮忙不添乱、服务不代替，绝不能偏离职能、超越职权，把预防工作搞成一般监督，也不能与有关单位签订所谓"廉政协议"，以致损害法律监督的严肃性、权威性。

（四）检察机关开展专项预防工作的依据

1. 政策依据

中共中央有关反腐败和加强党风廉政建设的一系列规定、决定，是开展专项预防工作的指导思想和政策依据。例如，2005 年 1 月，中共中央颁布《建立健全教育、制度、监督并重的惩治和预防腐败体系实施纲要》；2008 年 5 月中共中央印发《建立健全惩治和预防腐败体系 2008—2012 年工作规划》。该《实施纲要》和《工作规划》是检察机关开展职务犯罪预防工作的重要政策支撑，是检察机关开展专项预防的主要动力。同时，检察机关开展专项预防也是落实中央《实施纲要》和《工作规划》的具体举措。

2. 法规依据

一些预防职务犯罪的地方性法规相继出台。例如，2002 年 10 月，黑龙江省人大常委会通过《关于加强预防职务犯罪工作的决定》，其第 4 条规定："检察机关应当紧密结合法律监督职能，依照法律、法规，积极开展预防职务犯罪工作……开展行业预防、专项预防等工作；开展职务犯罪预防宣传、教育和咨询活动及其它有关工作。"2002 年 11 月，安徽省人大常委会通过《安徽省预防职务犯罪的工作条例》，其第 15 条第 3 项规定："在职务犯罪易发、多发行业和领域与有关单位共同开展系统预防和专项预防活动。"2005 年 5 月，湖北省人大常委会通过《湖北省预防职务犯罪条例》，提出："在职务犯罪易发、多发行业和领域与有关单位共同开展系统预防和专项预防活动。"这些地方性预防职务犯罪的规定，结合本地特点，以地方立法的形式将预防职务犯罪的有益经验和做法固定下来，为开展专项预防活动提供了法规依据。

3. 实践依据

多年来，检察机关在开展专项预防职务犯罪工作实践中，积累了大量的经验。2000 年 12 月，最高人民检察院制定了《关于进一步加强预防职务犯罪工作的决定》，这是检察机关开展专项预防工作的具有宏观指导意义的规范性文件。此外，最高人民检察院与中直机关联合开展预防职务犯罪工作的文件，最高人民检察院开展专项预防工作的通知等规范性文件，也是我们开展专项预防的重要依据。例如，2002 年 10 月，最高人民检察院制定《关于在西部大开发重点建设项目中开展职务犯罪预防工作的意见》；2010 年 7 月，最高人民检察院下发《关于印发〈全国检察机关集中开展"预防工程建设领域职务犯罪，推进社会管理创新"专项预防工作实施方案〉的通知》。同时，检察机关在开展专项预防工作中，已经在社会上树立了鲜明的形象，得到了社会的广泛认同。所有这些，都为检察机关开展专项预防工作提供了充分的依据。

（五）关于对"同步预防"的认识

前几年，预防实践中出现"同步预防"的概念。同步预防是指在一些重大工程中，检察机关从开工之初就介入工程，在工程的不同阶段相应地采取不同的预防对策，直到工程结束，做到预防犯罪与工程建设同步进行，其目的是为了防止工程各个环节发生职务犯罪，实现"工程优质，干部优秀"的目标。很多地方检察机关针对重点工程开展同步预防，积极参与筹备、规划、设计、分包、干部上岗培训、制定廉政规定等活动。派人参与工程指挥部的筹备工作和工程规划工作，确定经常性的信息反馈和交流制度。协助召开现场会，确定工程的进度和速度，公布相关的法律法规，并不定期地回访检查，及时解决一些影响工程的矛盾，提供法律咨询。制订法制教育培训和宣传计划，对工程工作人员进行岗前法制培训，结合生动的案例剖析工程中导致违法犯罪的因素，宣传检察机关的性质和职能，协助制定有关的廉政规定。有些地方检察院与工程单位共同签订"廉政协议"，共同开展"工程优质，干部优秀"活动，开展"三防"即防隐患、防事故、防犯罪工作。通过开座谈会、以案释法会，为有关工作人员举办法制报告会，参与重点路段的安全和廉政工作检查，在各路段工地设置"三防"警示牌和职务犯罪案件线索举报箱。为了确保工程"双优"，提出加强制度建设的检察建议，与工程单位一起制定预防职务犯罪领导人责任制、廉政建设"一把手"责任制、工程项目法人责任制，清退一些不具备资质的施工队伍和监理人员。通过上述工作保证工程建设的进度和施工质量，促进廉政建设。

实践证明，同步预防对于保证工程建设的质量，防止职务犯罪发生确实起到一定的功效。但由于同步预防对工程建设跟踪太紧，插手太深，甚至超越检察机关法律监督职责而部分代替纪检纪监部门的职责，因此倍受有关方面的质疑。正如原最高人民检察院检察长贾春旺在2003年4月2日听取预防业务工作汇报时，就专门指出："有些预防工作目前不能插手太深，要'超脱'一些。如在重点建设工程中，检察机关参与招投标过程中的职务犯罪预防工作，更不能参与招投标的具体管理工作，越权代替其他部门的职能；不能搞形式、摆样子，不能让有的人利用职务犯罪预防工作来掩盖他们的违法犯罪的问题。"我们认为，检察机关作为法律监督机关，在开展预防工作中，既不能超越职权，"包打天下"，又要监督到位，关口前移，有所作为，到位不越位。

二、开展专项预防的方法步骤

(一) 专项预防项目的选择

专项预防工作有许多理论和实践问题需要进一步研究和探索。加之检察机关面临人力、物力、财力等诸多困难，不可能遍地开花、大包大揽地把所有的重大工程建设项目以及专项整治活动等热点问题都抽出专人统统管起来。因此，必须选择重点项目作为突破口，然后以点带面逐步推开。这样，既便于不断总结经验，又有利于开展专项预防工作。专项预防项目的选择，主要应掌握以下几个原则：一是围绕党委政府重大决策部署的贯彻落实开展专项预防工作。配合有关部门加强民生工程、基础设施、灾后重建等重大工程建设和项目资金使用中的预防职务犯罪工作。二是围绕人民群众反映强烈的突出问题开展专项预防工作。三是围绕职务犯罪易发、多发的领域开展专项预防工作。按照中央"着力解决重点领域的腐败问题"的要求，针对工程建设、房地产开发、土地管理和矿产资源开发、金融、司法、教育、医药等领域职务犯罪易发多发的情况，配合专项治理，深入开展专项预防工作。具体可以是：(1) 属于公共项目，确有必要提供预防职务犯罪专业协助的；(2) 项目立项和在建过程中发生过职务犯罪，确有必要发出检察建议并协助建章立制的；(3) 项目立项和在建过程中有举报线索或引起群众强烈反映、存在职务犯罪隐患的；(4) 项目竣工后收到举报和发生质量事故，涉嫌职务犯罪违法犯罪的。

(二) 专项预防工作流程

1. 立项审批。专项预防项目选择后，由检察机关预防部门向上级检察机关履行专项预防立项审批程序。具体是：由检察机关预防部门填写《××专项预防立项审批表》，并附《××专项预防工作可行性考察报告》，由主管检察长批准后，报上级人民检察院备案。上级检察机关已有明文规定或通知开展专项预防工作的，可不再履行报批程序，视为该专项预防已经立项。

2. 制订方案。专项预防工作方案是开展专项预防基本思路、目标任务和具体步骤的计划，是检察机关在调研基础上形成的工作设想，是检察机关开展专项预防活动的基本安排。检察机关应结合本地实际，深入调研，主动走访有关主管部门，了解并掌握预防需求，特别是职务犯罪易发多发因素、环节、部位，与相关部门、单位等共同制定切实可行的工作实施意见或工作方案保证工作落到实处。下级检察院制订的预防工作方案或实施意见要及时报上级检察院备案。方案的内容主要包括开展专项预防工作的指导思想和目标任务，专项预防工作的时间安排、主要内容和措施形式，组织领导和任务要求等基本内容。科学合理的预防方案是做好专项预防职务犯罪活动的保证。

3. 主要措施。专项预防工作应紧密结合该项目的特点，对最易出现职务犯罪的环节和部门狠下力度，保证不出现或少出现职务犯罪。专项预防工作措施比一般预防工作要多，主要包括：（1）做好行贿犯罪档案查询，及时准确提供查询结果，把好廉洁准入关口；（2）督促项目相关主管单位实施廉政承诺，开展公示，接受各方监督；（3）运用典型案例开展警示教育，加强相关公职人员廉政辅导；（4）受理举报，开展预防咨询；（5）分析犯罪因素和隐患，总结职务犯罪特点、规律，向决策部门提出治理防范建议等。

4. 效果评估。检察机关预防部门应比照专项预防目标对专项预防工作的阶段性成效和结项情况进行年度检查评估，对收到良好效果的及时进行总结，对效果不明显的，应分析原因，及时改进，使专项预防工作顺利进行。评估的标准主要包括：（1）比较开展专项预防活动前后不同时期的案件发生情况；（2）相关预防单位的机制制度建设是否得以完善；（3）检察机关提出的预防对策建议是否具有针对性和得到相关单位采纳；（4）人民群众对检察机关开展专项预防工作的满意度和认可度。

5. 总结归档。专项预防结束后，预防工作中形成的文件、文书等材料，均要整理装订成册后归档，要把《××专项预防立项审批表》、《××专项预防终结报告》、《检察建议书》等工作文书和开展预防活动照片、会议记录等相关书材统一归档。

三、专项预防的机制制度

（一）加强信息交流和情况通报制度

检察机关要及时向相关主管部门通报职务犯罪案件查处情况和对犯罪原因、规律、特点的分析，提出预防对策建议，并及时反馈给项目主管部门和单位。项目主管部门和单位要将本单位开展的一些有关预防职务犯罪工作的政策和措施定期或不定期通报检察机关。

（二）案件线索移送协查制度

线索移送协查制度是双方落实惩治和预防并举方针的具体体现，有利于发挥查办案件在预防工作中的治本功能。项目主管部门和单位的监察部门对发现或受理的违反法律规定的案件线索，可能涉嫌职务犯罪的，要适时移送给当地的检察机关，促进案件的及时侦查。检察机关在办案过程中，要注意方式方法，要维护相关单位工作的有序、稳定，实现惩治和预防工作政治效果、法律效果和社会效果的有机统一。

（三）联席会议制度

联席会议是由检察机关与项目主管（监管）部门主要领导参加的专门会

议，主要是通报惩治和预防职务犯罪工作的情况；研究解决协作中出现的重大问题；共同探讨开展预防工作的新方法，解决工作中存在的问题；研究阶段性工作重点、措施等。同时，应建立联系人制度，专门负责协调联系工作，建立工作衔接、联络、沟通渠道，并召集召开定期或不定期的预防职务犯罪联席会议，联席会议每年召开一次例会，遇有需要及时研究和协调的事项，经双方提议可随时召开。

（四）建立经验总结制度

要认真总结开展专项预防工作的有效做法，学习借鉴其他系统与检察机关合作开展预防职务犯罪工作的成功经验，在推进工作中探索实践，摸索和总结、发现和推广开展专项预防工作的经验和做法，并在工作中不断改进和完善，建立健全预防职务犯罪工作的长效机制。

四、开展专项预防过程中需要把握的几个事项

（一）立足检察职能，结合执法办案开展专项预防工作

原最高人民检察院检察长贾春旺在 2003 年 4 月 2 日听取预防业务工作汇报时，就专门指出："有些预防工作目前不能插手太深，要'超脱'一些。如在重点建设工程中，检察机关参与招投标过程中的职务犯罪预防工作，便不能参与招投标的具体管理工作，越权代替其他部门的职能；不能搞形式、摆样子，不能让有的人利用职务犯罪预防工作来掩盖他们的违法犯罪的问题。"可以说一针见血地指出了当前专项预防工作存在的问题。那是不是专项预防就不开展了？我们的意见是还要做，但要适度。工作中要紧密结合执法办案，积极研究职务犯罪的原因、特点和规律，注意发现发案单位体制、机制、制度方面存在的问题，及时提出检察建议，帮助相关单位加强廉政管理和完善监督制约机制，堵塞漏洞，特别要以行贿犯罪档案查询工作为开展专项预防切入点，有选择、适度地开展专项预防工作。

（二）如何实现专项预防工作成果的转化

目前，对专项预防工作成效的评估和成果运用的途径和方式问题思考不多。但是，成果的运用又非常重要，从全国各地的情况来看，不少地方的专项预防工作上报党委、政府以后，有关领导作出了批示、给予了肯定，有的还提出了明确的要求，但是有的检察机关却没有了下文。这就有必要思考专项预防工作成效和成果的转化运用问题。对于专项预防成果的运用，可以围绕以下几各方面来展开：一是为党委政府提供决策参考。把专项预防工作报告作为党委、政府和有关单位、部门制定预防腐败政策或措施的决策依据。二是宣传警示教育功能。以专项预防工作报告为素材，对相关单位进行警示宣传，动员有

关单位和社会民众自觉抵制有关腐败行为。三是提出查办重点和方向的建议。根据对犯罪发展趋势的预测，为侦查部门确定办案重点和侦查方向、研究发案规律等提供参考，拓宽侦查部门的侦查视野。四是学习和传承功能。从把握有关发案领域犯罪的演变规律看，专项预防工作报告具有史料传承价值，对今后开展相关领域职务犯罪的案件分析起到重要的参照作用。

（三）在开展专项预防工作中要坚持的专业化和社会化相结合

检察机关由于受到专业知识的限制，使得检察机关开展专项预防工作的手段单一，工作停留在表面，无法真正深入，给专项预防工作的开展设置了障碍。因此，我们在开展专项预防工作中要虚心学习，在自己力所能及的范围内，尽量了解专项领域中的专业知识。只有掌握了相关业务知识，才能对职务犯罪原因、特点的认识更加深入，提出的对策才更具针对性，才能提高专项预防工作的成效，达到监督的目的。

（四）严格工作纪律，增强专项预防工作公信力

在开展专项活动中要严格坚持最高人民检察院对预防工作提出的"四个不准"，即不准借口预防干预有关部门、单位的正常管理活动，不准利用预防掩盖有关部门、单位存在的问题或者包庇违法犯罪活动，不准干预市场主体自主的经济行为，不准利用开展预防谋取个人和单位私利。在预防活动中，既要充分发挥主观能动性，又不能超越职权搞大包大揽，更不能脱离法律监督者身份代替行政职能；既要搞好法律服务，又不能干预相关单位的正常工作，更不能给相关单位增添负担。

第六章 检察机关预防职务犯罪规范化管理制度

第一节 预防职务犯罪工作管理制度

一、立项审批制度

立项审批是预防业务工作管理的起始环节，是对需要管理的业务工作是否可以启动进行审查，审查通过后方实施具体业务工作流程的一种制度。立项审批的目的是经由主管检察长或部门负责人的审批或审核，对具体业务工作开展的必要性、可行性等进行把关，以提升工作管理的规范化程度，提高工作效率和效果。

现阶段，预防部门的立项审批大多以《立项审批表》形式进行，即由提出立项建议的预防人员填写《立项审批表》，一般应写明开展此项工作的理由、目的和工作计划，提交预防部门负责人审核。对于重大业务工作，部门负责人提出意见后还应报主管检察长审批。实际工作中，还经常出现上级机关或者领导直接交办的工作，出于规范化管理的考虑，这种情况仍应当由预防部门指定一名工作人员填写《立项审批表》，经立项后启动工作流程。今后，随着预防工作信息化程度的不断提高，综合管理平台成熟后，则可以通过信息化管理平台更便捷地完成立项审批程序。

目前，立项审批是大多数预防业务的必经程序，但也有个别业务工作，如预防咨询和行贿犯罪档案查询，因其业务特点并非由预防部门主动启动，因此不存在立项审批环节，而是通过受理申请后经主管检察长或部门负责人的审批或审核，实现领导对业务工作的把关。

（一）预防调查和犯罪分析的立项审批

1. 选题

预防调查、犯罪分析的选题来源之一是预防人员的建议，由预防人员经过思考分析，选取有较大社会影响，能够反映党委政府以及社会关注的热点，能够揭示职务犯罪新的特点、动向及趋势的题目。这种情况下由提出建议的预防人员提出立项申请，填写《立项审批表》。

　　选题来源的另一种常见情况是由党委、人大、上级机关或者领导交办，或者由有关部门提出建议，这种情况下选题已经确定，预防部门可以指定一名预防人员拿出初步意见，填写《立项审批表》。

　　2. 填写《立项审批表》

　　首先应当写明预防调查、犯罪分析的题目，阐明开展工作的原由与目的，并对工作实施的方法步骤作出计划，确定拟完成时间。同时，预防调查需要与有关行业、部门、单位联合进行的，应当注明，调查计划中也应当有所体现。立项申请应当尽量考虑全面、详细，以便领导审批时参考，同时为下一步开展工作打好基础。

　　3. 预防部门负责人审核

　　预防部门负责人需对立项申请的必要性、可行性进行审核，作出是否通过的决定。对于预防调查的立项申请，还需要进一步审核是否为重大预防调查。非重大调查，预防部门负责人审核通过后即可决定立项，重大调查则应当由预防部门负责人提出意见后，报主管检察长审批。

　　4. 主管检察长审批

　　重大预防调查的立项申请须经主管检察长审批，主管检察长签署同意的，可以立项，否则立项审批流程终结。

　　5. 确定承办人

　　立项申请经审核或审批通过后，确定一名或多名承办人，立项审批环节就完成了。填写《立项审批表》的预防人员一般应当确定为承办人，根据实际需要，还可以由预防部门研究决定多人共同担任承办人。

　　（二）检察建议的立项审批

　　1. 选定拟建议单位

　　检察建议一般是建立在预防调查和犯罪分析的基础上的，预防人员在开展预防调查和犯罪分析的过程中，或者通过其他途径，发现存在《人民检察院预防职务犯罪工作规则（试行）》第14条规定的五种情形或《人民检察院检察建议工作规定（试行）》第5条规定的六种情形，认为有必要提出检察建议的，可以提出对某个或某几个单位发送检察建议书的立项申请。

　　2. 填写《立项审批表》

　　首先应当写明拟建议单位，阐明提出检察建议的理由。未经前期预防调查或犯罪分析的，还应当对开展调查或分析的方法步骤作出计划，确定拟完成时间，提交部门负责人审核。

3. 预防部门负责人审核

预防部门负责人需根据《人民检察院预防职务犯罪工作规则（试行）》和《人民检察院检察建议工作规定（试行）》，审核是否符合提出预防检察建议的条件，作出是否审核通过的决定。通过的，提出部门负责人意见，报主管检察长审批。

4. 主管检察长审批

经主管检察长审批，签署同意的，检察建议可以立项，否则立项审批流程终结。

5. 确定承办人

立项申请经审核或审批通过后，确定一名或多名承办人。填写《立项审批表》的预防人员一般应当确定为承办人，根据实际需要，还可以由预防部门研究决定多人共同担任承办人。

（三）预防报告的立项审批

目前，预防报告分为年度报告和专项报告两类。其中年度报告是各级人民检察院每年都必须起草并呈报的，也就是说实质上并不存在立项审批的问题，可以直接由部门研究决定承办人，启动工作流程。但预防专项报告还是必经立项审批程序。

1. 选题

预防专项报告的选题可以是预防人员在预防调查和犯罪分析的基础上，认为有必要向党委、人大、政府及有关部门报送专项报告，因此提出立项申请；也可以由上级机关或者领导交办，预防部门指定一名预防人员拿出初步意见。

2. 填写《立项审批表》

首先应当写明报告题目和拟报送单位，阐明报送专项报告的理由。未经前期预防调查或犯罪分析的，还应当对开展调查或分析的方法步骤作出计划，确定拟完成时间。

3. 预防部门负责人审核

预防部门负责人审核是否有报送专项报告的必要，作出是否通过的决定。通过的，提出部门负责人意见，报主管检察长审批。

4. 主管检察长审批

经主管检察长审批，签署同意的，可以立项，否则立项审批流程终结。

5. 确定承办人

立项申请经审批通过后，确定一名或多名承办人。填写《立项审批表》的预防人员一般应当确定为承办人，根据实际需要，还可以由部门研究决定多人共同担任承办人。

（四）法制宣传和警示教育的立项审批

1. 选题

由于法制宣传、警示教育的方式多种多样，有印发资料、图版展览、专题讲座、播放廉政短片、参观监管场所、文艺表演等，因此法制宣传和警示教育的立项选题主要是指拟在何时、何地以何种形式开展法制宣传和警示教育。可以由预防人员提出立项建议；也可以由上级机关或者领导交办，预防部门指定一名预防人员拿出初步意见。

2. 填写《立项审批表》

法制宣传和警示教育的立项申请应当写明拟开展宣传教育的时间、地点，拟开展宣传教育的形式，针对具体部门、单位开展宣传教育的，还应写明受教育单位和参加人数。宣传教育立项申请的主要部分是活动计划，应对拟开展的宣传教育作出初步计划，涉及经费使用的，还应当提出预算。

3. 预防部门负责人审核

预防部门负责人需对立项申请的必要性、可行性进行审核，作出是否审核通过的决定。通过的，应当由预防部门负责人提出意见后，报主管检察长审批。

4. 主管检察长审批

法制宣传和警示教育的立项申请须经主管检察长审批，主管检察长签署同意的，可以立项，否则立项审批流程终结。

5. 确定承办人

立项申请经审核或审批通过后，确定一名或多名承办人。填写《立项审批表》的预防人员一般应当确定为承办人，根据实际需要，还可以由部门研究决定多人共同担任承办人。

（五）专项预防的立项审批

1. 选题

由于目前专项预防主要是指工程建设领域的预防工作，因此专项预防的选题主要指选定拟开展预防的重大建设工程项目。可以由预防人员提出立项建议；也可以由上级机关或者领导交办，预防部门指定一名预防人员拿出初步意见。

2. 填写《立项审批表》

首先应当写明工程项目全称和基本情况，如投资概况、工程建设项目的法人代表、开工、竣工时间、项目等级等，然后要写明立项理由。专项预防立项申请的主要部分是组织形式和工作方案，组织形式指检察机关与项目主管单位联合开展活动的组织机构等，工作方案应写明开展专项预防的计划、措施和步骤。

3. 预防部门负责人审核

预防部门负责人审核开展专项预防的必要性、可行性，作出是否审核通过的决定。通过的，提出部门负责人意见，报主管检察长审批。

4. 主管检察长审批

经主管检察长审批，签署同意的，可以立项，否则立项审批流程终结。

5. 确定承办人

立项申请经审批通过后，确定一名或多名承办人。填写《立项审批表》的预防人员一般应当确定为承办人，根据实际需要，还可以由部门研究决定多人共同担任承办人。

（六）预防介入的立项审批

1. 选定拟介入案件

根据最高人民检察院《关于推进职务犯罪侦查和预防一体化工作机制建设的指导意见》的规定，预防介入具有选择性和被动性的特点，对于典型职务犯罪大案要案、窝案串案、新型犯罪案件，确有实时同步开展预防必要的，可由侦查部门提出，经检察长决定，或由检察长直接决定，预防部门指派专人参加办案组，介入侦查活动。也就是说，预防介入实际上不是由预防部门自行、主动启动的，拟介入的案件是由侦查部门建议或检察长直接决定的。预防部门可以指定一名预防人员拿出初步意见。

2. 填写《立项审批表》

应当写明拟介入案件的名称、案件所处环节和预计的介入起止时间，并着重说明介入案件的具体原因和理由，提交预防部门负责人审核。

3. 预防部门负责人审核

预防部门负责人审核介入的必要性、可行性，作出是否审核通过的决定。通过的，提出部门负责人意见，报主管检察长审批。

4. 主管检察长审批

经主管检察长审批，签署同意的，可以立项，否则立项审批流程终结。

5. 确定承办人、编入办案组

立项申请经审批通过后，确定一名或多名承办人。填写《立项审批表》的预防人员一般应当确定为承办人，根据实际需要，还可以由部门研究决定多人共同担任承办人。预防介入承办人确定后，应当编入办案组，以便介入办案活动。

二、承办人员负责制度

承办人员负责制度，即《人民检察院预防职务犯罪工作规则（试行）》第26条规定的主办责任制，承办人受职务犯罪预防部门委托从事预防业务工作，对所承办的预防业务工作负责，具体研究、计划、组织、协调、实施、执行预防工作任务。

对于有立项审批程序的预防调查、犯罪分析、检察建议、预防报告、警示宣传教育、专项预防和预防介入工作，承办人是经立项审批程序确定的一名或数名；没有立项审批环节的预防咨询和行贿犯罪档案查询，一般由受理申请的预防人员担任承办人。

承办人负责，意味着承办人需要贯穿业务流程始终，具体承担工作任务，对工作结果负责。但承办人负责并不意味着仅仅承办人参与工作，预防部门是预防业务工作的承办部门，一项预防业务的开展，往往需要预防部门其他干警的配合，承办人承担主要工作任务，并不排斥其他干警的协作参与。

（一）预防调查的承办人职责

1. 制订调查方案和计划。承办人应当在立项时提交的调查计划基础上进一步细化，列出调查提纲，明确调查目的、内容、范围、措施和办法，努力确保调查工作有条不紊，有序进行。

2. 实施调查。根据调查方案和调查提纲实施调查，可以采取阅卷调查，走访单位、行业，提讯、座谈会和专题分析会，专家咨询会，审查管理制度，查阅相关信息、材料，剖析原因和征求意见等方法。与有关行业、部门联合调查的，要注意与协作单位的配合。

3. 处置线索。预防调查过程中，有可能接到群众举报，或者自行发现案件线索。此时承办人应当对线索进行审查，判断是否具有初查价值，提交部门负责人审核，报主管检察长审批，确有初查价值的应移送侦查部门，并报举报中心备案。预防调查承办同时也是线索处置的责任人，要注意跟踪侦查部门的处理和反馈结果。

4. 撰写调查报告。调查报告是预防调查结果的集中体现，撰写调查报告是承办人的主要任务。调查报告应说明开展调查的必要性和现实意义；按照实事求是的原则，全面反映调查的基本事实和情况，对暴露出的问题及产生的原因进行分析；最终结合调查分析，提出从源头上治理和预防职务犯罪的对策和建议。

5. 调查成果运用。预防调查的最终目的是通过调查提出和制定行之有效的预防措施，并推动措施的落实，调查报告撰写完毕并不是工作的终结，而是下一项工作的开始。承办人应当根据调查情况，提出是否可以将调查结果转化为检察建议或专项预防报告的建议，可以转化的，进入检察建议或专项预防报告工作流程。

6. 归档。归档问题将在下一部分专门讨论，此处不做赘言。

（二）犯罪分析的承办人职责

1. 收集资料。根据选题的不同，犯罪分析分为个案分析和类案分析。承办人应当根据选题全面收集个案或类案资料，为分析做好准备。

2. 致罪原因调查与分析。可以通过查阅卷宗档案，走访办案人员和单位，与办案人员座谈，召开专题剖析会，旁听法庭审理等方法，从犯罪人的基本情况、犯罪机会、犯罪条件、犯罪手段、犯罪主观原因、制度漏洞、管理欠缺等方面查找原因，得出致罪因素体系。

3. 撰写犯罪分析报告。报告应包括案件及涉案人基本情况、案件的主要特点、案件暴露出的主要问题、案件发生的原因及预防对策建议。

4. 成果应用。犯罪分析的成果首先应通报侦查部门，其次与预防调查类似，承办人应当根据犯罪分析提出是否可以将结果转化为检察建议或专项预防报告的建议，可以转化的，进入检察建议或专项预防报告工作流程。

5. 归档。

（三）检察建议的承办人职责

1. 调查分析。这部分任务实际上是预防调查和犯罪分析的内容，由预防调查和犯罪分析接续进检察建议流程的，这一部分的任务已经完成；未经调查分析的，按照上述两项工作的要求完成。

2. 制作检察建议书。这是检察建议承办人的主要任务，根据《人民检察院检察建议工作规定（试行）》第4条的规定，检察建议一般包括以下内容：（1）问题的来源或提出建议的起因；（2）应当消除的隐患及违法现象；（3）治理防范的具体意见；（4）提出建议所依据的事实和法律、法规及有关规定；（5）被建议单位书面回复落实情况的期限等其他建议事项。《人民检察院预防职务犯罪工作规则（试行）》第15条规定，预防职务犯罪建议应当包括以下内容：（1）职务犯罪发生的原因、特点；（2）应当消除的隐患和违法现象；（3）治理防范的意见。承办人应当依据这两个规范性文件的要求起草检察建议书，提交部门审核，报主管检察长审批；对于重大的检察建议，还应提交检察委员会讨论。经过上述环节讨论、修改后，方可定稿，按照统一的格式和内容制作正式检察建议书，送办公室统一编号。

3. 发出检察建议。检察建议书制作完成后，承办人负责送达被建议单位。送达参照诉讼文书的送达方式，可以采取直接送达、委托送达和邮寄送达，特殊情况下可以留置送达。送达须有送达回证，送达回证应填写清楚收件单位的名称、送达时间、地点、方式、送达人、收件人签名、盖章、签收日期，遇有拒收或拒绝签名盖章而留置送达的，送达人应在送达回证上记明拒绝的事由、送达的日期，并签名。委托送达的，送达回证应退回制作检察建议书的检察机关。发出检察建议书的同时还应报上一级人民检察院备案，抄送被建议单位的上级主管机关。

4. 落实检察建议。检察建议发出后，承办人应当做好跟踪和评估，督促建议落实。根据《人民检察院预防职务犯罪工作规则（试行）》第 17 条的规定，承办人应当在预防职务犯罪建议送达后 15 日内，主动了解落实情况，并做好记录；在收到有关部门、单位反馈情况后 15 日内，进行实效评估，并向其上级单位或者主管部门通报情况。如果被建议单位没有正当理由不予采纳，承办人可以向其上级主管机关反映，通过其上级单位督促落实。

5. 归档。

（四）预防报告的承办人职责

1. 起草准备。对于预防报告，特别是预防年度报告，起草前的资料收集和确定报告提纲工作对于最终报告的质量起着非常重要的作用，因此承办人应当广泛收集职务犯罪信息，包括年度职务犯罪或专项报告涉及的职务犯罪的基本情况、相关查处工作情况、预防工作开展情况、典型案例和相关研究报告等，在此基础上确定详细的报告提纲。

2. 起草报告。根据最高人民检察院《关于实行惩治和预防职务犯罪年度报告制度的意见》，年度报告的内容包括以下几个方面：（1）检察机关惩治和预防职务犯罪工作的总体情况；（2）职务犯罪发生发展的特点规律，诱发职务犯罪的原因和条件；（3）职务犯罪举报情况，社会各界对职务犯罪的评价和舆情动态；（4）职务犯罪变化趋势预测预警，惩治和预防职务犯罪、推进惩防腐败体系建设、加强和创新社会管理的对策建议；（5）其他需要报告的事项。专项报告可以参照年度报告的内容撰写。承办人起草报告初稿后，提交部门审核，报主管检察长审批，必要时应当通过检察委员会讨论研究，方可定稿。上述五项，也不一定都具备。

3. 报送报告。年度报告报送的对象应是党政机关、人大、政府机关和上级部门；专项报告除了可以报送上述机关和部门外，还可以通报主管部门或有关具体单位。由于预防报告是以检察院名义，承办人应当通过本院办公室进行报送。

4. 效果反馈。上述机关收到预防报告后，可能会以领导批示、出台文件、座谈、回函等各种形式反馈。承办人应当注意办公室等部门协调，做好跟踪、记录和评估，并注意收集好相关材料归档。

5. 归档。

（五）法制宣传和警示教育的承办人责任

1. 法制宣传和警示教育准备。由于法制宣传和警示教育的方式多种多样，承办人应当进行的准备也不尽相同。主要有这样两种：（1）举行警示教育讲座或座谈的，承办人的主要任务是撰写或者讲稿，进行多媒体宣讲的，还应当制作课件；（2）举办展览或者开展宣传活动的，承办人应当在立项时提交的计划基础上进一步细化，制订详尽活动方案，并作出预算，申请经费。

2. 实施宣传教育活动。举行警示教育讲座或座谈的，实施阶段即进行宣讲；举办展览或者开展其他宣传活动的，实施阶段会涉及宣传、展览设计，制作宣传品或展板，联系场地，组织人员，布展等复杂工作。对于后一种情况，势必需要承办人之外的预防人员，乃至兄弟部门、外单位人员的配合，承办人此时应当按照前期方案，安排好各部分人员分工协作，确保工作有条不紊进行。

3. 总结反馈。举行警示教育讲座或座谈的，承办人应当注意收集被教育人员的反馈，填写《预防宣传教育登记表》；举办展览或者开展宣传活动的，承办人同样应当注意收集被参观人员的反馈，并撰写活动总结。

4. 归档。

（六）预防咨询的承办人责任

1. 受理咨询申请。预防人员接到申请后应当进行登记，报预防部门负责人审核，审核通过的确定受理，接受咨询申请的预防人员一般应当确定为承办人。

2. 制作咨询意见书。承办人应当查阅相关法律法规，了解咨询对象的管理制度和业务流程，分析可能存在职务犯罪的风险和隐患，在此基础上起草咨询意见书，报部门审核。对于重大咨询，还应当报主管检察长审批。审核、审批后定稿，制作预防咨询意见书。

3. 答复。承办人将咨询意见书送达申请咨询的单位或个人，并进行登记。

4. 归档。

（七）行贿犯罪档案查询的承办人职责

1. 受理查询申请。受理行贿犯罪档案查询申请的预防人员一般应当确定为承办人，承办人接到申请后应当对申请材料和事由进行初步审查，符合受理条件的予以受理；不符合条件的，应当及时告知对方并说明原因。

2. 实施查询。根据最高人民检察院《关于行贿犯罪档案查询工作规定》，应当在受理后3日内书面告知查询结果。所以承办人应当及时将受理的查询录入查询系统，通过系统提交部门负责人审核，审核通过后及时实施查询，打印查询告知函。

3. 告知结果。受理后 3 日内，承办人应当将加盖行贿档案查询专用章的告知函提供给申请人。

4. 跟踪处置情况。对于经查询有行贿犯罪记录的，承办人应当及时了解查询结果的处置情况，做好登记管理。

5. 归档。

（八）专项预防的承办人职责

1. 制订工作方案。由于专项预防工作一般比较慎重，因此承办人应当在立项计划的基础上认真制订工作方案，报部门审核，经主管检察长审批后确定。

2. 实施专项预防。专项预防工作的实施实际上是预防调查、犯罪分析、警示宣传教育、预防咨询、行贿犯罪档案查询等预防措施的综合实施，因此承办人应当根据实施的措施的不同接续不同的工作流程。由于专项预防工作可能涉及很多其他部门和单位，所以承办人尤其应做好统筹协调工作。

3. 撰写项目终结报告。专线预防实施完毕后，承办人应当撰写项目终结报告，报告应包括项目概况，所采取的预防措施以及预防效果。采取的预防措施应当分别列举归纳，数量和实例要完整准确，具有代表性和概括性。预防效果主要包括节约资金、避免损失的数量，预防建议被采纳情况，党政领导批示情况等。

4. 归档。

（九）预防介入的承办人职责

1. 介入侦查。预防介入承办人加入办案组后，可以采取旁听询问、讯问，查阅案卷和相关材料、专访有关单位等方式介入侦查活动。承办人要服从统一领导、指挥和协调，遵守办案纪律和工作要求，不得影响、妨碍办案。

2. 撰写犯罪分析报告。预防介入承办人应当在介入过程中调查分析犯罪原因、落实相关预防措施，并在分析涉案人员致罪因素的基础上撰写分析报告。根据分析结果，承办人可以建议开展警示宣传教育或提出检察建议，接续法制宣传和警示教育或检察建议工作流程。

3. 归档。

三、办结事项归档制度

办结事项归档指在预防工作中不断产生的文书材料办结后，不得由承办人分散保存，应当交内勤归档，定期向档案室移交。所谓的"办结"，即办理完毕的意思，包含两层含义：一是指在文件处理程序上经过了所有的工作环节；二是针对特定事项的来往文件全部齐全并经过了所有的文件处理环节。对于预防业务工作，"办结"指业务工作流程完成，每一项业务工作流程的最后一个环节即为归档；对于预防部门的综合指导性文件等其他文件材料，印发后一般即可视为办结。

（一）归档原则

预防部门的文书归档工作，应当坚持"承办人收集整理"和"随办随归档"的原则。

1. 承办人收集整理

承办人收集整理，指承办人负责收集所承办工作的全部材料，并在办结后及时整理。因为承办人始终参与工作的全过程，最了解文书材料的形成过程，承办人收集整理可以最大限度地保证文书材料的完整、系统、准确、及时。

2. 随办随归档

随办随归档的"办"指文件办理完毕，"归"指归入档案盒，即一旦办理完毕后承办人即应当将全部文书材料交内勤检查，归入档案盒。随办随归档，首先利于预防统计管理工作的开展，由于一项工作完成后内勤应及时录入统计案卡，实行随办随归档内勤可在归档的同时录入案卡，既提高了工作效率又能够保证统计数据的准确；其次利于归档文件的齐全完整，避免了文书材料的缺漏遗失；最后还把年终整理工作分散到了平时，减少了文件移交档案部门时的工作压力。

（二）归档流程

1. 收集

收集是将分散形成的文书材料集中保存，是归档工作的第一步。收集由承办人完成，承办人应当在工作过程中将归档范围内的全部文书材料收集起来。收集应当尽量全面完整，宁多毋少，工作中形成或发现的所有可能有保存价值的材料都应当首先留存下来，对于本部门无法留存原件的，也可以以复印件的形式留存。承办人应当养成注意收集、随时清理的习惯，为下一步的整理归档打好基础。

2. 整理

整理是指对所收集的文书材料进行全面清理，剔除没有保存价值的材料，补齐缺少的材料。剔除的材料一般包括材料中的重复文件，无查考利用价值的事务性、临时性文件及一般文件的历次修改稿、各次校对稿，无特殊保存价值的信封，不需办理的一般性人民来信、电话记录、机关内部互相抄送的文件材料，有关工作参考的文件材料等。缺少的材料承办人应当及时补齐，以免延误归档；特殊情况下补齐材料所需时间较长的，可以向内勤说明，先将整理好的部分交内勤保管，待补齐后再完整归档。

3. 交内勤检查

承办人将文书材料整理好后，交内勤检查。内勤应当对照本院的文件处理、档案管理要求进行以下几个方面的检查：（1）同一事由的文件是否办理完毕，包括每份文件是否已完成处理的每个程序，是否是生效文件；（2）文件材料是否齐全完整，同一事由的文件是否收集在一起，包括文件种类、类型是否齐全完整，每份文件的正本、定稿、重要的草稿、附件等是否齐全完整；（3）文件材料的字迹、用纸是否符合归档要求，对于不符合要求的，内勤应及时要求承办人修改、补充，承办人应当配合。

4. 内勤归档

检查完毕后，内勤即可将文书材料整理存入文件盒。由于预防部门归档的材料全部属于文书档案，目前检察机关的文书档案基本采用以"件"为单位的归档方法，为整理归档工作减少了工作量，内勤仅需要把每件文件用回形针或长尾夹固定住，放入对应的文件盒，存入文件柜即可。文件盒可以根据业务项目等因素进行分类标识，以便于归类和查找。对于已归档的文件，内勤应妥善管理，做到分门别类、管理有序、保管安全，待到每年档案整理移交时，按照档案部门的要求整理、编号、装订、制作目录和备考表，准时移交。

（三）归档范围

1. 预防调查的归档范围包括：（1）立项审批表；（2）前期调查形成的材料；（3）预防调查报告；（4）预防调查过程中发现案件线索的线索处置登记表、与线索相关的举报信等材料；（5）有关的其他有存档价值的材料。

2. 犯罪分析的归档范围包括：（1）立项审批表；（2）犯罪分析报告；（3）有关的其他有存档价值的材料。

3. 检察建议的归档范围包括：（1）立项审批表；（2）前期调查分析形成的材料；（3）检察建议书（送达回证）；（4）检察建议采纳落实的相关材料，包括被建议单位反馈意见或回访考察记录等；（5）有关的其他有存档价值的材料。

4. 预防报告的归档范围包括：（1）立项审批表；（2）前期调查分析形成的材料；（3）预防报告；（4）报告效果反馈的相关材料，包括领导批示、相关文件、活动记录等；（5）有关的其他有存档价值的材料。

5. 法制宣传和警示教育的归档范围包括：（1）立项审批表；（2）警示教育讲稿或宣传活动方案；（3）照片、光盘等音像资料（作为音像档案归档）；（4）宣传教育效果反馈的相关材料，包括心得体会、参观留言、回访记录等；

（5）《预防宣传教育登记表》或活动总结；（6）其他有存档价值的材料。

6. 预防咨询的归档范围包括：（1）咨询受理审批表；（2）咨询意见书；（3）相关座谈记录等材料；（4）咨询效果反馈的相关材料，包括根据咨询意见制定的规范性文件等；（5）有关的其他有存档价值的材料。

7. 行贿犯罪档案查询的归档范围包括：（1）查询申请函；（2）查询告知函；（3）查询备案所需材料，包括企业营业执照（副本）复印件、单位介绍信、有效身份证件复印件等；（4）查询结果处置的相关材料，包括业主单位回函、回访记录等；（5）有关的其他有存档价值的材料。

8. 专项预防的归档范围包括：（1）立项审批表；（2）专项预防意见或实施方案；（3）采用预防调查、犯罪分析、法制宣传和警示教育、预防咨询、行贿犯罪档案查询等预防措施的材料；（4）项目终结报告；（5）有关的其他有存档价值的材料。

9. 预防介入的归档范围包括：（1）立项审批表；（2）预防介入中产生的其他有存档价值的材料，包括专访有关单位的座谈记录等。但要注意询问、讯问记录，案件卷宗等属于诉讼档案范围的材料应由办案部门归档，预防部门不应留存；（3）犯罪分析报告；（4）有关的其他有存档价值的材料。

10. 预防综合文件材料包括：（1）会议文件材料：A. 本院召开的预防职务犯罪工作会议及专项工作会议文件材料；B. 本院领导、部门领导参加上级检察机关召开的业务工作有关的文件材料；C. 代表本院参加上级检察机关有关会议的典型发言、经验介绍；D. 本院领导参加有关单位会议带回的具有查考利用价值的会议文件。（2）综合性文件材料：A. 上级不相隶属机关对预防部门工作的指示、决定及有关条例、规定等；B. 上级检察机关对预防工作的指导性文件；C. 本院发文，包括与其他机关的联合发文；D. 本院的请示与有关方面的批复，下级检察院的请示与本院的批复；E. 计划、总结、调研等文件材料；F. 上级机关转发本部门重要的文件材料及报纸、刊物等材料；G. 编印的各种刊物、书籍。

第二节　预防职务犯罪业绩评价指标

一、预防职务犯罪业绩评价指标及含义

（一）预防职务犯罪业绩评价指标

预防职务犯罪业绩评价指标是指检察机关上级院在对下级院预防工作年度任务目标的实现程度、实现过程、实现结果进行综合性评价的过程中，运用的

量化因子及要求标准的总称。

（二）设置业绩评价指标需要把握的原则

1. 预防内容与执法办案相结合。预防职务犯罪工作应当立足检察职能，紧紧围绕执法办案，特别是职务犯罪侦查办案来开展。这是检察预防职能的根本要求。这种要求体现在预防业绩考核中就是要将考核中的有关内容与职务犯罪侦查办案情况结合起来，特别是目标任务上进行数据及内容的关联。

2. 整体推进与突出重点相结合。结合党委、政府、人民群众对检察预防工作的新要求、新期待，立足本地工作实际，对当前及一段时期内的预防工作进行分析研究，明确阶段性工作重点，深入查找工作中存在的薄弱环节。考核中，在推动工作整体开展的同时，着重对这些重点工作提出目标要求，在内容规范、分值设定等方面进行详细规定。

3. 统一标准与差别要求相结合。一般来说，对所辖的下级院进行考核时，应当一视同仁，制定统一的考核标准，以体现公平、公正。但有的地方，各下级院由于地理位置、经济水平、社会发展等多项客观因素的影响，导致地区差异非常大，工作开展不平衡的问题十分突出，如果机械使用统一的标准，则会造成新的不公平，即先进的地方总是先进，落后的地方总是落后，而且差距会不断加大，从而无法实现预防工作在地域上的均衡发展。所以可以根据本地实际，综合考虑多方面因素，将所辖下级院区分层次，对纳入考核的全部工作内容或者部分重点考核内容，根据层次设置相对合理的不同标准。

4. 工作数量与其他指标相结合。克服"单纯数量定结果"的错误观念，在数量保持相对稳定的同时，把工作质量、效果等纳入考核体系。通过考核，重在发挥预防职能作用，推动预防工作向纵深发展。同时，在"数量任务"上设定"天花板"，即完成数量即得分，超出的数量不加分，避免下级院陷入追求数量的恶性循环。

5. 稳定性和灵活性相结合。考核的指标应当在一定的时期内保持相对稳定。上级院的业绩评价具有工作指导性作用，下级院为了在考核中取得好成绩，往往紧紧围绕这些内容重点开展工作。频繁地变动业绩评价指标，会使得下级院无所适从，打乱正常工作部署，不利于工作有序开展。但在注重稳定性的同时，也要根据每年或者一段时期的重点工作及时对业绩考核评价指标进行适当调整。

（三）业绩评价的主要指标及要求

1. "数量"、"质量"、"效果"。主要指预防工作六种手段及重大工作部署（如专项预防工作等）工作开展中应当达到的要求。在具体要求上，考核"数量"，主要看完成既定工作目标任务量的程度、比例；考核"质量"，主要看是否符合工作规范化要求；考核"效果"，主要看领导批示转发、有关单位贯彻落实情况等社会效果情况。

2. "机构"、"人员"、"制度"。这三项内容是预防职务犯罪的基础和保障，是预防工作深化发展不可或缺的重要内容。特别是预防工作相对年轻，存在着机构不健全、人员力量薄弱、制度机制有待完善等问题。重视基础性、制度性建设，不断加强机构、人员、制度建设，夯实预防工作发展基础十分重要，有必要将有关内容列入业绩考核之中，通过考核推动各地完善机构、充实人员、健全制度。在具体要求上，考核"机构"，主要看机构是否设立、独立；考核"人员"，主要看人员配备是否符合最低要求；考核"制度"，主要看是否完善了相关预防制度机制。

3. 指标分值的比重设置。在业绩考核评价中，在分值的设置上，数量分值应适当降低，质量分值应适当加大，效果分值应当适中，"机构"、"人员"、"制度"比重相对较小。

二、预防职务犯罪业绩考核

（一）预防职务犯罪业绩考核的主要特点

1. 目的鲜明。最终目的是通过业绩考核，推动预防职务犯罪工作平稳、健康、深化发展，从而充分发挥预防职能作用，为当地经济社会平稳较快发展作出应有贡献。具体来看，上级院以业绩考核为抓手，明确目标任务，设定完成时限，督促下级院高质、高效地完成工作任务，加大重要业务工作、重大工作部署贯彻落实力度，表扬先进，激励落后，形成浓厚的争先创优氛围。

2. 注重创新。最高人民检察院对预防工作没有正式实施规范统一的考核办法（2010 年 11 月曾就考核办法征求过各省意见，但没有正式下发实施）。各省都结合本地实际，根据自己对预防工作的理解把握进行了探索创新，形成具有各自特点的业绩考核体系。但很多内容还不够完善，需要在工作实践中，不断探索、总结和完善。

3. 突出重点。预防工作内容很多，业绩考核不能面面俱到，要充分考虑预防工作发展变化的阶段性要求，选择其中主要、重要、可行性强的内容纳入考核范围。

4. 体系性强。预防部门业绩考核在自成体系的同时，要融入本院绩效考核体系，在考核的方式方法、时间安排等方面服从本院考核体系要求。

（二）业绩考核的具体内容要求

1. 内容组成

预防职务犯罪业绩考核主要针对以下内容进行：（1）预防调查；（2）案

例分析；（3）检察建议；（4）警示教育；（5）预防咨询；（6）行贿犯罪档案查询；（7）年度报告；（8）重大部署落实情况（如专项预防工作等）；（9）综合工作；（10）预防机构；（11）预防人员；（12）预防制度机制。

2. 数量要求

（1）案例分析、检察建议。这两项工作的性质决定，要紧密结合办案开展。在工作中广泛实行的是"一案一建议"、"一案一剖析"，既针对本院查办的每一个职务犯罪案件都开展案例分析，向发案单位发送检察建议。在具体工作中，有的职务犯罪案件不够典型，再加上预防部门人员较少、任务重，如果泛泛地对每一个案件都进行案例分析、检察建议，"眉毛胡子一把抓"，就不能集中精力对重大典型的案件开展工作，案例分析、检察建议的质量和效果可能会下降。所以在数量上，设定一定比例，对本院查办的一定比例案件开展了检察建议、案例分析即完成数量任务，得到该项的数量分值。这样，降低数量任务，减轻下级院的数量负担，引导下级院把精力集中在对重大、典型案件深入开展工作。

（2）预防调查、警示教育、预防咨询、行贿犯罪档案查询。一是预防调查结合办案的形式是多样的，可以结合某个个案，可以结合某行业领域类案，重点围绕可能引发职务犯罪的隐患、非规范职务行为，以及职务犯罪衍化的宏观和微观因素开展预防调查。预防调查的主动性较强，对职务犯罪案件的数量依附关系较弱。在数量上，不宜与本院查办的职务犯罪案数量直接关联。二是警示教育、预防咨询、行贿犯罪档案查询工作中，预防部门大都处于被动接受的地位，完成任务的数量与本院查办案件数量没有直接关系。这四项工作在设定考核数量指标时，可以采取根据某地区检察院的数量设定一个平均数作为数量任务，或者考虑近年来工作数量的相对稳定，采用某一个年度时间段（如3年）工作数量的平均值作为数量任务等。

（3）年度报告。最高人民检察院《关于实行惩治和预防职务犯罪年度报告制度的意见》"每个院每年都要撰写"的要求，每年撰写1份，数量比较稳定。

（4）综合工作。包括预防部门每年提交院党组或检察委员会研究预防工作的次数；下一级院每年需要上报的工作年初计划、半年工作总结、年终工作总结3份材料；重大工作部署、专项预防工作等需要各地上报的材料（如典型案例、工作经验等）数量等。

3. 质量和效果

（1）材料是否齐备。主要是针对预防六大业务，根据备案审核的要求，就某项具体工作来看上报的材料是否齐全，有没有遗漏。预防调查，需要上报

"立项审批表"、"预防调查报告";案例分析,需要上报"立项审批表"、"案例分析报告";检察建议,需要上报"立项审批表"、"前期预防调查或案件分析材料"、"检察建议书"、"被建议单位反馈意见"或"回访考察记录"等检察建议整改落实情况;预防咨询,需要上报"预防咨询台账"、"预防咨询审批表"、"预防咨询记录(预防咨询意见书)"。其中,为有关单位制度机制建设提供咨询性意见的,应当提供制度机制有关文件复印件;以院名义提供书面咨询的,应当提供预防咨询意见书;单位申请咨询的应附咨询单位反馈意见;年度报告,需要上报年度报告正式发文;行贿犯罪档案查询,需要上报"行贿犯罪档案查询登记表"、"行贿犯罪档案查询申请函"、"查询行贿犯罪档案结果告知函";法制宣传和警示教育,需要上报"预防宣传方案(计划)或警示教育立项审批表"、"宣讲稿"、"宣传图片"、"总结报告或反馈内容";综合工作,需要上报院党组或检察委员会研究预防工作的记录复印件,年初计划、半年总结、年终总结等。领导批示的,需要提供批示复印件。机制制度需要上报正式文件。预防人员被表彰或处分的,需要上报相关文件或证书复印件等。

(2)格式是否规范。预防调查、案例分析、检察建议、预防咨询、警示教育等的立项审批表填写是否符合格式要求;检察建议书是否符合《人民检察院法律文书格式(样本)》及有关格式要求的规定;案例分析、预防调查是否符合结构部分的要求;行贿犯罪档案查询申请函、告知函是否符合最高人民检察院《关于行贿犯罪档案查询工作规定》的格式要求等。

(3)内容是否符合要求。预防调查,要求"对本地查办的职务犯罪类案、非规范性职务行为或犯罪隐患等基本情况叙述简洁清楚;对职务犯罪、非规范性职务行为及犯罪隐患的特点归纳准确;对涉案行业系统在制度、管理、监督等方面的问题或薄弱环节分析透彻;提出预防建议和对策符合有关政策法律规定,针对性、可操作性强"。案例分析,要求"对犯罪(嫌疑)人及案件基本情况叙述清楚;对案件特点归纳具体全面;对存在的问题及原因分析透彻;提出的预防建议和对策符合有关政策法律规定,针对性、可操作性强"。检察建议,要求对"问题的来源或提出建议的起因"叙述清晰、简明扼要;对"应当消除的隐患及违法现象"查找准确,符合被建议对象实际;提出的防范意见具有针对性和可操作性;提出建议所依据的事实和法律、法规及有关规定准确、充分。法制宣传和警示教育,要求"法制宣传和警示教育内容观点明确,政治性强;选用的案例具有典型性;剖析犯罪特点、原因、危害,全面完整;适用法律、法规,恰当准确;防范措施、对策建议,针对性强;案例真实、贴近实际"。

（4）采用及效果。主要是上级院、当地党委、政府等有关部门对材料的批示、采用、转发等。根据采用机关（或批示机关）、被采用材料（或被批示材料）的不同，制定不同的加分分值。在领导批示、材料采用上，可以根据领导、单位的层级设定不同的加分分值。在最高人民检察院、省院、市院组织的专项评比活动中获奖、工作会议上介绍经验等，可以单独设定不同的加分分值，也可以视为被最高人民检察院、省院、市院采用加分。在被采用（批示）的材料上，可以区分预防调查、案例分析、检察建议、工作经验、信息简讯等设定不同的加分分值。

4. 其他有关内容

（1）预防机构。一是设立单独预防机构的得分，内设在反贪等其他部门承担预防工作、有专人负责预防工作、有兼职负责预防工作等情况应当做扣分处理。二是经编制部门批准，预防机构更名为预防局的，应当加分。

（2）预防人员。一是预防机构应该具备最低人数要求。初步考虑应当在6人以上；二是预防工作人员受到上级检察院、当地党委、政府等表彰奖励的，加分。预防工作人员因违法违纪，受到党纪政纪处分、法律处罚等情形的，一票否决，所在单位不得进入先进行列。

（3）制度机制。根据上级院的工作要求，应当建立有关预防机制制度。

（三）业绩考核的方式方法

1. 考核采取的模式

（1）"单项计分＋各项合计得分"。先根据对备案材料的审核情况，对每个单项工作进行计分，最后将各单项得分进行合计得出总分。主观性比较强的评价方式不能作为考核方法，如上级院预防工作人员对下级院工作整体评价打分、下级院之间相互交叉打分等。

（2）"数量分（内含减分）＋质量分（内含减分）＋综合加分＋综合减分"。一是"数量分"：符合数量要求的，得分。数量超过要求的，不加分；完不成数量要求的，按照比例扣分。二是"质量分"：符合质量要求的，得分；不符合质量要求的，相应扣分。三是"综合加分"：符合要求的，得分；没有此项内容的，不扣分。例如，预防机构更名改局的，加分；没有更名的，不扣分。预防人员获得荣誉的，加分；没有获得的，不扣分。预防材料被党委政府、上级院采用的，加分；没有被采用的，不扣分。四是"综合减分"：符合要求的，不加分；不符合要求的，扣分。例如，建立制度机制的，不加分；没有建立的，扣分。成立独立预防机构的，不加分；没有成立的，扣分。

（3）"院均"计分。在省级院考核中，由于市级院所辖县区院数量不同，预防人员数量差别较大，考核中可以采用"分数/所辖县区院个数"即"院均"的形式，体现考核的公平性。考核中运用"院均"，而非"人均"，主要是考虑到人员配备和本院党组对预防工作的重视程度是有关联的。一般来说，本院重视的，在人员配备上就会加强，相应的工作数量、质量就会较高，占据一定的基础性优势，考核排名就很可能靠前。从某种角度看，这种"不平等"可以在一定程度上推动工作相对落后的地区、预防工作在本院地位不高的单位积极争取本院党组关心重视预防工作，实现了设置考核的目的。

2. 考核的次数和时间

预防考核实行季度考核、年终考核、预防检查相结合。从时间跨度上，每季度考核一次比较适当，既避免了每月考核时间太紧、一次性年终考核工作数量太大，又能够通过通报反馈，促使各地明确工作薄弱点，及时调整人员力量，有重点地开展工作。在本地开展不定期的预防工作检查，检查本身也是对下级院预防工作业绩的评价，其结果应也纳入考核体系之中。季度考核、年终考核、预防实地检查三者相互联系，有机结合，一、二、三季度的考核结果、预防检查的结果都及时以通报的形式告知下级院，这些已经确定的工作内容及分数，都为做好年终考核打下了良好的基础。

3. 考核的组织分工

预防职务犯罪业绩考核是一项系统性工作，内容多、要求高、时间紧，需要专门进行部署安排。一是成立专门的考核机构。一般是从上级院预防部门中确定业务骨干组成临时考核机构，必要时可以从全省选择部分预防人员参与上级院的对下考核工作。二是实行分工责任制。在考核中，根据预防工作的性质、数量等分成若干审核小组，明确任务分工，细化责任分解。上级院预防部门负责人是预防考核工作的第一责任人。各小组负责人对小组所审核的内容负责。各审核人对具体材料内容负责。具体审核情况要列出详细清单备查。三是采取个人审查、小组讨论、集体研究的方式，详细按照考核标准对上报的备案审核材料进行仔细审查，准确统计数量，逐件列明存在的问题。对某项工作的评价形不成统一意见的，要对所涉及的有关预防文书、资料进行二次审核。四是实行抽查制。上级预防部门的负责人、各小组的组长，必须要对所审核的预防文书、资料进行抽查，以检验考核工作的质量。

4. 考核的结果呈现方式

在考核结果的计算上，一般是对预防各项考核内容进行计分，然后根据所在比例综合计分，最后对各地得分情况进行排序。也可以在排序的基础上，按第一名100分对其他地市进行加权计算得分。在考核结果的公布上，或者通报各地实际得分或者是加权以后的分数，或者只通报各地排序，或者根据得分情况确定"优秀"、"良好"、"合格"、"不合格"四个档次公布。对于实行差别化考核的地方，要根据区分的层次分别公布分数、排序等。

5. 被考核资料的上报备案

预防文书材料是工作开展情况的重要载体。预防职务犯罪业绩考核，主要针对预防文书资料进行审查，从而获取对各地工作业绩的总体评价。这就需要下级院要将工作开展中形成的有关预防文书资料及时上报上级院，为上级院的考核提供基础。一是备案审核的前提是上级院对预防工作中重要的文书进行了规范，比较详细地制定了文书资料的格式、内容等。二是重点选择需要上报备案的预防文书资料。预防工作内容很多，涉及的文书资料也非常多，如果全部上报，下级院上报工作量、上级院审核工作量都将大大增加，浪费人力物力和时间。上级院可以树立确定某项预防工作中重要的"环节"、"节点"，选择这些环节节点上形成的预防文书资料。通过"点"的审核，达到对这项工作整体运行情况的了解和掌握。三是上报备案的时间。一般为每季度最后一个月的25日之后上报。

6. 设定考核目标的科学化

上级院在设定考核目标的时候，采取上下互动、加强沟通，通过召开专题会议、实地调查等多种形式，广泛征求下级院的意见。在设定数量目标时要综合考虑所辖区域近年来的工作数量、人员数量、工作性质等内容。既立足工作实际，又体现出一定的超前性，努力构建科学的预防工作业绩考核体系。

第三节　请示报告和工作指导制度

一、预防工作请示报告制度

预防工作请示报告制度，是检察机关为了进一步加强和规范对预防部门重大紧急事项的管理，加快上下级检察院预防部门之间的信息传递和情况控制，确保上级检察机关及时准确地掌握并妥善处置预防工作紧急重大事项，明确工作责任，避免工作失误而建立的制度。其中，预防职务犯罪重大事项是指人民检察院预防部门发生的预防业务重大事项、预防管理重大事项、预防工作突发事项等可能对预防职务犯罪工作产生较大影响需请示报告上级人民检察院的事项。

预防职务犯罪重大事项请示报告制度是各级人民检察院预防部门的职责所在，必须严格执行。

（一）预防工作请示报告的主要内容

1. 预防业务重大事项需请示报告的内容包括：（1）贯彻落实上级人民检

察院关于预防工作重要指示决定、人大审议意见过程中的重要情况；（2）通过预防调查发现职务犯罪呈高发多发态势，再次发生职务犯罪的几率极高，拟采取预防措施的；（3）预防调查中发现重大职务犯罪线索的；（4）对严重损害群众切身利益、在全国或本地区有重大影响、新闻媒体关注的重特大案件进行的案例分析，需要对外公开发表的；（5）涉及各级人民检察院同级党委、政府重大工作漏洞的预防检察建议需要对外发布的；（6）多次发出预防检察建议，相关单位未认真整改，导致职务犯罪重发、继发的；（7）开展单次超过200人以上的警示教育活动的。

2. 预防工作管理重大事项需请示报告的内容包括：（1）预防工作机制、制度重大创新及改革的；（2）上级人民检察院交办重大预防工作的；（3）省级及以上预防部门检查指导工作的；（4）召开省级及以上预防工作会议的；（5）关于调整预防职务犯罪机构设置的；（6）因特殊原因导致预防部门重大人事调整或其他可能影响预防部门正常运转的人事调整的；（7）需要组织分管预防工作领导或干警出省、出国参观考察、学习培训的；（8）日常管理、服务等预防工作中发现重要问题及苗头的。

3. 预防工作中发生的突发紧急事项需请示报告的内容包括：（1）重特大案件发生后，新闻媒体来人来函采访预防职务犯罪工作情况的；（2）预防对象单位领导干部出现外逃的；（3）处理预防事项中遇到的涉及面广、影响大、政策性强的问题；（4）各级人民检察院分主管检察长或预防部门负责人认为应当请示报告的其他涉及预防工作重大事项。

（二）预防工作请示报告的程序

1. 预防工作请示报告需提供的材料包括：（1）《职务犯罪预防重大事项请示报告表》；（2）《职务犯罪预防重大事项请示审批表》；（3）重大事项基本情况说明材料；（4）重大事项决策建议方案及说明材料。

2. 《职务犯罪预防重大事项请示报告表》内容应包括呈报部门、主办人姓名、主办人联系方式、重大事项简介等。

3. 《职务犯罪预防重大事项请示审批表》应由职务犯罪预防部门主办人填写，经部门负责人审核，报分管检察长和检察长批准。

4. 预防职务犯罪重大事项请示报告的程序：（1）呈报请示、报告；（2）回复批复意见；（3）遵照执行；（4）汇报执行情况。

（三）预防请示报告的主要形式及时限要求

1. 预防请示报告原则上采用书面形式，一式三份，同时报送电子版。对个别时效性强，时间紧迫的，可先用电话、电传或口头等形式报告，可以作当场答复的，应当及时制作文字记录，由主管院领导签名备案，然后再补报文字报告。

2. 实行逐级报告制度。

（1）内部请示报告：预防请示报告由基层人民检察院预防部门主办人向预防部门负责人报告，预防部门负责人向分管检察长报告，分管检察长根据职务犯罪预防重大事项请示报告内容要求，实事求是、条理清楚、言简意赅地向检察长报告。

（2）向上级请示报告：基层人民检察院预防部门向上一级人民检察院预防部门报告。经审核需要进一步请示报告的，层报上级人民检察院预防部门。

（3）情况特别紧急的，可越级直接上报省级人民检察院预防部门，但应同时上报上一级人民检察院预防部门。

3. 一般重大事项在 5 个工作日内呈报上级人民检察院预防部门。

4. 凡重大突发预防工作应急请示报告，必须在第一时间（应当是 3 小时内）报告，来不及呈报详细情况的，可先进行初报，然后根据事态进展和处理情况，随时进行续报。

5. 呈报重大事项的各级人民检察院严格按照上级人民检察院的批复意见办理，办结后将办理情况写出书面汇报材料送达批复机关。

（四）预防请示报告事项的办理

1. 预防工作请示事项，必须在决策和办理之前，决不允许先斩后奏。预防工作报告事项，应按有关规定和要求上报，重要会议，重要工作部署、计划等，必须在执行或实施之前上报，对影响重大、事关全局的问题，必须立即报告（报告一般是对已经发生的事情），不许延误，一时尚未搞清楚的，可先报告初步情况及采取的措施，详细情况作后续报告。

2. 下级人民检察院在向上级人民检察院请示报告职务犯罪预防重大事项的同时，应当向同级党委、政法委通报相关情况。

3. 职务犯罪预防重大事项请示报告的批复，一般按管理权限由接到报告的人民检察院预防部门集体研究决定或批示。对于特别重大的、影响预防工作全局的事项的批复，由人民检察院预防部门研究提出处理意见，预防部门负责人报本级院党组或检察委员会研究后，书面进行批复。

4. 基层人民检察院呈报重大事项请示的，上一级人民检察院应在 5 个工作日内作出批复。

5. 各级人民检察院应建立职务犯罪预防重大事项请示报告登记、批办、归档制度，安排专人负责。

（五）纪律与监督

1. 重大事项报告义务人应认真、负责地传递各类重大事项信息，确保重大事项的真实性、完整性、准确性、及时性。发现以下 5 种情形之一的，应追究相关人员的责任：（1）隐瞒不报的；（2）故意夸大或缩小事实不如实报告的；（3）故意拖延报告期限的；（4）设置障碍阻止知情人上报的；（5）不按照受理部门的答复意见办理的。

2. 各级人民检察院对职务犯罪预防重大事项请示报告的内容，应予保密。但上级人民检察院认为应当公开的，可采取适当方式在一定范围内公开。

3. 上一级人民检察院预防部门对下级报告的重要事项，属自身职责范围的要及时答复或处理，自身难以决断的，要及时上报，因自身答复不及时、处理不当或应上报而没上报的，造成后果要追究当事人责任。

4. 将预防职务犯罪重大事项报告制度的执行情况列入预防工作考核内容，纳入干部年终目标考核，与干部选拔任用、评先树优等挂钩。

5. 各级人民检察院预防部门不定期汇总、通报预防职务犯罪重大事项请示报告制度的执行情况。

6. 上一级人民检察院纪检组、监察室负责对下级人民检察院预防职务犯罪重大事项请示报告情况进行监督，对于违规操作的，查明事实后，视情节轻重，会同有关部门采取批评教育、限期改正、诫勉谈话、责令作出检查、通报批评等方式予以处理，构成违纪的，依照有关规定予以处理。

二、预防重大事项备案制度

预防重大事项备案制度，是检察机关为加强上下级人民检察院预防业务部门的工作联系，强化上级预防部门对下级预防工作的管理、监督，根据最高人民检察院《关于强化上级人民检察院对下级人民检察院执法办案活动监督的若干意见》，对涉及预防工作的重大事项要求在一定时限内及时向上级预防部门备案的制度。

其中，"预防职务犯罪重大事项"是指人民检察院预防部门在预防业务、预防管理、预防工作突发事项中出现的可能对预防职务犯罪工作产生较大影响的事项。

职务犯罪预防重大事项备案制度应遵循"统筹兼顾、实事求是、及时准确、逐级上报"的原则。

（一）预防职务犯罪工作重大事项需备案的范围

1. 预防调查：（1）针对社会舆论反映强烈的某行业、单位、系统开展的预防调查，需报上一级人民检察院预防部门备案审查；（2）针对地方重大投资、建设项目和重大经济活动开展的预防调查，需报上一级人民检察院预防部门备案审查；（3）根据当地党委、人大、政府要求，作为本辖区政府重点投资项目开展的预防调查，需报上一级人民检察院预防部门备案审查；（4）对本级人民检察院侦查部门初查不成案，但反映出有关部门、单位存在发生职务犯罪的漏洞和隐患而开展的预防调查，需报上一级人民检察院预防部门备案审查；（5）经预防调查发现的案件线索，需报上一级人民检察院预防部门备案审查；（6）预防调查被党委、政府、人大等部门转发、采用或被领导批示的，需报上一级人民检察院预防部门备案审查。

2. 案例分析：（1）针对本地查办的案值在 50 万元以上的职务犯罪案件开展的案例分析，需报市级人民检察院预防部门备案；针对本地查办的案值在 100 万元以上的职务犯罪案件开展的案例分析，需报省级人民检察院预防部门备案；针对本地查办的案值在 1000 万元以上的职务犯罪案件开展的案例分析，需报最高人民检察院预防部门备案审查。（2）针对本地查办的科（局）级以上干部职务犯罪案件开展的案例分析，需报市级人民检察院预防部门备案；针对本地查办的县（处）级以上干部职务犯罪案件开展的案例分析，需报省级人民检察院预防部门备案；针对本地查办的厅（部）级以上职务犯罪案件开展的案例分析，需报至最高人民检察院预防部门备案审查。（3）针对查办的在当地影响重大的或比较典型的职务犯罪案件开展案例分析的，需报上一级人民检察院预防部门备案审查。（4）针对热点行业系统开展的类案分析，需提请上级检察机关向行业系统主管部门提出源头治理对策的，需报上级人民检察院预防部门备案。（5）其他需要上报上级人民检察院预防部门备案的案例分析。

3. 预防检察建议：（1）检察建议所涉单位为行业系统的，将检察建议及其反馈意见向上一级人民检察院预防部门备案审查；（2）对检察建议不落实或置之不理的，层报被建议单位同级人民检察院预防部门备案审查；（3）因检察建议未及时得到落实而导致被建议单位发生严重后果的，层报被建议单位同级人民检察院预防部门备案审查。

4. 警示教育：（1）受教育单位是上级党政、事业单位及国有大中型企业的，层报至受教育单位所对应同级人民检察院预防部门备案审查；（2）受教育单位人数超过 200 人的，向市级人民检察院预防部门备案审查；受教育单位人数超过 500 人的，向省级人民检察院预防部门备案审查；（3）教育效果明显，得到同级党政领导批示的，向上一级人民检察院预防部门备案审查。

5. 预防咨询：涉及行业内部防控机制建设的书面咨询，向上一级人民检察院职务犯罪预防部门备案审查。

6. 预防职务犯罪年度报告：（1）各级人民检察院预防职务犯罪年度报告，向上一级人民检察院预防部门备案审查；（2）基层人民检察院预防职务犯年度报告，在向市院人民检察院预防部门备案的同时，层报至省级人民检察院预防部门备案审查。

7. 行贿犯罪档案查询：经查询，申请单位或个人存在行贿犯罪或者行贿行为的，除出具相关证明外，将处理结果层报至最高人民检察院职务犯罪预防厅备案。

8. 专项预防：（1）凡政府投资、国债资金和国有企业、国家控股企业、集体企业及其他公有制单位投资、市级 100 万元以上（包括 100 万元）的建设工程，报省级检察预防部门备案。（2）凡政府投资、国债资金和国有企业、国家控股企业、集体企业及其他公有制单位投资、县市区 30 万元以上（包括 30 万元）的建设工程，报市级检察预防部门备案。

9. 其他事项：（1）调整预防职务犯罪机构设置的应报省级以上检察机关预防部门备案；（2）因特殊原因导致预防部门重大人事调整或其他可能影响预防部门正常运转的人事调整的应报省级以上检察机关预防部门备案。

（二）预防职务犯罪工作重大事项报送卷宗，应具体包括下列内容

1. 预防调查应包括立项审批表、调查方案、查证有关问题、调查报告（摘要）、调查主办人、运用和转化情况。

2. 案例分析应包括案件来源、相关案件侦结（判决）情况、案例分析主要观点、运用和转化情况。

3. 检察建议应包括建议依据、相关案件侦结（判决）情况、检察建议（摘要）、被建议单位回馈意见。

4. 警示教育应包括受教育单位基本情况、教育活动现场图片资料、教育单位反馈意见。

5. 预防咨询应包括咨询单位、内容及预防部门答复（摘要）。

6. 预防职务犯罪年度报告应包括查办案件特点、犯罪原因分析（简要）、具体建议。

7. 行贿犯罪档案查询应包括申请函、告知函、处理结果。

8. 专项预防应包括工程建设项目的相关资料（工程规模、投资概算、资金来源、工程地点、批准文号）、招标结果、中标单位投标文件及有无行贿犯罪档案证明、工程竣工验收情况。

9. 其他事项包括调整预防职务犯罪机构设置的相关文件、因重大人事调整影响预防部门正常运转情况证明。

（三）报送方式及时限要求

1. 重大事项报送备案材料应当装订成卷，需上报上一级的一式三份，同时报送电子文本；需层级上报的，一式六份，同时报送电子文本。

2. 重大事项所属预防部门应当自该事项完成当月 26 日前向上一级预防部门报送相关备案审查材料。符合逐级层报的重大事项，需报送部门在下月 26 日前向上级人民检察院预防部门报送相关备案审查材料。

3. 各级人民检察院预防部门应当将本年度预防职务犯罪重大事项目录，于当年 12 月 26 日前报送上一级人民检察院预防部门备案审查。

4. 重大事项报送备案审查材料必须逐级报送，不得越级报送。

5. 各级人民检察院预防部门应确定专职备案管理人员，一般不得少于 2 人，负责下级预防部门报送备案的接收、登记、存档。

（四）预防职务犯罪工作重大事项的备案审核

1. 上级人民检察院预防部门应确定工作人员负责职务犯罪重大事项备案的审查，市人民检察院预防部门一般不得少于 2 人，省、最高人民检察院预防部门一般不得少于 4 人，特别重大的事项应组织专家集体审议。

2. 重大事项的审查应从以下方面进行：（1）程序性工作是否符合相关工作程序；（2）建议等内容是否具有法律规定，是否具有可行性；（3）相关工作是否存在超越职权，以及隐瞒、包庇违法犯罪行为等违法违纪行为；（4）其他不适当的情形。

3. 负责重大事项的审查程序，在审查工作人员提出具体的审查意见、部门负责人复审、分管检察长签署意见后，形成重大事项备案审查处理意见。

4. 对备案审查中发现的问题，上级检察院预防部门应当在 10 日内指定下级检察院预防部门纠正，下级检察院预防部门应当纠正。

5. 对预防职务犯罪重大事项备案审查制度，要实行定期通报制度。

6. 省级人民检察院预防部门要将预防职务犯罪重大事项备案审查制度列入预防工作考核内容，适时对执行到位的单位进行通报表彰。

三、预防业务指导制度

预防业务指导，是指上级检察机关及其职务犯罪预防部门对下级检察机关及其职务犯罪预防部门有关预防业务工作的指点、帮助、引导、督促和检查等活动。对下开展业务指导，是上级检察机关预防部门的重要职责，是改进上级检察机关领导作风，狠抓工作落实，为领导、为基层、为群众服务的有效途径。预防业务指导工作开展的状况，直接影响着职务犯罪预防部门的整体工作水平，关系到预防工作质量和效率的提升。

（一）预防业务指导工作的意义

1. 预防业务指导是确保上级检察机关预防重大决策部署和工作任务有效实施的重要手段。上级检察机关制定的预防工作规划、工作规定及重大工作部署，关系预防工作的长远发展，如果不能在基层得到有效落实，则只能是纸上谈兵。通过开展业务指导工作，引导下级检察机关结合当地工作实际，制订切实可行的预防工作方案，做到贯彻上级精神有措施，执行领导指示有要求，完成工作任务有目标，使上级有关预防工作的部署要求更加具体，更加贴近实际。同时，在开展业务指导过程中，通过采取确立目标标准、组织实施、检查督促、总结验收等一系列措施，使预防业务指导工作环环相扣、首尾相接、有始有终，从而确保上级决策部署真正落到实处。

2. 预防业务指导是提升预防工作科学化水平的必要环节。上级检察机关在出台某项预防工作制度规定或者作出某项重大预防决策部署前，尽管都会经过充分的前期调查研究，但由于这种调查研究往往是抽样调查或典型调查，虽具有代表性，但不可能穷尽一切情况，难免会有一些疏漏之处；同时，事物是在发展的，这些决策部署在落实过程中势必会遇到一些新情况、新问题。而通过开展预防业务指导，可以及时发现和反馈上级决策部署在落实执行中遇到的新情况、新问题，补充、修正、调整和完善原来的决策部署，使之更加切合实际，更具科学化。

3. 预防业务指导是推进预防工作深入开展的主要措施。上级检察机关预防部门具有宏观把握方针政策、了解基层预防工作经验和做法比较全面等优势，而基层检察机关面对很多具体的实际工作，有强烈的创新发展愿望，迫切需要来自上级检察机关的理论支持、典型引导，以推动自身的发展。预防业务指导工作作为一项承上启下的基础性工作，能够有效架起上下级检察机关之间联系的桥梁。通过开展预防业务指导，将上级有关预防工作的方针政策和部署要求及时贯彻下去，确保基层检察机关预防工作正确的发展方向；将基层预防实践中的好经验、好做法及时总结推广，充分发挥典型的引路作用；将基层检察机关预防工作开展情况及时反映给上级机关和有关领导，帮助解决遇到的困难和问题，促进基层检察机关预防工作实现科学发展。加强预防业务指导工作，是提高预防工作水平的助推器，是推动预防工作深入开展的有力措施。

（二）开展预防业务指导工作应注意把握的几个问题

1. 要正确把握"上与下"的关系，确保预防业务指导工作不"越位"。一是明确指导不是领导，防止越俎代庖。上下级检察机关预防部门要各司其职，各负其责。上级检察机关预防部门应当依据各个层次和职责，坚持一级抓一级，一层管一层，属于上级院职责范围内的工作，要认真履行职责，不把难题推给下级院；该由下级院处理的事情，放手让下级院去处理，使各个环节都能正常有效地运转起来，发挥应有的作用。二是明确指导不是代替，防止大包大揽。业务指导的重点应该是督促下级检察机关正确理解和执行上级重大方针政策，帮助下级检察机关协调解决一些其自身无法解决的重大或疑难复杂问题，切不可事无巨细，面面俱到，大包大揽，以防助长下级的依赖性，影响工作的主动性和创造性。三是明确指导不是指责，防止干扰下级检察机关正常工作。上级检察机关预防部门应当注意指导的方式方法，严格按照程序办事，防止影响和干扰下级检察机关正常开展工作，确保正常行使其职责。对下级检察机关预防工作中的失误或存在的问题，上级检察机关预防部门要及时纠正，指导中不能盛气凌人，指手画脚，更不能利用职权谋取私利。

2. 要正确把握"标与本"的关系，确保预防业务指导工作不"偏位"。一是既要重视处理日常业务工作，又要加强调查研究，着力指导下级检察机关解决倾向性问题。职务犯罪预防是检察机关一项新兴的业务工作，由于起步晚，在探索实践过程中还有不少亟待解决的问题，有的属个别现象，有的则具有普遍性。上级检察机关要在做好日常业务工作的基础上，多深入基层调查研究，及时发现和掌握下级检察机关在开展预防工作中带有倾向性、普遍性的问题，有针对性地加以指导，使那些制约工作开展的根本性问题及时得到克服和解决，从而推动工作全面、深入开展。二是既要重视业务检查，又要加强业务培训，着力提高下级院预防部门解决自身问题的能力。开展业务检查发现基层院预防工作中存在的突出问题，这是对下业务指导的有效做法，但这种检查毕竟只是一种事后弥补的措施。要从根本上提高下级检察机关预防工作水平，关键还在于提高预防干部的业务素质。上级检察机关要通过举办培训班、召开研讨会、开展岗位练兵等方式，加强预防业务培训，努力提升各级院预防干部业务素能水平。三是既要重视面上工作指导，又要加强制度建设，着力增强运用制度规范指导工作的水平。预防业务指导不能就事论事，要着眼于通过健全和完善预防业务指导长效机制，用制度和规范来指导工作，帮助提高下级检察机关预防工作规范化程度和解决自身问题的能力。四是既要坚持预防工作规范化，又要鼓励探索创新，着力完善预防工作的途径和方法。要在巩固深化原有工作机制的基础上，根据新形势、新任务的要求，不断丰富内涵，总结经验，探索建立更多方便有效、可操作性强的工作方式方法，推动预防工作创新发展。

3. 要正确把握"虚与实"的关系，确保预防业务指导工作不"错位"。预防业务指导要少说空话，多干实事。一是要实化目标任务。上级重大决策部署、重要工作部署出台后，包括重要会议召开、重要文件下发后，上级检察机关预防部门要根据任务轻重缓急和落实的难易程度，提出明确具体的工作标准和落实要求，确定报结时间；下级检察机关预防部门要结合本地实际，将上级决策内容和任务要求分解立项，制定具体的落实意见和工作措施，确保上级决策部署在基层得到实化和细化。二是要明确指导责任。预防业务指导是一项不"显山露水"的工作，如果责任不明确，就容易相互推诿扯皮，影响业务指导的质量，甚至造成工作失误。要强化指导工作责任制，对下级检察机关的请示、检查中发现的问题、需要落实的工作，要明确专人跟踪落实，使业务指导的责任明确而且具体，确保指导工作取得实效。三是要强化督导检查。上级检察院要努力转变领导作风和工作作风，切实担负起对下级指导、督促检查、解决问题、推动工作的责任。在开展预防业务指导中，要杜绝以会议贯彻会议，以文件落实文件的不良倾向，纠正脱离实际、照搬照套的工作作风。要采取检查与自查结合、面上督查与典型调查相结合等多种方式，加强对下级院贯彻落实上级检察机关决策部署落实情况的督导检查，努力实现上级检察机关预防决策部署的落实效果最大化。

（三）开展预防业务指导的主要方法

1. 跟踪指导法。这种方法也可称为同步督导法，是上级检察机关在对面上工作作出部署后，同步跟踪指导下级检察机关落实情况、定期抓落实进度的一种工作方法。一是通过下发通知、意见、实施方案等形式，对重大决策和重要任务作出部署，明确目标，就落实反馈、抽查检查等提出具体要求；二是明确责任单位、责任人，负责本地、本部门重大决策、重要工作事项的跟踪指导，定期或不定期对负责的工作事项进行同步指导检查；三是对于上级重大决策和重要工作部署，可以由部门负责人或业务骨干带队组成督查小组，下到基层检察机关面对面听取情况汇报，组织抽查检查，广泛征求各方面意见，确保重大决策和重要工作落到实处。

2. 督导调研法。这种方法是上级检察机关根据抓落实情况的需要，组织专门力量开展专项（专题）调研，把督促检查和调查研究结合起来，促进基层工作存在问题得到解决，上级决策得以落实的一种有效的工作方法。在运用这种方法开展指导时要注意把握两点：一是既要向被调研单位了解情况，又要在对情况和问题进行综合分析的基础上与被调研单位交换意见，指出存在的问题及原因，敦促及时解决；二是要有特定的目的性，为了解决某个或某类问题，通过督察调研，找到解决问题的办法，促进决策部署的落实。

3. 举一反三法。这种方法是指在开展预防业务指导过程中，通过发现并解决的具有普遍意义的突出问题，办理一件，带动一片，使下级检察机关存在的同类型问题得到解决；或者采取有效措施，使那些对全局工作有指导意义的工作方法或对策发挥辐射作用，在更大范围内产生影响。这种方法一般适用于带倾向性以及事关预防工作全局的重大问题等情形，通过举一反三，指导带动本地区整体工作，可以取得较好的指导效果。

4. 典型推动法。这种方法是"抓两头，带中间"的领导方法在预防业务指导工作中的具体运用。主要是围绕下级检察机关在贯彻落实上级决策部署过程中的典型经验，存在的突出问题，分别进行总结、表彰、推广或通报批评、整改，充分发挥典型的示范作用，帮助基层检察机关开阔眼界，打开思路，学习先进的经验，防止和克服不良工作倾向，在解决实际问题上有所作为。

第七章 检察机关预防职务犯罪
基础建设和工作保障

检察机关预防职务犯罪基础建设，简言之就是检察机关预防职务犯罪工作的组织建设、机构建设和队伍建设的统称。工作保障，就是指预防职务犯罪工作的基础设施建设所发挥的实际作用。自2000年最高人民检察院预防部门从反贪部门独立出来以来，全国大多数检察院相继设立了独立的预防职务犯罪机构，但机构名称、机构级别、机构设置、机构人员不尽相同，甚至有的地方仍然没有设立独立的预防机构，严重影响了预防职务犯罪工作的有效开展。本章主要以预防机构和队伍建设、预防职务犯罪基础设施两个方面的内容加以介绍。

第一节 预防机构和队伍建设

预防机构和队伍建设是检察机关开展预防职务犯罪工作最基础的保障。早在20世纪末，广东省检察机关借鉴香港、新加坡等地反腐经验，尝试设立预防职务犯罪机构后，上海市检察机关也率先设立了预防职务犯罪专门机构，开创了预防职务犯罪工作的先河。时任最高人民检察院主要领导在当时上海《文汇报》上看到一则"上海设立预防职务犯罪专门机构并积极开展预防工作"的报道后，立即作出批示，要求全国各级检察机关在有条件的情况下成立专门的预防职务犯罪机构。尽管最高人民检察院当时设立了预防职务犯罪机构，但机构设置在反贪局内，没有单独设立出来，但此次检察机关开始有了一支专门的预防队伍，为有效开展预防职务犯罪工作奠定了基础。

一、预防职务犯罪专门机构建设

尽管检察机关预防职务犯罪专门机构设立的时间较短，但短短10多年的发展，经历了早期的起步阶段、探索阶段和目前的推进阶段，全国几乎所有的检察院都设有专门的预防机构或负责预防工作的专门人员，对惩治和预防腐败起到了积极作用。

随着反腐败斗争的不断深入，现有的预防力量远远不能满足新形势的需要，加快预防机构建设和预防队伍建设是当务之急，尤其迫切。一些省、自治区、直辖市先后撤处（科）设局，增加编制，职级高配，使职务犯罪预防机构建设得到逐步加强。

最高人民检察院职务犯罪预防厅为其厅级机构，内设办公室、预防处和行贿犯罪档案查询管理中心。随着预防职务犯罪工作的不断深入和发展，现有的机构设置远未适应新形势下反腐倡廉的要求，厅内增设新的内设机构、增加编制以解决人员严重不足的矛盾也日益凸显，不断加大新形势下反腐败工作力度是社会发展的必然趋势。

全国 31 个省、自治区、直辖市均设有专门的预防机构，2012 年，吉林省检察院率先改为职务犯罪预防局，其他省级院和新疆生产建设兵团人民检察院均为职务犯罪预防处，解放军军事检察院为职务犯罪检察厅。截至 2011 年年底，全国共有 247 个检察院设立了职务犯罪预防局，具体分布在黑龙江、江苏、浙江、江西、河南、湖南、广西、海南、四川、贵州、陕西等 11 个省、自治区。其中，河南省地级市检察院设置职务犯罪预防局有 12 个，广西壮族自治区的地级市设置职务犯罪预防局有 10 个。

据统计，截至 2012 年底，在已设和拟设预防局的检察院中，明确级别的有 267 个，未明确级别的有 54 个。在已经统计的其他已经设立职务犯罪预防局的 32 个地级市中正处级 2 个、副处级 8 个、正科级 21 个、未明确级别 1 个。已经设立职务犯罪预防局的 215 个县区级检察院中，正科级 31 个、副科级 96 个、股级 53 个、未明确级别 35 个。

《人民检察院预防职务犯罪工作规则（试行）》第 3 条规定，人民检察院应当设立预防职务犯罪工作机构。县级人民检察院未设立预防职务犯罪工作机构的，应当指定具体部门或者专人负责，并报上一级人民检察院备案。以上规定，确定了县区级及以上检察院都应当设立预防职务犯罪专门的工作机构，即使没有设立专门工作机构，也要指定具体部门或者专人负责此项工作，这为预防机构建设提供了法律保障。

然而，目前预防职务犯罪机构建设却始终不尽如人意，尽管全国大多数地区的检察院设立了专门的预防机构或指定具体专人负责预防工作，但职务犯罪预防部门的称谓不够统一和规范，机构设置参差不齐、人员编制长短不均、机构称谓五花八门，开展职务犯罪预防工作很难形成预防合力，更不适应当今反腐倡廉新形势的要求。

为此，尽快健全和完善全国检察机关预防机构建设是当务之急，形势所需。同时，全国检察机关职务犯罪预防部门应当尽快统一机构称谓，以便全国检察机关预防部门统一步调、统一行动、统一指挥，使各地检察机关有更加充足的力量开展各项更加有针对性的职务犯罪预防工作。我们认为，全国检察机关预防机构首先要统一称谓，然后逐步统一级别、统一管理。统一称谓主要有以下几个方面的好处：

1. 统一机构设置和称谓，形成预防部门上下一体化联动。没有上下对口的机构就没有落实工作的具体部门，没有落实任务的具体人员，何谈预防上下一体化？因此没有设置预防专门机构的，检察院要加快设置专门预防机构建设的进程，为实现上下一体化联动奠定基础。

目前，从各地设有预防机构的情况看称谓也是五花八门、缺乏规范。有的院叫职务犯罪预防局，有的院叫职务犯罪预防处，有的院叫职务犯罪预防科，也有的院叫职务犯罪预防办，等等。称谓不统一，上下级之间联系就不够顺畅，也无法形成预防合力。

2. 统一机构设置和称谓，实现全国预防机构整齐划一。目前，由于全国检察机关预防部门机构设置名称不一致而导致级别混乱，有正处级、副处级，也有正科级、副科级，还有股级以及其他级别设置，不便于统一管理，人员配备也不一致。甚至，职务犯罪预防部门普遍存在级别较低、人员较少的情况；有的部门仅仅是股级机构，有的是设在反贪局等部门为非独立机构，还有的是一个人身兼预防、控申、法纪等工作。如果明确机构称谓，机构级别就会统一规范，不会出现同是地市级院或同是县区级院出现级别不统一的情况，从而便于上下统一管理。

3. 统一机构设置和称谓可以改变级别配置中存在的问题。各地检察机关逐步设立职务犯罪预防局是形势所趋，但目前，仍有个别地方不重视预防工作，低配预防部门领导职位，不利于预防工作的开展，影响预防人员的工作积极性，不利于整体统筹。

4. 统一称谓改处（科）为局有利于推动预防工作深入有效开展。为了预防部门整齐划一，上下顺畅，同时，更加适应当前反腐败新形势需要和职务犯罪预防工作的需要，各地可适时逐步撤销原来沿用的职务犯罪预防处（科）的设置，从上到下统一设立"职务犯罪预防局"，明确省、市、区三级院预防部门的机构级别、人员编制、工作范围，更加有效地形成预防部门上下一体化联动的工作机制，更加有效地开展预防工作。撤处（科）设局有助于畅通政令检令，真正形成"侦防一体化"惩防结合的惩防体系，确保职务犯罪预防工作深入、扎实推进，构建全国预防职务犯罪大格局。

当然，上述主张只是提出今后机构建设的发展方向，实现过程尚需时日，需要最高人民检察院、省级人民检察院与有关方面加强协调，逐步解决。目前，有条件的地方设立职务犯罪预防局，大方向是符合这一主张的，应当鼓励。

二、预防职务犯罪队伍建设

预防职务犯罪工作的实践使我们认识到，建立预防工作队伍，配备高素质的工作人员，是实现预防职务犯罪工作"三个更高"① 的需要，是实现预防职务犯罪工作"大视野、大思路、大举措、大突破、大发展、大跨越"的需要，是提高预防职务犯罪工作水平的需要，是把预防工作不断引向深入的需要。为此，必须加强预防职务犯罪队伍建设，这是新时期预防职务犯罪工作大突破、大发展、大跨越的关键所在。

预防职务犯罪工作的顺利开展，不仅需要有明确的指导思想、工作目标和具体的推进措施和方法，而且还需要有必要的保证条件。即客观上所要求的或应当具备的，能够使预防工作顺利运行的各方面的必要保障。根据预防职务犯罪工作的现实需要，加强预防职务犯罪队伍建设是当今反腐倡廉新形势的要求，也是落实党的十八大精神，更加科学有效预防腐败、更加注重治本、更加注重预防、更加注重制度建设的需要。党的十八大，将反腐败工作摆在了更加突出的重要地位，要求我国在惩治腐败的同时，必须加大预防腐败的力度，因此，要求检察机关必须组建一支更加强有力的预防工作队伍，更好地开展职务犯罪预防工作。

（一）加强预防专业队伍建设

预防职务犯罪职能部门是检察机关面向社会的一个"对外窗口"，也是开展预防职务犯罪工作的主要力量。预防队伍素质怎么样，工作成效如何将直接影响到检察机关的整体形象。因此，全国各级检察机关在设定职务犯罪预防专门机构时，首先要充分考虑预防队伍建设这项工作的全局性、复杂性等工作特点，配给应有的编制，并随着预防工作的不断深入，广泛开展，随时增加编制，保障有相应的力量从事预防职务犯罪工作。

在预防职务犯罪机构选配人员时，要把好选人关、用人关，为预防职务犯罪工作部门配备政治素质好、政策理论水平高、业务能力强、热爱预防工作的业务骨干。预防工作人员通常要具备组织综合能力、创新思维能力、管理协调能力、调查研究能力、想大事干大事能力、分析问题和解决问题能力。同时，还要具备相应的、必要的法律知识，外语、计算机知识，宣传、策划知识，宣讲、口才知识等。此外，还要具备吃苦耐劳精神、热心预防职务犯罪公益事

---

① 即在更高起点、更高层次、更高水平上加强和改进预防工作。

业、有一定实际工作经验等基本条件。否则，将难以胜任和适应新形势下预防职务犯罪工作需要。

目前，全国各地检察机关高度重视预防职务犯罪工作，对预防职务犯罪部门的人员组成给予充分重视，有的院由检察长亲自主抓预防部门，有的院从反贪、公诉、批捕等业务部门抽调政治素质高、组织能力强、协调能力好的优秀中层干部到预防职务犯罪部门担任负责人，从院内各业务部门选择了优秀干警做预防工作，使预防队伍建设得到不断优化。

近年来，全国各级检察机关不断加大对预防队伍的培训，预防队伍素质不断提升。最高人民检察院职务犯罪预防厅连续多年举办预防职务犯罪素能培训班，组织各省级院预防处长参加国际预防腐败研讨活动和到国外学习考察活动，开阔预防视野，增长预防见识。2011 年预防厅组织全国检察机关职务犯罪预防部门开展为期半年的预防职务犯罪质量效果大检查活动，进一步提高了预防工作质量。2012 年至 2013 年，预防厅组织全国检察机关预防部门开展岗位练兵、素能比武活动，以进一步打牢理性、平和、文明、规范的执法观，用预防工作的公信力扩大检察工作的影响力，进一步增强预防人员的政治素质和大局观念，进一步提高预防工作能力和水平，进一步提升效率、效果和公信力，使预防工作更加符合党和人民的要求，符合形势发展的需要。

各省级院和地级市院每年也都组织本地预防部门人员进行各种各类预防培训，不断加强预防队伍建设。通过预防考试、预防竞赛、岗位练兵和素能比武等丰富多彩的预防培训，加强预防职务犯罪理论和策略研究，加强预防综合能力提升，加强高层次、复合型预防职务犯罪专门人才的培养，形成一支具有高素质的专业化预防工作队伍。

（二）加强预防网络队伍建设

在加强预防职务犯罪专业化队伍建设的同时，还要不断壮大预防职务犯罪网络队伍，以延伸预防职务犯罪工作触角，最大限度地实现预防职务犯罪全覆盖。预防职务犯罪网络队伍一般由两个方面组成：一是检察机关内部各相关部门的相关人员；二是社会各行业各部门预防工作联络员，此外还有预防宣讲团队伍、预防职务犯罪社会志愿者等。

1. 检察机关内部各业务部门设预防职务犯罪信息联络员。为了使预防职务犯罪工作融入检察机关各项业务的各个环节之中，形成合力共同开展预防职务犯罪工作，有必要在反贪、渎检、侦查监督、公诉、民行、控申等各业务部门指定一名高素质的检察干警具体负责预防职务犯罪信息联络工作。其基本职责是及时、定期向职务犯罪预防部门反馈本部门开展预防职务犯罪工作的基本情况、经验、问题，反馈本部门在履行工作职责中发现的可能涉及职务犯罪预防工作、办案过程中发现的带有全局性、倾向性、苗头性的各类问题。目前，全国检察机关已经有部分地方在内部各业务部门设立了预防职务犯罪信息联络员，并在工作实践中发挥了重要作用。

2. 网络单位建立预防职务犯罪信息联络员。过去，检察机关与有关行业、系统或部门在开展预防职务犯罪工作时的协调与配合主要是针对某一具体的事项，无法产生科学、规范的效果。协调的事项多倚重某一接触的该事项的具体工作人员来进行，不具有长期性和稳定性，不能满足长期协调配合的工作要求，也不能形成预防职务犯罪工作的规模优势。鉴于这些情况，应当在与纪检、监察、审计、公安、法院、司法等职能部门以及重点单位建立预防职务犯罪网络的同时，在有关职务犯罪预防网络单位内部选择一名具体工作人员为预防职务犯罪工作信息联络员，具体负责本部门或本单位的预防职务犯罪工作，定期、及时地与检察机关职务犯罪预防部门互相沟通重要信息，对工作过程中发现的违法违纪案件，属于检察机关管辖的，及时移送到检察机关，并与职务犯罪预防部门共同研究，制定预防措施。目前，全国各级检察机关与相应的各级机关单位确定了预防职务犯罪信息联络员制度，最高人民检察院已经召开四届预防职务犯罪联席会议，中央国家机关成员单位发展到 36 家，预防职务犯罪联络员分布在各重点行业和部门，组成了一支重要的预防职务犯罪工作队伍。

3. 预防宣讲团和预防职务犯罪社会志愿者。吸纳热爱预防职务犯罪工作的爱心人士组成预防职务犯罪宣讲团或志愿者队伍，是开展预防职务犯罪宣传工作的生力军，也是不容忽视的一支预防宣讲的重要力量。利用他们讲授法制课，进行预防职务犯罪宣传和法治宣传，是开展预防职务犯罪工作的重要形式。这支社会预防队伍由检察机关内部和社会爱心人士组成。为了发挥检察机关各部门的专业优势，可以在检察机关内部组建宣讲队伍，抽调政治素质好，表达能力强、法学功底深、检察业务熟、有兴趣爱好的同志作为宣讲队伍成员。由职务犯罪预防部门统一管理、统一组织、统一计划、统一行动、统一调用。授课内容由宣讲团成员与职务犯罪预防部门共同确定，统一组织审稿、试讲，根据预防网络单位工作安排和其他单位的要求，将任务落实到宣讲团成员。宣讲员应当在基本讲稿的基础上收集相关资料，进行必要的调查研究，充实讲稿内容，以便提高讲授水平，收到应有效果。有的检察机关组织本院检察干警组成预防职务犯罪宣讲团、报告团，由检察长亲任团长，如江苏省徐州市两级检察机关自 2011 年以来，以两级院领导班子成员为主体，倾力打造"检察长宣讲团"品牌，先后开展预防职务犯罪法制宣传 200 余场，受教育人数 8 万余人次，得到两级党政主要领导批示 7 次，凸显了预防工作成效。除检察机关之外，社会各界热爱公益事业、热爱预防职务犯罪宣讲的各方专家、学者、志愿者等都可以在检察机关预防职务犯罪部门的统一组织下开展相关的预防职务犯罪法制宣传活动，辽宁省鞍山市铁东区检察院组织中国移动员工、高校学生、机关青年等热爱预防职务犯罪宣传的预防志愿者走上街头，利用节假日前夕防腐关键期，开展"廉政行为艺术"展示活动，社会反响良好。

三、预防职务犯罪工作纪律

党的十八大指出，这些年来，我们全面推进党的建设新的伟大工程，党的执政能力得到新的提高，党的先进性和纯洁性得到保持和发展，党的领导得到加强和改善。同时，与国内外形势发展变化相比，与党所承担的历史任务相比，党的领导水平和执政水平、党组织建设状况和党员干部素质、能力、作风都还有不小差距。特别是新形势下加强和改进党的建设面临"四大考验"①、"四种危险"②，落实党要管党、从严治党的任务比以往任何时候都更为繁重更为紧迫。我们要增强紧迫感和责任感，牢牢把握党的建设总要求，不断提高党的领导水平和执政水平、提高拒腐防变和抵御风险能力，使我们党在世界形势深刻变化的历史进程中始终走在时代前列，在应对国内外各种风险和考验的历史进程中始终成为全国人民的主心骨，在坚持和发展中国特色社会主义的历史进程中始终成为坚强领导核心。

检察机关是国家的法律监督机关，担负着强化法律监督、维护公平正义、促进社会和谐、推动科学发展的历史重任。完成这一重任，需要一支纪律作风过硬的检察队伍，也需要一支高素质的预防队伍。加强预防人员的纪律教育，是促进检察预防队伍纪律作风，确保预防工作大发展的一项重要任务。

立足职能，严明纪律，依法开展预防职务犯罪工作。要严格遵守法律法规和各项检察纪律，紧密结合检察职能开展预防工作，同时要加强制度化、规范化建设，落实各个检察业务环节的预防责任，以规范促发展，用制度促提高。

预防专职部门要明确职权，摆正位置，做到到位不越位、尽职不越权、参与不干预、帮忙不添乱、服务不代替。不干预机关、团体的正常管理活动，不干预市场主体自主的经济行为，不谋取个人和团体私利，保证职务犯罪预防工作依法规范开展。

---

① 四大考验是指执政考验、改革开放考验、市场经济考验及外部环境考验。
② 四种危险是指精神懈怠的危险、能力不足的危险、脱离群众的危险及消极腐败的危险。

（一）预防职务犯罪人员必须严守预防工作纪律

纪律，是一个机关、一个部门、一个团体事业发展的必备条件。没有纪律，就不可能有事业的成功。纪律是"高压线"，是不能碰的。纪律必须靠全体预防人员自觉遵守。只有铁的纪律，才会有铁的预防队伍和过硬的预防作风。

目前，在党内监督、纪律处分、干部问责、廉洁从政、报告个人重大事项等方面，已经有了十分明确的要求，内容也十分具体，行业纪律也很明确，如当年检察机关九条硬性规定，称为九条"卡死"，大大堵住违纪的通道。我们既要讲"严禁"、"卡死"，要亮出纪律的铁面孔，维护其严肃性，更应把为什么要"严禁"、"卡死"的道理讲清楚，把纪律讲得更近乎人情一些。联系实际对一些苗头性的问题早发现、早提醒、早纠正，这也许更为有效。

纪律，最主要的是每个预防人员要自觉遵守，其次为执纪监察机关、部门监督强制执行，最后才是对违纪的追究。也就是我们平时说的通过加强教育，使人不愿违纪；通过严密防范，使人不能违纪；通过严厉惩处，使人不敢违纪；通过从优待检，使人不必违纪。这是需要制度防范，需要有人监督，需要追究违纪的立体设计，是时时刻刻约束预防人员的有效机制保障。

（二）严明纪律是加强预防队伍建设的根本保障

我国检察机关历来重视纪律建设，长期以来，各级检察机关加强纪律建设，不断完善纪律制度，增强纪律执行力，促进了检察队伍的政治素质、业务素质和职业道德素质的全面提高。特别是1978年恢复重建检察机关以来，检察机关的纪律建设和业务建设同步，不断发展完善。1989年，最高人民检察院制定和颁布了《检察人员纪律（试行）》，即"八要八不准"。是检察机关恢复重建的第一部纪律规则，虽然很短，实质内容只有96个字，但把当时检察人员的违纪行为作为禁止之列。2000年，全国检察机关预防部门设立以来，预防职务犯罪部门人员就把加强预防队伍建设和预防人员的纪律教育作为首要任务，《检察人员纪律处分条列（试行）》（2004年）、《检察人员执法过错责任追究条列》（2007年）、《廉洁从检"十条纪律"》、《禁酒令》、《严禁检察机关内部公务活动和交往活动中用公款请客送礼》等一批内部规定的出台，标志着检察机关自身纪律建设的不断完善，也为预防人员自身纪律建设提供了制度保障。

实践证明，预防地位的提升，必须依靠"从严治检"、"从严治预"，"严明检纪"、"严明预纪"来实现。检察机关的性质决定了必须加强纪律作风建设，增强检察机关全体预防人员的纪律观念，促进预防人员纪律作风养成，对确保检察机关预防部门人员严格、公正、廉洁、文明执法，提升检察机关执法公信力和社会形象具有重大意义。

我国检察机关预防部门加强纪律建设有鲜明的特点：一是因为预防部门代表检察机关面向社会各界，因此，预防纪律比检察机关其他部门职业纪律更为严明，要求预防人员比其他部门的检察人员更要严格守纪。二是预防纪律突出了检察机关预防职能的特殊职业性质，要求加强自我监督、自我制约。三是预防事业越发展，越要加强预防纪律建设，这是推进我国预防事业发展的必然要求和必然选择，是加强预防队伍建设的必由之路和根本保障。

第二节　预防职务犯罪基础设施

检察机关预防职务犯罪基础设施主要是指检察机关预防职务犯罪部门开展各种预防职务犯罪工作所需要的必备的基础设施。包括职务犯罪警示教育基地建设、预防职务犯罪主要装备及其运用和职务犯罪预防网站建设等方面。本节主要介绍职务犯罪警示教育基地建设、预防职务犯罪主要装备及其运用、职务犯罪预防网站建设的相关内容。

一、职务犯罪警示教育基地建设

一直以来，职务犯罪警示教育基地是各级检察机关和纪检监察机关以及各单位、各行业开展预防职务犯罪警示教育的主要阵地。早在新中国成立初期，职务犯罪警示教育基地就已经出现，各级党组织、纪检监察、展览、宣传机构根据各时期警示教育要求，在展览馆、文化馆等公共场所开展不定期的警示教育活动，对我国各个阶段的反腐倡廉建设起到了积极作用。

2000年全国检察机关设立职务犯罪预防部门以后，各地预防部门纷纷把职务犯罪警示教育基地建设作为开展预防工作的重要内容，先后建立了一批突出地方特色、突出警示教育的职务犯罪警示教育基地，但始终没有统一、规范的标准和模式，职务犯罪警示教育基地建设仅仅停留在初级阶段。随着预防工作的深入开展和警示教育的需要，各地有条件的检察院都率先建设了规模不一的警示教育基地，截至2012年底，由检察院单独建设的警示教育基地就有966个，面积近46万平方米。由检察机关与其他部门合作共建警示教育基地的数量更多一些，通过警示教育基地开展警示教育活动，把"走出去"与"请进来"结合起来，实现了集中式、主动式、综合式的警示教育新格局，警示教育的效果明显增强。

2011年5月全国检察机关预防职务犯罪警示教育基地建设现场会在扬州召开以后，警示教育基地建设进入了空前发展的阶段，基地建设的规模越来越大，设施越来越完善，特色越来越突出，最高人民检察院《关于"十二五"时期全国检察机关预防职务犯罪警示教育基地建设管理的指导意见》的出台，为各级检察机关预防职务犯罪警示教育基地建设提供了良好的契机，起到了助推作用。最高人民检察院还将组织全国检察机关优秀警示教育基地评选活动，不断提升建设质量，提高警示教育效果。

（一）职务犯罪警示教育基地建设是扎实推进惩防腐败体系建设的重要内容

预防宣传和警示教育是检察预防工作重要的基础性工作之一，是党风廉政建设的重要组成部分，创造性地开展预防职务犯罪警示教育活动，警示教育基地应运而生，发展迅速，成为一些地区检察机关开展警示教育工作的重要内容和基础。然而，从整体看，当前全国检察机关警示教育基地建设仍然十分薄弱，而且与反腐倡廉的要求还不相适应，离党和人民群众的要求还有很大差距。一是在思想认识上还不到位，有的单位和部门没有充分认识到建设警示教育基地对加强预防职务犯罪工作，促进党风廉政建设的重要意义，缺乏责任意识，主动精神，不但没有建立警示教育基地，而且有的还没有将基地建设纳入议事日程；二是发展不平衡，有的检察院通过警示教育基地开展警示教育活动多年，已经积累了一定的经验，但仍有部分检察院没有建立警示教育基地的意识和计划；三是开展警示教育活动的方式单一、方法简单，效果不佳，停留在看展览和警示教育片上，没有完全发挥警示教育基地的功能作用；四是预防宣传和警示教育制度不够健全，落实不够到位。

根据中共中央建立健全惩防腐败体系建设的部署《关于实行党风廉政建设责任制的规定》，中央纪委、中央组织部、中央宣传部《关于加强领导干部反腐倡廉教育的意见》以及最高人民检察院《关于加强"十二五"时期职务犯罪侦查预防工作的意见》，进一步加快检察机关警示教育基地建设，成为各级检察机关预防部门的重要工作。最高人民检察院《关于"十二五"时期全国检察机关预防职务犯罪警示教育基地建设管理的指导意见》的出台，对全国检察机关职务犯罪警示教育基地建设有了规范性的指导意见，为进一步加快检察机关警示教育基地建设，加强对基地的规范管理起到了积极作用。

我们认为，职务犯罪警示教育基地建设是推进惩防腐败体系建设的重要内容，各级检察机关对建立警示教育基地重要性、必要性的认识要不断提高。很多检察机关已将建立警示教育基地作为开展预防宣传和警示教育活动的重要途径和载体，作为促进预防宣传和警示教育工作经常化、正规化和制度化，形成警示教育体系的重要抓手。

各级检察机关警示教育基地所开展的教育内容在不断深化，形式多样。从最初的看展览、听讲解，逐步发展到依托警示教育基地，开展综合性的"一条龙"式的预防活动，使教育活动从过去的"听"和"看"，延伸到"思"和"悟"，并采用现代科技手段，强化预防效果。

当前警示教育基地建设已经得到了各地党委的高度重视和社会各界以及广大人民群众的广泛认可，要求检察机关加强警示教育基地建设，强化预防宣传和警示教育，切实发挥促进党风廉政建设的阵地作用。同时，警示教育基地取得的成效不断显现。预防职务犯罪警示教育基地虽然是一项新生事物，但极大地显示了它的作用，带有强大的生命力。

目前，警示教育基地在加强党风廉政教育方面已成为宣传党和国家反腐败方针政策的重要平台，成为社会各界和广大群众了解、参与和关心、支持检察工作的重要窗口和有效途径，成为国家工作人员接受廉政勤政教育、依法廉洁用权的生动课堂。

（二）职务犯罪警示教育基地建设的指导原则和相关要求

1. 坚持以邓小平理论、"三个代表"重要思想、科学发展观以及十八大精神为指导，坚持标本兼治、综合治理、惩防并举、注重预防的方针，立足检察职能，在坚决惩治腐败的同时，不断加强警示教育工作，通过学习践行社会主义核心价值体系，以树立正确的世界观、人生观、价值观和权力观、地位观、利益观为根本，筑牢依法履职、廉洁用权的法律道德防线，扎实推进惩治和预防腐败体系建设，从源头上努力减少、遏制职务犯罪的发生。

2. 把警示教育基地建设作为具有中国特色预防职务犯罪工作体系的重要目标加以推进。根据《关于加强"十二五"时期职务犯罪侦查预防工作的意见》的具体要求，"2013 年底前实现每个市（分、州）院都有警示教育基地，2015 年前绝大多数县级院完成警示教育基地的建设"。并将通过警示教育基地开展活动纳入党委工作规划，使之成为反腐倡廉体系建设的重要组成部分，作为反腐倡廉工作考核的重要内容，成为能够集中展现党和国家关于反腐倡廉建设的方针政策、法律法规和检察机关惩治和预防成果，努力实现主题鲜明、格调高雅、内容丰富，集政治性、警示性、教育性为一体，使警示教育工作常态化、规范化、专业化的目标要求。

3. 加强组织领导。一是省级院党组要加强领导，将警示教育基地建设作为"一把手"工程，充分发挥预防职务犯罪工作领导小组的作用，调动各方面的积极性，加强检察与相关部门之间的沟通和协作，精心规划、整体推进、协调关系，加快警示教育基地建设步伐。二是争取党委、政府的领导和支持，把基地建设纳入惩防腐败体系建设中，作为教育制度建设的重要内容。

4. 加强机构配置人员。建立健全警示教育基地工作机构，探索成立专门的警示教育基地管理部门。要有意识地选调一些既有较好文化功底，又懂法律专业知识的人才充实到警示教育基地。专职人员配备：省级院 3 人；地市级 2 人；县区级院 1 人。同时配备、聘请一定数量的讲解员。

5. 加强经费保障。积极争取将警示教育基地建设列入财政预算。各级检察院要对警示教育基地所需经费有所倾斜，有所侧重，保证警示教育基地的正常运行。

6. 加强自身监督制约。注重自身形象，严禁利用开展警示教育活动的便利，谋取个人及小团体的利益，坚决杜绝各类违纪、违法问题的发生。

7. 基地建设的原则。一是科学规划，统筹兼顾。建设警示教育基地必须充分考虑当地的实际情况，深入分析可能与实际之间的关系，既不能落后于发展，也不要超越实际，做到科学规划，通盘考虑，合理设计，节约运行。二是立足当前，放眼长远。预防职务犯罪工作是一项长期的、艰巨的任务，随着时代的发展而发展，警示教育活动的内容、形式和方法也会随着时代的发展而不断创新，不断深化。警示教育基地建设不但要能满足现阶段的要求，更要以发展的眼光，给未来留下足够的发展空间。三是突出特色、主题鲜明。根据各地不同的社情民情，不同的思想文化背景，不同的经济发展状况，建设符合当地实际的、能够突出地方特色，主题鲜明的警示教育基地。

8. 注重实效，开拓创新。建设好警示教育基地，并取得警示教育的实际成效，必须在内容和形式上下功夫。一是在内容上要能够体现职能，按需施教。检察机关警示教育基地要充分体现检察机关的特点，充分体现检察机关法律监督职能。注重以人为本，根据不同教育对象的特点和需求，分层、分岗施教，将示范教育、警示教育、岗位教育相结合，推动、督促受众自我养成教育。二是在形式上要能够注重实效，开拓创新。贴近党风廉政建设和反腐败斗争的实际，贴近观展人员的思想和工作实际，寓教于理，寓教于行，通过直观、通俗的方法使教育入脑入心，增强教育效果。同时探索教育规律、创新教育方法、丰富教育载体，不断推动警示教育的理论和实践创新。但是不能为创新而创新，寻求形式的新颖，是为保证教育的实效。要时刻以警示教育的质量和效果为目的，积极创新警示教育更好的载体和模式。

（三）警示教育基地建设配置标准

警示教育基地一般应为独立区域。地市级检察院的基地建设的基本要求为：

1. 基地面积。基地面积主要根据需要和可能两个方面考量，可大可小。如地市级基地建筑面积，许多地方为 3000—5000 平方米。

2. 基地配置。主要包括警示教育展厅、多功能报告厅、讨论室、警示体验厅、预防影视资料制作室、资料贮藏室等及附属设施。

（1）警示教育展厅。用于展板和实物的摆放，供观众参观。净面积一般应不小于1500平方米。

（2）多功能报告厅。用于有关人员作报告、播放警示教育资料。净面积一般应不小于500平方米。

（3）讨论室。用于参加警示教育的人员分组讨论、撰写感想。一般不少于3个，每个讨论室净面积不小于40平方米。

（4）预防影视资料制作室。用于对展室内容进行经常性的调整和修改。净面积一般不小于30平方米。

（5）资料贮藏室。用于图书、资料、图片的存放和保管。净面积不小于60平方米。

（6）警示体验厅。用于提供体验生活等。净面积一般不小于200平方米。

（7）附属设施。主要有办公室、餐厅、贵宾休息室、讲解员培训、休息室、值班室等。

西部地区检察院警示教育基地建设可以根据本地实际适当调整。县区级检察院基地建设应具备警示教育基地的基本功能。

（四）警示教育基地教育活动的实施

1. 警示教育活动的组织。警示教育活动一般在预防职务犯罪工作领导小组下进行，成立警示教育活动办公室，办公室成员一般由党委、纪检监察、组织、宣传、政法委、检察院等部门有关人员参加，办公室设在警示教育基地内，由检察院负责日常管理。

2. 警示教育活动的计划。由警示教育活动办公室负责拟订教育计划，经预防职务犯罪工作领导小组批准后实施。每周组织不少于3批次，每次教育活动时间一天。没有建设警示教育基地的县区级检察院可以依托地市级检察院开展工作。

3. 警示教育的对象。对参加警示教育的单位和部门要建立档案台账。主要对象有：（1）党政机关、行政执法机关、司法机关的工作人员。（2）重点行业、热点部门重要岗位及易发多发职务犯罪的行业和单位的人员。（3）换届选举（含农村"两委"）候选人、新提拔的领导干部、新录用的公务员。（4）各种进修班、培训班，以及行政学院、党校举办的党员干部主体班人员。（5）国有企业工作人员、重大工程建设项目主管部门及主管人员、管理人员。（6）需要开展警示教育活动的单位和主动到警示教育基地请求开展警示教育活动的单位的人员。

要建立跟踪问效制度，对接受警示教育的人员定期或不定期地进行跟踪回访，通过发放调查问卷、收集心得体会等形式，了解实际效果。

4. 警示教育的主要形式和内容。警示教育基地要通过文字、图片、实物展示、模型、视频等形式，同时可制作廉政短信、公益广告、幽默漫画、廉政书画等丰富廉政文化内涵；当地人文典故、历史名人警句，创设地方人文特色；结合本地有重大影响的案例，自编、自拍警示教育短片现场播放等鲜活生动的形式。开展一次警示教育活动一般有以下内容：

（1）看一个警示教育展览。主要展出党和国家领导人关于反腐倡廉的重要指示，清正廉洁的先进典型，腐败案件反面典型，开展预防职务犯罪工作取得的成效等。

（2）观一部警示教育片。观看根据查办的职务犯罪案件摄制成的职务犯罪警示片，揭示职务犯罪的危害，分析犯罪原因及留给人们的警示。

（3）听一堂预防教育课。由纪检、检察机关领导和资深检察官授课，运用纪检、检察机关查办的、发生在听众身边的违法违纪和职务犯罪案件，进行警示教育。

（4）开展一次以案说法。由职务犯罪者亲述自己因犯罪被查处后的认识和忏悔，用强烈的反差对比，强化教育。

（5）进行一次廉政谈话。结合教育活动，由开展活动单位的负责人对参加活动的人员进行一次集体廉政谈话。

（6）组织一次专题讨论。结合警示教育基地教育活动，组织接受警示教育的人员开展专题讨论，启发大家深入思考、交流认识，深化教育效果。

（7）进行一次廉政承诺。组织接受教育的人员集中进行廉政承诺，强化廉洁自律的意识。

（8）开展一次风险源点分析排查。结合单位或个人的工作情况，对单位中存在的主要风险部门和岗位、个人工作过程存在的主要风险环节进行分析和排查，共同研究提出防范的对策建议。

（9）发一份学习（宣传、提示）资料。介绍有关预防职务犯罪的知识，检察机关立案侦查的职务犯罪案件的范围、罪名，查处的典型职务犯罪案例等。

二、预防职务犯罪主要装备及其运用

预防职务犯罪主要装备是指各级检察机关预防部门开展各项预防职务犯罪工作所需要的主要设施和器材，主要包括行贿犯罪档案查询系统、预防信息化应用软件系统、预防职务犯罪信息共享系统、预防职务犯罪声像设备等。

（一）预防信息化应用软件系统

加强预防工作信息化是实施科技强检战略的核心和基础。近年来，各级检察机关预防部门按照最高人民检察院的部署，大力加强预防工作信息化建设，预防信息化工作实现了长足发展，为预防工作深化发展提供了有力的科技支撑。但是，在信息化进程加快的同时，重复投资、重复开发、各自为战、条块分割的问题也日益突出，预防信息系统无法互联互通、信息资源无法共享利用，影响了预防信息化工作的整体推进。

实施预防信息化应用软件统一，是最高人民检察院党组在检察信息化发展的关键时期作出的一项重大部署，对提高预防工作效率、规范执法办案具有重要意义。根据最高人民检察院《全国检察机关信息化应用软件统一实施方案》，按照"统一规划、统一标准、统一设计、统一实施"的基本原则，各级检察机关要认真落实最高人民检察院职务犯罪预防厅信息化应用软件统一工作推进小组组织实施的全国检察机关预防职务犯罪工作应用软件系统的各项要求，尽快建设全国检察机关预防部门统一的预防信息化应用软件系统、信息数据库和数据中心，实现预防数据的集中、交换和共享，以信息化促进预防工作的专业化和规范化。

预防职务犯罪工作虽然起步较晚，但发展较快。实践中面临着规范化不够、人手少、工作量大的矛盾，同时，职务犯罪智能化程度越来越高、隐蔽性越来越强，使预防工作的难度越来越大。此外，预防工作不像其他检察业务工作有实体法和程序法的具体规定，其内容和方式具有自身的特殊性和特点。因此，必须充分运用计算机技术，建设预防信息化系统，以信息化促进专业化，以专业化提升预防工作的整体水平。

预防职务犯罪工作应用软件系统根据预防部门的职责、工作内容和流程，立足于实际需要，着眼于提高工作质量和效率，加强预防业务管理，预防信息系统的总体目标，以预防信息资源开发利用为核心，满足全国检察机关预防工作信息网上录入、预防工作流程网上管理、预防工作活动网上监督、预防工作质量网上考核的需要，统一制定预防信息分类、归纳、整合、分析、评估、利用等功能的相关技术规范与数据标准，最终实现最高人民检察院与各省级院预防部门之间信息系统的纵向互联互通和各省级院预防部门之间信息系统的横向互联互通。该系统分为预防职务犯罪基础信息模块、预防职务犯罪业务操作模块、预防职务犯罪业务管理模块三大模块，包括17个业务子项。计算机配备要求预防系统至少应人均一台计算机，并能熟练应用。

（二）预防职务犯罪信息共享系统

预防职务犯罪信息共享系统是预防工作信息化管理的重要组成部分，完善的职务犯罪预防信息系统将加强检察机关的预防管理力度和监督效果，对大力打击职务犯罪案件具有重要意义。在当前的预防职务犯罪工作中，建立职务犯罪预防信息共享系统，能够使预防网络成员单位之间实现预防职务犯罪信息共享。各预防网络成员单位将本单位开展预防职务犯罪工作的相关台账、人员信息、工作职能、工作流程、行政许可、行政处罚及有关重大工程建设、政府采购等信息，定期报送各级预防职务犯罪领导小组办公室备案。在此基础上，各级检察院、监察局、审计局等具有法定监督职能的部门，通过收集、分析、处理职务犯罪信息、行政违纪信息、财经违纪信息，向预防网络成员单位通报情况，并提出预防职务犯罪的对策和建议。

除了具备行政执法信息资料网上传输，案件流转网上办理功能外，预防职务犯罪信息共享系统将信息共享平台与职务犯罪预防联系在一起，为预防职务犯罪提供及时、全面、详尽的信息资源，实现行政执法监督与职务犯罪预防同步。

各级检察机关应高度重视预防职务犯罪信息共享平台建设，融入预防版块，实现职务犯罪预防功能前移。有条件的检察院最好成立由预防、侦监、技术三部门组成的信息共享平台工作协调小组，与各行政执法单位进行沟通和联系。在取得各行政执法单位的支持后，确定专门的责任科室以及具体的联络人员和技术人员，来配合信息平台的建设。同时由各行政执法单位提供表单样板，收集相关数据并通过政务网等相关网站传输到放置于预防信息共享平台专用服务器上，预防职务犯罪信息库的建立，必将充分发挥职务犯罪事前预防功能，进一步提高预防监督能力。

为对行政执法行为进行全程监督，实现对职务犯罪预防从事后监督到事前监督的转换，提高信息共享平台兼容性，避免日后的重复录入，在信息共享平台设计中将对行政执法的监督与职务犯罪预防联系起来，增设预防职务犯罪工作信息库，确保数据同步，信息共享平台中涵盖联网行政执法单位的重要部门人员信息、岗位职能、行政处罚、行政审批、政府性投资建设情况、政府物资采购情况、单位预防年度计划与工作经验等多个子库。通过该系统的交流互动平台，可以及时对有疑义的行政执法行为提出监督意见，对可能引发职务犯罪的苗头性问题进行及时预警，同时平台中的其他行政执法单位也可利用该平台进行相互交流，实现相互之间的实时监督，增强系统的实用性。据了解，目前全国已有多地数百家检察院建立了预防职务犯罪信息共享系统，实现了信息双向互动交流。

（三）预防职务犯罪声像设备

预防职务犯罪声像设备是开展各项预防工作的重要"武器"，也是各级检察机关预防部门必备的技术器材。开展各项预防工作都离不开预防职务犯罪声像设备，照相机、投影仪、摄像机既可以为预防工作考评留存影视资料，也可以成为对外开展预防宣传的主要工具，有条件的检察院应该配备齐全，尽量配套达标，没有条件的检察院最基本的也应该配备必要的照相机，这是预防工作的需要，也是预防工作区别其他部门的一个重要标志。

（四）预防职务犯罪公务用车

预防职务犯罪公务用车是各级检察机关开展职务犯罪预防工作的主要交通工具，也是预防部门服务当地经济发展的重要装备。预防工作是检察机关联系社会各界的桥梁和纽带，也是检察机关对外的前沿窗口，预防工作需要树立检察机关的形象，也需要社会各界对检察机关的监督。如果有条件的检察院，可以为预防部门配备专门预防宣传车、工作联络用车，这样既可以提升预防工作整体形象，提升预防工作质量、水平，也可以大大提高预防工作效率，为预防工作大发展、快发展提供必要基础保障。

如果有的地方检察院经济条件不允许，也应保障预防部门预防工作用车，确保预防工作准确、快捷、高效开展。

三、职务犯罪预防网站建设

中国职务犯罪预防网是最高人民检察院职务犯罪预防厅主办，委托正义网络传媒承办的网络媒体，是开展预防宣传的重要载体，是全国检察机关预防部门开展预防交流的重要平台，是迄今为止全国唯一一家有关职务犯罪预防工作的专题综合网站，是最高人民检察院各业务部门首家业务网站。网站的运行，标志着全国检察机关预防职务犯罪工作进入了利用高新技术和快捷的传播网络进行预防宣传、信息交流的全新发展阶段。

2001 年 5 月，最高人民检察院职务犯罪预防厅在正义网的支持下创办了"中国职务犯罪预防网"以创建预防工作的"工作平台、信息平台、宣传平台"为目标，采取灵活多样的办网方式进行运作，在频道和栏目设计上紧紧围绕预防工作这一主题，开设了预防新闻、预防对策、警示参考、预防实践、预防论坛等 7 个频道和预防部署、预防措施、案件剖析、预防动态、法律界限、工作研究等 32 个栏目，采取多种灵活的办网方式，积极推动预防工作现代化、信息化建设，不仅有利于工作交流和学习，也极大提高了工作效率，免除了各省工作人员的来回奔波之苦，真正地节省了人力、物力、财力。建站初期，即与 9 个省市预防网分站联网开通，更新、添加各种信息 6000 余条，受访 900 余万次，成为法制类网站中的重要成员。目前，经过几次改版、更新，新版预防网的内容更加丰富、栏目设置更加合理、版面更加新颖大气，覆盖面更加广泛，页面也更加好看漂亮，并与多个省级院的预防网地方分站链接，极大地推动了预防工作的有效开展。

　　通过网上调查，预防网的受众比较广泛，其中政法机关工作人员占33.88%、党政机关工作人员占19.97%、国有企业工作人员15.88%、金融机构占6.06%、科研院所占5.4%、中介机构占4.42%、私营个体占3.76%、其他占10.64%。受众范围涉及社会各方面，从而让全社会更好地了解中央关于反腐败斗争的重要指示，了解惩治贪污贿赂等职务犯罪的法律法规和最高人民检察院的重大部署。这对于广泛发动群众、依靠群众，听取群众意见和呼声，吸纳社会各界人士广泛参与和提出搞好预防工作的真知灼见，以及对于国家工作人员加强学习，进一步增强廉洁自律、奉公守法、勤政为民的思想意识，真正筑起一道拒腐防变的廉洁大堤都有重要的作用。

　　中国职务犯罪预防网的开通产生了良好的国际、国内影响。不仅国内多达百家媒体对预防网广泛关注，每天大量转载中国职务犯罪预防网的稿件，而且东南亚、港澳台的媒体均进行过广泛报道，欧美一些华文媒体也对预防网作了介绍。中央电视台曾在整点新闻里滚动播出预防网的网址和网名，香港凤凰卫视、新加坡联合早报等知名媒体亦以较大篇幅作了介绍。"中国职务犯罪预防网"向全世界传达了中国共产党为了人民的利益，从源头上治理腐败的坚强决心，展示治理和预防腐败的各种措施和手段。

第八章　预防职务犯罪立法

近年来，在中央"标本兼治、综合治理、惩防并举、注重预防"的反腐败方针指导下，我国治理腐败战略正在向纵深推进。各地坚持教育、制度、监督并重，在不断推进惩治和预防腐败体系建设的同时，加强了预防职务犯罪的地方性立法，通过比较研究，汲取国外立法经验，结合我国国情，从制度漏洞和管理的薄弱环节入手，有针对性地建立健全规章制度，不断加强预防职务犯罪法制建设，通过机制、体制、制度创新，从源头上预防和解决腐败问题。随着《联合国反腐败公约》的通过签署和我国《刑事诉讼法》等法律的修改完善，目前，制定一部全国统一的预防腐败法或预防职务犯罪法的呼声很高，条件日趋成熟。

第一节　　国外预防腐败犯罪立法状况

以权钱交易、权力滥用为特征的职务犯罪是腐败的典型表现，它长期困扰着国际社会。为此，许多国家、地区和一些国际组织一直在寻求有效治理腐败犯罪的良策。通过不断探索和实践，他们积累了许多成功做法和行之有效的经验，其中最为重要的有两条：一是预防为主，二是依法治腐。其基本理念是，防病胜于治病，只有采用釜底抽薪的方式，实施预防为主的反腐败战略，才能最大限度地减少和遏制腐败犯罪。正是基于这一认识，许多国家、地区和一些国际组织加快预防腐败犯罪的立法进程，纷纷制定防腐保廉的法律制度，以回应存在腐败现状与国民廉政要求的严重反差，力求从源头上治理和解决腐败犯罪的问题，创造廉洁的政府，高效的发展，无腐败的繁荣。①

一、国外预防腐败犯罪立法的总体情况

预防腐败犯罪的立法是廉政立法的重要内容和发展方向，它强调了事前防

---

① 本节内容引自最高人民检察院职务犯罪预防厅编译：《国际预防腐败犯罪法律文件选编》（绪论），法律出版社2002年版。

范、综合治理两个方面的价值取向，标志着廉政法制建设日趋务实有效的发展水平。在内容上，同过去单纯规定腐败行为的事后惩戒相比，当下廉政立法的预防内容、功能越来越明显，比较多地规定了加强事前防范的各种预防性措施，更加侧重于从源头上预防和解决腐败犯罪问题，较过去的廉政立法更加系统、严密。在形式上，预防腐败犯罪的立法基本上有两种表现形式：一是专门规定预防腐败犯罪的立法；二是在廉政立法或其他立法中规定关于预防腐败犯罪的专门条款，如关于公职人员行为准则和规范政府行为的法律文件等。总的来看，国外预防立法的内容丰富，形式多样，但根据各国、各地区及国际组织自己的特点又有所不同。概括起来，当前的预防腐败犯罪法律文件，根据其具体内容可分为以下几类：

（一）关于公职人员或特定人员行为准则的法律文件

腐败犯罪的本质是公权私用、以权谋私。为有效防止公职人员利用职务便利谋取私利，就必须对其行为作出全面、系统、明确的规范，制定严密的防范措施，以保证公职人员廉洁从政。因此，不管是各国政府，还是国际组织，都将此作为预防腐败犯罪立法的重点和突破口。如巴基斯坦的《政府公职人员行为条例》、南非《非洲人国民大会当选成员行为守则》、美国《政府行为道德法》、《众议院议员和雇员道德准则》、《政府工作人员道德准则》、加拿大《已经和将要离任公职人员守则》、联合国《公职人员国际行为准则》、《执法人员行为守则》等。这些准则、守则为公职人员的公务活动规定了比较详细、具体的行为规范，包括财产申报、接受礼品、任职回避、兼职限制、离职限制、禁止非法谋利、道德准则等方面的规范，明确告诉公职人员正确履行职责得到什么利益，以职权牟取私利将带来什么后果，如何履行职责等，为公职人员防腐保廉、廉洁奉公提供了具体的行为规范。

（二）关于规范政府行为和政治活动的法律文件

任何不受制约的权力必然导致腐败。当今社会，政府的权力日益膨胀，政治活动日趋活跃，如何使政府行为实现权力法治、政治活动避免"黑金"政治，成为各国政府及国际社会关注的热点。为此，各国政府及国际社会制定了大量的规范或约束政府行为和政治活动的法律文件，规定了许多明确具体的预防措施，以保证政府行为和政治活动的"廉洁"。主要包括：一是信息公开（政务公开）的法律文件。如英国《行政公开的最佳实务标准》、澳大利亚《公共利益公开法》、美国《情报自由法》、伯利兹《信息自由法1994》等。这些法律文件从不同方面规定了政府所持有信息的公开范围、时间、方式及公民获取信息的权利、途径等，为公民有效监督政府、保护自己的合法权利提供了便利条件。二是规范政府权力行使的法律文件。如德国《关于联邦行政机关预防腐败的联邦政府指令》、欧洲理事会《关于行政机关行使自由裁量权第（80）2号建议》、世界贸易组织《政府采购协定》及国际组织的法律文件中有关政府权力行使的规定等。这些规定的一个突出特点就是政府权力的行使要有所节制，做到合法、透明，实行有效监督。三是规范政治活动的法律。如法国《关于政治生活财务透明度的法律》、特立尼达和多巴哥《公共生活廉政法》、伯利兹《预防公共生活腐败法》、国际组织的法律文件中有关政党资金的规定等。这些法律文件有助于保持一国政治活动的廉洁。

（三）关于财政金融经济管理主体在市场活动中加强监管、防范腐败犯罪的法律文件

各国经济的不断发展和贸易往来，有力地推动了生产力发展和社会进步，但经济发展的背后，也出现了一股浊流，大量的"幕后交易"、洗钱犯罪等腐败现象相伴而生，阻碍了经济的健康发展，破坏了市场经济的公平、公开和公正。正是在这种情况下，各国及国际组织开始制定加强财政金融监督、规范经济活动，防止腐败发生的法律文件，从制度上严防腐败犯罪的发生。比较典型的如韩国的《实名制法》，它适用于所有的金融交易，要求在金融机构持有账户的人都必然确认其真实姓名。类似规定还有巴塞尔委员会的《有效银行监督核心原则》、国际货币基金组织《货币和金融政策透明度问题良好做法守则：原则宣言》等。

（四）关于惩治腐败犯罪的法律文件

惩治腐败犯罪是预防取得实效的保证。不管是专门的预防腐败犯罪的法律，还是其他的廉政法律，都把对贪污腐败行为的打击和惩治作为一项重要内容加以规定。如澳大利亚《秘密佣金法》、印度《1988年防止腐败法》、新加坡《预防腐败法》、《没收贪污所得法》、《公务员惩戒规则》、澳大利亚《刑法典修正案（贿赂外国公职人员）》、联合国《打击跨国有组织犯罪公约》、欧洲理事会《腐败刑法公约》等，对腐败犯罪的定罪与量刑都作了不同的规定。值得一提的是，有关国际组织越来越关注跨国贿赂（涉外贿赂），把它作为国际社会反腐败的切入点。如联合国《反对国际商业交易中的贪污贿赂行为的宣言》、经济合作与发展组织《禁止在国际商业交易中贿赂外国公职人员公约》、美洲国家组织《非法获利和跨国贿赂示范立法》、国际商会《打击敲诈勒索和贿赂行为守则》等，都对跨国贿赂犯罪的惩治与预防作了明确规定。

二、国际社会预防腐败犯罪立法的特点

通过对有关国家和国际组织预防腐败犯罪的法律文件的分析比较，可以发现当前国际社会预防腐败犯罪的立法呈现出以下几个特点：

1. 预防立法的专门性和综合性两种趋势并立。预防立法的专门性是指从源头上预防腐败犯罪发生的措施、经验和方法升华为专门立法，有其独特的针对性和适用范围。如韩国的《反腐败法》，是预防腐败法律中比较完备的一个典范。该法规定了公共机构、政党、私营企业、公民、公职人员、反腐败委员会在预防腐败上的职责和义务，还规定了监管、审计、公民对腐败行为的举报等强有力的预防措施。预防腐败犯罪法律的综合性是指这些法律集实体性规定和程序性规定于一体，不仅规定了腐败犯罪的调查机关和特殊调查程序、预防措施及其实施途径，而且也规定了有关腐败犯罪的定罪和量刑。如新加坡的《反腐败法》、印度的《1988年防止腐败法》、冈比亚《资产财产评估和预防腐败活动法》、博茨瓦纳《反腐败和经济犯罪法》等。

2. 预防立法对反腐败机构授予权力和明确责任并重。这些立法大都设立了专门的反腐败机构或赋予某些机构以特殊职权，并明确责任，以加强对反腐败的监控和管理。韩国《反腐败法》设立了总统直接领导的预防腐败的机构——反腐败委员会、新加坡《预防腐败法》设立了总统直接领导下的腐败活动调查局、印度《1988年防止腐败》授权德里特别警察机构（后改为中央调查局）等以特别调查权、厄瓜多尔《市民控防腐败委员会法》成立了专门的反腐败机构——市民控防腐败委员会、冈比亚《资产财产评估和预防腐败活动法》设立了资产财产评估和预防腐败活动委员会、博茨瓦纳《反腐败和经济犯罪法》设立了国家反腐败局等。尤为引人注目的是，欧洲理事会也设立了一个国家间的反腐败协调机构——反腐败国家集团。这一组织的建立标志着反腐败机构建设进入了一个新阶段，即由国内反腐败机构向国际反腐败机构发展。该组织于1999年5月由比利时、保加利亚、塞浦路斯、爱沙尼亚、芬兰、法国、德国、希腊、冰岛、爱尔兰、立陶宛、卢森堡、罗马尼亚、斯洛伐克、斯洛文尼亚、西班牙和瑞典等国部长委员会的代表会议设立，目的是通过监测各国遵守有关廉洁承诺的情况，特别负责监测遵守《打击贪污腐败二十项指导原则》的情况和执行《腐败刑法公约》等国际法律的情况，提高其成员国打击腐败犯罪的能力。

3. 国际组织通过制定形式多样的反腐败法律文件，强调本国努力与国际参与两方面力量的结合。面对跨国境、国际化腐败犯罪的增长趋势，一些国际组织包括区域性国际组织、非政府组织和国际金融、贸易组织从维护自身利益或促进社会良性发展出发，更加积极主动地投入对官员腐败犯罪的预防工作，这种倾向性在20世纪90年代以后尤为明显。国际组织参与反腐败的一个重要形式，就是通过制定一些有关预防腐败犯罪的法律文件来积极介入和帮助各国进行反腐败。国际组织制定的这些反腐败法律文件与各组织的自身职能、性质和领域紧密相关，具有鲜明的个性；另外，这些法律文件多具有指导性和原则性，主要是从宏观上对惩治与跨国贿赂犯罪进行规定，并将重点放在国际商业领域腐败犯罪和跨国贿赂犯罪方面。如巴塞尔银行监督委员会只有少部分工作涉及治理腐败问题。然而，委员会从健全风险管理、防范洗钱犯罪发生的角度出发，于1997年制定了《有效银行监督核心原则》，建议监管人员应注意查明客户身份和保管交易记录，金融机构应更加谨慎地查明和报告可疑交易；同时，它还提出了与没有适当反洗钱措施的国家打交道的相关对策建议。由于这些法律文件代表国际社会对这些事项广泛的一致意见，尽管其约束力不尽相同，但对政府行为的调整却具有重要性。另外，这些法律文件在结构、组成部分及某些情况下反腐败对策措施的相似性也表明，尽管人们在反腐败斗争中所处的社会环境、历史背景、经济发展状况不同，但在反腐败斗争遇到的问题却具有共同性。也正是这种重要性和共同性的结合，才使得各国际组织成员通过谈判，制定比较一致的解决办法。

4. 预防立法更加侧重事前防范，规定了许多有效的刚性预防措施，以堵塞可能产生的漏洞，从制度、管理和监督上减少腐败犯罪产生的机会。如联邦德国《关于联邦行政机关预防腐败的联邦政府指令》中，将对特别敏感领域及其监督渠道的职员进行轮换作为一项具体的预防腐败措施，在法律中加以明确规定。在诸多的预防立法中，1996年3月29日通过的《美洲国家组织反腐败公约》对于预防贪污腐败行为规定得最为详细。该公约第3条要求各缔约国在本国体制内，通过创制、维持和加强下列措施来预防腐败犯罪：（1）正确、正直和适当履行公务的行为标准；（2）加强这些行为标准的机制；（3）确保政府人员正确理解其职责和指导其活动的道德准则；（4）登记在法律规定的某些职位履行公务的人的收入、财产和债务的制度；（5）政府租用和采购货物和服务的制度，确保这些制度公开、平等和高效；（6）遏制腐败的政府税款收集和控制制度；（7）对违反缔约国反贪污法律进行支出的个人或公司不予以税收优惠待遇的法律；（8）保护公务员和平民出于善意报告贪污行为的法律；（9）目的在于实施预防、调查、惩治和根除腐败行为的现代机制的监督机构；（10）对于贿赂国内和外国政府官员的威慑措施，如确保公众持有的公司和其他各类协会保持账簿和记录的机制，这些账簿和记录要准确反映资产的购置和处置并有充分的内部账户管制，以便使其高级管理人员能够发觉贪污行为；（11）鼓励民间社会和非政府组织参与防止腐败的努力；（12）加强深化预防措施的研究，充分考虑公务员系统公平的报酬和廉洁正直之间的关系。此外，《联合同打击跨国有组织犯罪公约》规定各缔约国均应采取措施，确保本国政府在预防、调查和惩治公职人员腐败犯罪方面采取有效行动，包括使职能机构具备适当的独立性，以免其行动受到不适当的影响等。欧洲委员会《腐败刑法公约》规定，各缔约方应采取必要措施，确保打击腐败行为的工作人员具备足够的专门知识，拥有必要的独立性，加强培训，并拥有执行任务所需的财政资源。

三、典型国家的预防腐败犯罪立法

"标本兼治，预防为主"的预防腐败理念已经成为世界各国在反腐败问题上的共识。世界上治理腐败取得明显成效的国家和地区，一个重要的经验就是加强防止腐败犯罪的立法，使防止腐败犯罪行为按照既定的法制轨道进行。新加坡、我国香港特别行政区在其发展历史上都存在过腐败之风盛行的情况，但是，现在都成为世界上公认的最廉洁的国家和地区之一。这些国家和地区在预防腐败犯罪方面的做法与以上介绍的总体情况具有一致性，为了便于借鉴，现选择几个典型国家的做法进行具体评介，以求窥全豹之一斑的目的。

（一）法制严密的美国预防腐败犯罪的立法

美国经过二百多年的发展，特别是第二次世界大战后几十年的发展，已经形成了一套相当完备的防腐保廉法律和规章制度体系。其中值得称道的，一是关于财产申报的规定。主要有《政府官员及雇员道德操行准则》、《政府行为道德法》及其1989年修订的《道德改革法》。后者对财产申报问题作了全面而系统的规定，堪称财产申报立法的典范。它规定，总统、副总统、国会议员、政府高级官员以及联邦法官等15000名官员须在任职前报告并公开自己以及配偶的财务状况，包括收入、个人财产等，以后还须按月申报。对财产申报资料的接受、保管办法、保存期限、公开方式、查阅手续、审查以及对拒绝申报和虚假申报的处罚办法也都作了详细规定。此外，美国《廉政法》也规定政府有关官员必须填写财产和收入申报，逾期不报的，将受联邦司法部起诉，申报单由廉政办公室审查，一旦发现有违法收入，立即处理，申报单可供新闻单位和公众查阅。二是关于公职人员行为准则的规定。包括接受礼品、兼职限制、离职后任职限制、禁止以公权牟取私利规范等内容。1978年修订的《文官制度改革法》，规定政府雇员不得参加政治捐款等政治性金钱授受活动。《政府行为道德法》规定，公职人员接受价值100美元以上的礼品就须作出说明，并将礼品上交。为限制公职人员通过兼职获得过高的和非劳动的报酬，他们规定公务人员一年内的兼职收入不得超过公职年薪收入的30%；一次出席活动、讲话、一篇文章所接受的酬金不得多于2000美元；去职的政府官员在离职后一年内不得回原工作部门为别人从事游说活动，违反者要受到刑事处分。三是关于政治捐款的规定。美国对竞选经费，通过制定一系列法律，对政治捐款最高数目、捐款来源、选举经费的使用加以严格限制和规范。四是关于行政公开的规定。其中《美国联邦政府机构会议公开法》、《美国情报自由法》、《美国私人秘密法》、《联邦行政程序法》、《联邦咨询委员会法》等共同构成美国公民知情权的重要法律制度，对有效提高政府的透明度，加强对政府行为的监督，反对官僚政治和官员的贪污渎职等行为发挥了重要作用。五是关于涉外贿赂的规定。1977 年美国总统卡特签署《国外贿赂行为法》，禁止美国公司进行国外贿赂活动，规定对一切旨在获得有关外国政府对美国公司、经济组织和个人在立法、司法、行政和其他方面的优惠利益而进行的支付皆属非法。六是关于廉政机构的规定。除了检察机关、联邦调查局等反贪污机构外，美国法律还设立了几个比较特殊的廉政机构。1921 年颁布的《预算和会计法》决定成立直接向国会负责的审计总署，以加强对公共资金的收入、支出和使用的监督审查，约束和减少行政官员滥用职权、贪污挥霍的行为。根据《政府道德行为法》，在人事管理局内设立廉政公署，主要职责是管理政府各级官员的财产申报事务和监督政府官员的道德行为。1978 年颁布的《监察长法》规定在政府的各行政机关内设立监察长办事处，这是加强联邦行政机关内部防贪肃贪措施的重要规定。

纵观美国廉政立法的内容，可以发现大多是预防性规定，是一个以事前防范为主的廉政立法体系。这反映出美国社会对治理腐败的基本态度是避免腐败事件的发生，防患于未然。美国的廉政立法还具有两个明显的特点：一是细密。立法对公务事项规定非常具体，使每个公职人员都能"对号入座"，可操作和实用性强，实践中也容易落到实处。二是周全。美国的联邦和州两套立法系统都非常重视用法律来规范公职人员的行动，使行事都有法可依、于法有据。仅联邦制定的公职人员规则就达 4 万多字，对政府官员个人财产申报及乘坐公车、吃请受礼等都作了具体规定。

(二) 惩治与预防并重的新加坡预防腐败犯罪立法

新加坡实现和长期保持廉洁的一个重要因素是依法治贪，把建立健全防治官员腐败的法律制度作为廉政建设的主要内容，使肃贪倡廉规范化、法律化和制度化。新加坡在惩腐反贪上采取打击与预防并重、标本兼治、双管齐下的方针，这些政策在廉政立法上也得到了体现。新加坡的主要廉政立法有《预防腐败法》、《没收贪污所得法》以及《公务员惩戒规则》等有关公务员管理的法律法规。总的来看，新加坡的廉政立法主要有以下几个特点：

一是法网严密，违法必罚。《预防腐败法》是新加坡基础性的治理腐败犯罪立法，自 1960 年颁布实施以来，又先后于 1963 年、1966 年、1972 年、1981 年、1989 年、1991 年和 1993 年进行了修改，以不断适应新的社会情况。

这部立法具有严密性、详细性、具体性和全面性的特点，把肃贪倡廉的各项活动基本纳入法律调整的范围。如该法除了规定各种利用权力或职务之便收受报酬的行为都是违法行为和必须治罪的外，还对什么是"报酬"作了详细的界定，以便严格执行并防治司法官员随意解释。又如，该法还对官员如何处理那些无法推辞掉的礼品作了详细规定，使法律具有相当高的操作性。新加坡素以惩罚犯罪的严厉性著称。《刑法典》第九章规定了"公务员犯罪或与公务员有关的犯罪"，《预防腐败法》第 5 条至第 12 条又细致规定了代理人、投标人、议员、公共机构成员的受贿罪以及对他们行贿的犯罪，两部法律共规定了 15 个罪名，构成了惩治腐败犯罪的严密法网。此外，《预防腐败法》还提高了腐败犯罪的法定刑，对教唆犯罪、预备犯罪与共同犯罪进行了新的规定，加大了惩治腐败的力度。规定受贿的公务员一经查证属实，不但要处以监禁，还要处以罚款，并且没收该公职人员在职期间缴纳的公积金。令人惊奇的是，该法规定，作为贿赂对象的公职人员应该逮捕向其行贿的人，并将其扭送到最近的警察局，如未能这样做，而且没有充分理由的，应该认为是犯罪，并处以 5000 新元以下的罚款或 6 个月以下的有期徒刑，也可两罚并处。《公务员惩戒规则》则是关于公务员行政处分的一部法律。该法详细规定了公务员委员会对尚不够刑事处分的公务员渎职和玩忽职守行为调查和处理程序，弥补了《预防腐败法》的不足，使二者互为补充，相得益彰。

二是加强预防立法，从制度上防范腐败的发生。首先，严格财产申报制度。他们规定政府官员的财产申报有两种情形：第一，每年 7 月 1 日各政府部门的职员都要填写个人财产申报表；第二，每一个官员被政府聘用后，必须申报自己的财产。申报的内容，包括自己所拥有的股票、房地产和其他方面所获得的利息收入，还包括他的担保人或家庭成员所拥有的投资和利息情况。任职后，财产如果有所变动，应自动填写变动财产申报和变动原因，获得许可后填写实际财产变更清单。各部门的常任秘书对每一份申报表都要进行详细审阅，以了解是否有不法行为。个人申报财产后还必须由腐败活动调查局审查核实。其次，严格官员行为准则。新加坡制定了《公务员指导手册》共五卷，对政府各部门公务员不同的职务行为，从穿着、言行、奖惩、津贴、休假、保密到退休等方面都作出了明确、具体的规定。如在官员举债方面，规定政府官员借钱给别人时，不准附带利息；在向别人借钱时不准以自己的职务为名，不得做交易。如果一个官员所负的债务已超过其 3 个月工资的总和，则被视为陷于债务麻烦的官员，必须向其所属部门常任秘书报告。凡是陷于债务麻烦的官员或所填表格虚假者，都必须受到纪律处分，甚至被开除。在官员职务行为与私人事务的区分上，规定任何官员不准直接或间接地利用官方信息或官方地位为其私人谋取利益；不准直接或间接地利用职权，或允许他人利用自己的名义，为自己的企业和民间团体谋利；也不准参与各个团体的广告和出版物的活动。在官员投资方面，为了避免政府官员参与非法投机活动，规定政府职员不准直接或间接地拥有在新加坡营业的任何公司的股份和证券，但可以购买股票市场上公开挂牌的股票，也可以购买土地和住宅。并严禁官员的子女利用父母的地位非法经商或营私。在官员兼职方面，规定官员在未经批准的情况下不得做兼职工作，并对官员讲学作了规定。在收受礼品方面，规定除个人私交外，任何官员不得接受下级人员赠送的任何礼品，包括现金、物品和票券，也不得接受下级人员的邀请出席娱乐活动等。考察我国公务员活动的情况便可发现，这些规定颇有借鉴意义。

三是建立强大的廉政机构，使之成为打击腐败的有力武器。腐败活动调查局是新加坡反贪污腐败的专门机构，也是《预防腐败法》的执行机关。《预防腐败法》对腐败活动调查局作了全面规定，并赋予其广泛的权利，特别是强化了其侦查权限和侦查措施，增大了执法的权威性。该法第15条至第22条规定，腐败活动调查局享有特别侦查权、无证搜查与强行搜查、对财产的查封扣押、检查复制银行账目、要求有关人员提供犯罪证据、要求嫌疑人申报财产、无证逮捕以及限制转移财产等特殊权利。这些权利有的是法律直接赋予，有的则是通过检察官予以授权。腐败活动调查局的局长由总统任命，对总统负责，不受任何人的指挥和管辖。该局的每一个官员被视为特别公职人员，都持有局长签署的委任证书，以作为行使职权的凭证。其地位、身份、权力有严格的法律保障，薪水也比同级官员高。此外，腐败活动调查局还经常检查政府机关执行公务的程序，以便堵塞漏洞；对容易发生腐败现象的部门人员进行定期轮换，也可以对这些部门进行突击检查，并且每隔3—5年全面检查预防措施是否真正实施，从而有效地防止腐败犯罪的发生。

四是使用特别诉讼程序和证据制度，有效打击贪污。新加坡1989年颁布了《没收贪污所得法》，这是一部专门惩治腐败犯罪的程序法，用以补充和完善刑事诉讼法的有关规定。该法共24条。分为序言、没收贪污所得、没收令的执行及其他、对潜逃者的适用四大部分。该法详细规定了法院在审理贪污犯罪案件过程中，发布没收贪污所得财产的命令的条件及其程序，没收贪污所得财产的范围，以及法院没收贪污所得财产的命令的执行程序等，具有极强的可操作性。此外，《预防腐败法》还规定了不同于追究一般犯罪的新型证据制度，主要是包括贿赂推定、财产来源不明的证据、习惯证据、共犯证据与证人免责、贿赂人的证据效力等。如该法第24条规定，在对贪污受贿罪行为的调查与审判中，如果被告人未能作出令人满意的说明，那么，即可认定被告人拥有与其正当收入不相符的财产来源和金钱来源这一事实，以及在被指控犯罪期间被告人的金钱来源或财产增加的事实，而且法院可以考虑用这些事实加强审讯或调查证人的证明力。《没收贪污所得法》第 21 条规定，如果某人因贪污犯罪嫌疑而潜逃，那么他将被视为犯有贪污罪，这也是对贪污贿赂犯罪的合理推定。为了加强对举报人的保护，积极鼓励和支持公众参与反腐败，《预防腐败法》第 36 条规定，证人不得透露任何举报人的姓名或者住址，或者讲述任何可能导致其暴露的事项；若有关证据或材料含有关于举报人姓名、特征或者可能导致其暴露的记载，法庭应将这类材料隐去，必要时予以销毁。

（三）严密但执行不力的印度预防腐败犯罪立法

印度预防腐败犯罪的立法主要有以下几个特点：一是制定专门统一的反腐败法。先是通过《1947 年防治腐败法》，"旨在更有效地防治贿赂和腐败"。后经不断修改完善，又制定了《1988 年防治腐败法》，"旨在统一和修正关于防治贪污及与此有关的法律的法案"。该法是一部集刑事实体法、诉讼程序法于一体的综合性的反腐败法。二是针对腐败案件主体的特殊性和案件的复杂性，严格腐败案件调查、审判人员身份，并赋予其特权，确保腐败案件高质、高效地办理。三是扩大贪污贿赂犯罪主体范围，加大反腐败法的调整力度。防治腐败法将贪污贿赂犯罪的主体界定为公务员，在公务员的概念上采取广义的含义，将公务规定为一切执行与国家、公众和团体有利害关系的职务，从事这种职务的人员就是公务员。包括大学校长、教授、讲师等在大学工作的人员，以及受委托从事执行审查与选拔、进行与主持、实施考试等工作的人员，受政府机构财政资助的协会、机构中的官员和雇员等。四是立足于防微杜渐，治吏从严，实行轻刑必罚，从严治罪。五是严密细致的公务员行为准则。如 1964 年《中央文官行为准则》，对赞助、接受礼品、个人经商或兼职、财产申报、投资和借贷、长期负债、饮酒和吸毒等涉及公务员职务行为进行了规定。如严禁官员为亲友谋利，规定任何公务员不得利用他的地位和影响力为其家庭成员在任何公司或商行谋职，不得同雇有其家庭成员的公司或是商行办事或批准它的合同。在官员收受礼品上，规定公务员不得接受或让其家庭成员接受任何礼品，但准则中规定的礼物除外。严禁官员经商和投资，规定公务员不得直接或间接经商，不得从事其他职业，家庭成员经商必须向政府报告。公务员也不得从事证券和股票投机，不得进行有碍公务的投资，不得同他管辖范围的个人或企业发生借贷关系，不得借钱给任何人收取利息。规定官员必须进行财产申报，在就任时必须详细报告财产情况，包括不动产、股票、现金和银行存款、其他动产和债务。

值得人们反思的是，印度是世界上腐败问题比较严重的国家之一，按照

1999 年透明国际公布的清廉指数排名为第 72 位。表明印度严密的立法并未带来理想的廉洁社会，这似乎也给人们提供一种警示，仅有立法是远远不够的，还必须将立法的需求转化为实际的行动。要获得理想的法治效果，不仅依赖于立法的严谨，更要在法的实施中倾注最大的努力。

第二节　我国预防职务犯罪立法的现状

国际社会对反腐败立法的重视体现了反腐败必须打防并举已成为国际社会的共识，加强预防职务犯罪立法以推动预防工作，已成为当今世界的一个基本趋势。我国从 20 世纪 90 年代起就在酝酿制定一部实体程序兼备、惩治预防并重的《反腐败法》，早在 1995 年 10 月，全国人大常委会王汉斌副委员长在第七届国际反贪污大会闭幕式上的讲话中就指出"反贪污贿赂法正在抓紧起草之中"。① 检察机关为研究起草《反贪污贿赂法》，做了大量工作，为有关预防职务犯罪立法的及时启动提供了比较坚实的工作基础。但就全国来说，我国还没有一部专门的预防职务犯罪法律文件，有关原则、要求和规定散见于宪法、刑法、刑事诉讼法和有关法律文件中。我国《宪法》规定，国家通过思想教育、道德教育、文化教育、纪律和法制教育，加强社会主义精神文明建设。全国人大常委会于 1991 年通过的《关于加强社会治安综合治理的决议》，是就所有犯罪的综合治理而定的，当然也包括对贪污贿赂、渎职等职务犯罪的综合治理。这些规定既是检察机关开展预防职务犯罪工作的法律武器，也是预防职务犯罪立法的有力法律依据。此外，党中央和国务院确立和制定的一系列关于预防和解决腐败问题的方针、政策和措施，不仅为预防立法指明了方向，也为立法提供了强有力的政策依据。其中，对检察机关在履行法律监督职责查办职务犯罪的同时开展预防职务犯罪工作，既是宪法、法律的原则规定，也是党和国家从源头上治理腐败的内在要求。《人民检察院组织法》也规定，人民检察院通过检察活动，教育公民忠于社会主义祖国，自觉地遵守宪法和法律，积极同违法行为作斗争。这些规定和要求总体上还比较原则，缺乏具体操作规范，加强全国性预防职务犯罪立法是一项比较紧迫的任务。

一、我国预防职务犯罪的地方立法

在预防职务犯罪的地方性立法方面，一些省、市已经进行了一些有益尝试。从 2001 年 7 月 30 日湖南省人大常委会通过《关于加强预防职务犯罪工作

---

① 郭永运主编：《国际反腐败法律文献大典》，中国检察出版社 2006 年版，第 12 页。

的决议》和 2002 年 3 月安徽省在全国范围内率先制定《预防职务犯罪工作条例》以来，已有湖南、四川、广西等 3 个省、自治区通过了加强预防职务犯罪工作的决议，安徽、黑龙江、江西、吉林、宁夏、西藏、新疆、湖北、贵州、江苏、海南、浙江、甘肃、山西、四川、云南等 16 个省、自治区制定了预防职务犯罪的地方性法规，无锡、邯郸、厦门、齐齐哈尔、乌鲁木齐、西安、济南、武汉、鞍山、呼和浩特、南京、洛阳、宁波、深圳、郑州和昆明等 10 多个省会城市或较大的市也先后进行了地方立法。这些已颁布的加强预防职务犯罪决议和预防职务犯罪条例对预防职务犯罪工作的主体、职责、措施、法律责任及监督保障等进行了规范，使得我国部分地方预防职务犯罪工作有法可依。特别是作为地方性立法的预防职务犯罪条例（或工作条例）在立法原则、具体内容上，为国家层面的立法奠定了良好基础。这些条例主要规定了以下八个方面的内容：①

（一）关于立法案的体例和名称

根据我国地方各级人民代表大会和地方各级人民政府组织法、全国人民代表大会常务委员会议事规则等有关法规的规定，地方人大有权作出决定、决议、制定条例。相比较："决定"、"决议"的内容一般比较单一，而"条例"具有系统、全面的特点；"决定"、"决议"多属于临时性、短期性规定，而"条例"更具有稳定性、长期性；"决定"、"决议"一般没有处罚条款，而"条例"的约束力强于前二者，规格和强制力是最高的。在目前全国 19 个省、自治区通过的预防职务犯罪法律文件中，有湖南、四川、广西是"决议"，其余是"条例"。其中四川省人民代表大会常务委员 2002 年 7 月 20 日作出关于加强预防职务犯罪工作的决议，2009 年 11 月 27 日又通过了"条例"。而 16 个条例在名称上只有安徽、湖北、江苏、海南、浙江称为《预防职务犯罪条例》，其余均称为《预防职务犯罪工作条例》。

（二）关于预防职务犯罪立法的宗旨、目的

职务犯罪是最严重的腐败现象，是影响稳定和发展的严重障碍。为此，各地在预防职务犯罪立法中都明确规定，制定预防职务犯罪法的宗旨目的是为了预防职务犯罪，推进廉政建设，促进经济和社会发展；是规范国家机关及其工作人员的职务行为，促进国家工作人员依法、公正、廉洁履行职务，有效地遏制职务犯罪。但在表述上，有关"工作条例"和"条例"有所不同，如黑龙江"工作条例"是"为加强和规范预防职务犯罪工作，遏制职务犯罪发生，

①　参见尹东华：《〈天津市预防职务犯罪条例〉立法相关问题研究》，载天津职务犯罪预防网 2010 年 12 月 13 日。

促进经济发展和社会稳定"，江西"工作条例"是"为了加强和规范预防职务犯罪工作，促进国家工作人员公正、廉洁，依法履行职责"；安徽"条例"是"为了预防职务犯罪，促进国家工作人员公正廉洁地履行职务"，江苏"条例"是"为了预防职务犯罪，推进廉政建设，促进经济和社会发展"。

（三）关于制订预防职务犯罪法的指导思想

预防职务犯罪工作必须坚决贯彻党中央关于反腐败和预防工作的方针政策，由于各个不同时期党中央反腐败和预防工作的方针政策侧重点有所不同，因此，预防职务犯罪立法的指导思想也有所不同，如四川、湖南两省的"决议"提及预防职务犯罪工作的指导思想，即"教育是基础，法制是保证，监督是关键"。多数"条例"提"标本兼治、综合治理"和"标本兼治、综合治理、惩防并举、注重预防"。这一指导思想前后的不同表述，反映党中央对反腐败工作认识的不断深化和发展。

（四）关于职务犯罪的概念

预防职务犯罪，首先就要明确"职务犯罪"的概念。职务犯罪并不是一个严格意义上的法定罪名，也不是一个法定的类罪名。从刑法规定看，"利用职务上的便利"和"滥用职权或者玩忽职守"实施的犯罪主要集中在第三章"破坏社会主义市场经济秩序罪"的第三节"妨害对公司、企业的管理秩序罪"和第四节"破坏金融秩序罪"，第五章"侵犯财产罪"，第八章"贪污贿赂罪"和第九章"渎职罪"中。从司法实践来看，它更多地指向国家工作人员履行职务时的作为或不作为所构成的犯罪行为。在大多数的地方条例中，均规定了职务犯罪的概念，但也有的地方制定的条例中没有对职务犯罪的概念做出定义，如吉林省制定的条例。此外，地方法规对职务犯罪所下的定义概括起来，有两种规定：一种是直接规定，如江苏省的条例，即"本条例所称的职务犯罪，是指贪污贿赂犯罪、国家工作人员的渎职犯罪，国家机关工作人员利用职权实施的侵犯公民人身权利和民主权利的犯罪，以及国家机关工作人员利用职权实施的其他犯罪"；另一种是通过对预防职务犯罪的概念下定义来界定，如西藏自治区的条例，即"本条例所称的预防职务犯罪工作，是指为防止国家工作人员贪污贿赂犯罪、渎职犯罪、利用职权侵犯公民人身权利和民主权利的犯罪，以及其他职务犯罪所开展的预防工作"。

（五）关于预防职务犯罪的主体

预防职务犯罪的主体是多元主体。包括：各级国家机关、企事业单位、社会团体和广大人民群众。一般可以划分为三个层次：第一是组织领导层次，主要有各级党委、人大、政府；第二是实施主管层次，主要有检察机关、纪检监察部门、审判机关、政府各职能部门等；第三是社会参与层次，主要包括国有企事业单位、社会团体和广大人民群众。特别应当指出的是大多数"条例"把预防职务犯罪的主体分为一般的预防职务犯罪主体和特殊的预防主体，前者就是西藏、新疆"条例"所称的"预防单位"，即国家机关、国有公司（含国有控股公司）、企业、事业单位、人民团体等可能发生职务犯罪的单位。而后者专门指负有组织、协调、监督、指导一般主体履行预防职务犯罪职责的主体，也称"执法主体"。由于预防职务犯罪工作是涉及社会各个方面和领域的综合性、系统性工程，各地的条例中对执法主体的界定和职能划分，也可分为三类：其一是规定由预防职务犯罪工作领导机构（预防职务犯罪工作委员会）负责指导协调（组织协调）；其二是规定由检察机关、监察机关、审计机关等共同负责指导、监督；其三是不具体规定哪个部门统一负责，仅规定国家机关、国有企事业单位、人民团体各负其责。因为预防职务犯罪执法主体不是单一主体，检察机关作为国家法律监督机关，法律赋予其对职务犯罪专司立案侦查、起诉的职责，在预防职务犯罪工作中发挥着重要作用。各地条例对检察机关的职责都作出了规定，但不同的是条文设置和内容存在差异。安徽省、黑龙江省、江西省、甘肃省、西藏自治区、新疆维吾尔族自治区、宁夏回族自治区等7部条例相对突出了检察机关在预防职务犯罪工作中的主体地位。

（六）关于预防职务犯罪的对象

对这个问题有两种不同的认识：一种观点认为，立法的目标在于治权、治吏，因此，预防职务犯罪的对象应当按照《刑法》第93条界定的国家工作人员范围，即指"国家机关中从事公务的人员，国有公司、企业、事业单位、人民团体中从事公务的人员和国家机关、国有公司、企业、事业单位委派到非国有公司、企业、事业单位、社会团体从事公务的人员，以及其他依照法律从事公务的人员"。另一种认为，广大国家机关、国有企事业单位及国家工作人员是忠于职守、廉洁奉公的，不能将其视为职务预防犯罪的对象，而应视为预防职务犯罪的主体。体现在"条例"中，就是把预防职务犯罪的对象规定为具体的职务犯罪行为，即按照我国刑法规定的国家工作人员的贪污贿赂、渎职犯罪行为，国家机关工作人员利用职权实施的侵犯公民人身权利和民主权利的犯罪以及利用职权实施的其他犯罪行为。但对预防职务犯罪的具体范围有三种规定：第一种将预防职务犯罪的范围界定为检察机关反贪和渎职检察部门管辖的案件范围；第二种在此基础上，增加了国家工作人员利用职权实施的其他重大犯罪；第三种在第一种的基础上，增加了国家工作人员利用职权实施的其他犯罪。

（七）关于预防职务犯罪的工作机制和领导责任制

预防职务犯罪是全党全社会的共同任务，涉及社会各个方面、各个领域，是一项系统工程，涉及众多职能部门。由于预防职务犯罪众多职能部门分属于不同的机关，预防职务犯罪多元主体之间在"部门各负其责"的基础上，需要明确一个领导机关进行统一领导、组织、监督，以克服分散、无序的状态，更好地发挥各职能部门的作用，真正形成遏制职务犯罪工作的合力，保证预防职务犯罪的有效性。各地条例对此有三种做法：第一种是安徽"条例"提出的"预防职务犯罪实行单位各负其责，检察机关指导、监督，社会各界参与的工作机制"。第二种是多数条例的规定，预防职务犯罪工作应当建立和实行检察机关指导、协调、监督，并与监察和审计机关密切配合，部门和单位各负其责，社会各界参与的工作机制。第三种规定，应当建立预防职务犯罪工作的领导机构及其办事机构。如吉林、深圳"条例"。多数"条例"还明确规定由检察机关承担领导机构及其办事机构的日常工作。同时，各地"条例"都规定预防职务犯罪工作实行领导责任制。单位主要负责人对预防职务犯罪工作负总责，其他负责人根据分工负直接领导责任。黑龙江的条例更具体规定"国家机关、国有企事业单位和人民团体应当建立以单位主要负责人为第一责任人的预防职务犯罪工作责任制，把预防职务犯罪工作情况纳入年度考核，作为单位或者个人业绩评定、奖励、惩处的重要依据。……单位的领导成员发生职务犯罪，一般工作人员发生重大职务犯罪的，该单位两年内不得参与精神文明等综合评比活动"。

（八）关于预防职责的区分

预防职责是各地条例重点规定的内容。条例对预防职责的区分就是为了解决各部门职责不清、权限不明等问题。各地条例关于各国家机关、国有公司、企业、事业单位和人民团体的各自的职责规定虽不完全一致，但基本上按照先总后分的顺序制定。例如，浙江省的条例先作总体规定，再将国家机关和国有公司、企业、事业单位和人民团体的职责分开规定。安徽省的条例是先对国家机关、国有企事业单位、人民团体的预防责任作出规定，再对人民政府及其职能部门、国有企业的预防责任作出规定。值得注意的是，检察机关、监察机关、审计机关等国家机关作为一般预防主体和作为执法主体时的职责是不同的。作为一般主体时，其职责与其他国家机关、国有公司、企业、事业单位和人民团体一样，综合安徽、吉林等地条例规定，主要有以下几种：一是制定、实施预防职务犯罪工作的计划和措施；二是对所管理的工作人员进行预防职务犯罪教育，并将预防职务犯罪教育纳入教育培训计划；三是建立健全人、财、物等内部管理制度，对易发职务犯罪的岗位和环节加强监督制约；四是接受有关部门的指导、检查、监督，如实提供有关情况和资料；五是对下级单位的预防职务犯罪工作进行指导、检查、监督；六是查处违纪行为，发现涉嫌职务犯罪的，及时移送有关机关依法处理；七是实行政务公开、厂务公开等措施并接受社会监督；八是履行预防职务犯罪的其他职责。但作为执法主体时，其职责又根据有关部门的职能，分成检察机关、审判机关、监察机关、审计机关、司法行政机关或监狱管理机关、文化教育、新闻出版、广播电视等部门。其中各地条例关于检察机关职责的规定也详略不同，详细的如浙江、西藏自治区条例有8项，其中浙江条例规定包括：（1）依法查处职务犯罪；（2）收集、分析、处理职务犯罪信息；（3）提出预防职务犯罪的对策和建议；（4）开展预防职务犯罪的法制宣传、警示教育和预防措施咨询活动；（5）建立和完善行贿犯罪档案查询制度，受理行贿犯罪档案查询；（6）在重点行业、领域与有关单位共同建立预防职务犯罪的工作机制；（7）检查、通报预防职务犯罪工作情况；（8）其他预防职务犯罪职责。简略的如安徽、黑龙江省条例有4项，其中安徽条例包括：（1）分析研究职务犯罪发生的原因、特点和规律，提出预防对策和措施；（2）督促、协助有关单位开展预防职务犯罪的宣传、教育和咨询活动；（3）在职务犯罪易发、多发的行业和领域与有关单位共同开展专项预防活动；（4）检查、通报预防职务犯罪工作情况。

（九）关于预防措施

与预防职责相应，一般预防主体的预防措施是国家机关、国有公司、企业、事业单位和人民团体内部的自防自律措施，主要是实行任职回避、禁止从事经营性活动、政务公开、重大事项报告、收入申报、财务监管等措施。例如，安徽条例规定人民政府及其职能部门应当采取改革和完善行政管理体制，规范审批行为，公开审批程序，依法行使行政审批权；依法实行政府采购，加强对重大建设项目预决算等的审计监督，对政府重点建设项目等依法实行招标投标，遏制和预防职务犯罪。黑龙江条例规定"各级人民政府及其职能部门应当依法行政、规范行政行为，建立健全监督制约机制，在进行重大事项决策时，应当制定预防职务犯罪措施"。浙江等地的条例还明确规定国家机关与国有公司、企业、事业单位等可根据具体情况采取不同措施。而对于执法主体所采取的预防措施因其各自职责和具体对象以及专业性要求不同而不同，就检察机关而言，针对典型案件开展的个案预防、针对重点行业特点开展的行业预防、针对案件多发环节开展的专项预防等形式，可以分别采取犯罪分析、预防调查、检察建议、预防咨询、警示教育、行贿犯罪档案查询等专业措施。比较引人注目的是，有些地方条例规定了一些新的措施，例如，早在2001年7月通过的湖南"决议"规定"各级人民政府应当采取预防职务犯罪措施，规范行政行为，改革审批制度，完善政府采购、招标投标等制度，落实领导干部任前公示制、任职回避制、财产申报制，推行政务公开"，"县级以上人民代表大会常务委员会应当在制定规范性文件时，合理规范公共权力，减少和消除职务犯罪发生的因素和条件"，就提出了"财产申报制"和"规范性文件审查"。黑龙江条例规定"有行政审批权的行政机关，对依法应当受理的各项审批、许可、确认、裁决等事项，应当依法实行公示、首问负责、超时默认和听证等制度，并在规定时限内办结"。贵州条例规定"检察机关和行政监察、审计等职能部门应当建立职务犯罪情况档案和信息共享制度"。海南条例规定"公民、法人和其他组织在国有产权出让转让、国有土地使用权和采矿权招标拍卖、政府采购、政府投资建设项目等重大经济活动中，有行贿、欺诈、出具虚假报告等行为的，有关部门应当依法处理，并记入其信用档案，依法限制其在一定期限内不得参与以上经济活动"。江苏条例规定"国有公司、企业、事业单位在自查过程中，发现存在职务犯罪隐患的，可以向检察机关提出咨询，检察机关可以根据具体情况和实际要求，为其提供免费及保密的预防职务犯罪的咨询服务和防范建议"。宁波条例规定"在公共投资建设项目、经营性土地使用权出、政府采购、国有资产产权交易等招标活动中，招标单位可以向有关机关查询贿赂行为记录档案，并在招标文件中设定投标人在投标之日前3年内不得有贿赂行为记录的条件"。深圳条例规定"预工委设立预防职务犯罪专家咨询委员会，为预防职务犯罪工作提供咨询服务。预防职务犯罪专家咨询委员会由本行政区域内政治、经济、法律、金融、建设、审计、会计、环保等领域的专家组成"。郑州、南京条例规定"担任领导职务的国家工作人员应当遵守和执行个人重大事项报告，收入和境外存款申报和引咎辞职等规定"。凡此等等，都体现了各地在预防措施方面的探索和创新。

（十）关于监督保障和预防法律责任

为了保证条例规定的预防职责和预防措施的落实，各地条例都规定了监督保障和预防法律责任。其中监督保障，包括预防调查权、纠正违法权、举报权、建议权等具体监督措施和组织保障、职务保障、经费保障等保障手段。例如，吉林条例规定"审判机关、检察机关、监察机关、审计机关在开展预防职务犯罪工作中，按照各自的职权，可以采取下列措施：（1）要求有关单位和人员如实、及时地提供与预防职务犯罪事项有关的文件、资料、财务账目，进行查阅或者予以复制；（2）要求有关单位和人员就预防职务犯罪事项所涉及的问题做出解释和说明；（3）责令有关单位和人员停止违反法律、法规和行政纪律的行为；（4）建议有关单位对有违反法律、法规和严重违反行政纪律嫌疑的人员暂停其执行职务"。深圳条例规定"新闻媒体报道或者反映的问题，可能涉嫌职务犯罪的，有关部门应当及时进行调查，对其中有重大影响的问题，可以将调查处理情况向新闻媒体通报。举报人因为举报而使本人及其亲属的人身或者财产安全受到威胁时，举报人可以要求公安机关提供保护。公安机关认为确有必要的，应当及时采取相应的保护措施"。而对预防建议权，各地条例都作了规定：有关职能部门发现有关单位预防职务犯罪制度不健全、管理不规范的，可以发出书面的检察建议、司法建议、监察建议、审计建议书，要求被建议单位一定期限（多数规定为 30 日）内作出回复，并采取相应措施，予以整改。被建议单位无正当理由不接受建议、不予整改或不认真履行预防职责，由有权机关进行批评教育、依法给予行政处分；造成危害后果的，构成犯罪的，依法追究刑事责任。相比之下，各地条例对有关法律责任的规定比较原则和传统，如浙江条例规定了预防主体单位不履行预防职责、不移交职务犯罪案件、不配合预防调查、不接受预防建议、不保护举报人等"五不"情况下的法律责任，承担责任的内容主要是不履行或者不正确履行预防职责造成不良后果的等情况，承担责任的方式主要是行政责任、刑事责任。比较超前的是昆明条例规定，"国家机关、国有公司、企业、事业单位、人民团体违反本条例规定，致使所属国家工作人员发生职务犯罪被人民法院判处刑罚的，由主管部门或者监察机关对负有领导责任的人员予以问责"。

二、我国预防职务犯罪地方立法与《联合国反腐败公约》的差距

2003 年 10 月 31 日第 58 届联合国大会全体会议审议通过的《联合国反腐败公约》（以下简称《公约》），是联合国历史上通过的第一个全球性、综合性的全球反腐败法律文件。目的在于指导国际反腐败斗争，促进世界各国加强反腐工作、提高反腐成效、促进反腐领域的国际合作。内容除序言外共分 8 章、71 项条款，包括总则、预防措施、定罪、制裁、救济及执法、国际合作、资产的追回、技术援助和信息交流、实施机制以及最后条款。《公约》的制定和实施，有效地加强了国际社会对反腐败犯罪的预防及其合作。我国人大常委会于 2005 年 10 月 27 日批准加入，使我国国内预防职务犯罪立法更多与国际接轨，更进一步推动预防职务犯罪立法从地方性向全国性发展。截至 2008 年 1 月，已有 140 个国家签署了这一公约，并得到包括中国在内的 104 个国家批准。与《公约》提出预防措施相比，从内容上看，我国预防职务犯罪地方立法在贯彻预防性反腐败政策、加强社会参与、提高公共行政部门的透明度方面制度规定全面，而在公职人员行为守则、公共采购和公共财政管理、与审判和检察机关有关的措施等方面存在立法空白，在预防性反腐败机构的独立性、定期对反腐败的相关法律、措施进行评估，以及如何预防私营部门的腐败、预防洗钱方面也未涉及，与《公约》相比有一定的差距，有些问题非地方立法权限所能解决，也有些问题非预防腐败法律能够容纳。如何与《公约》提出的

预防措施接轨，进一步借鉴国外开展预防腐败工作实践中的有效经验，提高我国预防职务犯罪立法的科学性、有效性和可操作性。上述问题的解决必须寄希望于中央出台全国统一预防职务犯罪相关法律。令人欣慰的是，2012 年 3 月 14 日第十一届全国人大第五次会议对《刑事诉讼法》的第二次修正，完善了辩护制度、强制措施运用制度、非法证据排除制度、查封扣押冻结制度等，加强了对刑事司法权的监督制约，在保障人权、解决司法不公、惩治司法腐败方面的认识有很大提高；在羁押期间会见通信、指定居住监视居住、采取技术侦查措施等方面对重大贿赂犯罪作了例外或特别规定，加大了对重大贿赂犯罪的打击力度；在特别程序中创设贪污贿赂犯罪、恐怖活动犯罪等缺席审判和违法所得没收程序，使《公约》规定进一步落实。《刑事诉讼法》的这些规定，不仅蕴含了与《公约》一致的预防职务犯罪的理念，也为预防职务犯罪提供了法律依据。

三、国际上立法对我国预防职务犯罪立法的借鉴和启示

针对上述我国预防职务犯罪地方立法中存在的问题，国外在这方面有不少成功的经验和做法，值得我们学习、借鉴和吸收。①

1. 预防性反腐败机构的独立性方面。可以借鉴新加坡设立的专门腐败活动调查局，独立行使职权，不受任何行政机关和个人的干涉。调查范围包括政府各部门、法定机构、企业及社会上任何贪污腐败行为。调查局享有警方的一切权力，有广泛的逮捕、调查和没收违法财产的权力。如有必要，甚至可在未经法院许可和没有逮捕证的情况下拘捕犯罪嫌疑人。任何阻碍调查局工作的行为，均是犯罪行为。由于法律赋予了该局的特殊地位和权力，保障了其行使职权的独立性，对预防职务犯罪有很强的震慑力。

2. 公职人员行为守则方面。可以借鉴美国《政府官员及雇员道德操行准则》、俄罗斯《国家公务员体制法》、日本《国家公务员伦理法》、韩国《公职人员伦理法》、印度《中央文官行为准则》、巴西《联邦高官行为准则》、法国《关于政治生活财务透明度的法律》和《关于公务员行为准则的法律》、德国《腐败预防准则实施建议》等，这些法律都为公职人员制定了行为守则。这些法律在礼品、招待、利益冲突、职权行使、兼职、职外活动等多方面做出了详细规定，集中体现了从政的道德要求和行为规范，具有极强的可操作性。

3. 定期对反腐败的相关法律、措施进行评估方面。可以借鉴韩国 1994 年

---

① 参见张朝霞：《对我国地方立法中职务犯罪预防措施的评价——以〈联合国反腐败公约〉为视角》，载《犯罪研究》2008 年第 6 期。

成立的独具特色的国民苦衷处理委员会，受理解决政府部门错误或不当行政行为对公民的侵害。根据公众对腐败问题的投诉情况和公民问卷调查结果等，制定政府部门清廉评价指数，对其廉政建设的成效进行评估，并以白皮书方式向社会发布。清廉指数低的政府部门的部长要定期在媒体上轮流接受公众和专家的质询。这些措施震动很大，各政府部门据此加强内部廉政建设。韩国的腐败防止委员会还对中央和地方政府部门及国有企业的廉洁程度定期进行评估。

4. 私营部门的腐败预防方面。近年来，我国的经济结构发生了深刻的变化，主要为私营部门的新经济组织和新社会组织增多，在国家经济和社会发展中发挥出越来越重要的作用。但随着私营部门的发展壮大，由于企业内部监督措施不完善、管理不到位，涉及私营部门的腐败现象和犯罪问题也日益增多，如私营部门在交易中出现的商业贿赂问题，发生在私营部门内部的职务侵占、挪用资金等犯罪。这一问题不仅损害了私营企业的经济利益，而且破坏了社会主义的经济秩序。如何防范、揪出私营部门里的"蛀虫"成为各级政府、司法部门和企业亟待解决的一个重要问题。很多西方国家制定了私营机构廉洁的标准和程序，促其形成良好商业惯例，制定私营部门的会计和审计标准，并酌情对不遵守措施的行为进行处罚，从而有效地防止公职人员和私营企业主的勾结，可以借鉴。

5. 运用科技手段预防腐败方面。《公约》提出，要通过技术援助和信息交流的方法，加大利用科技手段来预防腐败。如发达国家广泛启动以电子货币应用为重点的各类卡基应用系统工程，使得现金流通量一般都低于20%。建好完备高效的资金交易信息系统，尽量减少现金流通量，有利于建立起公民财产申报纳税制度、金融与不动产所有权实名制度、非现金的票据化金融流通、严格固定的公职人员待遇规定等，为反腐败斗争和反洗钱活动提供技术支撑和保障。巴西设立了政府"透明网站"，公布所有联邦政府拨款的信息，任何公民均可上网查看公共资金的去向。近期，巴西联邦政府所有物品、服务的采购和招标都在网上进行，实行电子竞价，有效预防了腐败行为发生。韩国针对首都房地产建设竞争过热、不正当行为普遍的问题，实行了特别顺序制规定，优先保障解决无房户项目的建设和销售，并建立了电子数据系统，避免类似问题继续发生。现代科技手段具有公开性、严密性、程序性、实时交互性等特点，这些特点与预防腐败的制度设计相结合，显示着规范权力、制约权力的强大功能。

6. 公众参与监督方面。这方面，虽然我国预防职务犯罪地方立法规定较为翔实和具体，但是与国外立法相比，程序性的保障和部分措施效力不够。如公共财政的透明度问题。财政作为经济社会发展的物质基础，天然具有资源配置、收入分配、稳定经济等重要职能，在国民收入分配和经济社会物质资源的配置中形成了围绕利益分配关系的庞大权力网络。从财政产生之日起，这个利益分配网络始终为腐败分子所觊觎。在我国，按照《预算法》的规定，人大依照法定程序对预算草案进行审查，但预算草案科目粗大难以审查，预算执行情况也不完全向社会公众公布。而发达国家财政监督的法律地位都很明确，各国均建有比较严密和完善的财政监督体系。如在法国形成了以议会预算监督、财政部门日常业务监督、审计法院事后监督的分工明确、协调互补的财政监督体系。另外，公众被允许咨询官员的个人经济状况，查阅官员的财产申报情况，也是西方国家采取的比较普遍的公众参与反腐的做法。如瑞典任何一个公民都有权查看官员直至首相的财产及纳税清单，如果发现哪个官员账户上出现了不明进项或不正常消费，该官员可能就要接受调查。

此外，在"预防洗钱的措施"，腐败犯罪嫌疑人的遣返、移送以及犯罪资产的追回等方面加强国际执法合作、司法协助等方面的工作机制还需要不断加强制度建设。

第三节　全国性预防职务犯罪的立法前瞻

腐败是一种社会历史现象，是一个世界性的痼疾，对国家的政治、经济、社会、文化建设都危害严重。反对腐败，加强廉政建设，是中国共产党和我国政府一贯的坚定立场。长期以来，针对腐败的严重性，我们不断加大职务违法犯罪的打击力度，但至今仍未能遏制腐败现象蔓延恶化的势头。究其原因，是以打击惩处为主的策略，还不能从根本上预防腐败。实践证明，只有坚持"打防结合、标本兼治、惩防并举、注重预防"的方针，从源头上遏制职务违法犯罪的发生，才是预防腐败的根本出路。采取有效的战略和对策来预防腐败，已成为我国依法治国的重要内容。由于反腐败斗争的复杂性和专门性，导致了仅仅依靠刑法、刑事诉讼法难以适应斗争的需要，且从国外、境外的反腐败实践来看，一些反腐败卓有成效的国家和地区，都针对反腐败斗争的特殊性，通过专门的反腐败立法，融合实体和程序规定，取得较好的效果。但时至今日，我国还没有专门的预防腐败法，严重影响了预防腐败工作的开展。为了促进预防腐败工作走上法制化的轨道，增强预防腐败工作的权威性，制定一部专门预防腐败犯罪的法律已成为当务之急。

一、我国预防职务犯罪立法的途径

中外预防腐败的立法实践表明，通过立法实现预防腐败犯罪（即职务犯罪）的法制化，不外乎四条途径：

第一条途径是由立法机关专门制定《预防腐败犯罪法》，对预防腐败犯罪工作的原则、内容、措施、责任等进行具体规定，明确检察、法院、审计、监察及预防单位和各方面预防主体的职责和地位，通过法治的轨道，把各方面的积极性和主动性调动起来。

第二条途径是制定《反贪污贿赂法》或《反腐败法》，融合实体法规范与程序法规范于一部法律，设置包含查办案件和预防犯罪双重职能的反腐败机构或反贪机构，从中明确预防的权力、责任和运作程序。

第三条途径是在现行的刑事诉讼法中增加预防职务犯罪的内容，作为与侦查同时进行的一个程序，由检察机关管辖。因为预防职务犯罪只有与打击职务犯罪结合起来，才能收到实效，否则就容易变成纸上谈兵。检察机关是法律规定查办职务犯罪的国家机关，而且检察机关的预防职务犯罪网络在全国已经形成，并收到了一定效果，积累了宝贵的经验，而其他国家机关却不具备这些条件。

第四条途径是由全国人大常委会制定一项关于预防职务犯罪的决定，对这项工作的目标、原则、内容、措施等进行规定，由于全国人大常委会的决定代表了国家意志，具有最高国家权力的强制力量，在一时难以制定规范法律的情况下，可以暂时解决无法可依问题。

二、我国预防职务犯罪立法的必要性和紧迫性

党的十八大报告提出，要坚持中国特色反腐败道路，坚持标本兼治、综合治理、惩防并举、注重预防方针，全面推进惩治和预防腐败体系建设，做到干部清正、政府清廉、政治清明。要健全反腐败法律制度，更加科学有效地防治腐败。预防职务犯罪是反腐败工作的重要内容，是党和国家反腐倡廉建设的重要方面。特别是检察机关职务犯罪预防工作从 2009 年以来，已基本上实现了从分散状态到集中管理的转变、从初级形式的预防到系统全面预防的转变、从检察机关的部门预防向与社会预防相结合的转变，并不断推进惩防体系建设和参与社会管理创新。在此基础上，借鉴世界治理腐败犯罪的成败得失，升华我国预防职务犯罪工作的成功经验，把中央提出从源头上预防和解决腐败问题的方针政策转化为国家意志，及时制定预防职务犯罪的专门法律，为预防工作的长远发展奠定基础，是当前十分必要和紧迫的工作任务。

从以上途径看，当前制定《预防腐败犯罪法》既有必要也有可能。一是依法治国的必然要求。依法治国的核心是规范权力的行使，要求国家机关和国家工作人员依法行使权力、不得滥用职权。这与预防腐败一样，其本质都是加

强对权力的限制。因此，通过立法规范权力行使和预防腐败，都是依法治国的
必然要求。而我国目前预防腐败主要依靠党内法规，如《中国共产党党员领
导干部廉洁从政若干准则》、《中国共产党党内监督条例（试行）》、中共中央
纪委《关于严格禁止利用职务上的便利谋取不正当利益的若干规定》、《关于
领导干部报告个人有关事项的规定》等，这些党内廉政法规的制定实施，规
范了领导干部廉洁从政行为，加强了对领导干部行使权力的制约和监督，在预
防腐败中起到十分重要的作用。但由于党内法规的适用范围、权威性和威慑力
不如国家法律，需要上升为国家法律，才能得到普遍遵守和平等实施。二是依
法构建惩防体系的需要。中央《建立健全教育、制度、监督并重的惩治和预
防腐败体系实施纲要》明确要求"完善反腐倡廉相关法律和规范国家工作人
员从政行业的制度。加快廉政立法进程，研究制定反腐败方面的专门法律"。
其 2008—2012 年工作规划进一步提出"建立健全预防腐败法律法规，提高反
腐倡廉法制化水平。在国家立法中，充分体现反腐倡廉基本要求。适时将经过
实践检验的反腐倡廉具体制度和有效做法上升为国家法律法规。在今后 5 年内
有计划、分步骤地制定或修订一批法律、法规和条例"。2012 年是工作规划实
施的最后一年，应当尽快推动《预防腐败犯罪法》进入立法程序。三是建立
健全反腐败领导机制和工作格局的需要。在反腐败实践中，确立了"党委统
一领导，党政齐抓共管，纪委组织协调，部门各负其责，依靠群众的支持和参
与"的反腐败领导体制和工作机制，发挥了巨大的作用，取得了很大成绩。
但是，由于没有具体确定各级国家机关及相关单位在预防腐败中的职责，特别
是没有明确预防腐败专门机关，包括检察、监察机关等职能部门在预防腐败中
的监督指导职责，使得预防腐败工作的各项措施难以落实到位。四是落实人大
代表议案的要求。近年来，每年均有人大代表或者代表团提出关于制定《预
防腐败犯罪法》的议案。认为，我国各级纪检监察、检察机关认真开展了查
办贪污贿赂、渎职等腐败案件工作，取得了一定的成效。但职务违法犯罪案件
数量居高不下，犯罪数额大，涉及领导干部人数多，窝串案多，手段隐蔽，反
映出我国反腐败斗争的形势依然严峻，腐败现象还未得到有效遏制。因此，要
认真落实党中央关于反腐败要"惩防并举、标本兼治、综合治理、注重预防"
的方针，在严厉打击的同时，从教育、制度、监督入手，从源头上减少和遏制
职务犯罪，保证预防腐败工作取得实效。五是完善我国行政立法体系的需要。
我国已制定了《公务员法》、《行政监察法》、《审计法》、《行政复议法》、《行
政诉讼法》等法律，对国家工作人员的职务廉洁性提出明确要求，并通过建
立行政监察、审计监督、行政复议和行政诉讼等制度，加强了对行政机关及其
工作人员的监督。特别是 2002 年以来预防腐败地方性立法工作已在全国各地

推开，目前，全国已有安徽、江西、浙江等 16 个省、自治区和无锡、深圳、宁波等 10 多个有立法权的城市通过了《预防职务犯罪条例》，为制定《预防腐败犯罪法》提供了很好的借鉴。

三、制定全国性预防腐败犯罪法律的几个问题

要制定全国性的预防腐败犯罪法律，必须从理论和实践上研究解决以下几个方面问题：一是对《预防腐败犯罪法》的法律属性和预防腐败法律关系要认真研究，尽快形成共识。二是对当前国家工作人员的行为伦理和用权边界要很好规范、界定，尽快出台防止利益冲突和财产申报等法律规定。三是对各地预防职务犯罪条例是遇到的立法技术问题要认真研究，尽快提出完善立法的构想。①

（一）《预防腐败犯罪法》的法律属性和预防腐败法律关系

目前国际和国内对腐败犯罪还没有一个确切的定义。从我国实际和法律的规范要求出发，可以将腐败犯罪定义为国家工作人员利用、滥用公共权力谋取私人利益的犯罪行为。《预防腐败犯罪法》是调整预防国家工作人员腐败犯罪行为的法律规范的总称。由于国家工作人员主要分布在各级行政机关和行政组织，其职务行为主体和行为本身主要是行政法的调整对象，相应地预防国家工作人员利用、滥用职权犯罪的行为也应当是行政法的调整对象。制定《预防腐败犯罪法》是保证我国国家机关和国家工作人员依法、公正、廉洁地履行职务的需要，应当纳入我国行政立法体系。因此，《预防腐败犯罪法》总体来说属于行政法体系，是我国行政法律部门的一个重要组成部分，与《公务员法》、《行政监察法》等处于同一法律位阶，同时也是行政实体法和程序法的混合体。当然，国家工作人员还包括中国共产党机关、人大政协机关、司法机关、国有企业、事业单位、人民团体和有关基层组织中的工作人员，预防腐败也需要广大人民群众的参与，预防腐败的措施也包括行政、经济、刑罚等多种措施，但不能就此认为《预防腐败犯罪法》属于刑法、经济法或者社会法体系，或者是几个法律体系的交叉。国外从文官制度、政府道德、公职人员行为伦理规范等出发制定反腐败法律，就是基于反腐败法的行政法属性。

在预防腐败过程中，预防腐败的主体相互之间及主体和客体之间会形成一系列法律上的权利（权力）义务关系，就是预防腐败法律关系，它涉及预防腐败法律关系的主体、客体和内容等方面。认清预防腐败法律关系的特征，对

---

① 王建国：《尽快制定〈预防腐败法〉的几点思考》，载《观察与思考》2012 年第 3 期。

制定《预防腐败犯罪法》有重要意义。

1. 预防腐败法律关系的主体

法律关系的主体是法律关系的当事人和参与人，包括行使预防权力、承担预防责任的权利（权力）主体和义务主体。

预防腐败的权利（权力）主体比较广泛。预防腐败工作是一项社会系统工程，应当发动社会各方面力量共同参与，建立社会化大预防机制，进行标本兼治、综合治理。《预防腐败法》应当规定国家机关、国有公司（含国有控股公司）、企业、事业单位和人民团体及基层组织等都是预防主体，都要履行自己的预防职责。广大人民群众也有监督国家工作人员正确履行职务、防止权力滥用发生腐败的权利，也是一般的预防主体。同时，预防腐败涉及各个行业和领域，需要有关专门机关来组织协调、监督指导和宣传推动，因此，还要明确这些特殊的预防主体即执法主体。根据我国的政治体制，综观各地《预防职务犯罪条例》的规定，应当明确由国家预防腐败机关、检察机关、监察机关专门组织协调、监督指导，审判机关、公安机关、审计机关结合职能进行预防，其他有关机关共同履行宣传教育等预防职责。一般预防主体和特殊预防主体都是预防主体，只不过特殊预防主体作为执法主体多了对一般预防主体和国家工作人员的监督指导职责。一般预防主体都要履行自己的预防职责，这是所有预防单位对内的职责，其中也包括特殊预防主体对内的预防职责；而特殊预防主体作为执法主体的预防职责还包括对外的监督指导和宣传教育等职责，这是两个不同的预防职责。分类型规定一般预防主体的内部预防职责和分层次规定特殊预防主体的监督指导等职责，是预防腐败立法的一个技术难点。

预防腐败法律关系的义务主体是预防腐败义务的承担者。作为掌握公共权力、从事公务活动又容易产生利益冲突的国家工作人员，就是预防腐败的义务主体。国家工作人员既是一般预防主体和特殊预防主体两者内部的工作人员，又是一般预防主体和特殊预防主体的执法对象，因此，承担着既要被预防又要被执法的义务。两者在预防腐败法律关系中的角色不同，必须放在权力监督制约的相互关系中才能准确把握。由于《公务员法》等已经规定了国家工作人员的一般义务，因此《预防腐败法》应当专门规定防止利益冲突和进行财产申报等义务。

2. 预防腐败法律关系的客体

就是承担预防职责的权利（权力）主体和义务主体所共同指向的对象，也就是腐败行为。腐败行为的本质是一种滥用职权、亵渎职务的行为，预防腐败行为就是对一切滥用职权、亵渎职务行为进行预防，这个范围过于庞大，所以不能把一切滥用职权、亵渎职务的行为全部纳入《预防腐败法》进行调整。

特别是对职务犯罪行为的惩治，作为一种特殊预防手段，已经由刑法规范进行调整。《预防腐败犯罪法》应当重点规范的是如何从源头上和过程中对可能实施腐败行为的重点行业、部门、岗位的公职人员进行预防腐败的宣传教育、制度规范和监督制约，而不是对腐败行为已经构成犯罪的惩治。

3. 预防腐败法律关系的内容

这是对预防腐败法律规范所调整的权利（权力）义务关系的具体界定。对于预防腐败权利（权力）主体而言，其主要权利（权力）就是履行法定的预防职责、采取必要的预防措施，并监督义务主体履行法定的职责、接受必要的措施。预防职责和预防措施通过预防主体共同作用于预防客体，两者目的相同，不能偏废。但预防职责是某个预防主体（包括执法主体）专属的、一般的、固定的职责，而预防措施是多个预防主体（包括执法主体）通用的、具体的、可变的方式和方法。同一性质的预防主体，其基本职责相同，但具体措施可以不同。相反，不同的预防主体有不同的预防职责，但可以采取相同的预防措施。因此，制定《预防腐败法》首先要对预防腐败权利（权力）主体的预防职责和措施进行科学归纳和分类，要具体规定一般预防主体内部的预防职责、通用措施，如开展内部预防腐败教育、建立健全内部监督管理制度等职责、采取法制教育、内部控制等具体措施。其次要规定特殊预防主体包括专门预防机关的指导监督职责、专用措施，把同一性质预防主体的相同预防职责和已经相对固定的措施进行梳理，归在一起，如检察机关有依法监督指导预防职务犯罪工作、收集掌握职务犯罪信息、考核检查预防职务犯罪工作情况等职责，可以采取犯罪调查分析、检察建议、法制宣传、警示教育等工作措施；把不同预防主体都可以采取的不同预防措施加以区别和分类，如对预防职务犯罪的建议可以是检察建议、监察建议、司法建议、审计建议等。这也是制定《预防腐败法》的一个技术难点。最后，考虑到预防腐败工作的探索性和法律应有的稳定性，在立法时对预防职责规定要相对原则、不能太细，对预防措施规定要灵活多变、不宜太多，要依据党内廉政法规包括中央和地方党委的相关规定、各地预防职务犯罪条例以及《联合国反腐败公约》等规定，对能够预防对象产生实际防范作用的措施进行梳理、取舍。

（二）国家工作人员的行为伦理和用权边界的规范、界定

我国对国家工作人员的行为伦理和用权边界的规范、界定，主要由党内廉政法规规定，内容多为禁止性规定，有关预防性的规定还不多见。特别是对《联合国反腐败公约》规定的腐败犯罪行为的界定和处理、利益冲突和财产申报的内容和程序等，还只在部分地方试点，没有上升到全国性的规定。由于目前人民群众对财产申报制度呼声最高，因此需要尽快出台防止利益冲突和财产

申报等法律规定。这里需要说明的是，利益冲突是任何国家工作人员在行使公权力时都可能存在的，关键在于出现冲突以后是选择回避、放弃还是谋取个人利益。而财产申报是发现和防止利益冲突的基本做法，此外还有利益出售、委托和回避以及限制公职人员离职后行为等方法。① 因此，可在该法中专章规定"利益冲突与财产申报"，对利益冲突行为及其防止办法包括财产申报作出原则规定。

1. 明确应当防止的利益冲突行为

应当防止的利益冲突行为主要有三类：第一类是在职国家工作人员在履行职责中可能存在的利益冲突行为，需要明令禁止。参考浙江省纪委等地的规定，可作如下规定：国家工作人员应当依法履行职责，防止发生利益冲突，接受预防腐败教育和监督，公正执法、廉洁从政，不得有下列行为：利用招考录用、选拔任用国家工作人员之际谋取个人利益；利用职权或者职务上的影响，干扰司法机关和行政执法机关依法履行职责；违反规定干预建设工程招投标、经营性土地使用权出让、房地产开发与经营和政府采购等市场经济活动或者干扰正常监管、执法活动，从中谋取个人利益；违反规定经商、办企业，或拥有非上市公司（企业）的股份或者证券，或利用知悉和掌握的内幕信息买卖股票或者进行其他证券投资，谋取个人利益；在行使行政审批权和分配使用资金过程中搞权钱交易，谋取个人利益；利用职权要求有关单位给自己的配偶、子女、其他亲友贷款、拨款、借款或者提供担保；纵容、包庇配偶、子女在其管辖的地区和业务范围内，个人从事可能与公共利益发生冲突的经商、办企业、社会中介服务等活动；放任、纵容配偶、子女在其管辖的地区和业务范围内的外商独资企业或者中外合资企业担任由外方委派、聘任的高级职务；放任、包庇、纵容下属人员违反财政、金融、税务、审计、统计等法律法规、谋取不正当利益的；利用职权实施，或纵容、包庇配偶、子女、其他亲友和下属人员进行其他违法、违纪活动。第二类是针对离职或退休国家工作人员，规定：3 年内不得接受原任职期间管辖的地区和业务范围内的企业和中介机构的聘任，或者个人从事与原任职务管辖业务相关的营利性活动。不得到与本人原工作业务直接相关的上市公司、基金管理公司担任独立董事、独立监事。担任与原业务工作无关的上市公司、基金管理公司独立董事、独立监事的，须按照有关规定履行相关程序。第三类是针对在国家机关担任主要领导职务的国家工作人员的配偶、子女，要明确不得在其管辖的地区从事房地产开发、经营及相关代理、评估、咨询等有偿中介活动；不得从事广告代理、发布等经营活动；不得开办

---

① 详见孔祥仁：《国际反腐败随笔》，中国方正出版社 2003 年版，第 346 页。

律师事务所或者代理诉讼；不得从事营业性歌厅、舞厅、夜总会等娱乐业和洗浴按摩等行业的经营性活动；不得从事其他可能与公共利益发生冲突的经商办企业活动。

2. 利益冲突的回避

对可能发生利益冲突的事项，国家工作人员应主动回避，并向监察机关报告。对应回避而未回避的，监察机关可以按照干部管理权限采取停职、调离岗位、责令辞职或免职等方式强制回避。对未主动回避而造成重大影响的，或拒不执行强制回避决定的，给予相应的行政或纪律处分。对违反规定的离职或退休国家工作人员和担任主要领导职务的国家工作人员的配偶、子女，应当回避而不回避的，给予相应的经济处罚和组织处理。

3. 财产等利益的申报

为防止利益冲突的发生，国家工作人员应当进行财产等利益的申报。包括财产和收入情况申报、国外的存款申报、配偶（子女）移居国（境）外的情况申报、个人或者家庭发生重大事项申报。一是规定国家工作人员在新任、离任职务或年度任职终了之日起 3 个月内将本人个人或共同所有的财产和收入情况进行申报。国家工作人员的财产或者收入明显超过合法收入，差距巨大，本人不能说明合法来源的，应移送检察机关追究刑事责任。二是规定国家工作人员应当按照国家规定申报在国外的存款，隐瞒不报、数额较大的，移送检察机关追究刑事责任。三是规定国家工作人员应当按照国家规定报告配偶、子女移居国（境）外的情况。对其分管或办理的涉及其配偶、子女移居国家和地区的公共事务，存在利益冲突的，应当自行回避，或者由主管部门责成其回避。四是规定担任领导职务的国家工作人员个人或者家庭发生重大事项时，应当按照国家规定及时向有关单位报告。

第四节　我国《预防腐败犯罪法》的立法构想

根据以上论述，2011 年最高人民检察院职务犯罪预防厅曾专门组织人员起草了我国《预防腐败犯罪法》的调研建议稿，供有关研究部门参考。建议稿的总体思路和具体内容可以作为我国《预防腐败犯罪法》立法的初步构想，概述如下。

一、总体思路

由于腐败都是国家工作人员在行使职务过程中面对必然出现的利益冲突作出"以权谋私"的错误选择而产生的，因此，从立法技术上说，《预防腐败犯罪法》总体思路应当是沿着"立法宗旨—腐败定义—指导方针—工作机制—预防主体—职责和责任—预防措施—监督—保障—法律责任—附则"这样一条脉络，建立"预防单位各负其责、专门机关监督指导、社会各界共同参与的工作机制"，动员全社会的力量，把国家机关、国有企业、事业单位和基层组织等都作为预防腐败的权利（权力）主体，把国家工作人员作为预防义务主体，把腐败行为作为预防对象，充分发挥预防腐败主体的职能作用，采取教育、制度、监督、惩治等预防措施，加强对国家工作人员从政行为的规范、对权力运行的监督，从源头上防止可能出现的滥用职权、以权谋私，实现"权力制约、事先防范"，防止腐败行为的发生和蔓延。

二、主要章节和条款的逻辑安排

（一）第一章"总则"

包括立法的宗旨和依据，适用范围（包括预防主体和对象），腐败犯罪的法律定义，预防腐败工作的方针、原则、工作机制和领导责任制，专门预防机关等。

1. 立法的宗旨和依据。规定"为了加强廉政建设，预防腐败，促进国家工作人员依法、公正、廉洁履行职务，根据宪法，制定本法"。

2. 腐败犯罪的定义。可以与通说的国家工作人员职务犯罪的定义相一致，就是指国家工作人员滥用职权谋取私人利益的违法犯罪行为。包括贪污贿赂、渎职和利用职权实施的侵犯公民人身权利、民主权利等行为，以及其他职务犯罪行为。也可以扩大到刑法相关章节规定的"利用职务实施"的犯罪。

3. 预防腐败工作的方针。预防腐败应当贯彻"标本兼治、综合治理、惩防并举、注重预防"的方针。

4. 工作的基本原则。预防职务犯罪工作的基本原则是指预防腐败犯罪法规定的，贯穿于整个预防腐败犯罪工作的全过程，为各有关部门进行预防职务犯罪活动所必须遵循的基本准则。根据党的反腐败斗争的指导思想和基本原则，预防腐败犯罪法应当确立以下基本原则：[1]

（1）综合治理原则。职务犯罪原因的复杂性和多层次性，决定了预防职务犯罪是一项社会系统工程，必须在党委的统一领导下，动员各方面的力量，坚持教育、制度、监督并重，采取政治的、经济的、社会的、文化的、教育的、法律的等措施、手段、方法进行综合治理。

---

[1]　陈马多里、曾福明、熊莉君、黄旼：《杭州市预防职务犯罪地方立法初探》，载杭州人大网 2011 年 3 月 7 日。

（2）专门预防和社会预防相结合的原则。职务犯罪产生于各行各业，容易被广大群众发觉，预防职务犯罪只有得到全社会的支持和监督，才能产生其威力。预防腐败实行分工与协作，专门机关预防和社会预防相结合。专门机关负责组织、实施、协调、指导预防腐败工作，国家机关、国有企业、公司和事业单位、人民团体共同参与。

（3）各负其责、互相配合的原则。预防职务犯罪是一项社会系统工程，司法机关、行政执纪执法机关或部门、国有企事业单位、人民团体之间各负其责，加强联系，密切配合，共同做好预防职务犯罪工作，应当是预防职务犯罪法的一条基本原则。

（4）依靠群众支持和参与原则。群众路线是我们党一贯坚持的一条基本的思想路线，反腐败要"依靠群众支持和参与"。

（5）依法预防原则。预防腐败工作应当遵守国家法律、法规，不得妨害国家机关、国有企事业单位和人民团体的正常工作秩序和生产、经营活动，不得妨害社会正常生活秩序。

5. 工作机制。预防腐败应当在党的反腐败领导体制和工作机制的框架内，以法律的形式明确各预防主体在预防腐败犯罪方面应尽的义务和职责，规范和协调各机关、部门的活动，建立社会综合预防腐败的工作机制与制度。

6. 预防腐败工作实行领导责任制和责任追究制。国家机关、国有企业、国有公司、国有事业单位和人民团体主要负责人对本单位预防腐败工作负责。不履行预防腐败责任的，应当承担相应行政责任和领导责任。

（二）第二章"职责和责任"

预防法律主体分为权利主体和义务主体。权利主体分为一般预防主体和特殊预防主体，一般预防主体的责任可以按预防单位性质分类，特殊预防主体的职责可以按执法主体职责分层。本章可分三节，分别规定专门预防腐败机关的预防腐败职责、行业主管（监管）部门的预防腐败职责和国家机关、社会组织、企事业单位预防腐败的责任。预防义务主体（国家工作人员）的主要义务，除在本法中专章规定"利益冲突和财产申报"外，可以准用其他廉政法律法规的规定，不必重复规定。

1. 专门预防腐败机关的预防腐败职责

（1）专门预防腐败机关是专门负责腐败预防工作的机关，包括预防腐败机关、检察机关、监察机关。审判机关、审计机关结合审判职能和审计监督职能开展预防腐败工作，也可以规定为专门预防机关。

（2）国家预防腐败局负责全国预防腐败工作的组织协调、综合规划、政策制定、检查指导；协调指导企业、事业单位，社会团体、中介机构和其他社会组织的预防腐败工作；负责预防腐败的国际合作和国际援助。

（3）检察机关应当履行以下预防腐败工作职责：A. 受理和查处职务犯罪案件；B. 建立预防职务犯罪信息库，收集、管理和处理职务犯罪案件信息；C. 分析职务犯罪态势和发展趋势，提出防控对策；D. 开展预防职务犯罪调查，提出预防职务犯罪的对策和建议；E. 开展预防职务犯罪的法制宣传、警示教育和预防咨询；F. 建立和完善行贿犯罪档案查询系统，受理行贿犯罪档案查询；G. 与重点行业、系统、领域有关主管（监管）部门共同开展行业性职务犯罪预防工作；H. 开展职务犯罪专项预防和治理；I. 开展职务犯罪预测预警；J. 检查、通报预防职务犯罪工作情况；K. 其他预防职责。

（4）监察机关应当履行下列预防腐败工作职责：A. 受理和调查处理违反行政纪律的行为；B. 收集、分析、处理行政违法违纪信息；C. 综合分析腐败状况，提出防控对策；D. 建立健全廉政建设责任制；E. 开展廉政法制宣传教育和廉政文化建设；F. 开展行业、领域不正之风专项治理和突出问题专项治理；G. 建立健全廉洁准入、失信惩罚制度，促进政府、企业和个人信用体系建设；H. 检查、通报预防腐败工作情况；I. 其他预防腐败职责。

（5）审判机关应当履行以下预防腐败工作职责：A. 审判职务犯罪案件；B. 结合审判工作分析职务犯罪态势和发展趋势，提出防控对策；C. 结合审判开展预防职务犯罪的法制宣传、警示教育和预防咨询；D. 其他预防职责。

（6）审计机关应当结合审计监督职能履行下列预防腐败工作职责：A. 依法开展单位负责人任期和离任经济责任审计；B. 收集、分析、处理财经违纪信息，及时向监察机关、检察机关移送涉嫌职务违法犯罪的案件；C. 提出预防腐败的对策和建议；D. 其他预防腐败职责。

2. 行业主管（监管）部门的预防腐败职责

（1）行业、系统、协会主管（监管）部门结合职责负责本行业、系统腐败预防工作，并协助专门机关开展行业性腐败预防工作。

（2）金融管理（监管）部门应当加强金融政策引导和行业监管，健全金融管理制度。完善金融账户实名制、限制现金交易和反洗钱制度、征信管理制度。健全支付监管体系，完善账户管理系统，防止和惩处利用银行账户、证券市场和资本运作等进行腐败行为。建立全国企业和个人信用信息基础数据库，建设金融业统一征信平台。建立金融机构的客户识别、大额和可疑交易报告、记录保存等制度，加强反洗钱监管。完善防范和查处上市公司信息虚假披露和市场操纵等行为的制度。

（3）财政、金融、投融资管理部门应当完善财政、金融和投融资体制。规范预算资金分配，向社会公开预算内容和转移支付情况，建立预算管理和监督制度。规范公务消费制度，避免公务浪费，禁止违规公款消费。

（4）建设主管部门应当规范有形建设市场，完善工程建设招投标制度、土地使用权出让、产权交易等制度，实行市场廉洁准入制度。

（5）国有资产管理部门应当健全对国有资产、国有企业产权和上市公司国有股权交易、重大投资决策等的监管制度，完善国有企业经营管理者薪酬制度、国有企业管理层投资持股制度，规范收入分配。

（6）人事组织部门应当规范国家工作人员选拔任用制度，实行公职人员职务任期制、交流、回避等制度。公务员管理、培训等主管部门应当在国家工作人员上岗前、任职中开展预防腐败教育。

（7）政府法制主管机关应当对行政机关制定规范性文件进行事先审查，避免制定可能导致腐败的规定。对违反法律、法规或者国家政策的决定、命令、批示，以及可能导致腐败的规定，应当及时提请有关部门修改、纠正。

（8）司法行政、教育、文化、新闻出版、广播电视等主管部门，应当自行或推动有关单位开展预防腐败的法制宣传教育活动。

3. 国家机关、社会组织、企事业单位预防腐败的责任

（1）行政机关预防腐败的责任：A. 依法行政，健全对行政权力的监督制约；B. 健全、完善行政审批制度，规范行政许可、行政处罚、行政强制等行为，建立、完善行政执法责任制和评议考核制；C. 健全行政程序、制度，实行行政效能投诉检查，实行行政问责；D. 政府投资建设项目、经营性土地使用权出让、政府采购、国有资产产权交易等依法公开招标；E. 推行政务公开，推进电子政务，建立健全网上审批、网上招标、网上招生等技术预防系统，及时向国家预防腐败机关、检察机关、监察机关报送行政执法信息，接受专门机关的监督和社会监督；F. 开展腐败风险评估、预警，建立腐败风险防控机制；G. 严格执行预算外资金、行政事业性收费和罚没收入等财经管理制度；H. 其他职责。

（2）公安机关、审判机关、检察机关预防腐败的责任：A. 健全、完善公安、司法机关设置、职权配置和管理制度；B. 健全、完善诉讼工作程序，实行办案跟踪监督、错案责任追究制度；C. 实行警务公开、审判公开、检务公开，完善人民陪审员、人民监督员制度，接受社会监督；D. 其他预防腐败职责。

（3）国有公司、企业、事业单位、人民团体应当承担下列预防腐败责任：A. 遵守法律、法规，严格执行企业经营决策、分配、财务、工程招标投标等方面的有关规定、制度；B. 建立投资、资产处置、资金运作、物资采购及其他重要经济活动的决策、执行的监督制约机制；C. 完善职工代表大会和监事会制度，加强对经营管理和财务活动的监督；D. 严格执行企业财经管理制度，

加强内部审计监督；E. 开展对人事、财务、采购等重点岗位人员的教育、管理和监督，不得任用、聘任不具有法律规定资格的人担任董事、监事和高级管理人员；F. 其他预防腐败职责。

（4）农村自治组织应当健全村民议事制度、村务管理制度、村务公开与监督制度。

（5）国家机关、国有公司、企业、事业单位、人民团体内设的监察、审计等机构在专门机关的指导下承担本单位内部腐败防控工作：A. 制定腐败内部防控计划和方案，落实防范责任，实施预防腐败工作措施；B. 开展预防腐败教育，开展道德教育、纪律和法制教育，宣扬廉洁文化；C. 建立健全内部控制、管理、监督制度，加强对采购、财务收支等重点岗位、环节的监督与管理；D. 实行集体领导和个人分工负责相结合，重大决策、重要任免、重大项目和大额资金使用，由领导集体决定；E. 实行国家工作人员履行职责责任追究制度；F. 建立、完善任职和公务回避，重要岗位个人重大事项报告等制度，防止出现利益冲突；G. 实行岗位轮换制度；H. 按职责查处内部违纪违规行为，发现涉嫌职务违法犯罪的，及时移交监察机关、检察机关依法处理；I. 其他预防腐败职责。

（6）鼓励和支持有关社会组织、团体、学校、社区以及个人参与腐败预防工作。

（三）第三章"预防腐败工作的实施"

1. 宣传教育

（1）预防腐败宣传包括政策、法律宣传、反腐败措施和成果宣传等，预防腐败教育包括政治教育、道德教育、法制教育、纪律教育和警示教育等。

（2）预防腐败宣传应当面向社会公众，综合运用图书、报纸、电视、电台和互联网站等媒介、媒体，使法制教育、廉洁文化进机关、进学校、进企业、进单位、进乡村、进社区。预防腐败教育应当重点针对国家工作人员，纳入教育培训计划。

（3）预防腐败教育应当运用典型案例，以案析法。专门机关应当根据情况举办惩治和预防腐败展览。专门机关可以建立专门的警示教育基地，实行警示教育经常化。

（4）预防腐败教育应当纳入学校教育，把廉洁教育的内容编入中小学校教材。

（5）预防腐败教育应当与依法治国、法治教育和法治实践相结合。

（6）对违纪违规人员可以开展诫勉谈话，予以提醒和警示。

2. 制度建设

（1）专门机关应当结合查办违纪、违法和犯罪案件，查找体制、机制、制度方面存在的薄弱环节，推动有关单位和部门建章立制，堵塞漏洞。专门机关应当对行政机关制订的规范性文件进行防腐审查，发现可能引发腐败的漏洞和机会的，应当建议纠正或改正。鼓励专门机关和有关单位运用信息技术、计算机网络技术等现代科技手段预防腐败。

（2）社会单位和部门发现本单位、本部门管理、监督制度存在漏洞的，应当及时纠正和修正。

（3）实行行贿犯罪档案查询，政府投资建设项目、经营性土地使用权出让、政府采购、国有资产产权交易等在公开招标时，应当到检察机关申请查询行贿犯罪档案。对经查询有行贿犯罪档案记录的，主管部门应当根据情况作出取消资质、取消资格、禁止准入等处置。

3. 监督制约

（1）任何单位和个人有权对国家工作人员职务行为进行监督，提出批评和建议。对国家工作人员利用职权实施违纪、违法犯罪行为的，有权向专门机关提出控告和举报。

（2）专门机关应当设立专用举报电话、邮政信箱、网络信箱等，及时受理群众举报，对实名举报应当依法调查处理并书面答复。

（3）专门机关在预防腐败工作中发现有关单位和国家工作人员违反法律、法规和行政纪律的，应当依法责令其停止违法违纪行为，或者书面建议其主管部门和其他负有管理职责的机关责令其停止违法违纪行为，主管部门或者其他机关应当予以处理，并在收到建议书之日起30日内将处理情况书面反馈给提出建议的机关。

（4）实施违法犯罪的单位或个人应当对因违法犯罪而受到损害的单位或个人予以赔偿或补偿。

（5）对违法犯罪的单位或个人应当在作出纪律处理和刑事处理的同时，取消、限制相应的资质和任职资格、从业资格等。对违法犯罪人承包的工程、项目等应当取消，获得的行政许可、土地开发使用权等应当收回。

4. 预防调查与预防建议

（1）专门机关发现有关单位、部门管理、监督制度存在漏洞的，应当开展专项调查活动，查明情况，分析原因，提出建议。

（2）专门机关在开展预防腐败工作中，可以查阅或者复制与预防腐败事项有关的文件、资料、财务账目，可以要求有关单位和人员就预防腐败工作事项涉及的问题作出解释、说明。有关单位和个人应当配合，及时、如实地提供材料和说明。

（3）专门机关发现有关单位、部门制度不健全、管理不规范、监督不到位、宣传教育不及时的，可以提出预防腐败的建议。

（4）审判机关、审计机关在履行职能时，发现有关单位、部门制度不健全、管理不规范、监督不到位、宣传教育不及时的，应当向该单位、部门提出预防腐败的司法建议、审计建议。

（5）预防腐败机关提出的预防腐败的建议应当以书面形式送达被建议单位，同时抄送其主管部门。被建议单位应当自收到建议书之日起 30 日内，将整改情况书面反馈，并报送主管部门。主管部门应当对被建议单位整改工作进行督促、指导。

5. 国际合作

（1）开展国际执法合作和司法协助，实施与有关国家和国际组织签订的双边、多边条约、公约，开展国际反腐败国际合作和交流。

（2）开展跨区域协作办案及防逃、追逃、追赃国际协作。实施外逃预警，开展追逃缉捕。引渡和遣返外逃腐败犯罪嫌疑人，追回涉案财产。

（四）第四章"预防腐败工作的组织、监督与保障"

1. 建立由专门机关与有关行业主管（监管）部门参加的预防腐败联席会议制度，研究讨论预防腐败工作政策，制订预防计划，落实预防措施。

2. 专门机关应当与行政机关、审判机关、公安机关、司法行政机关等建立行政执法、刑事司法等预防腐败信息的交流与共享机制。

3. 专门机关等对有关单位和国家工作人员履行预防腐败工作职责进行检查、督促时，有关单位和人员应当如实提供有关资料，说明有关情况。

4. 任何单位和个人有权对预防腐败工作提出建议、批评和意见，有关单位应当及时研究处理或者转送有管辖权的部门处理。

5. 各级人大常委会可以通过听取工作报告、组织视察、评议、执法检查等形式，依法开展对本级国家机关预防腐败工作的监督，促进依法行政、公正司法、廉洁公务。人大代表在依法履行职责过程中，发现有关单位预防腐败制度建设和监督管理等方面存在问题的，可以向本级人大常委会或者有关部门提出建议、批评和意见。

6. 新闻媒体对预防腐败工作和国家工作人员履行职务的情况开展舆论监督。

7. 任何单位和个人不得打击、报复控告人、举报人。控告人、举报人因为举报而使本人及其亲属的人身或者财产安全受到威胁时，可以要求有关单位采取必要的安全保障措施，必要时，可以要求公安机关提供保护，公安机关应当依法采取相应的保护措施。有关单位对举报人的有关情况应当保密，严禁泄露举报人身份或者将举报材料、举报人情况透露给被举报单位、被举报人。严肃处理打击报复举报人的行为，构成犯罪的依法处理。对举报人因举报而付出的经济损失，有关机关应当给予补偿；对控告、举报有功的，有关机关应当给予奖励。

8. 国家机关、事业单位、人民团体应当把预防腐败工作所需经费列入本部门的年度财务预算。国有公司、企业应当把预防腐败工作所需经费列入公司、企业年度财务预算。各级人民政府应当为专门机关的预防腐败工作提供必要的经费保障。

（五）第五章"法律责任"

1. 国家机关、国有公司、企业、事业单位、人民团体违反本法规定，有下列情形之一的，由其主管部门或者预防腐败机关、监察机关责令改正；逾期未改正的，予以通报批评，并对违反行政纪律的单位主要负责人、其他直接责任人员给予行政处分；构成犯罪的，依法追究刑事责任：（1）不履行或者不正确履行预防腐败工作职责，致使本单位发生腐败案件的；（2）明知本单位国家工作人员涉嫌职务违法犯罪而隐瞒不报或者不移交监察机关、检察机关处理的；（3）故意拖延或者拒绝提供有关资料或说明有关情况，干扰、妨碍或者拒不配合预防腐败机关依法开展预防腐败工作的；（4）无正当理由不接受预防腐败的预防建议、司法建议、检察建议、监察建议、审计建议，造成严重后果的；（5）对控告人、举报人进行打击报复或者不依法保护控告人、举报人的；（6）提供虚假材料或者隐瞒事实真相的；（7）其他妨碍预防腐败工作的行为。

2. 预防腐败机关不按照本法第二章规定履行职责的，对负有责任的主管人员和其他直接责任人员，依法给予行政处分或者纪律处分。预防腐败工作人员滥用职权、徇私舞弊、玩忽职守、泄露秘密的，依法给予行政处分；构成犯罪的，依法追究刑事责任。

3. 国家工作人员违反本法第五章规定的，由其所在单位、主管部门、预防腐败机关、监察机关按照有关法律、法规予以处理。

（六）第六章"附则"

1. 依照法律、法规授权的具有公共事务管理职能的组织或者依法受委托从事公共事务管理活动的组织及其从事公务的人员，适用本法。村民委员会、居民委员会等基层组织及其从事公务的人员，参照本法开展预防腐败工作。

2. 本法所称利益冲突是指国家工作人员的个人利益与公共职务所代表或维护的公共利益两者之间可能发生的矛盾和冲突。

3. 本法所称个人利益包括各类财物、财产性利益和非财产性利益。财产性利益是指财物以外的期权、债权等具有经济价值的利益；非财产性利益是指利用职权和职务上的影响在政策制定、行政审批、人事任免、奖惩、执法裁量等方面谋取的有形或无形的利益。

第九章 职务犯罪预防实践举要

第一节 特定行业系统职务犯罪预防

一、党政机关及其领导干部职务犯罪预防

2007年至2011年，检察机关立案侦查党政机关工作人员贪污贿赂犯罪42542人，占贪污贿赂犯罪总人数的26%；立案侦查渎职侵权犯罪47649人，绝大多数是党政机关工作人员。其中县处级以上领导干部13305人，占14.8%。①

（一）党政机关及其领导干部职务犯罪的特点

1. 领导干部职务犯罪查处难度大，潜伏期长。据统计，省部级领导干部从第一次作案到案发平均为10年，潜伏期越长，作案次数越多，心理安全感越强，犯罪数额越大，社会危害越大。很多领导干部职务犯罪都是在前一个或几个岗位就开始实施，能够长期潜伏除了手段隐蔽之外，还因为监督不力、考察不严，有些甚至多次被举报，但都能欺骗组织，蒙混过关，或者由于保护层厚，关系网密，不能得到及时查处，致使他们带病提拔、带病上岗、边腐边升。

2. 品行堕落，贪色循情。经济上的犯罪与生活上的堕落，是这样紧密地联系在一起的。一些干部的堕落就是从生活作风不检点开始的，在金钱、权力、美色面前经受不住考验，往往背叛自己的誓言，贪赃枉法，搞权钱交易、权色交易，最终品行堕落，沦为人民的罪人。一种情况是这些人为了满足女人的欢心，不惜铤而走险"弄"钱。另一种情况就是用贪来的赃款找女人。

3. 家族式特征明显。领导干部家族的一些成员主要是利用干部的权力和威望进行违法乱纪的活动，起到了不可小视的推波助澜作用。一是"夫唱妇随"。大多数情况是丈夫担任领导职务，手中掌握着一定的权力，投机者为了达到某种不可告人的目的则贿之，意志不坚定者也许开始还能抵挡一阵子，久而久之也就"下了水"，做妻子的不是劝其守节，而是同流合污。更有甚者，

---

① 本章所援引的相关数据，均是参阅2008年至2012年最高人民检察院工作报告。

有些妻子在尝到"甜头"后便一发不可收拾，主动进攻，利用丈夫的威望索贿。二是"父债子收"。有些领导干部在行违法乱纪之事时往往还装出一副清廉的样子，自己不直接收受，而是让子女帮着收，这些子女也就明目张胆地到处索要，想着法子捞钱，为其父母收"债"。三是"亲朋借威"。有些领导干部的"七大姑八大姨"，甚至是远房亲戚、同学朋友，也凭借某些干部手中的权力为自己谋"利"，收取"报酬"，而后与当官的亲朋共享这份"利益"。

（二）产生职务犯罪的主要原因

1. 法制观念淡薄。职务犯罪的干部大多没有牢固树立公正执法的思想观念，在实际工作中也就不可能自觉遵照法律规定做到依法办事。违法办事的干部往往认为工作不会出问题，自己不会犯错误，甚至对一些违纪违法情况，还认为自己是正确的，对工作缺乏高标准、严要求，不能兢兢业业对待每一项具体工作，法制观念淡薄。

2. 特权思想严重。有的以管人者的身份自居，自认为高人一等，把党和人民赋予的权利当作耍特权的资本，认为自己可以不受法律约束，凌驾于法律之上。有的缺乏全心全意为人民服务的宗旨意识和为人民甘于奉献的敬业精神，忘记了"权力来自于人民"、"人民公仆为人民"的崇高宗旨。群众观念淡薄，颠倒了主仆关系，忘记了干部的本色是为人民服务。

3. 工作机制和管理方式尚待完善。少数领导对干部职务违纪违法导致的各种问题认识模糊，加之受"难免论"、"难管论"的影响，行动上自然对干部失察、失管、失控。对违纪违法干部无原则地加以袒护和纵容。领导干部的一岗双责制度，明确规定既要抓业务也要抓队伍建设，但少数领导往往只顾压任务定指标，忽视讲纪律，提要求；只注重完成工作任务指标数字，不检查完成任务的方法和手段，不检查制度规定的落实情况。因此，工作上满足于一般化的部署要求，缺少深入检查；对违纪违法干部姑息迁就，缺乏严肃批评教育；思想政治工作停留在表层，缺乏渗透到每个环节的具体措施。尤其是不能有效启动预防机制，处理上失之于宽。

4. 监督制约机制松懈，制度流于形式。近年来，各地各部门都普遍制定了相应的预防职务犯罪的规定、纪律、制度、办法等，但在具体落实上，却缺乏广度和深度，没有起到干部之间相互监督，部门之间相互制约的作用。这些管理上存在的漏洞，也是监督制约机制没能正常运转的结果。

（三）党政机关职务犯罪的防治对策

1. 继续加大办案力度，始终保持惩治职务犯罪高压态势。保持检察机关查处案件力度，切实提高职务犯罪查处率，减少漏网率，进一步提高查办大案要案、贿赂案件和国家机关工作人员职务犯罪的比例。突出办案重点，严肃查办发生在领导机关和领导干部中的贪污贿赂、渎职失职案件，严重损害群众经济权益、政治权益、人身权利的职务犯罪案件；严肃查办发生在工程建设、房地产开发、土地管理和矿产资源开发等领域的职务犯罪案件和国有企业和金融机构中内幕交易、关联交易、利益输送的职务犯罪案件；严肃查办买官卖官、拉票贿选、破坏选举的职务犯罪案件，司法领域贪赃枉法、徇私舞弊的案件，为黑恶势力充当"保护伞"的案件；严肃查办商业贿赂案件，加大对行贿行为的惩处力度。深入贯彻执行中办发〔2010〕37号文件，进一步加大查办和预防渎职侵权犯罪工作力度，深入开展查办危害民生民利渎职侵权犯罪专项工作。

2. 完善预防职务犯罪工作体系，全面加强预防职务犯罪工作。转变观念，实现职务犯罪侦查预防资源优化配置，增强侦查和预防职务犯罪的整体效能和综合效果。大力推进职务犯罪预防专业化、社会化、法制化和现代化建设。围绕投资安全，部署开展专项预防工作，采取有效监督和积极预防措施加大对各类重点领域投资保护力度，加强检察机关侦查和预防职务犯罪机构编制建设，健全完善党委统一领导的预防职务犯罪工作机制。

3. 切实加强党对检察机关惩治和预防职务犯罪工作的领导。各级党委要高度重视检察机关惩治和预防职务犯罪工作，经常听取检察机关汇报，协调解决工作中遇到的困难和问题，帮助排除干扰阻力，大力支持检察机关查办和预防职务犯罪，组织协调有关部门积极支持、参与检察机关开展专项工作。要真正树立起科学发展观和正确政绩观，坚决克服把查办职务犯罪与发展对立起来的错误思想，把反腐倡廉建设纳入当地经济社会发展考核目标通盘考虑。完善和规范检察机关查办县处以上领导干部党内请示报告制度。

4. 健全公职人员从政用权行为管理制度。严格执行公职人员任职回避制度，建立公职人员利益冲突和从业限制规范，健全公职人员重大事项报告制度，及时出台公职人员财产申报制度。

5. 强化反腐败制度的执行。树立"执行制度与建设制度同样重要"的理念，注重加大监督检查力度，切实保证反腐败制度的执行力，树立制度的权威和公信力。

6. 深化行政管理体制改革，加强权力科学配置和有效监督。从源头上治理腐败，必须采取措施切实加强对权力的科学配置和有效监督。要以政府职能转变为切入点，防止行政权力直接参与市场竞争，过度介入经济活动，保障行政权力规范廉洁行使，建设廉洁高效政府。

7. 注重利用报纸、电视，特别是网络等新闻媒体，扩大公民有序政治参与途径，加强公共舆论对权力的监督制约作用。

8. 加强民主制度建设。要正确处理民主与集中的关系，切实推进干部的民主选举、重大事项和问题民主决策、健全的党内民主监督，加强党内民主制度建设，以使党内民主切实实现对权力的监督制约。

二、国有公司企业人员职务犯罪预防

随着社会主义市场经济的飞速发展，国有公司企业改革不断深入，惩防腐败体系的建立完善，国有公司企业人员职务犯罪问题有所好转，但仍然比较严重。2007 年至 2011 年，全国检察机关共立案侦查国有公司企业工作人员 35362 人，占全部立案数的 21.5%，位列易发多发人群第二位。之所以说有所好转，是指 5 年来国有公司企业人员职务犯罪呈现出逐年下降之势：2007 年 10314 人，2008 年 9409 人，2009 年 7924 人，2010 年 7594 人，2011 年 7163 人，5 年下降了 30.55%。

（一）国有公司企业人员职务犯罪的主要特点

1. 以贪财型职务犯罪为主

涉案罪名主要集中于贪污、受贿、挪用、私分国有资产等罪名，其作案所得大多用于投资营利或个人开支。如安徽和县农委原副主任、县种子公司原经理赛晓峰（副科级）在任期间，累计 9 年将公司日常经营和生产收入 700 万余元纳入账外账收入，每年以给职工发奖金和节日加班费等名义私分 400 余万元。

2. 涉案金额大，"大官大腐、小官大腐"现象较为突出

2011 年立案侦查大案占立案总数的 68%；大案数量比 2007 年上升了 12.7%。犯罪数额上千万元的案件由 2007 年的 111 件上升到 2011 年的 161 件，过亿元的案件屡见不鲜。中石化原总经理陈同海受贿数额高达 1.9573 亿余元。温州菜篮子集团有限公司董事长、总经理应国权利用职权，伙同他人共同贪污、挪用、私分国有资产 4 亿多元，共涉案 16 人，9 人涉案金额在 1000 万元以上，其中应国权涉嫌贪污 2.2 亿余元、参与挪用公款 9000 余万元、私分国有资产 1.1 亿余元，个人受贿 25 万元。天津市物资集团总公司原副经理陈克勇涉嫌贪污 5720.8 万元人民币、178.7 万美金，挪用公款 4250 万元人民币，受贿 212 万元人民币，涉案金额 1.14 亿元人民币。在职务犯罪大案中，"小官大腐"现象也较为突出。新疆有色金属工业公司出纳于海泉挪用公款、贪污 1.4 亿元。浙江漓铁集团有限公司出纳高泳挪用国有资金 2.65 亿元，受贿 20 余万元。这些涉案人员虽然级别不高，但身处关键岗位和重要环节，手握"实权"，位小权大，加之在日常管理中，疏于监管，案发时往往已由"小官"变成"硕鼠"。

3. 犯罪主体以企业中高级管理人员及重点岗位人员居多

涉及的人员集中，主要以单位领导、管钱管物人员、购销人员等人员为主。这些人长期在同一企业担任"一把手"或分管同一工作，使他们在企业内部、工作领域都有比较高的权威和影响力，有比较高的话语权和决定权，权力相对集中，又缺乏监督制约，容易导致一支笔、一言堂现象，自然成为行贿人重点关照的关键人物。福建 2010 年查处拥有单位事务决策权的董事长、总经理和财务总监、业务部门经理等重要岗位涉案人员 75 人，占国企涉案总人数的 45.7%。北京查处的 82 名国有企业犯罪人员中，企业管理层人员 50 人，占犯罪总人数的近 61%。其中董事长、总经理、副总经理、厂长、副厂长、党委书记、党委副书记等企业高层领导人员犯罪的有 25 人，占 30% 以上；项目部经理、科长、办公室主任、业务主管等中层领导干部犯罪的有 25 人，占 30% 以上；会计、出纳、核算员等人员犯罪的有 13 人，占 16%。

4. 窝案、串案、共同犯罪严重

近年来，查办的职务犯罪案件，常常是查一案，挖一"窝"，带一"串"，由一个行贿人带出一大批受贿犯罪嫌疑人，或者是在同一单位、同一系统或项目中有多人被一并查处，表现为多人参与、共同行动、相互配合、合伙谋私的形式。国企职务犯罪中出现的"结伙作案"趋势，包括企业负责人之间、重点岗位人员之间、企业领导与财务人员之间、集团领导与下属企业负责人之间、业务负责人与客户之间等相互勾结共同作案的情况。这些案件往往涉及人员广，涉及罪名多，共同犯罪行为普遍。中石化广州分公司、广州石化总厂贪污受贿窝案串案涉案人员 37 人。安徽皖投资产管理有限公司总经理沈明与公司副总经理、财务部经理、办公室主任等共 5 人，利用职务之便，共同挪用单位公款 910 万元归个人使用，进行营利活动。中国电子进出口公司业务部业务员刘纯利用本单位资金为其他企业融资往来开展业务，并继而索取、收受贿赂，而其开展业务必须得到上级领导和财务部门的支持与配合。在案件中张斌系中国电子进出口总公司业务部业务经理，是刘纯的主管领导，被告人马建房系中国电子进出口总公司财务处总经理，姚军廷系中国电子进出口总公司财务部副总经理，孟志刚系中国电子进出口总公司资金科科长，以上四人均与刘纯开展以融资为主的业务有着直接的制约关系，这是刘纯以各种手段向上述人员行贿的根本原因，也是该公司层层审批最终流于形式的主要原因。

5. 发案环节多

涉案环节包括企业改制环节；工程建设环节；物资采购、经营、资产管理环节；财务、资金管理、融资环节；安全生产监管和人事安排等诸多环节。

（1）企业改制重组环节。在产权改革、资产重组中，在国企重组、改制、破产、转让、租赁和承包经营过程中，采取故意隐瞒、虚假评估、低估的手法侵吞、转移、隐匿国有资产。据一些省份统计，每年查办发生在国企改制、重组过程中的贪污贿赂案件约占国企案件总数的 15%。国企的改制、重组，由于政策和制度不完善，一旦放松监管、运作不规范，便会诱发犯罪，且涉案数额往往十分巨大。上海华盖建筑装饰工程有限公司经理文福金，在公司转制期间，隐匿国有资产，不列入转制评估范围，侵吞国有资产价值共 222 万余元。有的利用国企改制之机，采取"先隐匿，后核销，再转股"的手段侵吞国有资产。济南市饮食服务总公司原总经理田茂才等在公司改制期间，在已收回下属单位 372.2 万余元欠款情况下，向主管机关谎称该单位无力偿还，按不良资产申请予以核销，将上述国有资产作为改制后公司资产。有的在国有企业改制、拍卖过程中，为请托人谋取利益，收受巨额贿赂。如原华闽资产管理公司总经理陈亚辉，在华闽集团公司转让华商公司过程中，利用职务便利，使天元公司作为唯一竞买人以 4100 万元的低价取得华商公司全部股权，陈亚辉先后分多次收受天元公司董事长何某某贿赂 1359 万元。吉林省国资委原助理巡视员杨雨庭、企业改组处原处长徐爱丽、产权处原处长田学军利用职务便利，在国有企业改制、拍卖过程中，为请托人谋取利益，收受巨额贿赂。有的管理人员将自己承包经营的固定资产、库存生产资料进行变卖后将款项贪污。

（2）采购供销环节。一些国企采购、供销人员通过与供应商或客户串通，故意抬高、压低产品价格，或暗箱操作，虚设中间环节，从中收受贿赂、贪污，截留收入。如河南省舞钢公司供应处原副处长杨晓森伙同他人私设中间供应环节，侵吞公款 1000 余万元。平煤集团天宏焦化公司供应站原书记侯玉龙在负责物资采购工作期间，先后接受多家物资供货商送来的"提成款"，为物资供货商牟取利益，受贿金额高达 290 万元。有的利用回收销售款之机，挪用公款；有的国企供销人员既负责采购又负责验收，违规指定设备、材料供应商，甚至受贿后采购使用假冒伪劣产品，造成严重后果。如上海安装工程有限公司采购中心主任吴维德等三人受贿串案，吴于 2005 年 2 月至 2009 年 5 月，利用负责采购建筑材料的职务便利，先后收受业务单位钱物共计人民币 24 万余元，致使一定数量的假冒伪劣钢管进入了公司承接的世博工程项目，造成恶劣影响。

（3）工程项目建设环节。利用负责企业基础设施建设和改扩建工程的机会相互串通，权钱交易。当前建筑市场竞争激烈，一些投标人在招投标过程中为拿到工程项目，不惜血本千方百计拉关系，以不正当手段谋取私利。如天津市地下铁道总公司总经理、党委副书记高怀志，从 2004 年至 2008 年间，在地铁一号线工程招标、土地开发和合作投资过程中，利用职务便利为他人谋取利益收受贿赂 400 余万元。新粮集团总经理马腾（副厅级）利用职务便利在单位工程建设及粮食购销等环节中收受贿赂 201 万元、贪污公款 82 万元。青海省盐湖集团股份公司驻西宁办事处原主任李树青、副主任李新海在负责监管青海盐湖大厦装修改造项目过程中，利用职务便利收受施工方项目负责人徐某某贿赂共计 25 万元。

（4）业务管理环节。一些国企人员从事经营业务过程中，利用掌握某些业务审批权、销售权的职务便利索取或收受好处费；通过虚设业务项目侵吞公款。如原市政协委员、长江集团公司董事长焦自纯利用担任长江集团下属上海长江浩远房地产有限公司董事长的职务便利，与浩远公司总经理李之红共谋，以虚增业务费用等方法侵吞公款 100 余万元，用于支付购房款和装修款。原上海申茂物业管理有限公司董事长杨白明等三人利用负责办理直管公房出售手续的职务便利，采取虚构承租人的方法，将 13 套公房产权非法转至其亲属名下，非法获利数百万元。吉林市铁合金集团公司财务部原部长宋丽洁，伙同吉林市建设银行工作人员赵恩卿，借为公司办理房产手续之机，虚构事实，将办理房产手续费用剩余的 250 余万元侵吞。

（5）业务往来环节。在与其他企业、单位发生经济关系时，利用职权虚报业务支出进行贪污或者让利给对方，从对方获取巨额回扣、好处费；有的利用职务便利透露企业相关业务信息收取好处费；有的在受委托追缴企业欠款的过程中，采取欺骗手段截留、挪用公款。青海云天化国际化肥有限公司（国有公司）员工赵泊仲利用该公司委派其购置车辆的职务便利，伙同青海省合众汽车贸易有限公司业务员郑立新在购置车辆过程中，以抬高购车价的手段套取公款 10 万元后据为己有。

（6）财务管理环节。有的财务人员通过伪造合同、涂改账面、虚假报销、编造支出等方式贪污、挪用公款；有的利用"小金库"管理上的漏洞，大肆贪污、挪用或集体私分"小金库"资金；有的利用内部核算之机，故意降低下属单位上缴利润基数，侵吞、挪用公款。中铁十六局集团有限公司西格二线工程部出纳陈璐利用职务之便采用大额取款、小额下账，用转账支票套取现金等手段贪污单位资金 832 万余元。

（二）国有公司企业职务犯罪产生的原因

1. 制度层面

（1）政企不分。一些国有公司企业与政府管理部门、事业单位之间仍然存在着密切的利益关联，有的由行政机关的职能部门调转而成，有的本身就是一体。它们既有行政机关的部分监督管理审批职能，同时又有独立核算、自主经营的特征。这种独特的法律地位使得这些单位实际上处于管理的真空地带，既可以借助市场配置资源的手段，获取商业利益，又可以依靠行政机关享受行政机关工作人员的福利。典型的如交通、铁路、市政公司等。上海 2010 年查处的黄浦区市政工程管理署、上海雅乐市政实业有限公司、卢湾区市政工程有限公司的系列窝串案中，市政管理署和市政公司原来都是建交委下的单位，虽然进行了政企分离，但市政工程基本上都由原建交委下的市政公司承接，由市政管理署作为工程管理方，市政公司在收取 18% 的管理费后将工程发包给别的承包方。类似的关系还广泛存在于绿化、环卫等行业和领域。这些历史上的渊源与现实的利益关系，使得部门和企业相互利用、结成利益共同体，疏于监管，相应领域成为职务犯罪的多发地带，2010 年 "11·15" 特大火灾事故也暴露出这一问题。

（2）国有企业改制管理制度尚不健全。我国正由计划经济转向市场经济，国有企业大多进行重组改制和转轨，并逐步形成现代化企业管理模式，而当前企业改制重组过程中的法律法规及配套政策相对滞后，主要表现在有些行为甚至出现法律法规和政策上的 "真空"，相关的产权分拆和审计评估等监督管理方面法规不健全，亦助长职务犯罪现象的发生。

（3）法人治理结构不完善。股东大会、董事会、监事会 "三会" 不健全，内部监督制约不力。云铜集团 1996 年组建董事会至案发，半数董事多年缺位，董事会名存实亡。外派监事会主席到位晚，长期无人监管或监管不力。股东大会没有按时召开，纪检、审计、工会等部门更不能正常发挥作用。邹、余等人把集体决策演化为个人独断专行，导致董事会等企业内部机构虚设化和企业决策程序形式化。如云铜集团近几年的一些投资或担保，由于缺乏必要的科学性、可行性分析，没有向董事会或监事会提供资产或项目评估报告，致使国有资产大量流失。

2. 企业管理层面

企业管理制度不健全、不透明、不规范。主要表现在：

（1）企业主要负责人大权独揽，监管失控。管理权力集中在一人手中，缺乏有效的监督制约。有的企业对经营决策权、财产支配权、行政管理权监督不力，特别是对 "一把手" 几乎没监督，"一言堂、一支笔" 管理模式在国有企业中依然存在，以致形成大权独揽的局面。国企中某些高层管理人员往往一身兼数职，常常集决策权、控制权、执行权为一体，使制约和监督有名无实。这种一人说了算的局面是造成重大经济业务活动，如资金调拨、对外投资、资产处置等方面出现问题的重要原因。

（2）信息不公开。这突出表现在采购和工程建设领域，规则公开、过程公开和结果公开远未得到落实，如果不向有职权的人行贿，就得不到相应的信息。

（3）管理不规范。在工程管理、款项结算、技术服务等环节都缺乏规范化的流程和标准。工程质量要求的松紧、结算款项的快慢、技术服务的好坏与快慢等差别明显，这也造成了这些环节索贿与行贿的频发态势。

（4）财务纪律松弛。财务纪律松弛使得制度上存在很多漏洞，很多人并不需要掌握重要的职权就可以轻易地进行犯罪。主要表现为：

A. "小金库"泛滥。相当多的单位和部门都设立了小金库，有些小金库在设立之初就是为了违法犯罪。如上海船舶运输科学研究所的张利鸣、徐碧华私分国有资产案。有的并非为了犯罪，但由于"小金库"本身就是一个违反财务纪律的产物，缺乏有效监管，因此，随着数额的增大，极易激发人的贪欲，诱发职务犯罪。如上海芦农园艺种植场的顾庆明贪污案。

B. 财务借款制度存在漏洞。中国兵器集团财务用款频繁，所以存在相关部门负责人写借条暂借大额现金而后拿票据平账的现象。由于该单位对员工还款平账监控不力，使得不法分子贾硕有了挪用单位公款的机会。在2004年5月至2007年2月期间，贾硕利用其担任兵器集团改革办副主任，主管集团下属破产企业破产清算工作的职务便利，以集团其他破产企业用款或者个人借款等名义从其主管的该单位下属破产清算企业原广东卫国机械厂挪用公款100万元，从原湖南洪创机械厂挪用公款280万元，从原广州光导纤维厂挪用公款70万元，用于偿还其赌债，而这其中多笔资金的使用，贾硕只是给财务部门写了一张欠条而已。

C. 用私人账户进行公务往来。上海耀华大中新材料公司的周昂受贿案，就是利用这一漏洞，虚报材料价格，公司同意5折出售，其对外报6折，让对方将钱款打入个人账户从而将多余部分予以侵吞。

D. 只核对表面账目，不管是否有实际业务的发生。这一漏洞的存在，使得利用虚构业务往来、虚报项目等手段，套取、截留资金等屡屡发生，成为引发职务犯罪的一个重要漏洞。

E. 只核对总数额，不核对明细。如东方先导糖酒公司的业务员花艺、颜垚祺、沈启明，就是抓住这一漏洞，利用糖价调整的时间差，向客户报以高价，而对公司以调整后的价格结算，侵吞价差部分的食糖。而这一做法并非存在于个别公司，而是全行业的习惯。

（5）公共财产管理混乱。这方面的问题突出表现在对于公共资产的动态管理十分混乱，使得在企业转制、清算、动拆迁等领域，遇到偿还债务、资产评估等问题上极易发生职务犯罪。如在上海有色金属集团发生的朱浩、沈一戎等七人的贪污案中，犯罪分子就是利用集团对债务偿还情况不明的漏洞，明知历史债务已偿还，仍然虚构业务往来，侵吞国有资产。上海永开置业公司的蒋勤华、顾一丁正是利用国家对直管公房在使用和管理中的实际状况不了解，利用职务便利隐瞒两处直管公房空关的真相，虚构承租人，骗取国家动迁安置补偿款。还有很多单位出售废旧物资时，没有严格管理，装多装少差别不大，因此负有相应管理职权的人就成为行贿的重点对象，行贿者藉此希望能多装一些以谋取更多利益。

3. 内控机制层面

主要是监督制约不足。在经济体制转轨过程中，企业拥有了越来越广泛的经营管理权限，也制定了许多切实可行的规章制度，但是防止经营权滥用的制约措施却没能有效地建立和实施，遇到具体的问题总感到按照制度办事比较麻烦，因此在执行规章制度上随意性较大，甚至出现了随意简化程序，有章不遵、有制不循的情况。因此经营管理权被随意支配的可能性为职务犯罪打开了方便之门。如中石油天然气股份有限公司黑龙江销售分公司原总经理王贤泸受贿859万余元，巨额财产来源不明1090万余元，他在交代材料中写到："中石油公司是按国际标准进行管理，企业内部规章制度非常健全，但企业的内控体制在执行上大多流于形式，从来没有感觉到组织上能够通过什么渠道产生实质性的监督。"原中国兵器财务有限公司副总经理邢世平利用其主管公司投资业务的职务便利，在该公司为北京华夏创富投资公司融资5000万人民币收购上市公司重庆四维瓷业的过程中，非法收受了华夏投资公司给予的好处费人民币60万元。本案中如此巨大的融资项目，邢世平无须经董事会研究，也不需要履行其他审批程序，就由其一人决定并得以实施。有的企业涉及财物的关键环节无章可循或有章不循，就使得一些罪犯作案能够轻易得逞。如温州龙发运输有限公司主办会计沈伟采用在自己保管的现金支票上擅自加盖自己保管的公司财务章等方式贪污公款1355万元，作案131次竟长时间无人察觉。

4. 社会大环境层面

市场竞争不规则，行业潜规则盛行，为商业贿赂的发生提供了机会。近年来，市场经济迅猛发展，各种类型的企业之间竞争异常激烈，加之利益主体的多元化和他们追求个体利益的最大化，有限的资源成为众多商家争相追逐的目标，最终导致有效供给和有效需求的矛盾日益加剧。经济市场管理不规范，导致某些企业包括国有企业为推销产品、承揽工程等，往往采取一些不正当手段，致使商业贿赂产生的契机不断增多。特别是建筑行业、资源供销环节的商业贿赂行为日益公开化、复杂化，客观上也就导致国有企业职务犯罪案件数量居高不下。如原中铁建设集团公司项目部经理赵孝礼利用其职务便利，在2003年4月至2004年5月间向他人索要或收受他人钱财及回扣等共计人民币

8万元；2006年8月18日，赵孝礼又利用职务便利，向分包其主管工程的河南某公司项目部经理龚小卫索要人民币2万元。这种在建设领域中普遍存在的"潜规则"也逐步漫延到国有企业内部并且成为国有企业领导干部权力寻租的借口。

同时，党风廉政建设工作薄弱，党内监督流于形式。主要表现是强调经济效益而忽视思想道德教育。随着改革的不断深化，国有企业的责权利日趋分明，个别企业领导只看重表面的经济利益，而忽视企业人员的思想教育和法制教育。对只注重个人利益而忽视企业利益的思想，缺少行之有效的教育，加之忽视法律知识的宣传教育。因此使得一些经营者世界观、价值观发生偏移，行为也随之失控，最终导致职务犯罪。

（三）国有企业职务犯罪防范措施和建议

1. 预防国有企业腐败，从落实党的"三重一大"科学决策入手

党的"三重一大"集体决策制度规定："凡属重大决策、重要干部任免、重大项目投资决策和大额资金使用等重要问题，必须经过集体讨论作出决定。"对国有企业而言，要以国企改革为契机，健全和完善监督制约机制，切实贯彻落实"三重一大"集体决策制度，规范和强化对权力的监督。

（1）在规范中执行，避免经营风险。国有企业反腐败斗争是我国一个长期的体制改革和制度建设过程。国有企业公权过多（国有财产使用与转让等都是公权），监督成本过大，就难免造成"法不责众"。其实在国有企业体制转轨的过程中出现一些腐败现象并不可怕，可怕的是腐败本身变成了一种"制度"。胡长清曾经打过一个比喻，组织的管理和监督对他而言，如同"牛栏关猫，进出自由"。这就是当前某些行业对领导干部监督的一个比较形象的比喻，关牛的地方，栏杆空隙那么大，一只猫在里面，怎么能不"进出自由"。所以我们应该看到，目前我们对权力的监督还比较乏力，我们的制度反腐还相当"粗放"。而腐败分子恰恰就钻了体制不严密和监督不到位的空子。

从国有企业职务犯罪案件中不难发现，某些企业中确立的层层审批制度不但无法有效地监督国有资产的合理使用，反而成了某些人为了自己得到某种"补偿"的工具，使得这些人可以重复地利用公权，得到好处，形成了一种"制度化腐败"。所以当前，在国有企业的转型时期，我们要加强在如何减少和消除"制度化腐败"的生成和发展方面的研究。

我们都清楚地认识到制度建设是国有企业形成依法、科学、民主决策机制的根本保证。所以相关部门和企业应当根据企业自身的特点，明确重大决策、重要干部任免、重大项目安排和大额度资金使用的界限范围，确定董事会、总经理办公会、党政联席会、党委会、职工代表大会以及专业委员会的决策事

项，规定各类重大决策的基本运行程序，逐步形成具有企业自身特色的"集体领导、个别酝酿、民主集中、会议决定"的决策机制。

（2）在实践中不断完善，加大责任的可追溯性。为保证上述"三重一大"集体决策制度得到企业长期、自觉的执行，国有企业管理部门要不断加强对"三重一大"事项的监督检查和责任追究力度。可以将对制度执行情况的监督分为事前、事中、事后监督。

国有企业的上级主管部门应当发挥监督和管理的作用，制定"三重一大"操作性强的实施细则，并明确规定违反相关规定的处罚原则和规定，定期对落实情况进行监督检查。发现问题及时反馈、纠正，用制度管人。例如，针对企业中大额度资金的使用情况，应该随时了解资金的支出情况，一旦发现违规现象，及时作出处理。

（3）有效把握企业人、财、物三大管理核心要素。在用人方面，必须深化国企人事制度改革。第一，把好"入口"。减少任命制，扩大聘任制和责任制，通过民主推荐、组织考察、公开面试、党政联席会议决策的工作程序确定人选。第二，实行企业领导人资格审查认证制。凡选拔、任命、聘用企业领导人，或对已在岗的企业领导，都要定期或不定期地接受企业领导班子或相关专家委员会的审查。第三，要畅通"出口"实行经理无任期制度，企业负责人被聘用后，不受任期限制，何时解聘取决于其经营业绩表现。

在资产管理方面，要不断完善国有资产管理体制。相关资产管理部门要对企业国有资产（包括经营性国有资产和非经营性国有资产）的情况进行登记造册，掌握国有资产的整体情况，进行全面监管。根据现行会计制度的要求，企业应加大对无形资产的管理力度，加强对开发、购入、使用过程中无形资产的核算，防止无形资产的流失。

在资金使用管理方面，企业可以采取收支两条线的管理方式，对现金流实行集中管理，对资金使用的合法合规性进行审批，对大额度资金使用的去向进行监控，从一定程度上能够规避因分散管理出现资金使用个人随意决策的问题。

单位财会人员虽然是企业财务制度的监督者，但是由于企业领导与财会人员之间是领导与被领导的从属关系，在财务制度的具体执行上，容易出现偏差，会计监督的规定基本上形同虚设。因此要解决会计管理和会计监督存在的矛盾，建议对会计实行行业化管理，由政府部门成立专门管理机构，向国有企业选派财会人员，摆脱财务人员与企业之间的依附关系，实现真正意义上的财务监督。

在设备物资采购和管理方面，可以实行集中公开招标采购，采购决策权与使用权分离，形成权力的分解和制衡，保证招标过程的合法合规。

上述决策流程可以最大限度地弱化领导人员个人因素对决策成果的影响，有效地避免公权力私权化。

2. 加强案件易发环节的防控制度建设

从查办职务犯罪的情况看，权力相对集中的部位是职务犯罪案件易发环节，一些关键岗位多人多次出现腐败。加强对案件易发环节的防控制度建设，是有效遏制国有企业犯罪根本措施之一。

第一，对于那些经济活动或交往活动频繁，掌管稀缺物资和有权支配巨额财产的部门和人员以及有可能被不法商人列为拉拢对象的部门，制定相应的岗位工作流程，对关键岗位的办事程序、步骤、环节、审批权限、时限都要明确规定，并进行实时监控，防止暗箱操作。

第二，对企业高管、中层管理者等关键岗位人员加强管理力度，实行管理人员岗位交流制度，防止关键岗位人员经营关系网，为职务犯罪创造条件。

第三，上级主管部门对于国企经营者实行国企经营、管理者（只限重点岗位的管理者）家庭财产申报制，要求将上任、离任、任期内的家庭收支情况进行如实申报，并利用计算机进行信息管理，对他们的财产情况实施动态监督管理。

第四，加强对基建工程项目的全程跟踪监督检查，在重大问题决策、工程招投标、劳务分包、设备材料采购和资金使用等施工建设重点环节建立相应的管理制度，把预防的关口前移。在基建工程项目过程中实行阳光操作，推行阳光决策、阳光采购、阳光管理和阳光监督，同时对相关的负责人、材料招投标管理和采购人员都实行定期交流制度。

3. 逐步建立国有企业内部完善的监督制约机制

通过对五年来国有企业案例的分析，我们发现国有企业基层管理人员和员工存在普遍的"重业务发展、轻风险防范"的思想，个别员工的不良行为隐藏着极大的道德风险。所以国有企业内部应尽快建立一套科学的现代企业管理制度，以企业本身的制度约束企业的员工。

为防止内部作案和内外勾结作案，国有企业应充分发挥纪检监察部门的优势，从企业内部进行监督和审查公务活动中已经出现和可能出现的腐败行为及其征兆。纪检监察工作要向一线延伸，向关键岗位延伸，坚持从体制、机制、制度、科技、教育、监督、惩处等方面全面入手，建立符合企业实际的职务犯罪风险防范管理机制和案件查处机制。

4. 强化外部监督，充分发挥审计等职能部门的作用

近年来"审计风暴"年年都刮，类似的问题却屡见不鲜，之所以"野火

烧不尽，春风吹又生"，只能说明一点，在违规违法的成本太低、监督力度过弱的现实状况下，"审计风暴"和企业领导人员的问责制没能有机地联系起来。长期以来，我们已经形成了审计工作对事不对人的思维定式和习惯，检查处理以经济处罚为主，且多针对单位。虽然近年来的"审计风暴"具有一定的权威和震慑力，但监督思路、方式、手段、处理并未发生根本性的转变，仍以财务检查为主，在处理上仍以调账、罚款为主要手段。然而罚款其实只是财政资金的"左右口袋"的关系，因此单纯罚款的手段难以发挥制约作用。所以加强对国有企业的资产经营者任期内的审计，针对国有企业改组转制等重大事项进行适时审计，对于已经发生的国有资产流失现象进行事后审计以达到分清当事人责任的目的。真正发挥审计机关在国有企业改革发展和国有资产保值增值中的监督作用，对于审计中发现违法违纪问题，及时移交相关部门查处，确保国有资产的运作安全。

5. 建立国有企业法制教育和廉洁自律教育长效机制

通过研究国企案例我们不难发现，许多落马的领导干部都有着辉煌的过去，为党和人民做出过贡献，但他们在贡献和回报之间失去了心理平衡，因而在利欲的诱惑面前打了败仗。所以加强企业警示教育、法制教育、廉洁自律教育应当形成制度。针对国有企业管理人员的心态和现状，从实际出发，通过法制讲座、警示教育、岗位培训、廉政谈话等多种教育方式，不断增强国有企业国家工作人员的法律意识和拒腐防变能力，使其树立正确的权力观、地位观、价值观、利益观。

6. 加大打击力度

充分发挥纪检监察部门的作用，一方面与检察机关密切配合，重点查办利用国有企业改制之机，侵吞国有资产的犯罪案件，特别加大对玩忽职守、滥用职权、徇私舞弊给国家造成重大经济损失的渎职犯罪案件的查处力度，加大对侵犯国有资产犯罪的打击力度，对造成国有资产严重流失的案件，不论背景多深，职务多高，都要依法一查到底，以保护国有资产的安全。另一方面针对当前建筑市场不规范，基建项目中贿赂案件频发的特点，加大对行贿犯罪的打击和处罚的力度。同时对于利用行贿、欺诈手段承揽工程搞不正当竞争或者违法犯罪活动的，不仅要受到法律的制裁，相关部门要通过限制或取消其进入建筑市场从事承包活动的资格、降低建筑资质等级、情节严重的可以吊销资质证书等方式强化市场管理。

三、金融领域职务犯罪预防

2007年至2011年，检察机关共立案侦查金融证券保险领域贪污贿赂犯罪

4620 人，占各行业系统之首，金融领域职务犯罪仍然处于高发态势。

（一）金融领域职务犯罪的主要特点

1. 权力异化导致罪名集中

尽管职务犯罪体系内罪名繁多，但由于职务犯罪的本质仍在于权力的异化，故而在金融领域内，全国各地检察机关立案侦查的职务犯罪多集中在贪污、侵占公款、受贿、非国家工作人员受贿、挪用公款、挪用资金等罪名上。伴随着我国经济的起飞，金融领域各行业得到了快速发展，"融资"、"上市"、"贷款"都成了人们津津乐道的词语，这也为"金融蛀虫"们提供了广阔的权力寻租空间和难得的职务犯罪机会——金融机构高层领导们乐得滥用手中巨大的决策拍板权力干预融资、投资、证券发行审批、担保等金融活动，从中谋取经济利益或接受他人贿赂；挪用所在单位巨额资金，或来源于没有正规入账的客户资金，或来源于上级的拨付，更多的是金融机构司空见惯的"小金库"；而金融领域中缺乏职业道德的一般从业人员利用经手、管理资金的便利条件对公共款物下手。

2. 案件恶劣程度加剧

与其他领域职务犯罪相比，涉案金额巨大导致案件恶劣程度加剧是金融领域职务犯罪所呈现的新特点。一方面，这与金融从业人员在执业过程中直接与存款、票据、保险、信托资金等接触有关，多数身处基层一线的职务犯罪分子便是面对金钱诱惑站不住阵脚，同时职能的特殊性又为其犯罪提供了便利条件；另一方面，由于运作机制和监督管理体制的不到位，金融领域高层管理人员对机构资金拥有太大的权限，因此其一旦作案，涉案金额动辄上百万、千万，乃至上亿。巨大的涉案金额直接导致职务犯罪案件性质更加恶劣，造成极其不良的社会影响。

3. 基础层级单位发案率居高

提及金融领域的腐败现象，留给人们深刻印象的往往是总行行长、总公司董事长等高层管理人员的职务犯罪案例。这是由于媒体报道的倾向性影响了人们的关注焦点，使公众产生了高层职务犯罪更为严重的错觉。事实上，由于基层负责直接办理金融相关业务，掌管各类资产和财务报表，更容易成为职务犯罪分子作案的目标。金融机构的基层单位之所以成为该领域职务犯罪的重灾区，这应该与当前中国金融领域发展不够充分，基层监督较高层而言更为疲软，以及金融单位基层职工素质良莠不齐，道德素质偏低有关。中国银行河松街支行原行长高山、证监会发审委原工作处副处长王小石、中国农业银行北京市分行原科技处处长温梦杰，他们的斑斑劣迹也告诉我们绝不能放松对金融领域"小人物"的监管，"小官巨贪"的现象在金融领域极为明显。1998 年以来，宜春市立案查处的 46 起金融职务犯罪案件中，有 34 起发生在基层，占比达 73.9%。九江市金融系统近四年来立案侦察的 34 起职务犯罪案件中，有 27 起发生在基层行、所、社，占比达 79.41%。抚州市金融系统被检察机关立案侦察的 26 名犯罪嫌疑人中，基层单位的主任、所长作案的有 12 人，占立案总数的 46.15%。据统计，在近年沪、浙、闽三地银行发生的全部案件中，一线人员作案的比例达 64.3%。出纳、储蓄和会计岗位发案较集中，占案件总数的 40%。江门市金融基层单位主任、所长作案的占立案总数的 51%。湛江市侦查的金融职务犯罪案件中，有 91% 发生在金融基层单位。

4. 同一组织架构内团伙作案现象严重

金融领域各行业都具有技术性强、操作要求高的特点，而随着各行业监管制度的不断完善，使得以往金融领域单独作案方式变得愈加困难，犯罪分子之间走向了"合作"，实施共同犯罪。此外，金融领域外的一些不法分子瞅准了掌握在金融从业人员手中的可观权力，加紧拉拢腐蚀的攻势，使得金融领域职务犯罪与以诈骗为主的其他形式金融犯罪交织在一起，在增加社会危害性的同时，也加大了查处的难度。这两点原因使得金融领域职务犯罪窝案、串案较多，往往一个犯罪嫌疑人的捕获导致更多犯罪分子被"拔出萝卜带出泥"，各级金融机构的被腐蚀程度令人触目惊心。

中国银行总行原副行长赵安格便是被开平支行许超凡、余振东、许国俊三任行长特大贪污案牵出；而跟随中国银行原副董事长刘金宝一同锒铛入狱的更有中银上海分行、中银香港的七名官员，此外还有四名厅级银行干部因此案被免职。中国建设银行吉林省分行工作人员与社会上某诈骗团伙相勾结，私刻印章，伪造凭证，骗取银行贷款 3.28 亿元，该行包括原行长在内的 30 多人被依法追究刑事责任。国泰证券公司昆明营业部原总经理余某伙同其情夫涉嫌挪用营业部 17.4 亿元资金购买新股，中国平安保险公司武汉证券营业部原经理李某伙同游某、姜某、王某挪用公款共计 2.47 亿元，索贿受贿 105 万余元。

5. 低龄化趋势明显

金融行业的发展在我国起步较晚，据有关统计，我国金融机构在 1981 年时仅有 10 万余个，从业人员不到百万。金融业的迅猛发展一方面使更多的年轻人得以进入这一领域，另一方面行业技术化、科技化的特点也加快了新老职工接替。这也使得职务犯罪低龄化的趋势在金融领域（尤其是发展起步更晚的证券业、信托业）显得格外突出。年轻的职务犯罪分子中既有科班出身的本科生甚至有硕士、博士等高学历专业人才，也有文凭不高、素质较低的临时工、内招工等，在学历方面呈现出了两极化的特点。但是，作为年轻人，无论学历高低，他们与前辈同行相比都对外界诱惑更为蠢蠢欲动，犯下的案件性质也更为恶劣。

6. 作案方式智能化，案发潜逃现象突出

金融业的职工队伍年轻化和运营操作电子化使得犯罪分子的手段较之传统的职务犯罪开始发生质、量方面的变化。尽管为了防范内部员工违规操作、犯罪建立起了初步的门禁、监控、报警系统，但是，金融领域职务犯罪运用高超的计算机技术、防监控技术，利用安全防控系统的漏洞作案并屡屡得逞。作为典型的白领犯罪，金融领域职务犯罪除了在作案方式上灵活多变，富于技巧外，犯罪分子往往在作案之时早已制定好周密的出逃计划。他们在犯下滔天罪行后逃之夭夭，出逃地既包括国内也包括了海外，沿海地区的金融领域职务犯罪分子更乐于潜逃海外如日本、加拿大、美国等国。这使得司法机关侦破案件、追捕罪犯、挽回国家损失的难度更大，同时也在国际上损坏了中国金融业的名声。

（二）金融领域职务犯罪产生的原因

1. 金融领域职务犯罪的客观因素

（1）金融系统内部制度不完善，管理混乱，有章不循，违章不究。金融领域关乎国计民生，把握着现代国家的经济命脉。金融领域贪腐渎职行为直接危害国家金融管理秩序。金融系统内部制度应当比较健全和严密，特别是经过深化改革，在储蓄、信贷、清算、稽核、审计等方面，建立了一整套规章制度。从查办的职务犯罪情况看，"十案九违规"发生的主要原因是有章不循，违章不及时纠正，执行制度不严，管理松懈。由于管理上存有许多漏洞，使得犯罪分子有机可乘。

（2）监督机制的不健全使权力失去制约。随着我国金融体制改革的加快和金融业逐渐商业化的进程，出现了金融经营体系和监管体制相对滞后的情况，从而使一些金融机构尤其是基层机构的业务监管不力，内控机制不健全，缺乏职务犯罪的防范意识，忽视对某些权力的监督，造成整体控制的失衡。有的机构不断开拓发展业务，管理却相对滞后，在新业务不断推出、基础手段不断更新的同时，内控管理和制约机制跟不上，造成金融领域职务犯罪案件不断增加。近年来金融领域发生的大案要案尤其是内部人所为的职务犯罪与内部制度漏洞有着极其密切的关系——银行业内存在的用人制度、培训制度、决策制度方面的问题，保险业内存在的单据管理制度、理赔审核制度、退保制度方面的问题，证券业、保险业普遍存在缺乏法律法规及各项制度的执行保障和奖惩机制，致使违法违规成本极低而获益极其丰厚的问题，而在契约型基金组织中，由于契约的不完备和制度规范的缺失，基金持有人的弱委托和基金经理人的强代理关系这种不完全委托代理情况也导致违法违规风险极大。

（3）腐朽堕落的思想文化。随着社会主义市场经济的逐步建立及社会利益日益多元化，人们对利益的追求也逐渐成为社会主流意识形态认可的价值目标。由于金融行业是社会的重要组成部分，客观的经济观景使金融业成为人们经济活动的矛盾焦点，社会上一些不法分子为了获取资金，千方百计拉拢金融系统的干部职工。部分金融从业人员贪婪成性，不顾政策、法律的约束，公然把贪污、受贿、挪用、侵占公款作为实现个人价值目标的直接手段。

（4）查处力度不够，打击不力。有的金融机构对案件性质把握不准，该移送检察机关处理的没有移交，而作内部处理；有的从自身经济利益和部门声誉出发，对发生在本部门的金融职务犯罪不深究，不严查，瞒案不报，压案不查。从而贻误了侦破案件和挽回损失的难度，滋长了犯罪分子的嚣张气焰，造成了打击不力的局面。

（5）选人用人把关不严。随着金融行业竞争日益激烈，为了在竞争中求生存，部分金融机构忙于扩大业务规模，广招业务人员，而忽视了对人员的教育、监管。部分干部职工人生观、价值观扭曲，导致理想信念动摇，以身试法。金融机构在用人上把关不严，为金融领域职务犯罪埋下了隐患。

2. 金融领域职务犯罪的主观因素

（1）贪欲与权力欲的极度膨胀。如果人的需求超过了必要的限度，人们为了满足自己的需求而不择手段，那么这种极度膨胀的欲望最终将导致人们走向罪恶的深渊。金融领域违法犯罪的人员大都对金钱贪婪，对权力贪婪，甚至于对女色贪婪。为满足自己不断膨胀的贪欲，他们不惜铤而走险，把党的原则、国家和人民的利益抛在脑后，利用人民赋予的权力为自己聚敛钱财，满足自己膨胀的私欲，最终滑向犯罪的泥坑。

（2）意志薄弱、心理失衡。有些人员把国家和人民赋予他们行使职权的便利条件看作是自己的特权，自认为大权在握、高人一等。在他们眼里，法律、规章制度是约束老百姓的，而他们自己则可以不受约束，可以为所欲为、胡作非为。由于受到这种特权思想的影响，职务犯罪主体法制观念淡薄。在市场经济的大环境下，有些人价值观扭曲，拜金主义、享乐主义、极端个人主义思想膨胀，精神防线崩溃，认为权力是个人的"本事"，"有权不用过期作废"、"不拿白不拿"等心理作怪。在实施职务犯罪行为时不仅没有罪责感，反而还认为这是"理所当然"、"人之常情"。

（3）案件当事人存有蒙混过关的心理。有些金融工作人员业务娴熟，利用监管的漏洞，自认为方法巧妙、手段高明、抱着蒙混过关的心理进行违法犯罪。这减轻了他们作案时的心理压力，增强了他们的犯罪心理，使其毫无罪责感可言，法制对他们来说形同虚设。职务犯罪是犯罪主体利用职务上的便利实施的，他们往往以"合法"的形式来掩盖其非法的目的，使职务犯罪行为隐蔽性较强，往往要经过好几年才会露出蛛丝马迹。

（三）金融领域职务犯罪防范措施和建议

1. 调整金融行业结构，强化监督管理功能

针对金融领域内存在的这种"结构型腐败"，唯有从根源上深化金融体制方面的改革，才有可能取得正本清源之效。体制改革一直是近年来我国各级党政机关工作重心之所在，金融体制改革更是受到了高度重视。在连续几年国务院批转发改委的《关于深化经济体制改革重点工作意见的通知》中，都重点提到了有关金融体制改革方面的部署。每年的国际金融业背景和国内行业发展形势都变化颇大，故而每年提出的关于金融体制改革的重点都有所不同。针对改革开放以来我国金融业一直存在的痼疾，以下三点是深化金融体制改革，进而压缩当前过为宽泛的寻租空间必须着力解决的问题：

（1）借鉴先进国家经验，加紧与国际接轨步伐。由于多方面的原因，我国金融领域经营模式经历了较为曲折的发展历程。从 20 世纪 80 年代起直到 90 年代初，银行、证券、信托和保险开始在经济利益的驱动下走向了混业经营的格局，这和当时某些发达国家的金融业相当"形似"。然而，这种不符合国情的初级混业经营模式显然是盲目而徒劳的，在引发市场泡沫的背景下，中央政府明确要求金融领域施行分业经营模式，当时岌岌可危的各分支行业这才站住阵脚。与此相对应的便是金融监管体系也由集中监管模式走向了分业监管的道路。2003 年 4 月 28 日银监会正式挂牌成立，自此"一行三会"的垂直分业监管体制最终形成。应当说，分业经营和分业监管的运作模式在当时的历史条件下是必要且有效的，对于维护我国金融安全，保护金融行业成长起到了积极作用。然而随着我国加入 WTO 以及金融全球化时代的到来，面对着国外同行带来的竞争压力和中国金融业自身"走出去"的战略发展要求，加之以新型化、电子化和多样化为标杆的金融创新，也使得新型金融工具层出不穷，各种金融机构之间的业务界限愈加模糊，混业经营并混业监管的金融体制改革已然是大势所趋。更为重要的是，近年大量的金融领域职务犯罪呈现的跨业务、跨机构、跨行业乃至跨国界的特点，金融职务犯罪多发已经不单纯是之前人们所归结的监管"不严"，而是当前僵硬的分业监管模式所"不能承受之重"，这便更要求我们抛弃抱残守缺的观念，加紧吸收国际监管经验，加快与国际体制接轨的步伐。

（2）完善金融法规体系，压缩权力寻租空间。完善金融法律法规也是深化金融体制改革应有之义。一个被授予权力的人，总是面临着滥用权力的诱惑，面临着逾越正义和道德界线的诱惑。法律方面的漏洞无疑是有权之人滥用

权力的重要诱因。尽管目前我国在金融法律体系方面已经基本实现了有法可依——《中国人民银行法》、《商业银行法》、《保险法》、《票据法》、《信托法》、《证券法》等金融基本法以及《外汇管理法》、《中外合资银行机构管理暂行办法》、《外资金融机构驻华代表机构管理办法》等涉外金融法规、规章和众多的地方性金融法规、规章构成了我国较为完备的金融法律法规体系。然而我国金融法律法规体系在规制主体全面性、立法层次性、国际性、具体性和技术性等方面依然存在诸多问题。既然大体框架已经建好，当下的任务便是为金融法律大厦的落成添砖加瓦，发现其中的不足和缺憾，并尽快将其补足或重新修葺一番。如加速出台关于投资基金、金融租赁、投资组合、保险中介、消费信贷和金融衍生工具的有关规定，针对金融领域发展较快的特点，一定程度内的超前立法是可以而且应当的；对已有的《商业银行法》、《外资银行法》和《证券法》等法规内的与当前金融状况已经不再适应的条款予以及时修正；而《中国银行业反商业贿赂承诺》和《中国银行业反不正当竞争公约》等由各行业协会制定的从业操守规则的审查修正工作也应当受到足够的重视。在注意以上几点外，还应注意对各个位阶的法律法规之间的协调性和衔接性，定期对金融法律法规体系进行整理，以防止法律法规之间，特别是地方性法规与法律法规之间出现矛盾和冲突削减法律应有的严肃性。

（3）推进金融机构改革，注意满足农村资金需求。中国金融业的现代起步便是从中国人民银行工商信贷和储蓄业务的剥离开始的。近30年来，金融体制改革的很大一部分内容便是金融机构职能的业务范围的变更。近几年间，国有四大行的纷纷股改上市加快了整个金融行业全面市场化进程。但目前，国有政策性银行的市场化改革，资产管理公司商业化转型等工作仍然亟待进一步推进。此外，与中国各项改革事业相似的，农村往往成为人们关注视野之外的盲区。然而，农村市场的资金需求日益扩大，现有的农村信用社、农村资金互助组已经远不能满足这一市场的需求，金融领域职务犯罪在农村信用社等农村金融系统内的高发便是这一客观情况的外化表现之一。因此，完善农村金融体系，全面深化农村信用社改革，引导社会资金投资设立适应三农需要的新型农村金融组织，研究制订偏远山区新设农村金融机构费用补贴等办法，研究制订农村抵押担保条例，充分发挥商业性金融、政策性金融和合作金融在支持三农中的作用亦是当前深化金融体制改革的重要内容。

2. 强化操作风险管理，实现合规文化控制

（1）积极展开风险教育，有效管理操作风险。从事任何生产经营活动都会面临风险，相较其他行业，金融风险有其突出特点：由于自有资本在全部资金来源中比例低，属于高负债经营；而金融业主要的经营对象是货币，并具有

信用创造功能；作为市场经济的"神经中枢"，由其外部性带来的负效应一旦形成，将影响极大。风险的存在是各金融机构所不能回避的问题。金融风险按性质分类可以分为信用风险、市场风险、操作风险、流动性风险、声誉风险等，而其中的操作风险是金融机构自身能够加以控制的。在当前金融业混业经营趋势明显，金融产品与日俱新，金融业务越来越依赖于 IT 技术的背景下，操作风险可能带来的影响更是巨大。从我国金融领域曝光的诸多职务犯罪案件中可以看到，操作风险导致的损失已经明显大于市场风险和信用风险。尽管众多发达国家已经开始将研究重心放置在操作风险管理技术方面，并调配大量的资源着力于组织框架的探索与构建，但我国金融界对于操作风险的认识依然存在不够深入细致的问题，有关监督管理部门的监管重心也只集中在信用风险领域，明显存在对操作风险重视不够的问题。

为加强广大金融从业人员对金融风险尤其是其中操作风险的应对能力，各大金融机构必须积极展开风险教育，努力使其形成明晰的风险防范意识。首先，在认知方面，金融机构高层必须高度重视操作风险，把操作风险作为风险管理的核心内容和基础工作。应借鉴国外发达国家的科学风险管理理念，通过高层向全体员工贯彻操作风险意识，明确操作风险管理是每个业务部门员工的责任，努力使操作风险观念落实到每一个从业人员。其次，在实务操作方面，金融企业必须在全球范围内借鉴先进经验并掌握运用科技含量高的技术，逐步建立全面覆盖操作风险的信息反馈系统，识别、监控和评估所有有可能存在的操作风险及其性质，不断摸索和逐步完善操作风险计量方法，加强信息技术应用，加强业务系统操作平台建设，而以上这些要求都意味着非常有必要建立一支高素质的信息技术和软件开发队伍。最后，必须建立定期的风险教育培训活动机制。这对于使金融从业人员特别是一线操作人员掌握有关金融从业风险的基本知识和风险应对技能是非常必要的。除通过专业的风险管理部门或外聘专家提供定期培训活动外，还应组织专项的考试对培训成果进行验收，并将验收结果纳入考核体系，与员工的评优、收入直接挂钩，激发其学习兴趣和动力。此外，风险管理文化强调正视风险，在推行操作风险管理的过程中，应倡导建立高度透明的沟通环境，使基层员工、上级主管部门、高级管理层、内审部门都有顺畅的交流渠道。

（2）弥补现存制度漏洞，完善现代企业内控制度。自 1995 年巴林银行倒闭案为全球金融界敲响完善内控制度的警钟起，内控建设已是一个老生常谈的问题。中国人民银行颁发的《加强金融机构内部控制的指导原则》明确指出金融机构内部控制目标是"有利于查错防弊，堵塞漏洞，消除隐患，保证业务稳健运行，确保将各种风险控制在规定的范围内，确保自身发展战略和经营目标的全面实施"。针对当前我国金融领域内控制度建设方面暴露出的诸多问题，应从以下几方面加以改进：第一，从思想高度重新认识内部控制这一概念。尽管大多数金融机构自上而下制定了内控规章制度，但其中为数不少的金融企业仅仅把内部控制静态地理解为各种纸面文件的草拟、制定和汇总，认为做了这些机械工作，就等于完成了内部控制制度建设，而我们仔细分析内控这一概念便可以看出，内控是一个企业实体全方位、全体成员共同参与其中的动态过程，它要求我们主动密切关注时事和企业动态，并紧随情状的变化而改变我们的方法对策，绝不仅仅是一个被动静止的制度制定过程。第二，要充足和完善内控责任体系。运用授权和授信等常规手段来明确各职能部门和分支机构的职责权限，同时推行日常工作的目标管理机制，制定并完善业务操作规程及标准，对重点岗位和核心业务施行定期或不定期轮岗或强休。当然，最重要的便是坚决将这些制度贯彻实施到位，保证制度能自上而下一以贯之。第三，尚未设立独立的内控管理部门的金融机构应加快内控部门的设置。在独立的内控管理部门主导下完成不相容职务分离控制、会计系统控制、财产保护控制、预算控制、运营分析控制等专项控制措施。此外，独立的内控部门还必须利用信息技术、计算机技术负责与内控相关的信息在企业各部门、各分支机构之间的有效传递沟通。

（3）培育行业合规文化，谨防金融亚文化侵蚀。受各种内外部因素影响而积聚在金融领域的"亚文化"现象是诱发金融从业人员违规违法操作乃至犯下职务犯罪罪行的重要原因之一。更为严重的是，金融亚文化也容易导致金融领域职务犯罪案件经常以窝案、串案的形态出现。而要在整个行业内消除不良亚文化，遏制其对从业人员的消极影响，必须努力培育积极向上的企业文化，尤其是合规文化。从字面意思理解所谓合规，即遵从、依从和合乎规范。根据 2006 年银监会颁布的《商业银行合规风险管理指引》第 3 条的规定，合规是指使商业银行的各项经营活动与法律、规则和准则相一致。应该说，对除银行业以外的其他金融行业而言，此处对合规内涵的定义也是适用的。

由于监管机构和管理高层的重视，合规文化建设在银行业内已经开展得较为充分——各大型银行的企业文化中都凸显了合规的重要性，如农业银行的管理理念之一便是"合规创造价值"；而众多中小银行也在能力范围内组建了专门的合规部门，作出了合规文化建设规划，而其他金融行业的合规文化建设工作则相形见拙，提高和改进的空间很大。只有成立专门的合规事业部，制定专业的合规手册指导员工的业务操作和行为举止，密切关注法律、法规的变动发展，在行业内树立起"合规人人有责"、"合规从高层做起"、"合规成就事业"等理念信条，对法律、规则、准则有一个明晰的理解，对合规的重要性有准确的认识，通过合规培训、合规教育等多种形式使合规文化和谐融入金融企业文化中，才能对当前盛行的金融亚文化起到有效的抵制作用。

3. 加大社会控制力度，提高职务犯罪成本

（1）完善金融监管机构的专业控制。金融市场的繁荣和金融产品的创新给监管工作带来了新的挑战，将注意力重新回归到创新监管方法，提高监管效率上是更明智的选择。面对与日俱新的金融市场和手段日益"高超"和隐蔽的金融职务犯罪，"一行三会"① 必须加强专业监管人才队伍的培养和建设，落实和完善高管人员任职资格核准制度，一旦发现违规苗头和犯罪隐患，必须及时与金融机构高管进行监管谈话，并严格要求各金融机构按期如实披露各类信息，尤其是其中的董事、高管等人事变更情况。唯此，才能将纸面上的条文制度变成现实中有效的控制手段，才能最大限度地保障国家、金融机构和社会公众的利益。

（2）加强司法控制。2001 年，最高人民检察院、中央金融工委、中国人民银行、证监会、保监会联合发出《关于在金融系统共同开展预防职务犯罪工作的通知》，要求检察机关和金融机构携手共同预防、打击金融系统贪污贿赂、渎职等职务犯罪工作。除检察机关外，公安机关和法院系统也同样肩负着与金融机构、监管机关合作对抗职务犯罪的任务，公、检、法三机关共同构成了金融领域职务犯罪社会控制系统中的司法控制一环。针对当前司法控制方面存在的问题，须从以下三方面努力：第一，建立和完善信息共享机制。金融系统内通过自查得到的有关违规情报、犯罪信息，必须及早通过犯罪情报信息网络提交侦查、检察机关，司法机关一旦发现犯罪苗头也必须在第一时间内通知金融机构，实现犯罪信息及时互通共享。有关部门收到信息后也应该及时作出汇总分析，形成良性的情报互动机制。第二，建立快速报案机制。从总体上看，金融领域职务犯罪案发之后，金融机构往往反应比较被动和滞后，这一方面容易贻误破案时机，使经济损失进一步扩大，还容易使犯罪分子赢得潜逃时间，影响后续抓捕工作的展开。建立顺畅的金融领域职务犯罪报案渠道，使侦查机关、检察机关能及早介入违规、犯罪案件，并采取有效措施控制犯罪嫌疑人，减少经济损失。第三，公安系统内的经济侦查部门和检察机关是预防经济犯罪、贪渎犯罪的专门部门，其预防与控制犯罪经验丰富，应委派工作经验丰富的办案能手，利用其专长为金融机构提供必要的定期反职务犯罪培训工作，这对金融机构进一步做好内控工作将起到极大的帮助作用。

（3）重视新闻媒体及社会公众的舆论控制。相对于前文所述的专业控制

---

① "一行三会"即中国人民银行、银监会、证监会、保监会。

和司法控制等"刚性控制"而言，新闻媒体及社会公众的舆论控制可谓是"柔性控制"，是专业控制和司法控制的重要补充，也是整个社会控制系统中不可或缺的一环。舆论监督是作为"无冕之王"的新闻媒体的一项重要职责，也是其基本功用之所在。相较前述的"刚性控制"，舆论监督具有快捷、经济和易于操作的特点，无须烦琐的程序与环节，直接、快速、及时地反映各种重要的监督信息，能够起到揭露问题、提供线索的奇效。而近年来手机电视、手机报纸和车载电视等新媒体的出现，更使信息传播范围、速度与效果都有了显著进步，尤其是网络微博这一"自媒体"的出现更令许多腐败分子闻风丧胆，避之不及。此外，通过新闻媒体对优秀事迹和先进经验的推广宣传和对大案要案的警示剖析也能起到教育公众，净化社会氛围的作用。正是由于近年来媒体对金融领域职务犯罪典型案例的密集性报道，才引起了社会各界尤其是决策层对金融行业反腐形势紧迫性的关注，促成了一系列金融反腐法规的及早出台。在金融系统内建立群众举报信息网络、信访举报奖励制度，争取包括内部职工在内的广大群众的积极参与，是在预防职务犯罪中落实"群防群治"战略的重要路径。

四、住房和城乡建设领域职务犯罪预防

近年，中央部署开展工程建设领域突出问题专项治理工作以来，检察机关按照中央的部署，积极加大查办和预防工程建设领域职务犯罪工作力度，取得了较为明显的成效。

（一）住房和城乡建设领域职务犯罪的基本情况及主要特点

据统计，2009 年 1 月至 2011 年 6 月，全国检察机关共立案查办工程建设领域职务犯罪案件 11602 件 13673 人，其中涉及住房和城乡建设环节的有 6016 件 6969 人，占工程建设领域立案总人数的 51%，占检察机关立案总人数的 10.2%。具体情况如下：

1. 规划审批环节

2009 年 1 月至 2011 年 6 月，全国检察机关共查办规划审批环节职务犯罪案件 303 件 383 人，均占立案总件数、总人数的 7.2%。规划审批环节职务犯罪的主要作案手段：一是利用建设项目规划审批许可职权收受贿赂。一些规划审批工作人员利用审批工程建设项目选址、用地性质、容积率等规划事项的职务便利，采用违法审核批准建设规划布局、建设密度等方面有问题的设计方案、或者随意控制规划审批流程和工作进度等手段，为请托人谋取利益，从中收受贿赂。如海南省海口市规划局原副局长姚继韵，采取加快审批进程、违法审核有问题的规划方案等手段，为请托人谋取利益，多次收受贿赂计人民币

90万余元。二是利用建设项目规划修改调整职权收受贿赂。一些规划审批人员利用职务便利，采用对有合理事由但需要根据建设实际进行修改、优化的规划设计方案加以故意刁难，或者拖延审批等手段，从中索贿受贿；或者利用职务便利，采用对有关改变规划用地性质、增加建设项目容积率、调高限高、调整建筑物功能、变更户型、对规划变更申请予以违法审核批准等不符合法律规定的手段，为请托人谋取不正当利益，从中收受贿赂。如浙江省温州市经济技术开发区规划建设局原局长郑启明，在工程建设项目用地功能改变审批等过程中为请托人谋取利益，多次收受贿赂计人民币104万余元。三是利用建设项目规划竣工验收职权收受贿赂。一些规划验收人员采用明知建设项目竣工后需要由县级以上城乡规划主管部门予以核实，但违法对未经核实或者不符合规划条件的不能组织竣工验收等建设项目通过验收，或者随意控制规划验收进程等手段，为请托人谋取不正当利益，从中收受贿赂。如重庆市规划局原党组成员、规划展览馆馆长查红，利用职务便利，在规划验收等过程中为请托人谋取利益，多次收受贿赂计人民币109万余元。四是利用建设项目规划监督管理职权收受贿赂。一些规划管理人员利用职务便利，采用对违反规划设计方案的建设行为放任不管，对违章违法建筑以经济处罚代替拆除或者不正常从轻处罚、使违章建设单位获取不正当的巨额经济利益等手段，为请托人在"半拉子"工程处置、建设工程停缓建等过程中谋取利益，从中收受贿赂。如海南省海口市规划局原副局长陈立奇，利用职务便利在"半拉子"工程处置批复等过程中为请托人谋取利益，多次收受贿赂计人民币130万元。

规划审批环节职务犯罪的主要特点：一是涉案部门、人员集中。主要发生在各地城乡规划主管部门及地方党政机关；涉案人员主要是掌握规划审批权的规划部门主管领导及地方党政领导干部，行贿人主要是房地产开发企业及其负责人。如上海市外高桥保税区管理委员会规划建设处原处长陶建国为一些房地产开发公司在房地产开发项目规划审批中给予帮助，先后收受请托人的贿赂106万元及总价值1379万余元的房产29套。二是涉案金额巨大。由于工程建设项目特别是房地产开发项目，其规划内容的任一项调整特别是容积率调高等，都会对开发商的利益产生巨大影响，开发商也往往为实现利益最大化而向有关国家工作人员行贿，有的行贿人一次就行贿几十万、几百万，个别受贿人累计受贿数额甚至达千万元。如重庆市规划局原局长蒋勇在房地产项目容积率调整、工程规划验收等过程中为请托人谋取利益，单独或伙同他人多次收受贿赂折合人民币1796万余元。三是窝案串案多。完成一个建设项目的规划需要经过规划主管单位多个内部部门及其工作人员的审核批准。一些建设单位为谋取不正当利益，往往要向多个规划工作人员行贿，一个规划工作人员也往往收受多个人的贿赂。如四川省攀枝花市规划和建设局城乡建设处处长、政策法规处处长、住宅与房地产业务处处长等涉及 8 名规划业务部门工作人员的贿赂犯罪窝案。四是犯罪手段隐蔽。有的假借为工程建设规划方案提供咨询，从中收取贿赂；有的通过设立公司收受贿赂；有的通过特定关系人，或假借他人之手收受贿赂。如海南省海口市规划局原副局长张仕武，通过其同学与行贿人签订虚假借款协议，收受贿赂。

2. 城市拆迁改造环节

城市拆迁改造环节职务犯罪的主要作案手段：一是利用虚构虚增手段收受贿赂或截留贪污。部分拆迁管理人员利用职务便利，采用为被拆迁单位或个人虚构拆迁项目、虚增拆迁面积、重复计算提供帮助等手段，从中收受贿赂；或者采取虚构、虚增的手段截留贪污补偿款。如湖北省武汉市瑞安拆迁有限责任公司动迁四组动迁员邓国勋，利用职务便利伙同他人采用伪造房屋拆迁资料、虚增被拆迁房屋无证面积和装修补偿的手段，贪污拆迁补偿款 62 万元。二是违法评估收受贿赂。部分拆迁管理工作人员利用职务便利，在被拆迁物作价评估过程中，采用违法违规调整评估参数、调高评估标准等手段，从中收受贿赂。如浙江省宁波市邬明德在担任宁波市房地产管理局局长、宁波市建设委员会副主任、宁波市国土资源局局长期间，利用职务便利在房屋拆迁管理、土地容积率统一核算等方面为请托人谋取利益，多次收受贿赂计人民币 119 万元。三是确定拆迁承包单位时收受贿赂。部分拆迁管理工作人员利用职务便利，采用不按照法定程序、标准确定拆迁业务承包单位等手段，从中收受贿赂。如海南省三亚市综合行政执法局原局长郑通卫，在拆迁项目发包过程中利用职务便利为请托人谋取利益，收受贿赂 95 万元。

城市拆迁改造环节职务犯罪的主要特点：一是犯罪主体多元化。查处的案件人员中，有城镇建设的党政领导，有主管拆迁的乡镇、街道领导，有农村、社区等基层组织负责人，有国家机关工作人员。二是拆迁领域一线工作人员涉案较多。如调查数据显示，南京市 2009 年立案查处的拆迁领域职务犯罪 35 人中，正科级（含相当）以下的拆迁一线工作人员 19 人，占拆迁领域案件总人数的 54.3%；农村、社区负责人有 7 人，占拆迁领域案件总人数的 20%；乡镇、街道领导有 7 人，占拆迁领域案件总人数的 20%。三是窝串案现象突出，权钱交易普遍化。往往查办一个受贿人，带出数个行贿人，通过一个行贿人，又带出数个受贿人。如南京市无业人员徐某某，为了使其嘉兴公寓在拆迁中获取不正当的拆迁补偿款，先后向该市国土资源局第一分局业务一科原科长韩某某行贿 107 万元，向某区杨庄二期拆迁项目部第三工企组原组长韩某某行贿 21 万元，向某区房产管理局原副局长周某某行贿 20 万元，向某区住房制度改革办公室原副主任聂某行贿 20 万元。四是"拆托"活动猖獗，危害后果严重化。"拆托"是近年来拆迁领域中出现的一个特殊群体，他们一般以拆迁户"代表"或"代理人"的名义出现，在政府部门、拆迁单位和拆迁户之间周旋，采用各种手段谋取不法利益。他们一方面是"地头蛇"，当地群众惹不起，另一方面在政府部门中有一定人脉背景，别人谈不下来的价格他们能谈下来，别人摆不平的事他们能摆平，部分拆迁单位和拆迁户也会主动请托他们办事。通过对拆迁单位"抬"，对拆迁户"压"，"拆托"从中获取补偿差价，获利相当丰厚。如"拆托"徐某某，了解到当地职业教育中心原十五中校区被确定为拆迁地块后，即向该校原校长方某行贿 4.5 万元，以 30 万元的低价取得了该地块的承租权，并突击抢盖违章建筑 1 万余平方米。随后，徐又向包括某区房产局原副局长杨某某在内的多名国家工作人员行贿共 41 万元，使上述 1 万余平方米违章建筑作为合法建筑得到了近 3000 万元的拆迁补偿，扣除行贿和建筑成本，徐获利达 2000 余万元。

3. 招标投标环节

2009 年 1 月至 2011 年 6 月，全国检察机关共查办招投标环节职务犯罪案件 1675 件，占立案总件数的 14.4%，1840 人，占立案总人数的 13.5%。招标投标环节职务犯罪的主要作案手段：一是招标启动环节收受贿赂。在招标启动环节中，招标工作人员故意违反招标投标规定，将应招标的工程不进行招标而直接委托，将必须公开招标的项目擅自邀请招标等手段，从中收受贿赂。如四川省眉山市规划建设局原局长李学文，在选择确定建设工程承建单位的过程中，将应招标项目不进行招标，而由个人确定承建方，补办招标投标手续，从中收受贿赂 80 万元。二是改变招标项目收受贿赂。部分招标工作人员将建设项目化整为零，将工程总额拆分到国家规定的公开招标限额以下；或只对主体工程实行招投标，而将大量附属工程、计划外工程和装饰工程不列入招标范围，直接承包给施工单位，从中收受贿赂。如山东省聊城市房地产管理局原局长潘洪才，利用职务便利，不经过招投标程序，将造价 3500 余万元的住宅小区室内安装和室外配套工程发包给请托人，从中收受贿赂 900 余万元。三是泄露招标资料收受贿赂。招标过程中，部分招标工作人员利用职务便利，采用预先设定有利于请托人的技术要求、资格条件、投标报价要求和评标标准等，或者以不合理的条件限制、排斥潜在投标人，或者违法违规泄露与招标投标活动有关情况和资料等手段，从中收受贿赂。如安徽省舒城县招投标事务所原主任汪茂富，利用职务便利违法向请托人透露标底，从中收受贿赂 12 万余元。四是帮助投标收受贿赂。投标过程，部分国家工作人员利用职务便利，为不具备相应资格、资质等投标条件的投标人提供帮助，使投标人以低于成本的报价竞标，或以他人名义投标，或以其他方式弄虚作假骗取中标，从中收受贿赂。如西藏自治区发改委经济贸易处原副处长张剑波，帮助请托人借用资质较好单位名义进行投标，从中收受贿赂 30 万元。五是对不法投标行为不履行监管职责。部分招标管理人员利用职务便利，对围标、串标、陪标等行为放任不管或为请托人提供方便，甚至主动帮助请托人实施串通投标等行为，从中收受贿赂。如中铁二局股份有限公司石武铁路客运专线河北段项目经理部原常务副经理梁恩华等人，利用职务便利与中铁二十局第二工程有限公司串通投标，从中收受贿赂 12 万元。六是不公正评标收受贿赂。部分招标工作人员在评标过程，利用职务便利，与招标代理机构相互勾结，采取内定的方式使特定单位中标；或者不按照招标文件确定的评标标准和方法进行评审和比较，违法为特定投标单位打高分，出具不公正、不客观的评标报告，从中收受贿赂。如安徽省合肥市招投标中心张虎等七位专家评委，在评标过程中利用职务便利，收受安徽康力电梯有限公司等投标单位贿赂，为请托单位打高分。

招标投标环节职务犯罪的主要特点：一是涉案人以招标单位工作人员居多。主要是招标单位负责人利用职务便利，在招标投标多个环节多次收受贿赂，或地方党政领导干部违法插手招投标从中收受贿赂。如河南省安阳市建委市政工程科原科长白质刚，利用职务便利，在市政工程建设项目招标投标过程中为请托人谋取利益，多次收受贿赂计人民币 139 万元。二是内外勾结的共同犯罪趋多。具体表现为有的招标单位工作人员与投标单位负责人相互勾结，有的招标代理机构工作人员与投标单位负责人相勾结，有的三者勾结在一起内定中标单位，以致窝案串案多发。如浙江省杭州市西湖区建设局原副局长吴少雯，利用职务便利，与投标人、招标投标代理单位相互串通，采用围标、串标等方式使请托人顺利中标，从中收受贿赂 900 余万元。三是作案手段隐蔽。招标工作人员利用手中的权力和内幕信息，采取暗中授意、串通作假等方式进行暗箱操作、权钱交易，并且经常假借"信息费"、"咨询费"的名义收取贿赂。如重庆大学建筑设计研究院原副院长、副总设计师段晓丹，利用职务便利，在招标过程中为投标单位修改图纸，并以"辛苦费"名义收受贿赂 6 万元。四是犯罪后果严重。通过非法手段取得工程承包权的施工单位，为了达到"堤外损失堤内补"的目的，经常采取虚报额外工程量、抬高决算造价、降低工程质量等方法谋求利益最大化，直接损害国家利益、社会公共利益和招标、其他投标当事人合法权益，严重干扰市场经济秩序，危害后果严重。如四川省眉山市规划建设局工作人员鄢正勇，在招标投标过程中滥用职权，擅自变更工程条款，使招标后的工程评审造价与中标价 3150 万元相比，陡然增加 4923 万余元，给国家造成巨大损失。

4. 资金管理环节

资金管理环节职务犯罪的主要作案手段：一是进行虚假申报贪污建设资金。部分国家工作人员在工程建设资金预决算审批中，采取虚设项目、重复计算、增加工程量、提高价格等手段，进行虚假建设资金项目申报，贪污工程建设资金。如湖北省武汉市东西湖区水务局原副局长林锦章，利用职务便利伙同他人虚构水利工程项目、虚报工程量贪污人民币80万余元。二是违法审核收受贿赂。一些拥有审批权的国家工作人员采用违法批准增加预决算资金、变更相关项目等手段，收受贿赂。如四川省内江市土地统征和开发整理中心原主任张万坤，在追加工程款等过程中，为请托人谋取利益，从中收受贿赂110余万元。三是工程建设资金拨付使用中，巧立名目、拖延付款索贿受贿。如云南省普洱市工商行政管理局原局长普祖武，借故长期拖欠工程款不予结算，从中收受贿赂6万余元。四是违法违规支付工程款，收受贿赂。部分国家工作人员利用职务便利，违法或违反合同规定的支付额度、期限、标准，为建筑承包商、施工企业或材料设备供应商拨付、结算工程款，从中收受贿赂。如湖南省长沙市建委原副主任卢俊国，利用职务便利，在优先结算、支付工程款等方面为请托人谋取利益，从中收受贿赂40余万元。五是直接截留贪污、挪用工程建设资金。如云南省香格里拉县虎跳峡镇国土资源所工作人员施朝武，利用职务便利，在负责虎跳峡油路工程财务管理过程中，截留贪污工程结余款21万余元。

资金管理环节职务犯罪的主要特点：一是涉案人员和涉案部门相对集中。以建设单位及其财务部门、基建部门负责人或直接经手管理工程建设资金的工作人员、部分地方党政领导干部等居多。如江西省新余市原副市长吴建华，利用职务便利，在工程款结算等事项上向有关部门打招呼，多次收受贿赂共计258万元。二是与项目审核、资金批准密切联系。资金管理环节职务犯罪大多发生在按施工进度拨付工程款环节，国家工作人员利用审核、批准资金拨付的职务便利，从中收受贿赂。如江苏省淮安市交通局公路管理处原处长刘晟，利用职务便利在工程建设资金拨付方面为请托人提供便利，收受贿赂9万元。三是犯罪手段隐蔽、复杂。往往采取"一对一"的方式进行行贿受贿，或者由亲属介入收钱，以致知情人少；或者建立账外账、私设"小金库"进行贪污挪用。四是与招标投标环节联系紧密。由于工程建设资金拨付单位与招标单位往往同属一个单位或系统，一些施工单位与个人通过行贿的手段低价中标后，再通过行贿的手段使招标投标过程中确定的工程核价、结算条款变更或实际否定，达到增加建设资金投入、加快资金拨付等目的，以尽快收回投资，获得不当利益。如重庆市璧山县市政局原副局长陈文，利用职务便利在招标过程中泄露招标信息，使请托人邹习胜顺利中标，此后又违背招标文件的实质性规定调高工程付款比例，先后收受邹习胜贿赂 5 万余元。

5. 物资采购环节

2009 年 1 月至 2011 年 6 月，全国检察机关共查办物资采购、资金管理环节职务犯罪案件 1863 件，占立案总件数的 16.1%；2308 人，占立案总人数的 16.9%。物资采购环节职务犯罪的主要作案手段：一是确定采购方式时收受贿赂。或恶意拆分项目、限定采购特殊规则、变相指定品牌，或不采用招标投标方式采购物资，从中收受贿赂。如安徽省淮南洛能发电有限责任公司，在洛河电厂三期工程建设期间，违法违规将洛河电厂三期工程现场物资保管业务直接发包北京中唐电公司，从中收受贿赂 200 万元，涉嫌单位受贿罪。二是物资采购环节招投标过程中收受贿赂。在确定物资供应商的招投标过程中，一些国家工作人员违法向请托人泄露内幕信息，或者出具失实或不公正的评标意见，从中收受贿赂。如云南省山水房地产开发有限公司工程部原副主任彭明，利用职务便利在物资采购招标会上，极力推荐采购云南新西奥电梯公司的电梯，从中收受贿赂 13 万余元。三是利用物资采购贪污。在实施物资采购时，一些国家工作人员单独或与物资供应商相互勾结，伪造发票、重复报账、提高材料单价、编造业务贪污；或违法验收入库数量短缺、质量残次、混淆品牌、降低档次的工程建设物资。如河北省承德市交通局材料供应处原处长田野，利用职务便利，在建路材料定购和价格确定等过程中，为请托人谋取利益，从中收受贿赂 30 万元。

物资采购环节职务犯罪的主要特点：一是涉案人员集中。在确定采购的方式、选择物资供应商环节，涉案人员大多是单位或部门的主要领导干部；在具体实施物资采购环节，涉案人员大多是物资采购部门的具体经办人员和物资验收、财务管理人员。二是犯罪次数多，持续时间长。由于工程建设物资采购在整体工程建设资金的构成中所占比例较大，采购方往往根据工程施工进度分批次、分阶段购买，并且不同批次、阶段购买的物资种类、要求也不同，贪污贿赂等职务犯罪呈现出工程建设持续时间内，行为人多次实施犯罪的特点。如中国石油化工股份有限公司燕山分公司物资装备中心计划部原副主任张鹏，利用职务便利，在 2003 年至 2008 年间，先后 9 次索取和收受 4 名物资供应商贿赂 370 余万元。三是"潜规则"盛行，贿赂犯罪多发。物资供应方往往事前承诺，以采购总量的一定比例或者确定具体的数额支付给相关人员好处费，并在事成之后兑现，行受贿双方均视作理所当然，形成默认的"潜规则"。如中铁三局武广客运专线 XXTJIV 标项目经理部第二工程总队物资部原部长郑成家，利用职务便利，在物资采购、物料管理等过程中，多次收受贿赂 20 余万元。

6. 质量安全管理环节

2009年1月至2011年6月，全国检察机关共查办质量安全管理环节职务犯罪案件1639件，占立案总件数的14.1%，1836人，占立案总人数的13.4%。质量安全管理环节职务犯罪的主要作案手段：一是不严格进行监理检测收受贿赂。部分监理、检测人员在质量监管监理中，对施工单位使用的建筑材料、构配件、设备等不严格进行监理检测，或者出具虚假的监理文件资料、检测数据和结论，收受贿赂。如中铁十八局京沪高速铁路十五工区实验室原主任孔繁栋等4人，利用职务便利，在建筑材料检测验收过程中，弄虚作假，以不合格材料充当合格材料，共同收受贿赂8万余元。二是违法履行监管职责造成严重后果。部分监理、检测人员滥用职权、玩忽职守，不履行或不正确履行工程质量监管责任，致使安全事故多发。如甘肃省景泰县建筑管理站原站长王文龙，不履行建设工程质量安全监督管理职责，导致建设工程发生屋面坍塌责任事故，造成严重后果，触犯玩忽职守罪。三是利用监管职责收受贿赂。部分工程监管、检测人员在履行验收过程中对工程质量不认真查验，使不合格工程通过竣工验收，或明知建设工程及其配套设施、设备质量有不合格、不符合标准之处，而故意不指出，甚至帮助隐瞒；或违反规定，提高建设工程的验收质量等级，从中收受贿赂；或在确定监理、检测单位资质等级时为请托人谋取利益的手段，从中收受贿赂。如福建省永泰县建设局原局长陈国槟，利用职务便利，在建设工程质量验收等过程中为请托人提供帮助，收受贿赂120余万元。四是利用监管裁决权收受贿赂。部分工程监管检测人员违法违规向有关建设单位、施工单位推荐工程质量监理、检测机构，或在处理工程质量出现问题或者纠纷时，作出不公正或具有倾向性的不当处理结果等手段，从中收受贿赂。如浙江省宁波市建委原巡视员张坤华，利用职务便利，在建筑工程质量管理、安全检查、处理房屋质量纠纷等过程中，为请托人谋取利益，从中收受贿赂39万元。

质量安全管理环节职务犯罪的主要特点：一是犯罪手段隐蔽。工程竣工后，如果没有发生建设工程质量事故，职务犯罪就很难被发现查处。二是部门集体腐败严重。由于工程质量检测、监管常常需要多个部门及一个部门多个工作人员在场实施，有的还需要进行多次复检复测，以致工程质量监管部门工作人员集体受贿现象突出，窝案比例大。如浙江省嘉兴市检察机关2008年查办了该市安监系统贪污贿赂犯罪窝案11件15人，其中安监局正副局长5人。三是社会影响恶劣，危害后果严重。建设工程质量低劣，不仅造成国家巨额资产的损失和社会资源的严重浪费，还严重危害人民群众的生命财产安全，直接关系到人民群众的切身利益，社会关注度高，危害后果严重，影响恶劣。如近年来，一些地方楼房建筑出现严重质量问题，经由媒体曝光后，受到社会广泛关注，被戏称为"楼歪歪"、"楼倒倒"、"楼垮垮"、"楼脆脆"等，社会影响恶劣。

（二）原因分析

1. 工程建设领域制度落实不到位，"潜规则"盛行

一是工程建设领域恶性低价竞争激烈，为承揽工程，施工方往往不惜代价打通"关节"，对发包方的关键人员进行"公关"，长此以往，形成给"回扣"的"潜规则"，制度落实不到位，诚信经营者难以立足。二是市场施工主体鱼龙混杂。建设工程领域存在大量个人承包、无资质、挂靠在建筑单位的建筑工程队、个体包工队。这些挂靠单位和个人，为了合法中标，或向多个建筑企业借用多个资质进行多头投标，或不惜代价找其他建筑企业进行"陪标"，无序竞争，直至形成"劣币驱逐良币"的竞争局面。

2. 工程建设领域市场体系不完善

一是受计划经济时期靠权力配置资源的惯性影响，行政手段在建设市场特别是工程建设领域仍然发挥着作用，一些本可用市场原则和市场机制解决的问题，仍沿用行政审批的办法办理。二是工程建设领域交易秩序的规范和约束还存在许多薄弱环节，工程建设各环节的透明度不高，社会诚信体系不健全，缺乏有效的失信约束和惩罚机制。三是市场交易规则不够统一，监管体系有待健全，市场管理和监督行为还不规范，地区保护和部门垄断现象依然存在，工程建设市场无序竞争的现象仍比较突出。

3. 工程建设监管预防措施不到位

一是行政审批自由裁量空间过大，"长官意志"难以约束。二是监管力量薄弱，监管职能分散。工程建设领域的行政监管由多个部门负责，这种多头管理格局，使工程建设条块分割、各自为政的问题比较突出，难以形成统一有效的监督管理。三是有些监管措施流于形式。特别是工程监理、质量管理、审计等监督措施，缺乏严格的责任制，实践中难以落实。四是一些工程建设中对预防措施重视不够，没有贯彻同步预防的方针，工程建设监管各方廉政意识较淡薄。

4. 行政管理体制改革不彻底

一是工程建设行政审批的相关政策缺乏透明，信息不对称，易形成监督"真空地带"。二是权力过于集中，部分政府部门集工程建设立项、资金投放、招标投标、建设监管于一体，既当业主，又当管理者，使得少数领导干部可以随意干扰工程建设利益归属。三是工程建设投资管理存在弊端，许多政府投资工程仍沿袭计划经济时期的管理模式，投资管理缺乏制度性、规范性，投资失

误无人追究或者不严格追究等现象时有发生。

5. 工程建设领域法律体系不健全

一是各地区、各部门、各行业之间规章制度尺度不一，执法力度和水平也有差别，一些操作细则缺乏协调统一，法规之间衔接性不好。二是部分法律法规操作性不强，尤其是在具体落实的各个环节上缺乏一套完整的操作规则，造成管理上的真空。如在招标投标过程中，由于《招标投标法》原则性较强，与之配套的制度还不完善，相关实施细则或条例尚未发布，实践中难以充分发挥《招标投标法》预防工程建设领域腐败问题的作用。三是部分法律法规缺失，为一些腐败行为提供了"空间"。如在城乡规划管理方面，由于缺乏详细规划编制审批管理办法，导致对城乡规划朝令夕改、擅自改动的情况时有发生。

（三）防治对策

1. 加强建设项目制度管理落实情况检查

一是要严格落实建设工程项目管理制度。继续推进项目标准化、精细化、规范化和扁平化管理，严格实行项目法人制、招标投标制、合同管理制和工程监理制。二是要严格落实住宅特别是保障性住房工程质量分户验收制度。建设单位要组织施工、监理等单位，在住宅工程竣工验收前，依据国家有关工程质量标准，对每户住宅及相关公共部位的观感质量和使用功能等进行检查验收，并出具验收合格证明，确保住宅工程结构安全和使用功能质量。建设、施工、监理等单位要严格履行分户验收职责，对分户验收的结论进行签认，不得简化程序。三是要严格落实工程质量安全政府监管制度。按照"谁审批，谁负责"和"谁发证，谁负责"的原则，明确有关建设项目的政府监管部门，落实监管责任。按照属地和行业归口管理的原则，加强工程质量安全监管，严格工程建设规范，提高工程质量安全基础保障能力。四是要强化建设各方的质量安全责任，落实工程质量安全终身责任制。

2. 加强工程建设市场秩序监管

一是要加强对项目建设资金的监管。修订完善基本建设财务管理制度，督促项目单位做到项目分账核算，资金专款专用，成本规范归集，及时编制竣工财务决算，按照规定妥善处理项目结余资金。加强对建设资金预算管理，定期考核资金预算的编制和执行情况，及时发现纠正扩大支出范围的行为。严格项目合同管理，规范价款结算。推行国库集中支付制度，建立健全预算执行动态监控机制。二是要加强建设项目的审计、稽查和监督检查工作。加强对政府重大投资项目的跟踪审计和稽查，建立健全审计、稽查、监察沟通协作机制，加大对违规问题的处理处罚力度，对发生严重违规问题的地区应予以通报批评，对相关部门和单位要追究有关责任人的责任。对民生项目的管理实施要逐步引入群众监督员制度。三是要严格工程建设单位准入制度。必须严格审核考察施工单位的资质和施工能力，建立市场准入制度，取缔无证、越级、超范围和挂靠承接工程的行为，使参与工程竞标的单位都具备相应的资质和施工的能力。四是要健全招投标制度。以《招投标法》为本，尽快制定"细则"，保障招投标法中各项规定的落实，逐步推广电子招投标，提高招标效率，增强招标活动的公开性和透明度，加强对评标专家的科学管理。五是要加强对建筑项目发包分包的监管。确保分包环节的合法性。对自己承包的部分单项或专业工程项目因客观原因确需分包的，应及时通知建设单位。发包、分包工程应遵循公开透明原则，建立集体评议、集体决定的制度。六是要严格实行工程质量监督制度。严肃查处违规行为，严格竣工验收制度，严禁将未竣工验收或验收不合格的工程交付使用。

3. 推进信息公开和市场诚信体系建设，强化社会监督

一是要推进信息公开，重点是解决信息不公开的监督制约问题。有关职能部门应按照政府信息公开相关要求，将反映权力运行过程的有关信息作为必须列入公开目录的内容，自觉接受社会监督。二是要明确廉政建设责任，贯穿于日常管理中。按照"工程未上马，廉政先建设"的原则，明确规定参加工程建设的管理人员，尤其是领导干部，必须实行"一岗双责"，既对工程建设负责，又对廉政建设负责，同时规定检查标准。三是要利用网络、信访、举报等形式，积极收集公众意见建议，注意把握动向，及时发现和纠正非规范行为。

4. 加强工程建设领域行政管理体制改革

一是要深化工程管理体制改革。改变工程主管部门建设、投资、管理、使用"四位一体"的投资体制和官商合一的权力结构和经营模式。例如，明确禁止工程行政主管负责人不得兼任工程建设单位负责人；明确工程建设各环节负责人及其权力，规定责任追究标准。二是要实行职务回避，防止利益冲突。明确规定凡是参与工程建设的单位和相关单位领导、部门负责人、业主管理人员的子女、亲属或身边工作人员，不得介入工程投标、分包及劳务，不得介绍施工队，不得推销工程所需的原材料等，防止"近水楼台"、权钱交易。

5. 加快形成工程建设领域法规制度体系

一是要健全工程建设领域基础性法规制度。抓紧编制发布简明标准文件和其他合同类型施工招标文件，形成完整的施工招标标准文件体系。抓紧制定电子招标投标办法及技术标准。二是要推进建设工程项目信息公开，建立政府投资项目责任追究制度。进一步完善建设工程项目信息公开和信用信息指导目录，依托政府网站相对集中做好信息公开工作，加强信用信息的公开共享。

6. 发挥检察机关惩治和预防职务犯罪的职能作用

一是要保持对职务犯罪严厉惩治的态势，加大查处力度。通过完善相关法律法规，严密法网，严惩工程建设领域职务犯罪，充分发挥刑罚的威慑效应。二是要建立同步预防制度。工程立项的同时，即必须启动预防工作，设计、施工、验收等各个环节，都必须重视并贯彻预防工作。三是要将行贿犯罪档案查询作为工程招投标过程中的必经程序，充分发挥检察机关行贿犯罪档案查询系统的作用。四是要以典型案例为样本，剖析犯罪手段、特点，总结规律，运用典型案例开展警示教育，开展预防咨询，有针对性地提出预防对策意见。

五、国土资源领域职务犯罪预防

中央部署开展工程建设领域突出问题专项治理工作以来，检察机关认真贯彻落实中央决策部署，加大查办土地、矿业权审批出让等重点领域职务犯罪案件。

（一）国土资源领域职务犯罪的基本情况及主要特点

2009 年 1 月至 2010 年 12 月，全国检察机关共立案查办土地出让和矿业审批管理环节职务犯罪 2213 件 2939 人，占工程建设领域职务犯罪人数的 16.4%，占检察机关立案总人数的 3.4%。国土资源领域仍然是职务犯罪易发多发的重点领域，呈现出以下几个主要特点：

1. 涉及部门多，领导干部涉案多。国土资源领域发生的职务犯罪，往往涉及地方各级党政领导部门、国土资源、安全生产、矿产管理、财政税收、公安等行业主管、监管、执法执纪部门，以及国有矿山企业等多个单位部门，辐射面广、涉及人员多。如四川省成都市政协原副主席周学文，利用职务便利，在划拨土地使用权等过程中为请托人提供帮助，多次收受贿赂共计 2200 余万元。吉林省桦甸市原副市长朱喜民，利用职务便利伙同桦甸市永吉街道办事处党委书记侯庆东、副主任刘勤志、桦甸经济开发区副主任康学华、桦甸市永吉街道大城子村党支部书记刘战宝等人，通过虚增土地补偿面积的手段贪污征地补偿款 50 万元。此外，由于审批权力主要集中在党政领导干部和土地主管部门主要负责人手中，因此领导干部成为犯罪易发多发主体。2009 年，国土系统被查处的贪污贿赂犯罪嫌疑人中，单位领导干部有 103 人，占国土系统被查处贪污贿赂犯罪嫌疑人的 17%。2010 年所办案件中，县处级以上领导干部要案 109 人。

2. 受贿与渎职犯罪严重，一人数罪现象突出。国土资源领域职务犯罪主要涉及受贿、滥用职权和玩忽职守。犯罪嫌疑人在收受他人财物后，为请托人谋取利益，往往不履行或者不正确履行职责，以致贿赂犯罪与滥用职权、非法批准征用占用土地等渎职犯罪比较突出。2009 年，检察机关共立案侦查国土系统职务犯罪 1305 人，其中受贿犯罪 386 人，占 29.6%；渎职犯罪 698 人，占 53.5%。同时，在失职、渎职背后往往隐藏着贿赂犯罪，两者相互交织在一起，一人涉嫌数个罪名情况较多。如贵州省晴隆县黄金管理局原局长杜碧文，利用职务便利收受矿主贿赂 31 万元后，滥用手中的职权下发扩能扩界文件，最终造成国家金属矿产资源损失 4372 万余元，因此触犯受贿罪和滥用职权罪。江西省瑞金市国土资源局原局长易长征，一人触犯五罪，包括受贿罪、挪用公款罪、滥用职权罪、非法倒卖土地使用权罪、介绍贿赂罪。

3. 作案手段隐蔽，行业特点明显。有的犯罪嫌疑人通过为关系人加快审批、办证手续，承诺帮助关系人盘活指定地块等没有明显违法违规的手段收取贿赂；有的年轻干部凭借自己将来对行贿人的业务可能提供的帮助，接受行贿人的"长期感情投资"，并不马上为其谋取利益；有的通过向业主推荐相关规划设计、检测、评估机构，并向该机构按一定比例收取回扣牟取私利；有的接受行贿人以"信息费"、"专家咨询费"等名目所给的财物。如浙江省丽水市安监局办公室原主任李英谦、矿山安全监察处原处长伍汝兴，利用职权参加被监管企业入股，而对被监管企业放松监管、懈怠职责。

4. 涉案金额巨大，社会危害严重。由于土地、矿产属于稀缺不可再生资源，并且是大额资金运转领域，开发获利空间大，竞争也较为激烈，以致为拉拢腐蚀拥有审批权力的领导干部，行贿的代价远比一般请求事项大得多，涉案金额也往往巨大或特别巨大。2010 年，检察机关查办 5 万元以上贪污贿赂大案 885 件，占该领域贪污贿赂案件总数的 80.7%；涉案总金额 4.4 亿余元。如山东省曲阜市国土资源局原局长兼济宁市国土资源局培训中心主任赵德福，利用职务便利，采取签订虚假土地复垦合同的手段，贪污国家土地复垦资金、土地出让金共计 1034 万余元。国土资源领域的职务犯罪，不但损害公平竞争的市场秩序，造成国家资源严重损毁、流失，还常常导致矿山安全生产事故，严重危及人民群众的生命财产安全，动摇国土资源部门的公信力。如甘肃省白银市平川区煤矿安全生产特派员李荣鑫，不认真履行职责，致使白银市丰源顺煤业有限公司违规开采煤炭资源，导致发生 7 人死亡的煤炭安全生产事故。2010年，检察机关查办重特大渎职案件 87 件，占 57.6%；为国家挽回经济损失9201 万余元。

（二）国土资源领域职务犯罪原因分析

1. 经济转型期土地市场寻租行为是导致国土资源领域职务犯罪的重要诱因。当前及今后一个时期，对土地和矿产资源进行开发是我国国民经济发展中的一个重要方面，项目资金密集，国家投资巨大，且土地和矿产资源的稀缺性使供需矛盾突出，市场竞争激烈。一些单位和个人为了获取巨额利益，不惜使用各种非法手段获得土地使用权和矿产开发权。一些党政领导干部和掌握土地管理和矿产开发权力的国家工作人员由于没能抵住诱惑，导致滥用职权、权钱交易等问题时有发生。

2. 管理体制存在缺陷是诱发国土资源领域职务犯罪的客观因素。由于现行土地管理法规对土地征收的条件、价格、补偿费的标准仅做了原则性的规定，有些实施细则也不够详尽完备，一些国土资源部门转变政府职能等方面的改革措施不到位，市场资源配置中一些基础性体质或制度不健全，造成国土资源部门既要代表政府征收土地，又要督促地方政府维护被征地农民的合法权益；既要切实保护耕地，又要保障社会经济发展所需用地；既要管理土地资源，又要经营土地资产。这种集运动员、教练员、裁判员于一体的体制，导致土地管理权力过分集中，难以实现权力制约。

3. 监督机制不健全是导致国土资源领域职务犯罪的重要原因。许多地方党政领导对土地工作干预过多，在工作机制上对领导干部严格执行法定审批程序和标准缺乏有效的制约，关键业务环节缺乏配套措施和操作规程，造成工作中随意性较大。一些单位制定的规章制度虽然比较规范和完善，但在实际工作中往往形同虚设，根本没有具体抓落实和反馈工作。尤其是针对一些有审批权的重要部门、重点岗位和监督制约不够，没有形成一个针对性和可操作性强的监督制约机制和具体措施，内部制约机制缺失，外部监督落实不到位，为一些人利用管理制度上的漏洞进行职务犯罪留下了隐患。

4. 少数工作人员放松思想改造，法纪观念淡薄是诱发职务犯罪的主观原因。国土资源系统专业性较强，一批高学历、专业强的年轻干部凭借在技术岗位上的出色表现走上了领导岗位。但是随着职位提升，他们中的一部分人往往忽视和放松了思想政治学习和世界观改造，廉洁自律防线逐渐放松。部分犯罪嫌疑人法律意识非常淡薄，平时很少学习有关法律知识，在思想上没有把自己的所作所为用法律的尺度进行衡量，最终被贪婪冲垮了防线。

（三）预防对策

由于我国国土和矿产资源紧缺状况将长期存在，而完善相关管理制度还有个过程，国土资源系统反腐败工作将面临长期和严峻的考验，加强预防职务犯罪工作刻不容缓。

1. 继续坚持体制改革和制度创新，在源头防治腐败方面取得突破。要加快完善土地资源管理立法，完善土地出让、置换等审批程序，对土地价格、补偿标准、补偿程序、转让条件等作进一步的规定，制定出内容具体、执行标准统一、操作性强的实施细则，尽量减少由于法律法规和政策规定的笼统性而给土地征收和转让工作带来的个人操作空间。加大土地资源市场化发展步伐，加快推进土地和矿业权交易制度改革，减少审批环节，建设统一规范的土地、矿业权交易市场和综合监管平台。建立评估和中介机构的准入退出机制、失信惩戒机制，完善从业管理制度和信用记录制度，规范评估和中介行为。

2. 抓住规范和制约权力这个核心，建立健全监督制约机制。坚持以制约和监督权力运行为核心，规范领导干部对土地市场的用权行为。加强制度建设，科学设定土地管理部门职责，在相关业务部门或相关岗位、环节之间建立制约机制，做到受理与审批相分离；完善集体会审制度，并扩大到用地规划、用地计划、行政处罚等多个业务领域，以便筑起"不能犯罪"的"防火墙"；实行定期轮岗制度，对相关人员进行科学合理的定期岗位流动，防止产生滋生腐败的利益集团；实行"阳光政务"，大力推行公开透明的招标、拍卖机制，建立行政事项告知制度，公开土地征用补偿费标准和发放情况，提高国土资源管理透明度。

3. 切实加强惩防体系和行风建设。国土部门要进一步提高思想认识，增强责任感和使命感，切实加强惩防体系和行风建设。要对各地国土资源部门开展惩防体系和行风建设工作的执行情况进行检查督促，特别是对容易发生问题、滋生腐败的关键部位和环节采取明查暗访的方式，定期或不定期组织全面检查和重点抽查，勤堵漏洞，根除隐患。要严格规范国土系统领导干部从政行为，加大查办违纪违法行为的工作力度。要结合部门和岗位实际，加强思想政治教育，坚定理想信念，牢固树立正确履职的观念。进行经常性的反腐倡廉教育，使广大干部职工正确理解职务犯罪的内涵，增强法治观念，切实遏制腐败动机，时刻绷紧拒腐防变的思想防线。

4. 充分发挥检察机关的职能作用，共同推进惩治和预防国土资源领域职务犯罪工作的深入开展。坚决惩治和有效预防国土资源领域职务犯罪是检察机关和国土资源部门共同的责任。目前，不少检察机关和国土资源部门共同成立了职务犯罪预防工作指导小组，对预防国土资源领域的职务犯罪发挥着积极的作用。今后，双方要继续加强合作，形成预防国土资源领域职务犯罪工作合力。当前，各有关部门按照中央部署正在扎实开展工程建设领域突出问题专项治理和国土资源领域腐败问题治理工作，最高人民检察院同时组织开展了"预防工程建设领域职务犯罪，推进社会管理创新"专项预防工作。为了推进专项预防工作深入开展，我们建议与国土资源部联合组织开展为期2个月的"预防国土资源领域职务犯罪宣传月"活动，通过宣传国家土地政策、国土资源领域腐败问题治理工作采取的措施、取得的成果和典型案例等，推动各级领导干部切实增强做好国土资源领域腐败问题治理工作的责任感和使命感，引导广大人民群众深刻理解预防国土资源领域职务犯罪的重要性和紧迫性，推进国土资源系统惩防体系建设。检察机关在活动期间要利用职能优势，通过举办展览、印发宣传画册、讲法制课以案说法等方式，广泛深入开展预防宣传和警示教育。强化犯罪分析、预防调查，帮助查找制度上的漏洞和欠缺，围绕机制制度建设提出防范职务犯罪的对策建议，协助有关发案单位、部门完善管理制度，健全防范机制。积极开展预防咨询，提示犯罪风险，传播预防知识，推荐预防方法，努力提高国土资源领域职务犯罪预防工作的综合效果。希望国土资源部门积极参与，共同制定方案，抓好工作落实，推动活动深入开展。

六、教育系统职务犯罪预防

近年来，教育系统职务犯罪作为一种新领域内的职务犯罪愈演愈烈，其严重性和危害性日益为广大群众所关注。教育系统的腐败不仅严重侵害了国家的经济利益，践踏了广大教育工作者为人师表、甘于奉献的园丁形象，而且使学生的思想政治教育环境遭到损害，给学生带来了极坏的负面影响。培养社会未来、国家栋梁的校园环境、氛围受到了极大的挑战，预防和控制教育系统职务犯罪刻不容缓。

（一）教育系统职务犯罪的特点

从近几年来检察机关立案侦查的教育系统职务犯罪的诸多案件来看，主要有以下几个特点：

1. 案件数量激增、犯罪形势严峻。随着科教兴国战略的实施，政府不断加强对教育的投入。无论是基础教育还是高等教育都得到了快速发展。与此同时，职务犯罪数量日益激增，呈难以遏制之势。发案范围相当广泛。无论小学、中学还是大学抑或教育行政部门，无不被职务犯罪的阴霾所覆盖。英语四、六级近年多次泄题教育部展开调查，广西2009年一年间立案侦查的教育系统职务犯罪案件竟多达210件，涉案232人，涉案金额更多达2300余万元。

2. 高等院校成为"重灾区"。随着我国高等教育的稳步发展，高校内职务犯罪犹如异军突起，高等院校日益成为教育系统职务犯罪的"重灾区"，2005年至2009年间，高校职务犯罪的发案数占全国教育系统职务犯罪发案总数的60%以上。近年来，我国高等教育突飞猛进，扩招、高校合并、新校区建设，高等院校各项事业的发展可谓如火如荼。但与此同时，随着高等院校办校自主性的不断提高，一系列问题也日益凸显出来，其中高校职务犯罪问题尤为严重。在高校云集的北京市海淀区，高校职务犯罪案件在职务犯罪案件尤其是贪污受贿案件中占很大比例。2005年至2007年，北京市海淀区人民检察院查处的高校职务犯罪案件仅占该院三年立案总数的7.6%；而到2008年，这一比例上升到了 30%；尤其是 2009 年，该院受理的此类案件从涉案量到涉案人数，较之 2008 年同期增长了近 3 倍之多。不仅在北京，全国各地因贪污、受贿等职务犯罪下马的"灵魂建筑师"比比皆是，情况之严重，令国人心寒。据湖北省检察机关统计，2002 年至 2008 年湖北省检察机关立案侦查的教育系统职务犯罪案件，高校工作人员涉案占 67%。

武汉科技大学原党委书记吴国民在担任武汉科技大学党委书记期间，利用手中的权力，在工程发包、工程款结算以及其他业务中，多次非法收受他人财物总计折合人民币 70 余万元。2007 年 10 月，被荆州市中级人民法院以受贿罪，判处有期徒刑 10 年，并处没收其个人财产 10 万元。中南财经政法大学原副校长李汉昌受贿案：2001 年至 2008 年，李汉昌利用担任中南财经政法大学党委委员、常委、副校长期间，先后收受他人贿金共计人民币 68.5 万元，并为其谋取利益。在 2007 年 3 月，李汉昌还利用其担任武汉市仲裁委员会仲裁员的便利条件，非法收受他人贿金达 10 万元。最终李汉昌以受贿罪和非国家工作人员受贿罪获罪。

北京师范大学经济与工商管理学院办公室主任杜友维在 2000 年 9 月至 2006 年 1 月间，利用职务之便，将学生交纳的 92000 元旁听费及 2350 元研究生评审费占为己有，部分钱款用于交纳个人购房款。2006 年 3 月，当学校纪委向其了解相关情况时，其如实交代了自己侵吞公款的事实。2006 年 4 月 14 日，杜友维到海淀区检察院投案自首，赃款已经全部退还。杜友维身为国家工作人员，利用职务便利，侵吞公款人民币 94350 元，其行为已经构成了贪污罪。2006 年 11 月 27 日海淀区人民法院作出判决：杜友维犯贪污罪，判处有期徒刑 3 年，缓刑 5 年。

另外还有三峡大学原党委书记陈少岚受贿案，武汉音乐学院原副院长周世波受贿案，湖北省计划管理干部学院原后勤总经理李开明受贿案，湖北设计专修学院原院长吴志明行贿案，鄂州大学原校长助理汪应元受贿案，黄冈师范学院原院长助理黄中贵受贿案以及湖北民族学院原书记彭振坤受贿案等诸多同类案件。仅湖北一省高校职务犯罪的发案率就令人"叹为观止"，全国范围内的类似犯罪可见一斑。

3. 涉案金额逐渐增多。教育系统职务犯罪较之其他领域的职务犯罪，如政府部门、金融系统、医疗行业等，案件的涉案金额相对较少，但近年来日益呈扩大趋势，动辄成百上千的案件比比皆是。

武汉科技大学原校长刘光临，2006 年 6 月 20 日，因涉嫌重大受贿，被刑事拘留。随后检察院侦查人员在其家中搜出现金及存款共计 500 万余元。后被湖北省咸宁市中级法院以受贿罪、巨额财产来源不明罪判处有期徒刑 12 年。

4. 犯罪主体相对集中在教育行政主管部门领导和学校领导、财务和后勤人员及某些项目负责人等掌握实权的人员。这些人员或拥有人事管理的权力，或拥有对学校公共财物的管理和支配权。他们容易利用职务之便，把权力当成自己谋取私利的工具，大肆贪污、受贿、挪用公款。相对而言，普通的一线教师进行职务犯罪的比较少，这也在一定程度上说明"教育腐败"实为"权力腐败"在教育领域的再现。

陈昭方系原武汉大学原常务副校长，龙小乐系武汉大学党委原常务副书记，2000年至2009年，陈昭方利用其担任武汉大学副校长、常务副校长的职务便利，为武汉弘博集团与武汉大学联合修建弘博学生公寓、参与筹建武汉大学东湖分校等提供帮助，收受该集团董事长巴能军贿赂的人民币115万元、美元1万元；为中天集团在武汉大学承接工程提供帮助，收受该集团武汉分公司经理陈恩成贿赂的人民币5万元和美元6000元；帮助涂某某朋友之女录取为武汉大学研究生，收受涂某某贿赂的人民币3万元。2000年8月至2003年11月，龙小乐在担任武汉大学副校长期间，利用职务便利为弘博集团与武汉大学联合修建弘博学生公寓及施工过程中谋取利益，收受弘博集团董事长巴能军贿赂的人民币41万元，其中最多的一次受贿达10万元；为中天集团在武汉大学承接工程提供帮助，收受项目经理陈恩成贿赂的人民币20万元。法院认为，被告人陈昭方、龙小乐身为国家工作人员，为他人谋取利益，收受他人巨额贿赂，其行为均已构成受贿罪。依法判处陈昭方有期徒刑12年，并处没收个人财产人民币15万元，对违法所得人民币134.9万元、美元1.6万元依法予以追缴。判处龙小乐有期徒刑10年，并处没收个人财产人民币5万元，对龙小乐违法所得的61万元依法予以追缴。

中央民族大学图书馆博物馆党总支副书记叶志刚，2004年12月至2005年9月期间，利用其分管图书馆期刊部的职务便利，采取领取支票不付给对方客户而转到其他账户的手段，将中央民族大学图书馆应付给中国教育图书进出口公司等四家单位的订刊款522136.43元人民币转入其个人账户，用于个人炒股牟利。2006年6月16日，海淀区人民法院作出判决叶志刚犯挪用公款罪，判处有期徒刑1年。

5. "结伙"、"效仿"作案现象严重。首先，窝案、串案现象成为教育系统职务犯罪的一个新的特点。随着学校内部监管机制的逐步完善，权力与权力之间相互制衡，制约了大部分人的行为。手握一定权力的人员单独实施犯罪已比较困难，需要掌握多环节权力的人员相互合作，利益均摊才能完成。因此在这种情况下，利益的驱动促使有同样心理的人相互结盟，互通有无，窝案串案不断发生。2009年西安市人民检察院惩办的28起教育系统职务犯罪的案件中，有多达 21 起是窝案、串案。腐败分子之间相互勾结，权力与权力之间形成互补，加大了惩治的难度，形成了法律的死角。武汉水利水电大学原副校长杨国录、研究生部原党总支书记张锡智以及研究生部原副主任赵腾等的违纪案印证了目前"教育系统结伙腐败"的普遍性和严重性。杨国录、张锡智、赵腾等三人在武汉水利水电大学担任领导职务期间，三人利用各自手中的职权，违反学校有关财务方面的规定，截留本应上缴校方的自费、委培研究生以及"学位办"等的学费共计 196 万元，并经三人商议，由赵腾经办，研究生部前后 12 次滥发乱分该笔截留资金共计 153.913 万元。杨国录、张锡智、赵腾三人各分得 16 万元，研究生部的其他 9 人各分得 9.8 万元，还有 2 人各分得 5.5 万元，另 3 人共分得 6 万元。事后，赵腾等人将相关账目作平。但最终难逃法律的严惩。其次，近年来，教育系统职务犯罪出现"多米诺"骨牌效应。往往在同一所学校内，领导或掌握一定职权的工作人员相互效仿，争相腐败，甚至出现"一个倒下倒一片"的"多米诺"骨牌效应。这是与一个学校内的氛围息息相关的，有些本来安分守己的"教书先生"看到身边同事利用手中权力大把捞钱却长时间相安无事时，内心产生了异化，最终"东施效颦"，走上了同样的犯罪道路。武汉大学多名领导干部纷纷下马的事件发人深省：首先是武汉大学原资产部部长、采购中心主任成金华因涉嫌受贿被捕。成金华在担任校资产部部长以及采购中心主任期间，利用负责该校设备采购、工程发包之便利，曾多次收受 12 家供应商的贿金共计人民币 40 余万元。2005 年 1 月，武汉市武昌区人民法院以受贿罪，判处成金华有期徒刑 6 年。在同月被宣判的还有该校同样涉嫌受贿罪的网络教育学院原院长郭学理。郭学理在负责该校网络建设工作过程中，先后利用职务之便收受网络工程承建单位以及网络设备供应商的贿金共计人民币 30 余万元。武昌区人民法院以受贿罪判处其有期徒刑 3 年，缓刑 5 年。在成金华、郭学理陆续下马之际，一波更大的"余震"震撼了整个校园乃至整个教育界。该校第三、四号人物，备受学生尊敬和爱戴的导师，常务副校长陈昭方和党委常务副书记龙小乐，涉嫌在校园基建工程中收受巨额贿赂被捕。

6. 犯罪主体向高学历、高职务化趋势发展。随着高等教育的普及，近年来，一大批高学历的年轻人走进学校就职，他们在给学校注入新鲜血液的同时，也带来了不少问题。高学历人才，尤其是年轻人，不乏出现"智商高、情商低"的现象。当他们手中掌握一定权力，却缺乏自我约束能力时，尤其是这些高学历人才精通各种高科技，智能化手段，其危险性不言而喻。具有高学历犯罪人的思维往往是相当缜密的。从犯罪预备到犯罪实施，再到最后的销毁证据，环环相扣，可谓滴水不漏。犯罪人运用自己掌握的科学知识，采取隐蔽的犯罪手段，既能达到犯罪目的，而且不露痕迹。这在很大程度上造成了目前教育系统职务犯罪发现难、侦查亦难的局面。同时，犯罪分子职务层级不断提高。2006 年初至 2009 年 11 月，河南省检察系统立案侦查的高校职务犯罪案件达 56 件，涉案 80 人，其中，县处级以上涉案人员竟多达 33 人。

7. 发案环节集中。从目前的发案的情形来看，教育领域的职务犯罪主要集中在基建后勤、物资采购、招生录取、财务管理以及人事管理等五个环节。这些部门均握有较大的财政自主权，利用自身职务之便中饱私囊、损公肥私的机会较多，因而成为教育系统职务犯罪的高发地带。2007 年至 2009 年三年，北京市查处的教育系统职务犯罪案件总数比 2004 年至 2006 年上升了将近两倍。其中，发生在基建环节的案件占 29%；发生在招生环节的案件占 42%；发生在财务部门的案件占 25%。2008 年以来，河南省检察系统立案侦查的教育系统职务犯罪的 56 起案件 80 人中，基建后勤部门有 21 人，所占比例最高，占 26.3%；采购部门 20 人，占 25%；招生部门 15 人，占总人数的 18.8%；人事部门 4 人，占 5%。

（1）基建后勤"油水"足。近年来，随着国家对教育事业投入的加大，以及学校自主性的提高。各类学校纷纷扩招，并大兴土木，学校将大量的资金用于基础设施建设，相应的后勤服务规模也日益扩大。基建、后勤等部门负责人手中握有大量资金，且缺乏相应的纪检监督机制，这无疑给了那些腐败分子以可乘之机。一些施工单位为了能够承揽到学校的工程和项目，采取送红包、给回扣等办法疯狂行贿，致使一些手握基建后勤大权的人员在利益面前迷失了方向，不惜铤而走险，在工程和项目招标、验收等环节中暗箱操作，从中索贿受贿。更有甚者贪污挪用建设资金，最终导致"工程上马，领导下马"的悲剧屡有发生。根据北京市海淀区人民检察院的统计，发生在学校基建、后勤部门职务犯罪的主要犯罪类型是贪污、受贿和挪用公款。部分建筑商为了承包学校的工程项目从中获取高额利润，不惜采用各种手段，通过各种途径，拉拢腐蚀学校基建部门的管理人员，个别意志不坚定的人经不起金钱、美色等利益的诱惑，最终走上违法犯罪的不归路。武汉理工大学原副校长李海婴利用分管招生、基建等权力之便，贪污、受贿、挪用公款总额共计 1400 万余元。2008 年 8 月 22 日咸宁市中级人民法院一审判决李海婴犯贪污罪，判处无期徒刑，剥夺政治权利终身，并处没收财产人民币 50 万元；犯受贿罪，判处有期徒刑 12 年，并处没收财产人民币 50 万元；犯挪用公款罪，判处有期徒刑 4 年。数罪并罚，最终决定执行无期徒刑，剥夺政治权利终身，没收财产人民币 100 万元。

（2）物质采购"猫腻多"。大到学校大型教学设备采购，小到课本、图书、校服乃至学生保险的购置，腐败的"黑手"几乎无处不在。2006年上半年武汉市对图书、教材等采购环节收受贿赂情况进行调查，其中包括4个区教育局副局长在内的14人被查处，涉嫌受贿的占75%。

（3）招生录取"失公平"。孩子升学是关系到千家万户的大事，小到小学、中学的择校，大到考大学，无不牵动着家长们的心。目前，高等院校招生可谓黑幕重重，成为群众最为关注、深恶痛疾的问题。手握高校招生大权的高校招生部门领导干部往往成为多种社会力量追逐的要害人物。这些领导干部可能是"主动出击"，为自己的子女、自己的亲戚朋友"开后门"，收取别人的好处后为其子女"亮绿灯"；也可能是"被动击中"，为了学校的"发展"，或为这样那样复杂的利益关系而"留名额"。学校发展离不开社会上诸多的支持和帮助，高校招生中很多腐败现象正是打着为了学校利益的幌子而招摇过市，个人利益、某些小集体利益与学校的大局利益纠结在一起，更为当事人违法操作提供了冠冕堂皇的理由。在高校违法招生亵渎公平的同时，各地中小学"择校费"不断攀升，天价择校费愈演愈烈。虽然政府在不断加大对基础教育的投入力度，并在近几年采取了取消学杂费等一系列积极有效的措施。但教育资源分布不均的问题在较大范围内仍然存在，甚至差距出现进一步拉大的趋势。现在的家长越来越重视对孩子的教育、培养，想尽一切办法让孩子享受优质的教育资源、上牌子过硬的好学校，调动一切关系去择校。在这种情况下，各地所谓的"重点中学"、"重点小学"等名校纷纷提高择校费，动辄上千、上万的择校费令家长们叫苦不迭。目前，择校热已经从初中、小学蔓延到了幼儿园，成为我国义务教育免费后，危害教育公平和社会公平的一颗"毒瘤"。更为严重的是，择校费已经成为滋生腐败的温床。尽管"择校费"属于法律明文禁止的乱收费现象，但这种现象仍然大行其道。并且学校通常对这笔钱既不纳入政府财政预算，也不进行财务公开，成为一个无法监管的盲地。

（4）乱收费屡禁不止，财务黑洞屡见不鲜。一些学校内部财务管理混乱，乱收费现象极为普遍。学校广立名目收取各类费用，如入学费、书费、学杂费、试卷费、补课费、取暖费、降温费、微机费、监考费、校服费等十多种。除此之外，还会临时决定并收取一些额外的费用，如义务捐款、赞助费、课外活动参与费等。而像入学费、补课费、赞助费等都是国家明文规定禁止收取的费用。书费等费用，虽然国家允许收取，但很多学校往往超越国家标准，提高收费数额。这些通过乱收费积累的"小金库"无疑已成为职务犯罪的温床。

（5）人事管理"权力大"。教育主管部门的领导手握人事管理大权，利用人事调动之机大肆索贿、受贿。有的教育主管部门利用所辖学校之间在待遇、环境等方面的差异，经常进行大范围的人员调动，然后再堂而皇之地吞下来自四面八方的"贡品"。2009 年 8 月 19 日，河北武安的原教育局长冯云生，在晚上 8 点接到免职通知后，连夜签发了数百封调令，将数百名农村教师调入城市。第二天，他还利用"人事章"未被接管的时机，让教育局相关工作人员紧急办理调令。

8. 犯罪类型多样、以经济类犯罪为主。教育系统职务犯罪以经济类犯罪，即贪污罪、受贿罪和挪用公款罪为主。其中，贪污、挪用公款案件多发生在财务、行政管理等部门。犯罪人采用谎报、瞒报财政收入，多报财政支出，涂改财务账簿等方式贪污、挪用公款，损公肥私。受贿案件则主要发生在基建、后勤、采购以及招生等部门，犯罪人利用手中握有的权利，非法收受他人贿赂，为他人谋取利益。久而久之，深陷犯罪泥潭无法自拔。

9. 犯罪手段名目繁多且极具隐蔽性。（1）犯罪手段多样。如前所述，不同的犯罪环节犯罪手段亦有其独特性。利用采购之机大捞回扣、收受商家"感谢费"；利用手中权力涂改财务会计账簿、采用虚开发票、现金不入或少入账等手段满足自己日益膨胀私欲；招收学生之时"留名额、饱私囊"等。各类犯罪形式可谓名目繁多。（2）作案隐蔽性强。教育系统职务犯罪的犯罪手段极具隐蔽性。教育系统职务犯罪一般属于无确定受害人的犯罪类型，行为人利用手中的权力谋取私利，必然不会大张旗鼓，即使是多人共同实施犯罪，犯罪人之间为了掩盖罪行，逃避法律的制裁，往往会秘密实施犯罪，严密控制犯罪知情人、及时转移赃款赃物、销毁犯罪证据。

10. 作案时间长、次数多。教育系统作为一个相对独立的社会机构，其职务犯罪案件一般都呈现出作案时间长、次数多的特点。北京职合大学应用文理学院后勤管理处事务科工作人员车刚，于 2004 年 1 月至 2006 年 2 月间，利用在北京联合大学应用文理学院后勤处事务科工作，负责收取、管理学院学生存包柜租金的职务便利，先后 40 次挪用存包柜租金人民币 120963.38 元用于个人消费。2006 年 4 月，车刚向单位如实供述了挪用公款的事实并退还赃款人民币 107302.74 元。2006 年 7 月 10 日，车刚被依法传唤到案。2006 年 12 月 6 日，海淀区人民法院作出判决，车刚犯挪用公款罪，判处有期徒刑 1 年。

（二）教育系统职务犯罪的成因分析

教育系统职务犯罪的原因与其他类型的犯罪一样，都是在多种内外因素综合作用下的结果。但教育系统职务犯罪作为一种特殊领域内的职务犯罪，有其不同于其他犯罪类型的原因。

1. 法律、法规欠完善

完善的法律体系是惩治犯罪、维护社会公正的基础。改革开放以来，我国一直着力于建立完善的社会主义法律体系，构建社会主义法治社会。但就目前看来，我国的法律法规尚不健全，对社会各领域职务犯罪的规制依据极为匮乏。具体表现为：政策性规定多，法律、法规规定少，缺乏权威性、强制性，难以形成威慑力，从根本上规范教育系统领导干部的行为；抽象、原则性规定多，可操作性规定少，具体案件的定性缺乏法律依据；权力性规定多，义务和责任性规定少，法律、法规的评价、预防作用降低。面对教育系统层出不穷的职务犯罪，现有惩治职务犯罪的刑事法律显然周密性、完整性欠缺，导致具体案件适用法律时难免捉襟见肘，使得一些违法犯罪分子成为"漏网之鱼"。

2. 思想腐化、教育缺位

（1）个人主义膨胀、法律意识淡薄。我国现阶段实行按劳分配为主体，其他多种分配方式并存的分配格局。人们致富的道路拓宽了，不仅可以通过按劳分配，也可通过按生产资料分配、按股分配等多种方式走上富裕之路。如此一来，贫富差距逐渐拉大，而教师的收入增长却比较缓慢，处于"清水衙门"之中的"园丁"，看到社会上诸多比自己学历低、资历差的人通过种种途径富裕起来，心理严重失衡。尤其受我国几千年传统封建礼教文化的影响，封建"官本位"思想仍残留在人们的心中，封建等级观念、特权思想根深蒂固。当"园丁们"手中握有一定权力，又看到其他人长期贪污、受贿而没有受到法律的制裁之时，他们的内心产生了异化。在这种扭曲的、过度攀比的从众心理支配之下，一些教育领域的要员铤而走险，将国家法律、人民利益、社会责任完全抛之脑后，在金钱的诱惑下迷失自我。教师作为一种高学历的行业，虽然掌握扎实的专业知识以及科学的管理经验。但是在法律知识方面却相对匮乏，这就直接导致了他们不能树立正确的法律观念，培养正确的法律意识。在市场经济的宏观模式下，在各级学校自主性日益提高的今天，面对诸多的经济问题、金钱诱惑，他们在合法与违法之间难以把握尺度和标准，从而滑向了犯罪的深渊。

（2）思想政治教育、法制教育缺位。教育部门对学校内部加强党风廉政教育、法制教育的认识不足。市场经济的发展影响到了校园的清新氛围。"实惠"、"现实"的思想占据了上风，思想政治教育、法制教育的作用被忽视。虽然党课学习、党风教育、法制宣传的数量并未减少，但大部分只是流于形式，没有真正在思想上加以重视。最终形成了学校内部自上而下，只重视招生数量、就业形势，只重视政府拨款数量、自主经营额，忽视了对教职员工的思想政治教育、法制教育。

3. 管理制度滞后、体制不完善

（1）教育系统管理制度有待完善。近年来，国家对教育体制不断进行深化改革，将越来越多的权力赋予各级学校自身行使。自此，学校在招生就业、后勤基建、物资采购、科研项目配置等方面拥有了较大的自主权。学校的经费来源从国家拨款，扩展到国家拨款、学校自筹、企业或个人赞助等多种渠道。然而小到一所学校，大到整个教育系统的管理制度却没有跟上新旧体制变更的步伐，落后的管理制度与教育体制改革以及教育系统各项事业发展的速度严重脱钩。以往的那些旧的、简单的管理模式已经远远不能适应当下教育系统各项事业发展的需要，而与新的教育体制相适应的管理制度还欠完善，使得犯罪分子有可乘之机。

（2）管理制度的落实环节被忽视。完善的管理制度是遏制犯罪的重要客观因素，但一个完善的制度要发挥实效，具体落实环节更为重要。教育主管部门以及各级学校历来将注意力更多地放在教师教学本领的评估与考核上，往往忽视了对学校管理环节，对后勤、基建、采购、招生等环节落实制度情况的监督，致使制度虽有却流于形式、形同虚设。教育系统职务犯罪的豁口越开越大。

（3）领导干部管理能力欠缺。学校的领导干部大部分来自各专业的专家学者，他们在本专业领域内造诣颇深，但往往对经营活动、统筹管理缺少经验，针对市场经济带来的新情况、新问题难以及时制定相关制度并加以落实。

4. 权力相对集中，缺乏必要监督

有权力就必须有制约，没有制约的权力是危险的权力。随着我国教育体制的改革，学校掌握越来越多的自主权，相应的各级院校中的领导干部以及各职能部门的权力也越来越大、越来越集中。权力集中却没有相应的监督制约措施及时跟进，给某些手握大权而内心腐化的人以可乘之机。

（三）防控对策

针对教育系统职务犯罪的特点、现状以及产生原因，应该对症下药，预防和打击双管齐下，不仅要从源头上预防教育系统职务犯罪，还要以严苛的制度惩罚犯罪人，以起到教育和警示的作用。

1. 加快教育立法的完善

完善的立法不仅是惩治职务犯罪的依据，而且是预防职务犯罪的重要手段。在预防和治理腐败方面，法律具有根本性、稳定性以及长期性的特点。依靠完善的法律来惩治和预防职务犯罪，不仅是建立法治社会的必然要求，更是遏制教育系统职务犯罪现象的治本之策。目前，我国治理职务犯罪的法律法规还不健全，尤其是涉及教育领域职务犯罪的具体法律法规还相当匮乏，一些重要法律尚未制定，并且从现有的法律法规来看，都普遍存在笼统、陈旧、粗糙的现象，大大降低了法律的可操作性、强制性。加快相关法律法规的制定，是目前的首要任务。如制定《预防职务犯罪法》、《政务公开法》、《财产申报法》、《公民举报法》等，形成一套系统、完善的预防职务犯罪的法规体系，将预防职务犯罪落到实处。

2. 加强思想政治教育、提高法律素养

（1）加强思想道德教育。"教以成廉，修以养廉"的思想充分体现了我国古代在预防职务犯罪方面对思想政治教育的重视。要整顿目前的教育腐败，应该从狠抓思想政治教育入手，定期开展党风廉政教育、职业道德教育以及理想信念教育。提高教职员工的思想信念，引导他们摆正人生方向，树立正确的世界观、人生观、价值观。大力开展职业道德教育，树立"园丁"意识。教师是"人类灵魂的工程师"，是人类先进文化的传播者。教师思想的腐化将对整个人类的未来产生威胁。随着改革的深化，学校已不再是"清水衙门"，教育主管部门、校长以及各职能部门的领导大都掌握一定的权力。在拜金主义、享乐主义等各种腐朽思想的冲击下，有些掌握实权的要员放松了对自己的要求，忽视了作为教师应有的职业道德，走上以权谋私、贪污腐化之路。开展教师职业道德教育，使之树立正确的权力观，从思想上强化他们为人民服务、为学生负责的职业理念，强化他们艰苦奋斗、克己奉公的职业操守至关重要。倡导理想信念教育，树立正确的人生目标。大力宣传和表彰知法守法、克己自律、廉洁奉公的先进个人，先进人物事迹有着强大的感召力，容易形成一股模仿先进的优良风气，洗涤人们的心灵，净化校园的风气；而对那些有较大社会影响的典型教育领域职务犯罪案件要进行公开处理，典型的教育领域职务犯罪案例具有针对性的警示作用，教育主管部门应高度重视。

（2）强化法制教育，提高法律素养。从教育领域职务犯罪的诸多案例不难看出，犯罪行为人虽然文化水平高、掌握扎实的专业知识，但在法律知识方面却相当匮乏，对国家的法律法规知之甚少。有的行为人落网后的感叹竟然是自己不了解法律。因此对教职员工，尤其是处在职务犯罪高发环节的相关人员进行法制教育是非常必要的。各级学校都应当把法制教育列入学校日常工作计划中去，要规范化、经常化、系统化地开展法制教育。将宪法、刑法、行政法等实体法作为基本教育内容；将知法、守法、用法作为法制教育的最终目标。日益增强法制观念，提高各级学校教职员工拒腐防变的能力。

3. 建立健全教育系统各项规章制度

建设建立预防教育系统职务犯罪的系统工程，完整配套的规章制度是必不可少的。"没有规矩不成方圆"，制度是阻挡腐败洪流的堤坝，是规范权力运行、防止职务犯罪的根本保证。教育主管部门应该因校施策，在国家相关的法律法规的指导下，针对中小学、大学等不同类别的学校制定出相应的规章制度。同时，各级学校也应该立足自身的特点，在上级领导部门颁布的规章制度的基础上，进一步制定出切实可行的、有针对性的各项制度。

（1）完善对"人"的各项制度。第一，完善干部选任制度。党政领导干部是整个学校的灵魂人物，其重要性不言自明。实践中要建立健全科学的干部选人制度。坚持选人用人标准化、程序化，通过民主推荐、民主监督、考察适用等环节，选择德才兼备的领导干部。尤其在选聘校长以及其他掌管学校人、财、物等关键部门的负责人时更要严格把关，真正将思想先进、政治过硬，专业扎实的领导干部选拔出来。第二，完善干部审计制度。在选出优秀干部的基础上，要加强对干部日常工作的审计监督，建立在岗干部定期审计以及干部离任审计制度。加强对基建招标、物资采购、招生就业、人事调动等环节的审计监督，对相关部门党政领导干部在职期间的各项组织活动、经济活动等进行定期审核，以及时发现并处理违法违纪现象，力图将各种不良之风遏制在萌芽状态。对领导干部的离任审计活动也要给予足够的重视，应当将审计的结果作为干部是否离任或委以其他重任的重要依据。同时，对离任审计中发现的各类问题应转交纪检监察部门处理。第三，完善干部责任追究制度。党中央、国务院颁发的《关于实行党风廉政建设责任制的规定》，其目的并不只在于处罚具体事件的责任人，还旨在通过责任的追究，给各级党政领导干部敲响警钟，强化他们的党风廉政意识。教育系统应该依据这一规定，立足于自身的实际情况，制定出切实可行的责任追究制度。领导干部在职期间，在其管辖范围内，如果出现了职务犯罪行为，该领导干部就应该承担相当程度的领导责任，根据具体情况予以追究。第四，完善干部财产申报制度。我国目前虽然已经建立了财产申报制度，但其针对对象的范围还比较狭窄，没有具体落实到教育系统。并且在实施的过程中，财产申报过于流于形式，对申报主体缺乏有效的监督和制约，随意申报的现象比比皆是。因此，应该确立教育系统的财产申报制度，并严格执行。通过申报，如果发现被审查对象任职期间的财产明显多于其正常的收入，且无法说明其正当来源的，即视为不合法收入，应视其情形移送纪检机关或检察机关依法处理。

（2）完善各项民主制度。第一，各级学校应建立科学有效的民主决策、领导负责制度，避免一权独大。即凡属学校的重大事项，如重要干部任免、大额资金使用以及重要事项安排等，必须经过集体讨论后方可实施，不准任何领导个人独断专行。第二，建立健全各级领导重要事项汇报制度。校党委书记、校长以及各职能部门领导等各级干部都应当及时将重大事项向校党委汇报，以及时通过民主方式解决问题。第三，积极推行校务公开制度。要结合学校实际，让监督更具操作性，更有实效，形成保证广大教职工依法行使民主权利、积极监督、正确实施监督的浓厚氛围。第四，建立完善的领导决策程序化制度。对于重大的关乎学校发展方向、重要领导干部任免等事项要制定科学有效的程序，并严格依照程序办事，使权力运行透明化、公开化。程序的正义能够有效保障实体的正义，只有坚持按章办事才能将廉政建设落到实处。

（3）针对不同职能部门，确立相应规章制度。如前所述，目前学校内部职务犯罪主要集中在基建、采购、招生、财务等敏感部门。因此，应当结合各部门的特点具体制定一系列部门规章制度。建立健全学校基建、采购环节的招标投标规范化制度。完善招标投标制度，使学校基础建设、物资采购过程中的招投标工作符合《招标投标法》及其实施办法等相关法律法规的要求。第一，确立重大财务集体决策制度。对学校较大数额的收入和支出，校领导班子应该集体研究讨论，严格控制资金的流向，避免一权独大、暗箱操作的局面，减少教育系统财务环节的职务犯罪。第二，积极贯彻落实财务公开制度。针对重大的财务问题，通过定期报告、公开等方式，扩大学校教职员工对重大财务事项的知情权、监督权。第三，建立健全内部制衡机制及内部制衡评价机制。健全内部制衡制度，完善岗位责任制，推进岗位轮换制度和岗位考核制度，增加各财务岗位之间的约束力；定期对内部制衡制度的实施情况进行考核，检查其是否得到了有效的贯彻，力争把内部制衡的工作落到实处。第四，完善教育系统内部审计制度。定期聘请国家注册会计师对学校的内部财务进行评估，以此来发现学校财务中存在的问题，并及时采取有效措施。

4. 建立健全预防教育系统职务犯罪的监督体系

无论何种权力，一旦脱离监督，必然走向腐败。目前，我国教育系统内部普遍存在监督缺位的问题。"同级之间不愿监督，下级畏惧不敢监督，群众不知无法监督。"各级学校虽然有审计、纪检、工会等内部监督组织，以及教育行政主管部门、纪检监察部门、政府审计部门、检察院等外部监督组织的监督。但就目前的形势来看，这种看似内外配合的监督方式并没有真正起效。这些学校的内部监督组织都是在校长、书记等领导的指挥下开展工作的，其任免、提拔、财务经费甚至监督的程序等无不受制于书记、校长。监督者受制于被监督者，这种监督如何实现？至于学校一般的教职员工则完全作为管理对象来参与学校各项活动，监督权利自然无从谈起。预防教育系统职务犯罪，检察机关等外部监督组织是外因，该单位是内因，内因不起作用，不积极与外部监督相配合，外因作用力再大也收效甚微，达不到从源头上预防和惩治职务犯罪的目的。要有效监督权力的实施，就应该将内外因有机结合，建立完善的教育系统职务犯罪预防网络。监督权力的运行是一项系统工程，必须多管齐下，学校纪检、监察等部门应该积极与政府纪检监察部门、检察机关等外部力量合作，信息共享、同抓共管。纪检监察机关和检察机关是反腐败的中坚力量，尤其是检察机关的作用更为关键。检察机关是法律的监督机关，享有职务犯罪侦查权，在职务犯罪预防工作、如何监督权力滥用以及发现职务犯罪等方面均具有丰富的经验和专业的技术力量。各级学校以及教育主管部门应该与检察机关建立联合预防职务犯罪的工作机制，积极采纳检察机关的专业建议，加强对教育领域相关领导的监督力度。同时，接纳检察机关对可能诱发职务犯罪的关键环节提出的检察建议，完善监督制约机制。并将平时发现的疑似职务犯罪的可疑情况及时向纪检监察部门或检察机关反映，积极做好信息沟通和保密工作。针对我国教育系统职务犯罪的严峻性以及权力监督方面的滞后性，确立完善的监察制度和独立的监察机构是从源头上防治该类犯罪的有效机制。建立独立的监察机构、完善相应的监察制度，并实行中央垂直管理。各地方监察机构的人员任免、财政拨款、工作程序等直接由各地方教育局纪检、监察部门管理；各地方教育局纪检、监察部门直接向教育部纪检组、监察局负责；教育部纪检组和监察局直接向中央纪委和监察部负责。如此真正形成一个独立监督、严谨有效的监督体系。

5. 加大惩治力度，形成威慑力量

在强调预防的同时，充分重视打击的重要性。在重视惩治犯罪、严厉打击犯罪的同时必须明确，打击犯罪仅仅是遏制危害社会行为的一种手段，而非目的。其真正的目的在于通过严惩犯罪形成社会威慑力，以发挥打击犯罪所具有的预防作用。总之，打防并举是预防和减少教育系统职务犯罪的快速、有效的方法。凡是涉及教育系统职务犯罪案件，一经查证属实立即查处，绝不姑息。

七、税务系统职务犯罪预防

税务机关是国家的行政执法机关，税收执法权是国家赋予税务机关及其工作人员依法履行税收职能的权力，税务系统又是职务犯罪高发行业之一。2007年至2011年，全国立案侦查税务系统职务犯罪2731人，其中，贪污贿赂犯罪1483人，渎职侵权犯罪1248人，不征、少征税款、发票发售、抵扣税款、出口退税等渎职侵权案件呈明显上升趋势。

（一）税务系统职务犯罪的特点

1. 单位犯罪特征突出。在征收（或代征）税款、税收管理、税务稽查、税务处罚中，以牺牲国家税款为代价，要求对方给予好处费；在基建工程、大宗物品采购等活动中，收取回扣；收受或索要纳税人礼品、礼金和有价证券等。利用职权在执法时违反程序，滥用职权，失职渎职。在工作中职责意识不强，责任心不强，忘记了自身职责，没有摆正手中权利义务的关系，致使滥用职权案时有发生。利用职权内外勾结，参与虚开增值税专用发票。增值税专用发票因其可以抵扣税款而成为不法分子觊觎的对象，其千方百计拉拢腐蚀税务干部，以期达到非法取得专用发票，获取不法利益的目的。如河北省大名县总工会为了促使大名县地方税务局履行工会会费代征责任，违反文件规定4.5%作为税务机关工作经费的基础上，私自与地税局签订了协议，将该比例提高为20%。在此协议之下，从2005年下半年至2009年，大名县地方税务局共为大名县总工会代收工会经费1950513.51元，收取手续费324864元，其中违反规定的标准多收取手续费228870.3元，用于单位相关费用开支。单位对单位的"公对公"行贿，虽未涉及私人问题，但实际上是把公权力集体私有化了，公权力成为一部分人谋取小集体利益的工具，同时法律法规和行业规定也遭到破坏，行业秩序和社会秩序在无声地受侵，这些危害比个人对个人的行贿危害更为严重，但却更难发觉。

2. 犯罪主体多为中年业务骨干。35岁至50岁的中年人职务犯罪具有相当的比重，基本要占职务犯罪总数的60%以上。这个年龄阶段的人，一般经过一段时间的努力工作，业务精通，具备了一定的工作经验，往往被委以重任。因此他们掌握着本单位、本部门一定职权或处在关键岗位上，这在客观上为其谋取私利，搞权钱交易提供了方便条件。

3. 犯罪手段多样化。从犯罪手段上看，其表现形式存在多样化，有的分联填开完税证，大头小尾贪污差额；有的对已收税填开而纳税人没有取走的税票进行涂改，一票重用再次收税，贪污税款；有的白条收税，对纳税人假称完税证填开完或没带在身上先打白条收了税，之后见纳税人不再来催要，便不再开税票，将所收税款占为己有；有的利用纳税人不懂税收有关规定，收税不开票；还有的收费不上缴、罚款不入库；运用职权人为造成偷税逃税，谋取私利，如假停业、假废业、开业晚报、新业不报等。

4. 犯罪方式隐蔽性强。由于税务系统专业性强，如采取稽查案件放水后，让纳税人重做账簿，销毁罪证，使人难以发觉；利用计算机等高科技手段作案，不留犯罪痕迹；征税工作中与纳税人私下秘密协商故意少征收税款而收受贿赂；将税款秘密转户进行贪污等方式作案，具体犯罪细节除犯罪当事人外无他人知晓，致使犯罪证据难以取得，给案件侦破工作带来很大难度；作案者钻管理漏洞和政策弹性的空档，给查处和定性带来一定难度。如开发商开发的商品楼按经济实用住房处理，免收销售不动产营业税额等；运用职权寻找征管漏洞，隐匿税源，谋取私利；重责轻罚、高定低罚、以补代罚、定额不实、该收不收、该罚不罚、该执行不执行、该管理不管理、"养黑户"、"以票管税"等等。

（二）税务系统职务犯罪的原因

1. 主观原因

（1）业务素质不高，法制观念淡薄。有些人员对税法知识掌握不够，对税收执法过程一知半解，甚至将渎职等犯罪行为看做是工作失误，将职务犯罪当作是一般的执法过错或违纪、违法行为，"为公不犯法"等错误思想作怪，更容易出现执法不当，直到触犯法律，构成犯罪。例如，有当事人认为钱没有装进个人腰包，就不是贪污受贿。单位对单位的"公对公"行贿，虽未涉及私人问题，但实际上是把公权力集体私有化了，公权力成为一部分人谋取小集体利益的工具，同时法律法规和行业规定也遭到破坏，行业秩序和社会秩序在无声地受侵，这些危害比个人对个人的行贿危害更为严重，但却更难发觉。

（2）特权、攀比作祟，以权谋私行为失控。受传统特权观念的影响，有一些税务人员崇拜权力，视公款消费、吃喝玩乐为社会地位、权力、荣誉的象征。加上经不起"金钱万能"、"及时行乐"等资产阶级腐朽思想的侵蚀，开始趋乐避苦，盲目攀比，与别的单位和能捞到实惠的人相比，比职务、工资，比车子、房子，甚至比灰色收入，认为"埋头苦干是傻子，会捞才算有本事"，渐渐心理失衡，想方设法"弄钱"、"享受"。其结果往往是把人民赋予的权利当成以权谋私的筹码，给钱办事，不给钱不办事。有权不用过期作废，而有一些纳税人为了小集团和个人的利益，往往下一点小本钱作诱饵，迎合有权者，以谋暴利。少数人员接受贿赂时从小心到大胆，从被动收取到主动索取，产生了"一切向钱看"的腐朽思想。正如老舍说过的，钱比人更厉害一些，人是兽，钱是兽的胆子。这些人胆大妄为，贪心不足，能捞则捞，要捞就捞大的。胆大和贪婪使他们跌进犯罪的深渊。

（3）心存侥幸走险，贪婪欲望膨胀。几乎每个贪官当伸手攫取不义之财时，都有一种过分自信的侥幸过关心态，上述人员同样有这个心态，认为有许多腐败的人安全过关了，不一定就查到自己。上述个别人员中，面对东窗事发，组织领导找其谈话，给予从宽机会时，却还抱着侥幸过关的一线希望，就近舍远，谈轻避重。有的人甚至认为"撑死胆大的，饿死胆小的"，他们明知违法违纪，也要铤而走险。一次次得手，一次次"平安"，他们就会产生盲目自信，心存侥幸投机，使得贪婪的欲望不断膨胀。

（4）思想观念滞后，业务学习放松。税收征管工作的科技含量日益提高，对税务人员的综合素质提出了更高要求。然而在新旧征管模式交替中，有的税务人员甚至个别基层领导干部，思想观念不适应新形势、新任务的要求，习惯老套路、老方法。因而不能正确运用新的管理制度、业务流程指导工作，在很大程度上影响和制约着实现税收有效管理，导致了在一般纳税人的认定、增值税发票管理、税务稽查等业务工作中的失误甚至失职，直至发生渎职等犯罪。

2. 客观原因

（1）行政自由裁量权弹性过大。在一定意义上由当权者或者执法者个人说了算，是产生腐败的重要原因。如税务违法处罚的一些条款中规定"50%以上5倍下罚款"、"2000元以上10000元以下罚款"等，以权谋私者往往披上"合理合法"的外衣，在法律公允的范围内自由裁量，从中谋取私利。

（2）对税收执法监督制约不力。一是由于税务人员在税收执法中享有较大的自由裁量权，对此又缺乏相应的监督措实施，客观上为少数政府按人员违法执法、以权谋私提供了条件。二是对基层单位及其领导的监督薄弱。税务基层单位地理分散，人员力量不足，任务重，权力相对集中，不利于监督。三是社会公众包括纳税人员税法知识掌握贫乏，在纳税方面往往完全听从于税务人员，不能及时发现税务人员的职务犯罪行为。即便是发现了，也往往由于害怕主管税务机关打击报复而不敢提出，使得税务人员职务犯罪难以及时发现。

（3）制度不完善管理落实不到位。政府职能转变相对滞后，还没形成一整套对权力进行有制约力的机制，旧的税务系统的职务犯罪未得到有效遏制，表现为犯罪新手段的税务人员职务犯罪行为却逐渐发生。近年来，税务部门在抓管理上下了很大功夫，建立了一系列的规章制度，但仍不够完善，尤其是税收执法各个环节的管理上还存在漏洞，加之督导不力，致使有的制度得不到认真执行，使犯罪分子有机可乘。

（4）财政和税收体制存在缺陷。各地普遍实行的"以支定收"的财政体制，年年给税务机关下达攀升的收入任务，难以真正实现"有税尽收、无税禁收"、依法治税。由于普遍存在政府干预和上级对调任务的要求，加之出于自身政绩的考虑，可能出现有税不收，压任务、压基数，为下期收入埋伏笔，或者强征过头税、协商预缴甚至贷款缴税两个极端，容易形成徇私舞弊不征、少征税款或者滥用职权等犯罪行为。

（5）作案手段隐蔽，惩处打击不严。随着社会的进步，科学技术的发展和人们文化程度的普遍提高，以及新闻媒体披露的案件和文艺作品对犯罪情节的具体描写，使违法违纪人员的反侦查能力随之提高。这些人既可以利用职务上的便利进行违法违纪活动，也会利用职务上的影响，制造假象和障碍，对抗专门机关查处。由于有的执法办案人员业务水平不高会直接导致查处工作的失败。还有的单位领导对已发现的违法违纪苗头，从本着单位的名声和利益出发，采取以罚代纪、大事化小、小事化了的工作方法，使一些违法违纪行为得不到及时打击。这也是职务犯罪没有得到有效遏制的一个客观因素。

（6）暗箱操作无阳光。税务系统的代征、代缴工作协议签订过程完全是内部操作、私下协议，别说是人民群众，就是犯罪单位内部的一般职工也很难知道其细节。同时，国家机关和事业单位的政务公开、财务公开做得还远远不够，不管从总额监督还是细节监督上都未做到开诚布公，本来就容易被人忽视的代征、代缴工作自然成为民众监督的盲点。这就方便了犯罪嫌疑人肆无忌惮，无视国家法律和人民利益而大肆进行权钱交易，"没有监督的权力必然走向腐败"，单位行贿和单位受贿亦然。

（三）税务系统职务犯罪预防对策

1. 加强教育，提高素质。要保证税务机关工作人员执法规范，首先要解决执法人员的思想和素质问题。要强化理想信念和廉洁从政教育，广泛开展廉政文化建设；要强化对税务人员的法制教育、职业道德和职业纪律教育，引导税务人员抛弃以自我为主题的特权思想和以管为中心的执法理念，树立正确的执法观，正确对待手中的权力，掌好权、用好权，做到执法为公、勤政为民。强化法律知识的学习和业务培训，做到知法、懂法、守法。

2. 加强对税务执法权的监督。一是强化内部监督。税务管理部门要根据各自的职责，对税收执法行为进行互相监督制约，发现问题及时跟踪反馈。税务检查部门要定期或不定期地开展执法检查和执法监督，对查出的问题及时进行纠正。二是增强群众的监督意识。收集整理贪贿犯罪教育案例，进行社会大宣传。要唤醒群众的监督意识，保障群众的监督权利，并为群众监督积极提供条件和支持。加大有关法律与政策的宣传，同时收集全国各地单位受贿犯罪的生动案例，可以制作单位犯罪知识图册，集中有关法律知识、学者著述和典型案例，让群众了解国家的政策、法律，提高群众的法律意识、监督意识和反腐意识，使群众对于贪贿行为敢于揭发、举报，进而使检察机关能够获取更多的案件线索，查处更多的贪贿犯罪，从而整体提高对贪贿犯罪的监督能力。三是要强化职能部门的监督，积极预防职务犯罪。加强与检察、公安、纪检监察、财政、审计部门的联系制度，充分发挥上述部门的监督职能作用，及时发现和查处违法犯罪。

3. 完善落实制度、严格程序，预防职务犯罪。一是严格实行微机开票和银行缴款的征管方式，减少税务工作人员经手现金的机会。二是实行岗位责任制，要害部门人员定期考察制和轮岗制。三是对税务稽查权力分解，对选案、检查、审理、执行四个环节实行机构、人员、职责相分离，建立相互制约和监督的机制。

4. 建立健全明确的责任机制。要认真执行党风廉政建设责任制，根据职责分解责任，进一步形成预防职务犯罪的整体合力。税务系统各级党组对惩治和预防腐败工作负全面领导责任，把预防职务犯罪工作纳入到税收事业发展、税务干部队伍建设总体工作之中，统一部署，统一实施，抓好工作落实，加强监督检查。业务部门要不断完善并严格执行工作规程，认真落实税收执法责任制；纪检监察部门要协助党组研究部署、组织、督促检查预防职务犯罪各项工作，认真履行监督职能，严肃查处违纪违法案件。

5. 建立健全严厉的惩治机制。始终把严肃查处违纪违法案件作为有效预防的前提，保持查办案件高压态势，对税务违法犯罪的查处，既惩治了腐败问题，维护了党纪国法的严肃性，又能起到警示作用，达到威慑效果，让其他税务干部从中汲取教训，认识到税务职务犯罪的危害性，给犯罪分子自己、给家庭、给集体带来的损失，认识到税务职务犯罪的成本多高，付出的代价多大，使其不敢犯罪，达到预防税务职务犯罪的目的。

6. 建立健全科学的预警机制。畅通预警信息渠道，依托金税工程、税务纪检监察管理信息系统、税收执法管理信息系统和领导班子考察、述职述廉、来信来访、巡视检查、经济审计、案件查处等途径，获取有关信息；加强预警信息评估和分析，逐步建立和完善党风廉政建设和反腐败工作的评价指标体系，正确分析和判断腐败行为的苗头和动向。注重预警信息评估结果的运用，不断完善机制和制度，做到关口前移，防范在先，把腐败现象遏制在萌芽状态，切实做到标本兼治、综合治理、惩防并举、注重预防。

八、司法人员职务犯罪预防

近年来，司法人员职务犯罪仍占一定比例。2007 年至 2011 年共查办司法机关工作人员职务犯罪 13374 人，占职务犯罪总人数的 6.3%；其中贪污贿赂犯罪 4078 人，2011 年比 2007 年上升了 4.8%；渎职侵权犯罪 9296 人，2011 年比 2007 年下降了 24.7%。在查办的司法人员中，属公安部门 9560 人，占 71.5%；法院部门 2136 人，占 15.9%；司法部门 1476 人，占 11%；检察部门 190 人，占 1.4%；安全部门 28 人，占 0.2%。

（一）司法职务犯罪的特点

1. 犯罪主体的身份向高层发展，司法机关领导干部违法犯罪现象日益突出，司法职务犯罪人员多为单位领导、部门负责人或处于关键岗位的人员。从近年来审结的案件来看，越来越多的司法机关高层领导人员卷入到司法职务犯罪中。河北省廊坊市中级人民法院对最高人民法院原副院长黄松有作出一审判决，认定黄松有犯受贿罪，判处无期徒刑，剥夺政治权利终身，没收个人全部财产；犯贪污罪，判处有期徒刑 15 年，没收个人财产人民币 50 万元。两罪并罚，决定执行无期徒刑，剥夺政治权利终身，没收个人全部财产。廊坊市中级人民法院经审理查明，2005 年至 2008 年间，黄松有利用担任最高人民法院副院长的职务便利和职权、地位形成的便利条件，在有关案件的审判、执行等方面为广东法制盛邦律师事务所律师陈卓伦等五人谋取利益，先后收受上述人员钱款共计折合人民币390万余元。此外，黄松有还于1997年利用担任广东省湛江市中级人民法院院长的职务便利，伙同他人骗取本单位公款人民币308万元，其个人从中分得120万元。案发后，已追缴赃款人民币578万元。廊坊市中级人民法院认为，黄松有身为国家工作人员，利用职务便利为他人谋取利益，利用职权、地位形成的便利条件为他人谋取不正当利益，收受他人贿赂的行为构成受贿罪；黄松有利用职务便利，伙同他人共同骗取本单位公款的行为构成贪污罪。黄松有受贿数额巨大，虽具有在被调查期间主动坦白有关部门不掌握的部分受贿犯罪事实，认罪悔罪，且案发后大部分赃款已追缴等酌定从轻处罚情节，但其身为最高人民法院大法官，知法犯法，进行权钱交易，收受巨额贿赂，社会影响恶劣，应依法从严惩处。黄松有与他人共同贪污数额巨大，情节严重，且系主犯，亦应依法惩处。廊坊市中级人民法院遂依法作出上述判决。原广西自治区高级法院副院长潘宜乐多次干预案件审理，提出倾向性意见，向请托律师透露内部案件研究情况，收受贿赂。原云南省高级人民法院院长孙小虹利用职权走私进口汽车，指使下级法院隐匿诉讼费收入等。原广东省政法委副书记、省高级人民法院院长麦崇楷受贿金额106万元，被判处有期徒刑15年，没收个人财产人民币15万元。阜阳市中级人民法院和武汉市中级人民法院分别出现了三任院长和两任院长"前腐后继"的典型。

2. 窝案、串案现象严重，群体性共同犯罪十分突出。由于各级司法机关的领导、高层人员犯罪较多，当某个部门领导被采取强制措施之后，其后往往有一群人员被查处。近年来出现的沈阳中院数名领导集体"下水"犯罪，院长贾永祥因贪污、受贿、挪用公款被判处无期徒刑的事件和武汉中院2003年共有包括2名副院长和3名副庭长在内的13名法官因涉嫌受贿受到法律追究一事就是典型的例子。2002年，田凤岐（原辽宁省政法委书记，沈阳市委书记）在担任辽宁省高级人民法院院长、党组书记期间，利用职务便利，为他人牟取利益，先后收受他人巨额贿赂数百万人民币，利用职务之便为其子经商办企业牟取私利等。被开除公职并移交司法机关，与之有牵连的为恶一方的沈阳"黑道霸主"刘涌由死刑改为死缓一案引起最高人民法院高度重视。刘涌案中牵连出中级法院一名院长和两名副院长及干警一窝端的情况。深圳市中级人民法院五名法官因破产案件中的司法腐败而涉嫌犯罪，其中包括1名副院长、3名庭长、1名已退休的法官，卷入调查的法官、律师数十人。全国规模最大的中级法院之一武汉市中级人民法院，包括两名副院长、数名副庭长等在内的共计13名法官，被纪检部门查处受贿400余万元，其中12人罪状确凿，已被审判（另一名仍在补充侦查之中）。此外，该法院还有 9 名法官受到纪律处分，30 名处级以上干部被调离岗位。被调者占全院 70 余名处级以上干部近一半，在一个法院内部违法乱纪人员之多堪为全国法院系统新中国成立以来罕见。这也是近年来中国国内被公开的涉案人员最多的法官集体贪赃枉法串案。

3. 司法工作人员职务犯罪手段越来越专业和隐蔽。司法工作人员阅历广、法律知识丰富，熟悉从侦查、检察直至审判和监管的各个环节的工作，相较于普通人，他们往往具有很高的反侦查能力，在实施职务犯罪时，他们会不留下丝毫的证据，甚至从一开始就选好了案发之后的退路，当东窗事发之时会利用自己的各种关系销毁可能遗漏的各种证据；非常善于伪装自己，犯罪手段极其隐蔽。丹东市中级人民法院对原辽宁省高级人民法院院长田凤岐受贿案进行了公开开庭审理。经审理查明，1997 年 5 月至 1998 年 11 月，田凤岐在担任中共沈阳市委副书记期间，利用职务上的便利，为他人在申请银行贷款、成立房地产公司、职务晋升等方面谋取利益，单独或通过亲属收受他人贿赂的财物折合人民币 254 万余元。1999 年 6 月至 2001 年 8 月，在担任辽宁省高级人民法院院长期间，利用职务上的便利，为他人在承揽法院办公大楼工程设计、工程装修等方面谋取利益，单独或通过亲属收受他人贿赂的财物折合人民币 76 万余元。综上，田凤岐收受他人贿赂的财物共计折合人民币 330 万余元。案发后，赃款、赃物已全部追缴。丹东市中级人民法院认为，田凤岐身为国家工作人员，利用职务上的便利，接受他人请托，为他人谋取利益，非法收受他人巨额财物，其行为已构成受贿罪，应依法惩处。鉴于田凤岐受贿大部分是由其亲属收受后告知其本人的，赃款、赃物已全部追缴及其悔罪表现情节，丹东市中级人民法院遂依法作出上述判决。

4. 犯罪数额巨大。20 世纪 90 年代以后，司法职务犯罪涉案金额越来越大，并呈现不断上升的趋势。2004 年 6 月，原湖南省高级人民法院院长吴振汉由于严重违法乱纪被湖南省纪委"双规"。据查，他在担任湖南省高级人民法院院长期间，利用职务之便，通过干预案件诉讼等形式收受贿赂共计人民币 305 万元。具有讽刺意味的是，吴振汉在民众心中一直保持着良好的正面形象，被冠以"儒雅"法官的美誉，而且还主编了《廉政手册》。

5. 围绕犯罪，社会交往越来越复杂。实施职务犯罪的司法工作人员与其他犯罪分子一样，社会交往复杂，生活腐化，往往因为贪恋美色、供养情人而贪污受贿。司法人员与黑社会勾结，充当保护伞，危害尤甚。一些黑社会性质组织惧怕司法机关严厉制裁，因而拉拢腐蚀司法人员。原连云港市连云区法院院长黄松仁根据其情妇要求，办了很多关系案、人情案和金钱案，沦为罪犯。原湖北省高级人民法院副院长许亚飞先是钟情于保姆，后与某电视台主持人杨某长期保持不正当关系，最后公然姘居。为博得杨某的欢心，许亚飞利用职权收受案件当事人巨额贿赂，并索贿一辆轿车。贾永祥当过辽宁省沈阳市沈河区检察院副检察长、区委副书记、沈阳市公安局副局长，市国家安全局局长、市政府秘书长、市中级人民法院院长。他贪污受贿、挪用公款数百万元，先后包养 7 名情妇。2001 年 10 月被判处无期徒刑，剥夺政治权利终身。与此案相关联的是沈阳中院的集体腐败。被抓捕后，贾永祥后悔地说，要正确看待人情。权钱交易往往从"讲人情"开始。思想道德防线一刻也不能放松。干部当到一定级别了特别是岁数偏大了，就容易放松警惕，产生"59 岁"现象。

（二）司法职务犯罪的成因分析

1. 司法侵权职务犯罪的成因分析

根据理论上的分类和刑法规定，司法侵权职务犯罪包括刑讯逼供罪、暴力取证罪、虐待被监管人罪。其成因主要有：

（1）客观原因。其一，法律规定不完善。我国刑事诉讼法有关于犯罪嫌疑人如实回答义务以及证人作证义务的规定。供述和证言对于案件的侦破处理都具有引导和印证作用，这些作用决定了司法人员对二者的倚重和依赖，而立法关于"如实供述义务"和"作证义务"的规定则为司法人员取得口供和证言提供了法律依据，立法与实践的这种相互作用，加重了司法人员对口供和证言的依赖。这在实践中常使犯罪嫌疑人和证人陷入极为不利的境地。因为在客观上而言，立法关于"如实供述义务"、"证人作证义务"的规定在某种程度上为刑讯逼供、暴力取证等非法取证行为提供了借口和便利条件。其二，工作机制不健全。一旦社会上发生有影响的案件，来自各方面的压力最终会以各种形式施加到具体办案机关、办案人员身上。早破受奖，晚破、不破受罚，为了及早破案交差或者邀功请赏，司法人员往往会违反法定程序办案，而刑讯逼供和暴力取证作为快速"破案"的"捷径"较多为其所用。其三，司法资源不充足。虽然我国刑事犯罪侦查水平和物质条件在不断改善，但总体而言，现有的侦查方式和手段比较陈旧、落后，司法人员能够采取的取证手段有限，办案人员、经费、物资也不能完全满足实际需求，这些现象在基层司法机关尤为突出。而现代刑事犯罪手段和犯罪方法却越来越先进，高科技、智能化犯罪呈现明显上升趋势。充足警力、专业技术人才以及先进的物证检验设施的缺失使司法人员形成对口供、证言的严重依赖，口供和证言成为办案的重要突破口。为了早日完成侦查活动，部分司法人员千方百计甚至是采取非法手段获取口供和证言，由此滋生刑讯逼供、暴力取证犯罪。

（2）主观原因。一方面，近年来我国司法队伍不断扩大，但整体素质偏低。以往一些并不完全具备司法人员素质要求的人被"塞"入司法机关，使部分司法机关在人事管理方面存在进易出难、升易降难的困境，一些确实不具备司法人员素质条件的人难调整、难调离、难辞退，严重制约着司法人员整体素质的提高。新近招录进司法队伍的大专院校毕业生缺乏实践经验，各种素养尚处在提高阶段。整体来看，虽然当前我国司法人员的素质在日益提高，但总体上还处于偏低水平。另一方面，我国部分司法人员存在法制观念、人权保障意识淡漠，特权思想严重的问题。惩罚犯罪、保障人权是我国刑事诉讼的目的。但当前我国部分司法人员的人权保障意识不强，部分司法人员往往在追求惩罚犯罪目的的同时却忽视人权保障目的的实现。

2. 司法渎职职务犯罪的成因分析

（1）权力特殊。司法人员掌握的权力主要有三个特性：其一，自由裁量性。司法人员在从事司法职务活动过程中依法享有在一定幅度和范围内自由决定对案件或者当事人作出何种处理的权力。一些司法人员恰恰是利用了司法权的这一特性而随意进行不法裁量，这些自由裁量空间客观上为一些权力观念膨胀、有不法需求的司法人员实施司法渎职职务犯罪提供了极大的便利和机会。其二，隐蔽性和保密性。为严肃司法、保证案件的顺利处理以及保障涉案人的合法权益，司法活动往往需要隐蔽进行和保密。但这也使得司法活动透明度不高，除专门的法律监督机关依法履行监督职责或者法律有特别规定外，基本不对外公开。司法活动的这一特性在一定程度上也为司法人员实施司法渎职职务犯罪提供了便利。其三，强制性和权威性。司法机关作出的裁判、决定具有强制性和权威性，不能随便变更。要变更这些裁判、决定必须具备法定的程序和条件，而知悉和掌握这样法定的条件、历经法定的程序是非常不易的。少数司法人员正是基于这一特性敢于铤而走险，实施司法渎职职务犯罪。

（2）以权谋私。司法渎职职务犯罪人以权谋私，最主要是谋取经济利益。经济因素与违法犯罪的关系，实质上就是社会的经济结构与违法犯罪现象的产生、发展和变化的关系。我国市场经济的发展对司法人员的思想观念构成了巨大的冲击。经济体制转换使等价交换原则渗入司法领域，为司法渎职职务犯罪提供诱因和条件。谋取经济利益已成为司法人员职务犯罪最直接、最现实的原因。我国司法人员薪金普遍不高，而他们行使的权力涉及公民的经济利益、自由乃至生命，涉案人或者相关人员有时会不惜重金与司法人员进行肮脏交易，司法权力"资本"带来的高额利润对司法人员产生巨大的诱惑力，使其不惜出卖法律与正义以获取经济利益。

除经济利益外，司法渎职职务犯罪的诱因还主要包括人情。人情是自然而然的情感和需求，表现于现实生活中是很正常的。但是，如果不对人情加以节制的话，很容易表现为"私情"或者作出伤害别人和社会的事。司法工作人员亦无法脱离社会，如果司法人员在履行职责过程中不能理性对待人情，不能正确处理人情与法律之间的关系，当面临亲情、友情、师生情、上下级之情等人情时，难免立场摇摆、徇私枉法、徇情枉法，实施司法渎职职务犯罪。在温州市中级人民法院法官违纪违法窝案中，纪检监察机关立案查处9人，其中法官8人，政法委干部1人，涉案金额达70多万元。目前，已有3人涉嫌犯罪被移送司法机关处理。纪检人员发现，涉案法官把审判权视为谋私的手段，以权谋私，以案谋钱，办关系案、人情案、金钱案。如市中院民四庭审判员尹建楚利用职务便利，先后9次收受有关当事人及请托人送的财物达14多万元。查办过程中还发现，调查涉及的大部分诉讼案件，都有关系人出面请托，有的掮客还从中大肆收受钱物。

（3）无责任心。对于过失实施的司法渎职职务犯罪而言，严重不负责任是犯罪的主要原因。部分司法人员在日常工作中掉以轻心，缺乏对维护法律的严肃性和权威性、维护司法机关的正常管理活动、维护案件当事人的合法权益的正确认识，严重不负责任，不尽法定的谨慎注意义务，不履行职责或者不认真履行职责，导致国家司法机关的正常活动遭到破坏或者造成其他严重后果。

3. 司法人员贪污贿赂、渎职侵权职务犯罪的共同成因

监督不严、惩罚不力是两类司法职务犯罪的共同成因。

（1）对司法职务活动监督不严。其一，事前监督不力。刑事诉讼阶段发生的职务犯罪较其他犯罪而言难以接触和发现，如对在押人员的监管十分严密，外界几乎不能接触监管机关的情况，对监管人员的职务犯罪，法律授权的监督机构都很难实施监督，社会监督力量的介入则更加困难。其二，事中监督不力。我国的刑事诉讼模式保留了大量属于职权主义模式性质的做法，其带有浓厚的"司法一体化"色彩，侦、诉、审三机关应当是既相互配合，又相互制约的关系，但是在个别地方存在重配合、轻制约的倾向。因此，在这个意义上监督司法职务活动实际上是自我监督，在一些情况下，这必然使监督效果大打折扣。

（2）对司法职务犯罪惩治不力。第一，在立法上，《刑法》第399条第4款规定，司法工作人员收受贿赂，有前三款行为的，同时又构成本法第385条规定之罪的，依照处罚较重的规定定罪处罚。根据这一规定，构成徇私枉法罪，民事、行政枉法裁判罪，执行判决、裁定失职罪，执行判决、裁定滥用职权罪的同时又构成受贿罪的，依照处罚较重的规定定罪处罚。"依照处罚较重的规定定罪处罚"一般情况下不如数罪并罚的处罚重，这与司法人员收受贿赂后又犯《刑法》第399条规定之罪的社会危害性不相符合。另外，现行刑法对司法职务犯罪并未配置剥夺政治权利的资格刑，这也影响对该类犯罪的惩

治力度。第二，在司法上，司法侵权职务犯罪由于其自身的保密性、隐蔽性以及司法职务犯罪人身份的特殊性，呈现出侦查困难，犯罪黑数偏高，定罪率偏低，量刑相对偏轻，缓刑、免刑适用率偏高的特点。相对于司法职务犯罪人较深的主观恶性和严重的社会危害性，当前对该类犯罪缺乏有力的惩治。

（三）司法职务犯罪的预防对策

1. 树立依法司法、司法为民观念

（1）一是要树立依法司法观念。司法权亦由法律予以规制，司法人员在行使职权活动中应严格遵守法律规定，依法司法。二是要树立司法为民观念。司法人员应时刻牢记司法权是人民赋予的权力，司法人员应认真履行职责，为民司法，避免给国家、集体和人民造成损失。依法司法、司法为民理念的核心价值在于保障人权，约束司法权力在法律规定的框架内行使。

（2）要从党纪、政纪、法纪多层面地开展对司法人员的廉洁教育。树立正反两方面的典型，多角度地开展对司法人员的廉洁教育。创新廉洁教育方法，多形式地开展容易为司法人员接受的廉洁教育活动。另外，在进行廉洁教育的同时，要在国家和地方财力允许的范围内适当提高司法人员薪金，改善司法人员福利，使司法人员享受的待遇与其承担的工作负荷尽可能相当。

2. 完善法律规定、工作机制，改善司法条件

（1）健全工作机制。在刑事案件侦查过程中，上级机关对于下级机关可以给予技术上的指导以及必要的干预，即当出现司法人员因主观原因不查处或者懈怠查处案件等确实阻碍案件侦破的情形时给予干预，除此以外，上级机关不应干预下级机关办理案件或者对下级机关或者司法人员施加压力。当出现危害严重、影响恶劣的恶性刑事案件以后，在全力指导侦破案件的同时，指导人民群众做好犯罪防范、化解社会恐慌心理、及时解释、公布案件相关信息等也十分重要。避免一味给下级司法机关或者司法人员施压，导致滋生司法侵权职务犯罪。2010年12月28日，最高人民法院发布了《关于规范上下级人民法院审判业务关系的若干意见》。司法机关应当出台类似细化的规范上下级机关之间业务关系的意见，以进一步明确领导的范围与程序，保障司法机关依法正常办案。

（2）改善司法条件。一是要适当增加某些司法机关的警力、经费。应针对具体的犯罪形势为地区、部门配置充足的警力，不断减少人手缺乏、经费短缺与办案压力之间的矛盾滋生司法侵权职务犯罪。二是要提高取证的技术水平。提高取证的技术水平是降低口供和证言在案件侦破中的地位、破解司法人员对口供和证言依赖的一剂良方，有利于不断减少司法侵权职务犯罪。

3. 加强有效监督，加大惩处力度

（1）加强监督。检察机关应充分发挥国家专门法律监督机关的职能，对司法活动进行强有力的监督。各级检察机关的渎职侵权检察部门、民事行政检察部门、监所检察部门、职务犯罪预防部门、公诉部门等应配备充足的警力，广大干警应尽职尽责，遵循司法工作规律，针对司法职务犯罪活动发生的特定领域、特定阶段的不同特点，加大监督检察力度，发现异常情况及时调查取证、控制涉案人员、固定相关证据，及时侦查、审查起诉、提起公诉、抗诉。制定、完善、严格执行对负有法定监督职责的人员监督不力的追究、惩罚规则，以确保对司法职务犯罪的各项监督工作落到实处。因司法渎职职务犯罪活动往往与经济犯罪密切相关，涉案人员经济状况往往关乎这类犯罪的认定和惩治。因此，办案机关应当建立与经济生活密切相关的部门，如税务机关、房地产管理机关、银行或者其他金融机构、信托投资机构、企业管理机构等单位的联动、合作机制，发现异常情况，及时了解、掌握、调取涉案人员的财产情况，及时启动监督、追究程序。

加强社会监督。国家应为群众举报、网络及媒体曝光司法职务犯罪提供便利和必要的保护。应向群众宣传国家司法机关的职能，宣传司法职务犯罪活动的危害以及群众举报对于打击、惩治司法职务犯罪的重要意义，讲解相关的法律规定、举报的要求和途径。应积极拓宽、创新群众举报途径，千方百计地接纳群众举报、认真谨慎地核实群众举报、全力以赴地保护举报群众，不禁止匿名举报、鼓励实名举报、加强举报保密工作。另外，因网络、媒体具有传播速度快、关注人数多、监督效力强的特性，应重视网络、媒体监督的作用，鼓励网络、媒体在符合法律规定，有一定事实依据的前提下充分发挥对司法职务犯罪的监督质疑作用，各级办案机关应重视网络、媒体曝光案件来源，做好调查核实、及时向社会公布事件进展、宣布案件真相等工作。

（2）加大惩处力度。对司法职务犯罪活动的惩治应该严格依法进行。我国对司法职务犯罪历来坚持的从严、从重立场不仅要体现在犯罪侦查力度上，体现在犯罪构成标准上，更要体现在对犯罪的严厉处罚上。应提高侦查水平、加大查处力度，对司法职务犯罪行为人的定罪量刑应强调符合罪责刑相适应原则和刑法面前人人平等原则的要求。与对待其他任何犯罪一样，对司法职务犯罪的定罪应准确，量刑应适当，而决不能降低法律的要求。2011年1月开始实行的最高人民检察院《关于加强对职务犯罪案件第一审判决法律监督的若干规定（试行）》直指职务犯罪轻刑化的突出问题，要严格按照其要求，按法定的范围、程序对职务犯罪案件第一审判决实行上下两级检察院同步审查的工作机制，重点审查司法职务犯罪人罪刑是否相当以及对其适用的缓刑、免刑是否公正合法，确保及时发现司法职务犯罪案件一审判决不公问题并依法监督纠正，强化对司法职务犯罪案件的刑事审判法律监督，以更好地维护司法公正。

九、医药卫生系统职务犯罪预防

2007 年至 2011 年，全国检察机关立案侦查医药卫生系统案件 739 人（其中贪贿 175 人，渎职 564 人），分别为 172、131、145、129、162 人。医疗卫生领域职务犯罪总量不大，但关系人民群众切身利益，人民群众对看病难、看病贵和"潜规则"问题感触较深，成为社会关注焦点之一。

（一）医药卫生系统职务犯罪的主要特点

1. 涉案人员

涉案人员主要集中于卫生行政主管部门及其下属单位的中层领导和行政执法人员、医院领导、中层干部及一些药械、总务等重点岗位的人员。

（1）领导干部犯罪较多，涉案人员大多担任院长、部门负责人、财务人员等实职。浙江两年间先后查处了杭州市第二人民医院院长吴正虎、绍兴市人民医院院长张国荣、萧山区第一人民医院院长傅宏、绍兴市妇幼保健院院长应慧强等 37 名院长（含副院长、党委书记），占该系统被查人数的 38.5%。北京在总数 176 人中，担任实职的有 111 人，单位领导 77 人，多为在医药采购和采购医疗器械过程中有审批权限的领导或者负责人员。重庆市 2010 年查办 98 人，占年度查办总人数的 8.5%，比 2009 年增长了 22%，涉及 32 个医院 55 名医务人员，其中院长 27 人。

（2）专家型人才犯罪突出。医疗卫生方面的专家型人才往往身兼院长、科室主任等行政职务，对医院药品器械的使用拥有较大的决定权，因此容易成为医药企业拉拢腐蚀的对象。如仁济医院检验科主任于嘉屏利用职务便利，从 2006 年至 2010 年收受医疗器械公司现金 32 万元。学历和文化层次很高。高学历是专家型人才职务犯罪在主体方面的一个重要特征，案件中不乏教授、博士、高级工程师、会计师等，其中不少人都是专业领域的杰出人才，甚至是某些方面的权威和领军人物。贡献与腐败并存。边贡献边腐败是专家型人才职务犯罪的一个突出现象，专家型人才在利用其专业知识为单位和社会作出贡献的同时，也在利用职务上的便利，为己谋私。北京某医院泌尿外科代理主任陈某，9 次收受拜耳医药保健公司医药代表杨某给予的药品回扣款 4.17 万元，被判处有期徒刑 3 年，缓刑 3 年。陈某曾在日本留学 4 年多，获得博士学位，在国内泌尿外科领域很有名气。

（3）财务人员作案现象也十分常见。西藏自治区人民医院后勤、膳食科出纳应卓，1997 年至 2005 年间，利用保管现金账目的便利条件，挪用公款

59.2 万元用于赌博和个人使用等。吉林省电力医院原院长康平等 3 人共同贪污案。德惠市边岗乡新型农村合作医疗管理工作站站长何凤明，为了谋取小集体利益，获取巨额医药差价款，违反新型农村合作医疗制度的有关规定，滥用职权，违规核销，致使国家新型农村合作医疗专项资金被套取 54 万元。

2. 犯罪环节

（1）药品、医疗设备、试剂采购环节，包括新技术、新项目的运用及检验设备仪器及配套试剂的采购。这是当前医药购销领域发生商业贿赂犯罪的主要环节。一些医疗机构的负责人及负责采购药品、医用耗材、医疗设备的工作人员，在医药购销活动中利用职务之便，收受生产、经销企业及其销售人员以各种名义给予的财物或者回扣，为行贿企业、人员谋取利益。许多医生"开方提成"，也从中收受回扣。四川省达州市中心医院原院长李祖伦受贿案。1997 年至 2005 年，李祖伦担任四川省达州市中心医院院长期间，在采购医疗设备、药品和发包工程过程中，利用职务便利为他人谋取利益，先后 25 次非法收受 11 家公司和个人的贿赂，共计 124 万余元。达州市中级人民法院以受贿罪判处李祖伦有期徒刑 14 年。福建省莆田市慈康医院原院长郑伟新应医疗器械商万某某的要求，在医院采购血球分析仪过程中，按其提供的医疗设备参数作为招标条件，使万某某顺利中标一台迈 BC - 3200 全自动血液细胞分析仪，事后非法收受万某某送予的"感谢费"。

（2）医院基础设施建设、招投标和工程发包环节。杭州市第二人民医院院长吴正虎，在工程项目建设和医药、医疗设备采购两个环节，收受财物高达 1560 余万元。漳州市卫生局副局长陈臻，利用担任副局长兼漳州市中医院基建工作领导小组组长的职便，利用基建职便违法发包，收受开发商贿赂 30 万元。广州某医科大学肿瘤防治中心原党委副书记、副研究员黄汉腾，1998 年至 2003 年，利用负责肿瘤防治中心医疗科研楼工程建设的职务便利，收受他人财物共计人民币 94 万元。2003 年 11 月，他被广州市中级法院以受贿罪判处有期徒刑 8 年。

（3）医疗机构承包、定点医疗和体检业务、医院与其他方面的业务合作等商业活动环节。某些医疗机构为增加经济效益，与一些机关和企事业单位的负责人、医务室人员私自达成协议，采取不正当竞争手段承接团体就诊、住院、体检等医疗业务。医疗机构根据这些机关和企事业单位人员就诊、住院、体检所支付的费用金额，按照一定比例，定期或不定期地向其负责人、医务室人员支付回扣、好处费等。

（4）行政监管、人事安排、调入员工等管理环节。北京 2010 年共查处医药卫生领域案件 163 件 176 人，其中医药、医疗器械购销环节涉案 90 人，占总人数的 51.13%；药品、医药用品生产监管涉案 9 人，占 5.11%。此外，基建工程、招投标和人事安排共 17 人，占 9.66%。

（5）门诊专科对药品和医疗设备的使用环节。有的利用处方尽量使用对向药品，从中提成；有的制订医疗方案时利用职权选择有利可图的医疗器材设备。

（6）医疗机构的收款、挂号、仓库管理等岗位发生贪污、挪用公款犯罪案件增多，且多为女性犯罪。

（7）药品注册审批环节。药品注册上市必须经国家食品药品监督管理部门审批。有的食品药品监督管理部门工作人员在药品申报、审批过程中，利用职务之便索取或收受贿赂，为药品生产商谋取利益，违法违规批准药品进入市场，给药品生产经营秩序和人民群众的切身利益造成严重危害。

（8）其他医药生产经营监督管理环节。有些医疗行业行政管理部门的工作人员，在对医药生产经营履行监督管理职能过程中，利用职务便利，索取收受医药生产、经营企业及其工作人员的贿赂，影响了对医药行业的严格监管。

3. 犯罪手段

（1）给予回扣是贿赂的主要方式。在药品和医用耗材购销中发生的商业贿赂犯罪案件，大量的都是采取回扣的方式。一般由生产商对回扣规定统一的比例，往往药品的销售价与成本价的差额越高，同类药品的竞争越激烈，回扣的比例越高。回扣金额的统计、发放形成了固定的流程，根据药品使用量每隔一段时间兑现一次回扣。

（2）新型贿赂日益普遍。随着打击商业贿赂的不断深入和各项规章制度的建立和完善，医疗设备采购、药品采购的回扣问题得到了有效遏制。但厂商和代理商面对巨额的利润空间，为了推销产品会不择手段，利益的驱动诱使部分医疗卫生系统工作人员铤而走险，甚至部分人把医疗回扣视为属于"行规"和劳务所得，毫无顾忌地接受贿赂。医药企业向医院推销药品和医疗器械时行贿名目不断翻新，手段不断变换。以折扣掩盖回扣；以提供境内、外旅游变相行贿。以新药品医疗器械"宣传费"、"广告费"、"新品推广费"、"科研协作费"、"临床支持费"、"处方费"等各种形式收受回扣。医药回扣还呈现出新的犯罪形态，由最初药厂按处方直接贿赂医生，发展为部分医院信息中心人员利用掌握"统方"（医院对医生处方用药量信息的统计）信息的职务便利，收受贿赂。2010 年杭州市上城区、西湖区查办了 9 名利用药品统计信息行、受贿案，涉及杭州市区六家医院的计算机中心人员。北京某医院信息科主任黄某通过出卖统方信息非法获利 93 万元。

（3）层层受贿现象严重，窝案、串案多。科室成员"合伙"犯罪现象较为突出。在贿赂犯罪中表现为科室负责人"牵头"，以部门名义收受回扣；在贪污犯罪中表现为财务人员和医师、药师相互勾结，虚报冒领、收入不入账。部分环节集体腐败现象严重。主要是在医药购销环节，利用药品和医疗器械采购权，收受医药回扣。在医药购销环节，医药企业或医药代表为使药品、医疗耗材进入医院，往往需要对主管院长、药事委员会成员、药剂室负责人、科室主任等以及采购员、统方员、财务人员、医生、药房主任、药库管理员、护士等实施大面积的行贿。检察机关往往从少数医药、医疗器材供应商入手，查出多起医疗机构人员受贿犯罪案件。兰州市检察机关在辖区医疗系统开展专项侦查行动，在一个月时间内，立案查处23件23人（药剂检验岗位16人），发案单位涉及12家公立医院。新疆查办的发生在自治区、地州级医药卫生系统"1·25"系列窝案串案51件51人，涉及9个自治区、地州级医院和6个县市级医院；在涉案人员中受贿30人，挪用公款1人，行贿20人；其中，大案43人，要案17人（含厅级1人），分别占"1·25"系列窝案串案涉案人员的84%和33%。

领导干部之间、关键岗位人员之间、领导与下属之间沆瀣一气，形成利益共同体，使职务犯罪在单位内畅通无阻。如中国水利水电第十三工程局医院原党委书记张保平、原院长张方蕊，指使医院财务总监安郁珍和财务核算科科长陈道琳，套取单位资产900余万元，并将其中的410余万元以工资、奖金等名义，私分给该医院职工。

药材回扣往往查一案牵出数案，涉案对象涉及医院领导、各部门管理人员及临床医生。医药企业、医药代表行贿，一查就是一串。成都榕珠实业有限责任公司行贿案。2003年1月至2005年2月，罗志榕任成都榕珠实业有限公司法人代表期间，伙同该公司副总经理罗飀，为谋取非法利益，在销售医疗设备过程中，先后向四川省达州市中心医院、自贡市第一人民医院、自贡市第五人民医院、乐山市人民医院、德阳广汉市第三医院、遂宁市蓬溪县医院、泸州市中医院、泸州市龙马潭区中医院、眉山市仁寿县人民医院、简阳市中医院、宜宾市翠坪区人民医院、宜宾市筠连县人民医院等十余家医院院长和有关科室负责人行贿人民币161万余元、美元6000元、港元2000元和桑塔纳轿车等物品，共折合人民币200余万元。四川省自贡市自流井区人民法院以单位行贿罪，判处罗志榕有期徒刑3年，缓刑3年；以单位行贿罪判处罗飀有期徒刑1年，缓刑1年。

（4）作案频繁，持续时间长。医疗器械、医用耗材、药品往往按比例收取回扣，每次数额不多，但长期作案，积少成多。如广东省疾病预防控制中心免疫规划所原所长罗耀星从2001年7月至2006年4月，收受疫苗代理销售商的贿赂 74 次，共计人民币 1262.5 万元，平均每月 1.3 次，平均每次 17.6 万元。此案带出的窝案串案共 10 件 10 人。

（二）医疗卫生系统职务犯罪的危害

卫生领域作为稀有资源，直接关系民生民利，是社会持续关注的热点。当前，新旧体制的矛盾日趋激化，出现了体制缺口、体制倒置、体制逆转等情况，看病难的问题仍然突出，已经成为社会矛盾聚集点之一。随着医疗体制改革的深入，这些涉及国计民生的、潜在的犯罪因素可能随之增加，已经成为一个难以回避的关注点。

1. 侵害国家医疗监管和卫生防疫秩序。医疗系统职务犯罪不仅加剧了不正当竞争，还极大地降低医疗卫生系统的公众信任度。

2. 加重民生问题。该领域的职务犯罪往往造成医疗工程、设备和药品等质量缺少保障、医治成本增加等问题，严重影响民生和社会和谐稳定。当前，人民群众对看病贵等问题极为关注，而医疗系统职务犯罪容易造成一些行业乱收费和高收费，直接关系人民群众的身体健康，加重群众负担，甚至引发群体性事件，老百姓对此深恶痛绝，严重损害了党和政府在人民群众中的形象。

3. 败坏了社会公德。医务人员收取药品回扣，收受贿赂，损害患者的利益，加重社会矛盾，败坏医德。

（三）医疗卫生系统职务犯罪的原因

1. 医疗体制不健全，管理制度不完善。虽然，卫生系统为降低药品价格，使权力在阳光下运行，对药品、器械采购都有统一招标采购的体制，这些改革措施无疑在药品和医疗器材采购中发挥了重要的作用。但是，（1）目前实行的"医药合一，以药养医"的医疗卫生体制，医院既诊病又卖药，进的药越贵，医生开出的药越多，医院的收入也就越多。（2）医疗工作人员的工资福利待遇与其创造的"经济价值"挂钩，强化了医护人员的逐利动机，弱化了道德约束，乱开药、过度检查，导致公立医院趋于企业化经营，严重背离了医疗卫生公益性的基本属性。（3）医药市场竞争激烈，而且市场秩序不规范，招投标制度不健全，存在不正当竞争。一些药械经销商为拓宽销路，获取更多的利润，不惜违反规定，对拥有采购权、批准权、处方权的相关人员通过回扣、贿赂等不正当竞争手段进行"攻关"，药品采购招投标往往流于形式、走走过场，违规招标，暗箱操作，私下放水，新药层出不穷以规避招标的情况时有发生。这些都是医药卫生领域职务犯罪高发的重要原因。

2. 行业监管不力，特别是对医院"一把手"缺乏有效监督。医疗单位领导大多数是医疗专家型人才，长期身兼多职，在管理中实行"谁主管谁负责"原则，很多决策往往都是"一把手"说了算，缺乏民主监督制约。虽然卫生、药监、物价、工商、纪检监察以及医师协会、药品招标委员会共同参与医疗卫生领域监督管理，但多头监督，政出多门，缺乏协调配合，造成部分监督职能脱节。医疗系统内部"临时（聘用）工不敢监督正式工，新职工不敢监督老职工，一般职工不敢监督科室负责人，科室负责人不敢监督院领导"的现象十分突出，相互间的监督制约形同虚设，一些重要岗位，如药品采购、药房管理等人员长期不轮岗，也是职务犯罪的一个隐患。

3. 查处力度不够，对行贿犯罪打击不力。从办理案件发现，许多药品和医疗器械的生产单位专门拿出资金疏通关系，不择手段拉拢、贿赂有关人员，从而达到营利的目的。虽然，我国刑法规定了行贿罪，立案标准仅为 1 万元，但在办理案件过程中，无论是侦查机关还是审判机关，打击的锋芒主要指向受贿犯罪，而轻视打击行贿人，这是行贿行为屡禁不止的一个重要原因。从医疗卫生系统贿赂案件判决结来看，对涉及行贿的人员大多数作其他处理，作出不起诉决定 3 人。对职务犯罪人员判处实刑的也少，被查处的 25 人中，只有 4 人被判处有期徒刑，占 16%；缓刑和不起诉比例较高，占已决数的 83%。在处理从宽的情况下，查办案件的预防警示治本功能及法律的威慑力体现不出来，甚至出现累查累犯的情况。如剑川县人民医院药剂科主任郑贵春 2006 年曾因利用管理药品库房之便，收受药商贿赂 2.3 万元，被判处有期徒刑 1 年，宣告缓刑 1 年零 6 个月。今年，又查获其于 2009 年以来收受贿赂的犯罪事实。

4. 法律意识淡薄、思想教育工作滞后。受市场竞争和片面追求效益的影响，医疗卫生系统不同程度地存在重技术、重发展、重收益和轻教育、轻预防职务犯罪工作的情况，少数医疗工作人员平时不注重学习，或者只注重业务知识的学习，忽视法律知识的学习和思想道德教育，法律意识淡薄，廉洁自律的意识比较差，对收受贿赂认识模糊，对罪与非罪认识不清，存在侥幸心理，错误地认为在药械采购中收受一点回扣、好处费、开单提成等只是违纪行为，不是犯罪；有的认为挪用公款周转三五个月，只要还回来就不是犯罪行为；把不正之风、腐败现象视为社会主流，认为大都如此，何必独善其身？少数医疗工作人员价值取向错位，享乐主义、拜金主义思想严重，以权谋私，走上了犯罪道路。医务人员工作繁重、心理压力大，工资收入偏低，这种付出与收入的不平衡成为了偏离正确工作方向的思想基础。

（四）医疗卫生系统职务犯罪的预防对策

1. 切实加强思想道德和法制教育，提高医务人员廉洁从医的意识。随着改革的深入发展，各行业都以经济利益为最重要的衡量工作好坏的指标，而国家对医疗卫生事业的投入不足，客观上造成了"潜规则"，加剧了社会内部的矛盾，使整个社会的正义感缺失，不对的事情变得很对，不应该的事情变得很应该，流毒不浅，大大削弱和影响了社会的整体道德观念。在法制建设的今天，我们必须树新风扬正气，深刻认识到"潜规则"的巨大危害性，加强党的教育和法制宣传，使全社会都警惕"潜规则"，并坚决反对和抵御"潜规则"的侵蚀，坚守自己的思想防线，高筑拒腐防变的思想之堤，才不会在社会生活中迷失正确的人生方向。在抓好业务学习的同时，应加强医务人员的人生观、价值观和职业道德教育，深入开展医德医风、医学伦理、人文素养教育，培养良好的职业道德，树立全心全意为人民服务的思想，切实履行救死扶伤的神圣职责。要重视院领导班子的选拔任用，既要重业务能力，又要看政治品质，要有计划地经常对领导班子成员进行培训，提高管理水平和廉政建设的能力。定期对医疗卫生工作人员开展法制宣传教育，普及法律知识，使其知法、守法，提高法制观念。加大预防教育的宣传力度，使预防职务犯罪的教育工作经常化、制度化，多渠道多形式开展宣传教育活动，寻找从源头上抓好预防职务犯罪的措施和办法，把预防职务犯罪工作纳入单位党风廉政建设工作一起部署，一起落实。使广大医务工作人员充分认识职务犯罪的危害，明是非，知荣辱，加强对领导干部和财务管理、药械采购等重要岗位人员的警示教育，运用医疗卫生系统中的典型案例以案释法，警钟长鸣，防微杜渐，提高廉洁从医、依法执业和拒腐防变的能力，筑牢预防职务犯罪的思想防线。

2. 加强制度建设，完善制约机制。建立健全药品、医疗器械采购管理制度，全面推行阳光采购。建立药品、医疗器械采购档案，对每次公开招标的原始资料、报价单、采购合同等资料登记造册、归档备查。药监和卫生行政部门严格控制新药采购程序，对违规者要从严处罚。规范医疗费用的收取和管理，完善收入分配制度，实现"医""药"适当分离，改变医务人员收入与用药数量挂钩的做法。建立医生收入与诊疗量挂钩、综合医德评价等因素的绩效考评机制，逐步从"以药养医"转变为"以医养医"，使医院的赢利体现在医疗上，削弱医疗单位对药品利润的追求。

3. 加大监督力度。加强外部监督，上级主管机关和相关监管主体，要加强对医疗卫生部门在重点工程建设、大型设备和大宗药品采购、大项经费开支等活动的监督，特别是要加强财务检查与审计工作。加强内部监督，对于工程项目、药械采购、人事管理等容易发生问题的部门和环节，医疗卫生单位应对权力进行适当的分解，对基建、药剂、设备等重要岗位人员要定期实行轮岗交流。医疗系统内部纪检监察机构，在日常监督工作中，要加强对干部职工的监督和管理，通过定期不定期深入各科室、各部门，对遵纪守纪情况进行明查暗访，抽查病历、药方、大额资金财务账目等资料，发现苗头和问题，本着对单位、医务人员高度负责的精神，及时对违规违纪人员进行提醒，诫勉谈话，或责令整改，使一些苗头性、倾向性问题解决在萌芽状态。

4. 加强财务管理，彻底清除"小金库"。"小金库"资金通常都是非法截留，隐瞒收入，或非法擅自设立收费项目，巧立名目搞"创收"等手段获取的，资金来源多数属于违规资金，通常由单位领导、财务人员等少数人掌管并进行自收自支的一个小钱柜，设立的本质主要是为了逃避正常的财务管理和监督。"小金库"因为由少数人设立掌管，暗箱操作，缺乏监督制约，容易引发贪污、挪用、私分国有资产等违法违纪问题，滋生腐败。禁止私设账外资金的问题，国务院财政部、审计署等有关部门早已三令五申明令禁止。医疗卫生系统发生的贪污挪用案件，都是由设立的"小金库"引发出来的。因此，要彻底清除"小金库"，认真落实收支两条线的规定，建立和完善内部财务管理制度，认真执行《中华人民共和国会计法》和行政事业单位会计制度，加强对行政事业性收费的管理。建立采购、销售及日常收入管理等项目的内部审计制度，定期公布财务报表，使财务状况公开化、透明化。

5. 建立行贿档案查询制度，强化市场廉洁准入。根据最高人民检察院、省级人民检察院与卫生部等九部委《关于行贿犯罪档案查询工作座谈会纪要》的规定，卫生主管部门要认真履行行政执法和行业监管职能，围绕大宗物资采购供应、市场主体监管等方面，积极向检察机关进行行贿犯罪档案查询，了解审查有关单位或个人在经济活动中的诚信情况，并将行贿犯罪档案作为开展工程建设、药械采购等业务活动的必经程序。对经查询确有行贿记录的单位或个人，主管部门要依照有关监管规定及时处置，限制或排除其参与招投标的资格，并将处置结果纳入行业市场准入管理，以促进信用体系和失信惩罚机制建设，遏制和防范医疗卫生系统职务犯罪的发生。

十、民政系统职务犯罪预防

在我国，民政机构的工作内容涉及民间组织管理、优抚安置、救灾救济、社会福利和社会事务、老龄保障等，民政部门，作为救灾、抢险、防汛、优抚、扶贫、移民、救济等款物的管理者、执行者和责任人，其各项工作，甚至干部的一言一行，都与百姓尤其是弱势群体的切身利益息息相关。改革开放以来，民政系统得到较快较好的发展，也为我国的经济发展和社会稳定作出了极大贡献。然而近年来，伴随着社会的转型，在私欲膨胀、利益驱动下，民政系统工作人员利用职务之便违法违纪、贪污受贿现象时有发生，民政系统的犯罪率在近几年呈持续上升态势，尤其是基层民政系统暴露出的问题发人深思。民政系统职务犯罪多涉及诸如民政救济的款物资金，如果打击不力、预防不严，势必在社会上造成恶劣的影响。事后打击是一方面，但我们的重点是预防，在民政系统的腐败犯罪发生前，通过找出民政系统腐败案件的特点，分析其发生的原因，找出预防对策和措施，是我们的目标所在。预防职务犯罪也是民政系统反腐倡廉建设的重点工作内容，特别是随着中央和地方加大保障民生工作力度，民政部门承担着更加繁重的社会建设和社会管理任务，构建更加有效的预防职务犯罪体制显得尤为重要。

（一）民政系统工作人员职务犯罪的主要特点

1. 以敛财贪利型职务犯罪为主

权钱交易，以权谋私，既是职务犯罪最基本、最突出的表现形式和最本质的特征，也是权力者将政治与经济以扭曲的方式相结合的产物，是权力运行过程中发生的异化和失控现象。在这种畸形的交易中，掌权者通过权与物的交换，以牺牲公共利益为代价，来满足个人的私欲。从已查处的案件来看，敛财贪利型职务犯罪呈上升趋势。涉案罪名主要集中于贪污、受贿、挪用、私分救灾、救济、扶贫等民政资金，作案所得大多数都用于个人投资经营和生活开支。如重庆市万州区移民局出纳王素梅挪用移民资金 136 万元用于赌博和挥霍；丰都县征地办公室专管员陈志兰挪用移民资金 561 万用于炒股营利；原丰都县国土局局长黄发祥利用职务之便，贪污移民土地出让金、移民资金 1550多万元。云南省文山壮族苗族自治州民政局原局长赵仕永贪污、受贿案，涉案金额 400 余万元。山西省忻州市民政局原局长陈华梁挪用公款、巨额财产来源不明案，挪用专款 1323 万元、不能说明合法来源资产 1000 余万元。湖北省福利彩票发行中心原主任杨知宇贪污、受贿案，涉案金额 121 万元。重庆巫山县国土管理事务所副所长李忠祥，利用管理移民资金的职务之便，虚列支出，重复列支，贪污 60 万元，挪用 86 万元。浙江省温州市红十字会一名女出纳在 5 年时间里挪用公款 126 万多元，用于店面还贷和家庭开支。2010 年 4 月26 日，重庆市血液中心原主任余梅贵受审，被指控利用职务之便，为他人谋取利益，非法收受他人现金 124.6 万元。2010 年 5 月，广西壮族自治区血液中心原主任罗志因利用采购血液设备之机受贿 17 万元，被判处有期徒刑 10年。山东省临沂市血站原站长袁俊民，受贿 119.4 万元，私分国有资产 442 万余元。

2. 犯罪主体集中，主要是民政资金管理负责人或财务负责人

民政部门掌管着大量民政福利资金的使用和项目的审批，资金和权力比较集中。根据我们目前查处的情况来看，涉案主体集中，主要以民政部门领导、管钱管物人员、移民安置人员、救灾救济扶贫款项发放人员为主。这些人长期在民政部门担任"一把手"或分管民政中具体工作，熟悉民政部门工作流程和民政资金发放程序，在本领域内有比较高的权威和影响力，对民政管理事项

有话语权和决定权，手中权力比较集中，又缺乏相应的监督管理机制，很多时候大手一挥，民政资金就流出去，或内部勾结，截留私分民政资金，导致需要救济的群众权利受损。如安徽省合肥市包河区民政局原局长李业棣，因非法收受好处费、感谢费等共计 87 万元，被以受贿罪判处有期徒刑 11 年。四川省成都市龙泉驿区民政局原局长周熙源涉嫌受贿、贪污，一审被以受贿罪判处有期徒刑 12 年。云南省孟连县民政局原局长刘宏因贪污公款 2000 多万元、挪用公款 230 万元以及行贿，一审被判处死刑，缓期 2 年执行。云南晋宁县民政局局长蔡松培被以受贿罪、贪污罪，判处有期徒刑 5 年。云南省文山壮族苗族自治州民政局原局长赵仕永贪污、受贿案，涉案金额 400 余万元。山西省忻州市民政局原局长陈华梁挪用公款、巨额财产来源不明案，挪用专款 1323 万元、不能说明合法来源资产 1000 余万元。此外，还有深圳市民政局局长黄益辉贪污受贿案；广西民政厅厅长张廷登贪污受贿案；广西柳州及下面 4 各县的 6 名民政局长贪污受贿、私分救济款案；江门市民政局局长李灿灼贪污受贿案等。

除区县民政局长以外，掌握一定权力的民政局中层干部及乡镇民政所长也是腐败的多发人群，相关新闻时常见诸报端。例如，河南省三门峡市民政局优抚科科长郭新民（兼任三门峡市省级救灾扶贫基金管理会计和出纳）因挪用公款 113 万元，贪污公款 11.3 万余元，一审被判处有期徒刑 17 年；湖南省涟源市民政局军干所原所长谭汉璜、会计梁刚劲、出纳吴玉兵等 6 人因贪污罪获刑；河南省登封市民政局殡葬管理所所长耿新有以殡葬管理所的名义收取公墓管理费 62 万元，一审被以贪污罪、受贿罪判处有期徒刑 12 年零 6 个月；河南省信阳市淮滨县栏杆镇民政所原所长郑烨因贪污 60.5 万元救灾款被淮滨县法院一审判处有期徒刑 12 年；江西省赣县茅店镇民政所原所长黄和健因为与人合伙骗取、贪污民政优抚款，被判处有期徒刑 11 年。

3. 涉案金额大

国家"八七扶贫攻坚计划"启动后，国家向贫困地区注入了大量的扶贫资金投入扶贫项目；而近年来，我国自然灾害频发，如 2008 年以来汶川地震、南方雪灾、玉树地震等，国家加强对救灾救济款的投入；三峡工程因其建设周期长、工程量大、移民数量多，资金投入更是巨大。一旦在这些领域发生职务犯罪，涉及的金额是非常大的。如审计署 2002 年对广西扶贫专项资金进行调查，发现广西壮族自治区扶贫办、异地安置办、世行办违规使用扶贫资金 1154 万元，区配套资金 112 万元，区计委振山公司将 81 万元扶贫款项转贷给酒楼、夜总会，河池地区凤山县违规使用扶贫资金 582 万元。深圳市民政局原局长黄益辉，赃款共计人民币 14717738.27 元、港币 17442211.46 元、美元 228861 元。2009 年原广西民政厅厅长张廷登腐败案，涉案 4000 多万元。云南.

省文山壮族苗族自治州民政局原局长赵仕永贪污、受贿案，涉案金额 400 余万元。山西省忻州市民政局原局长陈华梁挪用公款、巨额财产来源不明案，挪用专款 1323 万元、不能说明合法来源资产 1000 余万元。湖北省福利彩票发行中心原主任杨知宇贪污、受贿案，涉案金额 121 万元；重庆市丰都县国土局局长黄发祥利用职务之便，贪污移民土地出让金、移民案至今 1550 多万元。山东省临沂市血站原站长袁俊民，受贿 119.4 万元，私分国有资产 442 万余元。

4. 内外勾结，窝案、串案、共同犯罪严重

近年来，查办的职务犯罪案件，经常是查一案，挖一"窝"，带一"串"，查出一系列贪污受贿犯罪嫌疑人，或者是在同一单位，同一系统或同一工程项目中有多人被一并共同查处，表现为多人参加、共同行动、相互分工合作、合伙截留私分的形式，大肆贪污受贿、挪用私分救灾、救济、扶贫援困等民政资金。广西柳州地区检察机关查处了一起私分国家救灾、扶贫、有奖募捐等善款的民政腐败窝案，包括柳州和 4 个县的共 6 位民政局长落入法网。2009 年广西民政系统挖出以民政厅原厅长张廷登为首的贪污贿赂窝案串案 65 件 80 人（厅级干部 2 人、处级干部 14 人），涉案金额 4000 多万元，张廷登个人涉案金额近 500 万元。2009 年云南省挖出以普洱市孟连县民政局原局长刘宏为首的贪污、受贿窝案串案，涉案 4 人，涉案金额近 6000 万元。2002 年广东省江门市查处的以江门市民政局原局长李灿灼为首的贪污、受贿窝案串案，涉案 7 人，涉案金额达到 137 万元。重庆市丰都县以蒋必成为首的贪污、受贿窝案串案涉案 10 人；云阳新县城建设中，通过查办副县长陈亮等受贿案，挖出移民局局长黄继宣等包括副县长、建委主任、交通局长和移民局长在内的 13 人受贿的窝案串案。

5. 涉案环节多

涉及民政系统职务犯罪的发案环节多，民政部门管理的内容非常广泛，事务繁杂，民政部门的每一种职务犯罪，在民政管理工作中的多个环节都可能发生。比如在三峡移民资金管理领域发生的职务犯罪案件，大多发生于以下几个环节：移民工程的发包和工程结算环节；移民项目工程的施工过程；移民安置迁建和补偿工作环节等。如 2002 年重庆市查处的 19 件涉及移民领域职务犯罪案件中，有 12 件发生在移民迁建中的工程发包、土地转让、工程施工等环节。如重庆市万州区移民局出纳王素梅挪用移民资金 136 万元用于赌博和挥霍；巴南区移民办主任彭均科玩忽职守，将移民资金 300 万元用于自己做摩托车生意；丰都县征地办公室专管员陈志兰挪用移民资金 561 万元用于炒股营利。

民政系统在救灾工作中的职责主要有：掌握灾情；管理和发放救灾款物；检查救灾方针政策执行情况；接受分配、使用管理国内外援助和捐赠款物；总结交流救灾工作经验；等等。职务犯罪关注部位主要集中在掌握灾情、管理和发放救灾款物及接受分配、使用管理国内外援助和捐助的救灾款物三个环节上。民政部门在掌握灾情后，本来应当立即向党政领导和上级报告，但部分民政系统国家工作人员有可能有灾不报、以重报轻，也有可能扩大灾情、以轻报重，严重渎职；在管理和发放救灾款物过程中，部分民政系统国家工作人员可能将救灾款物挪作他用，甚至采取收入不入账、重复做账、虚报受灾人数、夸大受灾程度、变卖救灾实物、截留等方式贪污救灾款物，扣留、不及时发放用于紧急抢险、抢救、转移、安置等工作的救灾款物，造成严重后果，可能构成渎职犯罪；在管理、发放国内外援助和捐赠款物过程中，易发生职务犯罪的部位与管理、发放救灾款物类似，另外，部分民政系统国家工作人员可能同意或默认其他个人、其他单位在社会上非法开展救灾募捐活动的行为，涉嫌渎职。

福利彩票是我国目前发行的两种公共彩票之一，发行的目的是筹集社会福利资金，兴办残疾人、老年人、孤残儿童等福利事业和帮助有困难的人。福利彩票管理工作包括福利彩票的发行、销售管理和福利资金的管理、使用。涉及福彩工作的职务犯罪，就可能发生在福彩的发行、销售和资金的使用环节。在福利彩票的发行过程中，部分民政系统国家工作人员可能收受印刷经营商回扣，帮助其垄断投注单印刷业务；在福利彩票的销售管理过程中，部分民政系统国家工作人员可能收受网点销售代理人贿赂，或者监管失力，不能及时发现、制止销售人员空打彩票、不缴纳销售款的违法行为；在福利资金的管理、使用过程中，部分民政系统工作人员可能滥用、挪用、侵占福利资金，严重影响投放效益。

社会救济包括扶贫、城乡低保发放、社会救助、农村合作医保推进、大病援助等具体工作，是在社会成员不能维持最低限度的生活水平时，按照法定程序向其提供满足最低生活需求的物质援助的一种社会保障制度。救济款物可能成为民政系统职务犯罪的目标。在社会救济工作中，部分民政系统国家工作人员可能挪用"闲置"救济款物，甚至采取虚报冒领、重复领取、截留等方式贪污救济款物。以农村五保户救济工作为例，部分民政系统国家工作人员可能采取私刻五保户私人印章、虚增五保户人员数量、夸大五保户生活困难程度、减少发放金额等方式，骗取、侵占救济款项。另外，在社会救助工作中，部分民政系统国家工作人员可能对生命垂危的流浪、乞讨人员无动于衷、见死不救，导致流浪、乞讨人员因不能得到及时救助而死亡，这些不作为就涉嫌渎职犯罪。

社会福利生产是国家、集体和社会各界为帮助残疾人就业而组织的各种生产经营活动。民政系统的社会福利生产管理工作的主要内容包括：制定有关政策和发展规划；审批各类社会福利企业；制定社会福利企业的利税分配标准。易发生职务犯罪的部位主要集中在后两个工作内容上。在各类社会福利企业的审批工作中，部分民政系统国家工作人员可能收受福利企业贿赂，或者审核工作不负责任，使不符合法定条件的福利企业获得兴办批准；在制定社会福利企业的利税分配标准工作中，部分民政系统国家工作人员可能不遵循国家法律政策规定，加大对福利企业利润、税金、管理费用的提取比例，甚至滥用、挪用、侵占提取利润、税金、管理费用，使国家扶持保护社会福利企业的愿望落空。另外，在民政部门自行开办的直属福利企业中，部分国家工作人员可能以国家的扶持保护政策作掩护，以虚列开支、压低克扣残疾工人工资等方式聚敛资金，或者仅仅利用残疾人员挂名建办企业，而不真正招纳残疾工人参加劳动，骗取国家免税、减税、返税税金。如 2008 年，湖南省隆回县民政局福利管理办公室主任戴某玩忽职守帮助隆回县钰晶包装实业有限公司偷税，导致国家税款流失 79 万余元。

6. 犯罪手段多，且作案手段相对隐蔽

民政部门管理内容涉及范围非常广泛，这在某种意义上也导致民政系统职务犯罪手段非常多。除了通过截留收入不入账、虚报冒领等方式贪污救灾扶贫、社保基金等，带病退伍军人定期补助办理、国家机关事业单位工作人员因工伤残补助和殡葬管理等环节也是较为普遍的敛财渠道。比如行贿受贿已成为办理农村复员退伍军人带病还乡申请过程中的一个潜规则，为能顺利通过审核，诸如申请人行贿乡镇民政人员、乡镇民政人员行贿县级民政主管人员、县民政主管人员再通过贿赂手段拉拢市级体检医院主管人员的案件时有发生；一些涉案人员通过编造假住院病例、篡改档案资料，开具假伤残评定书和证明材料，骗取国家伤残优抚救济金；有些乡镇民政所长利用农村群众违反殡葬管理制度之机随意罚款，或收受贿赂后少罚或罚款不入账，借机贪污受贿。在移民领域，涉及移民的工程建设中，犯罪分子内外勾结，以招标投标中弄虚作假、变更工程计划、虚增工程量、提高工程造价等方式进行贪污贿赂犯罪；以形式上的合法兼并、收购、破产等行为掩盖实质上的非法蚕食移民资金行为等等，犯罪手段花样频出，更加隐蔽，难以发现。

另外，民政系统职务犯罪嫌疑人在其正常职务和法定身份的掩饰下，罪恶行径难以曝光。比如有的犯罪人贪污公款无异于"探囊取物"，直接采取收款不入账，或做账外文章，账面上不留破绽，久而久之，时过境迁，取证步履维艰，往往形成隐案。有的利用自己职务上的便利，采取虚报、瞒报，然后用假签名、假印章代领的方法，虚报多报假名或继续上报已故救灾、救济、扶贫、移民安置款的领用人进行贪污。被冒领人死亡或者根本不知道有领款信息，被冒领人往往是弱势群体，他们往往分布在偏远山区，交通不便，核对困难，对自己受救济事实不清楚，这也是民政系统贪污腐败案件难以发现的一个重要原因。

7. 犯罪持续时间长

连续作案、持续时间长、作案次数多，是基层民政贪腐的显著特点。许多犯罪嫌疑人单次作案数额并不大，少则几百元，多则几千元，但作案次数多、持续时间长，犯罪嫌疑人往往从任职开始就收受贿赂，作案时间大多持续 5 年以上，作案次数在 10 次以上，多的达几十次。例如一位乡镇民政办主任作案跨度达 10 年之久，收受贿赂 36 次。另外，民政部门主要是扶贫资金和救灾救济款的发放和移民安置资金的发放，由于大部分专项扶贫资金采取贷款形式发放，贷款期限一般是 3—5 年；移民安置的时间跨度也比较长，故民政系统中的职务犯罪作案时间和发案时间间隔一般都是 3 年以上，同时，这也说明犯罪持续的时间比较长。

8. 基层组织发案多

因为民政机构的工作内容涉及民间组织管理、优抚安置、救灾救济、社会福利和社会事务、老龄保障等，具体的实施者以基层组织管理人员居多，因此，民政系统职务犯罪凸显出基层组织发案多的特点。如挪用扶贫资金的犯罪，由于国家扶贫专项资金集中用于发展农村经济，一些农村基层组织负责人利用操办国家扶贫专项资金审贷、使用的职务便利，受利益驱动而实施挪用资金的犯罪。河南省驻马店市 2007 年立案查处的 32 人中，村支部书记和村委会主任共 21 人，占 65.6%。重庆市巫山县国土管理事务所副所长李忠祥，利用管理移民资金的职务之便，虚列支出，重复列支，收款不记账贪污 60 万元，挪用 86 万元，云阳县故陵镇桥亭村村长来先祥虚报淹没户，贪污移民资金 4.8 万元。2003 年以来，湖南省共立案查处村干部违纪违法案件 2996 件；2004 年以来，辽宁省共立案查处村干部违纪违法案件 2975 件。无一例外，这些村干部腐败案件主要是非法占有土地补偿款，救灾救济、扶贫优抚款物以及粮食直补、退耕还林、宅基地等款项；以低价私自出租、转让、发包集体所有耕地、林地等。如河南省三门峡市民政局优抚科原科长郭新民贪污挪用 120 万元案，一个小小的优抚科长，可以贪污挪用如此大数目的民政资金，不得不引起我们深思。

9. 损害的是弱势群体的根本利益

据民政部官方数据统计，2008 年，我国 60 岁及以上人口 15989 万人；各类自然灾害共造成约 47795 万人（次）不同程度受灾，因灾死亡 88928 人；城市低保对象 1110.5 万户、2334.8 万人；农村低保对象 1982.2 万户、4305.5 万人；得到五保救济的对象 521.9 万户、548.6 万人；国家抚恤、补助各类重点优抚对象 633.2 万人；结婚登记 1098.3 万对、离婚登记 226.9 万对；全国收养登记 42550 件；火化遗体 453.4 万具，以上数据既反映了我国民政系统业务工作群众性的特点，也突出了我们民政救济的紧迫性。民政系统中的职务犯罪往往侵害上述对象的利益，特别是侵害了生活困难群众的利益，"民政部门管理的救灾救济、最低生活保障、优抚安置、社会福利（包括福利彩票公益金）、社会捐赠款等多项资金，是纳税人的钱，是捐赠人的善款，也是救急救命钱"，民政系统的职务犯罪却把黑手伸向这些群众的救急救命钱。这些生活困难的群众，都是社会上的弱势群体，本身的特殊情况决定了他们是最需要获得民政部门帮助的人，但是，民政部门的腐败案件，直接损害的就是这些弱势群体的根本利益，或贪污，或挪用，或私分他们的"救命钱"，与国家民政工作维护人民群众基本生活和提供最低保障的初衷背道而驰。

（二）民政系统职务犯罪产生的原因

1. 工作人员法律意识淡薄或意志薄弱

民政系统业务工作涉及法律法规众多。如《婚姻法》、《婚姻登记条例》、《村委会组织法》、《收养法》、《军人抚恤优待条例》、《城镇退伍义务兵安置条例》、《殡葬管理条例》、《五保供养条例》、《社会团体登记管理条例》、《民办非企业单位登记管理条例》等法律法规均由民政部门负责贯彻执行。有的民政系统国家工作人员不仅对《刑法》、《行政法》不够关注，而且对诸如上述涉及自身业务工作的法律法规亦不甚熟悉，难以做到依法行政，易导致职务犯罪的发生。例如，在 2007 年曾备受社会关注的"陕西省宁陕县广货街镇民政干部谌太林遗弃流浪乞讨人员致其死亡"一案中，谌太林不依照国务院《城市生活无着的流浪乞讨人员救助管理办法》、民政部《城市生活无着的流浪乞讨人员救助管理办法实施细则》中的相关规定办事，而是草率地雇人将重病乞丐"扔"到邻县深山，不得不说其法律意识实在淡薄。更多的民政系统国家工作人员了解国家相关法律法规，深知职务犯罪的严重危害性，但是在金钱和权力面前失去理智，忘记"民政为民"的工作宗旨，处处谋取私利，从而走上犯罪的道路。四川省达州市民政局原局长胡丛扬落马后，在监狱改造中忏悔道："从奋斗到成功，再从巅峰到毁灭，所有的这一切都是我自己亲手为之。我在当官掌权后就忘本变质，没有把握住自己，败在金钱的面前，成为糖衣炮弹的俘虏，受到法律的制裁是我罪有应得。"

从客观上分析，所有职务犯罪都具有某种程度上的共性。一方面，社会上各种不良风气大大影响了一部分人本来就相对薄弱的心理，使他们在改革开放和社会主义市场经济条件下，经不起形形色色的诱惑带来的各种考验，世界观、人生观、价值观发生严重扭曲，产生一系列错误意识。另一方面，社会经济发展的同时，收入分配产生严重不公，使一些基层民政工作人员产生心理失衡，想尽办法弄钱、捞钱。而民政职工思想教育做得不够细致深入，致使部分民政干部理想信念动摇，价值观念扭曲，个人私欲极度膨胀，进而在民政资金的管理使用上动脑筋打主意。与此同时，民政部门接触比较多的都是救灾救济款、扶贫款、移民安置款，大多是国家拨款，不涉及具体的打款单位，很多民政干部错误的认为，从国家手中拿钱，没有损害到个人的利益，无所谓对错。在这种拜金主义思想影响下，部分意志不强、素质不高的民政部门工作人员就利用职务之便，将帮助群众脱贫致富的扶贫救济款，将帮助灾民生活重建的救灾款，将救济伤残军人、弱势群体的救济款视作个人谋取私利、捞取好处的工具，随意克扣，甚至贪污、挪用、私分这些关乎群众的"生命钱"、"救命钱"，最终滑入犯罪的深渊。

2. 内部制度不健全、管理混乱

建立和完善有效的管理制度，是消除民政系统职务犯罪隐患的有力保障，但是，部分民政系统单位内部无章可循、有章不循；制度不健全，有些制度形同虚设，漏洞多，空隙大；内部管理混乱，审批制度不严，财务账目不清，从客观上给职务犯罪提供了滋生空间。例如，有的民政系统单位从"一把手"至一般干部长期未进行轮岗，使该单位形成相对封锁的空间，为有的民政系统国家工作人员在较长时间内持续犯罪提供了条件；有的民政系统单位的"一把手"作为党风廉政建设的"总抓手"，在形式上强调职务犯罪的危害性和预防职务犯罪的重要性，在实际行动中却对自己降低要求，对已经出现的职务犯罪不但不进行整治，反而参与到获取非法利益的犯罪活动中。上梁不正下梁歪，不仅"一把手"自己逐步走向犯罪深渊，更助长民政系统职务犯罪大面积蔓延，酿成窝案串案。广西壮族自治区民政厅原厅长张廷登在看守所中对办案检察官说道："过去我在台上也不断地讲反腐败，可直到进了看守所才感到反腐败的重要性。"截至 2009 年 7 月，张廷登一案已挖出窝案串案 65 件 80 人。

3. 财务管理制度存在缺陷

财务管理制度缺陷的直接后果是导致财务管理对职务犯罪行为的控制和制约功能弱化，从而使想贪者有了可乘之机。一般情况下，财务管理制度的缺陷主要反映在预算、会计和审计环节上。其次，一些发案单位对财务管理制度执行不严格，有章不循，规章制度松懈，这是许多经济犯罪案件能够得逞的重要原因。有的民政系统单位对国家禁止公款私存的相关规定置若罔闻，私设"小金库"，甚至单位内设机构在利益驱使下，亦设立自己的"小金库"。单位与内设机构、内设机构与内设机构之间在"小金库"问题上相互保密，互不干涉，从而造成整个单位财务管理工作混乱，为个别民政系统国家工作人员增加"灰色收入"提供了方便；有的民政系统单位不严格按照相关规定报销单据，报销单据时无须主管领导审批，经手人可以直接报销，财务机构只作象征性审批。司法实践表明，一些单位在账外设立"小金库"是导致贪贿案件的主要来源之一。

比如在扶贫救济款的管理中，财务管理制度的混乱，给犯罪分子造成了可乘之机。扶贫救济款一般由乡镇一级管理，而乡镇扶贫工作由于条件的限制，专门财务人员不多，很多账务处理不及时，执行不到位，甚至有些乡镇缺乏完整的会计账簿，发放贷款、收回本息不能按要求日清月结，导致人人手上有钱，现金管理制度失控。同时，对扶贫资金的管理和运作，也缺乏监督制约机制。像小额信贷资金，乡镇扶贫部门使用的贷款收回凭证要素不全，无统一编号，无签字栏，贷款收回凭证无领用、签销登记，无定期检查，这些都是财务上的明显漏洞，却在乡镇扶贫资金的管理使用中长期存在。如陕西省某镇扶贫工作人员连续 3 年挪用扶贫款项数万元，没有任何人发现。

4. 民政部门权力监督不力

民政系统单位掌握着救灾救济和救灾捐赠款物、社会福利资金、军队离退休干部建房经费、优抚事业单位维修补助费等专项资金的划拨分配和管理使用权，行政区划调整变更、民间组织管理登记等行政审核审批权，移交地方接收安置的军队离退休干部、复员退伍军人、无军籍职工安置权，以及殡葬、婚姻登记、儿童收养、难民安置、发放社会福利彩票等行业管理权等权力。权力失去监督，必然产生腐败。在部分民政系统单位，对上述权力运行过程缺乏具体、有效的监督和制约，监督往往不到位；漏监、失监问题比较严重；事后监督多，事前、事中监督少；"对同级监督难"、"对下级监督弱"的问题比较普遍；有的机构、岗位和个人权力过于集中，内部审计、内部监督、权力制约、民主决策、集体讨论等自我监控程序处于瘫痪状态。山西省忻州市民政局原局长陈华梁竟然将福利综合楼项目变造为星级酒店，并挪用民政专项资金作个人股份入股，获取高额红利。陈华梁在其工作管辖范围更是独断专行、为所欲为：曾经将美容院和洗脚屋的两名女老板调入民政局下属的福利院和医院，其中一名还担任副院长；公然违反《殡葬管理条例》，在民政局下属单位大操大办其父葬礼和土葬其父；在被"双规"前几天，更是准备将其妻子提拔为民政局下属干休所的所长。在陈华梁一案中，各分管副局长形同虚设，监督上的漏洞不可谓不多。

　　民政部门掌管着大量民政福利资金的使用和项目的审批，资金和权力比较集中。审核监控管理不严是民政部门职务犯罪成为腐败犯罪重灾区的原因之一。现实中，民政救助对象的确定、审核等基础性工作的监控制度管理不严，落实不够具体。现行制度主要侧重于工作流程的规定，缺少对统计、上报、发放等环节的实际监控和防范制度，致使审查把关不严、审核不到位等问题不能及时发现和纠正。比如申领低保金人员的审核、上报、动态监控及资金的管理、发放，只是囿于低保部门自行审核，相应的监督、审计、审核机制没有跟踪到位，为工作人员贪污、受贿、挪用创造了便利条件。此外，民政资金管理的信息化水平较低，特别是乡镇级民政部门的人员少、工作量大，对救助对象的流动性、救助资金发放情况等无法形成实时动态监控，难以及时准确地发现管理中存在的问题。监督乏力主要体现在以下几个方面：一是对部分重要岗位、环节的监督制约不力。局级领导按照分工各自为政，纪检监察成了摆设。乡镇民政工作人员配备较少，有的是聘任制，有的集主任、会计、出纳于一身，导致本应相互监督制约的权力得不到监督，难以形成完善的制约机制。二是"利益均沾"共同作案，致使相互监督流于形式。单位内部不同岗位人员之间、上下级人员之间相互勾结，联手作案，形成权力利益圈，共同截留、私分或挪用民政资金。三是地方政府与民政部门的双重管理体制导致业务监督出现空白，很难形成有效的监督机制。

　　（三）民政系统职务犯罪防范措施与建议

　　近年来，我国查处了大量的民政系统职务犯罪，其中不乏一批大案要案，取得了一定成果。但是，随着民政系统工作职能的不断扩展，职务犯罪作案手法的不断翻新，要从根本上遏制和减少犯罪并不容易。因此，必须加强民政系统职务犯罪的预防工作，多管齐下，方能扭转目前犯罪高发的局面。

　　1. 加强思想道德教育

　　民政系统具体工作的服务对象是广大人民群众，尤其是为最需要帮助的困难群众服务。民政系统国家工作人员综合素质的高低是能否杜绝职务犯罪的一个关键。预防民政系统职务犯罪，应加强对民政系统国家工作人员的思想教育，使他们能够明确自身的工作职责、树立为人民服务的工作理念，提高预防职务犯罪的能力。

　　（1）教育对象以民政系统领导干部为重点。民政系统的领导干部是民政事业的中坚和骨干，肩负着一定职责、掌握着一定权力，思想不牢极易走上职务犯罪的道路。特别是民政机关及直属事业单位的"一把手"，如果不能以身作则，则有可能"上梁不正下梁歪"，从而使整个单位的风气都受到影响。因此，教育的重点应放到民政系统领导干部身上。以树立马克思主义的世界观、人生观、价值观和正确的权力观、地位观、利益观为根本，以艰苦奋斗、廉洁奉公为主题，以更好地做到立党为公、执政为民为目标，对民政系统领导干部进行党的基本理论、基本路线、基本纲领和基本经验教训教育，进行理想信念和从政道德教育、优良传统和作风教育、党纪党规和国家法律法规教育、民政工作职业规范教育，使民政系统领导干部始终守好法律线、党纪线、道德线，常修为政之德、常思贪欲之害、常怀律己之心，从而使民政系统能在领导干部引导下清正、廉洁地开展为民服务的工作。

（2）教育内容应具有针对性。民政系统工作职能众多，针对不同岗位应开展针对性教育。根据民政部门各组成机构及直属单位工作性质的不同、国家工作人员岗位的不同，可通过召开专题研讨会、座谈会等形式，对具体岗位工作人员进行分层次、多渠道的教育。教育的重点应为组织民政系统国家工作人员学习与本职相关的政策法律法规，如组织负责婚姻收养工作的国家工作人员学习《婚姻法》、《婚姻登记条例》、《收养法》，负责民间组织管理工作的国家工作人员学习《社会团体登记管理条例》、《民办非企业单位登记管理条例》，负责优抚安置工作的国家工作人员学习《军人抚恤优待条例》、《兵役法》，负责救灾救济工作的国家工作人员学习国家救灾救济方针政策、《城市居民最低生活保障条例》等。在教育中，应不断增强对民政系统国家工作人员培训的针对性和实效性，提高民政系统国家工作人员依法行政的水平，使民政系统国家工作人员能够结合本职工作，遵纪守法、廉洁奉公并自觉运用法律进行行政事务管理。

（3）教育方法应注意正反结合。在教育中，应注意加强对典型事例的运用，为广大民政系统国家工作人员树立正反"标杆"。一方面，树立正面典型，运用民政系统先进人物和先进事迹大力宣传真善美，不断强化正确的人生观、价值观教育，以形成强大的正面宣传教育阵地。通过积极学习先进人物的好思想、好品格，使在岗民政系统国家工作人员及时发现并纠正自身思想认识、道德方面存在的不足，逐步祛除不良因素影响。另一方面，树立反面典型，民政系统主管部门应定期举办预防职务犯罪警示教育专题讲座，分析职务犯罪典型案例、近期高发民政系统职务犯罪类型。通过反面教育，改变民政系统个别干部职工的思想，使他们由不敢为、不能为转向不想为职务犯罪，进而加入不想为职务犯罪群体，以达到预防职务犯罪的目的。

2. 加快民政系统工作制度改革

目前，许多民政系统职务犯罪是利用民政系统工作制度上的缺陷作为突破口的。因此，加快民政系统工作体制改革，可以尽快消除诱发职务犯罪的条件，从而在制度上阻止民政系统职务犯罪的发生和发展。

（1）改革人事制度。民政部门领导干部的任用，应遵循公开选拔、竞争上岗的程序和方式，打破选人用人论资排辈的观念和做法。在干部任用期间，由人事、纪检监察、财务、审计等部门适时进行联合经济责任审计。在上级民政部门与下级民政部门、民政机关与其直属单位之间，应当尽量弱化领导干部之间的非正常利益关系，避免出现民政机关领导干部安排亲属、特殊关系人到直属机关出任负责人的情况。福利彩票发行中心、救助管理站、殡仪馆、社会福利院、精神病院、军队离退休干部接待站、军供站等民政系统直属单位的领导干部任用也应当以民主推荐、民主测评、民主竞争为核心机制。另外，针对乡镇民政所人事管理混乱的问题，应当要求乡镇民政所长的任免和变动必须提前征求县级民政部门的意见，并报上级民政部门备案，对基层乡镇民政所长实行两级考核制，从而达到人事规范的目的。

（2）改革行政管理制度。应以《关于深化行政管理体制改革的意见》为根据，建立行为规范、运转协调、公正透明、廉洁高效的民政行政管理体制。针对民政系统具体工作的不同特点，完善民政系统工作相关法律、法规、规章制度，把预防职务犯罪的要求贯穿到法规审查工作的各个环节，并落实到将要确立的具体制度之中。民政系统的行政监督制度，应以权责明确、依法行政、监督有效、保障有力为要求，强化对行政行为的监督，全面提高民政系统干部特别是民政部门领导干部依法行政的能力。建立规范的民政执法制度，应主要从以下三个方面入手：首先，分解民政行政执法自由裁量权。行政自由裁量权，是指法律、法规、规章赋予行政机关在执行行政行为时依据立法目的和公正合理原则，自行判断行为的条件，自行选择行为的方式和自由作出行政决定的权力，包括行政处罚、行政许可、非行政许可行政审批、行政征收、行政确认、行政强制等行政行为中的行政裁量权。民政系统应细化、量化、分解自由裁量权的行使条件、适用范围、裁决幅度、实施种类，梳理具有裁量幅度的法律条款，制定统一的行政自由裁量权指导性裁量标准，明确各个层次执法人员的权限，将与行政执法相关的调查、审核、决定、执行等职能进行分解，使之分属于不同的工作人员掌握、行使，尽量确保行政决定的公正、准确。其次，对民政执法进行评议考核。评议考核应采取自我评议考核与单位评议考核为主，并结合调阅执法文书、核查文件材料、召开座谈会等方式进行。最后，追究民政行政执法过错责任。民政行政执法人员在实施具体行政行为的过程中，因违反法律、法规、规章，使公民、法人或其他组织的合法权益受到损害，应当根据不同情形确定行为性质及责任大小。

（3）改革财务制度。改革财务制度，应主要修订和完善民政专项资金管理、财务管理、预算管理、银行账户管理、国有资产管理和内部审计等有关规定。民政专项资金，包括抚恤补助资金、自然灾害救济资金、救灾资金、农村五保供养资金、城市居民最低生活保障资金、农村特困救助资金、农村特困群众医疗救助资金及其他明确规定用于民政事业的财政性资金。民政专项资金应实行专项管理，按照本级财政部门下达的专账核算目录进行专账核算：收入应附有财政部门的入账通知书，支出由单位负责财务的领导与财会人员按照资金使用范围和开支标准进行审核，并核算到各明细科目。民政专项资金应严格实行国库集中支付制度。国库集中支付制度，是指政府将所有财政性资金都纳入国库单一账户体系管理，收入直接缴入国库或财政专户，支出通过国库单一账户体系支付到商品和劳务供应者或用款单位。城市居民最低生活保障资金、抚恤补助资金、农村特困救助资金、城乡特困群众医疗救助资金等已经实行社会化发放的专项资金必须按照国库集中支付管理的要求实行直接支付。自然灾害救济资金、救灾资金、农村五保供养资金应拨付到乡镇的，应由财政国库直接支付到乡镇财经所，财经所对拨付的民政专项资金进行监督、使用，原则上实行直接支付，但是考虑到救灾救济工作的实际情况，经财政国库部门同意，可以按照国库集中支付管理的要求，给予一定范围内的授权支付额度。直达个人账户的专项资金由民政部门提供花名册，财政部门审核后进行拨付。

（4）改革政务公开制度。阳光是最好的防腐剂，预防腐败，需要各种公开制度。《信息公开条例》实施以来，民政系统工作方式有所变化，但仍需进一步改革。民政系统应及时公开在履行职责过程中依据的法律法规、部门规章、规范性文件，公布行政许可和行政审批、主要业务工作的进展、完成情况等方面的政府信息。民政系统可按照信息分类，主动公开以下政府信息：民政部门职能、领导分工、内设机构及其职责、直属单位及其功能、联系方式等；民政业务的法律、法规、规章和规范性文件；民政事业发展规划、计划及实施情况；民政行政许可、行政审批项目的办理依据、条件、程序、期限、需要提交的材料目录和办理结果；救灾救济、城乡低保、五保供养、优待抚恤等方面的补助标准，社会捐赠款物、福彩公益金分配使用情况；民政系统各项业务工作中发布的涉及公民、法人和其他组织利益的公告、通知、规定、意见等文件；法律、行政法规规定应当公开的其他政府信息。建设民政电子政务，通过民政系统工作网实现优抚安置、城市低保、救灾救济、社会事务管理等工作的网络化、信息化操作，提高民政系统工作透明度，从而堵住职务犯罪的源头。

在村务公开和民主管理工作中，民政部门担负着组织协调的职责。村务公开的重点是财务公开，其中定期公开民政专项资金的数额及使用情况、五保户供养标准及其落实情况，及时公开救灾救济与社会捐赠款物的数额及发放情况，可有效预防民政系统职务犯罪。在村委会换届选举中，聘请退休干部、人大代表、政协委员、专家学者等担任选举观察员，观察员应审查被观察村的选举实施方案和日程安排表、实地全程观察村民委员会换届选举现场、客观记录选举各项程序，监督推选村民选举委员会、选民登记、推选村民代表、直接提名候选人、候选人竞选、投票选举等换届选举工作中的关键环节，从而防止民政系统国家工作人员失职渎职、参与串选等违法犯罪行为的发生。

3. 加强内部控制

为预防职务犯罪，民政系统应强化内部管理，对自身工作行为进行规范、约束，从而将犯罪势头消灭在萌芽状态。

（1）对权力的控制包括：

A. 对重大决策的控制。民政系统重大决策，是指对民政事业改革发展的重要事项、重要人事任免、重大项目安排和大额资金使用等活动作出的决定或选择。民政系统重大决策应由民政系统相关负责人集体研究决定，不能由一个人、少数人说了算，每个决策参与者都要发挥应有的制衡作用。必要时，还应咨询专家意见、举行听证，最大限度地防止决策失误。减少"一言堂"，彻底改变"一把手"说了算的局面。

B. 对行政审批权和行政执法权行使的控制。民政系统应将具有行政许可权的单位实施的每项行政许可事项的办理情况都纳入控制范围，重点审查行政许可事项办理的设定条件、许可范围、许可时限、收费依据、工作质量等，对行政许可事项的所有环节和步骤实行控制。通过建设民政系统行政审批电子监察系统，在民政系统内部实现对行政审批权和行政执法权行使情况的全程控制，防止审批过程中不规范、不廉洁现象的发生。

（2）对民政资金的控制包括：

A. 对民政资金运行的控制。民政系统应定期对内设机构、直属单位开展财务检查，财务检查可以采取自下而上的形式，先由内设机构、直属单位及下级民政部门开展自查，然后上级民政部门根据自查报告进行调查、抽查，确保民政资金专款专用、及时足额发放。民政系统应建立、改善网上财务管理信息系统，民政部门及直属单位所有财务收支活动均应纳入财务管理信息系统进行管理，对未纳入财务信息管理系统进行核算的财务活动，可视为"小金库"或"账外账"。同时，建立重大开支预警机制，对超过一定金额的对外投资、借款、大型仪器设备购置、兴办经济实体、资金担保等经济活动，应通过系统信息发布功能报相关领导和机构批准后才能实施。在民政资金运行的过程中，民政系统应规范流动程序，尽量减少中间环节。以城乡低保工作为例，在程序上全面建立跟踪核查制度，对低保对象实行规范评审、严格准入标准、动态管理等方式，规范低保的评审程序，即村（居）民申请、村（居）委会初审、镇审核、县级民政部门审批的三审两公示制度，接受群众及社会监督。及时、准确、完整收归低保对象的申报资料，建立一人一档的档案管理。对城乡低保金的管理和发放，以县级民政部门审批、财政专户拨款、镇财政所直接将低保金转入低保户个人账户的封闭运行管理模式，按月足额拨付到低保户账户上，实行社会化发放，确保低保金专款专用，从而保障困难对象的正常生活。

B. 加强内部审计。民政系统内部审计，是民政系统内部审计机构独立监督和评价内设机构、直属单位、代管单位财政收支、财务收支、经济活动的真实、合法和效益的行为，以促进加强经济管理和实现经济目标。民政系统应配备专职内部审计人员，定期进行审计。内部审计主要包括财务审计和主要领导任期、离任经济责任审计。财务审计的主要内容包括：财政收支、财务收支及其有关经济活动的真实性、合法性和效益性；预算内、预算外资金的管理和使用情况；经济管理和效益情况；固定资产投资项目；内部控制制度的健全性和有效性以及风险管理评审；重大经营决策的可行性、合理性、效益性评审；政府采购及招标投标情况；重大经济合同的签订及执行情况；专项资金及外汇管理和使用情况等。主要领导任期、离任经济责任审计的主要内容有：任期内贯彻执行国家财经法律法规以及民政系统有关规章制度的情况；任期内单位财务收支情况、内部管理、经济目标完成和事业发展情况；国有资产保值、增值和债权、债务状况，单位基建项目的执行情况；单位重要经济活动的民主决策情况以及决策效益情况；本人有无违纪违规行为，有无重要纠纷和遗留问题等。这里应当注意，对离任的主要领导人员，要审计结束之后才能离任。

4. 加强外部监督

民政部门掌管着大量民政福利资金的使用和项目的审批，资金和权力比较集中，权力缺乏监督，就容易导致腐败。预防民政系统的职务犯罪，除了内部控制，还应加强对民政系统的外部监督，从而形成制约合力，为民政系统正确、合法行使行政管理职能创造"阳光"途径。对民政系统进行外部监督的途径和形式很多，最重要的是专门机关监督和社会舆论监督。

（1）加强纪检、检察等专门机关的监督。对民政系统的专门机关监督，是指以纪检监察机关与检察机关为代表的专门机关对民政系统内部涉及或可能涉及的违法违纪事项进行监督的一种形式。其中，纪检监察机关监督民政系统党员违反党纪的行为及国家工作人员违反行政纪律的行为，检察机关则监督民政系统国家工作人员违反法律的行为。加强专门机关监督，可以及时发现在某一时期民政系统存在的突出问题，从而有效预防职务犯罪。

A. 及时查处民政系统违法违纪行为。及时查处民政系统违法违纪行为，加大打击力度，一方面能够及早挽救出现问题的国家工作人员，另一方面能够震慑潜在的犯罪。检察机关应以查处民政系统国家工作人员贪污贿赂、腐化堕落、滥用职权、失职渎职为重点，严肃查处官商勾结、权钱交易、权色交易和严重侵害群众利益的案件。在权力运行方面，及时查处利用干部人事权、行政执法权、行政审批权索贿受贿、徇私舞弊的案件；在民政资金运行方面，及时查处贪污、挤占、挪用救灾救济、社会救助、社会福利、优抚安置、社会捐赠款、福利彩票公益金等专项资金的案件。同时，纪检监察机关应对违反规定收送现金、有价证券和支付凭证，跑官要官，放任、纵容配偶、子女、特殊关系人和身边工作人员利用领导干部职权和职务影响经商办企业或从事中介活动牟取非法利益，利用婚丧嫁娶等事宜收钱敛财，参加赌博等违纪行为进行及时查处。

B. 建立民政系统与专门监督机关的信息联系网络。目前，民政系统预防职务犯罪的起点很低，一般都是检察机关在打击职务犯罪后提出检察建议，而要进行积极预防，就必须利用各种手段建立民政系统与专门监督机关的信息联系网络。为加强联系、共同开展预防职务犯罪工作，专门监督机关可以与民政系统各单位建立预防职务犯罪网络联席会议制度。在联席会议制度中，专门监督机关和民政系统要各负其责，相互支持配合：专门监督机关应制定预防工作的规划、通报违纪行为和职务犯罪行为的查处信息、协调在案件办理中遇到的困难、分析职务犯罪漏洞并采取相应措施予以堵塞，确保民政系统行政权力的正确行使和专项资金的正常发放；民政系统各单位应参考专门监督机关的建议健全规章制度和工作规范，发现违纪违法行为时及时交流、主动协助，并对专门监督机关预防工作的改进提出建议。

（2）加强社会舆论监督。近年来，随着群众法治意识的提高和传媒科学技术的进步，社会舆论对职务犯罪进行监督的途径越来越多、形式越来越丰富。在舆论监督中，新闻媒体的监督作用尤为突出。为更加有效地预防职务犯罪，全国多地立法保障社会舆论监督，如《昆明市预防职务犯罪工作条例（草案）》中规定"干扰、阻碍新闻媒体依法开展舆论监督的，对负有领导责任的主管人员和其他直接责任人员予以问责直至追究刑事责任"；《浙江省预防职务犯罪条例》中规定"任何单位和个人有权对预防职务犯罪工作提出建议、批评和意见，受理部门应当依法调查处理，并为控告人、举报人保密，控告、举报属实、有功的，有关机关应当给予奖励"。在正义感驱使和法律保障下，社会舆论监督职务犯罪的影响日益扩大。具体到民政系统，社会舆论不仅对部分民政系统职务犯罪进行了曝光，而且对一些尚未形成气候的违纪违法行为施加了巨大压力。例如，2008 年湖南某媒体对江西景德镇市"民政官员联体别墅"进行了曝光，一时引起网上热烈讨论，最终导致有关部门对景德镇市前后两任民政局长作出了严肃处理。如果没有媒体介入，此事可能并不会引人关注。由此可见，社会舆论对于预防民政系统职务犯罪的重要性，而且"社会舆论监督越多、越广，力度越强，越能使民政工作惠及群众"。但是仍须注意，在鼓励社会舆论进行监督的同时，有关部门要加强规范、引导，使监督走上健康轨道，从而更加有效地预防民政系统职务犯罪。

十一、工商行政管理系统职务犯罪预防

近年来，随着社会主义市场经济体制的充分发展，工商行政管理系统职务犯罪呈多发态势，已在一定程度上影响了其职能作用的充分发挥。依法打击并有效预防工商行政管理系统职务犯罪，已成为当前检察机关面临的重要任务。

（一）工商行政管理系统职务犯罪多发的主要环节

工商行政管理部门作为主管市场监管和行政执法的职能机构，担负着实施行政许可、行政收费、行政处罚及其他行政行为等行政职能。工商系统在一些工作环节上极易发生职务犯罪，主要表现在以下几个方面：

1. 行政许可方面。部分行政许可相对人向工商部门提供不合格或虚假登记申报材料，为达到取得行政许可的目的，可能会通过行贿手段诱使主管领导和工作人员提供方便。这不仅容易产生职务犯罪，而且由于让不合格的市场主体进入了市场，又会引发安全事故或其他损害国家和人民利益的现象，具有极大的社会危害性。部分执法人员为谋取私利，和行贿者相互勾结，进行权钱交易，或在实施行政许可的过程中故意刁难群众，索要好处、收受贿赂等。

2. 行政收费方面。由于工商行政收费是定额收费，经营者的经营规模不易准确把握，在核定收费标准时难免有较大的伸缩空间，就会出现人为降低收费标准或执法人员为谋求私利而与经营者"互惠互利"产生职务犯罪。在收费过程中，发生"以吃顶费"、"以物抵费"的现象，造成国有资产流失，危害国家利益。

3. 行政处罚方面。从发现案源到立案、调查取证、采取强制措施、调查终结、作出行政处罚决定等环节中，均存在发生职务犯罪的可能性。一是在立案调查时，办案人员接到举报或在检查中发生案源，相对人寻求私了，办案人员认为不易被发现而不立案调查。二是在调查取证上，如果当事人与办案人员相互串通，办案人员可能会故意遗漏一些关键性的证据，以使其减轻或者逃避

处罚。三是在作出行政处罚决定时，因执法机关内部监督机制不健全，造成办案人员为谋取私利而滥用自由裁量权，从而滋生职务犯罪。

4. 其他行政行为方面。在采取行政强制措施时，部分执法人员不按程序操作，采取行政强制措施前不报告、不履行审批手续，为随意操作留下伏笔。在履行职责方面，忽视市场竞争、交易中的违法行为或损害消费者合法利益的行为，不按规定履行职责以及无故拖延等。

（二）工商行政管理系统职务犯罪产生的原因

工商行政管理系统职务犯罪的原因是多方面的，既有客观方面的原因又有主观方面的因素，主要有以下几个方面：

1. 思想政治工作薄弱，工作人员法治观念淡薄。工商行政管理系统发生的职务犯罪，大多数是因为执法人员不能正确对待手中的权力，权力观念错位，特权思想严重，讲亲情不讲原则。或者，对法律缺乏清晰认识，分不清索贿受贿等违法犯罪与正常人情往来的界限。这和部分行政执法机关思想政治工作不到位，职业道德教育流于形式有一定关系。

2. 社会环境多样复杂，犯罪诱发因素众多。部分国家工作人员心理失衡是导致犯罪的一个重要因素，一些国家工作人员认为自己工资不高，而一些从事个体经营的人员每月的收入是执法人员的几倍甚至更多，感到不平衡。在这样的情况下，一些人一旦掌握了权力，就会滥用手中的权力，以权谋私，为获取非法利益、追求个人享受而走向犯罪，贪污、受贿、挪用公款等职务犯罪也由此产生。

3. 法律制度不健全，部分法规缺乏可操作性。虽然我国为了预防职务犯罪，制定并实施了许多法律。但这些正处于不断完善的过程中的法律制度因本身存在许多漏洞和不足，为职务犯罪的滋生和蔓延创造了条件。规范权力的法规、制度不健全、不配套，往往应急性的多，可供长期使用的少；原则性的规定多，可供具体操作的规范少；对行使权力的规定性法规多，对执法的监督性法规少，形成了对权力监督制约的"盲区"。

4. 工作领导机制不健全，难以有效预防犯罪。我国行政执法机关有相当部分实行垂直领导体制，工商总局直接领导各直属工商局，管辖范围大，各直属工商局及基层所遍布全国各地，使上级局对下级局的管理和监督有较大难度，难以到位。而地方税务、工商因没有隶属关系，所以地方党政管不了，形成"管得着的管不到"的局面，使权力缺乏有效的监督制约。

（三）工商行政管理系统执法人员职务犯罪预防对策

市场监管部门必须加强对工作程序的监督，增强工作的透明度。同时要建立有效的监督管理机制，严格监控关键工作环节，强化事前监督，为此，应主要抓好以下几个方面：

1. 加强宣传教育，提升廉洁自律意识。通过学习马列主义、毛泽东思想、邓小平理论、"三个代表"重要思想和科学发展观，教育广大市场监管部门执法人员始终讲学习、讲政治、讲正气，牢固树立正确的世界观、人生观、价值观；广泛开展牢固树立正确的权力观教育和预防职务犯罪警示教育活动，使广大工商干部自觉抵制不良思想的影响，拒绝拜金主义、享乐主义的毒害，培养健康向上的兴趣爱好，提高工商队伍拒腐防变的能力。

2. 加强内部监督制约，促进规范化管理。一是政务公开，强化政务督查。将市场监管部门的办事程序、办事时限及承办人员基本情况等信息及时向社会公示，实行阳光政务。同时，要加大政务督查力度，坚持督查与交叉检查相结合、自查与他查相结合、明查与暗查相结合，从而提高执法人员的责任意识。二是加强监督，增强执法责任心。严格执行限时办结制和执法不作为追究制，严厉查处应受理而不受理、无正当理由超过规定时限拖延办理等行政不作为行为；实行行政执法连带责任制，将下属人员的职务犯罪与主要领导、分管领导及直接领导的绩效考核挂钩。三是严格管理，健全监督机制。对于执法人员违反有关规定情节较轻，未达到党纪、政纪处分条件的，在中层领导干部中实行诫免制、在一般干部中实行待岗学习制。

3. 建立权力分散制约制，有效减小廉政风险。实行定费、收费两权分离制，收费部门根据经营者的经营规模及经营状况等集体核定收费标准，并记录在案，规范收费行为。实行案源发现登记报告制，办案单位要建立案件登记台账，详细记载案件来源、发现时间、汇报时间、立案时间、调查人员、经办人等，为追究相关人员责任提供依据。实行重大案件集体会诊制，合理把握处罚尺度，做到公正合理，防止行政处罚中畸轻畸重现象的发生。实行强制措施规范管理制，对查封、扣押及罚没物资建立详细的清单，采取专人专管，指定场所保管，以避免出现违规使用等情况。

4. 加大查办力度，营造廉洁政务环境。检察机关要加大职务犯罪查办力度，对工商行政管理系统的职务犯罪发现一起、查处一起，做到执法必严、违法必究，形成廉洁守法的良好氛围。行政机关对本单位执法人员中出现的违纪、违规倾向性问题要高度重视，通过思想教育、劝诫引导等方式及时纠正干部的错误观念和思想，从根本上杜绝职务犯罪的发生。

第二节　特定领域环节职务犯罪预防

一、换届选举职务犯罪预防

省市县乡党委政府换届选举是一种制度安排，五年换一次、一次管五年。通过换届选举把干部选好、把班子配强，关系全面建成小康社会奋斗目标的实现，关系中国特色社会主义事业的继续发展，关系我们党执政地位的长期巩固。检察机关发挥预防职务犯罪职能作用，积极开展换届选举职务犯罪专项预防，积极配合地方党委，主动做好换届选举服务工作，是服务党和国家工作大局的重要举措，是保障换届选举顺利进行的迫切需要，也是检察机关的神圣职责，事关发展大局，事关国家兴衰，事关党的前途，具有特殊重要的意义。

（一）换届选举中职务犯罪的主要问题

一方面，在市场经济条件下，相关制度的不完善使贿选有了可乘之机。例如基层选举中制度执行仍然不力，选举过程公开性不够，存在一些暗箱操作。同时，选举过程中的监督主体缺位也是导致贿选发生的重要因素。另一方面，法律对贿选界定不明确、处罚不力，使得基层贿选者要承担的风险极低。目前还没有明确界定贿选的法律条文，贿选情况比较复杂，一些具体问题的界定存在一定困难。如青海省民和县北山乡罗家湾村原支部书记谈耀云为当选副乡长，利用其多年兼任该乡党委、政府秘书的影响力和职务便利，招集、指使、授意乡人大代表袁某、吉某等人贿赂村、乡人大代表，以违法手段获得多数票，进而当选副乡长。

（二）预防换届选举职务犯罪的措施

1. 坚持教育在先、警示在先、预防在先，有针对性地开展专题预防工作。加强对党员干部特别是备选、候选干部和通过换届选举走上领导岗位干部的法制宣讲和警示教育，提高领导干部的宗旨意识、民主意识、法治意识、廉政意识和忧患意识，树立正确的世界观、人生观、价值观、权力观、政绩观，增强执政为民、依法办事、敬畏权力、廉洁从政以及依法参选、廉洁参选的自觉性。大力开展法制宣传，认真贯彻全国人大常委会《关于进一步加强法制宣传教育的决议》，结合换届选举工作，突出抓好相关党的方针政策、法律法规的宣传，特别要注意在乡镇和基层"两委"换届选举中相关法律法规的宣传引导，对广大选民进行法制宣传，对候选人和负责选举的工作人员加强预防职务犯罪的宣传教育，引导大家正确行使民主权力。要发挥检察机关查办案件的优势和警示教育基地的优势，积极开展换届选举的警示教育，将近年来换届选举中查办的典型职务犯罪案例及犯罪分析成果作为典型教材，以案释法，以理明法，让参选人员明确哪些是不可触摸的"高压线"，不可逾越的"雷池"，始终紧绷法律纪律这根弦。要综合运用预防职务犯罪的各种方法和手段，把正面教育、法制宣传、警示教育和完善制度、规范程序紧密结合起来，增强专题预防的针对性和实效性。

2. 加强对国家工作人员在换届选举中职务犯罪行为的监督，防止买官贿选、破坏选举行为的发生。坚决查处在换届选举中发生的买官贿选等贿赂犯罪案件、国家机关工作人员利用职权实施的破坏选举犯罪案件，是检察机关的重要职责。要坚持侦防一体化，发挥检察机关的整体功能，注意发现职务犯罪案件线索，及时移送、主动配合侦查部门严肃查办；对不构成犯罪的，涉嫌违法违纪的案件线索要及时移送纪检、组织部门查办处理；对罪与非罪界限一时难以分清的线索，要移交纪检、组织部门先行处理。要充分考虑换届选举的政治性、复杂性和敏感性，注意把握政策，讲究方式方法，既要打击犯罪者，又要保护无辜者，同时对诬告陷害，破坏扰乱选举的违法乱纪行为依法予以坚决惩处。对已掌握的和发现的涉嫌职务犯罪的参选、备选人员以及不符合参选、候选人资格条件的人员（如被剥夺政治权利期间的人员等），要及时报告党委，配合纪检、组织部门和选举机构调查核实，防止"带病参选"、"带病提拔"、"带病上岗"。要及时以反面典型开展警示教育，充分发挥查办案件的治本功能。

3. 深入研究换届选举中职务犯罪特点规律及成因，探索建立预防换届选举职务犯罪长效机制。要深入分析换届选举过程中多发、易发职务犯罪的关键环节、重点岗位和人群，及时进行风险点排查和预警预测，配合纪检、组织部门和选举机构加强监管、堵塞漏洞，消除犯罪隐患。要注意深入分析换届选举中各种职务犯罪的主要表现形式、手段、特点、规律、后果以及发生原因，认真研究防治对策，特别是从体制、机制、制度上提出解决源头性、根本性、基础性问题的对策建议和意见，在专题预防工作完成后，向党委提出预防换届选举职务犯罪专题报告。

二、工程招投标领域职务犯罪预防

（一）工程招投标领域职务犯罪的表现形式

1. 规避招标。规避招标主要有四种方式：一是应当招标不招标，一般是采取拆分的方式，将工程化整为零，将每个标段限制在 50 万元以下，肢解发包；二是变公开招标为邀请招标，即参加招投标的单位必须是接到发标方邀请书的，这样就直接限制了参与者的人数和范围；三是缩小招标公告的公开范围，故意选择节假日在冷僻的媒体上发布招标公告，使一些投标单位不能及时知晓招标公告而丧失投标机会；四是人为设置无关标准，在制作招标文件环节，为使特定单位中标，在招标文件中设置对特定单位有利的条款，排斥潜在投标人。近年来检察机关查处的案例中，许多案件当事人都是采取了类似手段。比如，某大型国有煤矿修建职工宿舍进行招标时，内部已经选定了几家以前曾经在本单位做过工程关系较好的施工单位进行投标，于是在招标公告中其公布参加投标的条件中竟有一条"曾经在本煤矿有过工程业绩"，最后，除了已经确定的那几家施工单位，其他施工单位均无法参加投标。

2. 控制评标。控制评标主要有两种方式：一是业主或有关权力机构将标底"卖"给投标单位，由于报价分在招标评分中占有较大比例，若报价准确，基本可以一锤定音；二是定向评标，一些政府和行业管理部门直接参与招投标的全过程，利用其特殊身份、影响，诱导其他评委评标打分。如一家大型国有企业的一个办公楼项目进行招标，在招标开始前，企业就内定了一个关系比较好的单位作为中标单位，由于担心通过公开招标竞争的方式并不能保证其中标，作为该项目评标委员会主任委员的单位领导在介绍投标单位情况时，对其他投标单位一带而过，而对那家内定的中标单位，明确表示了与其合作的愿望，并在评标休息期间又与其他评委单独"交流"，结果让预定单位如愿中标。

3. 标后操控。标后操控主要有三种表现：一是在招投标环节以低价中标，中标后变更设计方案或者施工方案，进而变更合同价格，以获取非法利润；二是违法向中标单位指定设备、材料供应商，从中收取回扣和好处费；三是掌握工程款审批权的领导或工作人员不严格执行合同，以优先拨款引诱或以拖欠工程建设款相威胁，借机索贿敛财。比如，江苏某段高速公路建设时不断地变更设计施工方案，桥梁可以变，道路走向可以变，道路基础可以变，使决算居然超概算300%，而整个招标过程无懈可击，中标单位也是报价最低，可是一旦中标，就不断地变更设计方案或者施工方案，进而变更合同价格，从而获取非法利润。

（二）工程招投标领域职务犯罪产生的复杂原因

1. 工程建设市场供求关系失衡，建设利润空间却仍然很大。在工程建设市场，施工能力远远大于市场需求，而与供求关系不相适应的是，工程建设领域利润空间仍然很大，投标人即使在付出了高昂的行贿费用后，还可以大赚一笔。

2. 权力过于集中，权力制衡机制缺失。一些行业和部门集决策、执行与监督权力于一体，极易引发职务犯罪行为。在招投标监督管理体制方面，省、市、县的招投标项目，按行政隶属分别由各省、市、县的行业行政主管部门组织和管理，这就形成了条块分割、多头监管的局面。各地、各行业行政主管部门各行其是，缺乏一个统一且权威的管理监督机构。

3. 信息传递渠道无章，招投标操作不透明。招投标领域信息披露的内容和范围、发布渠道以及违法披露政府采购信息所应承担的法律责任等，缺乏统一明确的法律规定，未能从法律上建立起集中的信息获取制度。

4. 招标代理机构受制于招标人，不利于专家公正评标。根据《中华人民共和国招标投标法》，招标人有权自行选择招标代理机构，而在当前招标代理机构越来越多的情况下，招标代理机构为了自身的利益，不得不按业主的意思来确定承包商。

5. 招投标领域制度规定过粗，监督约束松弛。现行法律法规对招投标一些环节缺乏强制性规定，尤其是资格预审和评标等关键环节规定过粗，存在一些可调控的因素。同时，招投标事后评价机制也不健全，为一些人插手招投标提供了活动空间。

（三）预防工程招投标领域职务犯罪的对策建议

2000年，《中华人民共和国招标投标法》正式颁布实施。这部法律在提高建设工程效益、培育建筑市场体系、预防和惩治职务犯罪方面发挥了重要作用。2009年，党中央、国务院组织开展工程建设领域突出问题专项治理工作。在此过程中，工程建设领域法规制度体系建设扎实推进，工程建设项目信息公开和诚信体系初步建立。目前的关键是建立统一规范的公共资源交易市场，坚持政府主导、管办分离、集中交易、规范运行、部门监管、行政监察，有效整合现有的招标投标等交易市场，充分发挥市场配置公共资源的基础性作用。

1. 要统一招投标运行程序和规范化管理，限制自由裁量权。建议实施工程量清单招标法，由招标人提供包括统一工程量清单的招标文件，投标人根据招标文件中的工程量清单以及相关要求进行投标报价，避免招标过程中买卖标底的职务犯罪行为；探索适用同等质量条件下最低价中标规则，减轻评标专家主观因素的干扰。

2. 扩大专家库名单，优化评标专家管理。在遵循招投标法要求的前提下，尽量增加专家库中专家的数量，减小招标人、投标人与评标专家熟悉的可能性，防止投标人通过对每一个专家行贿的方式达到目的；实现全国范围内专家库联网，探索实行异地评标，加大招投标双方与评标专家相互串通的难度，加大评标过程的科技含量，增强评标运行操作的客观性和透明度；建立事后评价机制，对业务水平低、职业操守差的专家，要坚决取消评标专家资格，对违反法律的行为，要依法追究法律责任。

3. 完善信息公示制度，给潜在投标人提供公平竞争的机会。除涉及国家安全和秘密的项目外，应在统一招投标网络服务平台将工程招标信息、执行情况、质量、工期、投资等方面的情况和有关监管单位监督电话等内容向社会进行公示，对投资项目实施过程中出现重大设计变更的，有关部门也要在追加投资前，将设计变更的原因进行公示，自觉接受社会监督。

4. 严格执行设计变更审批制度，切断投标人标前承诺、标后违诺的"利益链"。加强设计招标，通过比选优秀的设计企业和设计方案，提高勘察设计质量，从源头上减少设计变更的发生；严肃设计变更监管制度，严格执行和落实设计变更申报程序，并严格审查公示；规范监理制度，强化监理责任，避免监理与承包商直接发生经济联系，保障监理依法独立履行职责，最大限度地减少和杜绝监理单位随意审批设计变更的现象。

三、住房公积金领域职务犯罪预防

（一）住房公积金领域主要风险隐患

随着住房公积金规模不断增大，业务不断拓展，风险隐患也逐渐积累。通过深入剖析近年来住房公积金行业发生的职务犯罪典型案件，可以看出风险主要集中在以下四个方面：

1. 违规发放贷款。目前，5年以上住房公积金贷款利率比同期商业贷款基准利率低，公积金中心工作人员利用中心内部管理不规范、岗位设置不相互制衡、内审稽核不到位、对关键岗位人员缺乏监督制约等管理漏洞，帮助或伙同他人虚构、编造贷款资料，违规发放个人住房公积金贷款，收取贿赂。新疆维吾尔族自治区克孜勒苏柯尔克孜自治州住房公积金管理中心原综合科副科长，为18人违规发放贷款96万元，收受贿赂5.49万元。

2. 违规转存资金。2010年以来，随着基准利率和存款准备金率的不断提高，银行间资金面趋紧，资金价格明显上升。目前，住房公积金约8000亿元的结余资金全部以普通存款方式存放在银行，这些存款规模大，利率水平低，商业银行为争夺住房公积金存款，以宣传费、咨询费、业务费等名义给予回扣。由于目前确定受委托银行采取行政方法，缺乏明确的标准，管委会决策流于形式，存在个人决策代替管委会决策现象，确定受委托银行的权力主要集中在管委会主任和中心主任，对开立银行账户缺乏约束，一些中心在银行间频繁调动资金，反复转存，收受商业银行贿赂，成为当前住房公积金行业的最大风险。

3. 内部人员贪污。由于尚未建立全国统一的人员准入制度，人员选录、任用不规范，导致住房公积金行业从业人员素质参差不齐。部分中心负责人和关键岗位人员廉洁自律能力差，思想道德防线薄弱。如郴州中心原主任李某，只有初中文化，曾为领导干部司机，在担任中心主任期间，造成资金损失达7741万元。

4. 工作失职渎职。由于尚未建立绩效考核和责任追究制度，缺乏有效的激励约束机制，同时，一些中心岗位职责不清晰，管理责任不落实，导致工作人员积极性不高，责任心不强，风险防范意识薄弱，在办理业务过程中，不认真履行职责。北京中心大兴分中心原副主任周某，办理了北京澳海经贸集团53笔购买集资房个人住房贷款，共计人民币1818万元，其中1315万元被非法支取未用于集资建设项目。

（二）预防对策

1. 完善决策机制。一是优化管委会结构，由设区城市政府代表、缴存职工代表和专家学者三部分组成；精减管委会人数，提高决策效率。二是强化管委会职责，受托银行确定、管理中心主任推荐、公积金缴存和使用政策、增值收益分配和管理、管理中心年度预算和决算审议等事项，必须由管委会统一决策。三是完善管委会决策规则和程序，实行记名投票表决，建立决策公示和责任追究制度。

2. 规范内部管理。一是完善业务规范和操作流程。制定归集、提取、贷款、核算等住房公积金业务规范，形成标准规范体系，逐步统一各地住房公积金业务。梳理工作流程，细化业务操作标准，划分风险责任。二是建立岗位制约机制。加强中心岗位设置管理，加强对各个工作岗位的设置和控制，合理划分岗位职责，实行定岗定员。三是加快信息化建设。全面推行信息化技术，对所有的政策规定、审核要件、业务流程、服务时限实行信息化控制。四是强化内审稽核。加强对大额资金调动、购买国债、提取和贷款审批等行为的内部稽核，开展内部财务管理、经济责任审计工作，强化对关键岗位的监督。

3. 理顺管理体制。一是加大机构调整力度。按照属地化管理原则，将省（区）直和行业分中心全部纳入设区城市统一管理和核算。二是加强受托银行的选择和管理。制定受委托银行管理办法，综合考虑服务效率、服务水平、存款利率、委托费用等因素，通过招标形式确定受委托银行。三是规范中心与银行的关系。规范中心与银行的协议内容，明确各自权利义务，由中心全面履行归集、提取、贷款、核算等职责，受托银行按委托合同提供账户管理和金融结算等服务。

4. 健全监管机制。一是完善协同监管机制。充分发挥财政、审计、银监、纪检监察等部门作用，加强对住房公积金管委会、公积金中心和受委托银行的全面监督。二是加强专业监管机构建设。强化部省两级专业监管职能，充实财会、金融、计算机等专业人员，提高专业监管水平。三是完善配套监管制度。

全面考核各地住房公积金管理状况，形成有效的激励和约束机制。建立责任追究制度，对违反《条例》和有关规定的行为严肃追究责任。四是加快建设监管信息系统。抓紧建设住房公积金监管信息系统，集中全国业务数据，全程实时监控各地资金管理运行状况，逐步实现资金流控、合规管理、公众服务和数据安全等四项系统功能，通过技术手段防范风险。

5. 强化社会监督。一是建立信息披露制度，规范信息披露的方式、程序和内容，从部、省、市三级定期向社会披露住房公积金管理运作情况，接受社会和群众的监督。二是开通全国统一的"12329"住房公积金服务热线，畅通职工个人查询和投诉举报渠道。健全群众举报处理和反馈机制，认真核实举报情况，及时向群众反馈核实和处理意见。

6. 加大监督检查力度。一是开展专项检查。针对涉险资金回收、管理机构调整、个人住房贷款、违规资金转存、大额资金调度、受托银行确定、骗提骗贷等重点工作开展专项检查，及时查处和纠正资金运行管理中的违纪违法行为。二是清理规范住房公积金管理账户。开展对住房公积金管理账户的专项检查，清理归并住房公积金管理账户。三是研究扩大督察员制度覆盖范围，突出督察工作重点，提高督察工作的针对性和实效性。继续加强对住房公积金试点工作的检查，确保贷款资金安全。四是加大案件查处力度，严厉查处住房公积金行业违法违纪案件，建立案件限时报送制度，及时通报典型案件的处理情况。

四、征地拆迁领域职务犯罪预防

随着城乡一体化建设步伐的加快，涉及征地、拆迁领域的资金大量投入，一些国家工作人员，以及经手管理公共财物的人员或委托从事公务人员，乘当前征地、拆迁领域工作机制不健全之际，利用职务之便，大肆进行贪污受贿等职务犯罪，成为职务犯罪案件的"高发区"、"重灾区"，不仅严重败坏党和政府的形象，而且阻碍加快城市化进程中征地、拆迁工作的健康发展。

（一）发案特点及规律

1. 专职机构人数少，涉案人员多。拆迁部门专职人员少，工作人员多从城建、土地等部门借调。非专职人员有权即用，不留"空间"，在同一部门人员案发"前赴后继"，同一人员在负责拆迁期间连续犯罪。

2. 涉案人员职位不高，权力却很大。拆迁工作人员看似职位不是很高，但他们却负责整个市区的拆迁工作，从拆迁的前期工作到拆迁补偿款的管理和发放，权力很大。涉案人员主要涉嫌贪污和受贿犯罪，并且都同时存在既贪污又受贿犯罪。贪污、受贿数额较大，一般的工作人员在几年时间里涉案数额就达十几万余元，并且从一次几千到一次几万不等。

3. 犯罪手段简单，重复作案。负责拆迁的一线工作人员在拆迁工作中除了做群众的工作外，主要负责丈量被拆迁房屋面积、清点附属物、制作房屋拆迁补偿表、核算补偿数额并上报等工作。为此，他们就在以上职责上做手脚，在丈量房屋面积，清点附属物等方面就多算点，在办理施工人员意外伤害保险备案手续时就少算点；或者在违法建筑面积与合法建筑面积上做文章，减少违法建筑面，增加合法建筑面积。利用以上手段，为被拆迁户多报拆迁补偿款，从而大肆收受贿赂。或者干脆造一份假被拆迁户以套取补偿款，进行私分。他们的造假手段一般人很难发现，一次得手，重复作案。

4. 行贿人员复杂，形形色色。行贿人员中，有房地产开发公司的人员，有房地产评估公司人员，有个体扒房拆除户，有被拆迁户，还有负责某地方拆迁工作的基层管理人员，以及拆迁部门内部工作人员等。尤其以房地产开发商和被拆迁户为多。并且房地产开发公司以董事长、总经理为主。

5. 行业"潜规则"盛行，共同犯罪较多。"多送多赔，不送少赔"等行业潜规则盛行，拆迁工作人员勾结社会不法分子合伙作案较为严重，几乎"有拆必贿，有贿必受"。被拆迁户为了及时拿到补偿款而进行贿赂；扒房拆除户为了拉关系、承揽旧房拆迁工程而进行贿赂；房地产开发商为了顺利拆迁而给拆迁部门的领导或工作人员行贿。并且还存在拆迁部门工作人员之间相互勾结，介绍贿赂的情况。

（二）发案原因分析

1. 权力过分集中，缺乏监督制约。征地、拆迁多在乡镇等基层，这正是人大监督和新闻领域监督的薄弱环节，政府内部的监督又缺乏主动性，乡镇不设审计机关缺乏必要的审计监督。因此缺乏监管和土地征用、拆迁体制为贪污等腐败行为的滋生提供了空间。特别是在人事安排、后勤管理，以及重大事件的处置等方面赋予"一把手"较多的决策权、管理权和处置权。在工作经费以及拆迁补偿资金的管理上，基本上实行"一把手一支笔"制，完全由"一把手"拍板定夺，增加补偿等过于随意，弹性空间太大，内部审核把关流于形式，缺乏真正有效的监督制约。

2. 拆管不分，管理缺位。根据国务院颁发的《城市房屋管理拆迁条例》规定，国务院建设行政主管部门对全国城市房屋拆迁工作实施监督管理，县级以上人民政府拆迁管理办公室是拆迁工作的具体监督管理机构，土地管理部门负责与拆迁有关的土地管理工作。具体拆迁一般由用地单位自行拆迁或是由用地单位委托具有资质的拆迁公司来完成，拆迁管理部门不能作为拆迁人，不得接受拆迁委托。但在实践中，大部分地方拆迁管理部门与拆迁公司是两块牌子、一套班子，既当"裁判员"，又当"运动员"，"拆管不分、重拆轻管"的现象极易诱发职务犯罪。

3. 操作过程不透明，易钻空子。由于很多地方的拆迁工作过程不公开、不透明，最了解情况的群众无法参与到监督工作中，为不法分子随意增加补贴面积、造假被拆迁户套取补偿金等"暗箱操作"进行权钱交易提供了很大的空间。

4. 行政权力过多介入商业拆迁。由于房地产开发过热，造成少数地方政府过多强调税收，在一些商业用途的房地产开发项目上，以群众拆迁换取房地产开发，实际上是以部分群众的切身利益为代价，如果补偿不到位，就客观上造成了政府和开发商联手与民争利，导致很多被拆迁户对拆迁工作的不理解和激烈反抗，拆迁工作阻力重重。各级政府为确保建设项目早日动工，不得不以行政权力过多介入具体的拆迁事务中进行强制拆迁，采取包办的方式参与到商业拆迁工作的各个环节，不但引发了拆迁纠纷或上访事件，还导致了腐败犯罪的滋生蔓延。

5. 部分人员法律意识淡薄，金钱利益思想严重。一些人放松了世界观的改造，经受不住权力、金钱的考验，利己主义、享乐主义、"一切向钱看"的思想恶性膨胀，"有权不用，过期作废"的官本位思想，导致意志薄弱者为追求奢侈糜烂的生活方式而涉入犯罪的深渊。同时，由于他们法律意识淡薄，对自己的行为感觉不到是在犯罪，所以心存侥幸，以身试法。

（三）完善措施及预防建议

1. 规范拆迁工作秩序，完善财务监督管理。对在拆迁工作中容易出现的环节，实施"阳光工程"，扩大监督范围。补偿资金管理和发放应建立规范有序透明的监督体制，实行层层把关，重大项目民主表决，强化民主监督。

2. 侦防一体，加强预防工作。在查办案件的同时，应积极开展同步预防，由反贪部门和预防部门共同做好个案预防、重大拆迁项目专项预防和系统预防等三个层次的预防工作，紧密结合办案实际，进一步深入剖析此类犯罪发案的新特点和发案的新原因，在行业内广泛开展警示教育，做到警钟长鸣。

3. 加强法制宣传教育，增强法律意识。在重点部门、重点领域积极开展法制宣传教育，增强国家工作人员的法律意识，让他们碰到"雷区"不想为，不敢为，不愿为，不能为。从而净化城市拆迁领域，打造和谐、有序的城市发展环境。

五、矿难事故职务犯罪预防

（一）矿难事故频发的主要原因

1. 矿方单纯追求经济利益，在安全生产投入严重"缩水"的情况下仍强令工人冒险作业。近几年，煤炭行业效益较好，在煤矿资源丰富的地区众多小煤矿星罗棋布，这些小煤矿的矿主缺乏安全生产意识，以获取最大经济利益为目的，想方设法减少安全生产投入，并强令工人冒险作业，这是发生重大事故的主要原因。如荥阳市兴华煤矿矿长王新友为牟取最大限度的经济利益，压缩了安全生产投入，在上级部门下发整改意见后，其不是认真进行安全生产整治，而是靠着平时用金钱营造起来的关系网逃避检查，强令工人违规冒险作业，致使该矿发生瓦斯爆炸事故，造成 5 人死亡、直接经济损失 70 万元的严重后果。

2. 市场准入制度不完善，很多矿主不具备从业资格。煤炭开采属特种行业，《行政许可法》、《煤炭经营管理办法》和国务院颁布的《安全生产许可证条例》等都规定办矿人必须具备相应的资质，一般要求是矿长资格证、采矿许可证和安全生产许可证"三证"齐全。但由于市场准入制度不完善，很多矿主通过金钱、关系等手段非法取得"三证"，或者干脆"三证"不全，"外行办矿"现象严重。由于素质低下，矿长们的"经验主义"错误屡屡发生，违章指挥、违规操作现象严重，造成重大安全隐患。

3. "权钱交易"导致权力缺位，安全监管大打折扣。国家煤炭局先后制定了《煤矿安全监察条例》、《乡镇煤矿管理条例》等，对煤矿安全生产作出了严格、科学的规定，但矿主为掩盖其安全生产方面的漏洞，千方百计拉拢腐蚀监管人员，进行权钱交易，使安全监管规定形同虚设，失去了应有的作用，降低了该矿的安全生产标准，不认真组织排查事故隐患，致使发生矿难。

4. 多头管理，体制不畅。当前，县（市）一级对煤矿安全生产有监管权的是安全生产监督管理局、煤炭局、国土资源局（以前是矿管局）和乡镇政府。这种多头管理容易造成推诿扯皮：如煤炭局认为自己主要负责技术，不管安全生产；而乡镇政府则认为自己虽然负责安全生产但不懂技术，很多问题发现不了或无法处理，监管效果很差。如某矿难事故背后的玩忽职守案中，煤炭局和乡镇政府认为自己不管越界开采，而矿管局认为乡镇政府应及时向其通报情况，导致三机关之间推诿扯皮、职责不清，结果对该矿越界开采的情况监管不到位，致使该矿发生瓦斯爆炸事故，造成 13 人死亡，直接经济损失 95 万元。

5. 管理人员素质较低，责任感不强，日常监管乏力。当前煤炭管理人员中存在以下问题：一是属正规煤炭院校毕业的专业技术人员廖廖无几，大多是靠短期培训或是凭经验办事的门外汉，对于煤矿事故隐患处置能力有限；二是对矿主没有实际管理权，矿主我行我素，无视其存在；三是同一矿井的几个管理人员之间职责不清，推诿扯皮现象严重；四是待遇不高，工作辛苦，造成一些人职业责任感不强。基于以上原因，一些管理人员在监管中严重不负责任，致使监督断档而发生事故。如某镇包矿干部在长兴煤矿证照不全、停产整顿期间，负有 24 小时驻矿监管，禁止该矿进行生产、维修的职责，但因严重不负责任，违反请假制度擅自离岗，使该矿脱离监管，工作人员私自下井维修时发生冒顶事故，造成 3 人死亡、5 人受伤的严重后果。

（二）预防矿难事故的对策

1. 规范安全管理体制，加大监管力度。要正确界定煤炭局、国土资源局和乡镇政府的管理权，明确各自的工作职责，使安全监管机制更加科学、规范。同时，要加大安全监管力度，对证照不全、违规生产的问题煤矿要坚决予以处罚，并要积极督促煤矿建立必要的安全生产设施，创造安全生产的硬环境，彻底打消矿主盲目追求经济效益而无视安全的错误观念。

2. 加强监管机构硬件建设。由于受物资装备等因素的影响，煤管站、乡镇政府等监管机构日常监管主要采取实地查看、同步跟踪等方式进行，这种方式因受人力限制而无法实时监控。对此，应当加强监管机构的硬件建设，通过采取先进的技术手段提高管理水平。如可以采用远程监控、远程指挥等技术对煤矿进行全天候、全方位的监控。

3. 提高煤炭从业人员的业务素质和法律意识。对于矿主，完善并严格执行市场准入制度，杜绝"外行办矿"；严格煤矿负责人的年审制度，对年审考试不合格者，暂扣其矿长资格证，分专业再培训，合格后再予核发，以此促使"外行"矿长转为内行。对于煤炭管理人员，要加强现有人员的技术培训、法制教育和廉政教育，提高他们的业务水平和法律意识；新进人员要从受到过正规教育、具备专业技术知识的人员中选取。

4. 推行安全管理人员委派制度和包矿责任制。建议统一选拔一批有煤矿安全管理经验的人员，进行严格培训，取得相关资质后，由政府相关部门任命为安全矿长和安全技术人员，统一管理使用。为确保委派人员更好地履行职责，可推行包矿责任制，明确包矿人员的职责，赋予他们实际的管理权，提高其待遇，并实行奖优罚劣的动态考核机制：所包矿井一年内或者连续几年内没有发生安全事故，给予其荣誉或物质奖励；所包矿井如果发生事故或者被查出有重大安全隐患，直接追究包矿人员的法律责任或行政责任。

六、涉农职务犯罪预防

我国是农业大国，农村人口占到全国人口的 80%，近年来，随着国家"三农"投入的逐年增大，涉农职务犯罪也水涨船高般呈现增长态势。这类犯罪涉及金额不大、犯罪手段并不高明，但由于这类犯罪多是乡、镇、村干部所为，在村民百姓中影响恶劣，严重危及政府和群众的关系，还容易引起大规模上访事件，进而影响农村的和谐稳定。

（一）涉农职务犯罪的特点

从近年来全国检察机关办理涉农职务犯罪案件的情况来看，涉农职务犯罪主要有以下特点：

1. 涉农职务犯罪占职务犯罪案件的比重较大

随着新农村建设的深入发展，国家对农民、农村、农业的投入逐渐增大。与此同时，贪污、贿赂等职务犯罪也开始在新农村建设领域滋生、蔓延。2007年至2011年，全国检察机关立案查处农村基层组织人员职务犯罪34945人，占全部立案人数的21.3%，2011年比2007年上升了1.3倍，涉农犯罪问题突出。

2. 犯罪的主体多元化，窝案串案多

犯罪主体集中为村党支部书记、主任、副主任和出纳会计，乡镇办事处的站所工作人员，以及与涉农有关的其他国家工作人员，他们或各自为政，中饱私囊；或相互勾结，共同作案。在查处的案件中，绝大部分为窝案、串案。如湖北省黄冈市浠水县人民检察院查处的竹马村委会班子成员，在荒山拍卖以及领取黄冈至黄石550kV高压输电线路架设补偿款的过程中，利用职务和工作之便，以要求补偿青苗、土地、树木和房屋拆迁损失为由，伙同省输变电公司送电二公司协调员陈某，采取扩大补偿数额、虚签协议、虚开收据的手段，套取省输变电工程公司的补偿款15万余元共同贪污。随后，还挖出其他14个村场干部利用同样的手段，共同贪污40万元。

3. 作案手段单一，发案环节相对固定

综合其他领域职务犯罪案件的特点和情况，可以发现，涉农职务犯罪的手段相对较单一且缺乏隐蔽性，对犯罪人的教育挽救余地也较大。涉农职务犯罪多发生于农村土地征用、拆迁开发、移民优抚、农村基础设施建设环节，作案手段也比较简单直接，多为贪污侵吞、挪用公款、贿赂型犯罪。从宁波市人民检察院2008年办理涉农职务犯罪案件的情况来看，该年宁波市共查办贪污侵吞型犯罪案件11件16人；挪用公款犯罪案件11件15人；贿赂型犯罪案件13件14人。其中贪污侵吞型案件大多是通过虚报冒领、虚构项目、私自截留等套取、侵吞政府公共资金和土地补偿款；挪用公款型案件则多表现为村支书、村主任通过指使村出纳擅自挪用土地补偿款用作企业经营或为个人谋取好处；贿赂型案件多表现为在集体土地征用、土地整理开发、农村基础设施建设、公共资金管理等环节中进行权力寻租，收受贿赂，或者利用消息灵通的便利在土地征用拆迁等环节向相关国家工作人员行贿以谋取非法利益。如象山县定塘镇盛平山村原支部书记兼经济合作社社长盛爱惜，作为村支书和农民质量监督员协助乡镇政府从事相关公务，在土地整理工程项目管理、质量监督及政策处理等方面给予工程承包人照顾，并以"干股"分红的贿赂手段收受 88000 元。

4. 犯罪对象广泛化

涉农职务犯罪的对象包括上级下拨的专项资金、土地征用补偿款、青苗补偿款、农村合作医疗费用补偿金、行政公益事业建设款等。这些资金或涉及农村的建设项目，或关系农民的基本权益，少数农村干部对这些资金的不法侵害往往触及农民的根本利益，影响农村的稳定与发展。

5. 犯罪数额不大，但后果严重

涉农职务犯罪与其他职务犯罪有所区别的是：一是侵害对象比较具体，涉农职务犯罪的对象是村民的切身利益，容易直接激化矛盾，很可能引发集体上访、越级上访。从犯罪的结果看，影响农村社会和谐稳定，阻碍了新农村建设的进程。二是不仅造成国家资产流失，更为严重的是容易导致上级决策机构对农情、社情的误判，对政策的制定和执行产生不利影响。例如，村干部利用职务便利，非法转让村集体土地，并利用村账目混乱之机，不入账或少入账，私分村集体收入，直接损害了村民的利益。有的基层组织工作人员，在发放农村基础设施建设工程款上，利用国家惠民利民政策措施，打起侵吞基础设施建设工程款的主意，相互勾结，徇私舞弊。在查处的涉农职务犯罪案件中，这些人的工作常常与"三农"紧密相关，平时老百姓对他们有较高的期望和信任度，涉农职务犯罪案件案发后，不仅造成人民群众对党政干部的信任危机，使人民群众对党和政府产生对立情绪，还严重影响了广大农村的社会稳定，极大地限制了农村经济的快速发展，阻碍了党和国家促进农村经济发展，实现共同富裕的步伐。

（二）涉农职务犯罪的成因

涉农职务犯罪的成因是多方面的，通过对全国各级检察机关查办涉农职务犯罪案件情况的分析，涉农职务犯罪主要有以下成因：

1. 部分农村干部法律意识淡薄，个人道德水平不高

在涉嫌犯罪的农村基层组织人员中，多数法律素质不高，自律意识不强。一些村干部抱着"有权不用，过期作废"的心理，想方设法为个人敛财，严重损害群众和集体利益。还有个别农村干部"一言堂"现象严重，权力过于集中，村里的大事小事往往由村支部书记或村委会主任一个人说了算，村民敢怒不敢言。由于历史和经济文化等原因，不少农民群众缺乏法律意识，不清楚村干部的哪些做法是违法的，即使利益受到侵害也不知如何维权，给部分农村干部以可乘之机。部分村级基层工作人员封建特权思想严重，他们把自己与百

姓的服务与被服务的关系，异化为管理与被管理，甚至是奴役与被奴役的关系，把自己凌驾于法律之上，无视法律与秩序，滥用权力，进而走上犯罪道路。这些人中普遍认为手握实权，自己的地位高于普通村民，从而在政治上有优越感，放松了思想改造，搞特权、耍威风，将个人利益凌驾于集体利益之上。

从大的社会环境来看，随着政府对"三农"投入的增大，对农民、农村、农业的逐渐重视，目前的新农村建设各种事务越加繁杂，然而基层干部的工资报酬还停留在比较低的水平。随着近年来一些村民通过经商等渠道富裕起来，一些村干部认为自己一年到头很辛苦却收入不多，盲目攀比导致心理失衡，于是开始产生敛财想法，不再想着如何更好地为人民服务，更好地干好基层工作，而是开始贪图个人享乐，放松了对自己的要求，放松了对价值观、世界观的改造。部分村干部因而开始借助自身"管理者"的"优势"地位，以权谋私，把集体款物当成个人消费对象，借职务之便吃、拿、卡、要。在他们身上出现的问题，从表面上看是经济问题，而实质上是理想信念和价值观出现了问题。

从文化程度方面看，大多数基层干部是初中文化或小学文化，具备高中、大专文化的较少。教育年限少使其见识受制和目光短浅，往往把个人利益看得很重，同时，许多村干部没有经过规范的任前培训，法律意识淡薄。

2. 农村集体财务管理存在问题，成为涉农职务犯罪高发的诱因

造成涉农职务犯罪案件高发的一个制度上的因素是许多农村基层组织财务管理混乱，给部分基层干部可乘之机。首先，在管理上，没有坚持科学发展观，与时俱进。有些乡镇的领导干部在抓农村财务管理上存在误区，把加强财务管理与农村经济发展对立起来，片面地认为落实财务管理制度就会束缚手脚，因循守旧，裹足不前，把坚持财务制度的做法理解成思想不解放，没有创新意识，因而在实际工作中对财务工作有规章而不遵守，有制度而不落实，放松了管理。

其次，许多乡、镇、村组织只注重收取税费，不注重财务管理。目前，大多数乡镇干部还是停留在以往的老思路、老理念上，对看得见、容易出成绩的地方狠下力度，如农业增产、农民增收、农村基础设施建设等方面；对无形的村级集体资产管理，则不触动问题实质，等到真正出了问题，才被动地搞一些临时性的财务清理，起不了多大作用，问题和隐患依然存在。

最后，许多基层组织干部缺乏服务意识和敬业精神，农村财会人员基本上就地选任，办法简单，随意性大，其文化层次也较低，缺乏系统的财会知识和专业培训。人员选任上的随意性直接决定了他们的综合素质不高，往往没有能力开展真正意义上的成本核算、会计分析。在实践工作中，他们既不敢得罪乡

镇领导和村干部，又不愿开罪于亲朋好友，难以正确履行监督职责。农村财会人员工作不稳定，农村财会人员由领导指定，导致部分财会人员思想涣散、工作松懈，无法按照规定对农村财务实行有效的管理和监督。

3. 对农村基层组织监督制约不力，缺乏民主决策机制

从涉农职务的监督制约上看，主要有两个方面的原因：第一，外部监督不到位，缺乏民主决策的体制。近年来，随着国家对农村的政策性投资大幅度增加，大量的投资通过资金下拨的形式来实现。政策性投资到位后，需要通过基层组织来具体操作完成，针对征用农民土地发放补偿款，主要根据被征用的面积，折算成补偿款发放到农民手中。而现行村（居）干部议事决策，没有一套完整规范的制度，上级管理部门对村（居）资金的分配、使用没有形成统一有效的管理和制约机制，不能及时发现问题，制止违法犯罪行为的发生。第二，基层组织管理混乱，内部监督形同虚设，流于形式。在实际工作中，村委会"村务公开"、"财务公开"不到位，农民的知情权得不到保障。村委会平时有选择性地公开，只公开愿意公开的部分，逃避村民的监督。

（三）涉农职务犯罪的预防对策

腐败产生于任何机会和心理并存的地方，如果对腐败置之不理，不加遏制，腐败就可能蔓延。通过整合国家和社会的各项职能，规范和制约国家工作人员的行为，对涉及农业职务犯罪行为实施系统预防和有效控制。良好的社会环境和法治环境，是搞好社会主义新农村建设不可缺少的条件，这决定了检察机关在新农村建设中的重要作用，除了发挥检察机关侦查职能打击涉农职务犯罪之外，还应当有计划地探索预防涉农职务犯罪的有效途径，多管齐下遏制涉农职务犯罪持续高发的态势。

1. 加强对农村干部、村民的法治理念教育，增强农村干部群众的法律意识

思想决定行为，有什么样的思想就会产生什么样的行为，贪污腐败的思想必然导致贪腐行为和犯罪。对农村干部及村民的法治理念教育方面，河北省沧县人民检察院的做法值得借鉴。该院探索建立了"一乡一站"、"一村一牌"、"一点一箱"的工作模式，即在每个县域内的乡镇设立一个农村检察工作站，每个较大行政村设立一块检务公开宣传牌，在人口聚集的农村集镇点设置一个民意收集箱，以"三个一"充分宣传法治理念，受理村民举报，掌握民情线索，畅通工作渠道，使农民群众对涉农检察工作看得见、摸得着。有信息、有问题、有情况，不出乡、不出村即可反映，有效地拉近了检民距离，丰富了涉农检察工作的内容和形式。

2. 加强村居基层组织建设，强化基层领导的个人素质

党支部是村（居）组织的核心，是党和国家联系广大群众的桥梁和纽带；村委会是群众的自治性组织，加强农村基层组织建设是克服腐败现象，防止职务犯罪发生的有效保障。选配好领导班子，一方面推选党性强、作风好、素质高的党员作为村党支部书记，另一方面严格执行村（居）委员选举制度，真正选举出顺民心、合民意，为人民服务的村（居）委员会主任及成员。

3. 建立健全制度，完善监督制约机制

就法理而言，预防犯罪最有效的途径之一，就是在其立法上找其根源，一个健全的法律体制，是社会制度运作的重要基础。因此，对于避免涉农案件案数的持续上升，关键就是对于自身制度的健全：第一，建立健全财务制度，完善财务的审批制度和内部财务监督制度，任何人不得越俎代疱，村干部除掌握适当的工作接待费用外，不得经管其他款项；第二，实行审计监督，加强对镇、村两级干部进行定期审计和离任审计；第三，加强"两务"公开，增加村务工作的透明度，实行账款分开管理，定期核对账目，严禁私设"小金库"；第四，建立农民群众评议干部制度，定期对农村各级组织和干部进行群众评议。

4. 抓好专项教育，提高村（居）干部依法行政的意识

从涉农职务犯罪的主观产生原因上看，是领导者自身的素质问题，而最为重要的，是在于其法律意识和自身素质的双重提高。就法律素质而言，重点就是在于从法律上充分发挥其教育和指引作用，以法教法。具体的做法在于：第一，以培训班的形式，结合近年来发生的村居干部职务犯罪的案例，对村居干部和经济管理人员进行法制教育，以案释法，增强法制观念，提高抗腐防变的能力；第二，加强对财会人员的技能培训，树立他们的职业道德观，严格执行财经纪律，提高业务水平，切实发挥监督作用。

5. 始终保持"严打"态势，坚决遏制涉农职务犯罪发生

检察机关在打击犯罪的整个阶段都起着重要的作用，其最为重要的，就是要在打击犯罪中突出其国家权威性和强制性。在对涉农职务犯罪的查处中，检察机关要充分发挥职能作用，对村（居）干部贪污受贿、渎职等职务犯罪要发现一件，查处一件，依法办理，做到及时受理、及时分流、及时初查，及时立案，及时提起公诉；对典型的涉农职务犯罪案件要进行曝光，起到警示教育作用，从而化解干群矛盾。通过查办一案，教育一片，有效地震慑犯罪，追求法律效果和社会效果的统一。

6. 加强预防工作力度，防止涉农职务犯罪行为的发生

检察机关作为法律监督机关，在查处涉农职务犯罪的同时，更要充分发挥

预防职务犯罪的职能作用，积极探索出一条切合新农村建设的预防涉农职务犯罪新路子：第一，结合办理个案特点，有针对性地提出检察建议，做好个案预防、案后预防工作；第二，开展重点岗位预防，重点防范党支部书记、村（居）委员会主任，以及参与到农村的土地征用、房屋拆迁、惠农资金发放等项目任务的国家工作人员，严防违法犯罪的发生；第三，加强与镇街道等有关部门联系，开展系统预防，并把它纳入整个社会预防网络之中；第四，加强村（居）干部预防职务犯罪信息系统的建立和调研分析，探索发案规律、特点，加大犯罪预测和对策研究力度，不断调整改进犯罪预防工作的思路。

七、食品安全监管领域职务犯罪预防

食品安全关系到广大人民群众的身体健康和生命安全，关系到社会主义市场经济的健康发展，更关系到党和政府的形象。"国以民为本，民以食为天，食以安为先。"食品安全涉及千家万户，是老百姓生存最基本的要求，食品安全没有保证，和谐社会也就无从谈起。近期频发的食品安全事件，反映出在食品安全监管领域存在着一些突出的、严重的问题。2011年，最高人民检察院部署为期两年的全国检察机关开展严肃查办危害民生民利渎职侵权犯罪专项工作，重点打击下列案件：在食品安全监管过程中徇私情私利，在日常工作或执法检查中发现食品安全问题却不依法处理，致使不合格食品、过期食品又重新包装上市等放纵乃至纵容制售伪劣商品犯罪行为的案件；以罚代管、徇私舞弊，对依法应当移交司法机关处理的危害食品安全的刑事犯罪案件不移交，包庇、纵容违法犯罪或者帮助犯罪分子逃避处罚，甚至充当犯罪分子"保护伞"的食品安全监管渎职犯罪案件；负有食品安全监管职责的国家机关工作人员玩忽职守，对辖区内存在的食品行业"潜规则"不闻不问或长期坐视不管的案件，或者在食品生产经营活动中，不认真履行监管职责，在食品安全监管活动中走过场，对生产、销售伪劣食品的行为不履行查究职责，致使国家和人民利益遭受重大损失的渎职犯罪案件；食品安全恶性事件涉及的渎职犯罪案件，特别是要严厉查处国家机关工作人员滥用职权、玩忽职守、徇私舞弊导致发生食品安全恶性事件，致使公共财产、国家和人民利益遭受重大损失的渎职犯罪案件；人民群众反映强烈，党委政府关注，新闻媒体曝光，损失后果严重，以及社会影响恶劣的危害食品安全的渎职犯罪案件。截至2012年2月，全国检察机关受理危害民生民利渎职侵权案件线索6154件，立案侦查5385件7337人，分别占全国检察机关同期查办渎职侵权犯罪案件总数的63.8%和60.9%，而查办案件中，食品安全领域渎职犯罪合计155件236人，分别占危害民生民利渎职侵权案件的2.8%和3.2%，其中重大案件43件，特大案件13件。涉嫌放纵制售假冒伪劣食品、药品和假冒伪劣种子、农药、化肥以及其他商品的渎职犯罪 264 人，占立案总人数的 3.6%，涉嫌动植物检疫、商品检验徇私舞弊、失职等犯罪案件 308 人，占立案总人数的 4.2%。仅 2012 年 1 月至 9 月，全国检察机关共查办危害食品药品安全渎职犯罪案件 146 件 213 人，同比分别增长 19.7% 和 17.0%。从以上数字看出，食品安全领域查办案件数量大幅度增大，一方面是由于危害食品安全犯罪日益猖獗，另一方面也是与危害食品安全行为引起社会各界广泛关注，国家有关部门切实加大打击力度有关。近年来发生的重大食品、药品安全事件，几乎每一起背后都有相关公职人员职务犯罪，尤其是渎职、失职犯罪问题。

（一）食品安全监管领域工作人员职务犯罪的主要特点

1. 涉案罪名相对集中

此类案件涉及罪名主要集中于滥用职权罪、玩忽职守罪、徇私舞弊不移交刑事案件罪、放纵制售伪劣商品犯罪行为罪等，以玩忽职守罪较为常见。在河南省检察机关查办"瘦肉精"渎职案件中，立案调查 21 人，除 4 人外，都是玩忽职守犯罪。其行为表现为：有的不认真履行监管职责，对长期存在的问题不予查处；有的不认真履行监管职责，擅自将不合格产品加盖合格检验章，导致不合格产品流入市场；有的是与不法分子相互勾结，弄虚作假，应付上级检查。深圳市场监督管理局光明分局原执法人员宋富营等五人对深圳市光明新区公明海发酱料厂进行检查时，发现海发酱料厂存在《食品生产许可证》、《营业执照》已经过期、生产假冒陈醋、存放有已经装箱的假冒陈醋、其他酱料及未使用的包装纸箱及玻璃瓶时，口头责令酱料厂负责人停止生产，但未认真核实其厂实际产量和违法所得，亦未依规定对酱料厂强制停止生产和查封、扣押生产设备、原材料，未对酱料厂违法生产其他调料行为进行查处，造成严重社会影响。江苏省无锡市工商行政管理局崇安分局广益工商所第三片区组长唐敏华在任职期间，明知高奇等人在无锡天鹏食品城销售批发假牛肉，却接受高奇等人的好处，徇私舞弊不履行监管查处职责，甚至将集中打假行动计划透露给高奇等人，致使大量假牛肉流入市场，造成恶劣社会影响。河南新乡市获嘉县农牧局太山乡动物防疫检疫中心站站长李贵岐、工作人员王阳、赵建明和县农牧局动物卫生监督所工作人员高志昂等 4 人滥用职权、玩忽职守案中，李贵岐等人不仅不认真履行监管职责，对此饲养户长期使用"瘦肉精"不予查处，还在上级部门调查时，为不法养殖户通风报信，指使、帮助养殖户弄虚作假，应对上级检查，使大量"瘦肉精"超标 1000 多倍和 3000 多倍的问题猪肉流入市场，严重危害了食品安全。

2. 渎职行为持续时间长

在一些案件中（以"瘦肉精"、"假牛肉"为代表），危害食品安全的违法犯罪行为持续数年未被查处，反应了一些执法机关或执法人员对食品安全监管的重要性认识不足，有些人对违法行为以罚代刑，其中不乏一些人员担任领导职务，他们在工作领域都有比较高的权威和能力，有比较中的话语权和决定权，权力相对集中，又缺乏监督制度，其放纵违法行为的发生导致系列危害食品安全的案件屡禁不止。江西省南昌市青山湖区工业商贸和信息化委员会肉食品稽查大队猪肉稽查中队中队长熊春燕在 2006 年 12 月至 2010 年 5 月任职期间，共计处罚私宰案件 380 件 380 人次，其中私宰生猪 117 件 117 人次，私宰病害猪 62 件 62 人次，以罚代刑，放纵私宰行为，对生猪私宰、病猪私宰不依法履行打击、监管职责，对应当依法移送公安机关追究刑事责任的案件不移交，导致大量未经检测的私宰猪肉和病害猪肉流入市场，对人民群众的食品安全构成了严重危害。湖南省邵东县畜牧水产局兽医药政渔政股原负责人王强松在担任负责人期间，发现该县水东江镇养殖场负责人余建云适用含有"瘦肉精"的饲料喂养生猪，其行为已涉嫌生产、销售有毒有害食品罪，但王强松未按规定将案件移送司法机关，仅对余建云作出罚款 1.5 万的行政处罚，致使余建云继续进行生产、销售有毒有害食品的违法犯罪行为。河南省沁阳市农业局党委书记、副局长王小正自 2009 年在主管沁阳市畜牧局全面工作期间内，严重不负责任，不能及时有效落实"瘦肉精"检测试纸购买资金等相关问题，导致"瘦肉精"检测工作不能有效开展。

3. 涉案人员集中于基层

从全国案件来看，工商部门系食品安全监管领域渎职犯罪的高发部门。但受河南"瘦肉精"事件的影响，全国基层畜牧监管、检验检疫和农业管理部门工作人员亦日益突出，约占 85.2%。在江苏省 2011 年查办的 13 人中，涉及检验检疫人员 6 人，工商人员 5 人，并且全部为基层执法人员。在河南查办的涉案人员中，担任畜牧防疫中心站站长、副站长等职务的负责人 8 人，畜牧防疫中心站防疫员、检验员等工作人员 13 人。基层执法人员素质参差不齐，聘用或授权人员占一定比例，因此他们的责任心不强，对违法或执法不规范行为视而不见、习以为常，容易成为渎职犯罪高发多发区域。河南省清丰县畜牧局阳邵乡畜牧站站长徐广喜，自 2011 年 2 月以来，在生猪检疫环节严重不负责任，擅自将检疫印章交由屠宰户在生猪肉上加盖，从中收取好处，导致 60 头含"瘦肉精"和涂抹"荧光增白剂"的生猪肉流入市场。河南省息县畜牧局动物卫生监督所聘任检疫员张立中在负责生猪检疫时，擅自让收猪个体户李中伟对其收购的 71 头生猪自行检测，在没有抽检的情况下，轻信其违规检测结果，开具"瘦肉精"试纸抽检为阴性证明、出县境动物检疫合格证明，导致3头含"瘦肉精"的生猪流入市场。江苏省无锡市工商行政管理局崇安分局广益工商所驻无锡天鹏食品城监管员浦达明在任职期间，玩忽职守，在明知无锡天鹏食品城内不法商贩销售对人体有害的半成品假牛肉情况下，不履行查证查票、查处违法经营工作职责，在联合打假专项行动中擅离职守，致使违法车辆货物逃避处罚。江西省弋阳县葛溪乡畜牧兽医站站长陈根武、动物防疫协防员何金伍在对依法查封的该乡姚家村养殖户童品荣饲养的125头含"瘦肉精"的生猪进行监管过程中，未认真履行每天监管的职责，致使童品荣将125头生猪全部卖与他人。

4. 渎职与贪污贿赂犯罪相交织出现常态化

从全国查办情况来看，67.6%的食品安全监管领域渎职犯罪都伴随着不同程度的贪污行为。在江苏省查办的13人中，因个人或部门私利而渎职的达8人，占61.53%。其中，基层人员受贿比担任领导职务受贿情况严重。江苏徐州铜山区动物检疫员李尊亚、耿德武为完成上级部门布置的收费任务和获取收费提成，违规出售《出县境动物检疫合格证明》，造成大量生猪未经检疫流入市场。福建龙岩市新罗区畜牧兽医水产局动物卫生监督所驻龙岩市食品公司石埠定点屠宰场动物检疫申报点负责人张水华，与猪肉经销商林深等人相互勾结，多次收受林深等人贿赂2.52万元，私自将屠宰场大门钥匙交给林深等人，使林深等人购买的不合格生猪避开正常进猪时间，自由进入屠宰场，在未进行宰前检查和宰后检疫的情况下进行屠宰分装。此外，张水华还利用职务之便，收受猪肉经销商陈金木贿赂2.1万元，未经检疫为陈金木调运猪肉产品出具检疫合格证明文件，导致163吨未经检疫的猪肉产品流入市场，给食品安全造成重大隐患。福建长乐市古槐镇畜牧兽医站检疫员陈辉利用职务之便，节流、贪污检疫费用2.3万余元。广东东莞市中堂镇产品质量和食品安全工作领导小组成员、食品药品监督站站长黎达文在2010年至2011年间，在组织执法人员查处江南农批市场的无证照腊肉、腊肠加工窝点过程中，收受刘康清、胡林贵等贿款共11次，每次5000元，合计55000元；中堂中心屠宰场稽查队队长王伟昌、稽查队员陈伟基共同收受刘康清等人贿款13100元，王伟昌单独受贿3000元。在收受贿款后，多次在带队稽查中，明知刘康清等人非法销售死猪猪肉、排骨而不履行查处职责，王伟昌还在多次参与中堂镇食安委组织的联合执法行动前给刘康清通风报信，让其逃避查处。江西南昌西湖区肉品市场管理联合稽查大队副大队长黄路明在2009年至2011年任职期间，对罗中华、熊志坚等生猪私宰户的私宰行为明知其非法经营数额及违法所得均已超过非法经营罪的立案标准的情况下，仅对他们的非法经营行为进行罚款等行政处罚，多次收受罗中华、熊志坚等人的好处费共计 3 万余元，不按规定移送公安机关处理，致使二人长期进行违法犯罪活动。

5. 窝案、串案、共同犯罪严重

近来年，在查办的职务犯罪案件中，常常是查一案，挖一"窝"，带一"串"，由一个渎职者带出一大批渎职犯罪嫌疑人，或者是在同一单位、同一系统中有多人被一并查处，表现为多人参与、共同行动、相互配合、合伙谋私的形式。在食品安全监管领域犯罪中出现了"团伙渎职"趋势，包括负责人之间、重点岗位人员之间、负责人与下属人员之间、不法行为人与国家工作人员之间等相互勾结、共同作案的情况。这些案件往往涉及人员广、涉及罪名相似，共同犯罪行为普遍。江苏南京市建邺区商务局商贸科原科长王健、区农办动物卫生监督所原所长岳邦超，在省、市、区政府多次发文要求把好"瘦肉精"检测关的情况下，不认真履行对辖区内兴旺屠宰场监管职责，不认真落实有关"瘦肉精"检测具体要求，对"瘦肉精检测合格证"核查不认真，导致含"瘦肉精"的猪肉流入南京市场；区原农办动物卫生监督所检疫科科长、监管科科长周炳祥、区沙洲街道办事处畜牧兽医站原负责人王吉林，在驻点跟班工作期间，不认真履行对兴旺屠宰场生猪入场、待宰前、宰后的检疫、监督职责，不按规定做好"瘦肉精"检测、监管工作，甚至随意出具有关检疫合格的证章，导致含有"瘦肉精"的猪肉流入南京市场。黑龙江齐齐哈尔市工商局高新技术开发区分局局长孙运刚、副局长方传军、工作人员李洪奎等人在对龙沙区爱国村杨廷发、张秋红夫妇的羊肉卷加工店进行执法检查时发现，该加工店系无照生产经营，且所生产的商标为"新西兰羔羊肉卷"和"西旗羔羊肉卷"的羊肉卷是用羊肉、羊油、鸭胸肉混合制成的伪劣产品。在对该加工点进行处罚过程中，由于有人从中说情，孙运刚指示方传军、李洪奎将所扣物品返还，并解除对加工店的查封，只对无照经营行为罚款23000 元，没收非法所得人民币 7000 元，并未对掺假造假行为进行处理，使得该加工店得以继续生产、销售伪劣羊肉卷，销售金额高达 24 万余元。浙江绍兴市新昌县药监局局长梁永华、副局长张柏庆、药品医疗器械监管科科长陈树声、副科长陈良忠、吕丹在负责药品企业监督检查管理工作中，不严格执行相关法律法规，怠于履行日常监管职责，致使新昌县多家胶囊企业违法违规生产铬超标问题胶囊，造成恶劣社会影响。

6. 案件查办力度与食品犯罪的严峻情况和群众的期望还有一定差距

从检察机关提出的危害食品安全犯罪来看，大多系行政执法机关在开展专项整治活动中发现而移送司法机关，查办的食品安全监管领域渎职犯罪也多系媒体曝光后检察机关才开始介入，这反映出打击犯罪工作的滞后性与被动性，也反映出在食品安全领域存在一定量的犯罪"黑数"，还有许多案件尚未被发现和得到有效惩处，群众对食品安全的印象感受仍然不佳，需要切实加大查办力度。

7. 危害后果严重，影响恶劣

食品安全监管领域渎职犯罪往往造成大量有毒有害的食品流入市场，严重危害人民群众的生命健康安全，相关执法机关的公信力也受到了严重损害。2011年3月15日，中央电视台《焦点访谈》等栏目对河南孟州市、沁阳市、温县"瘦肉精"事件曝光后，社会反映强烈，纷纷谴责其不法行为。以"瘦肉精"、"地沟油"、"毒奶粉"、"染色馒头"为代表的系列食品安全案件层出不穷，百姓的安定生活难以得到保障，而其背后的渎职犯罪也受到社会广泛关注，造成的损失后果十分严重，社会影响恶劣。福建顺昌县质量技术监督局副局长罗敏、监督稽查股副股长颜永章在办理顺昌红星豆制品厂生产的腐竹中含有甲醛的案件中，未依法提出没收该厂用于违法生产的工具、设备、原材料等物品以及将案件移送公安机关的意见，并没有认真督促该厂进行整改，在日常巡查过程中不认真、不到位，对该厂继续存储、使用还有甲醛的非法食品添加物用于腐竹生产的行为没有及时发现、制止，使该厂在2010年秋至2011年5月间得以继续违法生产、销售，使大量含有甲醛的腐竹被销往江西省鹰潭等地。2011年5月，顺昌红星豆制品厂负责人陈火禄、陈上森被江西省鹰潭市公安机关以生产、销售有毒食品罪立案侦查，该案被公安部列为食品非法添加犯罪十大案件之一，先后被中央电视台等30多家新闻媒体曝光，造成恶劣的社会影响。辽宁鞍山市酒类管理办公室副主任寇峰在任职期间，徇私情私利，在没有任何手续的情况下，命令手下刘丹为刘喆经营的"阅兵"牌假二锅头发放酒类流通随附单，后刘喆的假酒因有随附单而能在鞍山市各大超市铺货，销量极大，严重危害了广大鞍山市民的身体健康。最终该假酒被相关部门查处，省内、国内各大媒体相机报道了此事，在社会上造成极其严重的影响。河南"瘦肉精"事件曝光后，在社会上造成极为恶劣的影响，给河南省乃至整个中国猪肉市场造成极大的冲击，河南双汇集团股票市值消失上百亿元，直接损失已达十几亿元。由于食品生产流通环节导致检验检疫、监管、核查等环节渎职犯罪行为突出，其渎职行为造成4万余头问题生猪流入市场，有的"瘦肉精"超标1000多倍，严重危害了食品安全。

（二）食品安全监管领域工作人员职务犯罪产生的原因

1. 监管机制方面

目前，各相关职能部门按照"分段监管为主，品种监管为辅"的多部门分段管理模式划分食品药品监管范围，分管监管模式从行政本身的角度出发，往往用概括化、政策化的语言对各部门职能进行描述，这种监管模式看似职能分工很细，但职责权限关系不清晰，协调配合难度较大。初级农产品生产环节由农业部门监管，食品生产加工环节由质监部门监管，流通环节由工商部门监管，综合监督、组织协调和重大食品安全事故的查处由食品药品监督管理部门负责。但食品生产经营的链条非常复杂，涉及食品安全监管部门有食品药品监管、工商、卫生、质监、农业、粮食、公安、教育等 10 多个部门，重复监管和漏管现象比较普遍，大大影响食品监管效率的充分发挥，造成有效监管资源的浪费，加上食品生产加工、生产消费等环节往往无法严格区分，从而导致各监管部门之间有时候职责不清、责任不明，例如，豆芽是否属于农产品，干辣椒、大米是属于农产品还是食品，熟食店经营行为处在食品生产环节还是流通环节？各监管机构在经济利益或监管权力间展开激烈争夺，相互越界，当出现食品安全事故时又都不愿意承担责任，出现相互推诿，互相扯皮，造成监管不力、问题难究的困境，在实践中困难重重。而对于大部分农村来说，从事食品加工的小作坊（如大饼子、炸油条等摊位）的条件十分简陋，很难达到卫生标准，而农村又有相当大的消费群体，但除工商部门督促办理营业执照外，并未见到其他有关出具的整改函件。一些监管部门对这些问题的理解存在分歧，互相推诿，形成食品监管的空白地带。在 2004 年的阜阳奶粉事件中，所有空壳奶粉生产企业都具备卫生许可证以及营业执照，政府各部门频繁地抽检依然没有制止住空壳奶粉猖獗的生产活动。当"空壳奶粉"事件被查处曝光后，却不知道去追究哪一食品安全监管部门的监管责任。

同时，执法部门之间在信息资源上缺乏有效沟通，甚至各单位上报的数字都不相统一，造成监管上的被动。从调查的情况上来看，食品监管相关主管部门主要通过发文、签订责任书的形式要求所属或具体操作部门加强食品安全监管，而实际执行情况主管部门并不掌握。如南京市屠宰管理办公室针对建邺区沙洲兴旺屠宰场在 2008 年、2009 年两次被抽检出"瘦肉精"情况，发出多个文件，要求建邺区商务局加强生猪管理，而建邺区商务局有关人员明知该屠宰场没有整改落实，依然放任不管，致使大量有毒猪肉流入市场。

2. 监管理念方面

纵观近几年发生在我国的食品安全事件，其发生的原因在很大程度上由于公众的食品安全意识淡薄，其中不乏行政执法者。首先，部分监管人员缺乏必要的食品安全监管意识，没有意识到食品安全关系到人民群众的生命健康的重要性，在执法工作中出现监管腐败的现象。其次，地方保护主义现象严重，地方监管部门为了当地经济利益而和政府、企业"政企合谋"，置消费者权益于不顾。地方监管部门的执法理念偏失所导致的监管意识薄弱也是食品安全事故频发的原因之一。最后，监管队伍人员专业素质不强，缺乏高层次人才。很多监管人员没有接受过专业培训或训练，执法过程也仅仅是"一看、二摸、三闻"，对于"苏丹红"、"三聚氰胺"等化学添加剂根本没有安全监管意识。同时，一些执法监管人员对失职、失误和意外界限认识不清，对违法线索缺乏主动监督意识，有的甚至以权谋私、不执行标准，不按规定办事，对一些已构成刑事犯罪的案件未能及时移送给司法机关。

监管部门在监管方式和措施上仍然存在着重视证照办理，轻视日常检查；重视市场准入，轻视生产经营；重视事故追责，轻视排除隐患；重视自行查处，轻视发动群众等观念。例如在上海"染色馒头"事件中，在生产许可环节重初次审查、轻跟踪监管；在生产监督环节重样本提供、轻实地检查；在食品检测环节重终端抽查、轻过程监督；在食品流通环节重费用收取、轻质量把关，导致盛禄公司在生产玉米馒头时，虚假标注生产日期、将回收来的馒头产品重新用于原料再生产、违法添加色素、防腐剂等，前后持续将近 8 个月，安全监管严重缺失。同时，监管部门主要通过一定时间内组织开展"专项整治活动"等突击方式开展治理，虽能收到一时效果，但综合效果难以保证，同时也造成监管人员精神懈怠，疲于应付的思想状态。

3. 监管能力方面

（1）职能部门监管人员配备不足。食品安全监管人员配备不足，且多是聘用或者委托授权人员，专业性人才缺乏，无法满足专业性监管要求，很难做到全方位监管。首先，机构设置不完善。承担食品药品生产、加工、流通、销售环节监管的农委、卫生、质监等部门，检测机构设置只到区县一级，未辐射到广大乡镇消费群体。其次，人员编制不足。有限的执法资源与庞大的监管对象的矛盾较为突出，以苏州为例，苏州市食品药品质量检测人员约有 80 人，而辖区内监管的食品流通经营者有 5 万多户，还有 1 万多家小作坊。最后，执法难度较大。食品药品领域违法犯罪行为越来越隐蔽，外来人员作案比例大，给监管查处带来很大困难。2010 年苏州市被司法机关追究刑事责任的 38 人中，外地人员有 28 人。

（2）食品安全检测手段落后。我国现行的食品安全检测设备落后，难以检测一些对技术要求较高的鉴定项目，例如对工业硫磺熏制生姜的案件查处中，目前的检测技术尚无法区分工业硫磺与食用硫磺，导致难以依法惩处犯罪嫌疑人。依靠现有设备对农药残留等指标进行检测，不仅费时费力，而且难以大面积推广，并且市场上厂家自己开发生产的检测设备，大多数产品标准不统一，检测结果准确度不高。对动物产品常规检疫主要靠感观和普通光学显微镜检查，设备十分简陋，开展有毒有害物质残留检验的检测手段和仪器设备就更加匮乏，多数县级机构不完全具备检测条件。与此同时，目前有关我国食品检测方面的法规和标准不够完善，对于食品进行检测的手段还比较落后。从相关食品检测标准来看，要求检验的食品项目还不全面，有些对人体产生不安全因素的化学制剂尚未列入检验范围，这就在食品生产的源头形成了对食品安全的危险。现如今很多基层检测人员并非专业出身，因而很难保证检测技术的准确性与科学性。监管技术落后；检测的设备、设施陈旧；在执法过程中仅凭经验和肉眼判断，在很大程度上影响了执法水平和监管力度。同时，在实际的检测过程中，我国的食品安全监管部门还存在众多的科技"瓶颈"，如关键检测技术、危险性评估技术、关键控制技术等方面的缺失。这些都不利于查处违法行为，留下了食品安全隐患。

4. 责任追究方面

由于创收、移送案件标准和时间限制不明确等因素，基层监管人员对违法违规企业以罚代刑、不按照规定向司法机关移送犯罪线索现象突出，导致对食品安全实践未能及时严肃查处，对违法犯罪行为打击不力。部分行政执法人员针对违法经营行为往往只是简单地罚款，造成经营者违法成本低，"挣的钱远多于罚的钱"，违法经营行为得不到有效遏制，个别基层组织认为发生食品安全案件会给当地政府和企业的声誉带来负面影响，往往捂案不报。即使依法移送，也有部分案件存在因行政执法人员缺乏经验，对食品安全问题是否涉嫌犯罪不能正确判断，取证意识不强，无意造成证据灭失或者使犯罪分子有机会毁灭证据等原因，造成刑事案件流失。例如东莞某综合执法分局在查处一宗涉嫌生产"墨汁粉条"案时，办案人员只对现场发现的 19 瓶墨汁作现场查封而没有扣押回仓库保管，犯罪嫌疑人擅自把墨汁全部销毁，导致本该追究刑事责任的案件因证据灭失而无法移送起诉。过分依赖经济处罚和自由刑，不能有效运用剥夺准入资格的处罚措施。现行《食品安全法》和《刑法》仍存在明显脱节，"出行难入刑"现象突出，行政执法与刑事司法缺乏有效衔接，处罚威慑力不够，对食品安全事件未能及时严肃查处，致使部分不良企业有机可乘。

（三）食品安全监管领域职务犯罪防范措施和建议

食品安全关乎人民群众切身利益，涉及各方利益关系和各种市场主体，必须在政府同意部署下，充分发动政府、企业、行业自律组织、社会公众等方面共同参与治理，综合运用法律、市场、舆论、行政等手段，保障食品安全。

目前，针对食品安全监管环节职务犯罪特点和原因，开展预防工作较好的措施有：（1）大力加强预防宣传。重庆市检察机关充分发挥"预防职务犯罪法制宣讲团"的作用，为全市各级食品监管部门进行法制教育，并着重对《刑法修正案（八）》关于食品药品领域犯罪的修改进行详细解读。同时，利用"法制与责任·全国检察机关惩治和预防渎职侵权犯罪展览"重庆巡展的契机，专门增加了《刑法修正案（八）》在食品安全渎职方面规定的展板，并组织相关监管部门和餐饮企业负责人参观，收到了良好的效果。（2）强化对食品监管人员的警示教育。海南、贵州等地检察机关通过举办展览、开展预防咨询、举办警示教育基地参观活动等形式，重点讲解相关贪污贿赂、失职渎职犯罪案件，帮助监管人员筑牢思想防线。（3）利用检察建议，帮助相关单位堵塞漏洞。针对食品安全监管中职务犯罪易发多发的薄弱环节开展调查分析，查找体制机制问题，并提出治本性的检察建议。天津蓟县检察院向该县畜牧局发出的检察建议得到高度重视和全面落实，该县畜牧局迅速加强了动物卫生和动物产品的安全监管和检测工作，提升质量安全水平。（4）帮助建章立制，努力做到长效预防、制度预防。辽宁大连市检察院会同出入境检验检疫局等12家单位会签了《关于在食品安全监管环节共同开展预防职务犯罪工作的实施意见》，从联席会议、警示教育、信息交流、制度创新等方面作出了具体规定，将转向预防工作制度化、长期化。沈阳市检察院协助该市食品药品监督管理局制定了《沈阳市食品药品监督执法制度及行政处罚自由裁量基准》，完善了行政执法监督机制，加强了对行政权力的监督制约。（5）加大特殊预防力度，对危害食品安全犯罪和相关职务犯罪零容忍。江苏省检察机关2009年以来共提起公诉危害食品安全案件53件139人，其中2011年1月至10月就审查起诉了39件76人，2011年1至11月份查办相关渎职案件4件13人。

综合各地比较成功的做法，对于食品安全方面的职务犯罪着重要采取以下措施：

1. 提升食品安全监管人员的职业道德

食品安全监管的工作人员是法律法规的执行者，对于法律法规做到了实际操作和有效执行，他们执行法律法规的方法和手段对于法律法规的执行效果具有很重要的影响。但是在现实生活当中由于某些食品安全监管工作人员的职业道德低下，导致他们对于法律法规的理解不够深入，不够合理，加上个人的道德素质参差不齐，人情、关系等原因而使得食品安全监管达不到预期的效果。因此，强化食品安全监管相关人员的职业道德及个人素质极其重要。

首先，通过系统全面的食品安全专业知识的学习和经常性的法律法规教育，不断提高食品安全监管人员的法律素质，才能使食品安全意识由弱到强，由浅到深。加速培养他们的食品安全意识和依法监管的理念，使其在依法行政和依法办事方面起好示范作用，将对人民起到潜移默化的作用，并会带来民风民俗和社会风气的根本好转。如果工作人员缺乏对食品安全监管的法治精神，知法犯法，贪污腐化，则会使政府和法律威信扫地。

其次，要在对食品安全依法监管的实践中提升职业意识和道德水平。实践是认识的来源和推动认识发展的动力，一切真知都来自于直接经验，通过书本知识和一定的专业教育形成的职业道德意识，对于政府工作人员是十分重要的，但还远远不够，要保证在日常的具体工作中都能自觉地做到依法行政，必须通过大量的对食品安全依法监管的实践，即通过依法治理、依法办事、执法必严、违法必究等工作积累起来的经验，增强工作人员的安全意识。理论形态的职业道德意识和实践形态的安全监管意识两者相结合，才能形成比较全面和丰富的实践经验。工作人员在自己的日常具体活动中，如果都能忠实地履行职责，严格依法监管，程序正当，权责统一，充分认识食品安全监管渎职犯罪对社会危害性和预防渎职犯罪工作的重要性，把加强监管、保障食品安全作为落实依法行政、执法为民的根本要求和具体体现，就能对全社会产生一种无形而有力的引导作用，使公众在观念和心理上产生对食品安全意识的信任和服从。

2. 改进食品安全监测方法和手段

首先，要建立食品安全风险监测评估制度。全面系统地检测食品从原料生产到加工、销售、消费的全过程，评估食品安全的有效性，更好地规范食品安全法规和预防性政策。其次，取消食品"免检制度"。由县级以上质量监督、工商行政管理、食品药品监督管理部门对食品进行定期或者不定期的抽样检查。再次，对"问题食品"实行召回制度。对不符合食品安全标准的食品立即停止生产，召回已上市并通告经营者和消费者，并记录召回和通知情况。最后，要加大在食品安全卫生标准确定、食品加工技术、食品检测技术等方面的科技投入，并进一步促进科学技术向生产力的转化。

要进一步加强食品安全检测体系机构设置与规划。建议应以实验室标准化认证推进企业自检体系建设，使企业成为食品安全检测网络体系的基础结点：完善食品安全检测网络体系；构建食品安全重大问题科研攻关体系；充分利用质检系统在分析检测技术与设备方面的优势，结合各地方现有条件，建立国家食品安全检测体系。

3. 完善相关制度和法律法规建设

（1）加大食品安全违法违规者的处理力度。当前，我国对于食品安全违法违规者的处理存在处罚力度不够、措辞含糊、伸缩性太大的问题，并且连带责任不强。由于处罚力度不够，导致部分食品安全违法违规者对其行为不作出及时调整和修正，更有甚者反而更加猖狂生产和销售不合格食品，给百姓的身体健康和生命安全带来了巨大隐患。由于措辞含糊，导致部分食品安全违法违规者对相关的法律和政策理解程度不够，以致不能对自身的错误行为作出适时的调整。由于处罚的伸缩性太大，诱使部分食品安全违法违规者对相关人员拉关系、搞贿赂，导致"寻租"现象不断出现。解决食品安全监管的一个重要举措就是以法律来严惩那些涉及食品安全的违法违规者，不但予以经济上的制裁，情节严重的还要追究当事人的刑事责任，以此来警示那些企图以低成本来生产和销售不合格食品的生产者和销售商，让他们不敢"越雷池一步"。只有这样，才能从根本上提高食品的安全性，才能保障广大消费者的身体健康和生命安全。依托行政执法与刑事司法衔接平台，探索建立食品安全行政监管部门与公安机关、检察机关打击危害食品安全犯罪的同步联动机制，形成强大的打击合力；严格依法查处涉及食品安全的各种违法行为，对不法生产经营者予以重罚，对涉及犯罪的要从重从快打击，使违法分子付出高昂的代价；严查涉及食品安全的职务犯罪活动，特别是发生重大食品安全事故之后，对涉嫌职务犯罪的人员依法追究刑事责任，促使行政监管部门真正承担起监管职责。

（2）健全食品生产制度。从源头抓起，提高食品生产的准入门槛，限制一些缺乏资质的企业和小作坊进入食品生产行业；建立食品生产追溯制度，按照从生产到销售的每一个环节可相互追查的原则，严格建立食品生产、经营记录制度，实现食品质量安全的可追溯，对不安全的食品实施召回；及时吸收食品行业最新研究成果，统一完善食品安全检测标准。

（3）出台食品安全的相关法律法规。食品是否安全涉及众多的技术检测指标，这就需要配套以相应的技术性法规来对其规范。为此，必须注重技术性法规的建设和完善，以对整个食品安全法律体系提供必要的支持和补充。中央应积极鼓励地方政府根据本地的实际情况，有针对性地出台一系列食品安全相关法规，以弥补全国性的《食品安全法》存在的疏漏和不足，全面提高食品安全法律体系的建设水平，做到有法可依。

完善现有监管体系，细致划分监管职责，做到各负其责，不重不漏。加快完善相关市场准入、定期巡查、违法处罚、市场清退等方面法律法规，使监管活动有法可依，促进规范化执法。

（4）充分利用舆论监督和引导作用。以国家食品安全网站为依托，一经发现相关企业存在食品安全问题，即将其企业和产品曝光，提高广大群众的知情权。利用媒体曝光危害食品安全的不良企业，提高违法成本。同时，统一的国家食品安全监管网络信息系统还可以成为企业之间了解对方信息的重要渠道，从而提高企业之间信息的共享程度。拓宽群众参与食品安全监督的渠道，鼓励举报，落实对举报人奖励和保护制度，提升群众参与积极性，支持媒体客观准确报道，发挥媒体监督作用。加强食品安全宣传，普及相关知识，提升自我保护意识，形成全社会"人人关注食品安全，人人参与安全监管"的局面。

提高食品安全问题的曝光力度，需要注意以下几个问题：首先，按照实事求是的要求进行曝光。对存在食品安全问题的生产企业和经营企业进行曝光，能够防止和遏制更大的食品安全危机事件的发生，同时也能够促使企业提高食品的安全性，从而提高整个食品行业安全性，最终做好整个食品安全工作。因此，对存在安全问题的食品企业和产品进行曝光，必须要坚持"不能放过一个漏网之鱼"和"不能冤枉一个好人"的态度，既不能夸大事实，也不能隐瞒真相，必须按照真实情况进行曝光。其次，尽可能减少上级或部门之间的干预。食品安全工作的重要性不言而喻，部门之间应当独立行使职权，这对提高食品安全监管工作效能、提高食品安全问题的曝光力度都有着重要的现实意义。最后，确保食品安全问题曝光的及时性。食品安全问题是关系到每一个群众身体健康的重大问题，对食品安全问题曝光的延迟极有可能危及一个又一个人的健康和生命，因此，必须确保对存在食品安全问题的企业和产品进行及时的曝光。为了确保曝光的及时性，可以借用互联网、电视、报纸、广播、新闻发布会等现代媒介方式。同时，还需要构建多元化的信息共享网络体系，推进信息共建共享平台的建设。可以鼓励扶植中介组织开展赢利性的信息收集、发布和评价工作，以规范的法律、制度形式在政府、生产者与加工者、中介组织以及消费者之间建立起密切联系的渠道，建立快速的信息反馈系统。在推进信息共建共享方面，建立全面完整、统一的信息平台，以实现互联互通和食品信息资料共享。

（5）建立行业自律机构和信用档案信息系统，规定相应的处罚程序和措施。完善行政执法和刑事处罚衔接标准和程序设置，进一步完善刑法中危害食品安全相关罪名的设置。加强行业自律，通过建立行业协会使行业之间成为利益共同体，进一步提高从业者的素质，形成民间互相监督的合力；探索建立社会性的食品安全标准制定、检测、信用评估等机构，形成政府监管、市场监管和社会监管之间的有效协调和互相监督，增强食品安全监管体制运作的活力和效力。

（6）加强法律监督促进严格执法。各部门要严格按照法律规定，落实行政处罚和刑事案件线索报送分类处理制度，严禁以罚代刑。检察机关要主动履行法律监督职责，进一步完善同步介入重大食品安全事件调查机制，加大危害食品安全犯罪及相关渎职犯罪的查处力度。主动寻找线索，做到发现一起查处一起，并对涉嫌故意隐瞒相关线索的政府部门和个人按照相关规定严肃处理。要强化诉讼监督，确保案件及时批捕、起诉。积极开展渎职犯罪预防研究分析，帮助开展风险防控，消除风险隐患，努力化解各种不利因素，切实消除食品安全监管职务犯罪隐患，促进食品安全监管人员严格公正执法，积极推动社会管理制度创新、机制完善。

八、非公经济组织职务犯罪预防

非公经济组织在我国经济社会发展中扮演着越来越重要的角色，但目前发生在非公经济组织内部的职务犯罪案件越来越严重，非公经济组织通过投机、寻租等手段非法敛财的现象也屡见不鲜，这些问题不但影响了非公经济组织自身的发展，还影响了我国社会主义市场经济秩序的良好运行，并对我国的廉政建设、社会和谐稳定带来不良影响。现结合近年来发生的非公经济组织案件，分析该类案件的主要特点、案件发生的原因，并就如何预防提出一定的对策。

（一）非公经济组织职务犯罪的主要特点

当前，发生在非公经济组织内的职务犯罪及非公经济组织犯罪案件，主要有以下几个特点：

1. 从犯罪主体看

（1）犯罪嫌疑人主要是负责销售业务的人员、财务人员和外派办事处管理人员。这些人员往往工作方式灵活，不易受制度监管，最容易发生职务侵占或者挪用资金案件的情况。因为工作内容的关系，这些人员往往直接经手各类款项，比如销售的业务员往往要代收货款，财务人员每天都要经手各类款项，外派办事处管理人员往往也掌握着大量的活动经费。直接跟钱打交道让他们更有机会侵占或者挪用公司的款项。朱某系合肥市某矿山机械制造公司股东之一，并担任销售经理及业务员，自 2006 年 12 月至 2010 年 4 月，朱某在 3 年多的时间里，先后 38 次销售交易后非法截留公司货款，累计金额超过 41 万元。澳大利亚某环境工程有限公司上海办事处财务人员陈卫文，利用职务便利，采用伪造完税凭证等办法，侵占、挪用公司资金 220 多万元。四川省古蔺郎酒销售有限公司驻山东济宁市办事处经理邵某，在 2010 年 12 月至 2011 年 6 月期间，利用职务之便，通过伪造超市制作新郎酒货架、餐饮单位新郎酒进店费和店铺制作红花郎招牌等市场销售费用，骗取公司 112050 元；通过伪造公司经销合同、授权经营委托书等手段骗取新郎酒价值 293184 元；利用古蔺郎酒销售有限公司的销售政策，非法占有赠与商家的新郎酒价值人民币 90984元。涉案总额达 50 多万元。

（2）犯罪嫌疑人年龄一般在 28 岁至 40 岁之间。从发生的案件看，犯罪嫌疑人大多正处于中年，这些人员一般有一定的工作经历，跟单位或者客户建立了较长期较稳定的工作或合作关系，取得了他人的信任，单位或者客户忽略对他们的监管。

（3）行为人大多有赌博恶习或者爱慕虚荣等不良品性。行为人大多由于染有赌博恶习或者过度爱慕虚荣，追求物质享受，正常的工资收入往往无法满足其物质需求，便不惜以身试法。李某明系广州某商贸物流有限公司财务科长，2011 年初李某明迷恋上网络赌球，在花光自己的工资后，李某明多次私自提走保险柜内现金 30 余万元用于赌博。输光了保险柜内的现金，2011 年 12 月至 2012 年 7 月间，李某明又通过网上银行转账的方式先后 65 次将公司近 510 万元转入其个人账户，再转至赌博网站下赌注。直至 2012 年 7 月，公司领导发现财务异常而案发。汉口一家知名进口汽车销售公司的销售经理李某，平日爱慕虚荣，拥有多辆高档轿车，佩戴价值 10 多万元的名表，租住高档豪华住宅，每月都去香港购物，其自身收入远远不能满足其消费需求，便打起销售车辆的主意，先后私卖宝马车 8 辆，侵吞销售款项 600 余万元。重庆市云阳某曲轴有限公司员工刘某，1999 年 6 月调该公司销售部，任该公司驻广州、浙江办事处业务员和销售员，2009 年至 2012 年 1 月，其负责该公司在浙江片区的业务，但因迷恋上赌博，欠下 300 万余元的赌债，最后侵占公司 382 万余元用于还赌债。

2. 从犯罪行为看

（1）传统型的职务侵占案件仍占较大比例。传统型的职务侵占一般是以盗取或隐匿公司财物、删除出货记录等方式，将其变卖私吞或据为己有，或者通过以多报少或篡改财务报表，开具阴阳收据、付款单据等途径，侵吞差额部分款项。该类犯罪在实践中仍较为普遍，从检察机关办理的案件看，大多也属于该类犯罪。

（2）企业内部人员互相勾结或与其他人员合谋共同犯罪情况较常见。主要是在流通和仓储环节，仓管员、驾驶员、调度员、操作工等之间内部相互勾结，或者是企业内部员工与客户、个体司机、废品收购人员等事先勾结，联系好销赃渠道，后进行侵占犯罪的情况等。辽宁锦化集团车间主任、工段长和值班经警等 28 名员工相互勾结，先后多次大肆侵占企业产品，并将赃物销往全国各地。涉案金额高达 4970 余万元。某公司仓库管理员詹某，利用职务便利，伙同承运商驾驶员田某将仓库内价值人民币 10 万余元的药品偷运出公司出售。

（3）涉案金额不断突破，大案急剧增加。近年来，涉案金额数百万元的职务侵占、挪用资金案件屡见不鲜，挪用资金超千万的也不在少数，甚至出现挪用资金超亿元的案件，比如轰动一时的新华人寿原董事长关国亮在任职期间，利用职务便利，挪用 2 亿元给其弟经营的黑龙江贯通投资有限公司。肇州县农村信用合作联社职工张某，自 2011 年 1 月至 4 月间利用担任农贷记账员的工作便利，在给农户发放贷款过程中，采取增加或者追加农户借款数额、截留农户还款、假借农户顶名等手段，截留信用社贷款资金 135 万余元没有归还，并于 2011 年底潜逃。桂林某食品有限公司驻辽宁省办事处职员张永某、康某、李某三人在 2010 年 9 月至 2012 年 2 月期间利用职务之便向公司虚报、多报费用、套取公司货物，冒领公司货款的方式侵占公司财产，其金额达 130 万余元。某公司驻深圳办事处出纳聂某，负责收付货款、保管银行卡。2009 年，聂某在农行办理一张与证券账户关联的银行卡。两年时间内，他累计从银行卡中将 667 余万元转到自己的证券账户用于炒股。至案发时，聂某未归还的挪用资金达 174 万余元。武汉某国有资产经营有限公司副总裁魏某，任职期间利用职务之便侵吞单位资金 200 多万元、将价值 2000 余万的房产据为己有、多次挪用单位资金共计 1000 多万元进行经营活动。纳雍县信用联社某分社员工代某、徐某，采取假名、冒名贷款，挂失套取客户现金，吸取客户资金不入账等手段非法侵占纳雍县信用联社资金 1000 余万元，用于徐某开办加油站生产经营、在贵阳购置住房以及个人挥霍。

（4）一般作案次数多，持续时间较长，赃款难追回。行为人对自己管理的环节较为熟悉，常常在合法职务行为掩盖下多次实施犯罪行为，但民营企业大多缺乏严格的审计和督查审核程序，行为人往往在长达几年的时间里多次作案，都不被公司发现。这也给查处案件、追回赃款等带来很大的难度，公司受损严重。广东某家电企业业务员李某，利用职务上的便利，多次将从客户处收取的货款截留，不按照公司管理规定及时上交货款，采用拆东墙补西墙的方式，案发时涉案金额达 50 多万元，时间长达 2 年之久，公司都未发现，案发时，李某已经全部赃款用于赌博、消费等，无法追回。

（5）员工利用职务便利收受客户的回扣、干股或其他贿赂及索取贿赂的现象较突出。一些公司、企业职员利用代表公司洽谈协议或为本单位采购货物等职务便利，违反规定收受回扣归个人所有。双方为了实现互惠互利，一般都保持"友好合作"的态度，较难案发。李某为了取得某品牌在武汉地区的销售代理权，向该公司区域经理王某提出，按照销售货物的数量给王某回扣，王某帮助其取得了代理权，在两年时间内，陆续收受回扣 60 余万元。合肥市供电公司客户服务中心高压业务班原班长胡某，利用配电房工程及变压器工程业务受贿 9.7 万元；该公司计划企管部原工作人员盛某在参与绘制小区供电规划图时，利用职务便利，收受他人财物 5.7 万余元；客户服务中心低压业务班原副班长王某，在徐某某承接"蜀山名筑"小区户外计量柜业务中起了作用，接受了徐的好处费 5 万元。3 人行为均以非国家工作人员受贿罪被追究刑事责任。

（6）制造业公司、企业是职务犯罪的高发地带。制造业企业一般规模大，涉及采购、生产、销售等多个环节，管理难度大，容易出现制度漏洞，给犯罪分子留下可乘之机。比如制造业发达的浙江义乌，有 70% 以上的案件都发生在制造业。福建省泉州市鲤城区检察院近年来受理的 11 件案件中，有 7 件案件发生在制造业企业，占全部案件的 63.6%。

（7）多样化的犯罪手段不断翻新。行为人在不同的工作环节采用不同的方式侵占、挪用公司财物，侵犯商业秘密等较新型的犯罪开始出现，给侦破案件、适用法律等带来新的挑战。某物流公司快递员邵某，利用虚假姓名，通过网络订购金条后典当成现金，用后一次的钱款赎回前次金条，或直接将空盒放回仓库，剩余现金全部用来博彩，在不到两个月的时间内作案 7 起，涉案金额达 33 万余元。某电子公司员工陆某、马某，利用镍网从生产线上的镀金缸内吸附黄金，两天就吸附黄金价值达 37634 元。上海某机器有限公司负责国际贸易销售的业务员颜某，2010 年 5 月向公司书面提出辞职申请，为了防止技术和客户外流，在颜某离职前，双方又签订了一份《解约协议》，双方约定：颜某从公司离开时不得带走任何影响申拓公司行业竞争力的资料、文件和其他形式信息。随后，颜某即受聘于该公司的竞争对手上海某重型矿山机械有限公司，仍然从事国际贸易销售工作。经调查，颜某在新公司工作期间，利用其非法保留的旧公司客户名单和客户信息，以新公司的名义向旧公司的客户发出报价，造成旧公司客户大量流失。

（8）潜规则盛行，非公经济组织参与或引发的腐败现象日趋严重。近年来，政府进行社会管理创新的过程中，将很多过去由政府主导的职能转移给社会，大量社会中介组织出现，这些中介组织与权力部门存在千丝万缕的联系，很多社会中介组织为国家机关工作人员权力寻租提供挡箭牌和庇护所，国家机关工作人员利用中介组织收受贿赂、中介组织违法虚假评估引发国有资产流失等现象屡见不鲜。比如自 2009 年 1 月至 2011 年 12 月，北京市检察院第一分院共查办非公经济组织犯罪案件 19 件，其中单位行为案件 8 件，占该类案件总数的 42%，行贿数额在 100 万元以上的 3 件。某市规划局局长、党组书记蒋某和情人唐某，密谋利用中介公司受贿，以掩人耳目。随后不久，唐某在该市规划局对面写字楼注册了一家中介公司——某置业投资顾问有限公司，由唐某出面联系房地产开发商，开发商则利用唐某和蒋某是情人关系，使蒋某利用手中职权违规为该公司的房地产项目上调容积率（单位土地面积上的房屋建筑面积），以及对房地产公司的违规建房降低罚款等。有了这样一个中介公司，唐某接受开发商请托后，基本上都会与对方签订一份"所谓"的中介合同，在完成请托事宜后，开发商直接把钱汇到唐某公司的账号，而且每一笔贿赂款进账，还可以给对方开具发票，这看起来像是正常的商业行为，其实是在变相地利用蒋某手中的权力收取贿赂。仅仅 3 年时间，两人共同接受贿赂共计人民币 1615 万多元。某国有企业所属盐场将进行拆迁补偿，其法定代表人薛某得知后随即委托王某的评估机构进行评估，并承诺事成之后给王某较大比例的提成。2005 年 10 月，王某在既未对实地进行全面、客观的勘查、测量，又未掌握评估对象的设计图纸、结算资料、项目批文等相关资料的情况下，仅凭甲公司薛某提供的一张排洪沟剖面图及自己在现场简单测量的数据，就采用重置法"硬凑"出上述评估对象的评估价为 1348 万元。案发后，公安机关委托具有资质的乙公司对该工程造价进行鉴定，认定的造价为 286 万元。

（二）非公经济组织职务犯罪成因分析

近年来，非公经济组织内部的职务犯罪及非公经济组织犯罪的现象越来越突出，主要存在以下几个方面的原因：

1. 从被害单位角度看

（1）非公经济组织缺乏现代化管理理念，各项管理制度不健全，为行为人犯罪提供可乘之机。目前，很多非公经济组织缺乏现代化管理理念，管理方式相对落后，规范化不够，人治色彩突出、导致对内部员工监管不力，这是滋生企业各层级职员职务犯罪的主要原因。比如企业忽视内部控制机制的建立和完善，职责权限不明，岗位间缺少制衡。许多企业让固定的销售业务员全权负责几家客户公司的业务往来，从申请提货到向客户发货，均由一个销售业务员单独完成，或是容许业务员将若干次收取的货款汇总上交，这些做法不符合财务上基本的内部控制原则，销售业务员很容易利用管理漏洞侵占公司货物或者货款。再如只注意业务开展、规模扩大，而轻视安全保卫工作，门卫形同虚设，因而犯罪分子可以将企业的财物轻易带离企业；对企业的财务室、仓库、技术部、产品开发部、资料室等关键场所缺乏系统有效的保护，规章制度不完善。

（2）忽略企业文化建设，员工缺乏认同感和归属感。企业文化建设是企业各项管理工作的中心，只有有了良好的企业文化，企业才有可能拥有向心力，凝聚力，企业也才有可能实现人才和物资的有机完美结合，从而实现优质产品的诞生，优质服务的形成和企业经营利润的实现。但目前大多数非公经济组织过多地关注眼前的经济利益，对企业文化建设不够重视，忽略对员工良好品德的培养和技能的培训，不能正确引导员工树立正确的价值观、人生观，导致员工对企业缺乏认同感，有机会占单位的便宜就绝不放过，发现制度漏洞也不及时反映，从而引发大量案件。

（3）员工权利义务不对等，易引发侵财案件的发生。当前，一些非公经济组织负责人独享发展成果，不考虑员工的薪酬、培训，甚至连国家法律规定的必须购买的社会保险都不为员工购买，而自己在暴富后花天酒地，这种财富分配上的不公，不仅影响了员工的工作积极性，甚至使得有的员工为泄愤而恶意侵犯公司财产。同时，在企业内部各层级管理人员待遇悬殊过大，比如有的销售经理年薪过百万元，而业务员每月只有几千元的收入，还要付出很多的时间和精力，从而导致底层员工心理失衡，通过各种途径增加自己的收入，甚至不惜以身试法。

2. 从行为人情况看

行为人以身试法，存在主客观两方面的原因，结合实践，多数非公经济组织职务犯罪人员存在以下原因：

（1）缺乏主流的价值观、人生观支撑，易被各种落后的、错误的观念支配。当前社会充满了浮躁，很多人无法抵御金钱、物质的诱惑，贪欲心理和攀比心理严重，贪图享乐，见到他人比自己的待遇好，条件好，在虚荣心的支配下，往往不顾个人前程，以身试法。如因职务侵占罪、伪造金融票证罪、虚报注册资本罪被判处有期徒刑19年的前中国银行股份有限公司信阳分行行长姜东红在入狱后，坦诚了其由行长沦为阶下囚的心路历程。"按理说，我的收入也不低。2006年我每个月的工资也有五六千块钱。可是，当和一些大老板坐在一起吃饭的时候，我就自卑起来，从而导致心理失衡。"姜东红说，别人戴的一块手表就抵得上他全部积蓄，吃饭一掷千金，和他们比自己还差得太远。"心理一旦失衡，精神大厦便开始动摇，歪理邪念就会在脑袋里滋生。"就是从那时起，在姜东红的人生词典里，衡量成功的尺度不再是敬业、政绩、口碑，而是金钱、排场、气派等。

（2）对法律缺乏敬畏之心，侥幸心理严重。"法不责众"意识在传统法文化中由来已久，它在某种程度上为犯罪分子提供了一个心理保护层，特别是受贿犯罪案件，行为人认为从上到下都拿好处，只要自己不吃"独食"，找个保护伞，即使出了事也是法不责众，大事化小，小事化了，从而走上犯罪道路。职务侵占案件行为人往往认为自己在各个环节的工作做得很细致，不会被人发现，刚开始还存在戒备心理，一次又一次地得逞，助长其侥幸心理，在犯罪的道路上越走越远。如原东莞市大岭山镇自来水厂抄表组邓某等四人在2002年3月至2006年5月间，利用职务之便，以"大头小尾"填写收据等方法，隐瞒矮岭冚村水管站的真实水费收入，共同侵占大岭山镇自来水厂的水费收入550余万元。案发后，邓某坦诚，水管站效益不好，为了给职工更好的福利，一直有截留水费的"传统"，邓某等人认为村委会领导不仅知道，而且支持这样的做法，所以不会出事，出了事也有人顶着。在这种侥幸心理的作用下，其胆子越来越大，侵占的水费越来越多。

（3）对法律知识缺乏基本的了解，在无知的状态下违法犯罪。少数人由于对法律缺乏基本的了解，认为自己的行为不是违法犯罪行为，悄然触犯法律。如 2010 年 4 月 10 日上午，某市一五金厂司机杨某驾驶该厂一辆货车搭载该厂员工甘某，到某市一家用电器制造有限公司拉货回厂加工。到达电器公司后，该公司冲压车间刚冲压好 800 只半成品铝制压力锅内胆，公司员工林某就让甘某先搬上车，并要求其告知公司的仓管员，到仓库少装 800 只压力锅内胆，但甘某到仓库装货时，没有将已装 800 只压力锅内胆的情况告知该公司的仓管员，该公司的仓管员也未进行清点而直接按照提货单载明的数量让两人装载了 1800 只压力锅内胆，并开具出货单据。返厂途中，两人经商议将多装载的 800 只内胆卖到一废品收购站，得赃款 4000 元。电器公司发现压力锅内胆少了 800 只后向两人核实，两人均否认多装了货物。经鉴定，两人多装载的 800 只压力锅内胆价值共计人民币 24000 元。

（4）有些非公经济组织目光短浅，不惜为了眼前经济利益触犯法律。当前，我国非公有制经济总量虽然已经非常庞大，但是很多非公有制经济组织在发展过程中缺乏做大做强的气魄，目光短浅，常常通过行贿、虚开增值税专用发票、用于抵扣税款发票、欺诈等非法手段为经济组织谋取经济利益。北京华峰惠康医药有限公司、北京恒宇华康药业有限公司、北京五洲亚泰国际药业有限公司的法人代表、副总以及财务人员等 19 人，因偷税 2000 余万元、虚开近两亿元增值税发票的罪名，被北京市第一中级人民法院判处无期徒刑至有期徒刑 3 年不等的刑罚，三家公司也被处以 200 万元至 500 万元不等的罚款。北京天瑞泰和科技有限公司董事长李某，为使其公司代理的深圳同方融达科技有限公司在 2002 年北京市地方税务局税控装置产品选型项目中顺利中标并分配到较好的销售区域，先后 6 次以给相关公司"咨询费"的名义，向北京市地方税务局征收管理处原副处长刁某行贿 184 万余元。

3. 从法律和社会层面看

（1）立法不够完善，对职务侵占犯罪和非国家工作人员受贿罪处罚较轻，难以实现法律的震慑功能。我国《刑法》第 271 条第 1 款规定："公司、企业或者其他单位的人员，利用职务上的便利，将本单位财物非法占为己有，数额较大的，处五年以下有期徒刑或者拘役；数额巨大的，处五年以上有期徒刑，可以并处没收财产。"第 163 条第 1 款规定："公司、企业或者其他单位的工作人员利用职务上的便利，索取他人财物或者非法收受他人财物，为他人谋取利益，数额较大的，处五年以下有期徒刑或者拘役；数额巨大的，处五年以上有期徒刑，可以并处没收财产。"司法解释规定的入罪标准较高，比如职务侵占罪涉案金额起点为 5000 元至 2 万元，而且两罪最高量刑只是有期徒刑，对于侵占数额过百万甚至达千万的行为人而言，犯罪成本相对低廉，法律难以对其心理上起到震慑作用。对单位行贿入罪门槛较高，量刑偏轻，且对"谋取不正当利益"的规定过于原则，司法实践中难以把握。商丘市睢阳区农村信用联社某分社职员李某，利用在商丘市睢阳区农村信用联社某分社管理股金的职务便利，将股金322.31万元非法占为己有，造成某分社对多个入股人股金到期无法兑现。2010年2月13日，被告人李某利用职务便利，将商丘市睢阳区农村信用社某分社钱库内现金1万元非法占为己有。商丘市睢阳区法院以职务侵占罪判处其有期徒刑8年。安徽省宿松县某信用社会计罗某某，2001年9月开始利用其担任宿松县某信用社会计的职务便利，采取虚增账面利息支出发生额、虚列利息支出发生额、虚增日结单金额等方式，将本单位资金流出账户占为己有。在担任单位负责人后，罗某某又趁同事不注意之际，将同事的柜员卡拿出盗刷，并输入在平时工作中窃取的密码，进入单位的综合业务系统，再使用自己的管理卡和密码，采用同样的手段做出一笔虚假的利息支出业务，将该笔利息支出数目的现金带走或者存入自己准备的卡中占为己有。到2010年10月案发，罗某某利用上述手段共作案308次，侵占单位资金达3364302.42元。宿松县人民法院以职务侵占罪判处其有期徒刑7年，并处没收财产50000元。

（2）大量非公经济组织内职务犯罪案件未及时查处，职务犯罪的法律后果未引起行为人的足够重视。非公经济组织内发生的职务犯罪案件，查处难度大，实践中也存在公安机关对该类案件不重视的情况，上级不重视、当事人施加的压力不够大的情形下，公安机关查处该类案件的积极性不高。加之前文分析的非公经济组织自身对此也不重视，只要行为人退赃，一般也不愿意追究行为人的刑事责任，导致大量已触犯刑法构成犯罪的案件未进入司法领域，这无疑助长了行为人违法犯罪的侥幸心理，认为大家都占、都贪，却不用承担法律后果，自己不占、不贪则是吃了亏。

（3）我国公平有序的市场竞争环境尚未完全建立，对非公经济组织的政策扶持力度还不够大。一方面，非公经济组织特别是中小企业在税收、融资、项目采购等方面缺乏必要的政策扶持，相比国有企业处于明显弱势地位，为增加竞争筹码，一些非公企业选择铤而走险，以贿赂作为突破口。另一方面，相关制度不完善和执行过程中的偏差滋生了寻租的土壤，当某个领域中通过暗箱操作获取经济利益的潜规则盛行时，非公经济组织通过正当途径拿不到本该从市场上获得的资源和机会，就会选择采用不正当手段去竞争，并把它当做正当经营风险的一部分。

（4）职务犯罪预防工作的触角未能及时延伸到非公经济组织。囿于观念的限制，多年来，检察机关主要是在国家机关和国有企事业单位大力开展职务犯罪预防工作，对非公经济组织开展职务犯罪预防工作，也是近几年进行检察机制创新的一项举措，预防的模式、途径、方式均还在探索过程中。

（三）对非公经济组织职务犯罪防控对策

对非公经济组织的职务犯罪进行防控是一项系统工程，应结合现状和存在的问题，从立法、公司企业治理、执法、社会管理等多个层面和角度进行完善。

1. 完善非公经济组织管理制度

（1）建立现代化企业管理制度。进一步规范企业法人治理结构，明确股东会、董事会、监事会和经理层的职责，使他们各负其责，有效制衡，建立起决策、监督权分离，相互制衡的运行机制。同时，建立现代管理模式，利用以计算机为工具的管理信息系统，变人治为法治，事后监督为实时控制，优化和加强企业的运营和管理，防微杜渐，避免职务犯罪案件的发生。使用管理信息系统，实现对企业全部生产要素的实时控制和管理，这样可以从技术的角度，提高企业自身的控制能力，减少人为的对企业财产的侵犯和对企业制度的破坏，促进企业健康发展。

（2）建立科学的领导管理制度和用人机制。建立科学的领导管理制度和相互制约的选人用人机制，按照公平、平等、竞争、择优的原则，广泛采取公开招聘、民主推荐、民主选举等形式，激活用人机制，从制度上保证管理者对股东负责、对企业负责、对职工负责。同时要加强对权力运行过程的监督。要建立企业管理层的工作职责、职权范围、议事和决策程序等制度，对于企业重大项目立项、大额度资金使用等重大问题，要坚持集体决策，防止个人决策的主观随意性，以避免滥用职权和以权谋私问题的发生。

（3）建立完备的内控制度，实现销售与财务、物流职能分离。要实现企业的健康发展，必须提高科学管理水平，实行销售与财务、物流职能分离。销售人员专心致力于营销、客户管理以及售后服务等，提高服务质量，增加销售业绩；由专门的财务人员负责回收货款，从财务管理的角度对营销人员工作进行监督，控制销售人员侵占、挪用货款等侵财犯罪的风险，同时力争减少应收账款，降低企业财务风险；由专门的物流部门负责运输和仓储管理等任务，切断销售人员对货物的直接控制，避免销售人员利用公司货物进行个人业务经营等侵财行为的发生。通过以上对销售与财务、物流职能的分离，建立起销售、财务和物流三个职能部门之间的合作和牵制机制，实现企业中业务流、资金流、物流三流分开并各行其道，达到防范企业职务犯罪的目的。

（4）加强会计监督职能和对会计的监督审核工作。首先，企业应强化会计的反映和监督职能，维护财经纪律，确保企业内部的财经政策、制度的执行，加强从财会角度对采购、销售、签订合同等公司一切业务的监督管理，及时发现并有效制止一切侵犯本企业财产的行为，提高经济效益。其次，企业应重视对会计部门的监督审核工作。比如可以设立直接对企业所有者负责的审计部门，由其审核企业的各项生产性支出和费用支出，防范重复报销和虚报费用等问题。最后，要提高会计人员素质，选用政治素质好、业务能力强的会计从业人员，持证上岗并加强会计岗上培训和后续教育。总之，通过强化财会管理和审计监督，防范会计人员和企业内部其他人员侵财职务犯罪的发生。

2. 加强对员工的培训、教育和引导，对不良情绪进行积极干预，防止犯罪发生

（1）将人性化管理融入企业管理文化之中，引导员工树立正确的世界观、价值观。在实际工作中，加强对员工的职业技能培训和普法宣传，通过信任激励、职务激励、情感激励和物质激励，让广大效力于非公经济组织的员工看到希望，在为企业创造财富的同时实现自身价值，提高员工归属感和企业凝聚力。这样，企业才能取得发展的不竭动力。同时，举办有关理财知识讲座，灌输新的理财观念，介绍好的投资方向等，引导职务人员在法律、政策允许的范围内，将多余的资金及智力投入到各类资本市场进行运行来增加经济能力。

（2）采取各种措施疏导员工不良情绪。单位或部门的领导对一些有明显不平衡心态或暴露出错误倾向的职务人员，应主动找其交谈，让其充分地把不平衡心态或认为冤屈的方面宣泄出来，在充分了解情况后给予正确的引导，以缓解其心态。此外，可以组织相关人员深入贫困山区和农村进行调查、访问，组织参观监狱，让在押犯罪人员现身说法，组织旁听侵占、受贿等职务犯罪案件的开庭或审判等。适时变动外部环境和条件，增加职务人员调动的频率，让其经常性地适应新的环境和条件，使有扭曲心态的个别职务人员在新的环境中逐步放弃、纠正扭曲的心态。

3. 完善社会管理和法律制度

（1）应该将职务犯罪预防工作延伸到非公经济组织。非公经济组织同国有经济、集体经济组织一样，都是我国社会主义市场经济的重要组成部分。非公有制经济在国民经济中的社会地位，必然要求我们的立法、执法、司法和法律监督工作为其提供更好的服务。

（2）加强对各类经济犯罪的打击力度。排除一切干扰，坚决打击侵占、受贿等职务犯罪，不使侵占、受贿职务犯罪的嫌疑人逍遥法外。加强处罚的力度，增加此类犯罪的犯罪成本，充分发挥法律的威慑力，以儆效尤，惩戒再犯。同时，要加大整治社会主义市场经济秩序，严厉打击走私、偷税、假冒商标、生产假冒伪劣产品、非法经营等违法犯罪行为，使违法致富现象得以铲除，从而减少诱发扭曲心理的客观因素。

（3）加快建立社会信用体系。实行信用等级奖惩制度，构筑一条预防企

业职务犯罪的道德大坝。各级政府的相关职能部门和金融等单位要根据各自的职能，制定一整套社会信用等级管理机制，形成社会信用管理体系。要通过市场化的征信手段，在一定范围内形成有效的信用信息沟通渠道和失信惩罚机制，可以大大减少或避免违法行为，达到规范市场秩序、净化市场环境的目的。

（4）进一步完善社会保障体制。我国现行体制下养老保险、离退休制度还不完善，一些企业职工退休后生活没有保障。这使的企业职工对企业工作积极性不高，而对自己的私利却十分关心，为自己的将来留后路，处心积虑从企业捞钱。目前我国已经建立了养老、失业、医疗、工伤、生育等5项社会保险，从实施角度看，除了养老保险实施范围较宽外，其他保险离社会化还有很大距离，需要进一步完善社会保障体制，从而减少企业职务犯罪的发生。

（5）加快立法步伐，改变非公经济组织职务犯罪立法滞后的状况。及时弥补现行刑事立法的疏漏与盲区，完善各类经济管理法规，建立以法治为基础、以市场经济体制为核心内容、协调统一、完整系统的法律体系，构筑起比较严密的刑事法网，使之真正发挥预防和打击经济犯罪的作用。

（6）广泛开展职务犯罪预防的宣传教育，通过大众文化增强群众的防范意识和能力。利用新闻媒体传播的广泛性、快捷性，向社会宣传侦查部门打击企业职务犯罪的决心、重大举措和重大成果，报道各类企业职务犯罪的趋势动向，宣传预防企业职务犯罪的常识，增强广大群众防范企业职务犯罪的意识。采取多种形式，如下发建议书、召开研讨会、大型图片展览等形式，提高广大群众预防职务犯罪的能力。

（7）执法过程中努力使非公经济组织与公有制经济享受同等待遇。在执法过程中做到公开、公正、公平，确实保证非公经济组织在投资融资、税收、土地和对外贸易方面与其他企业享受同等待遇。修订完善支持鼓励非公经济组织发展的政策和法规，统一商业贿赂的处罚标准。对符合政策导向的非公经济组织从项目招投标、政府采购等方面给予支持，对重大工程建设、重要物资采购等项目，实行阳光操作，为非公经济组织参与公共资源交易创造公平的竞争环境；进一步完善检察机关"行贿档案查询系统"，将行贿档案查询拓展到工程招投标之外的各个领域，增加违法犯罪的成本，建立非公经济领域企业行贿"黑名单"制度，严肃查处非公经济组织行贿案件并进行曝光，助推行业自律。

需要说明的是，对于非公领域职务犯罪的范围，也有同志认为那些非公经济组织中国家工作人员或者其他从事公务的人员贪污贿赂犯罪、国家机关工作人员渎职侵权犯罪，属于检察机关侦查管辖范围，毫无疑问要纳入检察机关预防职务犯罪工作中，此外一些执法人员在非公经济组织滥用职权实施犯罪，也应纳入该项工作。但对于国家工作人员以外的公司、企业或者其他单位的人员，实施职务侵占、职务受贿等犯罪，是否属于检察机关预防职务犯罪的工作范围，有不同见解。但在非公领域开展职务犯罪预防是检察机关预防职务犯罪工作的新领域和新课题，许多地方已经开展实践探索，为了及时总结各地经验，便于工作借鉴，本教程特作以上介绍，仅供参考。

九、渎职侵权犯罪预防

2008 年至 2010 年，全国检察机关共立案渎职侵权犯罪案件 21620 件 28521 人，其中，滥用职权案件 7041 件 8811 人，占 32.6 % 和 30.9 %；玩忽职守案件 9902 件 12287 人，占 45.8% 和 43.1 %；徇私舞弊案件 2436 件 3262 人，占 11.3 % 和 11.4 %；侵犯公民权利案件 834 件 1557 人，占 3.9% 和 5.5%。

（一）渎职侵权犯罪案件特点

1. 重特大案件突出，滥用职权、玩忽职守犯罪所占比例较大。在 2008 年至 2010 年全国检察机关查处的 21620 件渎职侵权职务犯罪案件中，滥用职权案件 7041 件，占 32.6 %；玩忽职守案件 9902 件，占 45.8%；重大案件 6436 件，占 29.8%；特大案件 3458 件，占 16%。在已经立案侦查的 3852 名渎职侵权职务犯罪嫌疑人中，科级以上干部 825 人，占 21.4 %；处级以上干部 44 人，占 1.1 %。河南省某银行营业部信贷风险管理部原经理白某、郑州财政局某处原副处长刘某、某处原处长周某玩忽职守，造成国家重大经济损失 7000 余万元。洛阳市财政局某处原工作人员牛某玩忽职守，造成国家重大经济损失 2000 余万元。

2. 案发范围广，犯罪主体多为国土、城建、税务、林业和工商等行政执法工作人员和公安等司法工作人员。从国土、交通、建设、城建、安监、民政、公路、规划、工商、林业、农业、医药、计生等行政执法领域，到派出所、禁毒大队、治安大队、巡警大队、交警大队、看守所和刑警大队等司法领域，都有渎职侵权犯罪的发生。在全国检察机关查处的 3852 名渎职侵权犯罪嫌疑人中，司法机关和行政执法机关的涉案人员共有 2292 人，占 59.5%；行政执法机关的涉案人数有 1560 人，其中国土、城市建设、税务、林业和工商的涉案人员突出达 930 人，土地部门的涉案人数有 376 人，占行政执法机关涉案人数的 24.1 %；城市建设部门的涉案人数有 194 人，占 12.4%；税务部门的涉案人数有 124 人，占 7.9 %；林业部门的涉案人数有 165 人，占 10.6%；工商部门的涉案人数有 71 人，占 4.6%。行政执法人员的渎职侵权犯罪，主要发生在一些具有公共管理、行政审批职能，具体实施行政审批、稽查、行政处罚和收费的内设机构及基层所站，这些行政执法人员大都承担着重要职责，掌握着审批、管理、处罚等权力，有一定的实权，有实施职务犯罪的便利条件，容易成为一些投机分子拉拢腐蚀的对象，从而在各种利益诱惑下走上犯罪道路。河南省卫辉市某乡政府主管土地的副乡长郭某和国土资源所所长王某滥用职权，致使国家矿产资源损失高达 1000 余万元。司法机关的涉案人数达到 732 人，其中公安机关的涉案人数比较突出达到 611 人，占 83.5%。司法人员的渎职侵权犯罪，主要发生在公安机关的派出所、看守所、刑警大队、禁毒大队、交警大队。河南省濮阳市范县公安局某派出所户籍警范某等人为李某等人办理假户口、身份证，后李某等人利用为其办理的虚假证件在北京注册公司，并在银行开设账户实施诈骗犯罪，骗取李某、师某现金 71 万元。

3. 渎职侵权犯罪与贪污贿赂犯罪相互交织，犯罪动机呈现多样性。检察机关通过深挖犯罪发现，渎职失职背后往往隐藏着利益动因，官员弄权，大都意在捞钱。在河南省，仅新乡市检察机关 2008 年以来查办的渎职侵权职务犯罪案件 203 件 284 人中，通过深挖渎职犯罪发现贪贿犯罪的就有 20 件 24 人，占立案总数的 10% 和 8%。窝案串案相对较多，有的一起案件可能涉及多个领域、多个行业，有的一个部门涉及多名干部渎职等职务犯罪。荥阳"5·4"特大煤矿事故造成 16 人死亡、给国家造成经济损失 700 万元案，挖出荥阳市某镇原镇长王某、荥阳市煤炭局原局长张某、原副局长范某等 11 人渎职犯罪。在当前查办的渎职侵权犯罪中，犯罪动机是多种多样的，有的是出于私欲、谋取不正当经济利益；有的是为了徇私情，致使公共财产、国家和人民利益遭受重大损失；有的是放弃职责要求，盲目随从领导意图，导致产生重大后果。新密国土资源局土地利用科原科长翟某、地籍科原科长王某收受贿赂，谋取私利，违规办理改变土地用途土地过户手续，造成国家直接经济损失达 900 余万元。濮阳市高新区土地规划建设局局长原助理勾某，在高新区土地出让工作期间，收受贿赂，滥用职权，为他人虚假出具土地出让金已经交清的证明，导致少收取土地出让金，给国家造成经济损失 1000 余万元。陕县某农业服务中心（林站）主任王某、副主任张某、护林员马某，林业局宫前资源管理站站长杨某及工作人员崔某、徐某，森林公安分局森警队队长张某，放弃职责要求，明知某村村民杨某组织收购并外运的天然栎木是国家明令禁止采伐的树种之一，未按规定制止或暂扣上报，而予以放行，导致 3800 余棵天然栎木被非法采伐，造成天然林林木蓄积损失 230 余立方米。

4. 渎职侵权犯罪危害后果严重，社会影响较为恶劣。渎职侵权犯罪往往导致严重后果，不仅给国家和人民造成重大经济损失，而且容易引发群体性上访事件，严重地影响社会稳定，同时还要投入大量的人力、物力、财力，影响正常的生产生活秩序，造成恶劣的社会影响。河南省渑池县交通局公路运输管理所 2 名工作人员，不依法履行职责对客运经营活动进行监督检查，致使 2007 年已被吊销营业执照的渑池县道路运输服务有限公司某车队继续非法从事运营，导致挂靠在该车队的一辆营运客车在严重超载、私自包车运营途中翻入深沟，造成 15 人死亡、20 人受伤的严重后果。河南省安阳市安全生产监督管理局原副局长梁某，在有关人员在发现某矿没有《安全生产许可证》，擅自组织生产，向其汇报后，其私自做出对该矿采取罚款 10 万元的决定，导致该矿长期违反有关法律法规组织生产，后该矿在生产过程中突然发生地面塌陷，致使 18 间房屋陷落，11 名矿工、1 名养猪户失踪，以及 1 名矿工下落不明，造成直接经济损失 300 万元。河南省平舆县某派出所原所长赵某和该所联防队员王某在抓获安阳警方网上通缉的在逃犯秦某后，不积极向安阳警方联系，也不向领导请示汇报，擅自决定向秦某亲属索要现金 3 万元后将其放掉，在当地造成恶劣的社会影响。

（二）渎职侵权犯罪的主要原因

1. 法律意识淡漠，责任心不强。某些公职人员认为渎职犯罪不是贪污受贿，主观恶性小，是好心没办好事，不应该按犯罪对待，由于这种错误的理解，导致其没有把渎职犯罪与犯罪后果对等起来，形成主观上对渎职侵权犯罪的认识不够，所以才触犯法律。部分公职人员，在经济利益的驱使下，不能正确对待和行使手中的权力，将国家赋予的行政执法权力，异化成谋取利益的工具，权力观念错位，特权思想严重，丧失了基本的原则立场。有的是违反科学，违章蛮干，冒险施工而造成工矿企业重大责任事故；有的是严重不负责任，没有查明签约对方资金情况和履行能力，就轻信对方，支付款项或发放贷款，造成国家巨额资金被骗或难以收回的现象；有的是不经调查研究和科学论证，草率决策和盲目投资，展开大规模的基建工程而导致国家巨款资金、资源的惊人浪费；等等。

2. 法规制度不健全，执法职责不清。一方面，有些单位规章制度不健全，或虽有制度却不按制度执行，使规章制度形同虚设，给不法分子以可乘之机，同时为滋生犯罪提供了土壤。另一方面，行政执法领域机构众多，执法权分散，职能交叉重叠，多头监管，职责不清现象十分突出。事故发生后不容易厘清责任，特别是多因一果造成的事故、事件，往往形成集体渎职的局面。如果严格执法，涉及面广，打击面大，则面临执法的法律效果、社会效果、政治效果如何统一的问题；如果控制打击面，只追究个别责任相对集中的渎职人员，则面临如何体现公平正义、如何完善责任证据链条的难题。

　　3. 监督机制不完善，执法程序不规范。对于手握一定职权的人，其身边的工作人员往往因为害怕权力，不敢或不愿监督。也有一些领导干部，不执行民主集中制，搞"一言堂"。还有的部门执法不透明，造成"暗箱"操作，为权钱交易提供便利。一些基层执法人员，由于工作环境偏远，缺少监督，养成了按照个人喜好不按原则办事的坏习性，或是利用人情关系越权滥用，或是不认真履行职责，该审查的不审查，该监管的不监管，玩忽职守。从外部监督来说，社会群众对于滥用行政权力侵犯社会公共利益、人民群众利益的违法事实，甚至是已经涉及犯罪的，多是通过启动行政诉讼程序进行申诉和控告；这类案件多属"民告官"的案件，人民群众对于通过行使手段惩处行政人员渎职侵权案件的认识还不够深刻，对这些案件的举报意识还不强。

　　4. 轻缓刑判决率较高，查处难度较大。由于犯罪嫌疑人自身职权、地位的特殊性，其活动能力强，关系网多，导致外部阻力大，查处困难。渎职侵权犯罪案件往往涉案人员较多，领导责任与直接责任交织，主要责任与次要责任交织，决策责任与执行责任交织，甚至相互牵连、责任分散。由于造成该类案件发生的责任的多重性，就相应地减轻主要责任者（一般为案件的嫌疑人或被告人）的刑事责任。我国刑法对某些渎职侵权犯罪的立案标准规定的较为模糊，如"造成恶劣社会影响"，"造成严重后果"等，致使司法工作者在实践中难以操作，也使检、法两家对此类问题在认识上不一致，检察机关认为造成了恶劣的社会影响或造成了严重后果，而审判机关却不认同，导致重罪轻判、轻罪不判，削弱了打击力度，不能有效震慑犯罪。

　　（三）预防和减少渎职侵权犯罪的对策

　　针对以上渎职侵权犯罪发生的原因和危害，必须采取强有力的措施，预防渎职侵权犯罪的发生，同时加大打击力度，使得国家机关工作人员在工作中认识到自己肩负的责任，不敢利用职权进行渎职侵权犯罪，进而防止和减少渎职侵权犯罪的发生。

　　1. 加强宣传教育，提高思想认识。要广泛采取以案释法、服刑罪犯现身说法、法制宣传等大家喜闻乐见的形式，加强对党政干部的思想教育、道德教育和警示教育，使广大党员干部明确工作标准、程序和界限，熟知什么能干、什么不能干，充分认知和体会到法律的尊严和威慑力，有效遏制和减少职务犯罪发生。充分利用网络、广播、电视、报刊等新闻媒介，有针对性地将渎职侵权犯罪所涉及的法律向群众进行宣传，让人民群众更多地了解什么是渎职侵权犯罪，从而发挥群众对领导干部的监督作用，使已经犯罪的收敛其行为，甚至投案自首，使摇摆者不敢触碰法律的高压网。

　　2. 明确划分职责，促进执法公开。对各党政机关"一把手"、重要部位、各级财务建立规章制度，明确职责，形成用制度管人，靠制度管事的监督模式。对重要业务环节的监督制约机制，按照"事权分离、权力分解、相互制约、规范程序、公开透明"的原则，科学地进行内部权力分解和职能划分，通过监控管理和执法评估，对执法情况作出适时定量的分析，掌握情况，纠正业务工作偏差。通过多种方式和途径，向社会公开行政执法各部门职责权限、机构设置、基本法律、行政法规、规章制度、执法权限及其法律依据、执法人员应履行的义务，使行政执法权力接受社会各界的监督，从而健全对行政执法人员权力的制衡和效益监督机制，形成灵敏高效的预防和纠错机制。

3. 完善监督机制，落实廉政责任。各级行政执法机关要落实廉政责任制，单位负责人与部门负责人之间，部门负责人与普通干部之间要层层签订廉政责任状，哪个环节出问题就追究哪个部门负责人的责任。大力推行廉政量化和风险管理，实行责任考核与追究制度。将理论学习、廉政教育、专项业务等层层分解，把任务目标落实到人，形成"横向到边，纵向到底，交叉到位"的责任体系，违法违纪要追究领导责任，实行"廉政一票否决制"。与此同时，要执行奖惩制度，奖罚分明。对遵纪守法、廉洁自律、勤政奉公者要给予大力表彰，对工作失职的领导干部进行严肃处理，对违规违纪人员坚决查处，绝不手软。

4. 加大打击力度，注重惩防并举。加强反渎职侵权工作，依法惩治渎职侵权犯罪是检察机关对执法活动和保障人权最强有力的监督方式，是强化法律监督的重要手段和有力保障，对渎职侵权犯罪应坚持从严治吏原则，切实加大惩处力度，对可起诉可不起诉的应坚持起诉，可处刑可免刑的应坚决不判免刑，可判缓刑可不判缓刑的应坚决不判缓刑。认真贯彻落实中共中央《建立健全教育、制度、监督并重的惩治和预防腐败体系实施纲要》，坚持惩防并举、注重预防，在查处渎职侵权职务犯罪的同时，积极开展类案研究、个案分析，掌握发案规律，发布职务犯罪预警信息；大力开展预防调查，发现犯罪隐患，研究预防对策，建立健全防控机制；加强与各行政执法部门的联系，有针对性地提出预防对策，最大限度地预防和减少渎职侵权职务犯罪行为的发生。

第三节 突出现象职务犯罪预防

一、"一把手"职务犯罪现象

"一把手"职务犯罪是指国家机关、企事业单位和人民团体中最高级别的行使职权或者承担管理职责的人员在职务活动中，利于职务上的便利故意或过失实施的严重危害社会或者其所在单位利益而应受到刑罚处罚的行为。"一把手"职务犯罪现象社会危害巨大，惩治和预防"一把手"职务犯罪是建设社会主义法治国家的必然要求和重要保障。

（一）"一把手"职务犯罪的特点

1. 涉案金额巨大，重特大案件数量明显增加。"一把手"是单位最主要的管理者和决策者。其自身权威和地位不容置疑，其所在单位事务皆由其负责。由于其所处的特殊地位和职务上所享有的特殊便利，"一把手"职务犯罪案件涉及的金额巨大，百万元、千万元、亿元也不足为奇。中石化原总经理陈同海受贿金额高达 1.9 亿余元；首都机场集团公司原总经理、董事长李培英受贿 2661 万余元，贪污 8250 万元。

2. 串案、窝案频发。"一把手"是其所在单位经营决策的负责人。其在单位管理过程中并未任人唯贤，而是将关键性和重要性的岗位由自己亲近之人担任。在单位内部形成了组织结构、工作分配由"一把手"说了算的地步。因此，"一把手"职务犯罪涉案人员很多，有组织、有计划地滥用手中的权力。在查办"一把手"职务犯罪案件时往往是查处一人带出一串，查处一案带出一窝。

3. 具有较大的隐藏性和欺骗性。"一把手"在其正常职务和身份的掩饰下，罪恶行径被隐藏掩盖起来。近年来，职务犯罪的方式和手段出现了一些新的变化。"一把手"和相关人员串通，利用其所在单位发行股票、企业破产、重组等机会，非法收受有价证券和其他利益；在贿赂犯罪中，行贿者与受贿者双方互相包庇，行贿者手中的金钱与受贿人手中的权力相结合共同腐败；在渎职案件中，"一把手"应当承担的责任由下属来承担，下属应当承担的责任由"一把手"加以包庇隐匿，"一把手"职务犯罪较之其他案件的侦破难度更大。

4. 社会危害性严重。"一把手"主宰其所在单位或部门的行政、经济、人事大权。"一把手"腐败行为往往使得单位经营不善、财物资金管理混乱、人员任用不公。所在单位大量资金未被加以妥善使用，单位员工极其不满、无心工作，最终单位的正常经营管理活动偏离正轨。"一把手"职务犯罪在一定程度上危害社会稳定和经济发展的有序进行。

（二）"一把手"职务犯罪的主要原因

1. 权力高度集中。"一把手"作为所在单位的最高领导人员，对单位的经营管理负责。"一把手"集权现象十分突出，"一把手"成为所在单位的家长和总管。这使得"一把手"滥权或者怠权的体制性原因。"一把手"随着职务的不断升迁，思想也发生了很大的变化，目空一切，唯我独尊，一个单位事无巨细，从行政事务到事项，从经济往来到经费开支，从人员录用到干部任用，统统一个人说了算。这为"一把手"职务犯罪埋下了伏笔。因此，"一把手"容易以权谋私、权钱交易，权力的行使逐渐偏离正轨。权力高度集中不足以正常发挥其遏制不良社会诱因并朝着正确行为导向的功能，"一把手"经受不住内外诱因和冲动的压力而产生犯罪意识，实施犯罪行为。

2. 监督机制不完善。我国对单位领导干部有着一套监督机制，如对干部任用上的考核制度，对单位财务运作的审计制度以及单位内部的财务管理制度。然而，这些制度在实践中运转不良，对干部监督不力。如审计机关对国家各级政府及金融机构、企事业组织的审计监督，有年度审计和领导干部离任审计，但在年度审计往往流于形式，无法起到监督制约权力行使的目的。而离任审计作为一种事后监督，明显存在监督不及时的问题。内部会计监督更是形同虚设。会计应对单位财务收支情况作审核把关，但在，由于职务上的隶属关系使得会计无法对"一把手"报销的发票进行有效审核，对单位负责人违反财务管理制度的问题不作监督，甚至会计和"一把手"同流合污，共同谋取私利。"一把手"的命令代替制度、规章和法规的现象层出不穷。监督机制作为防范权力被滥用的重要保障，在我国实际生活中，人大监督、党内监督、司法监督、行政监督、群众监督、舆论监督都不同程度地存在监督不到位、监督不力、无法监督的问题。对相当多的领导干部来说，官越做越大，各方面的约束却越来越小。

3. 思想意识薄弱和法律知识匮乏。虽然有些"一把手"在业务上出类拔萃，但法制观念淡薄，思想意识薄弱，所以"一把手"会触犯法律。如在挪用公款案件中，"一把手"认为只要自己不贪不占就没有过错，随意将资金交付个人使用，结果触犯了法律。在一些行政执法部门，"一把手"法律观念淡薄的现象尤为突出。他们认为自己是为履行工作职责，尽管有些做法不合适，但是这些做法不是什么大问题。

生活上腐化堕落。价值观在人的心理结构中起着决定作用，不但影响着个体的一般倾向，而且支配着人们的整个精神面貌和倾向、习惯。一方面，受传统思想的影响，特权思想是极易受到人们心里认同的观念；另一方面，市场经济中为达到谋取经济利益之目的而不择手段的负面影响渗入到国家工作人员头脑中，诱发了行为人在价值观的错位，以致最终走上以权谋私、滥用公权力的不归路。有的"一把手"道德品质水准低下，在金钱女色诱惑面前，意志不坚定，失去抵御能力。当这些人一旦沾染不良习气，花钱的门路多起来，正当的经济收入不能满足其挥霍的需要时，他们往往会想通过滥用权力来弥补。

（三）"一把手"职务犯罪的预防对策

1. 大力推进政治体制改革

以坚持和完善民主推荐、民主测验和民主评议制度为基础，深化干部人事制度改革；转变政府职能，改变权力过分集中的现象，使权力得到合理配置，并保证其依法有效地运作，有效地控制和预防"一把手"职务犯罪；健全"一把手"财产申报制度，以便接受群众的监督；严格按照依法治国、建立社会主义法治国家的目标，保障司法机关依法行使司法权。进一步深化司法制度改革，防止司法腐败等行为的发生，为减少和铲除滋生"一把手"职务犯罪提供司法保障。

2. 加快经济发展的步伐

预防、遏制甚至杜绝"一把手"职务犯罪，必须进一步推进经济发展，经济体制改革。建立健全现代企业管理制度、完善企业法人财产所有权制度；政企完全彻底分离，减少权力干预经济行为的发生和权钱交易的机会；进一步扩大资源社会化配置的程度，全面推行和完善政府采购的招投标制度，增加财政资金运用的透明度；加大改革分配制度的力度，减缓甚至消除机会不平等和社会分配不公的现象，提高国家工作人员的工资和物质待遇，为促进廉政勤政建设，预防甚至杜绝"一把手"职务犯罪，提供经济体制上的保证。

3. 完善各项监督机制

健全的监督机制对预防和遏制"一把手"职务犯罪起着至关重要的作用。以制度制约权力、以权力制约权力、以社会力量制约权力，也是世界上其他国家预防和治理职务犯罪的成功经验。目前，我国"一把手"监督机制还不够完善、尚未形成具有足够约束力的监督体系。我国建设和完善社会主义市场经济制度过程中，也应当加强各种监督机制，使权力的运行朝着良性方向发展，减少或者遏制"一把手"职务犯罪。

（1）强化权力机关的监督。我国的权力机关是全国人民代表大会和地方人民代表大会。按照我国宪法规定，行政机关和司法机关都应当接受它的监督。虽然近年来，我国权力机关的监督作用正在不断加强，但就目前的实际情况而言，由于种种主客观因素的影响，国际权力机关的监督还没有经常化、制度化，国家权力机关的监督作用远未充分发挥出来。国家权力机关在理论上的权力和实际运作中的权力有很大的差距。所以，我国应当通过制度上的优化，采取行之有效的措施，使权力机关的监督作用得以充分发挥。

（2）加强法律监督。根据我国宪法规定，人民检察院是专门的法律监督机关，依法享有独立行使法律监督权的职能。通过人民检察院独立行使法律监督职权，促使领导干部，特别是单位"一把手"依法行使权力，从而预防职务犯罪发生。但是，由于种种因素的影响，检察机关法律监督还存在一些实际问题，突出的表现是监督手段不足、监督力度不够。为了充分发挥各级检察机关的法律监督职能，应强化检察监督手段，进一步提高相应的检察监督的法律效力，使检察机关敢于监督、善于监督，真正发挥检察监督的应有作用。

（3）加强离任审计监督。离任审计是对"一把手"因任职期满、调任、免职、辞职、退休等原因不再担任本职务时，对其履行责任的情况、整个任职期间所承担经济责任履行情况和对法律、法规、内控制度的执行情况等方面所进行的审查、鉴定的监督评价活动。同时这种监督评价还能为上级机关对"一把手"考核任命提供可靠的依据。显然，加强离任审计制度的建设，对于加强"一把手"人员的管理和监督，正确评价和任用领导干部，揭露和惩治职务犯罪，促进廉政建设，具有极其重要的意义。

（4）强化政党监督。首先，建立健全用人机制。由于我国政治体制改革相对滞后，干部的选拔、任用、考核制度还存在较多漏洞，考察失实、凭个别人的主观意图选拔人的现象还普遍存在。实践中能上不能下、能升不能降，问题还比较严重。所以，建立一整套行之有效的、科学的人员任免制度、选拔制度和考核制度，坚持公开、公正、竞争、择优的原则选拔干部，是预防职务犯罪的根本措施之一。其次，强化党内的纪检监督和监察监督。要通过加强民主集中制和对党员领导干部的民主评议制度等，强化党委内部的监督。纪检监督，是指共产党内部设立的纪律检查委员会，对广大党员和党员干部进行党纪监督；监察监督，是指监察部门对国家机关工作人员进行的行政监督。纪律监督和监察监督作为我国整个监督体系中的重要组成部分，从法律制度上保障纪检、监察监督依法独立行使监督权，对防止"一把手"利用职权进行违法犯罪活动具有重要作用。

（5）强化社会监督。社会监督的形式多种多样，是社会中最具活力也是运行成本最低的一种监督形式。首先，权力的运行应该公开、透明。公开是最好的防腐剂，职务活动的公开透明是现代政治的一个基本特征。只有将职务活动的条件、程序、结果以及公职人员的财产等诸项公开，社会公众的知情权、国家活动的参与权才能得到贯彻，社会公众的监督才能进行。在公开与透明的权力运行体制下，"一把手"人员将很难滥用权力、很难凭借权力获取特殊政策、特权，"一把手"职务犯罪也必将减少或者得到遏制。其次，强化舆论监督。随着现代传媒的普及、便捷和多样化发展，舆论监督在国家政治经济生活中起到的作用越来越明显和重要。通过舆论监督，不仅能够揭露违法犯罪事实，将腐败现象置于光天化日之下，发挥人民群众参与反腐败的巨大威力，震慑犯罪分子，增强民众同职务犯罪做斗争的信心，同时也有利于人民群众对司法机关办案是否公正进行评判，增加公权力运行的透明度。

4. 加强教育，增强法律意识和道德水准

预防"一把手"职务犯罪的发生，加强廉政教育是预防"一把手"职务犯罪必不可少的一项措施。廉政教育不仅应当包括法律基础知识，还应当有意识地着重培养行使公权力人员的法律意识、廉政意识、道德意识，培育他们抵制腐败和其他违法犯罪的抗击力。首先，培养、提高公权力运用者的法律意识。通过法制教育，培养法律意识，增强法制观念，提高全社会、特别是"一把手"的法律意识。法律意识的提高是个渐进的、综合的过程。因此，我国应当把提高公民特别是权力运用者的法律意识作为重点，使依法治国真正得以落实，廉洁守法、依法办事意识得到增强。其次，开展心理健康教育，提高科学管理的素质。引导"一把手"人员搞好自我心理保健，调节心理压力，正确评价自我，有效抵制各种诱惑，正确地调控自我，减少和预防职务犯罪。心理素质优良是提高科学管理素质，增强抗风险能力所必不可少的措施。对于权力的运行来说，科学管理是保障权力良好运行的重要保证之一，是预防和遏制职务犯罪的一项重要保障。最后，重视道德建设。提高"一把手"人员的道德水准，纠正错误的道德观念，这是防腐倡廉的根本途径。

二、小官虚职犯大案现象

近年来，伴随着经济的快速发展，我国社会发展正进入一个社会体制转型、社会结构变动、社会形态变迁的特殊时期，人们的物质利益、权力欲望都被全面地调动起来，"小官虚职犯大案"现象呈上升态势，已成为破坏社会稳定的一大"毒瘤"。

（一）"小官虚职犯大案"现象的主要特点

1. 涉案人员官衔低、职位低。比如辽宁顺城区发展规划局副局长兼任区土地经营中心主任的罗亚平，不过一个小小的科级干部，贪污受贿数千万，另有3000多万元财产不能说明其来源，涉及金额近6千万元，曾被评价为"级别最低、数额最大、手段最恶劣"的贪污案。2012年，国家级贫困县江西省鄱阳县财政局经济建设股股长李华波等侵吞财政资金9400万元后逃往境外，近亿的资金被一个小小的股长侵吞，震惊全国。原广州白云区太和镇城管执法队长王宝林，在担任广州市城市管理综合执法局白云分局太和镇执法队队长及主持白云区太和镇城管办日常工作期间，利用职务便利，在查控和清拆违法用地和违法建设的过程中，为请托人谋取利益，先后20次收受请托人邓某城等人贿送的财物合计417万元、黄金制品500克（价值15.883万元），另有689.51万元无法说清来源，一个城管队长，腐败涉及金额近2000万元。原广州市公安局交通警察支队车辆管理所所长李斌受贿 340 万和 "六能养生屋" 一套。广州胸科医院原副主任吕江清利用其负责呼吸肿瘤科全面工作的职务便利，共收受回扣款 23.4 万元。

2. 涉及领域广、犯罪环节多。因为我国行政设置的特点，基础组织多，基层领域官员数量也是非常庞大，所以这一腐败现象涉及的领域非常广泛，既有最基层的村 "两委" 职务犯罪，也有其他土地、税收、教育、医疗领域基层官员职务犯罪。与之相对应，"小官虚职犯大案" 现象中涉及的犯罪环节也是非常多。比如土地领域的受贿犯罪一般表现为利用手中职权，在土地征用、审批，监督检查，土地招标、拍卖、挂名出售，土地转让、置换，土地测量，办理手续等各个环节上搞权钱交易；而农村基层组织人员职务犯罪的领域则往往发生在征地补偿、救灾救济款发放、扶贫资金发放等环节，犯罪手段不再仅仅是截留款项的单一方式，其方式多种多样，许多 "村官" 或重复支出套取公款；或巧立项目，骗取上级资金；或以接待费等虚假列支；或将上交费用中多收取的部分扣留，私自挪用经营项目，从中获取好处，或用公款送礼，或将超生款、土葬款隐瞒不报纳入个人手中，或用 "小金库" 方式套取公款等；国土资源领域职务犯罪主要发生在耕地占补平衡环节、土地整理环节、土地出让环节、用地审批环节、转变用地性质环节、土地价格管理环节、土地证办理发放环节、调整用地计划环节、征地拆迁环节等十个环节；而教育领域，可以是招生、就业，还可以是教育设施的招标、采购等。

3. 胆子大、涉案金额大、影响恶劣。虽然这些腐败人员官衔不高，但他们显现出来的一个共同特点就是胆子大，敢拿敢要，一旦贪污腐败，涉案金额普遍比较大，造成非常恶劣的社会影响。比如村官腐败，一个村委会主任敢直接把村里的资金当自己的小金库，想怎么花就怎么花。如 2003 年，沈阳市浑南新区五三乡浑河堡村村委会主任孙凤祥在征地拆迁过程中违反规定，采取降低安置补助费标准、虚列工程费的手段，贪污征地补偿款 1000 余万元；沈阳市东陵区前进乡望花村村委会主任徐宝文非法占有国家和集体财物 1000 多万元，还骗取国家土地出让金，非法转让国有土地从中获利，其违纪违法金额共计 3000 余万元；浙江省慈溪市界牌村原村支书朱晓其，在其任职的 13 个月时间里，利用职务之便挪用村集体资金 609.6 万元。有的甚至整个村委会班子集体腐败，贪污挪用村集体资产，损害村民的合法利益。如浙江温州瓯海三垟街道村党支部书记夏某、村委会主任金某挪用集体资金 240 万的案件。村干部的基层腐败活动，损害了党和政府在农民中的形象，影响党和政府的政策在农村的贯彻执行。乱收费加重了农民的负担，财务不透明，干部胡支乱用引起农民的不满，导致农村干群关系紧张，直接影响农村社会和谐。村民上访居高不下，直接危及整个社会的稳定，后果严重。其他基层领域的官员腐败，也有这个特点，一些基层官员胆大心黑，涉案金额大，在当地乃至全国造成非常恶劣的影响。

4. 窝案、串案多。小官犯罪往往与他人共同贪污、挪用，集体腐败，所以，在查处小官虚职犯大案时，窝案、串案非常普遍，经常是一查"倒一片"。如河南省兰考县谷营乡西张集村村委会委员宋辩论、宋存善、熊书行、房俊海、刘秀荣集体贪污罪；四川省资阳市雁江区16名村官贪污受贿职务侵占案件；浙江临海涌泉镇小炉头村8名村官集体贪污案。甚至有些基层官员，为了自己长期腐败而不被发现，采取拉拢上级，腐化同级的方式，变本加厉的腐败。如辽宁顺城的罗亚平，为了拉拢担任抚顺市国土规划局局长、国土资源局局长、市政府副秘书长等职务的江润黎，直接送上20万元的购物卡；腐化顺城区原区长张家春，使其成为罗的靠山；除了打通上级领导的关系外，罗亚平还笼络了部分下属，组成了利益联盟，共同"发财"，当时查处罗亚平案时，从她办公室搜出财物近1.45亿元，但后来检察机关指控的是6000万元，中间的差额就是作为单位"小金库"，集体腐败的犯罪数额。

（二）"小官虚职犯大案"现象形成的原因分析

1. 思想认识上的缺陷。思想认识上的误差，是"小官"腐败日趋严重的"适宜土壤"。比如说村官腐败，由于大部份的村官文化水平不高，对人生观、价值观、利益观的认识不深入，一些村干部法治观念淡薄，特权思想严重，自律意识不强，不少人头脑中存在"升官发财"的思想，认为基层工作很辛苦，吃点占点理所当然，产生了村官不是官，法律管不到，不捞白不捞的"小农"意识。在这种心理的支配下，一些村干部由初贪小利，一步步贪婪成性，发展到肆意侵吞集体财产等违法乱纪行为。还有就是社会上对小官虚职腐败案件的认识误差。标本兼治、全面推进，除恶务尽、斩草除根，本是广大干部群众对反腐败斗争的共识和强烈要求，只要是腐败案件，无关大小，都应该严惩不贷，但很多人却以为大案、要案的主犯祸国殃民、败坏党和政府的形象，必须重拳出击，严厉处罚；而腐败程度较小、危害不大的各种"小蛀虫"，似乎可以放一放、缓一缓，在反腐败的策略上"抓大放小"，甚至有些"小官"带病提拔，越贪越严重。对基层干部腐败犯罪的危害性认识不够，措施不力，致使基层干部腐败犯罪案件呈上升趋势。比如前面所提到的村干部腐败，有相当一部分县、乡领导认为，村干部处在农村工作的第一线，他们既要忙自己的生产，又要忙村里的工作，非常辛苦，对其在经济上多吃点占点睁只眼闭只眼就算了，再加上现在腐败现象在各个阶层中都有表现，村官所贪所占与其他阶层贪官相比，属于小巫见大巫，算不了什么。因此，思想上对村官腐败问题引不起足够的重视，采取的措施不够得力，致使村官腐败得不到有效治理，且呈蔓延发展之势。

2. 教育上的缺失。作为身处最基层的领导干部，他们掌握一定的行政权力，履行一定行政职责，他们往往都在基层工作的第一线，承担的实际任务比较重，在教育上都是按常规进行。在教育方面，上级组织大部分是在各种会议上通过"以会代训"的方式进行的，而针对基层组织建立的各项学习制度，由于受基层干部工作事务繁重等条件限制，在很大程度上都流于形式。多数"小官"们认为，正确的权力观、政绩观，那是大干部和上面的事，学习不学习，对他们这些"小官"来说无关紧要。所以政治学习不到位，引起这些"小官"们思想上修德律己的严重缺失。还有一些干部，因为身处最基层，本身基层工作经验丰富，但文化教育水平一般，比如大部分"村官"是从土生土长的农民中选出来的，受教育程度有限，一旦这些农村基层干部放松了对自己的要求，放松了政治理论学习，就会逐渐丧失了防腐拒变的能力，在物质利益的诱惑下，失去了一名党员、一名干部应有的品质和应遵循的原则，逐渐陷入贪污腐败的泥潭。

3. 财务管理上的混乱。基层工作的有限性，往往缺乏严格的财务制度管理。比如江西鄱阳县建设股股长李华波贪污9400万元外逃后，江西省总结发案原因时提到六大原因：一是财务管理混乱，鄱阳县财政局违规开设账户，专户开设过多过滥，印鉴保管使用不严，结存财政金额过多；二是金融管理混乱，财政部门与预算单位、人民银行国库和代理银行之间对账制度落实不到位；三是资金监管不力，鄱阳县财政监督局未认真开展各项资金拨付监督检查，省、市财政部门对鄱阳县财政工作监督不力、把关不严；四是干部管理松懈，鄱阳县财政局和县农村信用联社对干部教育管理严重缺位；五是主要领导干部腐败，鄱阳县财政局和县农村信用联社主要领导不仅本人违法乱纪，而且忽视单位内部管理，严重失职渎职；六是用人严重失察。其中，财务管理上的原因占据重要地位。

4. 内部制度不健全。建立和完善有效的管理制度，是消除职务犯罪隐患的有力保障，但是，大部分基层单位内部无章可循、有章不循；制度不健全，有些制度形同虚设，漏洞多，空隙大；内部管理混乱，审批制度不严，财务账目不清，从客观上给职务犯罪提供了滋生空间。例如，基层单位都是从"一把手"说了算，或者小范围内几个领导决定，使该单位形成相对封锁的空间，为基层官员在较长时间内持续犯罪提供了条件。比如近年来，虽然各地相应规定了村级村务公开、账务公开等制度，但由于种种原因，不少地方大都流于形式，形同虚设，真正执行到位的非常罕见。村上公开的内容多是些无关紧要的项目，群众关心的实质性内容要么不公开，要么公开得不明细、不具体，有些村甚至公开虚假数据，致使财务公开未能起到应有的作用。

5. 监管不到位。因为小官虚职，官员经常处于基层工作，处于监管环节的最末梢，常常成为监管的真空地带。基层工作本身就难搞，有些地方甚至使用一些在当地有一定势力，虽然品德有欠口碑，但能"镇"得住当地百姓的这种人。这在无形中放纵了基层干部们存在心里私欲膨胀的野心，使之处于无人监督的状态；对待下面群众的申诉、上访，上级领导或部门没有给予足够的重视，导致这些基层干部腐败现象成蔓延发展、越演越烈形式。还有一些涉及群众根本利益的基层部门，行政权力掌握在少数领导手中，"一言堂"、"一支笔"现象非常普遍，缺乏相应的监管，即使出现问题，也无法及时得到查处。

6. 处罚力度不足。正因为是基层干部，小官虚职，很多人就产生错误认识，这些干部问题不严重，对他们的惩处也比较轻微，以致这些基层干部体会不到国家法律的严厉性，刑罚的严重性，法律对他们的违法犯罪行为不足以产生威慑力，他们敢于多次、反复的贪污腐败。关于惩治和预防基层腐败问题，现有法律、法规的相关规定已经有很多。首先，有关惩治和预防腐败的党内文件都有明确规定；其次，国家刑法对于各种腐败现象有明确的法律制裁措施；此外，关于基层管理的法律、法规如村民委员会组织法、土地管理法对于农村腐败问题都设定了相关条款加以防范，包括群众监督、村务公开、政务公开等。基层惩治和预防腐败并不缺少法律上的依据，问题是一些同志以基层腐败问题情况复杂，涉及诸多复杂因素，加上制度界定腐败现象的成本很大等理由为我们的基层反腐惩治不力和预防无效寻找借口。如果我们从一开始发现干部腐败就从严整治，不管他是身居高位还是位小职低，让他们有"莫伸手，伸手必被抓"的意识，让法律的强制力、刑罚的威慑力来约束基层领导干部，加强惩处腐败的力度，从严治吏，相信我们的基层反腐工作一定能取得巨大成就。

（三）"小官虚职犯大案"现象的预防对策

基层无小事，越是基层工作，越需要我们的重视。同样，基层腐败问题，是危及我们政府运作机制的根本问题，必须严肃对待。构建社会和谐的基础是公平，而基层干部在经济层面上的腐败，已经严重破坏了基层社会的公平规则。构建社会和谐的前提是稳定，而基层干部在权力上的腐败，更是严重破坏了基层的社会稳定秩序。因此，对基层组织中工作人员的腐败问题，我们必须引起高度的重视。

1. 大力加强基层组织建设，增强基层组织的战斗力、凝聚力。首先要把好选人关。对基层干部的产生，严格遵照国家法律、法规的有关规定，根据品行、素质、能力有广大人民群众通过民主方式选择德、才兼备的干部；选好干部以后，不能一劳永逸，还要进一步加强对基层干部的培养教育工作，进一步提高他们的政治觉悟、领导水平、工作能力，不能放弃对他们世界观、价值观、人生观的改造，使其始终树立为群众服务的观念，自觉抵制腐化、堕落思想的侵蚀。

2. 加强对基层干部的培训，提高基层干部素质。加强基层干部入职培训，纳入国民教育系列，进行正规化教育。加强政策、法律法规知识、廉政建设及道德修养、组织领导能力等方面的教育，采取进党校听课或组织宣讲团下基层巡回授课等办法，以增强其政治、文化等各方面的素质，提高其施政能力和抵御各种腐朽思想侵蚀的能力。

3. 建立监督制约机制。首先，本着精简高效的原则定岗定员，明确职责，分权制衡。行政机构臃肿，行政效率低下一直是我国行政工作的诟病之一，如何提高行政工作的效率，积极有效发挥政府效能成为我们政府机构改革的一个方向。加强基层单位定岗定职工作，严格定编，使队伍精干高效。其次，要加强监督制约。一是要加强财务管理，实现财务电算化。减少人为干扰，使会计反映更科学、更准确，确保财务制度的严格执行；定期进行财务检查审查。二是要深化基层行政事务的公开，实行民主理财。建议各基层单位能公开其每年的财政预算、决算和最终收支问题，让纳税人清楚他们所缴纳税款的使用情况。

4. 加大对基层组织干部职务犯罪惩治的力度。首先，检察机关要避免产生对基层干部在处理上可宽不可严的思想，要把查处基层干部的以权谋私、严重侵犯群众利益等案件作为办案的重点，严肃查处腐败分子，为农村的稳定和经济发展提供良好的条件和有力的保障。其次，要提高查获职务犯罪的侦查水平和办案能力，只要涉及腐败，一律惩治，且从严处罚，让基层干部不敢贪、害怕贪，有了对法律的敬畏，才有对法律的尊重和遵守，才能做到有法必依。千万不能产生"念及触犯"、"小贪无害"、"功过相抵"、"危害不大"等错误思想，而放弃对他们的处罚。只要全社会都意识到基层腐败的危害性，各级政府、部门都重视对腐败犯罪的预防，公、检、法各部门加强对腐败犯罪的查处、惩治力度，小官虚职犯大案现象就能得到有效防控。

三、"裸官"现象

"裸官"是指配偶、子女均已移居国（境）外或没有子女，配偶已移居国（境）外或没有配偶，子女均已移居国（境）外获得外国国籍，或者获得国（境）外永久居留权、长期居留许可的国家工作人员。近年来，我国"裸官"

现象严重，影响了政府的公信力，而且很大部分"裸官"就是"贪官"或"潜在的贪官"，并极有可能变为"逃官"，给国家安全也带来严重的危害，并有可能给国家带来巨大的经济损失。为减少和避免该类案件的发生，现结合近几年发生的典型案件，分析"裸官"的主要表现形式或危害、产生的主要原因，并提出防控对策。

（一）"裸官"现象的主要特点

"裸官"职务犯罪案件给党的执政形象、政府公信力、国家资金和国家安全等方面带来巨大的威胁，其主要特点表现在以下几个方面：

1. "裸官"是"逃官"的前身，"裸官"的外逃给国家资金带来巨大威胁。近几年的案件反映出贪官携款外逃的金额越来越大，基本每个贪官涉案资金都是上亿元人民币，比如中国银行广东开平支行前后三任行长许超凡、余振东、许国俊在20世纪90年代，三人均是"裸官"，早在案发前，他们的妻子就分别与他们离婚，嫁给了事先有约定的美国人，顺利获得美国绿卡。两年后，她们的"前夫"再分别经香港来到美国、加拿大与她们"团聚"，三人合伙侵吞公款4.82亿美元，三人的外逃给国家带来巨额经济损失。再如2010年7月被提起公诉的中国通信建设总公司原总经理助理董跃进，涉嫌伙同他人挪用公款5.8亿元、涉嫌单独或伙同他人受贿157万余元一案，在案发发前，董跃进的妻儿均已移居美国，其财产也早已由妻儿转移出国。

2. 很多"裸官"身居要职，外逃后给国家安全带来极大威胁。许多外逃"裸官"在国内任职的时候都拥有一定的政治权力，特别是他们中有一部分人掌握了大量的国家政治、经济甚至军事机密，这些外逃贪官知道自己一旦被遣返将会受到我国法律的严肃制裁，因此他们便会运用各种方式寻求国外有关势力的保护，甚至会通过泄露国家机密来换取经济利益。另外，这些人的配偶子女凭借其特殊的家庭背景和复杂的社会关系，也会在一定程度上掌握着一些国家机密信息。这种"裸官"出逃后往往会以此为"资本"，向外逃国家或地区寻求所谓的"政治避难"。一旦他们被某些国家成功地培养为反华势力，将严重危害到我们的国家安全。比如见诸报端的浙江省建设厅原副厅长杨秀珠、云南省原省委书记高严、贵州省交通厅原厅长卢万里、陕西省原政协副主席庞家钰、福建省工商行政管理局原局长周金伙等人在案发前均是高职位的"裸官"和"贪官"。另外，从披露的刘志军案中，参与到国外采购高铁相关设备的28位铁道部官员，竟然有19位在海外有账户，12位的账户开在瑞士银行，所有28位都有亲属在海外，其中16位有直系亲属在海外。在国家众多的国际经济技术交往中，出现了很多不正常的现象，甚至是被民众公开指责为卖国的行为，这与"裸官"的卖国行径不无关系。

3. 国企高管成"裸官"重灾区，且涉案金额巨大。在已曝光的"裸官"中，国企、金融领域的高管型"裸官"达 2/3。国有企业高管位高权重，往往集财权、人权、事权于一身，可以利用职务便利大肆敛财，在有机会时变成"裸官"。比如中国通信建设总公司原总经理助理董跃进因挪用 5.8 亿元公款，成为京城挪用公款涉案金额最高的一名"裸官"。

4. 裸官变贪官变逃官，破坏了党和政府形象。一是"裸官"的存在可能影响党和政府的公信力。一个官员的亲人全部移民出国，就意味着这个官员迟早有一天也会离开中国和亲人团聚，这样的官员在普通百姓看来是典型的"身在曹营心在汉"，难以赢得百姓的信任。暂且不说他的动机如何，从行政伦理的角度出发，这个行为就已经严重影响了党和政府的公信力，使国家和民族的凝聚力和向心力遭到严重的破坏。二是"裸官"无后顾之忧易滋生腐败行为。贪官的子女和配偶移居国外以后，可以顺利地把贪腐行为换得的钱财转移出境，很好地隐蔽腐败行为。同时，如果有一天东窗事发，则可以马上逃往国外自己安全的落脚之处，基本处于无后顾之忧的状态，这无疑会助长其贪腐之心。比如有"中国高铁总设计师"之称的张曙光就是著名的"裸官"，在任期间已聚敛巨额资产，早在多年前，他就把家人送往美国，并在美国多处购置了豪宅，这类人一般保持灵敏的嗅觉，只要在国内不出事，就大肆贪腐，一旦风声见紧，即刻逃亡国外与家人团聚，享受荣华富贵。

（二）"裸官"现象产生的主要原因

"裸官"现象之所以在中国如此猖獗，存在多个层面的原因，主要表现在以下几个方面：

1. "贪官"因为要转移赃款赃物而让自己变成"裸官"。有一部分官员利用自己的权力积累了大量的财富，但在国内无法公开持有或使用，或者害怕被查处需要转移赃款赃物，为了将这部分赃款赃物顺利转移，很多官员将自己的家人送出国，随着中国改革开放的进程不断加大，现在一般只要能通过相关的政治审查和资格考试，出国工作和移居国外不再像以前那样困难，因为官员的家属出国定居程序较简单，在出国（境）后再将赃款赃物转移到国外也很便利，然后用大量的资金在国外置业、投资或享用，自己变成"裸官"。庞家钰、周金伙、杨湘洪等"裸官"都是先将自己的配偶、子女在外国安顿妥当后，一边转移非法敛聚的赃款赃物，一边疯狂地招财纳贿、损公肥私，把大量非法财产逐步转移至境外，在适当时机抽身外逃。

2. 部分官员信仰危机让自己变成"裸官"。当下，中国进入改革深水区，各类矛盾凸显，贪腐现象严重，主流价值观得不到承认与尊重，一部分官员对党的执政地位、人民政权和国家前途，都产生了怀疑，丧失了信念，出现了信仰危机，担心以后的前途。但限于自己的身份，只能先让家人出国出境，自己就成了"裸官"。

3. 监督不力让"裸官"现象蔓延。现行制度中虽然制约"裸官"的规定数量并不少，但这些规定都缺乏权威性，大多停留在口号层面，处罚措施华而不实，不足以遏制"裸官"现象的蔓延。首先，现行规定的监督大多依赖于上下层级的内部监管，缺乏横向的体系化的监督，比如相关规定几乎都未涉及申报之后是否应向公众公开，从而使申报失去了最重要的监督途径——外部监督，甚至要求申报内容"一般应予保密"，这直接导致监督效果不佳。其次，要求官员申报的内容只是本人陈述，缺乏核实申报信息的正规途径和技术化手段，操作性不强，比如对谁来操作、谁来核实、谁来监督、如何核实等均无具体规定，以致申报内容的真实性难以核实。最后，基于上述申报内容难以核实的原因，官员汇报完全基于个人的自觉性，这种建立在个人自觉性基础上的制度有太多的不可靠性，加之也缺乏对不如实申报的官员的惩罚措施，导致申报只是"走过场"。

正是因为对官员的这些个人事项难以监督，导致这些规定被束之高阁，其权威性和威慑力消失殆尽，无法起到监督和约束的作用，先尝到甜头的"裸官"对潜在"裸官"的诱惑会让越来越多潜在的"裸官"战胜侥幸心理，实现"裸官梦想"。比如2008年9月19日，温州市委常委、鹿城区区委书记杨湘洪带领鹿城区经贸考察团离境出访欧洲，规定考察期12天。在将要回国前夕，他离团去法国看望女儿。去后他给温州市一位领导打电话，称自己腰椎盘突出老病复发，不能走动，要在法国住院治疗，同时表示辞职。杨湘红利用出国"考察"之机，以"看病"为名，长住法国。

4. 法律制度不完善对外逃的"裸官"打击不力。我国当前的法律制度还不完善，导致追逃"逃官"难度颇大。以前，我国追回逃官所用的方式主要是引渡和遣返两种，但与我国签订了引渡条约的国家并不多，比如美国、加拿大等我国外逃官员最多的国家都未与我国签订引渡条约。一旦腐败活动与国际接轨，不仅使反腐难度加大，而且会导致反腐成本成倍增加。新修订的《刑事诉讼法》规定了没收违法所得程序，这在一定程度上有利于打击外逃"裸官"，但相关程序性的规定仍未具体化，操作起来也困难重重，这在一定程度上放纵了一部分外逃的"裸官"。

（三）防控对策

近年来，从中央到地方出台了一系列的规定：2009年9月，十七届中纪委四次全会公报中提出，在认真贯彻落实好《关于领导干部报告个人重大事项的规定》的基础上，把住房、投资、配偶子女从业等情况列入报告内容，加强对配偶子女均已移居国（境）外的公职人员管理。2009 年 11 月，深圳出台《关于加强党政正职监督的暂行规定》，规定"裸官"不得担任党政部门正职。2010 年 2 月，监察部发布《国家预防腐败局 2010 年工作要点》，强调要加强对预防腐败重要问题的对策研究，研究加强对配偶子女均已移居国（境）外的公职人员管理相关规定的具体落实办法。2010 年 4 月，中央政治局审议对配偶子女已移居国（境）外的国家工作人员加强管理的暂行规定。2010 年 7 月，中办、国办印发《关于领导干部报告个人有关事项的规定》，提出领导干部应当报告本人婚姻变化和配偶、子女移居国（境）外、从业等事项。2010 年 7 月，中办、国办印发《关于对配偶子女均已移居国（境）外的国家工作人员加强管理的暂行规定》。2012 年 1 月 20 日，中共广东省委《关于加强市县领导班子建设若干问题的决定》正式公布。该《决定》规定，对官员配偶、子女均已移居国（境）外的，原则上不得担任党政正职和重要敏感岗位的领导。虽然在短时期内陆续出台如此多的文件，但"裸官"现象似乎并未得到遏制，这反映出上述规定的在教育和惩罚两方面的功能缺失，需要重新审视防控体系的构建，从宏观理念上和具体制度设计上对相关制度进行完善。

1. 将党内监督的党规、红头文件等转化为法律

从法律层面将纪律规定权利义务化，并规定严格的法律责任。当下，难以保障监督到位的一个重要原因就是监督的依据多而杂，但规定粗糙，操作性不强，难以起到实质性监督的作用。为改变这种状况，有必要将其提升至法律层面，比如制定《官员个人情况、家庭财产公示法》，将公示官员家庭财产、个人情况确定为官员的义务，并规定其不依照法律规定履行申报和公示义务的要承担一定的法律责任，在任职上作出一定的限制等。同时，为了保障官员个人隐私或其他权利，也要对公示的范围、程序等进行一定的限制。

2. 制定切实有效的监督管理制度

从本质上来说，"裸官"并不可怕，可怕的是因为贪才想裸的官员，所以控制"裸官"最重要的还是防止"贪官"。要有效防止官员成为贪官，"裸官"变成逃官，需要完善相关监督管理制度。

（1）确立官员财产收入申报、支出监督制度。要防止官员成贪官，需要对其财产进行动态监督。这就需要设计一个动态的流程，从官员的收入到支出，每个环节都能监督得到。第一个环节是要建立官员财产申报制度。规定官员定期向防贪机构申报，并在单笔收入达到一定数额或在一个月内收入累计达到一定数额时需在 24 小时之内申报，并赋予防贪机构相应的核查机制，没有如实、及时申报财产的官员，要承担法律责任，可以从行政法、刑法等多个层面对官员未履行申报义务的行为予以规制。第二个环节是要建立官员财产支出

监督制度。对于官员支出的财产数额达到一定限额的，防贪机构要进行跟踪监督，防止其流入国外或者进行非法行为。要保证第一、第二个环节的监督到位，必须有第三个环节的动态监督作保证，即审计监督和银行等机构对官员资金流动和财产转移进行动态监督，并适时将监督情况反馈给防贪机构，在监督过程中，如果徇私或者渎职没有准确监督或反馈的，都要承担法律责任。

（2）确立家庭成员情况报告制度。加强对官员配合和子女出国的情况进行审查监督，在子女或配偶出国时，要求官员说明出国的费用和资金来源，并由防贪机构结合其申报的财产状况进行审核。官员对于其重要的社会关系、婚姻变化情况、计划生育情况、配偶及子女涉外事项、经商办企业情况等12项隐蔽信息等都要适时报告，未准确、及时报告的，都要追究行政法甚至刑法上的责任。比如在任职方面可以借鉴深圳出台的规定，"裸官"不得担任党政正职和重要部门的班子成员，同时，在职位级别上也可以做出限制，比如规定正处级以上官员，也应当禁止"裸官"出任。

（3）确立家庭成员、家庭财产公开制度。要建立公职人员配偶、子女移居境外和官员家庭财产的年度公开制度，公开公职人员配偶和子女获得外国国籍或者外国永久居留权的情况。首先，在成为"裸官"前要申报并获得批准。没有申报而变成"裸官"的行为要承担行政法甚至刑事上的责任。其次，在变成"裸官"之后，要实行比其他官员更为严格的监管。最主要的是要将官员申报内容向社会公开，接受公众的监督。比如建立专门的举报网站，动员社会各界积极进行网上举报，鼓励舆论监督，通过大众传播工具如报纸、电视、广播等对官员的腐败行为进行监督。另外可以建立举报奖励制度，营造良好的全面反腐的氛围。

（4）完善因公出国制度。我国官员公费出国的机会非常多，那些没有出国手续的贪官就是利用公费出国的机会外逃。因此，针对那些亲人都在国外的"裸官"，在因公出国之前，相关部门要进行严格的审查，重点审查其财产是否转移出境，如果发现国内的财产基本已经转移，要立即取消其出国的资格并成立调查组进行严肃审查。

3. 加强与国际合作

我国在十届全国人大常委会上批准了《联合国反腐败公约》。《公约》的基本理念是强调预防，并要求各个国家在独立反腐的同时，要加强国与国的合作，对追赃、引渡、信息共享、司法协助等机制提出了要求，以期构建一个预防、打击、惩治腐败的全球化网络组织体系。我国自加入《公约》后，逐步开始重视反腐的国际合作，但我国目前的反腐法律体系还不成熟，不能完全适应国际情势的发展需要。因此，在构建我国反腐法律体系时，应多借鉴他国反腐的成功经验，结合我国国情，制定对内对外都行之有效的适合国际发展潮流的制度体系，实现反腐败的国际对接。比如要和美国、加拿大等我国外逃贪官最多的国家进行积极有效的沟通，尽快对如何引渡和遣返我国外逃贪官达成共识，签署有关具有法律约束的文件，使我国的追逃难度在一定程度上可以减少。

四、"前腐后继"现象

"前腐后继"，是假借"前赴后继"之"音"、"义"的衍生词。其义有二：广义是指官场腐败现象屡见不鲜，一批又一批官员因腐败而倒下，反腐犹如"割韭菜"，一茬又一茬。狭义是指同一个地方、同一个岗位、同一个职务，"腐""腐"相连，绵绵不绝，前任已经因腐败触法受惩，而继任者却继续铤而走险的案件。

（一）"前腐后继"现象的特点

1. 普遍性

从涉及的行业和领域看，前腐后继现象不仅涉及党政机关、国家管理部门，还涉及金融、工矿企业、医疗卫生等多个行业和领域；从级别看，从厅局级、地市级到科、股级。可见，"前腐后继"绝不是个别现象，而是具有相当的普遍性。交通系统的腐败问题一直十分突出，其中最具有代表性的应该是16年来"河南省交通运输厅五任厅长四人落马"事件。第一个落马厅长曾锦城，1997年10月因受贿罪被判处有期徒刑15年，涉案金额30万余元。继任者张昆桐，2001年3月，因受贿、挪用公款罪被判处无期徒刑，涉案金额100多万元。张昆桐获刑当年的12月，继任者石发亮即被双规，2006年8月，因受贿罪被判处无期徒刑，个人财产全被没收，涉案金额2000余万元。2012年11月29日，河南省交通运输厅原厅长董永安因受贿人民币2583.031万元、欧元4万元、港币10万元、美元1万元，被河南许昌市中级人民法院一审判处无期徒刑，剥夺政治权利终身，并处没收个人全部财产。曾、张、石、董落马，主要犯罪事实大都发生在河南省交通厅厅长任内，工程招投标、资金划拨、干部任用等环节，他们涉案金额的增幅也与交通建设的资金增幅成正比。并不广为人知的是，2010年5月，河南省交通运输厅原副厅长李占朝因受贿罪获刑13年，涉案金额200多万元。当年7月，他的儿子李晓峰因与他共同受贿而获刑8年。在国土系统，"前腐后继"案例比比皆是。2010年9月，江西省国土资源厅原副厅长陈爱民被景德镇市中级法院一审以受贿罪判处有期徒刑15年。而在此之前，该厅原副厅长许建斌、李江华同样因收受巨额贿赂分别被判处有期徒刑15年和无期徒刑。4名在职副厅长 3 人落马,并且该省国土系统在之前 1 年多的时间内先后有 13 名领导干部被检察机关查处。工程建设领域的职务犯罪频发,"前腐后继"现象也较为严重。浙江省天台县旧城改造委员会连续三任"一把手"均因贪污、受贿或渎职犯罪而落马。

2. 突出性

"前腐后继"现象的突出性主要表现在某一领域甚至某一特定职位上职务犯罪多发性和时间上的密集性。

仅来自于重庆市一地的调查显示,从 1998 年至今年 6 月,该市共发生此类案件 57 件,平均每年 5—6 件。重庆市渝北区人民医院,在短短的几年内,连续三任院长栽在院长的岗位上。退休院长王朝阳,在任期间"吃建设工程"受贿 7 万多元。第二任院长李昭国,在任期间"吃药品采购"受贿 5.58 万元。第三任院长张斌,上任才几个月,"吃供应商"受贿 4.1 万元。浙江省海宁市中医院,前任院长黄成珏应贪污受贿被法办,仅隔 3 年零 3 个月,继任的萧红雨踏着前任院长犯罪的脚印,又涉嫌受贿犯罪。

就金融领域而言,从 2002 年开始,中国建设银行原行长、原中央候补委员王雪冰,中国建设银行原行长、原中纪委委员张恩照,中国光大集团有限公司原董事长朱小华,华夏银行原行长段晓兴,有"金融之宝"之称的中国银行原副董事长刘金宝,中国银行原副行长赵安歌,原中国农业发展银行副行长胡楚寿,原中国农业发展银行副行长于大路,中信公司原副董事长金德琴,中国交通银行原行长鲁家善,财政部金融司原司长徐放鸣这些昔日在金融领域呼风唤雨的"大佬级"人物们的纷纷落马,为我国司法机关展开对金融领域职务犯罪的攻坚战揭开了序幕……时至 2010 年,这场战争仍然没有拉下幕布——2010 年 2 月,中国出口信用保险公司原党委书记、总经理唐若昕因受贿被一审判处有期徒刑 14 年;7 月,建设银行天津市分行原副行长李克军因受贿被一审判处有期徒刑 8 年;10 月,又有广东发展银行原副行长王新因受贿被一审判处有期徒刑 4 年。

上述这些数据充分反映出"前腐后继"现象突出,实已到了令人触目惊心的地步,打击和预防"前腐后继"理应成为反腐败的重点。

3. 危害性

社会危害性是任何犯罪都具有的属性,而"前腐后继"腐败犯罪不仅具有一般犯罪的社会危害性,而且还具有其特有的危害:一是具有更大的负面效应。"前腐后继"腐败犯罪,直接影响到他们所在的部门、单位、行业、地区,在政治上带来了危害、经济上造成了损失,严重地损害了党和国家的形象,使之失信于民。二是具有更大的疯狂性。"前腐后继"腐败犯罪,是领导层中的窝案、串案，以"一把手"为核心，分管领导与经管财物人员相勾结，甚至与地方黑恶势力相勾结，沆瀣一气。三是查处难度大。"前腐后继"者往往上下串通，左右勾结，拔出萝卜带出泥，具有相当的联动性，故而查处会遇到各种阻力，承受很大压力，办案难度极大。

（二）"前腐后继"的原因探析

1. 主观原因

（1）人性的不完善。人性不完善论的观点认为，腐败的本源是人有不完善性，有性恶的一面，有趋利避害、自私、贪欲的本性，这是人的自然属性。马克思、恩格斯也说过，人们永不满足的贪欲是一切历史发展的前提。马克思、恩格斯关于人性的这些论述，对我们了解腐败的根源是极有帮助的，它为腐败的根源是人性不完善提供了科学的依据。但是这种人性不完善的原始欲求并不一定会转变为腐败，对其进行正面引导与校正，会成为创造人类物质财富和精神文明的动因，若任其自然发展下去或受到负面影响，就会使私欲得到恶性膨胀，从而侵占公共利益和他人利益。

（2）心理失衡。由于各利益主体内在和外在的条件不同，其利益的实现程度也不同，形成不同经济利益主体的利益差别。城乡、地区、行业、不同社会群体之间收入差距过大，特别是一些垄断行业的人员和经营管理者，其收入大大高于社会平均收入水平和企业职工收入水平。一方面是"暴发户"层出不穷，某些先富起来的人为富不仁，纵情享乐，挥霍浪费着巨大的社会财富。而另一方面，一些党员干部和公职人员对自己收入低及与某些人收入差距大的现象不满意，少数人心理失衡，于是利用手中的权力参与到新的刮益分配方式中，谋取私利；不少地方和部门靠创收以弥补经费不足，引发了大量不规范的甚至是腐败的行为。

2. 客观原因

（1）体制不完善。经济上，当代中国经济体制正经历着深刻变革，从不少国家的发展进程看，当一个国家处在经济结构转型、经济快速增长的变革阶段时，往往是腐败现象的高发期。如 18 世纪的英国、19 世纪的美国、20 世纪的日本和新加坡都经历过腐败的高发期。以英国为例，议会的议席可以出售，刚开始时几十个英镑，18 世纪末 2000 英镑，19 世纪 10 万英镑。新加坡现在是世界公认的廉洁国家，但它在社会转型期内腐败问题也很严重，新加坡政府在 20 世纪 60—80 年代，查处了国家发展部的两任部长、环境部长、新加坡工会主席、商业事务局局长等一批高官。我国正处在由计划经济体制向社会主义市场经济体制转变的过程中，这种转变的时间短、进程快，一些领域体制和机制不健全、不完善，一些政府部门和领导干部往往运用手中的行政权力人为地干预市场活动，一些投机分子，为对隐含着巨大经济利益的稀缺性资源进行角逐，往往会施展一些不正当的手段去贿赂、收买和拉拢腐蚀掌握着人、财、物支配权的行政主管部门的官员，而且有些地方政府部门也动用公款开道跑项目、跑资金、跑国债，行政官员经不住财富诱惑时，腐败便应运而生，从而引起疯狂的寻租行为。

政治上，领导和管理体制不合理。有些部门和单位党政主要职务一肩挑，权力过于集中，容易造成"一言堂"现象，难以有效实施监督。我们国家的领导体制是党的集体领导，集体领导只能是权力制，而不是责任制，因为集体领导没有责任主体，责任不能落实到个人，所以，集体领导的权力是很难受法律法规制约的。而且，法律缺乏对公职人员某些腐败行为的裁定标准，公职人员的自由裁量空间很大。几乎所有腐败案的产生，都与领导体制的不合理、裁量权太大有关，包括对行政审批事项、人事、财政管理的体制和制度，都存在着很大的缺陷和漏洞，这就是现实中腐败现象猖獗的根本原因之一。

（2）消极腐朽思想的影响。虽然长达数千年的封建专制统治早已寿终正寝，但封建社会的残余思想依然存在。官僚主义、等级观念、特权意识、滥用权力、徇私枉法、官本位思想等封建社会的固有现象，在今天的政治生活和社会生活中仍然根深蒂固，成为滋生腐败的重要根源。邓小平同志指出，我们今天的许多官僚主义现象同封建主义的影响有关系，是封建主义残余的影响未肃清的表现，而"旧中国留给我们的，封建专制传统比较多，民主法制传统很少"。

在改革开放中，我国在借鉴世界各国包括发达资本主义国家的一切现代文明成果时，资本主义腐朽的东西也会乘隙而入，侵蚀一些干部的思想和作风，使部分信念不坚定的干部追求糜烂的生活方式，利用手中权力作本钱，追求享受，陷入腐败的旋涡。此外，我国人情关系的庸俗化也是重要因素，我国传统社会是从家人、族人、近亲、远亲、同乡、同学、同事、乡邻、上下、长幼、官民等一个一个关系结延伸构成的关系型社会，人情是维系这个关系型社会的重要纽带，但是在现实生活中，人情关系超过情谊的本身范围，利用人情关系渗透到正常权力行使的范畴，催生腐败行为的发生。

（3）法制不健全。反腐倡廉制度体系尚未完善。改革开放近30年来，党和国家积极探索符合国情的反腐倡廉法规制度建设的路子，初步确立了法规制度体系的基本框架，基本实现了反腐倡廉工作的有法可依。但是，适应新形势要求的反腐倡廉法规制度体系还不健全，缺少一些必要的法律制度，比如缺一部总的反腐败法或廉政法；有的规定不符合或不完全符合反腐倡廉实际工作需要，比如关于确定贪污贿赂违纪行为的数额问题，多少年来一直依据的是

1988 年 9 月 13 日国务院发布的《国家行政机关工作人员贪污贿赂行政处分暂行规定》；有的规定繁杂、重复，容易失去应有的权威性，比如关于制止公款吃喝问题，各有关部门下发文件规定很多。有的法规制度不配套，有些法规制度应急色彩比较浓，留于形式，无靶向性，未能割断腐败利益链。

近几年查办的重大案件，大多涉及拥有干部人事权、司法权、行政审批权和行政执法权的关键岗位，很多官商勾结、权钱交易的腐败行为都与某些制度和体制机制存在缺陷有关。还有的从形式上看，是以通知或决定的形式发布的，权威性不够。有的法规制度没有得到认真的贯彻落实，存在有法不依、执法不严、违法不究的现象。比如，有的地方业务主管部门领导，连续几任出问题；有的地方工程建设部门的领导，多次被查处。这些地方存在的问题，除投融资体制、招投标制度、行政审批制度和干部人事制度等方面存在漏洞外，一个重要原因就是制度不落实、执行不得力。

（4）监督不到位。权力不受制约、监督，必然导致权力的滥用，产生腐败。从查处的一些大案要案看，几乎无一例外地存在监督缺位或流于形式的问题。有的违法犯罪分子买官卖官、收受贿赂长达数年，而组织上和有关部门却长期未能发现或处理。一些干部"带病提拔"、"带病上岗"的问题，反映出在监督方面的缺陷。另外，存在着对主要领导干部、上级党委和纪检机关的监督不落实，同级党委和同级纪委难以有效监督的问题。有的领导干部阳奉阴违，想方设法逃避监督，甚至对监督者进行打击报复；有的虽然也及时发现了一些不良倾向和违纪问题，但是既不批评，也不报告，任其发展，最终酿成大患。此外，监督没有完全形成合力，在我们党和国家的监督体制中，党内监督、人大监督、政府专门机关监督、政协民主监督、司法监督、群众监督、舆论监督等不同的监督主体，多层次、多角度、全方位地行使着重要的监督职能，发挥了重要的作用。但从健全完善的角度看，仍然存在着监督关系不协调、整体合力不强的问题，各监督机构在某些职能方面存在着交叉现象，完全监督协调机制没有形成，监督信息也不够畅通。这些都或多或少提高了监督成本，监督的力度和效果没有得到整体发挥。正是由于监督机制不够健全，监督职责和监督权威相脱节、监督和知情相脱节、监督主体和监督对象相脱节、监督主体之间相脱节和条块监督之间相脱节，造成一些地方和部门上级监督不到位，班子本身监督乏力，客观上使腐败分子钻了空子，逃避了制约和监督。

（三）构建制度保障，遏制"前腐后继"

1. 健全科学的干部选拔任用和管理机制

毛泽东同志曾经指出："政治路线确定之后，干部就是决定因素。"要深化干部人事制度改革，改革用人机制，坚持扩大干部人事工作中的民主，严格科学地落实干部任用考察、选拔、公示等制度，不断完善任用干部由群众推荐，公开职位，公开招考，择优录用，任前公示和任职试用等制度和程序，改变和避免少数领导说了算和买官卖官现象的发生，有效地防范少数别有用心的人混进关键岗位。同时，要完善干部考察评价制度，推进干部能上能下。要增加"一把手"选拔任用的透明度，落实党员和群众对干部选拔任用的知情权、参与权、选择权和监督权。要认真贯彻《党政领导干部选拔任用工作条例》，严格干部选拔任用工作的监督制度和用人失察失误责任追究制，做到谁推荐谁负责，谁考察谁负责，谁决策谁负责，把那些政治业务素质高、清正廉洁、忠于职守的人选拔出来担任领导，将有劣迹和不良行为的人坚决排斥在外，严防"任人唯亲"，近亲繁殖。

2. 完善制约监督体系

领导干部权力过大、难以监督的现象是一种制度的缺陷，仅以提高领导干部的个人觉悟和品质来克服体制的缺陷是难以奏效的。江泽民同志曾经指出："要通过加强党内监督、法律监督、群众监督，建立健全依法行使权力的制约机制和监督机制。" 监督制约机制，包括规章制度的执行、管理、审计、稽核等手段，应当是切实可行的，而不是形式上的，必须有一个可操作的监督和标准，使各级领导的权力置于多维监督之下，不留监督空档。从理论上讲，我们现在有权力机关监督、党内监督、行政监督、司法监督、群众监督和舆论监督。但由于种种原因，这些监督机构和监督力量的作用目前还没有充分发挥出来。例如，监察部门和审计部门是两个专门的监督机构。纪检监察部门是专门负责对党政机关及国家工作人员职务犯罪进行调查处理；审计部门主要是对国有企事业单位干部职务犯罪进行调查处理。由于这些监督机构的权力在行政权力结构中比较弱，不仅很难制约上级部门及其工作人员特别是"一把手"发生的腐败犯罪，而且由于"关系网"的干扰，也很难对同级和下级部门及其工作人员实行彻底有效的监督。所以，要想充分发挥这些机构的监督作用，有效地制止"前腐后继"现象的发生，就要逐步加强专门监督机构的权力，提高其地位，从体制上保证其具有独立行使监察和审计的权力，不受任何机关和个人的干扰。再如公众监督，他们可以对领导干部利用手中的权力和自己的影响为自己谋取不正当利益的行为进行检举和揭露，从而使领导干部在实施腐败犯罪时有所畏惧，甚至直接受到人民群众的阻止。为此，我们要进一步完善举报制度，拓展群众举报渠道，切实保障举报人不受打击报复，建立允许并鼓励广大人民群众参与行政决策的机制等，为实施公众监督创造良好条件。犹如邓小平同志所说的，人民群众有权对之"进行检举、控告、弹劾、撤换、罢免，要求他们在经济上退赔，并使他们受到法律、纪律处分"。

3. 改革行政审批制度

美国学者阿密泰在其著作中说到，"清除腐败，不仅仅是挑出一个烂苹果，而更应该检查放置苹果的筐子"。总结"前腐后继"的教训，重要的一条是权力过分集中且不受节制。"权力过分集中"特别是领导个人高度集权的问题，使监督失去了分权制衡的基础，并使权力的"授、受"关系不清、模糊以致颠倒。防范"前腐后继"就要着力规范权力运行机制。合理配置权力，并保证其依法有效地运作，核心是要解决好权力集中和权力分散之间的关系，根据实际情况将过分集中的权力予以合理的分解。要坚决按照中纪委五次全会提出的：政府应继续清理行政审批项目。可以取消的行政审批项目都要取消；可以用市场经济替代的行政审批项目，要通过市场经济机制来处理。确需保留的行政审批项目权，要建立健全项目行政审批权的监督制约机制，减少环节，公开审批程序和结果，使领导干部的权力运行置于广大人民群众的监督之下。要认真执行党和国家在政治体制改革中初步制定的一些严格的权力行为规定，坚持政府采购、会计委派、用人责任追究、财政资金监管、经济责任审计及国有大企业稽查特派员等制度，从体制上堵住权力的"黑洞"。

4. 加强打击力度，以打促防

只打不防，打不胜打；只防不打，防不胜防。打击犯罪是预防犯罪的特殊手段和前提。对于"前腐后继"，必须加大清查和惩治的法律力度。由于一些地方或部门，处于种种"原因"，或为"维护党和政府的威信和形象"，或为"顾全大局"而遮丑，千方百计地"捂盖子"，该处理的不处理，该严惩的不严惩，致使"前腐后继"者存有侥幸之心。对于当前有比较明显蔓延势头的"前腐后继"现象，严厉查处、严惩严办不失为一种非常直接而有效的手段，"重症下猛药"才能加以遏制。各级政法机关和纪检监察部门，要有高度负责的法治精神，做到有案必查，查案必深，有错必纠，有罪必惩。绝不能迁就和护短，姑息养奸，更不能搞地方或部门保护主义，以免贻误大局。打击"前腐后继"，一是要利用预防机制发现案件线索，及时立案查处，始终保持严厉打击的高压态势，用法律的威慑力来阻遏"前腐后继"。"官有所畏，业有所成"，做官有了惧怕心理，就不敢狂贪狂拿、腐化糜烂了。二是要结合办案，广泛宣传法制，深刻揭露"前腐后继"的严重危害，积极争取社会公众的理解、支持和参与，推动防范"前腐后继"工作的深入开展。

五、"蚁腐"现象

"蚁腐"案件在司法实践中一般表现为以一个贪腐案件或一个贪腐行为人为中心，发生一系列多人牵涉的相互关联的贪腐案件，因案件呈现的形式类似蚁窝，故称其为"蚁腐"案件，在办案部门，也有人称之为窝案、串案。这类案件在职务犯罪案件中非常普遍，社会影响大，危害性大，而且查处难度也大。现结合司法实践中发生的案例对该类案件的主要特点、危害、发生的原因进行了分析，拟提出相关防控对策。

（一）"蚁腐"案件的主要特点及危害

1. 主要特点

（1）主体上的多元性。即在同一个窝案、串案中，涉及违纪违法人员多，成份复杂，范围广。从对象上看，有领导干部，也有一般工作人员，有机关、企事业单位人员，也有个体、私营业主和其他社会成员；从范围上看，有本单位、本系统、本地区的，也有外单位、外系统、外地区的，覆盖面较宽。如在广东湛江特大走私受贿案中，共查处涉案人员 331 人，其中公职人员 259 人，共逮捕涉案人员 130 余人，两次公开审判共 80 人。

（2）发生领域的广泛性。"蚁腐"案件在各行各业都可能发生，不管是级别高的单位还是在级别低的单位，传统行业和新兴领域，都有可能发生类似案件。比如可能在工程建设领域、土地和采矿权出让、工程招投标、银行放贷、保险理赔、国有企业投资等环节出现，也有可能是国有企业或事业单位"借道"第三方民营企业实施违法违纪行为，有的牵涉到洗钱套现、高利放贷、骗保骗贷等严重扰乱经济社会秩序的问题。比如近几年发生在教育系统的职务犯罪案件中，大多是窝案串案，武汉大学发生的窝案，黄冈师范学院原院长助理等 7 名处级干部和 20 余名一般干部涉嫌犯罪案件都是该系统的典型案件。在民航系统也发生了系列窝案串案。比如首都机场集团两任董事长李培英、张志忠和副总经理黄刚、大连机场集团总经理胡志安、深圳航空总裁李昆、日美航空总经理庞汉章以及南方航空公司等窝案。

（3）手段上的隐蔽性。窝案、串案虽然涉及人员多，但其违纪违法人员具有较强的反调查意识，作案前有的就已订立攻守同盟，作案时大多是一对一、单线或者地下联系，且相互之间不留任何"尾巴"，作案手法和作案过程相当隐蔽，查处难度较大。

（4）利益上的互惠性。即每个窝案、串案的涉案违纪违法人员利益均沾，风险共担。这种利益上的互惠性，使得同一案件中的涉案人员形成一个利益共同体。这个共同体成员之间又可分为临时性和固定性两种。前者计划性较差，互为保护性较弱，成员间容易产生矛盾；后者具有计划性，互为保护性较强，成员间不易产生矛盾。比如原安徽省阜阳市市长肖作新被立案调查后，有关王怀忠腐败问题的举报信就开始纷纷"飞进"北京，在查处王怀忠案件过程中，"拔出萝卜带出泥"，带出了 47 起腐败案件，涉案 3 亿多元，查处了包括阜阳市原市长李和中，原副市长王保民、付洪杰，原市委常委、宣传部长王汉卿，原市委常委、组织部长韩希鹏，原市人大副主任孙孔文在内的等地厅级干部11人，以及亳州市原市委书记李兴民等县处级干部12人。归案的人员之间，存在千丝万缕的利益牵连。再如浙江省道路运输管理局原局长张平平受贿案便是典型一例。张平平利用职务便利，在工程招标、运管系统制服定购、办公用房租用、办公大楼购买、班线报批、保险业务推广等事项上为他人谋取利益，非法收受他人贿赂，共计折合人民币376万元、美金5.1万元、欧元1.6万元。在该案查处后，在全省检察机关共立案查处交通道路运输管理系统贪污贿赂犯罪70余人，另有处级干部20人、科级干部32人，涉案总金额2400余万元。

（5）形式上的放射性。即每个窝案、串案的涉案人员中，其违纪违法活动大都以某个核心问题或关键人物为放射源，如贿赂窝案、串案，一般以行贿人为核心，进行放射性行贿；非外界因素干扰下的集体经济违纪违法案件（即窝案），如合伙私分、非法占有等，一般以单位主要负责人或分管负责人为放射源，分别向领导班子成员和部属放射。比如"韶关8·14系列腐败案"。此案核心人物是"粤北首富"具有第十一届全国人大代表、广东省第十届人大代表、广东省工商联副会长身份的朱思宜。单是为将煤销入韶钢，他就能砸下2千万元贿款；他斥资千万"运作"全国人大代表资格；他还注重日常联络，过节费厅级五六万元，处级两三万元，办理一般事务10万元到20万元，托办重大事项100万元、200万元不吝惜。该案涉案达230人，其中包括31名厅级干部、100多位大大小小的政府官员、企业老总。其中6个厅级干部、6个处级干部被起诉，共28人被刑事立案。

（6）行为人的反侦查性。窝案串案具有很大的反侦查性，窝案串案的犯罪分子为求安身自得，一方面成员之间相互配合，搞攻守同盟，另一方面又往往与自己的保护伞粘在一起，交叉重叠。因此，有些犯罪嫌疑人案发后，会出现数个领导人出面打招呼，打探立案后的情况，有涉案关系的积极销毁证据，隐匿赃物，转移财产，无异给侦破案件增加了一定的难度。

2. 危害

（1）严重影响了社会主义经济秩序的安定和社会和谐、稳定。近几年来，职务犯罪窝案串案逐年增加，严重阻碍了发案单位的经济发展，群众集体上访事件不断增加，其中一条重要原因就是反映重点行业、重点部门"干部"的经济问题，造成一些国有企业严重亏损，一些单位无法兑现党和国家的政策，使群众提出的问题一时得不到答复和解决而围堵各级党政机关、堵断交通，造成了很坏的社会影响。

（2）严重损害了党和政府在人民群众心目中的形象。近年来发生的严重贪腐案件中，大多数为窝案串案，社会影响极坏，严重影响党和政府的形象。比如广东茂名重大系列腐败案涉及省管干部 24 人，县处级干部 218 人，波及党政部门 105 个，市辖 6 个县（区）的主要领导全部涉案。再如 2009 年浙江嘉兴爆发几十年来最大的腐败案件中，46 名领导干部被立案侦查。在这起腐败窝案中，嘉兴市港区管委会原副主任李中杰是首个被查处的。他为多家企业在工程建设方面谋取利益，收受贿赂 280 多万元，10 月 13 日被提起公诉，很快将出庭受审。这些落马的主要官员，跟李中杰的检举揭发有关。李中杰"进去"后，怀疑是平湖市委副书记郭跃荣、平湖市水利局局长全保华匿名举报了他，便供出了郭、全。检察机关在随后调查中，又发现了许多线索，牵出了几十个科局级干部。如此大范围的几乎是全员贪腐的现象让民众的心理受到极大的震动。

（3）严重损害了国家和广大人民群众的利益。一些党员干部利用职务之便，在建筑工程发包、采购建材、企业改制、土地征用、出租、农网改造等过程中收受贿赂，以次充好，造成"豆腐渣"道路和"豆腐渣"工程；贪污或私分国有资产，严重损害国家和人民群众的利益。比如"云南铜业高层腐败窝案"。此案涉及违纪违法人员 70 余人，通过查处为国家挽回经济损失 15 亿元。其中，云南铜业集团有限公司原董事长、总经理、党委副书记邹韶禄受贿 1900 余万元，被判无期徒刑；云铜集团原副总经理余卫平受贿 2900 余万元、挪用公款 2660 万元、贪污公款 4125 万元，终审被判死缓；云铜地产公司原副总经理汪建伟受贿 460 余万元、贪污公款 100 万元，被判有期徒刑 20 年。

（4）严重制约了经济的健康发展。由于一些党员干部一心只想自己多捞"外快"，一心想着自己先"富"起来，缺乏带领本单位、本部门快速发展的事业心和责任感，致使一些行业、重点部门、乡镇村得不到合理调整，影响了经济的发展。如成都天兴仪表集团公司本是上市公司，由于以总经理武某某为首的领导层，先后有 7 名干部因贪污、受贿、挪用国家资金等行为而触犯刑律，几乎让公司倒闭。

（二）"蚁腐"案件产生的主要原因分析

1. 宗旨意识缺乏，法律观念淡薄。近几年来，一些党员干部普遍存在着重业务、轻教育，重使用、轻管理的现象，放松了对基层干部的思想政治教育、宗旨教育和法制教育，致使一些党员干部拜金思想、享乐思想滋生蔓延。一些干部动机不纯，把当官当成捞钱的资本，把"当官"与"发财"的概念等同起来，他们在金钱的诱惑下丧失了原则，放松了对自己的约束，无视党纪国法，利用职务之便大肆摄取不法利益，而堕入犯罪的泥潭。特别是"法不责众"意识在传统法文化中由来已久，在某种程度上为腐败分子提供了一个心理保护层，几个人合伙以权谋私，掌权的、签字的、管账的都有份，各方利益均沾，出了事儿共同承担责任，即使出了问题，也可以凭借厚实的关系网络化险为夷。在群体联合作案情况下，群体获得的利益最后总是能分摊到其中每位个体成员身上。就在散兵状态中作案的个体而言，虽然没有加入团伙或依靠集体的力量，却因整个群体腐败所烘托的风气而获得了一种安全作案的环境。

2. 财务管理混乱，规章制度不健全。在改革开放过程中，一些政策和规定向发展经济方向倾斜，特别是招商引资，开发建设由单一的经济向一体多元化经济发展，以前的财务管理模式已跟不上新形势发展的需要，一些主要领导干部乘财务审批制度不严，多人多头签批报销，自收自支，财务不规范等现象，捞国家之财，还有一些单位"一把手"把会计、出纳等重要岗位全部换成自己的亲信，从而使侵占公款行为更方便，也更具隐蔽性。

3. 权力过分集中，缺乏有效监督。一是多数单位或部门人员分工不清，职责不明，造成人、财、物权集中在少数人手里；二是上级机关疏于管理，长期缺乏对基层组织工作及财务管理的实质检查监督；三是各行业部门等很少召开群众大会公开财务情况及重大决策，财务管理缺乏透明度，使群众无法监督也无从监督。任何一个单位和部门都会有制度，然而有制度就必须有人来执行，也要有相应的机构进行监督执行。当一个单位或部门缺乏民主而处于独裁时，那么权力也就成为腐败的权力了。

4. 打击惩罚不力，预防措施不到位。一是个别行业、部门、国有企业干部，特别是乡、镇、村等基层干部无视国家法律，损公肥私，对群众举报打击报复，造成群众不敢举报，检察机关打击无力；二是大多数群众发现犯罪线索后，没有及时到检察机关秘密举报，而是大张旗鼓地集体到党政机关上访，使犯罪分子乘机销毁有关证据，订立攻守同盟；三是一些干部反侦查能力很强，钻法律的空子，作案不留痕，给检察机关查办案件工作造成了很大困难，费时费力成案率低，造成查处不力；四是预防措施过窄，力度不够，一些个别干部对法制教育及现身教育，台上表面遵从，台下还是我行我素，犯罪更加隐蔽。

（三）预防"蚁腐"案件发生的相关对策

1. 加强对党员干部宗旨教育和法律意识教育。一个单位必须有一个良好的风气，在全单位要形成一个人人讲廉政、个个讲正气的风气。任何一个单位都必须开展不同形式的廉政建设教育，倡导一个良好的风气。充分发挥组织的先锋模范作用，用党员标准来约束党员干部的行为，提高其政治思想觉悟和法制观念，不但学法懂法，而且必须依法办事，彻底摒弃那种靠当官"捞钱"的不健康思想。通过各种形式的法律规定，依法行政，彻底消除党员干部经济犯罪在思想上滋生蔓延的温床。

2. 加强财务管理制度，堵塞漏洞。首先，加强对各行业、部门等财务管理人员的培训和法制教育，使他们掌握基本的财务管理制度和财务管理知识而依法理财，对不胜任的及时调换，行业账由上级主管部门把关或派出财务管理人员，从根本上把关；其次，上级机关及财政、民政、审计等职能部门要定期对基层单位财务管理情况进行检查，对资金管理、财务管理混乱的认真进行整改；最后，广泛推行民主理财制度，同时强化审计监督，增强财务管理的透明度。

3. 加强权力制约机制，完善监督措施。一是单位对管理人员，分工明确，职责明确，人、财、物权分散负责，互相制约、互相监督，明确制度，防止"一把手"专断控权；二是增强单位工作的透明度，让群众有知情权、发言权；三是对重大事项、重大决策前要广泛征求群众意见，倾听群众呼声，主动接受群众监督，杜绝窝案串案的发生。常言道"上梁不正下梁歪"，当"一把手"思想意识出问题后，那么，他只会用他自己那样的人，那样的人上来之后也会用这样的方法进行"回报"捞取不当利益，收回行贿"成本"。因此，没有认真履行"一岗双责"的领导一定会出问题，而且是必然的。要防止窝案串案的发生，一定要加强对"一把手"或其他主要负责人的监管，如果领导不贪不腐，一方面对普通干部或职工有良好的引领作用，另一方面对普通干部或职工也有一定的威慑力，害怕被领导查处。

4. 加大打击力度，发挥法律的震慑功能。按照有关法律规定，对群众意见大、多次上访影响稳定的大案要案，一经发现，要坚决一查到底，依法严肃处理；开展多种形式的宣传、奖励措施，扩大线索，查处犯罪绝不手软。同时，要积极向地方党委、政府提供决策性建议，协助党委政府建立党员、干部经济犯罪预防网络，帮助发案单位分析原因，堵塞漏洞，及时运用典型案例配合法制宣传，扩大办案的社会效果，使党员、干部不想犯罪，不敢犯罪，不能犯罪，以减少基层干部职务犯罪窝案串案的发生。各级党委政府、各行业和部门不能单靠上级体制改革、制度结构优化的调整，而要积极主动改进和完善各项制度设置，加强地区和行业内部的监管，规范人事权、审批权、执法权、监管权的运行，通过实行惩罚制度、职业资格的限制和剥夺制度、财产申报制度、与薪金制度相结合的公积金制度、官员引咎辞职制度等，建立严密的监控权力网络，对腐败分子形成不敢贪的巨大压力。

5. 构建科学的惩治和预防职务犯罪体系。

（1）健全完善预防协作机制。要明确预防主导和牵头机关，建立预防工作协作制度，建立与各部门间案件线索移送与协查制度、信息交流与情况通报制度、协作调研制度、预防宣传教育和监督制度、预防工作联席会议制度，形成预防腐败的整体合力。对行政执法权力比较集中、社会管理责任比较重大、人民群众反响强烈的行业领域，建议各级人大常委会适时组织对其执法活动进行专项检查。要进一步推进和扩大民主监督制。

（2）扩大预防监督范围。预防的重点对象除了领导干部和"一把手"外，要密切关注与领导干部亲密接触的贴身工作人员、亲朋好友、家庭成员，只有这样才能及早地发现违纪违法苗头，及早地扼制窝案、串案的发生；要提高监督的透明度，将监督的对象、内容、时间、程序、效果及时公布于众，让各种监督形式都能及时、到位，深入地监督。

（3）建立预防效能评价体系。当前，我们开展预防工作的内容和形式多样化，但如何衡量预防效果的探讨和实践却不够，因此，我们要建立公众对反腐败斗争满意度的评价机制，规章、制度的执行力考核制度，案件高发地区、热点行业部门发案趋势预警机制等，以及时发现工作中存在的问题，然后去解决问题；要严格落实监督过失责任追究制，促使官员不仅要对上负责，更要对下负责，避免监督工作流于形式。

六、家族式职务犯罪现象

在近年查处的职务犯罪中，以一些领导干部为核心并以其家庭为中心的家族式职务犯罪呈逐年上升趋势，家庭成员共同犯罪同堂受审的现象层出不穷。职务犯罪家庭化是腐败的一个新动向，它是由领导干部个人实施职务犯罪向以家庭为背景共同实施职务犯罪的转变，是职务犯罪通过家庭关系向社会渗透的重要标志。在职务犯罪发生犯罪前，家庭中不健康的价值取向和文化环境是诱发职务犯罪的潜在因素和温床，对犯罪动机和目的的形成起着潜在的引导、促进作用，家庭成员对物质欲的恶性膨胀，往往成为职务犯罪的直接原因之一；在犯罪中，家庭在社会中的独特法律地位，使之成为职务犯罪的最隐蔽的犯罪场所。建立在婚姻和血缘关系基础之上的家庭社会关系是最亲密的社会关系，这种关系网往往是犯罪主体违法活动的最可信赖的物质载体和最有效的运作媒介；在犯罪后，由于家庭成员往往是家族式职务犯罪的第一知情人，他们的立场和规劝成为制止和侦破家族式职务犯罪的突破口。然而，由于家庭关系是建立在利益共同体基础之上的人际关系，当国家利益和家庭利益发生冲突时，家庭成员往往把感情的砝码倾向于后者，互相袒护，逃避法律，使家族式职务犯罪往往难以侦破。

（一）家族式职务犯罪的成因

家庭为职务犯罪提供了最合适的温床、最直接的犯罪原因、最隐蔽的犯罪场所、最安全的交易场所、最密切的社会关系网、最巩固的利益攻守同盟、最为高发的犯罪因素。所以说，家庭因素在职务犯罪的孕育、形成、发展和恶化过程中，起着最重要和最具影响力的核心作用。

1. "情感至上"的处世观为实施家族式职务犯罪奠定心理基础

中国人重家庭、讲人情，在中国的家庭内部，家内财产是家庭成员共有的。个人的消费是家庭消费的一部分，这就形成了家庭内部成员政治经济利益的一体化，即家庭成员一荣俱荣、一辱俱辱、一富俱富、一穷俱穷的利益共同体。由于存在着天然的利益关系，他们最容易结成社会上最密切的关系网。这些家庭成员的社会关系存在着公开性、合法性。他们的非法活动往往在合法身份的自然保护之下，不易引起人们的关注。家庭为职务犯罪提供了最隐蔽交易场所、最安全的犯罪场所。这种情况也使行为人容易产生侥幸心理、安全心理，从而在某种程度上壮大了他们实施贪污、受贿等职务犯罪的胆量。近年来频频发生的贪污、受贿、挪用巨额公款等经济案件，几乎都是为满足家庭成员或自己的私欲。例如，在原浙江省宁波市委书记许鸿运一案中，经查明，许鸿运应其儿子要求，帮助宁波某信托投资公司的营业部解决独立融资的资格问题，该营业部总经理吴某送给许鸿运之子钱物折合人民币 90 万元，却给该公司造成资产 11.97 亿元的损失；应其儿子的要求，责令宁波日报社购买有建筑质量问题的华宏国际中心大楼，为表示感谢，该中心大楼业主钟某先后送给许鸿运之子钱物折合人民币 200 余万元；应其妻子的要求，利用职务上的便利，帮助宁波某公司贷款、借款，经许鸿运直接打招呼的款项计人民币 2567 万元、美元 540 万元，该公司总经理胡某先后送给许鸿运的妻子人民币 400 余万元。给国家造成了重大的损失。

2. "血亲本位"的家庭观是诱发家族式职务犯罪的根本原因

中国人比西方人更注重家庭，家庭和家族之所以能够维持一种稳定的关系，不是法律和行政的强制，完全凭血亲关系。血缘如同一根纽带，紧紧地把家庭与家族联系在一起。这种浓厚的"血亲本位"意识带到党的干部任用工作中，"任人唯亲"是其必然选择。任人唯亲是指任用跟自己关系密切的人，而不论其德才如何。官场中的"任人唯亲"最初表现为在选拔任用干部中的"近亲繁殖'——一些掌握用人权力的官员不遗余力地将自己信赖的亲人、亲信、下级、学生等安置在重要的岗位，因人设岗，因人设职，营造自己的"势力圈子"，搞"任人唯圈"。"任人唯亲"的封建传统与资本主义"金钱至上"的价值取向相结合，"任人唯亲"、"任人唯圈"又转化为"任人唯钱"，亲情、圈子的力量抵不过金钱的诱惑，跑官要官之风便向买官卖官为主导转换。而"任人唯亲"向"任人唯钱"的转化，正是各级官员为了自己的升迁，大肆敛财，侵吞国家财产，走贪污犯罪等职务犯罪之路的根本原因。

3. 机关单位"家长制"作风盛行是诱发家族式职务犯罪的内在原因

家长制原本指奴隶社会和封建社会的家庭组织制度，产生于原始社会末期。作为家长的男性掌握经济大权，在家庭中居支配地位，其他成员要对其绝对服从。家长享有极大的权威，家长与家庭其他成员之间是支配与被支配、统率与从属的不平等关系。中国家庭文化以儒家思想的"三纲五常"、"君臣父子"、"忠孝礼仪"、"长幼有序"为基础进行灌输，尊敬长辈、服从上级是中国人的思维定式。然而，这种尊敬和服从如果超过了必要的限度，就会产生盲从和个人崇拜，滋生家长制作风。家长制作风带到党内或者公务活动中，危害极大，搞"一言堂"，领导个人独鸣，别人随声附和，讨论则是走形式，把正常的同志关系、上下级关系异化为父子关系、长官与随从的关系、家长与家庭成员的关系。邓小平同志对此严肃指出："不少地方和单位，都有家长式的人物，他们的权力不受限制，别人都要唯命是从，甚至形成对他们的人身依附关系。"这种现象使党的领导干部尤其是"一把手"、"首长"失去应有的监督，从制度上为其实施家族式职务犯罪创造了客观条件。

（二）家族式职务犯罪的特点

综合近年来职务犯罪的案例来看，家族式职务犯罪根据不同的标准，可以分成不同的类型，主要有夫妻合作型和亲属利用型两种类型。

1. 夫妻合作型

夫妻合作型是最典型、最基本、最为突出的一种家族式职务犯罪类型。这一类型的家族式职务犯罪具有以下几个特点：

（1）人身关系密切。夫妻是家庭的最基本成员。在一个家庭中，存在着各种各样的人际关系，包括夫妻关系、亲子关系、兄弟姐妹关系、姑嫂关系、妯娌关系等。其中夫妻关系是最亲密、最基本的关系，对家庭成员的政治道德品质的影响最大。良好的夫妻关系对家庭成员是一种生活的启迪和人际关系的示范，能使家庭成员体验到家庭生活的温暖和幸福。

（2）夫妻关系的合法性。这类主体以合法、有效的婚姻关系存在为前提。也就是说这种夫妻关系是根据《中华人民共和国婚姻法》，男女双方都达到了法定的条件，履行了法定的手续，并且按照民族风俗和宗教习惯举行了公开的仪式。因此，夫妻关系不仅是合法的，而且是公开的。

（3）财产关系的共有性。他们之间的财产是共有的、一体的。他们是经济利益的共同体，每个人的收入和消费都是整个家庭的一部分，家庭的财富就是自己的财富，他们之间存在着一富俱富、一穷俱穷的关系。

（4）犯罪性质的共同性。根据共犯的构成条件和刑法的相关规定，特殊身份主体和一般主体共同故意实行职务犯罪的，可以构成共同犯罪。

　　夫妻合作型职务犯罪属于典型的家族式犯罪，其最鲜明的特点在于主体人身关系的密切性、夫妻关系的合法性、财产关系的共有性。其人身关系的密切性是以夫妻关系的合法性、公开性为前提的。这样一来，不仅决定了共同犯罪故意易于形成，互为前提，互为补充。同时也决定了行为人多次实施共同犯罪的情况下，因存在行为的重复性而不必对每次共同犯罪故意的内容进行联络，这类犯罪表现为国家公职人员与配偶共同就实施职务犯罪进行谋议，并进行分工，各自按分工实施犯罪。近年来社会推崇"廉内助"，媒体呼唤"廉内助"，而"贪内助"却似雨后春笋。"夫贪涉妻"、"夫贪妻收"似乎成为规律性现象。例如，江苏省洪泽县原公安局局长孙亚光，与钟书娟是一对默契配合、善演双簧的夫妻。孙在前台办事，钟在后台受贿，几年下来，两人共同受贿财物30余万元。此外二人还有67万元财产不能说明其合法来源。最后夫妻双双落网，被分别判处有期徒刑15年和11年。又如轰动全国的沈阳"慕马大案"中，沈阳市原市委常委、常务副市长马向东犯贪污罪、受贿罪、挪用公款罪、巨额财产来源不明罪，经最高人民法院核准在南京被依法执行死刑，剥夺政治权利终身。马向东的"患难之妻"章亚非因涉嫌受贿罪、行贿罪两项罪名指控。据权威部门统计，马向东近3000万元的受贿总额中，有68%与章亚非有关；原安徽省阜阳市市长肖作新、周继美夫妇一案中，据统计，肖作新、周继美家庭财产有人民币存款2088.9万元，港币存款13.39万元，美元存款290万元，另有贵重物品价值约人民币46.65万元。

　　2. 亲属利用型

　　这类犯罪主要是国家公职人员与其子女和其他亲属利用其职务上的便利，按照不同的分工，故意实施的侵吞国家或者集体财产的行为。这类犯罪主要有以下几个特点：

　　（1）犯罪主体是国家公职人员和除配偶以外的其他近亲属，包括儿女、兄弟姐妹以及其他姻亲关系的亲属；国家公职人员主要是党政高级官员或者掌握着钱、物等经济实权的各级国家公职人员。

　　（2）在主观方面主要是直接故意，也有少数是间接故意。前者表现为国家公职人员与其亲属共同故意实施犯罪行为，只是具体分工不同；后者则表现为国家公职人员明知自己的亲属子女在实施危害国家利益的犯罪行为，在主观上放任这种结果的发生，属于间接故意；而其亲属在主观上则是直接故意。

　　（3）其犯罪对象主要是钱物，具体说来主要是国家或者集体的金钱、物品等，而且金额巨大，少则几十万、几百万，多则上千万，甚至数亿、十几亿。

（4）主要表现为国家工作人员与其近亲属共同谋划实施犯罪，并按照分工，由不具有国家工作人员身份的近亲属利用国家人员职务和地位上的影响，通过其他工作人员为他人谋利益，且由近亲属实施犯罪行为。在这类行为中，其突出特征在于犯罪人之间存在共同的故意，并且对实行行为做出了安排，但在具体行为的具体实行上完全由不具有国家工作人员身份者实施，这种类型的行为构成共同犯罪。

亲属利用型的家族式犯罪的具体表现形式往往是贪污挪用公款外逃或者利用亲属收受贿赂，营私舞弊等。前者如，原黑龙江省石油公司总经理刘佐卿任职时，挪用、侵吞、转移公款 10 多亿元，离职后立即携全家八口人出逃美国；后者如原广东省人大副主任欧阳德把自己不便出面的承包工程、炒卖地皮、经营色情娱乐业的所谓"项目"统统交给自己的儿子和女婿，纵容他们为欧阳家族大捞特捞，他本人也从中收受巨额贿赂，总计人民币 51 万元、港币 1.6 万元。

（三）家族式职务犯罪的预防对策

完善预防和遏制家族式职务犯罪，应当是教育、制度、民主和法律几道关键防线德有机结合。思想教育使人不愿腐败，民主监督和法律约束使人不敢腐败，而制度防范则是使人不能腐败。几道防线的结合应当成为我们今后防范职务犯罪特别是家族式职务犯罪工作的重点。

1. 加强道德教育，构筑道德防线

法律和道德是预防犯罪的两种手段，法律偏重于以条文的形式，通过对犯罪行为的惩罚来达到预防的目的；道德则偏重于以善恶标准，通过教育、劝诚、引导的方式来规范人们的行为，并以唤起人们的义务感和良心来达到预防犯罪的目的。法律在预防犯罪方面具有消极的特点，而道德则具有积极、自觉的特点，它在预防犯罪方面的作用更广泛、更深入、更持久，在征服人、改造人这一点上具有独特的功效。因此，加强思想道德教育，具有十分重要的基础意义，我们已从以下两点入手加强道德教育：

（1）加强对各级国家公职人员的道德教育。一方面，建立严格的政治学习制度，强化对领导干部的政治学习和思想教育。在市场经济大潮中，领导干部受到的各种诱惑越来越多，各种腐朽思想的侵蚀接踵而来。领导干部只有通过学习和不断接受教育，才能提高自己的政治素质，筑牢拒腐防变的思想长城，经受住各种考验，才能做到无论在什么环境条件下，都能洁身自好，无论在哪个"圈"中，都能始终保持人民公仆的本色。解决思想修养和政治素质问题，主要依靠学习和教育。在日常工作中建立严格的政治学习制度，采取多种学习方式，持之以恒，并要用严密科学的考核制度保障学习和教育的效果。

领导干部本人要自我加压，强化政治学习，不能以种种借口放松学习，放松自己对世界观、人生观、价值观的改造。否则，不仅不能肩负起人民赋予的神圣使命，还有可能陷入违法乱纪的深渊。

另一方面，运用正反面典型积极开展预防职务犯罪教育和警示教育。为使领导干部以案为鉴，警钟长鸣，应当通过开展专题教育等活动，大力宣传褒扬德才兼备、政绩突出、廉洁务实的好干部，用人格的力量引导、影响和带动领导干部，以增强教育效果。同时，运用反面教材加强警示教育。近年来，国家加大了对大案要案的查处力度，一批全国有影响的大案要案被陆续揭露出来。我们应该引导领导干部把反面教材当成一面镜子，时刻检点自己的行为是否与国家法律相违背，不断增强改造主观世界的自觉性，警惕各种错误观念在自己头脑中的滋长，构筑起牢固的思想道德防线。

（2）加强对各级国家公职人员家庭成员的道德教育。家庭道德是一定经济基础的反映，也是一定社会道德的具体体现和重要组成部分，家庭道德的水平如何，既对个人品德结构的形成产生巨大的影响，又会对社会公德和职业道德的水平产生直接的制约作用。从这个意义上说，家庭美德建设是整个社会道德建设的基础，它对于犯罪的预防具有重要作用。古往今来，大量事实证明，家庭道德建设对自己、家庭、国家、民族都有重要作用，特别是在预防家族式职务犯罪的过程中具有不可忽视的基础性作用。江泽民同志曾建议领导干部对自己的配偶、子女和身边的工作人员"约法三章"：一要经常对他们进行思想道德教育，提出严格的要求，防止他们利用自己的职权和影响做违纪违法的事情；二要防微杜渐，发现他们问题的苗头，就应及时加以制止和纠正；三要不徇私情，对他们的违纪违法行为及时向组织报告，绝不袒护。因此，领导干部要教育、管束好自己的亲属及身边工作人。作为一个领导干部，要言必信、行必果，要求家属子女和下属人员做到的，必须让他们做到。要经常询问、监督他们的言行。一旦发现问题，就要严肃地进行批评教育，坚决予以制止，或者纠正做错的事情，或者公开做自我批评，挽回不良影响。

2. 严厉惩治，增加家族式职务犯罪的成本与代价

严惩腐败，整顿吏治是古今中外政府永恒不变的主题。进入20世纪70年代以来，随着世界各国反腐力度的加大，一些高官纷纷落马，涉及国家高层领导人的腐败案件也越来越多，如菲律宾前总统马科斯、韩国前总统卢泰愚、日本前首相海部俊树、美国前议长赖特等。腐败案件的大暴露，引起了世界范围的反腐败运动，比较有成效的如新加坡、韩国、意大利、澳大利亚等国。"他山之石，可以攻玉。"惩治家族式职务犯罪的成功经验之一就是严厉惩治、增加腐败分子的犯罪代价。为切实做到"法纪严密使其不敢为"，就必须使权力

家庭化的成本与代价大于其不法利益。权力家族化的成本决定着权力家庭的行为趋向，目前权力家族化成本低而"盈利"高，举报概率、立案概率和成案率低而安全系数高，使权力家庭化不能得到及时有效的惩治，加上权力家族化形成的特殊关系网的影响和干扰，使腐败分子得不到应有的惩罚，这些从客观上增加了权力家族化的吸引力。所以，综合治理权力家族化，必须加大惩处力度，不管涉及什么人，都要在适用法律上一律平等，严格依法给予严厉的制裁，使腐败成为一种高风险、高成本的行为，让搞腐败的人无利可图、身败名裂，从心理上震慑腐败分子和警告他人重蹈覆辙。

目前，在实际工作中，应做到以下几点：一是制度规定要体现代价原则。不但要规定应该怎么做，不应该怎么做，而且要规定违反到什么程度应受到什么样的处分，尤其要注意交叉规定的协调，防止出现空当。对一些灵活的规定要卡死，明确临界限度。二是在查处领导干部职务犯罪案件时，要通观全案，把利用职务之便违纪违法行为与家庭成员的帮助行为结合起来，根据家庭成员在共同犯罪中的作用，在追究领导干部的法律责任的同时，依法对家庭成员作出相应处理，真正做到不枉不纵不漏。三是往重道德赏罚，通过社会的正义力量监督、公众对从政人员的评价等的实现，来促使领导干部及其家庭成员必须限制自己的非分欲望以及由此带来的不廉行为，为他们"官德"的形成提供善恶评价依据。

3. 强化监督，筑起反腐的天罗地网

加强监督制约，构筑制度防线，应该完善监督体系，强化监督功能，提高监督效率。目前应主要从以下几个方面加强监督：

（1）强化新闻监督。美国学者乔治·艾米克在论及新闻监督与反腐败的关系时说："当经验丰富而胜任的记者对一个公开的政府的记录与会议保持着经常监视时，阳光就会充分地发挥它的消毒作用，黑暗的操作者就只会剩下小小的容身之地了。"新闻监督本身主要依靠公众舆论和公共道德谴责做后盾，监督的力量源泉深深地蕴藏人民大众之中，因而更直接地反映和体现了人民意志。新闻部门可以通过广播、电视、报纸等舆论工具，把领导干部利用职权实施的家族式犯罪向社会曝光，对那些企图利用职权谋取私利或者进行其他违法犯罪活动的领导干部有所警示，不敢肆无忌惮地实施家族式职务犯罪。

（2）强化公众监督。在我国，人民是国家的主人，一切权力属于人民。因此，人民享有对国家机关及其工作人员的活动进行充分监督的权力。他们可以对领导干部及其配偶、子女和身边工作人员利用手中的权力和影响谋取不正当利益的行为进行检举和揭露，从而使领导干部在实施职务犯罪行为时有所畏惧，甚至直接受到人民群众的阻止。为充分发挥公众监督的作用，应进一步完善举报制度，切实保障举报人不受打击报复，建立允许并鼓励广大人民参与行政决策的机制等。

（3）完善财产申报制度。目前，我国在领导干部财产申报上的相关文件主要有1995年发布的《关于党政机关县（处）级以上领导干部收入申报的规定》、2006年发布的《关于党员领导干部报告个人有关事项的规定》和2011年发布的《关于领导干部报告个人有关事项的规定》，申报范围由最初的工资、福利、劳务以及承包承租经营所得扩大到各类收入、房产、投资等事项，同时，申报人也由领导本人扩大到领导干部及其配偶、子女等。但这三项规定均指出领导干部财产申报由相应的组织部门审理，属于内部申报，存在制度缺陷，财产公开、透明的程度远远不够，公开透明的程序不到位、内容不到位，且不向公众公开，对官员没有压力，公众和舆论监督则因此有盲区。应当建立第三方平台，以各级人大作为公示和监督机构，对权力进行制约。在申报的范围上，必须从上往下进行，从建立中高级干部的家庭财产公示制度开始，家庭成员的工资、股票债券、不动产等各种收入都应该包括在内。

七、腐败利益期权化现象

期权是一个经济学上的概念，是指在未来一定时期内可以买卖的权利。而腐败利益期权化，也可称为权力期权，则是将期货交易的市场行为引用到政治上来，将期权的概念用于"有权人"——官员和"有钱人"——富商之间进行权钱交易，使官员的滥用权力的行为转化为一种可期待的利益，即官员在位时，利用权力的影响为某企业或个人牟利，为逃避纪检、监察部门和检察机关的监督和查处，不图即时获得回报，等离职后（退休或辞职从商）再接受权力受益者利益回报的腐败行为，是权力场上的"期货交易"。近年来，随着我国经济的高速发展，反腐败的压力逐渐加大，多种腐败方式也日趋增多，其中不乏有"隐形腐败"、"期权化腐败"等现象，致使其实施起来较之传统腐败手段更为高明，安全系数也很大，具有隐蔽性、欺骗性、后发性的特点，对我国当前打击职务犯罪相当不利。因此，通过归纳总结腐败利益期权化现象的特点及成因，谋求防治对策，对研究这一问题不仅具有理论意义而且具有现实意义。

（一）腐败利益期权化现象的特点

权力期权化现象一般发生在掌管土地、资金、项目对企业、社会组织和个人颇有诱惑力的重点国有资产部门中的土地使用权出让、建设工程招投标、产权交易及政府采购等领域，一旦发生期权腐败，则会造成国有资产的大量流失，同时损害了党和政府的形象。期权腐败主要表现为以下五种方式：（1）"封妻荫子"式，即在任时为企业、个人牟利，离职或在一定时间后让企业将好处赠与妻子、子女等；（2）"发挥余热"式，即利用在位时积累下来的"活动能量"，辞职或退休后以"发挥余热"为名进入相关企业牟利；（3）"人身依附"式，即利用离职或退休前在要害部门培植、安插亲信或选定"接班人"，以使自己退出权力中心后，仍然能够享受到在权力中心时的种种方便和好处；（4）"投桃报李"式，即在位时为企业牟利，辞职或者退休后到企业"高薪打工"；（5）"暗度陈仓"式，即金融部门少数领导干部和高层管理人员在位时滥用职权，为自己退休后谋取所谓的"出路"和"退路"。从这些表现方式我们看出，腐败利益期权化现象具有以下特点：

1. 隐蔽性

腐败利益期权化与传统意义上的腐败行为相比较，不再是权钱交易的同步进行，而是将二者分开，使交易的整个过程显得更加隐蔽，很难被纪检、监察部门发现。很多腐败分子都是智商颇高、富有官场经验的"权力精英"，他们深知"证据"在腐败分子落网过程中的"重要作用"，因而他们所要做的就是想千方百计不要将"证据"落入他人之手，而"利益期权化"正好能"满足"这些"权力精英"的"安全要求"——既能保证权钱交易获利不落空，也能在整个"权力期权化"过程中按"制度办事"，回避赤裸裸的现金交易，不容易落下"把柄"，即使他人怀疑也无从查处，安全系数极高，还能不留下任何腐败痕迹，现时没有暴露的可能。有些权力期权化的交易实行的是单线联系，在利用职务之便给某些不法企业谋取利益之后，行为人为了不使其腐败行为被发现，大多采取本人直接与企业主联系，最大限度地避免其他人的参与。更有甚者是通过其亲信或家属与企业主直接联系，本人不露面，通过照顾自家经营的生意或是到企业任职的方式来获取利益回报。如紫金矿业集团案件中，其中多位退休领导干部被委以闲职，年薪十几万元到几十万元不等。

2. 目的性

目的性揭开了权力"期权化"的腐败本质。权力腐败者往往将权力当作谋取私利的特殊商品，待价而沽，目的性很强。如果将商品交易分为现货交易与期货交易两种方式的话，那么权钱交易可以分为"现权"交易和"期权"交易，只有在交易双方各自的利益得到满足，或者各自目的已经达成的情形下，交易才算成功。"期权"交易虽然不像"现权"交易强调当场兑现，但其关注的依然是回报的取得，虽然交易时间大大拉长，但不能掩盖交易者最初的目的。如浙江省象山贪官出狱坐收"坐牢补偿费"，李某在收受王某的贿赂后，利用职务便利，在王某竞标承包象山某建设工程中给予格外"照顾"，后李某因涉嫌受贿罪被检察机关依法提起公诉，被判处有期徒刑5年。李某出狱后，王某提出给予李某"补偿款"数百万元，李某在多个场合表示已经收受。

3. 欺骗性

在国家工作人员特别是领导干部的利益期权化交易过程中，作为一种智能化程度比较高的职务犯罪实施者，行为人一般都具有较高的腐败程度设计能力，并对与其职务相关的专业知识和法律法规相当熟悉，反侦查能力也比较强。为了规避风险，通常进行精心、周密的预谋，而其预谋多是围绕反侦查这一核心展开的，在心理上和作案条件上做了充分准备，意在逃避法律法规的追究，因此看不到赤裸裸的现金交易，也很少存在"把柄"捏在他人手里的情况，甚至整个过程都是公开的"照章办事"，一些更为"聪明"的领导往往把自己伪装成"清正廉明、亲民爱民、勤于工作、无不良嗜好"的"清官形象"，私底下却进行着谋取私利的活动。

4. 后发性

领导干部权力"期权化"后发性特征决定了其相比传统型权力腐败更加隐蔽、更加具有欺骗性。传统型权力腐败注重眼前利益，比较现实，"给多少钱，办多少事"，而且是"先收钱，再办事"；利益期权化的交易较之注重长远利益，不图眼前回报。首先，在时间上存在较大的跨度。腐败官员在滥用职权时，不再是直接进行权钱交易以获得利益，而可能是约定好几年甚至十几年后才进行利益的兑现。因此，检察机关很难对国家工作人员及领导干部滥用权力的不合法行为进行全面监督。其次，权力"寻租"地点不确定，在空间上存在异地腐败行为。为了构筑腐败链条，一些国家工作人员积极申请工作调动，几年内在多个地方担任要职。其在选取期权腐败投资企业的同时，也在着重选取异地的企业，这样为其以后辞职或者退休到异地企业高薪打工提供便利。虽然2004年中央出台的《关于党政领导干部辞职从事经营活动有关问题的意见》中明文规定了领导干部在离职或是退休后的继续从业的就职时间、范围应该履行程序，但由于我国地域管理存在差异，在实践中对领导干部辞职或退休后的活动未能起到有效的监管。由于期权交易过程大多在合理的程序下进行，虽然交易双方已达成某种默契或是"君子协定"，但在一段时期内没有向对方获取任何利益，至于何时兑现他人却不得而知，潜伏期往往长达几年甚至几十年，难以留意和追究。

5. 安全性

期权腐败大多采取暗箱操作，幕后交易的方式，形成了相互连通、错综复杂的腐败链条，给纪检机关对贪腐官员的调查处理带来了极大的困难。由于调查渠道不畅通，一些国家工作人员在任职期间通过合法程序给某企业带来了利益，或是与一些不法商人将权钱交易后的非法所得转移到别处，甚至有些通过境外"洗钱"等方式使不法所得变为合法收入，而在此期间知情人很少，给日后调查取证工作带来了极大的阻碍。由于期权腐败行为的后发性，时间、空间随之变化，缺乏确凿证据的取证问题也时常是处理此类案件的一个重大难点问题。而现阶段，并未有一套有效的程序规制其通过合法程序获得的期权腐败，国家工作人员都知道腐败的严重后果，所以大多数在离职前都做好了多种防范措施，如在离职前大量提拔亲信、推动企业改制、通过司法程序强制征地拆迁、集体决策借债建设等，因此，即便在以后发现其在任职期间存在期权腐败的行为，但由于其当时这些行为具有合法性，因此很难对其行为进行定罪量刑。

（二）腐败利益期权化现象的原因

腐败利益期权化的实质是一种权力腐败，这种腐败形式发生的原因主要有以下几方面：

1. 客观原因

（1）我国预防期权腐败的制度体系比较落后。近些年来，我国的反腐败工作已经取得了明显的进步，其中一项就是党和政府明显加大了对预防腐败的力度，但是与期权腐败越来越隐秘、越来越容易规避风险等特点来看，预防期权腐败的制度体系还是显得比较落后。在我国，各阶层、各门类的政府部门掌握着公共权力，但并没有全面详细地界定公共权力的使用范围的文件，在现行的法律条文中也未予以明确，导致一些手握权力的国家工作人员，特别是领导干部，拥有足够的本钱去进行期权腐败；同时，机会防线有较大的漏洞，为期权腐败行为提供了便利。当前，我国社会新旧体制的转换还没有全部完成，现行的体制和制度方面还存在很多漏洞和相对薄弱的环节，由于市场配置资源的基础性作用没有完全发挥出来，加上法制不健全，权力过多地介入社会资源分配，权力期权化现象出现在所难免，而这也是导致权力期权化的最根本原因。例如，在干部任用制度上缺乏透明性和明确的客观标准，往往是某个领导说了算，随意性较大，这必将导致在政治领域的期权腐败；在经营性土地使用权的出让上缺乏必要的监督制约机制，房地产行业的开发和管理亟待完善，企业产权在交易过程中常常有国家行政权力不当加入，国家公共财产管理体制尚未健全，对社会资金的监管力度不够等，这都导致经济领域中期权腐败行为乘虚而入。

法律法规的不完善也是导致期权腐败的主要原因之一。虽然政府在早些年颁布的《公务员法》中对干部离职后如果继续从业作出了相关规定，但适用范围明显过窄，在已经没有职务的离退休人员是否可以判定为职务犯罪、在退休后所从事的工作是否就判定为权力的期权化，都存在理论界和实务界的争议，给纪检监察部门的工作带来了诸多困难。在现行的有关权力监督的条例中，主要针对的是在任的国家工作人员，而未对已经退休或离职的国家工作人员继续予以追踪监督，在这一部分存在立法上的空白。

与此同时，预防腐败利益期权化的制度体系不健全还表现在政府掌握的权力过大，对国家经济活动干预较多，很容易造成利益扯皮或者导致暗箱操作的权钱交易。不少项目的审批，本来只需要政府有关部门备案或完全市场化不需任何行政管制，但一旦实行审批制，就可能给某些心存非分之想的官员以权谋私的机会。政府行政决策的程序亦不尽合理，权力仍然大都集中在单位的"一把手"，缺乏有效的权力制约机制，因而为某些腐败官员可以自由行使权力提供了可乘之机，有些官员即便对于属于自己"分内之事"的权力使用，也会千方百计地破坏法律和制度的规定为自己谋取私利，满足私欲。政府的信息发布不够及时、充分、透明，虽然近年来我国不断完善政府的信息发布渠道，但与世界上廉政指数较高的国家相比，仍存在不小的差距，正由于政府的信息发布是由少数部门和人员所掌握，而这种对信息的垄断和发布存在时间差，也为国家工作人员可以利用掌控的信息来谋取私利提供条件，监督机制对此也未达到预期的标准；上、下级之间存在监督不力的情况，而平级之间的监督又缺乏法律保障，群众和舆论对政府部门的监督往往也存在滞后性，不能实现真正意义上的公开、公正、公平的有效监督。

（2）对腐败利益期权化的惩治力度不强。由于我国法制体系建设还未充分完善，我国正处于新旧体制转轨时期，社会经济行为的多样性与法律制度的相对滞后性之间的矛盾日益尖锐，对一些行为在法律上的认识与理解往往不能得到统一，无法判断该行为是否合法。正是由于反腐败法律法规的不健全，使得部分贪官难以得到应有的惩罚，可以继续逍遥法外，特别是对于隐秘性高、风险系数低的期权腐败行为，现行法律制度更不能起到较好的约束作用，也正是由于期权腐败行为被揭发、查处的可能性很小，使得期权腐败所产生的受益远远高于其行为的成本，不协调的投入和产出的比例对国家工作人员产生了无法抵挡的极大诱惑，于是在思想上产生了严重的动摇，放弃了其原有的工作原则，破坏法律底线，与行贿人员进行权力的腐败交易。

（3）放任"下海"的行为，为权力期权化开了绿灯。近些年，一些地方党委和政府无节制地鼓励官员"下海"，以至于"下海"成了当地官员的集体行为。应当承认，"下海"行动的出发点有好的方面，可以锻炼官员们驾驭市场经济的能力，为政府机构精简减少阻力，但如果将此做法作为一项长期的制度存在，势必会诱导官员们在职在位期间，处处为自己"下海"后的出路谋虑，从而常常违法违纪为某些心怀不良意图的企业、社会组织或个人开绿灯，施恩惠，以国家和集体的利益换取受益方未来对自己的回报。某省一位厅级干部在接受采访时，明确表示一些民营企业之所以高薪聘请离职干部，看好的就是他们的人际关系、交际圈子和社会资源。这表明，官员们"下海"也正符合某些企业、社会组织和个人的心愿，为他们结交官员、借政府权力换自己利益提供机会。

2. 主观方面

（1）产生期权腐败最基本的心理动因是经济资源的短缺与人民渴望占有更多的经济资源之间的差距。我国目前仍属于发展中国家，社会生产力与发达国家相比仍有较大的差距，为了满足自身生活和安全的需要，唯有最大限度地去追求和占有社会财富才能解决因物资短缺而引起的诸多问题，特别是在市场经济条件下，人们追求经济效益的最大化，从而引发人们对金钱财富的贪欲，这就导致了某些手握公共权力的国家工作人员为了获取工资以外的金钱或财物，满足自己那些包括奢侈消费、赌博、出国等在内的非分要求，将为人民服务、国家利益高于一切的工作宗旨置于不顾，利用职务之便与行贿人员进行权钱交易。我国公务员工资普遍偏低，不同层级、地区和部门之间的福利也存在较大差别，因此很多国家工作人员将"升职"作为工作的唯一价值目标，一旦出现升职无望的情况，就只好通过将手中的权力变相操作，以此交易获得自己人生的目标价值。也正是由于我国公务员薪酬制度的设计存在缺陷，在职期间工资偏低，而退休之后也未有优越的制度予以保障，因此公务员在离职后所得的退休工资比在职期间还要少。这种制度的缺陷会使很多国家工作人员不得不为自己的退休后生活早做准备，进行期权腐败，为自己离职后可以继续过优越的生活打下基础。

（2）产生腐败利益期权化的人性根源是人类贪欲的本质。有些商人为了追求经济利润的最大化，或者为寻求一些"保护伞"，以向政府中掌握权力的官员行贿的方式，寻求权力上的保护，形成利益集团，便于以不正当的手段为企业获取利润。不难看出，对于那些行贿商人或一般的国家工作人员来讲，从权力所有者那里得到可以帮他们实现经济利益或是职务上升迁的捷径；而对于权力所有者来说，从被保护者那里得到丰厚报酬，可以满足他们的贪腐欲望，培养自己的利益团体来巩固自己的执政地位，两者"双赢"，由此产生官商勾结的期权化以及个人权力的"延续"或"转移"等期权腐败行为。

（3）党员干部党性修养弱化。在市场经济条件下，虽然党和政府在逐年加大对广大党员的"保持先进性"教育，但仍然有一些党员干部降低了自身对党性的修养，将全心全意为人民服务的工作宗旨置之不理，经不起金钱和美色的引诱，其世界观、人生观、价值观背离了组织的要求，萌发了骄奢淫逸的不良思想。此外，由于一些国家工作人员自身党性修养不高，无法正确对待国家工作人员与其他行业从业人员之间的收入差距，再加上家人朋友的不良引导、某些突发事件或者自己已经临近退休年龄等多个因素，都是可能诱发权力期权化的动机。

3. 其他方面

从多年反腐败的经验来看，对于贪腐分子的打击力度还是十分严厉的，于是规避风险、最大限度地保证自身的政治和生命安全已经成为腐败分子的最高利益。但随着反腐力度的不断加大，国家反腐败法律、政治机制不断完善，使得运用传统的腐败方式——直接权钱交易方式显得越来越无处可藏。于是，拥有多项"进步"的期权腐败行为"应势而生"。其行为的回报是双方约定好，力保权力者在权力、地位和形象上不受丝毫影响的未来某个安全时期再进行利益兑现，具有极大的隐秘性和欺骗性，时间跨度和操作过程也使司法机关难以获取确凿证据，因此腐败利益期权化可以大大降低贪腐官员腐败行为的风险系数，提升腐败行为后的安全系数，最大限度地实现腐败分子规避风险、逃避法律制裁的要求。

（三）腐败利益期权化现象的防治对策

期权腐败作为传统腐败方式的新变种，目前呈现蔓延的态势，已经引起社会各界的深切忧虑和关切。当前，我们应当本着坚持标本兼治、综合治理、惩防并举、注重预防的方针，努力从我国社会的体制、环境和制度上进行积极探索，找到遏制期权腐败发展的有效途径，加大力度从源头上铲除期权腐败产生、蔓延的不良条件。

1. 科学配置权力，紧闭领导干部权力期权化的方便之门

防止领导干部权力期权化倾向，科学配置权力，特别是对"一把手"行使权力监督制约是关键。在干部任免、调动和奖惩，大额资金的安排和使用，重大工程项目的确定以及其他重大问题上，都要进行集体讨论、民主决策，杜绝走过场，避免实际由"一把手"个人擅自决定的现象。这就要求深化各项改革，完善各项制度，逐步建立结构合理、配置科学、程序严密、制约有效的权力运行机制。要大力推进行政审批制度改革，减少对经济事务和社会事务的审批事项，对保留的行政审批事项，也要减少环节，公开程序，加强监督，强化服务，防止自由裁量权过大，权力过于集中、滥用和运作中的"暗箱操作"。要积极推进财政管理体制改革，加强对预算外资金的管理，加大财政资金支出监管力度，扩大政府采购的范围和规模。要进一步推进人事制度改革，推进干部人事工作的科学化、民主化、制度化，大力推行公开选拔、竞争上岗，进一步增强人事工作的透明度，杜绝少数人说了算的现象，同时，严格落

实干部人事工作责任追究制度。

2. 加快干部轮岗，铲除领导干部权力期权化的稳固根基

领导干部在某个地区某个岗位时间长了，必然会形成一个以其为中心的圈子，圈子的核心部分是由领导干部的亲信、老部下、受其提拔或要提拔的干部组成的亚行政组织，圈子的边缘附着的是有求于领导干部的私营老板、小干部、一般的亲戚朋友等"寻利"成员。圈子核心部分内部存在的是利用关系，圈子核心部分与边缘之间存在的是交易关系。圈子是领导干部权力期权化的稳固根基，当领导干部与某个或某些私营老板确定了期权交易关系之后，或亲自过问，或通过亚行政组织的力量指使圈子核心部分的成员为私营老板谋取利益，非常秘密、方便。通过深化干部人事制度改革，大力推行干部轮岗制度，将有效防止一个个利益圈子的形成，从而杜绝领导干部腐败利益期权化倾向。

3. 设置离任缓冲期，跟踪监督，构建防止权力期权化的长效机制

人们常用"人走茶凉"来形容现实生活中为人势利、人情淡薄，这一现象在官场上往往表现更为突出，一旦权力失去，就不再有众星捧月的待遇。我们应当借助于这一社会心理和行为，设置缓冲期，有效防止权力期权化现象的发生。因为当某些领导干部不能确信私营老板许诺的回报经过离任后若干年的"冷却"是否能够兑现时，将不会冒险违背原则为其谋取不正当利益，所以缓冲期的设置至关重要。而在 2000 年中纪委曾作出明确规定：县（处）级以上领导干部离职和退（离）休后 3 年内，不准接受原任职务管辖的地区和业务范围内私营企业、外商投资企业和中介机构的聘任，不准个人从事或代理私营企业、外商投资企业从事与原任职务管辖业务相关的经商办企业活动。但在实际工作中，一些地方的领导干部并未认真遵守此条的规定，而相关的领导部门和纪检监察机关也未对此引起足够的重视。因此，当务之急应采取强有力的措施推动这一规定在全国各地区各部门得以严格执行。在设立离任缓冲期的同时，还应完善跟踪监督机制，对离任尤其是对那些"下海"经商或离退休后经商办企业的领导干部实行跟踪监督，查看这些官员的资产增值情况，是否利用了原有的关系网、人情链，或是否利用了"余权"、公权的"剩余资源"，一旦发现存在权力期权交易则应当及时以腐败论处。

4. 提高退休后的待遇标准，探索防止权力期权化的奖惩机制

退休后实际收入的大幅度减少，使领导干部产生权力向时间"寻租"和扩张的动机，而适当提高其退休后的待遇标准，可从一定程度上杜绝权力"期权化"腐败现象的发生。针对领导干部退休后工资以外福利待遇减少的情况，各地可根据本地的财政状况适当提高工资标准，通过一定的物质保证弥补权力失去后的失衡心理。另外，还可以根据领导在任期间的贡献大小和廉政情

况，实施奖惩措施，使退休金标准拉开差距。浙江省部分地区正实行的公务员廉政保证金制度可以说是一项防止权力期权化的大胆探索制度，其类似于我国现行的住房公积金制度，保证金主要以公务员个人负担为主，单位按照一定系数贴补，个人负担部分以及单位贴补的系数按照工龄、行政职级等因素确定。国家工作人员在任期间清正廉洁，退休后廉政保证金将全额奉还；如果违法违纪受到处分，则会相应扣减廉政保证金。

5. 加强监督，完善四位一体的监督模式，对腐败利益期权化现象形成强大的震慑

要继续健全党内民主监督，从党员的选拔和发展上，严格入党的审查程序，在党内的组织生活会上，通过党员之间的批评与自我批评来达到监督的目的，调动党员干部之间监督的积极性。发挥党员群众的监督作用，坚持和完善巡视制度。要继续完善人大监督，正确把握人大监督的原则，坚持以行政权和司法权的监督为重点，善于运用多种监督方式进行监督。要继续健全民主党派监督，积极培养新一代党外代表人士队伍，做好民主党派监督功能的能量聚集和释放，使民主党派监督更加程序化和规范化。要加强舆论监督，尤其是不断完善和发挥网络监督的作用。在全球网络互联的新时代，网络在创建廉洁政府中的作用尤为突出，是新时代反腐斗争力气。利用网络可将公共权力的范围公之于众，也使政府行为更具有公信力。

后　记

根据高检院业务培训计划，职务犯罪预防厅着手编写本教程。提纲形成后，利用各省级院预防处长在广东佛山参加"推进社会管理创新深化预防工作座谈会"的机会，征求完善意见，组织编写。付梓之际，我们对关心支持编写工作、提出真知灼见的同志表示感谢，并感谢中国检察出版社的大力支持。

高检院党组副书记、副检察长邱学强十分关心本教程的编写工作，亲为作序，使我们深受鼓舞和鞭策，我们一定要以教程出版发行为契机，深化各级院预防干部业务培训工作，推动预防业务大比武活动纵深开展，推动预防工作水平不断提高。

本教程撰稿人员分工如下：第一章许道敏；第二章柳晞春；第三章李宪民，其中第八节许道敏；第四章修杭生、杜建明；第五章陈建章；第六章田中庆；第七章孙明；第八章王建国、柳晞春、许道敏；第九章赵武安。

由于本教程作者多人，虽经主编统稿，但尽量尊重作者本人意见，因此，教程中所有观点有商榷余地，祈望读者使用中批评指正，使之在实践中不断完善。

编　者
2013 年 3 月

图书在版编目（CIP）数据

检察机关预防职务犯罪教程/宋寒松主编. —北京：中国检察出版社，
2013.8
ISBN 978 - 7 - 5102 - 0915 - 4

Ⅰ.①检… Ⅱ.①宋… Ⅲ.①检察机关 - 职务犯罪 - 预防犯罪 -
中国 - 教材 Ⅳ.①D926.34 ②D924.304

中国版本图书馆 CIP 数据核字（2013）第 101811 号

检察机关预防职务犯罪教程

主编◎宋寒松

出版发行：中国检察出版社

社　　址：北京市石景山区香山南路 111 号　（100144）

网　　址：中国检察出版社（www.zgjccbs.com）

电　　话：(010)88685314(编辑)　68650015(发行)　68636518(门市)

经　　销：新华书店

印　　刷：河北省三河市燕山印刷有限公司

开　　本：720 mm×960 mm　16 开

印　　张：37.75 印张

字　　数：691 千字

版　　次：2013 年 8 月第一版　2014 年 4 月第二次印刷

书　　号：ISBN 978 - 7 - 5102 - 0915 - 4

定　　价：78.00 元